“十二五”普通高等教育本科国家级规划教材

iCourse·教材

高等学校电子商务专业系列教材

E-COMMERCE

电子商务概论

（第四版）

主　编　刘业政　何建民
　　　　姜元春　孙见山

高等教育出版社·北京

内容简介

本书是"十二五"普通高等教育本科国家级规划教材、国家级精品资源共享课程教材。

本书以互联网环境下的商务活动过程为主线,科学合理地组织课程内容,着重阐述了电子商务的基本概念和战略,从社会化、本地化、移动化、个性化等视角介绍了多种新型商业模式,包括电子市场、社会化商务、O2O电子商务、农村电子商务、跨境电子商务、互联网金融、电子商务服务等;系统地描述了电子商务的业务过程,包括网络营销、电子交易、安全支付、订单履行以及物流配送;并简要阐述了开展电子商务的传统技术和新型技术、社会管理机制。

本书配置二维码关联在线即测即评和拓展知识等数字资源。

本书可作为高等学校管理类、经济类、信息类专业的本科生教材,也可供其他专业本科生及对电子商务感兴趣的实践人员参考使用。

图书在版编目(CIP)数据

电子商务概论/刘业政等主编.--4版.--北京:高等教育出版社,2020.6(2025.2重印)

ISBN 978-7-04-053426-9

Ⅰ.①电… Ⅱ.①刘… Ⅲ.①电子商务-高等学校-教材 Ⅳ.①F713.36

中国版本图书馆 CIP 数据核字(2020)第 017792 号

策划编辑 曾飞华	责任编辑 曾飞华	特约编辑 何 欣	封面设计 李小璐
版式设计 杜微言	插图绘制 于 博	责任校对 刘 莉	责任印制 赵义民

出版发行	高等教育出版社	网 址 http://www.hep.edu.cn
社 址	北京市西城区德外大街 4 号	http://www.hep.com.cn
邮政编码	100120	网上订购 http://www.hepmall.com.cn
印 刷	三河市春园印刷有限公司	http://www.hepmall.com
开 本	787 mm×1092 mm 1/16	http://www.hepmall.cn
印 张	24.5	版 次 2007 年 9 月第 1 版
字 数	600 千字	2020 年 6 月第 4 版
购书热线	010-58581118	印 次 2025 年 2 月第 8 次印刷
咨询电话	400-810-0598	定 价 59.00 元

第四版前言

本书前三版出版以来,受到广大读者的极大支持,广大读者也对本书提出了许多宝贵建议,在此表示深深的谢意。随着信息技术的快速发展,无处不在的网络、无处不在的计算以及由大数据驱动的无处不在的服务成为现代信息技术的典型特征。同时,我国电子商务发展已经处于世界前列,并形成了中国特色的电子商务发展路径。鉴于此,我们在坚持前三版教材的特色和第三版总体结构不变的基础上,对全书进行再次修订。本次修订,主要对原书中的案例数据、统计数据均进行了更新,以保证数据与现实尽可能一致;针对读者提出的一些意见,结合电子商务理论和知识体系的最新发展,对前三版中存在的一些问题进行了修订。特别对案例选择进行了系统性的优化,保留了经典的电子商务案例,并对案例数据进行了更新;更换了少量有争议的案例;尽可能选用我国企业案例,充分体现我国电子商务的发展成就。此外,我们在教材中新增了一些企业小知识,并鼓励读者从多个视角对案例进行思考,帮助读者在案例学习过程中,更好地树立正确的价值观。具体内容修订说明如下:

第一章 电子商务基础知识。进一步完善了电子商务类型的相关描述。

第二章 电子商务战略。替换了章尾案例。

第三章 电子商务商业模式。将第三版的第四节分为"O2O 电子商务"和"农村电子商务与跨境电子商务"两节,强化了新零售、共享经济等新知识。

第四章 网络营销。更加突出网络营销的覆盖率和转化率两个主题,强化了有关个性化营销知识;增加网红直播等内容。

第五章 电子交易。更换了个性化定制内容和章尾的案例。

第六章 电子支付与安全。增加了"生物识别支付"等新的支付技术应用,较系统地介绍了区块链的基础知识。

第七章 订单履行和物流管理。更换了自动化仓库和第三方物流公司的案例。

第八章 电子商务技术基础。增加 IPv6、5G 以及"第四节 大数据与人工智能技术"。

第九章 电子商务法律与保障。我国在 2018 年完成了电子商务的立法工作,正式发布了《中华人民共和国电子商务法》,并从 2019 年 1 月 1 日起正式实施。第九章电子商务法律与保障重点围绕《电子商务法》和《电子商务签名法》进行了全面更新。

本书由合肥工业大学刘业政、何建民、姜元春和孙见山联合主编。第四版的修订统筹工作由刘业政完成。

在书稿修订过程中,参考了大量的国内外有关研究成果,谨向有关作者诚挚致谢!修订中所引入的编者自己的研究成果受到了国家自然科学基金委项目(71490725,91846201)的资助以及教育部"过程优化与智能决策"重点实验室的支持,对国家自然科学基金委的资助、教育部"过程优化与智能决策"重点实验室的支持以及相关专家、学者表示衷心的感谢;来自合肥工业大学管理学院电子商务系的师生们在资料收集、课件制作、案例编纂、MOOC 录制等方面做了大量的具体工作,谨向他们表示最诚挚的感谢;在新版的出版过程中,高等教育出版社及本书责任编辑曾飞华女士给予了极大的帮助,在此一并致谢。

为使读者能够迅速了解电子商务的进展,我们继续每年更新一次 PPT 讲稿和相关资料,并将其上传至"中国大学精品开放课程"网站(http://www.icourses.cn),免费供读者下载。与该课程配套的慕课视频在"e 会学"安徽省网络课程学习中心平台上线,网址为 http://ehuixue.cn/;同时还建有全国电子商务概论教学交流 QQ 群,QQ 群号为 604540102。

编 者

2019 年 12 月

第三版前言

本书第一版自 2007 年出版以来,受到广大读者的极大支持,广大读者也对本书提出了许多宝贵建议,在此表示深深的谢意。随着信息技术的快速发展,电子商务日新月异,物联网、云计算、大数据等新技术不断涌现,无处不在的网络、无处不在的计算以及无处不在的服务成为现代信息技术的典型特征,新型电子商务模式不断涌现。鉴于此,我们在坚持前两版教材的四大特色基础上,对全书进行了修订。本次修订相对于第二版改动量较大,具体包括以下几方面内容:

1. 对全书的内容进行了重新设计。虽然还保持了九章,但全书内容结构做了较大调整:(1)将原第二章按照电子商务战略与电子商务商业模式分为两章,主要是因为近年来商业模式创新不断,内容非常丰富;同时,随着电子商务理论研究的深入,商业模式与战略间的关系日益清晰。网络营销仍然单独成章,但内容做了较大调整。(2)将原第四章按照交易机制与电子支付分为两章,其中交易机制独立成章,而将原第六章的电子商务交易安全与电子支付合并成章,这样逻辑上更加恰当。(3)订单履行与物流管理依然单独成章,新增了部分内容。(4)考虑到本书的定位是概论,因此,对电子商务技术进行了大规模的压缩,由第二版的三章合并为一章,即第八章电子商务技术基础,重点介绍网络技术、软件技术、网站技术,突出新技术的介绍,删除了一些陈旧的知识。(5)第九章阐述电子商务立法,将原来有关促进电子商务发展的政策建议全部删除,毕竟电子商务在中国已经比较成熟了。

2. 增加了一些新的内容和案例。近年来,基于互联网、无线网络平台的电子商务新模式、新业态不断涌现,物联网、云计算、大数据分析、个性化营销、在线社会网络、移动商务等新技术、新应用层出不穷,国家也制定了"互联网+"行动计划。本次修订对上述创新也给予了积极的响应,增加了互联网的资源观、O2O、跨界融合、农村电子商务、跨境电子商务、互联网金融等新内容,增加了诸如波音公司全球协同制造、跨界——乐视智能互联汽车、梅西百货——最自然的购物体验等体现电子商务未来发展方向的案例,以引导读者进行更深入的思考。

3. 全面更新了相关数据并对相关内容进行了完善。对原书中的案例数据、统计数据均进行了更新,以保证数据与现实尽可能一致。针对读者提出的一些意见,对第二版中存在的一些问题进行了修订。

本书第三版由合肥工业大学刘业政、何建民、姜元春、孙见山共同担任主编。各章编写修订分工如下:第一、二、三、八章,刘业政;第四章,姜元春、何建民;第五、六章,姜元春;第七、九章,孙见山。刘业政负责全书的统纂工作。

电子商务的快速发展为电子商务知识的传播也带来了挑战,如何快速适应科学技术的发展值得编者进一步思考。为使读者能够迅速了解电子商务的进展,我们每年更新一次与本书配套的 PPT 讲稿和相关资料,并将其上传至"中国大学精品开放课程"网站,免费供读者下载。网站地址为 http://www.icourses.cn/coursestatic/course_4064.html。

编　者

2016 年 5 月

第二版前言

本书第一版自 2007 年出版以来,受到广大读者的极大支持,在此表示深深的谢意。随着信息技术的快速发展,电子商务日新月异,物联网、云计算、社会计算等新技术不断涌现,无处不在的网络、无处不在的计算以及无处不在的服务成为现代信息技术的典型特征,在此背景下,电子商务也呈现出泛在性、虚拟性、海量数据、平台化、个性化以及社会性等新特征。鉴于此,我们对全书进行了及时修订。

1. 全面更新了相关数据。第一版中使用的一些案例数据、统计数据均发生了变化,因此我们对其中的数据进行了更新,以保证数据与现实的尽可能一致。

2. 增加了一些新案例。近年来,电子商务商业模式不断创新,特别是基于 Web 2.0 的在线社会网络的快速发展,使互联网会聚了巨大的人气,如何利用在线社会性网络开展网络营销成为各类企业不断探索的问题。本书针对此类新问题,增加了一些新案例,以引导读者进行更深入的思考。

3. 将电子商务的一些最新进展纳入教材中。主要包括物联网、云计算、云物流等内容,以使读者能够对电子商务的最新进展有一个初步的认识。

4. 针对读者提出的一些意见,对第一版中存在的一些疏漏进行了修订。

电子商务的快速发展给电子商务知识的传播也带来了挑战,如何快速适应科学技术的发展值得编著者持续深入思考。为使读者能够迅速了解电子商务的进展,我们每年更新一次本书的 PPT 讲稿和相关资料,并将其上传至本课程的网站,免费供读者下载。网站地址为 http://glxy.hfut.edu.cn/ec/。

编　者

2012 年 1 月

第一版前言

电子商务作为 21 世纪的时代特征,正成为全球性的具有战略意义的经营管理手段,为社会的发展带来全新的挑战和机遇。我国已将推进电子商务应用,加速传统产业的技术改造与创新,以信息化带动工业化的发展,发挥技术后发优势,实现生产力跨越式发展,作为国民经济与社会发展的重大战略措施。系统地学习电子商务基础知识是高等学校学生适应科学技术和社会发展的必然要求。电子商务是指企业经营过程与企业经营活动的信息化、网络化,其研究内容非常广泛,主要包括:网络环境下企业经营过程的规律和企业经营活动的特点,实现电子商务的理论、方法和技术,电子商务的社会与法律环境要求以及发展电子商务的战略与对策等。为了系统地描述电子商务所涉及的主要内容,我们以互联网环境下商务活动过程为主线,对电子商务活动中的营销、交易与支付以及相关技术保障和环境措施等内容科学合理地组织,编写了《电子商务概论》,希望通过本课程的学习,使学生对电子商务有一个整体认识,能够理解电子商务环境下企业经营理念的变革,提高学生利用互联网进行商务活动的能力和兴趣。在编写过程中,我们积极吸取国内外同类教材的先进性,同时注意形成自身的特色。

(1)理论与实践相结合。除理论知识和技术基础之外,我们还精选了多个案例,并对其得失做了较详尽的分析。在案例选择上,以本土案例为主,并尽可能选自不同的领域。

(2)保持教材内容的先进性。在内容选取时,参阅了大量相关的科技文献,并与我们自身的最新研究成果相结合,将其科学、合理地融入教材之中,力争反映电子商务的最新成就和发展前沿;积极参考国外近期出版的与电子商务相关的优秀教材,力争与国外最新教学内容保持同步。

(3)注重学科融合。电子商务是由多学科交叉融合而形成的,因此在教材编写过程中,我们注意将信息技术、管理科学、经济学等知识有机地融为一体,从信息技术的角度理解交易过程,从经营、管理角度认识信息技术的价值,帮助学生真正把握网络与企业经营的关系。

(4)将教材建设与课程建设紧密结合。除出版纸质教材和随书附带的包含了电子教案、多媒体演示等内容的配套光盘外,我们还建设了与教材配套的"电子商务概论"课程网站。该网站包含了教学要求、习题集、模拟实验、电子商务最新动态、相关科技文献、视频教学、师生互动等内容。

全书共分九章。第一、二章为基础篇,着重介绍电子商务的产生、发展以及电子商务的基本概念和业务模式;第三、四、五章为实务篇,系统地描述了电子商务的业务过程,包括网络营销、交易与支付、订单处理以及物流配送;第六、七、八、九章为技术与环境篇,简要阐述了开展电子商务的技术要求、社会管理机制,主要内容有网络技术、安全技术、系统开发技术以及管理制度的制定和法律、法规的建设。每章章后附有思考题,旨在帮助学生或读者进一步加深对知识点的理解。全书列出了相关的参考文献,便于感兴趣的读者进一步扩大阅读范围。

本书由合肥工业大学刘业政教授任主编,何建民任副主编,杨善林教授主审。各章的编写分工如下:第一、二章:刘业政,王硕;第三章:刘业政;第四、五章:何建民;第六、七章:左春荣;第八章:何建民;第九章:王硕。杨善林教授负责全书大纲的制定,刘业政负责全书的统纂工作。

在本书编写过程中,参考了大量的国内外有关研究成果,对所涉及的专家、学者表示衷心感谢。合肥工业大学计算机网络系统研究所、电子商务系的全体老师对本书的编写给予了极大的关心和支持;合肥工业大学电子商务研究所的博士生、硕士生在课件制作和"电子商务概论"课程网站建设上做了大量的具体工作,谨向他们表示最诚挚的感谢。

电子商务是一门日新月异的学科,且涉及信息科学和管理科学中的多个领域,加上作者水平有限,书中难免有疏漏或不妥之处,恳请广大读者不吝赐教,以便再版时及时更正。

作 者

2007 年 2 月 18 日

目　　录

第三篇　技术与环境篇

第一篇

基　础　篇

第一章　电子商务基础知识

"由于信息技术的爆炸式增长和电子商务的迅速出现,我们正目睹一场商业革命。信息收集、购物、贸易、中介代理、银行业、会计、审计、金融、谈判、协同、营销、供应、伙伴合作、培训、开会、排程、生产、分销、服务、零售等商务活动均因新的信息技术而变化。简而言之,我们所知道的许多经营行为都将发生变化。所有的组织,无论是大型企业还是中小型公司都将不可避免地面对这些技术发展所带来的挑战。"[①]

学习目标

1. 理解互联网为个人、社会、组织带来的机会。
2. 掌握电子商务的概念。
3. 理解常见的电子商务类型。
4. 了解电子商务的特点。
5. 理解电子商务框架的作用和意义。
6. 了解电子商务对经济学理论的影响。
7. 了解电子商务对企业管理的影响。
8. 了解电子商务产生的深刻社会背景和动力。
9. 了解电子商务的发展历史及未来发展趋势。

---

① Michael J.Shaw, David M.Gardner, Howard Thomas. Research opportunities in electronic commerce. Decision Support Systems, 1997 (21): 149-156.

本章导学

```
┌──────────────┐       ┌──────────────┐
│ 互联网带来的机会 │◄──────│ 章首案例:亚  │
└──────────────┘       │ 马逊的启示   │
                       └──────────────┘
                                                  ┌──────────────┐
                                                  │ 什么是电子商务 │
                                                  └──────────────┘
                       ┌──────────────┐          ┌──────────────┐
                       │ 电子商务基本概念 │◄─────────│ 电子商务特点  │
                       └──────────────┘          └──────────────┘
                                                  ┌──────────────┐
┌──────────────┐                                 │ 电子商务类型  │
│ 层次结构     │                                  └──────────────┘
└──────────────┘
┌──────────────┐                                 ┌──────────────┐
│ 柱状框架     │                                  │ 宏观经济     │
└──────────────┘                                  └──────────────┘
┌──────────────┐       ┌──────────────┐          ┌──────────────┐
│ 混合框架     │──────►│ 电子商务框架  │          │ 微观经济     │
└──────────────┘       └──────────────┘          └──────────────┘
┌──────────────┐                                 ┌──────────────┐
│ 动态框架     │                                  │ 组织结构     │
└──────────────┘                                  └──────────────┘
┌──────────────┐                                 ┌──────────────┐
│ 三角形框架   │                                  │ 营销管理     │
└──────────────┘       ┌──────────────┐          └──────────────┘
                       │ 电子商务影响  │          ┌──────────────┐
                       └──────────────┘          │ 物流管理     │
                                                  └──────────────┘
                                                  ┌──────────────┐
                                                  │ 生产管理     │
┌──────────────┐                                 └──────────────┘
│ 电子商务产生背景 │                              ┌──────────────┐
└──────────────┘                                 │ 业务流程     │
┌──────────────┐       ┌──────────────┐          └──────────────┘
│ 互联网泡沫   │──────►│ 电子商务简史  │
└──────────────┘       └──────────────┘
┌──────────────┐
│ 电子商务新进展 │
└──────────────┘       ┌──────────────┐
                       │ 章尾案例:小  │
┌──────────────┐       │ 米手机       │
│ 互联网+制造  │◄──────└──────────────┘
└──────────────┘
```

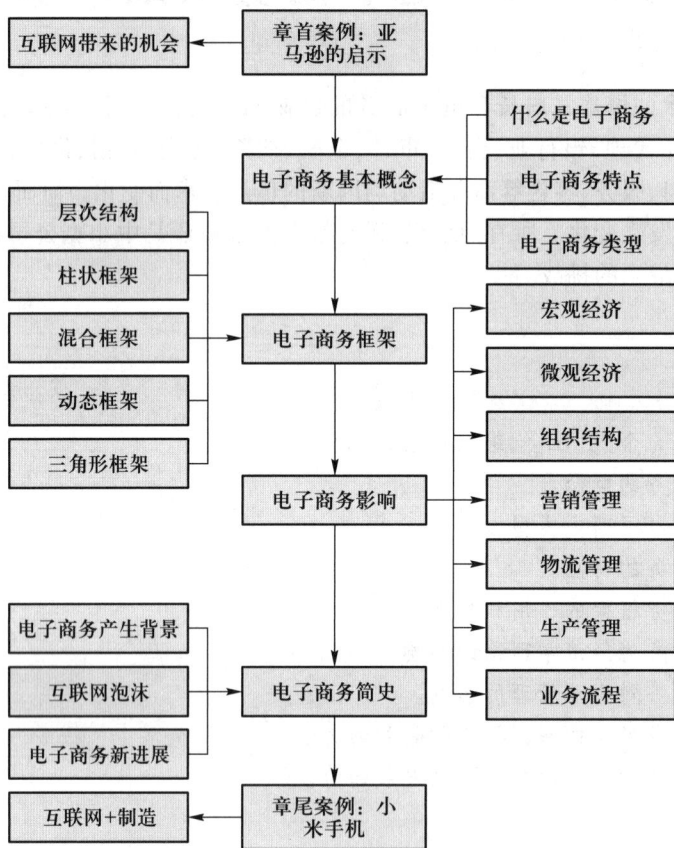

章首案例:互联网带来的机会——亚马逊的启示

一、亚马逊的故事

1994 年,29 岁的杰夫·贝索斯(Jeff Bezos)是华尔街上一家投资银行的高级副总裁。当了解到互联网用户每年增长 2300% 时,他意识到了巨大商机的存在,他选择了辞职,转而投资于他认为可以在网络上畅销的产品,他很快发现了图书。

(一) 为什么选择图书

有那么多商品可以销售,杰夫·贝索斯却为什么选中了图书呢? 他认为:

"图书有非常不寻常的特征,有非常多的图书品种,在任何给定时间我们网站都有近 150 万册英文图书,如果考虑全球所有语言,则不少于 300 万册。当涉及如此庞大的数目时,计算机的排序和组织能力就能得到充分发挥。没有哪个地方能支撑这一个庞大的书店,也没有办法印刷这样一册图书目录。如果将我们网站上提供的图书目录打印出来,大约相当于 7 本纽约的电话号码簿。"①因此网上书店能给予客户最大的价值体现。

选择图书的其他原因还包括：

（1）消费者在购买图书时，不必要接触到图书，其感兴趣的图书的信息，如作者、出版商、内容、价格，可通过网页提供的内容展示、介绍、对比，更容易让消费者得到满意的图书。

（2）图书市场没有"巨人"，容易形成竞争优势。

（3）图书体积小，容易包装，不易损坏，物流配送方便。

（4）图书商品价格不高，不会让消费者产生巨大的心理压力。

（二）亚马逊的快速成长

在筹措了几百万美元风险资金后，亚马逊（amazon.com）网站于 1995 年 7 月正式开通，并在随后的 16 个月里以 34% 的月平均速度快速增长。尽管贝索斯没有公布其销售数据，但据《华尔街日报》（*The Wall Street Journal*）的报道，亚马逊的年销售额超过了 500 万美元，《商业周刊》（*Business Week*）则估计其有 1 700 万美元，而当时全球的电子商务年销售总额才 32 400 万美元，平均每个在线零售商的销售额仅 3 000 美元左右②。

亚马逊 1997 年 5 月在美国纳斯达克市场挂牌上市，首次公开募集资金达 5 000 万美元，1999 年 2 月再次融资 10 亿美元。注册客户 1997 年年底为 150 多万人，到 2000 年年底突破 2 000 万人。快速的扩张也给亚马逊的经营带来巨大压力，虽然销售额不断地翻倍，但亏损额也在快速增加，仅 2000 年就亏损超过 14 亿美元，这也引起了风险资本的大规模撤离，公司股价也从每股 100 多美元下跌到 6 美元左右。为了应对危机，亚马逊公司采取了一系列的对策，并不断创新，取得了明显的成效。表 1-1 和图 1-1 显示了亚马逊公司从开业到 2018 年年底的主要经济指标变动情况。

表 1-1　亚马逊公司主要经济指标③　　　　　　　　　　单位：百万美元

年份	销售额	净利润	总资产
1996	15.75	-6.25	8.27
1998	610.00	-124.55	648.46
2000	2 761.98	-1 411.27	2 135.17
2002	3 932.94	-149.13	1 990.45
2004	6 921.12	588.45	3 248.51
2006	10 711.00	190.00	4 363.00
2008	19 166.00	645.00	8 314.00
2010	34 204.00	1 152.00	18 797.00
2012	61 093.00	-39.00	32 555.00
2014	88 988.00	-241.00	53 618.00
2016	135 987.00	2 371.00	83 402.00
2018	232 887.00	10 073.00	162 648.00

① Southwick, Karen. An interview: Jeff Bezos, Amazon.com, Upside.(U.S.ed.). Foster City: 1996, 8(10): 29-31.

② Bernstein, Elizabeth. Amazon.com's amazing allure. New York: Publishers Weekly. Nov 4, 1996, 243, (45): 24-26.

③ Amazon.com Annual Report: 1997—2018.

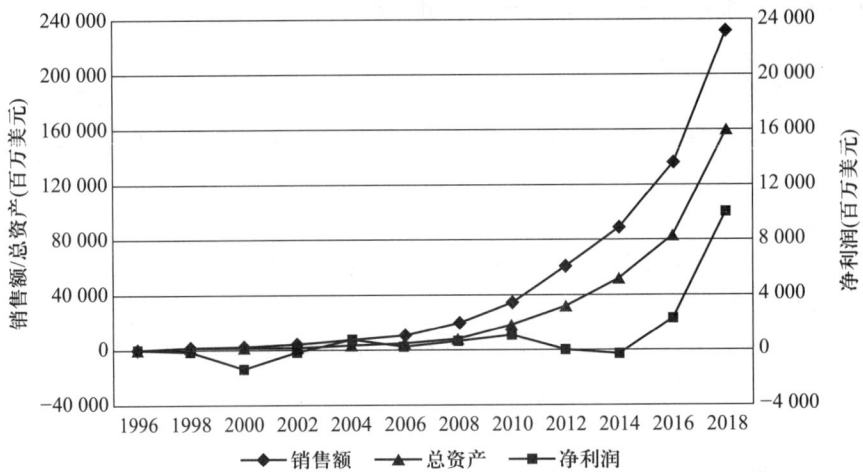

图 1-1　亚马逊公司主要经济指标变化曲线

1. 不断开发新产品

现在亚马逊产品已经覆盖 30 多个大类数百个小类。2006 年推出亚马逊 AWS，为客户提供简单存储服务（simple storage service，S3）、弹性计算云（elastic compute cloud，EC2）等专业云计算服务，走在了云计算领域的前列，成为亚马逊最主要的利润来源；2007 年推出的 Kindle 电子图书阅读器成为亚马逊最自豪的产品，此后还为消费者提供 Fire 系列电子产品，改善消费者的购物体验；2015 年，亚马逊推出金牌会员项目 Prime，为客户提供免运费、免费观看电影和电视节目等优惠服务，每年 7 月 15 日的会员日成为类似中国阿里巴巴推出的"双十一"购物节；为中小型第三方零售商提供交易服务，2015 年在亚马逊平台上的第三方零售商销售额已经超过亚马逊的自营销售额。图 1-2 为 amazon.com 的主页。

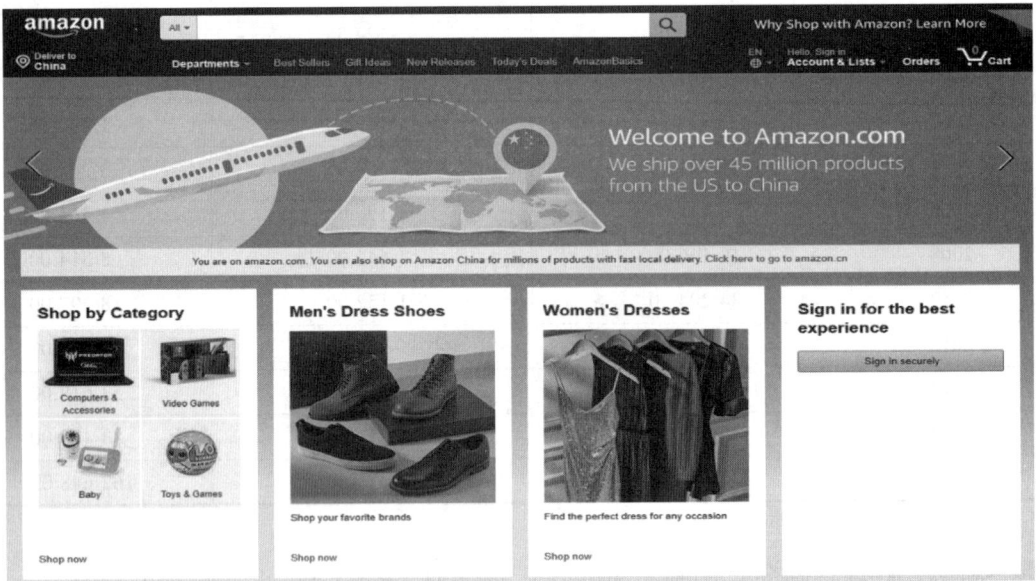

图 1-2　亚马逊英文主页（amazon.com）

2. 从单一的美国市场向全球市场推进

虽然电子商务网站本身不存在地域限制,但由于语言、文化、物流配送等方面的问题,单纯从美国本土对外交易已经带来了巨大的困难,因此公司先后在英国、德国、法国、日本、加拿大和中国寻求合作伙伴,拓展业务,图 1-3 为亚马逊中国的主页。

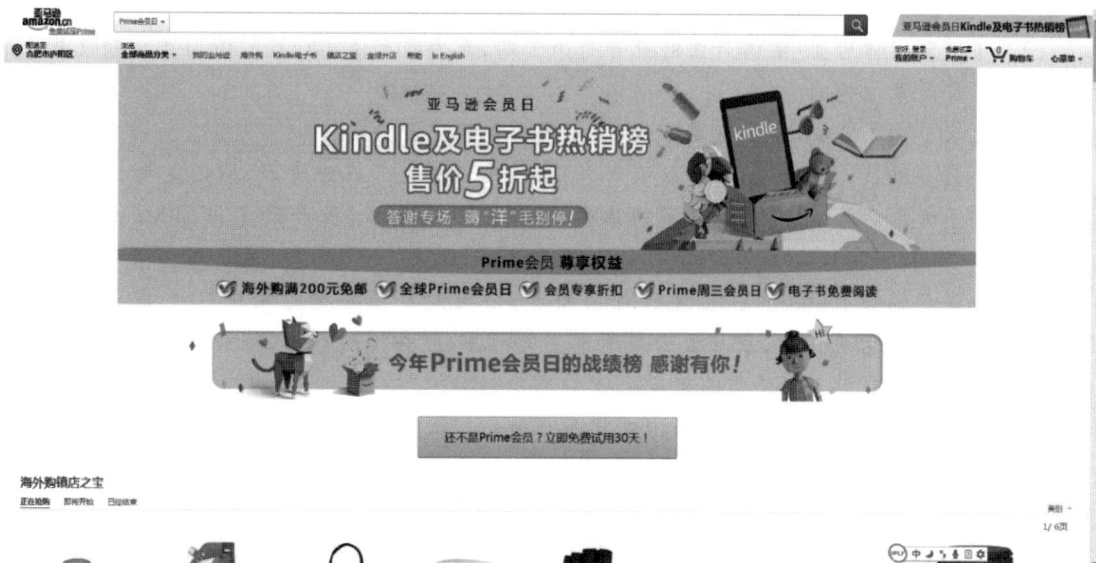

图 1-3　亚马逊中国主页(amazon.cn)

3. 改善客户服务和客户体验

在网站建设上更加体现客户关怀,优化网站结构以方便用户浏览,提供高效的搜索引擎使客户可以更快地找到所需信息;根据客户档案为客户提供个性化的产品信息和评论,推荐满足客户个性化需求的产品;推出"一键式"(one-click)订单服务,简化下单程序,保障支付安全,并可跟踪或修改订单。亚马逊网站有许多使在线购物体验更愉快的特点,例如它的"gift central"区描绘了新的礼品理念和服务,客户可以利用"e-cards"免费发送动画贺卡给其朋友或家人等。公司还认识到订单履行对提高客户服务质量的重要性,投入了上亿美元的资金建设适合小包装配送的物理仓库。

二、亚马逊的启示

亚马逊的历史几乎反映了电子商务的发展历史。它提供了许多有关电子商务问题的基本答案:为什么需要电子商务? 电子商务能帮助人们做些什么? 如果要开展电子商务业务,从哪里开始? 过程如何? 下面对此案例做一个简单总结。

(一) 网上购物的理由:面向消费者的策划

消费者愿意购买某产品,实际上就认同了该产品所体现的价值,因此客户愿意在网上购物也就认同了这种商业模式的价值。

(1) 多种选择:110 万种图书可供选择,客户利用搜索引擎技术很容易找到理想的图书。

(2) 方便快捷:没有店铺经营时间的限制,没有地理位置的约束,客户可以在任何时间、任何地点,只要能接入互联网,就可以下单购物。

（3）价格低廉：由于互联网能够降低交易成本以及享受政府的优惠政策，很多商品都能为客户提供高折扣，亚马逊书店 70% 以上的图书都能提供令客户满意的折扣。

（4）服务周到：电子邮件和电话提供客户支持，提供自动的订单确认、订单跟踪以及运输信息查询。

（二）投资的理由：面向资本家的策划

（1）不需要实体店面：实体店面的投资是昂贵的，而那些有商业价值的所谓黄金地段并不是所有投资人都愿意承担的。

（2）可以节约人力成本：不需要营业员，不需要销售代表。

（3）不需要维持大量的库存：可以依靠分销商，按订单生产或进货等，即使是畅销产品库存的数量也并不大。实际上，亚马逊每年的库存周转达 19 次之多（亚马逊年报，2002），而传统书店仅 3 次左右。

（4）专注产品设计：由于不直接面对消费者，公司的员工将精力集中在产品设计上。从 1995 年 7 月亚马逊开业至今，亚马逊公司所提供的产品、服务不断更新，特别是其服务和营销理念很多都成为其他在线公司模仿的样板。

（三）传统书店无法比拟的优势：个性化与社会化

（1）历史推荐：客户买过什么书吗？如果买过，那么只要客户再次登录其网络店铺，或者客户留有个人联系的方式，如 e-mail 或电话，系统都会给客户推荐其感兴趣的书目。

（2）协同推荐：客户想买什么书，只要输入想要的书名，与此相关的书籍都会推荐给客户。如果客户愿意提供一些个人偏好的资料，系统还能将其他与客户具有相似偏好的读者购买图书的习惯告诉客户，供客户参考。

（3）社会化协同：客户搜索出的每本书后面都可能留有其他读者的评价，以及该评价对购买该图书是否有帮助。客户还可以通过电子邮件的方式与感兴趣的读者、作者沟通，能非常方便地比较不同作者的书籍。

（四）经验与教训

（1）亚马逊的发展充分展示了网上购物的优势，为后来众多电子商务企业树立了典范。

（2）恰当的商品选择是在线企业成功的关键。电子商务的发展也进一步证明虽然所有的商品都可以在网上销售，但只有符合一定条件的商品才能取得成功。

（3）要有成功的企业策划，只有投资商、消费者才能为企业带来现金流，而现金流是企业能够维持经营的基础。当然还有合作伙伴，他们可能是企业的供应商或物流服务商等。

（4）要有良好的技术和服务保障，包括：网站或应用的设计、开发、维护；网络安全保障；安全支付系统、订单履行服务、客户关系管理等。

（5）控制扩张节奏。新型企业扩张过快，会引起资源如资金、劳动力、网络等的供给不足和不当配置，也会引起许多管理问题，如产品供应、库存管理、订单履行等。而如果违背创业初衷，则风险会更大，如亚马逊投资巨额资金建设自动化仓库，导致库存越来越大，员工越来越多，成本越来越高，亏损越来越大。亚马逊虽然熬过了巨额亏损的难关，但并不是所有企业都有它那么幸运，在 2000 年前后因不当经营而倒闭破产的在线企业远比成功的企业多。

案例思考题：

1. 亚马逊从哪些方面不断为客户创造了价值？

2. 创新是亚马逊的 DNA，也是其发展和成功的基石。查阅亚马逊在业务和运营方面的创新活动。

3. 亚马逊开发出了诸如 Fire Phones 等新产品，以及建立了移动端入口 App，它们会改进亚马逊的盈利能力吗？

4. 了解亚马逊 Go、亚马逊 VR 零售亭等新型服务，分析这些模式会如何影响电子商务的发展。

企业小知识：
亚马逊的基因

第一节　电子商务基本概念

一、什么是电子商务

（一）电子商务的定义

电子商务的定义有很多，许多组织和研究学者都给电子商务下了定义，不同的组织和不同领域的学者定义的角度又不同，如从通信技术、业务流程、产品或服务的交易等不同角度给电子商务下定义。大体上，这些定义可以分为两大类：一类是单纯地从商品或服务的交易角度，另一类是从整个供应链角度。

单纯地从商品或服务的交易角度定义的电子商务通常称为 electronic commerce（简称 EC），它是指借助包括因特网在内的计算机网络来购买、销售和交换产品、服务和信息的过程。该过程可划分成四个阶段：

（1）搜索阶段：寻找期望的供应商或消费者；

（2）下单和支付阶段：确认买卖行为；

（3）订单履行与配送阶段：执行订单并为客户运送产品或实施服务；

（4）售后服务阶段：产品使用指导、维护、客户关怀等。

EC 反映的是客户（个人或企业）与产品或服务提供商（如生产企业、零售商等）之间的商务关系。如消费者在网络上购买电子商店的商品，用户在网上享受服务商提供的服务等。如天猫（tmall.com）、京东（jd.com）、苏宁易购（suning.com）、业马逊（amazon.cn）、敦煌网（dhgate.com）、阿里巴巴（alibaba.com，1688.com）、美团（meituan.com）、淘宝集市（taobao.com）等提供的就是一种 EC 模式。

从整个供应链角度定义的电子商务通常称为 electronic business（简称 EB，为了区别于 EC，亦常将其译为电子业务或电子商业），是指企业从原料供应到生产、分销、零售等全部经营过程与经营活动的信息化、网络化，公司内部部门之间以及公司与供应商、分销商、零售商直至客户之间的协同和信息共享是 EB 的主要特征。它反映的是一种更为广泛的商业关系，既涵盖了客户与产品或服务提供者之间的商务关系（即 EC），又包括企业内部业务部门之间、企业与分销商、零售商之间，企业与原料供应商之间以及企业与政府部门之间的各种商务关系，如图 1-4 所示。例如小米（mi.com）、IBM（ibm.com）就是一种 EB 模式。

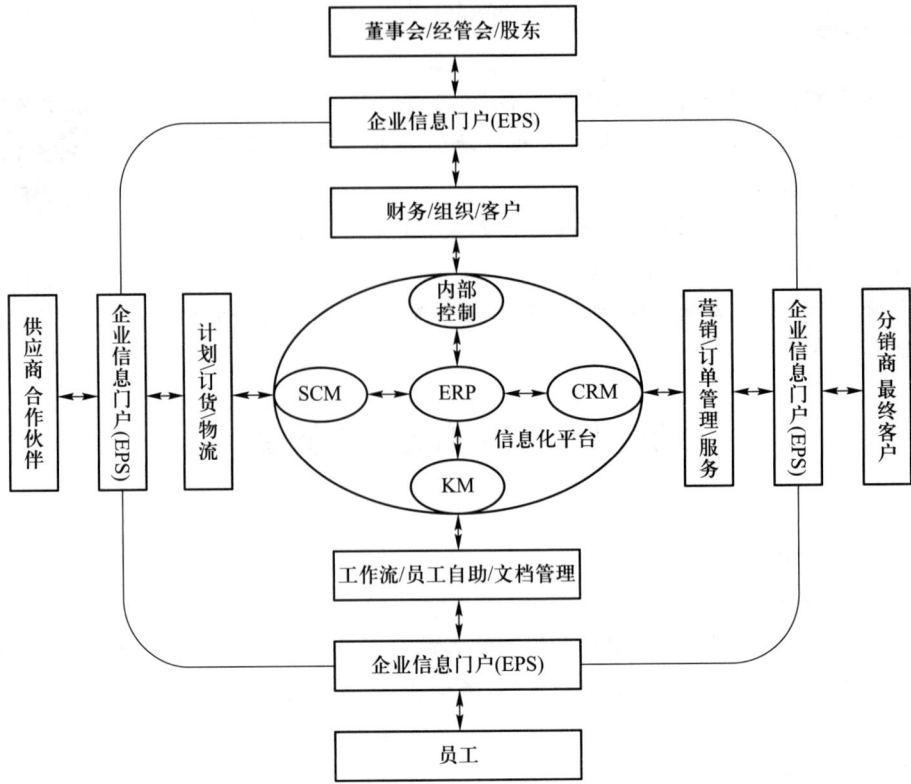

图 1-4　电子商务化企业的信息系统体系结构

（二）电子商务与传统商务的区别

1. 商品选择与对比

传统商务主要是消费者通过逛商场来选择、比较不同的商品；而电子商务环境下，消费者主要通过搜索引擎、网站浏览来选择、比较不同的商品，支持商品搜索的引擎主要有综合搜索引擎如百度（baidu.com），购物搜索如谷歌购物（shopping.google.com），站内搜索即各电子商务平台自身提供的搜索引擎等。

2. 购物体验

体验是指对某标的物的领悟，及感官或心理所产生的情绪。消费体验是指一个人在使用产品或享受服务时体验到的感觉以及认识。

传统商务主要是现场"亲身体验"；电子商务则由于其强大的搜索能力、在线评论与比较能力，使得电子商务表现出需求情感化、内容个性化、价值过程化、方式互动化的"亲"体验，而随着增强现实等技术的发展和应用，例如京东 AR/VR 畅想购，线上体验也越来越具有真实感。

电子商务的购物体验可以总结为六个字，即亲、趣、火、闹、抢、等。"亲"是一种特有的互联网体验，各种以淘宝体"亲"为代表的"亲"体验，拉近了因网络隔离所产生的距离；"趣"是指互联网往往能给消费者带来意想不到的惊喜，由于互联网有利于满足消费者个性化需求、实现一对一服务，使得消费者的兴趣能够得到充分满足；"火"是中国电子商务的特色，进入任何一个电子商务网站，形形色色的广告让消费者立即"热血沸腾"，感受到一种火爆的购物场面；虽然一个人宅在家里下单购物,但从来没有孤独感,静静的网页背后充满着"闹"的意境,好像全国人民都在和你一起购物;各种秒杀、促销活动,让消费者担心现在不"抢",后面就买不到了;购物后"等"待着快递员的短信或按门铃当然是一种幸福。未来移动互联网与传统商务的结合会将线上体验和线下体验有机融合在一起。

3. 下单

传统商务环境下购物主要是"一手交钱,一手交货",而电子商务则是"购物车"、电子支付、物流配送。

二、电子商务特点

电子商务通过营造一个虚拟市场环境,使贸易双方没有时空障碍,从而增加贸易机会,降低交易成本,改善服务质量,提高商务活动效率。相对传统商务,电子商务显示出以下一些特点。

(一)普遍存在性与全球可达性

普遍存在性(ubiquity)和全球可达性(global accessibility)是电子商务的突出特点之一。

互联网是普遍存在的。它的互联性决定了电子商务的跨国性,它的开放性决定了电子商务市场的全球性。电子商务是在一种无国界的、开放的、全球的范围内去寻找目标客户、供应商和合作伙伴。电子商务带来了更大范围成交的可能性,因而能使企业卖得更多。同时电子商务也提供了更广域的价格和质量的可比性,使客户有了更多的选择,可以买到更便宜的商品,而这种可比性,使市场竞争更加激烈。

(二)便捷性

电子商务消除了传统商业上的空间和时间约束,消费者可以在书房里、公共汽车上、办公室里利用桌面电脑或者智能手机随时下单购买;随时随地的下单还为消费者节约了交易成本,消费者不需要花费更多的时间和交通费用去传统商场购物;电子商务提供的信息搜索工具使得消费者对不同商品进行比较变得更加便利,减少了消费者的认知负担。

(三)即时性

电子商务的即时性(instantaneity)体现在三个方面。

1. 即时信息

企业资料能够得到及时更新,如产品价格;消费者可以在短时间内迅速定位所需信息,而且有多媒体支持。

2. 即时购买

电子商务允许消费者在任何时间进行购物或处理事务,提供全天候服务,即所谓 24 小时/7 天/365 日的服务,特别是移动互联网的发展,使得消费者可以实现随时随地的购买。

3. 即时配送

电子商务可实现数字化产品的即时配送;而非数字产品也可实现快捷配送,例如,京东基本上可以做到隔日达。

(四)交互性

(1)消费者与商家的交互。消费者从计划购物开始,到售后服务,全程可以与商家客服进行互动交流,了解产品的性能、使用等。

(2)消费者与消费者的交互。消费者可以通过在线评论及其回复、电子邮件、社交网络等方式,与其他消费者交流、分享购物体验,甚至形成以品牌为基础的社交圈。

(3)消费者与商品的交互。消费者可以通过商品目录、商业页面,了解商品的信息,同时,还可以借助虚拟现实或增强现实技术,与商品实现互动,在线体验商品是否适合自己或自己的生活环境。

(五)信息丰富性

传统商业可以通过商品演示、面对面服务,为客户提供丰富的信息,但这种信息丰富性被限制在有限的空间。而电子商务卖家可以借助各种媒体形式如文本、音频、视频、图片、动画、虚拟现实、增强现实等充分表达商品、服务信息,并借助于互联网传播到更广的范围,电子商务在信息丰富性(richness)和信息可达性(accessibility)上实现了完美的统一。

(六)标准化

要使信息能在全球范围内共享,必须遵循统一的标准,如传输控制协议(Transfer Control Protocol,TCP)、互联网协议(Internet Protocol,IP)、超文本标记语言(Hypertext Markup Language,HTML)、可扩展标记语言(Extensible Markup Language,XML)等。

(七)个性化与人性化

基于信息技术的电子商务系统可以完整地记录下消费者在网站上的搜索、浏览、购买、评论等交互行为,以及消费者之间的互动行为、消费者所处的位置等,并借助于大数据分析技术,发现消费者的个人偏好,通过一对一的、消费者主导的、非强迫性的个性化推荐服务(nudge),为消费者提供人性化的交易服务,与消费者建立长期良好的关系。

(八)整合性

整合性可体现在资源整合和过程整合两个方面。一方面,在电子商务过程中,可对多种资源、多种营销手段和营销方法、有形资产和无形资产的交叉运作和交叉延伸进行整合。另一方面,互联网同时兼具渠道、促销、电子交易、互动顾客服务以及市场信息分析与提供等多种功能。企业借助互联网,可将电子商务活动的整个过程融为一个整体,提高经营效率。

(九)经济性

通过互联网络进行信息交换,代替以前的实物交换,一方面可以减少印刷与邮递成本,可以无店面销售,免交租金,节约水电与人工成本,另一方面可以减少由于往返多次交换带来的损耗。

(十)技术性

电子商务是建立在以高技术作为支撑的互联网络的基础上的。企业实施电子商务必须有一定的技术投入和技术支持,改变传统的组织形态,提升信息管理部门的功能,引进懂管理、商务与计算机技术的复合型人才,才能使企业具备市场的竞争优势。

三、电子商务类型

电子商务的应用形式多种多样,要准确描述电子商务的类型,首先要确定一个分类准则。不同的分类准则会产生不同的电子商务类型。下面从电子商务应用程度、参与的角色、使用的通信技术三个角度对电子商务进行分类。

(一)根据电子商务的应用程度分类

商品交易涉及三个方面的要素,即交易商品、交易过程和交易渠道,每个要素可以是物理的,也可以是数字化的,或者是混合的。因此从三个要素维度的不同取值,可以得到如图1-5所示的电子商务类型。

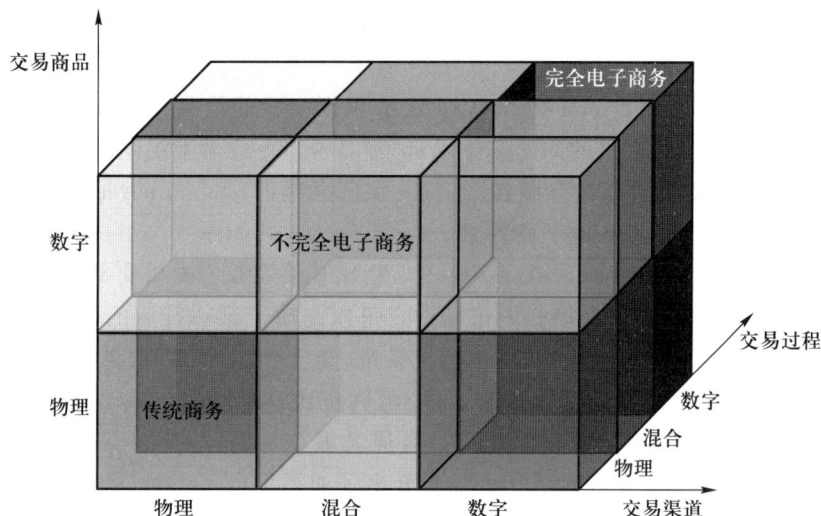

图 1-5 交易的数字化程度框架

1. 传统商务即完全非电子商务

交易商品、交易渠道和交易过程都是实体的,是一种"水泥+砖块"(mortar+brick)组织,如去超市购买服装就是典型的传统商务,服装是有形产品,交易过程是面对面的现金交易,超市是交易的实体场所。

2. 不完全电子商务或部分电子商务

交易商品、交易过程或交易渠道并不都是实体的,既有数字化的,也有物理的,有些可能是混合的,如很多 O2O 交易模式、全渠道交易模式等,是一种"鼠标+水泥"(click+mortar)组织,如在天猫网(tianmao.com)上购买服装、玩具,在大众点评(dianping.com)上订餐,在盒马鲜生(freshhema.com)消费,在沃尔玛(walmart.com)购物等都是不完全电子商务。

3. 完全电子商务

交易商品、交易过程和交易渠道都是数字化的。如在网易(163.com)上玩游戏,通过爱奇艺(iqiyi.com)观看电影、电视剧等都是完全电子商务。

(二)根据电子商务参与的角色分类

根据参与交易的主体可以将电子商务分为 B2B、B2C、C2C 等类型。在这里将 B(business)看作各类组织,包括企业、政府或其他非营利机构如教育和科研等。

1. B2B(business to business)

B2B 电子商务是指组织之间采用目录销售、拍卖、逆拍卖、谈判等机制构建的基于 Web 的市场。其特点是参与方都是组织,包括原料供应商、制造商、批发商、零售商、政府部门、事业单位等,一般交易规模大,且容易形成长期稳定的交易关系。

B2G 或 G2B 是指企业与政府之间的交易;F2B(factory to business)是指工厂为电子商务商家提供前端"研发和制造"的专业化 B2B 交易,从而建立 F2B2C 商业生态系统。例如,阿里巴巴 B2B 的供应商为淘宝或天猫卖家供应商品,并由淘宝或天猫卖家出售给个人消费者。

（1）卖方B2B电子商务（e-distributor）。企业通过目录销售、谈判等市场机制向众多企事业单位或政府部门等组织出售产品或服务而建立的一个基于Web的市场。盈利模式主要包括提升销售收入、提高边际收益。例如，华为企业业务网（e.huawei.com）就是华为为向其企业客户销售通信产品而建立的B2B电子商务。

（2）买方B2B电子商务（e-procurement）。组织根据自身的需要，通过逆拍卖、谈判等市场机制向市场发布采购需求而建立的一个基于Web的市场。一般大型组织都有自己的在线招标采购系统。盈利模式主要是提高边际收益。例如，宝武采购网（baowu.ouyeelbuy.com）就是宝武钢铁为其原材料采购建立的B2B电子商务。

（3）第三方B2B电子商务（e-marketplaces）。为B2B买卖双方提供交易匹配而建立的一个基于Web的双向市场，是一种中介模式的市场。它可以是属于某一行业的垂直市场，也可以是横跨多个行业的水平市场。其盈利模式主要有交易费、会员费、广告费、服务费等。例如，阿里巴巴（alibaba.com，1688.com）、慧聪网（hc360.com）、国联资源网（ibicn.com）、中国制造网（made-in-china.com）都是综合性B2B电子商务平台；科通芯城（cogobuy.com）、我的钢铁网（mysteel.com）、化工网（china.chemnet.com）则是专业性B2B电子商务平台。

2. B2C（business to consumer）

B2C（business to consumer）电子商务是指组织为了将产品、信息或服务通过目录销售、拍卖、逆拍卖、团购等机制出售给个人消费者而构建的基于Web的市场，也称为电子零售。B2C电子商务模式创新最为活跃，新交易类型层出不穷，交易领域几乎涵盖了衣食住行、吃喝玩乐、医疗健康、教育培训、金融投资等方方面面。

（1）电子卖场（e-mall）。由电子商务平台企业为B2C交易双方搭建的基于Web的交易市场，买卖关系是多对多关系。平台企业的盈利来自B端零售商的交易费、广告费和增值服务费等；B端零售商的盈利来自产品销售。例如，天猫（tianmao.com）是典型的电子卖场。

（2）电子商店（e-store）。B端电子商务企业为了将从供应商处采购的产品出售给个人消费者而搭建的基于Web的交易市场，买卖关系是一对多关系。电子商务企业的盈利来自产品销售。例如，京东（JD.com）、亚马逊（amazon.com）是典型的电子商店。

（3）在线直销（online direct sales by manufacturers，M2C/F2C）。制造商直接通过在线渠道将商品出售给个人消费者，消费者甚至可以在线定制自己的产品。制造商盈利来自产品销售。例如，华为（vmall.com）是典型的在线直销电子商务。

（4）"鼠标"＋"水泥"B2C电子商务。传统零售商通过网络渠道为消费者提供产品或服务，并实现线上与线下的有机融合，其盈利来自产品销售。例如，盒马鲜生（freshhema.com）、沃尔玛（walmart.com）是典型的"鼠标"＋"水泥"B2C电子商务。

政府为个人提供信息、咨询或公共事务处理等即为G2C；企业为其员工提供产品、服务、信息或培训、继续教育的企业内部电子商务称为B2E。

3. C2B（consumer to business）

早期C2B电子商务是指产品或服务提供方为个人，而各类组织是产品的接受方，如旧货收购市场。近年来，随着在线社交平台的快速发展，C2B已经演化成以消费者个体为主导的市场交易机制，社会化商务是一类典型的C2B电子商务，消费者贡献价值、企业消费价值。一种模式是消费者主动参与产品设计、生产、定价、分享、传播，产品、价格等彰显消费者的个性化需求，生产企业进行定制化生产,如小米公司(mi.com)。另一种模式是消费者聚集需求,B端企业满足需求并提供量折扣交易的商业模式,如团购。

4. C2C(consumer to consumer)

C2C电子商务是指为个体消费者之间通过目录销售、拍卖、逆拍卖等机制实现交易而构建的一种基于 Web 的市场。其特点是所有参与者都是个体,个体卖家直接将产品或服务卖给其他个体消费者。例如 ebay(ebay.com)等许多拍卖网站允许个人将商品放在网站上拍卖就属于 C2C业务;一些手机 APP 商店,如华为应用市场(appstore.huawei.com)、苹果应用商店(itunes.apple.com),允许 APP 开发者将其开发的 APP 上传至应用商店供智能手机终端用户下载使用,也可看作是 C2C 电子商务。C2C 电子商务的盈利主要来自广告费、搜索费、店铺租金、交易费、为卖家提供类似淘宝直通车等营销工具的增值服务费等。

(三)根据电子商务所使用的通信技术分类

企业或个人开展电子商务可以使用不同的网络环境和通信技术,因而也可以根据其所使用的技术对其分类。

1. 互联网电子商务

人们通常所说的电子商务一般都是指基于互联网的电子商务,即电子商务业务是在互联网平台支持下完成的。

2. 移动商务(mobile commerce, MC)

移动商务是指电子商务交易和活动的全部或部分在移动互联网环境下完成,许多移动商务应用包含能够接入互联网的移动设备,如便携式计算机、移动电话等。短信服务、铃声下载、移动支付、移动办公、移动导游等都是移动商务类型。移动互联网技术和智能手机等智能手持终端的应用极大地推进了移动商务的发展。近年来,移动电子商务已经成为传统企业突破互联网压力的重要手段。与此同时,传统电子商务企业也通过移动互联网向传统商务渗透,线上线下融合成为电子商务发展的必然趋势。

3. P2P(peer to peer)电子商务

P2P 是一种对等网技术。它使得网络上各节点计算机之间能够共享数据和处理,如在 C2C对等网应用中人们可以共享音乐、视频、软件和其他数字化产品,一些著名的下载软件如迅雷(xunlei.com)、快车(flashget.com)等均支持对等网下载。另外一些在线服务商也提供对等资源共享,如腾讯视频(v.qq.com)、PPTV 网络电视(pptv.com)、爱奇艺(iqiyi.com)等。P2P 技术可被应用于 C2C、B2B 和 B2C。

4. 泛在商务(ubiquitous commerce, UC)

网络技术已经延伸到国民经济、社会发展和日常生活的各个方面,物联网、移动网络、互联网等网络的互联使得人与人、人与物、物与物之间的通信成为可能,电子商务活动无处不在,形成了所谓的泛在商务。

我们还可以从业务视角对电子商务进行分类,如农村电子商务、跨境电子商务、互联网金融、电子商务服务、在线教育、在线游戏、在线咨询等。

第二节 电子商务框架

不同的人可以从不同的视角如管理、技术、社会、法律等来思考电子商务,因而也就出现了不同的电子商务的定义及对应的框架。电子商务框架就是一个包含与电子商务最相关的要素的总体结构。理解电子商务框架可以帮助我们从事电子商务活动时需要考虑哪些要素,也能帮助我们系统地认识电子商务所涉及的领域知识。

一、层次结构

最流行的框架之一是 Zwass 提出的层次结构,较低层次的要素支持较高层次的要素,如表1-2所示。

表 1-2 Zwass 的电子商务层次框架

元层次	层次	功　能	举　例　说　明
产品与结构层	7	电子市场和电子集团→面向组织的应用	电子拍卖、经纪人业务、分销、直销、组织间供应链管理
	6	产品和系统→面向消费者的应用	远程消费者服务(如购物、银行业务、股票经纪人)、内容服务(从教育到娱乐)、供应商—消费者连接、在线营销、电子福利系统、基于内联网的协同
服务层	5	"使能"服务→支持电子商务交易事务的工具	电子产品目录、企业目录、智能 agent、电子货币、数字认证服务、数字图书馆、产权保护服务、流量计量、智能卡系统
	4	安全消息传递→支持内容交换的工具	电子数据交换、电子邮件、电子资金转账
基础层	3	多媒体对象管理→实现网际间内容交换(HTTP)	WWW
	2	公共和专用通信设施→实现网际互联(TCP/IP)	互联网、增值网
	1	广域通信基础设施→局域网、城域网	光纤网、无线网络

Molla 和 Licker(M&L)在 Zwass 的框架基础上综合了 Riggins 与 Rhee 的思想:电子商务的作用可以分为组织内的业务加强(如部门间的协同)和拓展(如新的工作团队)、组织外的业务加强(如伙伴间的协同)和拓展(进入新的市场),并提出自己的框架,即在电子商务的任何定义中都要确定四个基本维度:网络原型、应用方案、增值业务功能以及电子商务参与方。网络原型包括互联网、内联网、外联网等;应用方案包括电子商务、WWW、客户关系管理、供应商关系管理、电子文档交换、电子钱包、拍卖、EFT 等;增值业务功能包括信息提供、沟通、生产、广告、买卖、分销、客户服务、配送、支付处理等;电子商务参与方包括供应商、生产商、中介、客户、政府等。

二、柱状框架

Kalakota 和 Whinston 采用了一种柱状结构,他们将公共政策和技术标准看作支撑四个基础设施——网络、多媒体内容、信息传递和公共业务服务的两根栋梁,在基础设施之上是具体的电子商务应用,如图 1-6 所示。该框架简单、易理解,但被认为理论深度不够。

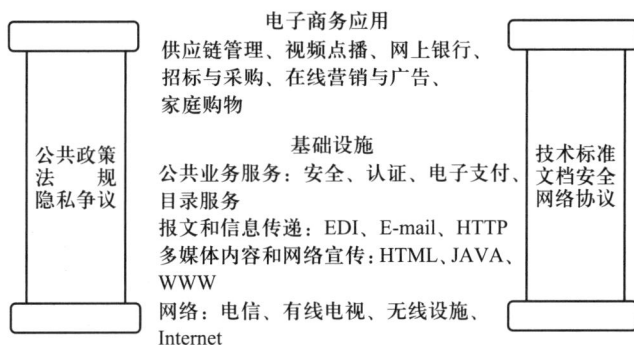

电子商务应用
供应链管理、视频点播、网上银行、招标与采购、在线营销与广告、家庭购物

基础设施
公共业务服务:安全、认证、电子支付、目录服务
报文和信息传递:EDI、E-mail、HTTP
多媒体内容和网络宣传:HTML、JAVA、WWW
网络:电信、有线电视、无线设施、Internet

公共政策　法　规　隐私争议

技术标准　文档安全　网络协议

图 1-6　Kalakota 的电子商务柱状框架

三、混合框架

Efraim Turban 融合了 Zwass 和 Kalakota 的思想设计了一个分层的柱状框架,如图 1-7 所示。它将整个框架分成三个层次:基础层、支持服务层和应用层。支持服务层的五项内容:人、公共政策、营销与广告、支持服务、商业伙伴是整个框架的"栋梁"。

这三种框架被认为缺乏灵活性,对比 Turban 和 Zwass 的框架,有些相同的内容并没有被划分在同一层次上,体现了这种划分的主观意识比较明显。

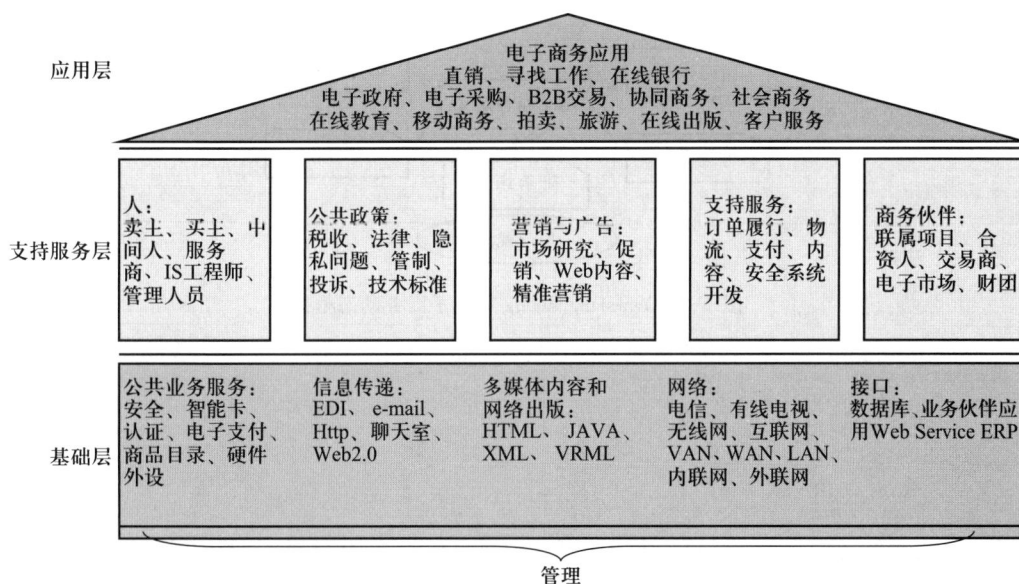

应用层

电子商务应用
直销、寻找工作、在线银行
电子政府、电子采购、B2B交易、协同商务、社会商务
在线教育、移动商务、拍卖、旅游、在线出版、客户服务

支持服务层

人:
卖主、买主、中间人、服务商、IS工程师、管理人员

公共政策:
税收、法律、隐私问题、管制、投诉、技术标准

营销与广告:
市场研究、促销、Web内容、精准营销

支持服务:
订单履行、物流、支付、内容、安全系统开发

商务伙伴:
联属项目、合资人、交易商、电子市场、财团

基础层

公共业务服务:
安全、智能卡、认证、电子支付、商品目录、硬件外设

信息传递:
EDI、e-mail、Http、聊天室、Web2.0

多媒体内容和网络出版:
HTML、JAVA、XML、VRML

网络:
电信、有线电视、无线网、互联网、VAN、WAN、LAN、内联网、外联网

接口:
数据库、业务伙伴应用 Web Service ERP

管理

图 1-7　Efraim Turban 的电子商务混合框架

四、动态框架

Elsie 和 Paula 认为上述这些静态的框架不能适应不同角色对电子商务的认识,"只对明确的环境有意义,不能提供一个有关电子商务类型、活动和能力的完整定义,而这种定义对有效分析在产品和服务方面的电子商务活动范围是重要的"。① 因此他们提出了一个更一般的框架,该框架仅包含三个要素:法律(如政策、规章、隐私、知识产权、版权、法律、伦理道德、计算机犯罪)、基础设施(通信及网络技术、多媒体应用、互联网、内联网、外联网、页面开发、页面浏览、仿真、数据挖掘、数据仓库、信息安全、EDI、数据库管理、B/S 及 Web 服务管理、互联网服务提供商、人机接口、智能卡设备等)和服务(互联网支付系统、电子出版、采购、电子目录、商业模式、各种信息港、在线购物、在线教育等),如图 1-8 所示。

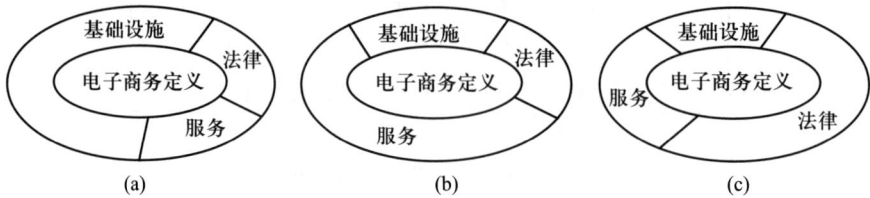

图 1-8　E&P 电子商务动态框架

不同的电子商务参与者如客户、企业、服务提供商、计算机系统开发商、营销人员、律师等可以设置不同的边界,如对网络工程师,他强调的是基础设施(图 1-8a);对于服务提供商,其强调的是服务(图 1-8b);而对于一名律师,电子商务在他的眼里可能是有关法律问题(图 1-8c)。Yewsiang Poong 等人在 M&L 和 E&P 框架的基础上提出了另一个动态框架,如图 1-9 和表 1-3 所示。

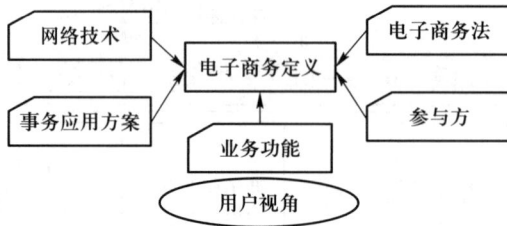

图 1-9　Yewsiang Poong 等电子商务动态框架

---

① Elsie Chan, Paula M.C.Swatman. Electronic commerce: a Component model. 3rd Annual CollECTeR Conference on Electronic Commerce, Wellington, New Zealand, November 29th, 1999.

表 1-3　Yewsiang Poong 等定义的电子商务动态框架

要素	举例说明
用户视角	用户可能是消费者、IT 管理者、程序员、律师、公务员、工程师、操作员、CEO 等
网络技术	互联网、专用网、VPN、WAN、WAP、GPRS 等
事务应用方案	电子邮件、支付处理、虚拟信用卡、信使、Web 浏览器等
业务功能	客户关系管理、广告、销售、购买、库存管理
参与方	终端用户、消费者、学生、老师、商业伙伴等
法律问题	政策、版权和专利、网络法、隐私、安全等

五、三角形框架

从上述的电子商务框架中可以看出,其根本的出发点是对电子商务所涉及的技术、业务、环境进行分割,只不过有的分割的粒度较细,如 Zwass、Efraim Turban 等人的框架;有的分割的粒度较粗,如 E&P 和 Yewsiang Poong 的框架。实际上电子商务是一个技术、业务、环境的统一体,它们之间是相互依存而不是相互分割的,因此可以设计一种三角形框架,来体现三者之间的依存关系,如图 1-10 和表 1-4 所示。

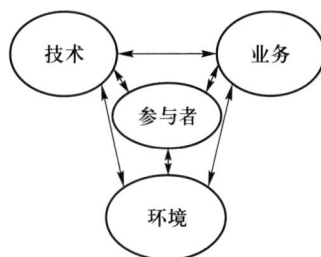

图 1-10　电子商务的三角形框架

表 1-4　电子商务的三角形框架

要素	说明
技术	支持电子商务运行的硬件、网络、软件等基础设施
业务	适应电子商务运行的业务流程,从供应、生产到营销、销售、结算、订单履行、售后服务、客户关怀
环境	保障电子商务运行的法律、道德、安全、隐私等
参与者	电子商务各相关参与方,包括供应、生产、销售、客户、IT 技术、伙伴等各方面人员

第三节　电子商务对经济与管理的影响

互联网的发展与电子商务的应用,产生了网络经济(也称为信息经济、数字经济、新经济、虚拟经济、互联网经济、电子商务经济)。这对人类生活产生了深远影响,引发了一系列新的经济现象,给经济理论、企业管理都提出了新的挑战。本节简单介绍电子商务对这两方面的影响,更详细的内容可参阅有关网络经济学、电子商务与企业管理等文献、书籍。

一、网络经济与传统经济的关系

传统经济是大批量制造业和加工业经济体系,经济(产品)基本上是资源密集型的,知识含量较低,遵循边际收益递减规律;网络经济是以知识为基础的经济体系,产品是知识密集型的,自然资源所占比重小,遵循边际收益递增规律。两者相互依存,在现代经济体系中形成对立统一的关系。

（1）传统经济是网络经济形成和发展的前提和基础,网络经济所依赖的大量基础设施是传统经济的产物,也是传统经济高度发展后的必然需求。

（2）网络经济的形成和发展又拉动传统经济的技术进步和产业升级,迫使传统经济向网络经济转型,若固守原有的传统经济模式,势必在经济全球化过程中处于竞争劣势。

（3）在现代经济体系的所有行业中,在边际收益递减机制存在的同时,也存在着边际收益递增机制。边际收益递减规律主宰着现代经济的传统部分,即制造工业和加工工业部分;边际收益递增规律主宰着现代经济中的网络经济部分,即以知识为基本要素部分。科技进步和技术创新是由传统经济通向网络经济的桥梁。当网络经济用知识要素取代传统的劳动力要素和资本要素作为发展的主要动力时,会因生产率提高而实现边际收益递增。一旦创新停滞,就由边际收益递增转为边际收益递减。

（4）传统经济带来的外部负效应(如环境污染)成为网络经济发展的动因。

传统经济与网络经济特征比较如表1-5所示。

表1-5 传统经济与网络经济特征比较

主要特征	网络经济	传统经济
基本要素	信息技术和数据、信息、知识、智慧	劳动力、自然资源和资金
资本形式	人力资本	物质资本、货币资本
要素提供者	掌握先进技术和信息的"知本家"	拥有自然资源和资金的"资本家"
劳动方式	脑力劳动为主	技术(手工)操作为主
扩大再生产形式	内涵式(质)扩大再生产	外延式(量)扩大再生产
发展原动力	技术创新	资本积累
投资对象	创新产品	物质产品
资本运作特点	风险投资和资本市场运作	固定资产投资,资本积聚和集中
增长方式	边际收益递增	边际收益递减
竞争方式	创新能力竞争,锁定市场	资本实力竞争,垄断市场
经营理念	追求创新效益,依靠技术创新、体制创新和机制创新;追求创新的速度和经营灵活性;努力提高产品技术含量和领先程度	追求规模效益,依靠扩大生产规模;追求资源优化配置和有效利用;努力实现资源供给、产品生产和产品销售的稳定增长

二、电子商务对传统经济理论的影响

（一）对宏观经济的影响

电子商务所基于的经济学原理与传统市场不完全相同,无论是宏观经济理论还是微观经济理论,许多内容都受到了信息和通信网络的影响。

菲利普斯曲线(Phillips Curve,PC)是现代宏观经济分析和决策理论的奠基石,它以一条向右下方倾斜的曲线描述了失业率与通货膨胀率之间的负相关关系。较高的通货膨胀率与较低的失业率相对应,较低的通货膨胀率与较高的失业率相对应。一个国家要保持较低的通货膨胀率,必须接受较低的经济增长水平,付出较高的失业率代价;要保持较高的经济增长速度和较低的失业率,就必然付出较高通货膨胀率的代价。但美国经济从1994年持续维持了近10年以约3%的增长率增长,与此对应地,失业率从1994年逐步回落(2000年后有所回升),按照经典的菲利普斯曲线推测,通胀率会上升,但实际上从1992年后一直稳定在2.5%左右,出现了高增长、低失业率和低通胀率的经济现象,如图1-11所示。

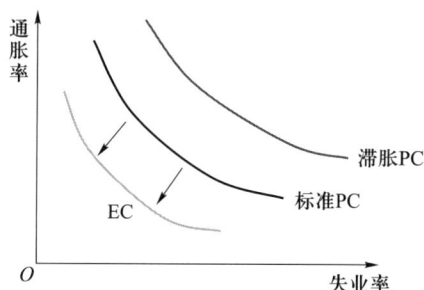

图 1-11 不同经济环境下的菲利普斯曲线

导致这种现象的因素有很多,但互联网和电子商务起着催化剂的作用。目前对这种高增长、低失业率、低通胀的解释有以下几种观点:

(1) Ball & Mankiw 认为信息和通信技术的应用提高了生产率,但工资的增长没有及时跟上。该观点还可从反方向解释"滞胀"现象。

(2) Ihrig & Marquez 和 Ziesemer 认为互联网改变了劳动力市场结构,人力资源配置更加优化。Ihrig & Marquez 还认为货币政策变得更可靠也是原因之一。

(3) Huub 认为互联网改变了商品市场结构,企业的竞争更加透明,客户变得越来越有力量,迫使企业降低成本和产品价格。

经济周期理论在解释美国20世纪90年代连续10多年的经济持续增长现象时也出现了危机。传统经济理论认为,主要按商业企业来组织活动的国家的总体经济活动中存在一定的周期,这是现代经济社会中不可避免的经济波动,一个经济周期可分为危机、萧条、复苏、繁荣四个阶段,并在经济生活中反复出现,任何一个国家都不可能总是繁荣或总是萧条(图1-12)。从19世纪70年代开始,朱格拉(Juglar)、基钦(Kitchin)、康德拉季耶夫(Kondratieff)、库兹涅茨(Kuznets)和熊彼特(Schumpeter)等经济学家对经济周期理论做了不同的阐释,并界定了经济周期的长短和类型,其中最著名的是熊彼特经济周期划分,他把经济周期分为长、中、短三种周期,认为经济

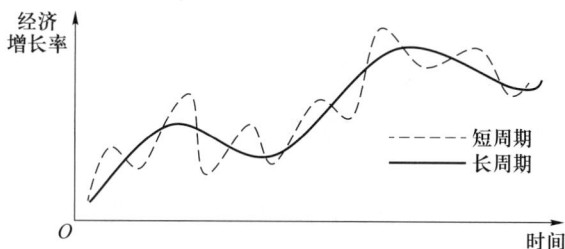

图 1-12 经济周期理论

短周期即朱格拉周期由三个基本周期组成(繁荣、危机、清算),大约为 10 年,经济长周期即康德拉季耶夫周期大约为 60 年。现在虽然还未达到中、长期周期时间段,但短周期理论已无法解释今天的美国经济。

受互联网和电子商务的影响,其他一些经济学理论如报酬递减原则、定价法则等不能很好地解释网络经济中出现的一些经济现象,而另一些经济理论如规模经济理论、垄断理论等的重要性则显著下降。例如除规模经济外,由于互联网的普遍存在性和全球可达性,诸如范围经济(通过产品品种或种类的增加来降低单位成本)、差异经济(通过产品或服务差异性的增加来降低成本和增加利润)、成长经济(通过拓展企业内外部的成长空间来获取利润)、时效经济(通过抢先利用机遇扩大市场份额来赢得竞争优势)、利基经济(主流市场的补充,针对特殊需要的客户群体)等各种经济形式变得越来越重要。

(二) 对微观经济的影响

互联网的使用,使企业的生产率得到提高、经营成本降低、库存减少,因此传统经济条件下的一些生产曲线在电子商务支撑下向有利的方向移动。[①]

1. 产品成本曲线

传统环境下许多产品或服务的平均成本曲线是 U 形,即开始时随着产量的增加成本逐渐下降,但当增加到一定程度后,管理成本、营销成本、库存占用等变动成本开始大幅增加。但在电子商务环境下,管理成本、营销成本可以得到有效控制,库存可以控制在很低的水平甚至实现"零"库存,如图 1-13(b)所示;另外,交易成本在电子商务支持下也会出现下降,如图 1-13(c)所示,从而有效控制变动成本的增加。因此,电子商务能够有效降低产品平均成本,如图 1-13(a)所示。但需要说明的是,由于实施电子商务需要投资一定的固定资产,因此在规模较小时平均成本会比较高。

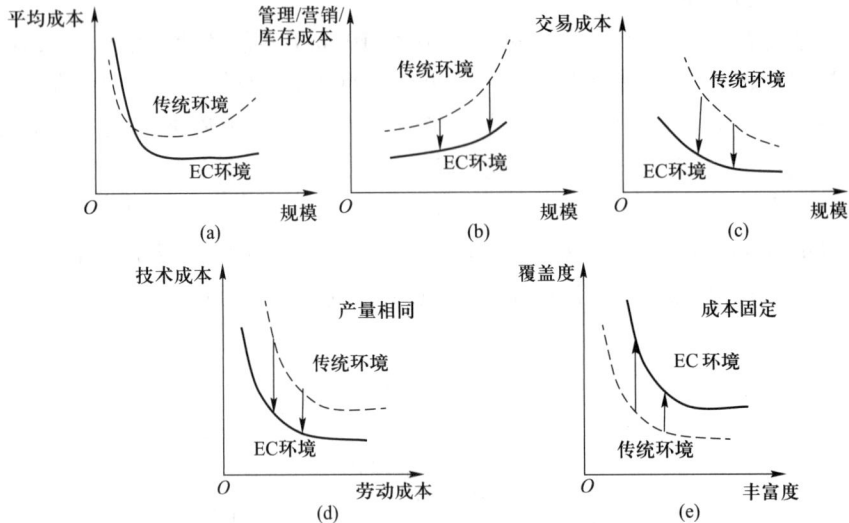

图 1-13 电子商务对企业生产曲线的影响

---

① Efraim Turban, David King, Jae Lee, Dennis Viehland. Electronic commerce 2004: a managerial perspective. Pearson Prentice Hall, 2004, 60-62.

2. 生产函数曲线

生产相同产量的产品,降低劳动力成本与降低技术成本是一对矛盾,通常降低劳动力成本是以增加技术投资为代价的,而电子商务可以帮助企业在更广的范围内配置资源,从而缓解这种矛盾,如图 1-13(d)所示。

3. 覆盖度和丰富度

覆盖度(reach)是指信息的延伸程度;丰富度(richness)是指内容的深度、广度以及定制、交互性等。传统经济学的理论认为,在给定成本水平下,覆盖度和丰富度需要权衡,比如报纸、电视广告都是高覆盖度低丰富度,而销售表演则是低覆盖度高丰富度。但互联网降低了企业与客户间的互动成本和信息服务成本,可以利用个性化定制以及各种媒体格式为全球各地的消费者提供丰富的信息,即同时具有高覆盖度和高丰富度,如图 1-13(e)所示。

三、电子商务环境下的企业管理变革

电子商务改变了组织内部部门之间、组织与组织之间、组织与个人之间、管理者与被管理者之间的沟通方式,因而相应的企业管理方式也要随之发生变化。表 1-6、表 1-7 比较了不同经济环境下的企业经营战略及管理特点。

表 1-6 企业经营战略比较

对比内容	传统模式	电子商务模式
基本假设	企业是独立、自治的封闭系统	供应链内的企业是相互依赖、共生的开放系统
竞争行为	对抗竞争	合作竞争
竞争主体	企业之间	供应链之间
战略目标	企业自身利益	自身利益和供应链利益
竞争优势来源	企业核心能力或产业结构	企业核心能力和供应链管理能力
战略管理的重点	核心能力管理或市场结构的分析与定位	企业核心能力和供应链关系的管理
战略的性质	静态、单向	动态、互动

表 1-7 企业管理特点比较

对比内容	传统模式	电子商务模式
管理目标	扩大规模,增加产量,追求高额利润(外延式)	加强技术创新,提高产品质量,提供满意服务,追求超额利润(内涵式)
管理思想	强调集中、统一管理,保证员工连续、稳定、勤奋工作,客观上扼杀了个人的创造性	强调自由经营、民主管理,鼓励员工超越自我,不断创新,发挥知识和智力的作用
管理内容	制定经济活动的统一标准和制度,保证指挥畅通,管理有效	加强技术的研究、开发、创新和信息的收集、提炼、分析、综合,并形成独特的管理优势

续表

对比内容	传统模式	电子商务模式
管理组织	以等级为基础,以监控为特征的"金字塔形"严密结构,缺乏灵活性	减少管理层次,压缩职能机构和人员,建立一种紧凑的、富有弹性的、能够快速应变的团队组织
管理策略	以分工为基础,以资本为纽带,强调组织性、纪律性,以规章制度求效率的刚性策略	以信息为基础,以创新为纽带,强调关联和互动性,在市场驱动中"以快求变"的柔性策略
管理手段	以机械为特征的现代管理手段	以计算机及网络为特征的现代管理手段
管理者与被管理者的关系	人是机器和规章的附属物,管理者与被管理者被物化为"人与物"的指挥与执行关系	人是知识的生产者,管理者和被管理者都参与知识的创新活动,他们之间是双向互动的关系

在电子商务环境下,企业面临着全球范围内的竞争压力,且竞争越来越透明,知识成为企业最重要的生产资料。企业管理以培育和提高知识创新能力为核心,而知识来源于员工、客户、商业伙伴甚至竞争者,因此"以人为本""以客户为中心""合作竞争"是电子商务环境下企业管理的主要特点。在此背景下,企业首先要在组织结构上实行变革,使其有利于激励员工创新,有利于与客户互动,有利于与商业伙伴协同,从而实现企业经营战略的变革。

(一)企业组织结构变革

"金字塔"式的垂直组织结构有其形成的历史背景,诺贝尔经济学奖得主科斯(Ronald Coase)在1937年给出了这种组织形成的理由。他认为此前那种分散的经济组织(可以看作一种扁平式的结构)因为信息搜索、获取和协同作业困难,使得交易成本太高,因而出现了集中式的垂直型企业,如图1-14所示。

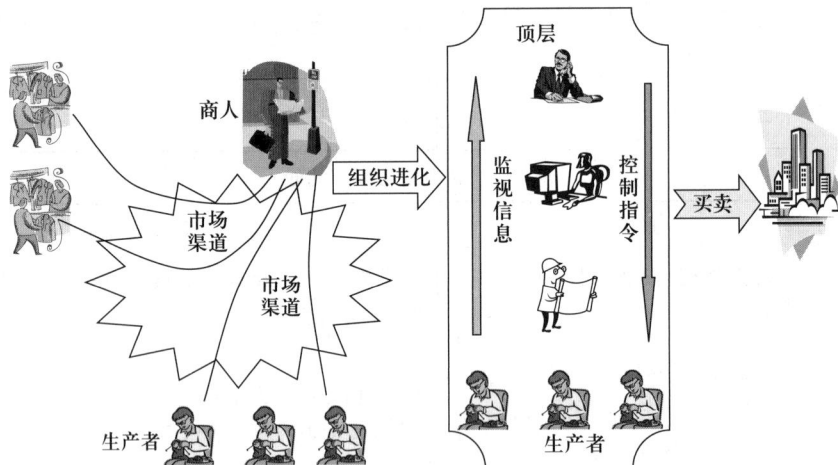

图 1-14 "金字塔"组织结构的形成

但集中式管理也有其问题:管理层次太多,效率低下,对市场反应慢;低层员工的自主性小,创新能力被限制;缺乏灵活性。而这种问题在组织规模扩大到一定程度后,就显得更加突出。互联网的出现和电子商务的应用正好解决了原来扁平化结构的两个最大问题,即搜索信息和协调行动,因此组织结构的再次演变具备了必要的条件。在电子商务环境下的组织结构应该具有下列某些特征。

1. 扁平化组织

将原来由职能部门的垂直型组织架构转变为横向的以业务流程为基础的扁平型组织架构,其特点是:中间管理层次减少,管理幅度增加,权力下移,监督成分减少,员工自主权增加。

2. 柔性化组织

互联网使得企业可以超越时空、功能和工作场所的限制,形成形式多样、敏捷灵活的柔性组织,企业管理者仅围绕战略业务单元(strategic business unit, SBU)开展经营活动。所谓战略业务单元,是指设计、生产、销售、配送等某些增值活动以及人力资源管理、财务管理等支持活动的特殊组合,可以是一个独立企业,也可以是企业的一个部门,只要能够独立规划自己的经营战略。

3. 网络型组织

网络型组织基于计算机网络,包括互联网、外联网、内联网,企业各业务单元之间连接成网状结构,各业务单元之间既有明确的分工,又能紧密协作。

4. 联盟型组织

企业仅保持其具有核心竞争能力的业务,通过建立战略联盟将企业的非核心业务转让给盟员承担,但这个业务却是盟员的核心业务。如生产型企业与物流企业的结盟,生产企业注重产品的设计与生产,物流企业承担物流配送任务;知识型企业与制造型企业联盟,知识型企业注重产品研究与设计,制造型企业注重产品加工生产。

5. 学习型与创新型组织

学习、创新是电子商务环境下企业保持竞争力的核心。由于互联网的应用使企业的透明度增加、技术更新速度加快,不断学习、创新,开发新技术、新工艺和新产品,是企业生存与发展的基础。因此企业的组织结构必须有利于知识的收集、整理、共享、保护、利用,同时企业必须把其核心员工当做企业的财产,不断地为他们提供机会学习、深造,以提高知识水平和技能。

在电子商务环境下,还有许多其他的组织形态,如绿色型、智能型、集成型、精益型等。

(二)营销管理

电子商务为企业提供了一个新的营销渠道。企业可以借助其他的综合性门户网站进行产品的宣传、广告和促销,也可以加入各类 B2B、B2C 电子商务中介企业销售自己的产品,还可以直接建立自己的企业门户开展营销活动。这种新的营销模式可以缩短交易周期,改善客户服务(互动、定制),创立或宣传企业品牌,降低交易成本等。例如牛仔裤领导厂商 Levis(levi.com, levi.com.cn)通过调查发现,许多客户对现有的牛仔裤合身程度并不完全满意,因此该公司便在其网站上提供标准的规格,并提供客户量身定制,再为其修改的服务。由于迎合了个性化的需求,推出后大受市场欢迎,Levis 公司本身也因减少了库存占用、采取预收款制、收取较高的定制服务费等而提高了经济收益。Wind 总结了电子商务对企业营销的影响,如表 1-8 所示。电子商务作为一个新的营销渠道面临着与传统渠道的冲突。

表 1-8 正在变化的营销面孔①

对比内容	传统模式	电子商务模式
营销模式	批量和细分	定制
与客户的关系	在交易中客户被动参与	客户是合作生产者
客户要求	清晰	清晰或不清晰
细分市场	批量市场和目标细分	寻求定制的方案和细分的目标
产品和服务供应	线性扩展和修订	定制的产品、服务和营销
新产品开发	营销和研发驱动新产品开发	研发集中在消费者定制平台的开发上
定价	固定价格和折扣	客户决定定价;基于价值的定价
沟通	广告和公关	集成的、交互的、定制的营销沟通、教育和娱乐
分销	传统零售和直销	直接(在线)销售、第三方物流服务
品牌	传统品牌或合作品牌	以客户的名字作为品牌
竞争优势基础	营销能力	营销技巧,在集成营销、运作、研发的同时使客户成为伙伴

(三)物流管理

物流配送涉及两个层面,一是供应层,二是销售层。在电子商务环境下,因定制、直销等商业模式的出现,生产企业和零售商都不可能积压大量库存,传统的批量进货也发生相应变化,这就要求企业间的响应更加快捷。而企业在线直销或零售商在线销售(B2C 电子商务)的配送已经与传统经营模式完全不同,范围广、小批量、多品种、多批次、商品价值不高等使得物流配送网络复杂、成本高。另外,在电子商务环境下,客户对物流配送提出了一些新的要求,如即时配送、状态跟踪。因此,传统的周期性的、批量运输的物流体系已明显不适合新环境的需求。

例如,在美国,为了应对 B2C 电子商务环境下的物流配送问题,许多不同行业的公司如杂货店、干洗店、录影带出租店等组成一个流线型(streamline)的客户服务联盟,通过不同企业间的网络联系机制,让消费者通过网站进行订购,而后统一提供送货到家服务。供应链上的企业之间应用互联网络,包括互联网(internet)、企业内部网(intranet)、企业外部网(extranet),使供应商、制造商、批发商、零售商之间形成一条电子商务化的供应链(E-供应链)以增强对物流需求的快速响应;联邦快递(FedEx.com)、UPS(ups.com)等专业物流公司成为全球众多企业的战略合作伙伴。

第三方物流、E-供应链、自动化仓库、即时或快速配送、状态跟踪成为新型物流体系的特点。表 1-9 列出了传统环境与电子商务环境下物流管理的对比。

---

① Yoram Wind. The challenge of customization in financial services. The Communication of the ACM, 2001,44(6): 39-44.

表 1-9　物流管理的变化

企业类型	供配	传统模式	电子商务模式
生产型	供应层	周期性的、批量运输;自主运输为主,第三方物流为辅	E 化,小批量连续补货,快速配送,"零"库存,第三方物流服务,状态跟踪
	销售层	(流向批发商、经销商和零售商)周期性的、批量运输;自主运输为主,第三方物流为辅	直销(流向个人消费者),(定制)单件,即时配送,自动化仓库,第三方物流服务,状态跟踪
零售型	供应层	周期性的、批量运输;自主运输为主,第三方物流为辅	E 化,小批量连续补货,快速配送,"零"库存,第三方物流服务,状态跟踪
	销售层	客户现场购物,基本没有物流配送	单件,即时配送,自动化仓库,第三方物流服务,状态跟踪

(四)生产管理

电子商务使批量生产方式转变为按需驱动的敏捷(just in time, JIT)制造,而实现敏捷制造就要使生产系统与企业的财务、营销及其他业务系统集成,与合作伙伴和供应商的系统集成,形成 E-供应链,图 1-15 就是一种可能的生产管理模式。

例如,企业接收到客户订单,基于 Web 的 ERP1 系统可以将客户订单即时传到设计员或生产线,同时 ERP1 还与供应商的信息系统 ERP2 集成,供应商的 ERP2 系统也会与它的供应商 ERP3 系统集成,形成一个 E 化的供应链协同环境,供应链上的企业共同选择第三方物流公司作为战略伙伴,承担企业的物流任务,内部系统也与物流公司的 ERP4 系统集成。如果生产系统分布在不同地区,就可以由分布在不同地区的多个生产企业共同完成同一产品的生产,其中由一个企业控制整个生产流程,从供应到运输,整个过程对客户和员工完全是透明的,这就是所谓的虚拟制造(virtual manufacturing)。中国现在被称为制造大国,很大程度就是因为承担了许多虚拟制造的加工与装配任务,例如通用汽车、波音等制造业巨头都在中国有制造任务。信息共享、协同、协调是这种生产方式的关键。

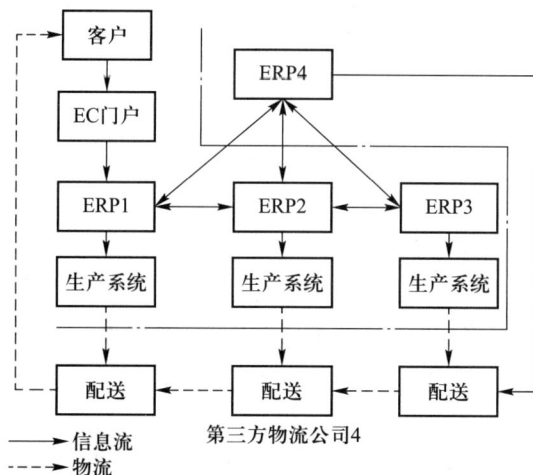

图 1-15　E-供应链

（五）业务流程重组

所谓业务流程就是指企业从事的一组合乎逻辑的、相关的、序贯的活动和事务,如转账、下订单、发送发货单、配送等都是企业的活动或事务,而这些活动本身可能又由一系列更小的活动或事务组成,如配送就包括商品核对、包装、与运输商谈判、生产运输文档、装车、给运输公司送支票等。业务流程重组(business process reengineering, BPR)就是对企业的业务流程作根本性的思考和彻底重建。其目的是在成本、质量、服务和速度等方面取得显著的改善,使得企业能最大限度地适应以顾客(customer)、竞争(competition)、变化(change)为特征的现代企业经营环境。

一方面,由于电子商务改变了企业的信息流和资金流,因此利用电子商务可以优化企业业务流程。例如,利用电子商务可以剔除某些活动或事务(如中介),改善某些活动或事务的内容(如电子支付)。当然电子商务也可能会增加一些新的活动或事务(如网站建设)。另一方面,利用电子商务使组织间、组织内部业务单元间的协同变得更加方便、快捷,原先的职责、分工需要重新设计。例如,可以将组织的使命集中到具有核心竞争力的项目上,而非核心业务外包给商业伙伴等,也会导致企业流程发生变化。

因此,电子商务既能够促进 BPR,同时也会引起企业业务流程的变化。企业在实施电子商务时需要明确使命,重新设计业务流程,使其能够最大限度地发挥电子商务的优势。

电子商务还对企业的财务管理、人力资源管理、交易模式都会产生影响。如电子支付系统改变了企业的财务管理模式,而电子商务在招聘、考核、培训等方面改变着人力资源管理。

第四节　电子商务简史

一、电子商务形成与发展的环境

电子商务的形成和发展依赖于一定的经济和技术环境。

（一）技术环境

1. 计算机的广泛应用

20 世纪 70 年代中期以来,计算机的处理速度越来越快,处理能力越来越强,价格越来越低,成本与性能比价迅速下降,应用越来越简单、越来越广泛,这为电子商务的应用提供了基础条件。

2. 网络的普及和成熟

由于互联网技术日益成熟,连接互联网的计算机网络越来越多,全球上网用户呈指数级增长趋势,互联网成为连接全球用户的一个虚拟社区,为电子商务的发展提供了一个快捷、安全、低成本的信息交流平台。

3. 信用卡及其他电子支付手段的普及

信用卡以其方便、快捷、安全等优点而成为人们消费支付的重要手段,并由此形成了完善的信用卡计算机网络支付与结算系统;同时电子资金转账(electronic funds transfer, EFT)已逐渐成为企业间资金往来的主要手段,为电子商务中的网上支付提供了重要的保证。

4. 安全协议的应用

由网景公司(netscape.com)发明的安全套接层(secure socket layer, SSL)协议,使用标准证书进行认证和数据加密以实现数据的保密性、完整性,现已成为众多浏览器支持的标准协议,为在网络上开展电子商务提供了安全保障。

（二）经营环境

1. 市场环境

经济全球化使得企业面临的市场越来越大,竞争对手越来越多,客户变得越来越强势,同时面临的资源如劳动力、技术等也越来越不平衡,因此企业一方面要在全球范围内调整产业布局,优化资源配置,降低经营成本,另一方面要通过改变经营手段获得竞争优势。因此,企业必须快速响应市场环境的变化成为企业实施电子商务的内在动力。

（1）传统的以纸质方式交换文档无论是时间周期还是成本控制都已经不能适应全球化贸易的要求,跨国公司和分公司之间迫切要求提高商业文件、单证等各类文档的传递和处理速度、空间跨度和准确度,"无纸化"成为所有贸易伙伴的共同需求。

（2）传统的大批量生产方式已不能满足来自不同区域市场的客户的要求,取而代之的是柔性的小批量多品种的产品生产。

（3）在强势的客户面前,传统的客户服务已经无法获得客户的满意,客户更愿意以参与者的身份与企业沟通、交易。

（4）传统的大型、纵向、集中式的组织形式无法应对全球产业布局的调整,转而向横向、分散式、网络化发展。跨国企业的内部机构之间、企业与供应商、分销商和消费者之间的广泛协同成为新型经济环境的共同要求。

（5）降低交易成本成为企业保持竞争优势的关键。交易成本包括信息搜索与收集、谈判、中介、产品或服务的供应等环节所产生的费用。以服装零售商为例,首先要在市场上寻找服装供应商,交易成本包括搜寻识别、访问联系、谈判、安排发货、收货检查等;进货后零售商要将服装销售给最终客户,交易成本包括市场研究、店铺和仓库租用、销售等。电子商务可以帮助改善信息流和增加行动的协调性而减少交易成本。

2. 政府大力支持

自1997年欧盟发布了欧洲电子商务协议,美国随后发布"全球电子商务纲要"以后,电子商务受到世界各国政府的重视,许多国家的政府开始尝试"网上采购",这为电子商务的发展提供了有力的支持。

中国政府十分重视国家信息化建设。1994年年初,经国务院批准,成立中国经济信息化联席协会,协调建设中国的"三金"工程,即"金桥""金卡""金关"工程。后来又相继实施了"金税""金企""金农"等系列"金字工程"。这些工程以及相继建成的覆盖全国的四大主干网络促进了我国互联网用户的快速增长,为我国企业实施电子商务建立了良好的基础设施。

二、电子商务不同的发展阶段

电子商务的定义不同,人们对电子商务历史的认知也存在差异,从广义的电子商务定义即借助一切电子手段从事商务活动来看,电子商务可追溯到1839年电报刚开始出现的时候。但我们现在通常意义上所说的电子商务是指借助计算机网络从事商务活动,因此普遍接受的观点是电子商务起始于20世纪70年代末。

20世纪70年代,电子资金转账(electronic funds transfer,EFT)成为金融市场首先使用的一种电子商务,其目标是通过安全专用网实现金融机构之间以及与少数大公司之间的资金转移。

因使用费用太高,应用范围非常有限。

20世纪70年代后期至80年代早期,电子数据交换(electronic data interchange,EDI)技术使电子商务在企业之间得到快速发展。EDI是将业务文件按一个公认的标准从一台计算机传输到另一台计算机的电子传输方法,于20世纪60年代末期产生于美国。由于当时企业间往来的电报、传真的信息70%来自于计算机的输出,因而直接进行数字文档传输成为提高效率、降低成本的一种需要。EDI支持的电子商务已经具备了现在基于互联网的B2B电子商务的主要特征:通过减少纸质工作和增加自动化程度实现流水线式的业务流程,传统的纸质文档如询价单、报价单、订购单、转账发票、托运单、保险单等都采用电子化传送;通过与敏捷制造系统整合,供应商可将零配件、原材料直接送到生产线上,节省了库存费用。EDI将电子交易从单纯的金融领域扩展到其他类型的业务处理如预订,扩大了应用电子交易的企业数量,包括金融机构、制造业、零售业、服务业以及许多其他类型的企业,并相继出现了更多的新的电子商务应用,从旅游预订系统到股票交易等。

EDI包括硬件与软件两大部分。硬件主要是计算机网络,软件包括计算机软件和EDI标准。考虑到交易安全,20世纪90年代之前的大多数EDI都在专用网络上实现,这类专用的网络被称为增值网(value-added network,VAN)。EDI所需要的软件主要是将用户数据库系统中的信息翻译成EDI的标准格式以供传输交换。

EDI电子商务存在的局限性包括:

(1)解决方式是建立在大量功能单一的专用软硬件设施的基础上的。

(2)增值网的使用费用昂贵。

(3)对技术、设备、人员都有较高的要求。

因此EDI电子商务仅局限在先进国家和地区的大型企业内使用,在全世界范围内得不到广泛的普及和发展,大多数的中小企业难以应用EDI开展电子商务活动。

互联网起始于1969年,主要用于美国的政府机构、军事机构、教育与科研机构。90年代早期,商业化了的互联网迅速走向企业和社会,其功能也已从信息共享演变为一种大众化的信息传播工具,普通用户开始蜂拥而参与应用万维网(world wide web,WWW),这时电子商务术语才正式出现。电子商务应用迅速膨胀,相继涌现了一大批著名的电子商务企业,例如,戴尔、亚马逊、美国在线(aol.com)、eBay(ebay.com)、阿里巴巴等,一些传统企业也开展电子商务业务。这一阶段是电子商务膨胀最迅速的阶段,特别是在1999—2001年期间,风险资本大量涌入电子商务领域,出现了严重的互联网泡沫。图1-16所示的上海证券市场某网络股和美国纳斯达克(NASDAQ)综合指数走势图充分体现了当时泡沫的严重性。

2000年互联网泡沫的破灭使人们开始理性思考电子商务的发展。人们从电子商务的成功经验和失败教训中总结出:电子商务只是实体经济中的一个工具,而不是实体经济的主体。它并不能成为零售业、制造业或者交通运输业的主体因素。因此电子商务开始被脚踏实地地应用到各类实体组织中,大量的"click + brick"或"click + mortar"型组织开始出现,像沃尔玛、通用汽车等传统企业成为电子商务领域的成功典型。这个时期的电子商务已不再是虚拟的概念,而是与企业、政府、医疗、教育、金融、卫生、军事、科研机构等应用领域相结合,从而形成了有关领域的E概念,如电子政务、电子医务、电子教务、在线银行、远程指挥、虚拟企业、虚拟研发中心等。

NASDAQ Combined Composite Index

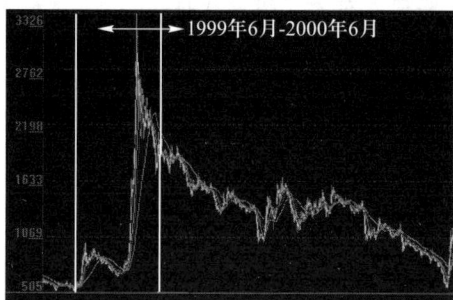

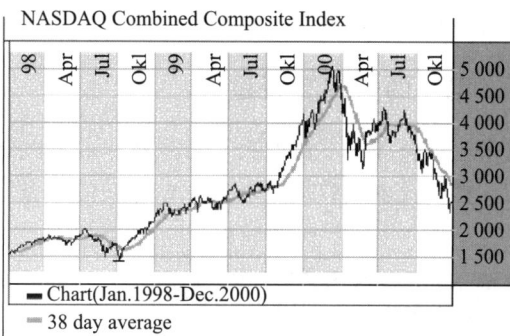

(a) 上证交易所某网络股走势　　　　(b) 美国纳斯达克综合指数走势

图 1-16　相关股票及市场指数走势

背景故事：互联网泡沫①

　　1993 年,在斯坦福大学读博士学位的杨致远创建雅虎搜索网站,1998 年总收入达到 2.03 亿美元,利润总额 2 500 万美元。进入 1999 年后,雅虎的股票市值已经接近 380 亿美元,超过波音公司。1997 年公开上市的 amazon.com 到 1998 年底,其股票价格上涨了 23 倍。而成立不到两年,没有挣过一分钱的网景公司(netscape.com),居然站到巨人微软的对面! 网络就是这样让人美梦成真。互联网制造的"暴富速成"神话,吸引了千千万万的后来者追随。

　　这种泡沫示范作用迅速蔓延到中国。1999 年的中国,网络是最时髦的名词。网站像田野的杂草一样疯长,北京平均每天诞生两家 dot-com 公司。从北京火车站的地下通道到前门大街,从建筑物上的霓虹灯到汽车车身,都印刷着大量的 dot-com 广告,各种媒体的狂轰滥炸使得 B2B、B2C、NASDAQ 等字眼妇孺皆知,搜狐、新浪、网易成为街头巷尾议论的数字英雄,跳槽到网络公司成为当年最明智的选择和最时髦的工作方式。风险投资家成了人们竞相追逐的对象,三五个人买几台计算机联上互联网,再申请一个域名做几个网页,就能吸引数千万元资金的追捧。2000 年 4 月 6 日,第四届中国国际电子商务大会聚集了 100 位总裁、300 多家企业、100 余家国内外媒体,参会企业之踊跃、到场人数之多、水平之高都大大出乎主办者的预料。

　　在中国的证券市场上也演绎着类似的故事。著名的 1999 年"5·19"行情就是在网络股的驱动下开始的,凡是与网络、电子商务有关的股票,都出现了疯涨。一些上市公司也纷纷入网,或者将企业改名为"××科技""××高科""××高新",或者开个网站。改名或开通网站成为股票上涨的重要理由。

　　但长期无法赢利的互联网企业终于让投资人失去了耐心。2000 年,以科技股为代表的 NASDAQ 股市的崩盘和网络泡沫的破灭,全球互联网产业进入了"严冬",并带动了整个 IT 产业下滑。据统计,2000 年后的一年多时间里,全球有近 5 000 家互联网公司被并购或者关门。在中

――――――――――

① 胡虎..COM 千年网劫――互联网泡沫反思录.http://www.cnii.com.cn;张劼.中国互联网 10 年:网络泡沫在"疯狂"中浮沉.http://tech.sina.com.cn.

国,成千上万个雄心勃勃的公司在短短一两年内就消失了,从四面八方汇拢到网络业的近百万从业者被迫重新选择职业和生活。第一代互联网业和互联网人付出了惨痛代价。

三、电子商务的发展趋势

未来电子商务的发展取决于信息技术的发展和商业模式的不断创新,无处不在的网络、无处不在的计算以及由大数据驱动的无处不在的服务是电子商务未来发展的力量源泉。

案例:豆瓣网的创新商业模式

人们在购物前总是希望能够与已经完成购物的消费者进行交流,了解其满意度、体验及对所买商品的评价,这在传统社区生活中是通过与朋友、同事、邻居等的交流而实现的。而社会性网络服务(social network service,SNS)正是上述现实体验在互联网上的实现。

豆瓣网(douban.com)围绕图书、影视、音乐等产品,提供给客户自由交流的空间,客户可根据自己的兴趣参与到某种或某类图书的讨论,网站根据受关注的程度及时将这些产品推荐给消费者,并链接到相关的网站,如当当网、亚马逊等。

豆瓣网改变了消费者获取产品信息的模式。消费者一般先通过谷歌(google.com)、百度(baidu.com)等搜索引擎搜寻某图书信息,然后进行各种价格服务的比较,之后选择某网上书店进行在线购买,在商品购买过程完成后,一般只能直接与该网上书店沟通,用户呈一种分散的状态,相互之间缺乏交流。现在豆瓣网为客户提供了一个书友交流平台,形成了具有相同兴趣爱好的、稳定的消费群体。用户可以通过查看其他用户的图书收藏了解其爱好,当发现阅读兴趣相似的用户时可以将其加入为友邻。豆瓣网还会自动根据用户的图书收藏列出兴趣相似的其他用户。同时用户还可以根据某个主题建立和参加小组,甚至还可以为小组添加图书收藏,另外用户之间还可以通过站内邮件"豆邮"来进行直接交流。因而客户除可以利用豆瓣提供的搜索引擎获取信息外,还可通过"朋友"或网站的推荐获得感兴趣的图书信息。

这种模式的电子商务网站受到了消费者的喜爱。根据 alexa.com 的网站流量统计数据,仅成立三个月的豆瓣网就取得了与一些已有一定知名度的网上书店相当的点击率和访问量。

(资料来源:刘业政,廖广飞.基于社会性网络的新型 B2C 电子商务模式研究.中国信息系统研究与应用前沿,信息系统协会中国分会第一届学术年会,2005(11):391-394)

思考题

1. 豆瓣网如何体现了客户价值?它的赢利模式是什么?
2. 比较豆瓣网与当当网之间的区别。
3. 你认为这种商业模式有前景吗?

企业小知识:豆瓣的来历

1. 社会化

成功的商业模式是企业维持发展、保持其竞争优势的核心要素。从互联网电子商务的成功和失败的案例中能够清晰地发现商业模式对企业的意义,许多 dot-com 公司错误地或过高地估计了公司的赢利模式和客户价值主张而倒闭。2005 年以后,一些支持以用户"自产"内容为主的网站模式不断涌现,如 YouTube(youtube.com)、维基百科(wikipedia.org)、Facebook(facebook.com)、Twitter(twitter.com)、新浪博客(blog.sina.com.cn)、微博(weibo.com)等,推动了以企业为中心的电子商务向以消费者为中心的社会化电子商务的转变,借助于在线社交网络平台,消费者主动参与企业的经营活动成为未来电子商务的发展趋势。

2. 移动化

移动互联网与移动智能终端的快速发展,使得电子商务从传统的桌面端向移动端迁移。通信基础设施的建设,有力地支撑着互联网经济的快速发展;智能终端的迅速普及,极大地降低了互联网信息的获取门槛和网购行为的学习成本。移动互联网的快速发展,促使移动终端拥有越来越完善的服务体系。无线网络的广泛应用、智能终端的迅速普及、移动互联网用户规模的快速增长使得电子商务开始从传统互联网时代迈进移动通信时代,即进入移动电子商务时代。

移动电子商务的优势在于移动性和可达性,用户位置成为服务的重要因素。由于智能手机等智能移动终端设备通常被用户随身携带,用户可以随时随地获取所需的信息和服务。移动互联网和智能移动终端的结合给移动电子商务的发展和运营效率的提高带来了传统电子商务无法比拟的优势。移动快捷支付、O2O 模式的发展使得各种电子商务服务能够在人们日常生活中实现立体化的广泛渗透,能够为范围更大的用户提供更多、更智能的服务,也为电子商务企业创造了更多纵深式变革的发展机遇,带来诸如农村电商等新的市场机会,甚至能够由此培育创造出新的业态,特别是为传统商业、服务业实现本地化电子商务提供了契机。因此,以基于位置的 O2O 服务和本地化为核心的移动电子商务将拥有更加广阔的发展前景。

3. 专门化

类似像亚马逊这样的综合型电子商务企业的数量将不会明显增加,而大量的利基(niche)电子商务会不断涌现。所谓利基市场就是满足具有特殊需求的一类消费群体的市场,它与大批量生产是相对的。例如,一个旅行团是由一群互不相识的个体组成的,他们的兴趣、爱好各不相同,在这种情况下,旅行社能够提供的就只能是满足大家的共性需求,到一些常规的景点去观光,所以人们在报纸上、旅游电子商务网站上看到的都是相似的旅游线路。但利基电子商务可以改变这种模式,即使是非常冷门的旅游线路,都可能以极低成本和极快速度在网上将具有特殊兴趣的一群人聚集在一起,也即所谓的长尾效应(long tail effect)。

利基电子商务的最大特点就是差异化,做别人没做的一小块细分市场来填补市场空缺,而差异化依赖的却是创新思想。Web 2.0 技术为我们每个人提供了一个创新的平台,关键是如何利用这个平台。

4. 服务化

云计算①(cloud computing),是通过网络统一组织和灵活调用各种 ICT 信息资源,包括计算与存储(infrastructure)、应用运行平台(platform)、软件(software)等,实现大规模计算的信息处理方式。云计算的核心是服务,即一切皆服务(Anything as a Service,XaaS),通过虚拟化各类资源,包括计算资源、平台资源、数据资源、软件资源、制造资源、技术资源、智力资源、教育资源、营销资源、医疗资源、物流资源、金融资源等,为组织和个体消费者提供按需服务,实现各类服务资

---

① 维基百科。

源的共享。

5. 智能化

互联网应用的普及以及云计算、移动互联网和物联网等新一代信息技术的快速发展,使得可被访问或利用的各种数据出现了爆炸性增长,形成了具有多源性、海量性、异构性、动态性、复杂性、不确定性以及价值稀疏性、数据源的开放性等特征的大数据。大数据与自然资源、人力资源一样是国家、组织的重要战略资源,是推动国民经济、社会和科学技术发展的巨大动力。电子商务发展中汇聚的诸如搜索、浏览、互动、交易、评论等大数据为电子商务的业务优化和业务创新创造了巨大的机遇。面向大数据分析的智能技术将广泛应用于电子商务的各个环节,从供应商、商业伙伴的选择,到生产过程的优化;从个性化推荐、智能搜索到智能化自适应网站;从物流配送到客户的售后服务与客户关系管理等。主要智能技术包括自然语言处理和自动网页翻译、多智能代理技术、智能信息搜索引擎和 Web 挖掘技术、数据挖掘、商业智能、面向电子商务的群体智能决策支持系统、智能工作流管理、知识工程及知识管理等。商务智能技术的应用效果取决于人工智能技术的发展。

6. 协同化

网络技术的迅速发展,使得企业内部部门之间、企业与企业之间的分工协作发生了变化,从而引起企业的组织形式、组织文化、管理方式、决策过程发生变化,相继出现了虚拟企业、动态联盟等企业组织形式。协同已经不再是企业愿不愿意的问题,而是必须面对的现实。企业的生产、经营、管理等均需协同技术的支持,包括产品协同设计、协同产品商务(collaborative product commerce, CPC)、工作流协同管理、产品和过程的集成技术、分散网络化制造、面向协同工程的友好的人机界面和通信。协同商务也不再仅仅是一个概念,而是与企业的业务紧密结合在一起。企业边界越来越模糊,跨组织、跨部门协同,实现全球资源整合成为企业经营的必然方向。

章尾案例:C2B 使小米手机快速成长

小米公司成立于 2010 年 4 月,是一家以手机、智能硬件和 IoT 平台为核心的互联网公司。创业仅 7 年时间,小米的年收入就突破了千亿元人民币。截至 2018 年,小米的业务遍及全球 80 多个国家和地区。小米的使命是,始终坚持做"感动人心、价格厚道"的好产品,让全球每个人都能享受科技带来的美好生活。

一、C2B:让小米手机快速成长

"小米——为发烧而生",小米采用互联网直销模式,打造发烧级的王牌进入手机领域。

一般的智能手机都强调产品的设计唯美、功能至上,而小米公司将传统的以产品为中心转变为以客户为中心,更加强调"让用户积极参与、让用户爽"。小米公司将用户参与发挥到了极致,形成了极具特色的小米公司粉丝文化。小米公司的"米粉"们成为小米手机客户的代言人,他们不断地为产品的创新和改进提供意见。小米公司为了营造一种"家"的氛围,同时也为了方便收集"米粉"们的反馈信息,特地开发了"米聊"以及"小米社区"等,用户可以通过不同的渠道对使用的产品进行问题反馈,提出问题和建议。小米公司的这种以客户为中心,打造客户超凡的体验,并通过多种互联网营销手段聚集人气与客户互动的营销策略是小米公司在短短几年内飞速发展的重要原因之一,同时也是小米开放式创新的最大特点。

当小米的忠实"米粉"们为小米的产品提出了意见和建议后,小米的研发团队会根据用户的需求快速地更新和升级产品。基于此,小米公司提出"快速迭代,随做随发"的开发口号,而他们依据的理念就是敏捷开发。任何产品推出时肯定是不完美的,完美是一种动态的过程,所以小米的研发团队时刻在感应用户的需求,一刻不停地升级进化,推陈出新,保持产品的新鲜度与活力。也正是因为这种"快速迭代,随做随发"的机制使得小米的产品一直走在同领域的前列,而这也是小米走向成功的重要推力。

参与感

● 参与感三大战术

(1) 参与。用户全程参与研发、营销、服务,让企业和用户都获利。

(2) 互动。设计简单、获益、有趣、真实的互动方式。

(3) 分享。做好小群体铁杆用户,并在产品中内嵌扩散机制、工具,实现口碑营销。

● 参与感三大策略

(1) 产品策略。做好产品,专注打造 1~2 款爆品。

(2) 用户策略。做好服务,让员工成为粉丝,让粉丝成为员工。

(3) 内容策略。让公司成为自媒体,引导客户创造内容。

● 参与感口碑铁三角

(1) 发动机。设计好表达产品卖点的素材。

(2) 加速器。组合运用社会化媒体。

(3) 关系链。和用户做朋友,和用户一起玩。

二、创新营销方式

(一) 渗透式的口碑营销策略

小米运用的口碑营销有三个口碑节点,即快、好看、开放。快主要体现为两个方面:一是通过优化小米手机整个桌面的动画帧速,让用户的指尖体会到丝绸般流畅感;二是把通话、短信两个模块优化,使用户体验更好并觉得速度更快。好看就是使手机的主题模式千姿百态。开放就是通过国外用户的良好体验再反馈给国内,使更多的人参与进来。

(二) 揭秘式的饥渴营销策略

小米采用了饥渴营销策略。饥渴营销是以稀缺性原理为依据的,因为稀缺的产品更能吸引人们。从心理学角度来说,人们的潜意识中存在着"物以稀为贵"和"得不到的才是最好的"的观念。当产品的稀缺性束缚了人们的自由购买行为,人们对这种情况欲罢不能时,强烈的购买欲望就会被激发。

优秀的公司赚的是利润,卓越的公司赢的是人心。小米是一家拥有"粉丝文化"的高科技公司。对于小米而言,用户非上帝,用户应是朋友。"和用户交朋友,做用户心中最酷的公司",小米在打造发烧级硬件配置的同时,从不忽略用户体验,这是小米公司成功的主要原因。小米将 4 月 6 日这一天定为"米粉节",每年 4 月初都会举办盛大活动与米粉狂欢;自 2015 年起,每年年底小米都会举办小米家宴,邀请米粉回家吃"团圆饭";小米员工自发地为米粉手写明信片,表达对米粉的情感。只有用户体验度高、满意度高,才有销量和成长。目前,小米是全球第四大智能手机制造商,在30余个国家和地区的手机市场进入了前五名,特别是在印度,连续5个季度保持手机出货量第一。通过独特的"生态链模式",小米带动了更多志同道合的创业者,同时建成了连接超过1.3亿台智能设备的IoT平台。2018年7月9日,小米成功在香港主板上市,成为港交所首个同股不同权上市公司,创造了香港史上最大规模科技股IPO,以及当时历史上全球第三大科技股IPO。

案例思考题:

1. 以"天下武功,唯快不破"为准则的产品研发模式将会面临哪些挑战?

2. "饥渴营销"会不会导致消费者失去耐心?如何应对?

3. "粉丝"经济的关键是如何保持客户的忠诚与热情。调查小米手机的客户参与模式,提出你的改进建议。

本 章 小 结

电子商务已经成为个人以及企业、政府等各类机构日常生活、管理、工作、学习不可或缺的组成部分。作为互联网时代的学生和工作者,掌握必要的电子商务基本知识已经成为其基本素质要求。本章给出了电子商务的定义、类型、框架等基本概念,分析了电子商务对经济与管理的深刻影响,介绍了电子商务形成背景、发展简史以及未来趋势。通过本章学习,应了解什么是电子商务,掌握电子商务的定义、分类及其特点,理解电子商务几种主要框架,了解电子商务对经济理论和管理方法的影响,并学会从不同的角度分析这些影响。

关 键 词

电子商务(electronic commerce,EC)	丰富性(richness)
电子商务(electronic business,EB)	个性化(personalization)
水泥+砖块(mortar+brick)	定制(customization)
鼠标+水泥(click+mortar)	网络经济(Internet economics)
完全电子商务(pure EC/EB)	敏捷制造(JIT)
B2B(business to business)	业务流程重组(BRP)
B2C(business to consumer)	虚拟制造(virtual manufacturing)
C2B(consumer to business)	企业资源计划(ERP)
C2C(consumer to consumer)	战略业务单元(strategic business unit)
B2E(business to employee)	电子资金转账(EFT)
互联网(Internet)	电子数据交换(EDI)
互联网电子商务	增值网(VAN)

续表

P2P（peer to peer）	协同商务（collaborative commerce）
移动商务（mobile commerce）	社会化商务（social commerce）
普遍存在性（ubiquity）	利基（niche）
可达性（accessibility）	电子市场（electronic market）

思　考　题

1. 哪些商品适合在线交易？哪些商品不适合？请说明理由，并举出一些适合在线交易商品的典型网站。

2. 除本章阐述的电子商务分类以外，你是否还可以从其他角度给电子商务分类？如果可以，写出分类依据及分类结果。

3. 个性化和定制是电子商务的一大特点，请查找几个不同行业（如计算机、汽车、旅游产品、服装等）类别的网站，分析它们在定制上的异同点。

4. 书中给出了多种电子商务框架，请你综合考虑这些框架后自己独立设计一个。

5. 你如何理解电子商务对经济规律的影响？课本中所描述的这些影响你同意吗？是否过分夸大了这种影响？说明理由。

6. 扁平化组织与垂直型组织相比有什么利弊？

7. 你还能想到电子商务对企业管理其他方面的影响吗？

8. 查阅文献论述 BPR 与企业实施信息化战略间的相互影响。

9. 电子商务的发展与网络计算技术的发展密切相关，从专用网络计算到互联网计算，再到移动计算等，你能展望下一代电子商务可能依赖的计算技术吗？查一查有关普适计算的文献。

10. 哪些因素可能会制约电子商务的发展？如何克服？

课外在线讨论

1. 分析网络泡沫的正反面效应。

2. 为什么电子商务出现了赔钱赚吆喝的现象？

实　训　操　作

实训一：访问京东网站（jd.com）

1. 阅读京东的最新年报，结合网站内容，总结京东现在提供的服务，分析其经营状况（产品、收益、服务、风险的特点）。

2. 注册成为京东的会员，对比以会员和非会员身份访问时的区别。

3. 个性化推荐与在线评论是京东采用的重要营销策略，通过访问京东网站，分析这些营销策略的价值。

实训二：对比分析

　　分别访问一个 B2B、B2C、C2C、移动商务的代表性企业网站,指出它们所经营的产品、下单方式、结算方式、物流配送方式,指出它们在经营上有什么区别,分析它们对我们开展电子商务有什么启发,写成 3 000 字左右的书面报告。

即 测 即 评

请扫描二维码进行在线测试。

第二章　电子商务战略

　　第一章论述了电子商务的广泛影响,如拓展新的市场机会、为客户提供更好的服务、优化企业的业务流程等;通过重构业务流程、转换组织与客户、伙伴和供应商之间的关系,深刻改变了企业的经营环境。在这一章将论述电子商务不断产生各种新的业务模式、战略、策略,正在改变着每个行业的竞争局面等。组织要想使其业务流程和模式能够适应电子商务环境下的竞争,实施电子商务战略(e-strategy,e-战略)被认为是势在必行的。采用了正确的电子商务战略的公司,如亚马逊(amazon.com)、阿里巴巴(alibaba.com)、梅西百货(meici.com)、小米手机(mi.com)已成为行业电子商务领域的领袖,但许多试图仿效而缺乏创新的企业却失败了,例如 Compaq 想模仿 Dell 的互联网直销模式,却没有成功;百思买(bestbuy.com)在与亚马逊(amazon.com)的竞争中苦苦挣扎。许多企业声称它们采用了 E-战略,但实际上根本没有真正做到或没有与企业战略相集成。本章将介绍企业实施电子商务战略的基本过程。

学习目标

1. 理解互联网的资源观,理解互联网资源的特征、价值。
2. 掌握互联网与企业战略间的关系。
3. 理解电子商务战略制定过程。
4. 掌握电子商务战略分析方法。
5. 了解电子商务战略设计,掌握商业计划书的撰写方法。
6. 了解电子商务战略实施,理解其面临的主要问题。
7. 了解电子商务战略评估方法。

本章导学

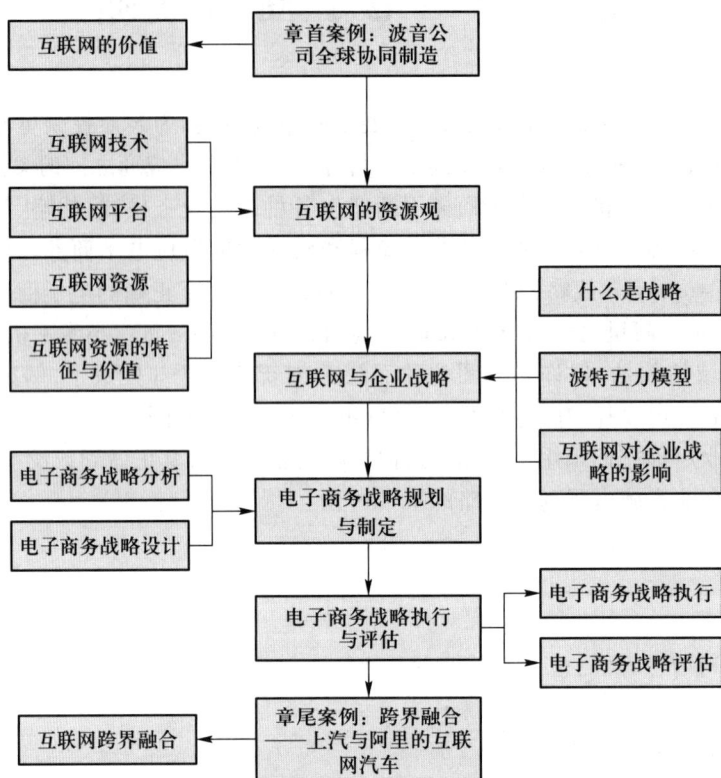

```
互联网的价值 ◄────── 章首案例:波音公
                     司全球协同制造
                         │
                         ▼
互联网技术 ──┐
互联网平台 ──┤──────► 互联网的资源观
互联网资源 ──┤              │
互联网资源的特            ▼
征与价值 ────┘              ┌──► 什么是战略
                    互联网与企业战略 ◄─┤── 波特五力模型
                         │          └──► 互联网对企业战
                         ▼                略的影响
电子商务战略分析 ─┐
电子商务战略设计 ─┤──► 电子商务战略规划
                       与制定
                         │
                         ▼
                  电子商务战略执行 ──┬──► 电子商务战略执行
                     与评估          └──► 电子商务战略评估
                         │
                         ▼
互联网跨界融合 ◄── 章尾案例:跨界融合
                  ——上汽与阿里的互联
                     网汽车
```

章首案例:波音公司全球协同制造

　　拥有近千亿美元总资产的波音公司坐落于芝加哥,是全球航空制造业的巨擘,客户遍布全球150 个国家和地区;全球现役的波音民用飞机有近 13 000 架,约占全球机队总量的 75%。2011年交付使用的波音 787 超远程中型客机实现了波音史上完工最快、造价最低的设计与制造。这正是缘于波音公司的基于互联网的商业模式变革:波音与其全球伙伴达成了史无前例的协同。

　　一、踌躇满志时面临的挑战

　　20 世纪 30 年代,西方工业国家纷纷开展民用飞机研制,世界民用飞机市场的竞争日益激烈。为赢得竞争,波音进行了具有革命性意义的创新,成功研制出一款全金属结构的民用客机——波音 247。借助于波音 247 的成功,20 世纪 40 年代波音公司达到了又一个发展巅峰,兼并了诸多相关企业,如发动机制造企业汉弥尔顿和标准钢铁、飞机制造企业斯皮尔曼和诺斯罗普、特种飞机制造企业西柯斯基等。通过大规模兼并活动,波音公司形成了以飞机制造为核心,集航空材料制造、航空发动机制造、飞机制造、航空邮运、航空客运等多种业务于一体的巨无霸。

　　当波音在 20 世纪 90 年代后期成功兼并麦道而踌躇满志、欲一统全球民用飞机天下之时,大西洋彼岸的法、德等欧洲国家共同孕育的"空客"却已悄然崛起,形成了巨大的竞争。而由波音公司制定总体的设计图,再由全球各地的合作伙伴将制造飞机所需部件从四面八方运至靠近西雅图的波音装配工厂,最后由来自世界各地的工程师对所有部件进行工序烦琐的校验、装配、测试和改善这样一种传统的商业模式也给公司在提升生产效率、降低开发成本上带来了巨大的挑战。面对"空客"咄咄逼人的强力挑战,以及传统制造模式日益暴露出的问题,基于互联网的现代信息技术为波音重构民用飞机研制价值体系与提升产品竞争力带来了新的机遇。

二、从制造商到集成商

尽管波音公司仍然生产飞机零部件,但其商业模式巨变却是毋庸置疑的。"虽然我们还做制造业务,我们的目标是成为一家大型的系统集成商。"波音公司副总裁兼CIO斯科特·格里芬(Scott Griffin)如是说。

2004年,由格里芬一手主持对波音的IT小组进行了整合。2005年9月,该IT小组并入波音技术部,由CIO直接对波音总部的首席技术官詹姆斯·詹麦臣(James Jamieson)报告。"我们将全部系统成员抽离原IT小组,因为在波音,IT功能远非后台支持。"格里芬说:"对我们的商业模式而言,IT实在是太重要了。"

在787项目中,波音公司出巨资建造波音787研发所需的全球协同的环境(GCE),在全球范围内获取技术、资本、市场,与合作伙伴创造最大的价值。GCE采用达索公司的产品生命周期管理套装软件,包括CAD设计软件Catia、零件和元件制造过程的数字模拟软件包Delmia和用于维护关于787飞机所有信息主资料库Envoia。波音公司要求787所有的合作伙伴均使用Catia,飞机的设计工作通过一个名为"全球协同环境"的在线网站完成,该网站由波音公司负责维护。

格里芬将技术小组与公司之间的协同关系按不同的合作程度分为可以相互转换的三个层级,第一层级是基础协同,即合作双方主要靠信息流软件进行交流,如微软Office和SharePoint,每人均可以调用相关文件,并在上面作出修订,以蓝色字体标明。以此方式,项目小组实现协同工作。第二层级是波音公司与供应商及整个供应链的合作,涵盖了航空工业的大部分。第三层级是波音和其他航空制造商协同,主要使用Exostar公司的套件产品共享二维图纸,进行正向拍卖和反向拍卖,并对集中采购做出回应等,"我们使用全球性事业来描述这一软件。"格里芬说:"对我们的全球伙伴而言,他们不仅仅是战略供应商,更是在实现一项全球性事业。这套软件工具将让我们实现更多有效交流。"

波音通过一个由自己维护的"全球协同环境"生产平台,顺利实现了全球合作伙伴的设计和生产的协同,同时,波音也加强了对合作伙伴的生产管控——零部件依然由全球合作伙伴制造,只是通过一个由波音公司维护的计算机模型进行虚拟装配。波音由不同的人员制造不同的部件,每样部件均产生相应数据。利用这些数据,部件的组装和校验工作得以实时进行。最后,组装完成的各机体部分被放入3架747专机,运送至波音公司在华盛顿州的埃弗雷特工厂。由于采用了这种在线商业制造模型,波音公司如今可以放心地将整个制造流程交给其全球伙伴完成,包括从最初的设计创意到最终的机体制造。

三、全球化协同制造的效果

787的显著特点在于波音公司与其合作伙伴实现的高水平、实时协同。实际上,20世纪80年代,波音公司在开发757时,就实现了波音公司与全球伙伴的大幅协同,但当时的协同方式是邀请世界各地的合作伙伴来埃弗雷特。直到最近几年,波音的许多合作伙伴仍将他们的现场技术队伍保留在华盛顿州,一些公司甚至仍在西雅图(原波音公司总部)安营扎寨。

但在今天,随着互联网技术的发展,物理距离变得无足轻重。沃特飞机工业公司即是一例。

沃特公司是波音公司的长期合作伙伴,负责787机身两大部分的制造,并与意大利阿莱尼亚航空公司合作负责将南加州和意大利生产的零部件加以组装。沃特公司的质量、工程与技术副总裁弗恩·布鲁莫尔(Vern Broomall)对此深有感触,"在生产波音787飞机之前,我们从未接手任何一个像787这样职责明晰、步调如一的工程项目。波音的作用更像是一个集成商、整合商,其合作伙伴负责主要部件的生产,甚至包括飞机设计。我们直接与波音公司在日本和意大利的合作伙伴共事,并与他们建立了良好的合作关系。整个过程中,波音更像是合作的促进者。"

"787的设计由日本、俄罗斯、意大利和美国合作伙伴共同完成。"格里芬说:"这不只是简单的PowerPoint或是SharePoint协同,或是查看二维图纸以确认是否进行合同投标。这是诸多方面的有效协作,包括日本的大型重工、俄罗斯的设计中心以及波音的埃弗雷特工厂。这才是我们的竞争优势所在。"

美国波音公司在20世纪50年代生产波音707客机时,几乎所有的研发、设计和制造都在美国本土完成,只有大约2%的零部件是在美国以外生产的。而互联网已彻底改变波音公司制造资源的组织方式,建立了基于互联网资源的互联互通的全球供应链控制中心。波音公司在波音787梦想客机的制造过程中,通过全球供应链控制中心,与其全球合作伙伴实现了史无前例的高度协同,其90%的工程量是由全球各地的40多个合作伙伴共同完成——机翼在日本生产,机身在意大利和美国其他地方生产,起落架在法国生产,方向舵等则由中国生产。据统计,全球化制造资源组织为波音公司缩短了33%的进入市场的时间,且节省了50%的研发费用。

四、案例小结

如今,波音公司的研发、制造和服务的全过程已经实现了数字化和网络化:从三维数字定义、异地无图纸设计、数字化装配以及各种设计、制造、试验的数字化仿真,到采购管理、供应商管理、售后服务的网上作业等,都在云端实现。

波音的成功之处就是改变了与"利益相关者"(即供应商)之间的"交易结构",不仅将开发和制造成本分摊给它的全球各地的供应商,同时这些供应商的深入参与,也有利于波音在他们所在的国家和地区获得飞机订单。

纵观波音公司的整个发展历程,本身就是一个不断重构的过程。最开始,波音通过"垂直一体化"的方式生产飞机,从设计、零部件制造到总机组装,绝大部分工作都由波音独立完成。到了中期,波音开始把一些不重要、替代性强的零部件交给供应商去做。在这个阶段,波音慢慢将自己局部解放出来,把更大的精力放在"整机设计"和"关键环节的控制"上,自己担任一个"中央集权"的角色。后期,波音将自己从"集权者"的角色中释放出来,让"供应商"在一个平台上相互交流和协作,自己则承担起"平台的维护者、监督者、推动者和支持者"的角色。

波音模式成功的最关键原因在于:波音消除了全球协同的虚拟距离。波音公司与其合作伙伴实现了高水平、实时协同。

案例思考题:

1. 波音公司协同制造核心技术有哪些?

2. 总结波音公司协同制造在公司发展中起的主要作用。

3. 波音737MAX机型飞行员预警系统存在的问题导致两起重大空难,为全球化协同制造会不会带来隐忧?为什么?

第一节　互联网及其资源观①

在互联网出现之前的几千年的人类社会可以称为"网前时代",在网前时代并没有互联网的概念和相关技术,但人类的经济社会却是一直在不断发展和进步的。历史上的重大工业革命极大地提高了人类的经济发展水平和社会的文明程度,是网前时代人类经济社会系统跨越式发展的重要标志。网前时代的人类经济社会经历了一次又一次的跨越式的发展,新技术、新资源、新方法层出不穷,推动了人类经济社会的不断前进,已经形成了一个动态稳定并且不断创新发展的经济社会系统。

20世纪60年代诞生的互联网对人类的经济社会发展带来了新的影响。在互联网发明之后的不同时期,其在经济社会系统运行中表现出的特征和价值一直在不断丰富和深化,从诞生初期作为一类提高信息传播效率的技术系统逐渐演变为线上经济时代提供各种在线服务的应用平台,直至当前成为一类不断融入经济社会系统的战略性人造资源,如图2-1所示。

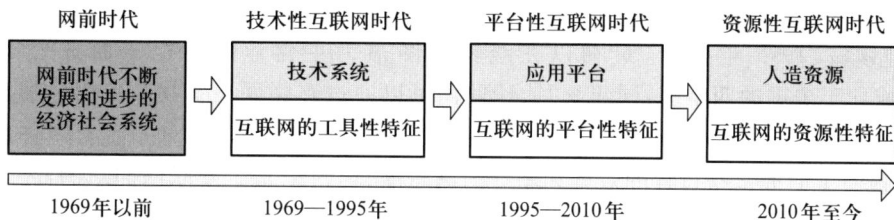

图 2-1　互联网特征和价值的演变

一、互联网技术

1969年10月,美国国防部高级研究计划署(Defense Advanced Research Projects Agency,DARPA)组建的阿帕网(Advanced Research Projects Agency Network, ARPANET)进行的世界首次网络通信试验标志了计算机网络的正式诞生,随后数年接入阿帕网的节点数不断增加,逐渐实现了世界范围的互联。但是,在互联网诞生初期,人们所持的态度和观念较为谨慎保守,不同的领域、国家或地区,先后建立了独立封闭的"教育网""科研网"或"国家网"等网络小圈子,这些网络之间电子设备接入和数据传输标准并不一致。而经过十多年的努力和协商,最终阿帕的TCP/IP协议成为人们共同遵守的网络传输控制协议,不同区域和领域也开始敞开心扉,互相接纳,形成了统一开放的全球性网络——互联网。②

互联网实现了基于计算机系统的信息传输,极大地提高了信息传播的效率。因为人们对信息传播效率的需求强度并不一致,军事部门和科研机构对信息传播效率的需求最为迫切,因此他们成了互联网的发明者。互联网最初作为一种提高军事部门和科研机构信息传播效率的新技术工具,后逐渐发展成为个人和企业提供信息传输、存储和检索等基本信息服务的技术系统。

随着计算机和企业专网的发展,应用于企业之间的电子数据交换(Electronic Data

---

① 杨善林,等.互联网的资源观.管理科学学报,2016(1):1-11.

② 中央电视台大型纪录片《互联网时代》主创团队.互联网时代.北京:北京联合出版公司,2015.

Interchange，EDI)技术促进了商业文件在计算机之间的传输,使得企业处理商业文件的效率大幅提升,成本得以降低;而电子邮件、浏览器和搜索引擎的相继出现,逐渐打破了人与人之间物理位置的局限性,降低了人际沟通的成本,使得人们远程沟通和信息检索的效率大幅提升。这一时期,互联网表现出的主要特征是一类技术系统,可以定义为:

互联网是计算机及其外部设备之间或者网络与网络之间,通过一组通用的协议连接起来,借助网络操作系统和网络管理软件等,实现信息传递与共享,从而形成的逻辑上的网络系统。

对于诞生初期作为一类技术系统的互联网,人们关注的焦点主要在于其技术性特征与价值。关于互联网研究的主要任务是不断提高计算机网络系统的相关技术,从而更好地发挥其技术系统效用价值。

二、互联网平台

20 世纪 90 年代以来,以遍布全球的互联网为重要平台,新兴的在线服务模式日益多样,开创了基于互联网平台的线上经济时代,催生了线上经济时代新的商业模式和服务模式,互联网的平台性特征和价值日益显现。

在商业领域,1995 年 7 月,最初以在线销售图书为主营业务的电子商务公司亚马逊(Amazon)成立于美国的西雅图;同年 9 月,让网民可以通过互联网买卖物品的线上拍卖和购物网站 eBay 也在美国诞生。亚马逊和 eBay 等电子商务模式使得传统的商务活动转移到互联网上,极大地提高了商务交易过程的效率和用户的满意度,创建了基于互联网的新的商业模式,它实现了传统商务交易过程的电子化和网络化。基于互联网平台的电子商务,改变了人们的消费方式和企业的生产经营方式,使得消费者在交易过程中具有更强的主动性。

在金融领域,人们也开始利用互联网平台开展筹资、融资和投资理财等金融活动。互联网金融是基于互联网平台和大数据分析的金融创新形式,其发展始于满足金融市场中零散的、多样的和个性化的少量尾部市场的需求。互联网金融的主要形式有支付结算、P2P 借贷、众筹融资、网络理财和金融征信等。互联网金融具有透明度高、参与广泛、中间成本低、支付便捷、风险分散、信用数据更为丰富和信息处理效率更高等特征。

电子商务和互联网金融是互联网平台性特征的典型体现,以互联网作为重要平台的线上经济时代标志着互联网的商业化进入了快速发展阶段。移动互联网和移动智能终端的快速发展进一步推动了电子商务和互联网金融的应用和创新,推动了基于互联网平台的商务和金融服务活动朝着分散化和移动化方向发展,形成了移动电子商务和移动互联网金融等,基于互联网平台的服务和交易活动更加灵活、高效和便捷。

在这个时期,人们关注的重点是用户多样化的服务需求与先进的互联网平台技术如何在市场运作中更好地匹配,不同市场主体之间信息分享和沟通的模式发生深刻变化,人与人之间的沟通打破了地理位置的局限,交流和沟通成本大幅降低,整个经济社会系统的交互和沟通朝着扁平化趋势发展,带来了企业营销策略和商业模式的改变,洞察需求、流量变现和营销至上成为线上经济时代企业的主要经营策略。互联网成为一类应用平台,可以定义为:

互联网是一种能够在线提供商务和金融等服务的应用平台,为开展线上交易活动提供了重要载体,改变了用户与产品或服务的提供者之间的交互方式,显著提高了用户获得产品和服务的效率,它催生了线上经济时代新的商业模式、服务模式和营销模式。

在平台性互联网时代,互联网作为一种全新的、高效率且低成本的信息共享以及产品和服务获取的平台,已经被成功地应用在了商务、金融、制造、物流、交通等各个经济社会领域,改变着人类社会的信息分享和沟通模式,使系统中的交互方式更直接、更扁平化,提升了经济社会系统运行的效率,也不断地孕育出新型的商业模式、服务模式乃至社会运作模式。

三、互联网资源

进入 21 世纪,特别是近年来新兴信息技术的不断涌现使得互联网的内涵和外延不断丰富和拓展,广义的互联网已经包含了寄生在互联网上的物联网和移动互联网以及互联网的衍生物云计算和大数据等,互联网已经不再仅仅是一类技术系统或应用平台,其资源性特征在经济社会系统中表现得越来越显著,正在深刻地改变着经济社会的发展模式和人们的生活方式,变革和重组当前的经济社会系统。例如,多个智能网联汽车构成了互联网汽车网络,其中每一辆智能网联汽车通过自身的无人驾驶规划和控制经验获取相关驾驶数据,并将天气、路况、车况和汽车操控效果数据上传到企业的数据中心,形成互联网汽车的自主学习网络,从而改进无人驾驶和智能交通技术水平。又例如在医疗服务领域,利用基于互联网的全息影像技术,通过传感器、摄像头和可穿戴设备等可以自动记录人体的心脏、骨骼、血液和脑电波等各项指标数据,开启了未来基于互联网的全新医疗服务模式,通过互联网自动实现人体健康数据的采集分析并形成辅助医生的诊断建议。显然,在上述应用案例中,互联网已经远远超越技术系统和应用平台的范畴,从而深度融入产品系统之中,表现为一类重要的战略性人造资源。因此互联网可定义为:

与"机器"和"电力"等类似,互联网是人类有史以来对经济社会发展影响最为广泛的人造资源,这种资源全面融入经济社会系统运行的全过程,广泛渗透到生产生活的各个方面,促进线上线下资源的深度融合与重构,推动生产和生活方式变革。

互联网作为一类新的战略性人造资源,正在不断融入经济社会系统中,成为现代产业创新必不可少的关键要素,深刻地改变着产业发展模式和人们的生活方式,以一种强大的力量变革和重组当前的经济社会系统,推动着新一轮产业革命和管理创新,变革传统产业的生产组织方式,推动资源性产业、制造业和服务业朝着网络化、智能化、服务化和协同化方向发展,实现线上线下多种资源的重组、整合与互动,加快商业模式创新和消费形态转变,加速形成新的企业与用户互动关系,促进产业结构调整和社会管理方式变革。

(一)融入互联网资源的服务业发展

互联网作为一类新的人造资源加入到经济发展过程中,必然引起产业发展的重大变革。

对于商务服务,网前时代的传统商业活动都发生在线下,形成了线下交易和商务服务的基本规则和体系;在平台性互联网时代,以 Web 2.0 为基础的信息发布技术推动了 B2B、B2C 和 C2C 等新型电子商务交易模式的形成;而在资源性互联网时代,包含云计算、大数据和移动互联网等在内的广义互联网资源融入商务交易过程中,推动线上线下资源的重组与互动,变革网前时代形成的线下商业规则和体系,重构平台性互联网时代形成的线上交易规则和体系。

对于金融服务,网前时代的传统金融利用基金、保险、证券和银行等线下资源满足企业或个人的金融服务需求;在基于互联网平台的互联网金融,P2P 借贷、众筹融资、电商小贷和理财超市等线上金融服务模式不断涌现,更加灵活高效地满足企业或个人的金融服务需求,提高了金融服务效率;而在资源性互联网时代,金融服务的线上资源和线下资源不断融合互动,变革传统金融服务体系。

O2O(online to offline)的概念最早由美国 Trialpay 创始人兼 CEO Alex Rampell 于 2010 年首次提出,他认为 O2O 是"在网上寻找消费者,然后将他们带到现实的商店中,是在线支付模式和为店主创造客流量的一种结合"。随着互联网资源性特征的不断显现及其价值的不断深化,一方面,传统产业的企业加快实施互联网战略,实现产品设计、生产、运维、营销和服务的数字化和网络化,将线下的商务活动与互联网有机结合,让互联网成为支撑线下交易的重要平台;另一方面,新兴互联网企业和线上经济时代的平台性互联网企业则积极参与到线下资源的整合与价值创造过程中,通过线下的商业活动来促进线上交易的进行。随着线上线下资源的加速融合,线上线下商务活动的双向互动越来越密切,O2O 的内涵也随之拓展和深化,广义的 O2O 已经不再是单纯的线上到线下或者线下到线上,而是线上线下的双向互动与融合发展,用户的体验链条被延伸,体验元素更为丰富,满足用户需求的维度也更为多元,客户体验链条上的任何一个环节都可能成为连接用户的重要入口,而互联网入口往往意味着可以通过高黏度的内容和服务将流量优势和用户规模优势转化为产品或服务的竞争优势。线上线下生产要素的重组与重构,将加速线上线下资源的深度融合,不断催生新的商业模式和新的服务模式,变革网前时代和平台性互联网时代的经济社会系统。

(二) 融入互联网资源的制造业发展

在制造领域,互联网作为一种战略性人造资源,不断融入传统产品中,形成了智能互联产品,改变着制造业的组织方式,加速形成新的企业与用户关系,极其深刻地影响着产业的经营模式和组织架构,从而成为现代制造业创新不可或缺的组成部分,推动着制造业的新一轮重大技术创新和管理创新。与传统制造业时代相比,不同的产品结构、分工协作方式、产业链关系、生产与消费关系等使得互联网的资源性特征得以充分展现,具体体现在:

(1) 对产品构造的影响。在产品技术方面,互联网作为一种重要的资源不断融入传统产品中,成为产品本身不可分割的一部分,原先单纯由机械和电子部件组成的产品,现已进化为由物理部件、智能部件和互联部件构成的智能互联产品。其中,物理部件包含产品的机械和电子零件,而智能部件利用传感器、数据储存装置、微处理器和软件,提供跨界乃至超越传统产品的新功能。互联部件则通过接口、天线和联接协议使得产品数据在产品、运行系统、制造商和用户之间联通,能够在用户体验的整个生命周期内提供全新价值。产品逐步成为联网的智能化终端,形成智能互联产品,极大地提升了产品的效能价值,拓展了产品的应用范围。

(2) 对产品生命周期过程的影响。互联网在制造价值链的广泛渗透,深刻影响着产品研发、生产、销售、运行、维修、维护和再制造等产品整个生命周期各阶段,形成了基于众智的创新设计,提高了产品设计的创新能力和生产及维护的智能化水平,并将制造价值链中员工、原材料、能源、工厂以及设备的生产效率大大提升,缩短制造周期,减少制造成本,降低制造过程风险。因此,在产品生命周期过程中互联网提供了全新的技术手段以及海量数据,正在改变传统制造业的流程。

(3) 对制造资源组织方式的影响。在制造资源的组织方式方面,互联网资源被广泛应用于供应商、销售商和协作商的协同过程中,通过价值链的横向集成和制造企业内部纵向集成能够形成全球化网络制造,优化价值链和价值网络,使之能够更快地发现市场需求。同时,利用开放创新平台汇聚全球化的制造资源和社会化的智慧资源,更好地在全球组织制造资源,显著提高制造业资源利用效率。

（4）对制造业务模式的影响。互联网资源的加入,使得企业能够了解客户使用产品的方式,加速制造业服务化进程,将各类服务纳入销售范围,用基于产品的服务销售模式取代原有的产品销售模式,使得产品与服务之间的界限越来越模糊。

在资源性互联网时代,充分利用互联网这一新的人造资源,不断提高产品的智能化水平、研发与生产过程的开放式创新水平和基于产品的服务化水平,并能重构制造资源组合,优化制造业生态系统。

四、互联网与价值链

价值链可以帮助我们理解互联网对企业的影响。价值链分为行业价值链和企业价值链。行业价值链的主要角色包括供应商、制造商、运货商、经销商、零售商和客户等。而一个企业可以承担一个角色或几个角色,也可以只承担某个角色的部分活动,一个简单的企业价值链包含五个主要增值活动:运入物流、运作、运出物流、销售、售后服务。相互独立的每组活动一般由一个战略业务单元承担,整个价值链上的活动相互关联。

价值链是一种用来确定活动、分析活动如何影响企业成本和价值主张的框架。由于每个活动都有信息的产生、处理、传输,因此信息技术对价值链有着深入的影响。互联网的最大优势就是这种将企业内部业务单元之间或企业与供应商、渠道、客户之间的活动实时地连接起来的能力,而且这种连接是双向互通的、低成本的、标准化的。图2-2描述了互联网在价值链中的主要应用。[①]

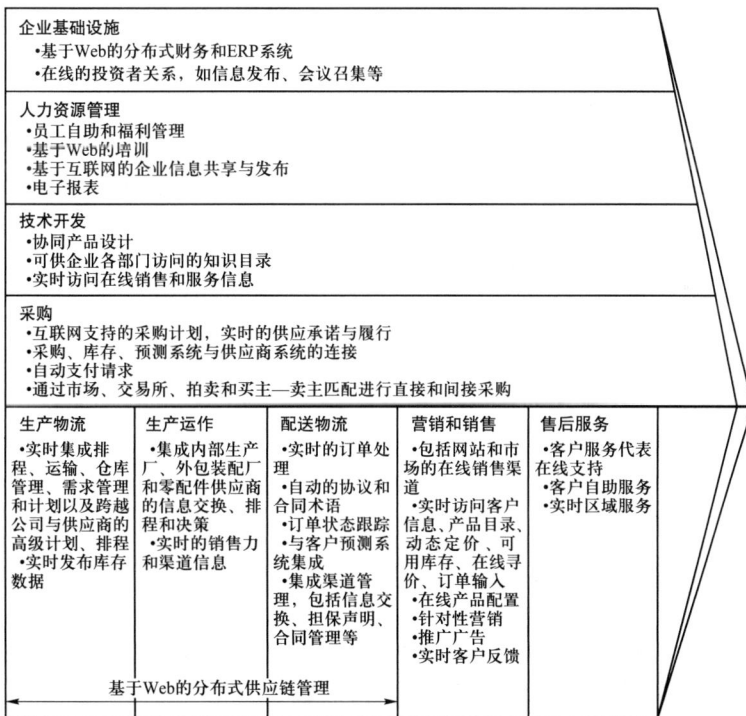

图 2-2 互联网在价值链中的主要应用

---

① Michael E.Porter.Strategy and the Internet.Harvard Business Review,2001,3:63-78(Reprint R0103D).

第二节 互联网与企业战略

案例：创造概念却忘记现实—Siebel 的成败

1984 年,Siebel 从 Illinois 大学毕业后来到了当时只有 40 名员工、年销售额 700 万美元的 Oracle公司工作,6 个月后晋升为区域销售经理,1 年内成为 Oracle 第一销售员,完成销售目标的 3 倍;1988 年成为公司直销副总裁,在此期间与客户打交道发现了客户关系管理的价值,开发了 一款新产品:OASIS(Oracle Automated Sales and Information System)。Siebel 用 OASIS 管理其客 户,使其生产率提高了 40%,完成年销售配额的 149%,达到 2 300 万美元。1990 年,Siebel 晋升 为全球市场的销售副总裁,并建议 Oracle 将 OASIS 开发成一款商业化软件,但被拒绝。半年后, Siebel 离开了 Oracle。

Siebel 在经历了几次投资和经营以后,意识到 Internet 的快速发展将深刻影响着全球各企业 与客户之间的关系:企业将信息技术的用途从优化内部流程转变为管理企业的客户、供应商和合 作伙伴,而这种转变使得市场对 CRM 软件的需求保持快速增加。于是,他自己着手组织团队和 资金开发了 Siebel 系统,1995 年推出了第一款产品,Web-Based CRM 系统。

为了迅速占领市场,Siebel 采用了与 IT 领域著名的咨询公司 Andersen 公司形成战略联盟的 策略,Andersen 的许多客户也成了 Siebel 的客户。其后,Siebel 进一步扩大其战略伙伴的范围,到 1999 年其战略合作伙伴达到 250 多家。Siebel 创造了一个全新的管理软件市场,从 1995 年到 1999 年短短的四年时间,Siebel 软件从 800 万美元发展到 6 亿美元的市场份额,占全球市场的 35%,成为当年《财富》100 家成长最快的公司的第一名。

然而,衰退的路也很短。CRM 毕竟只是管理软件的一部分。当管理软件的大鳄们如 SAP 、 Oracle 进入 CRM 市场的时候 Siebel 靠什么与他们竞争? Siebel 从 2002 年就开始挣扎,业绩每况 愈下。如果此时 Siebel 不是继续扩展市场而是为已有客户提高服务质量,也许他还能过得很好, 但他不是这样的人。Oracle 于 2005 年 9 月 12 日宣布收购 Siebel。Siebel 原打算卖给 IBM 或 Microsoft 的希望破灭了,因为 Siebel 的产品不符合 IBM 和微软的战略。

思考题

1. 请结合本例谈谈什么是营销? 什么是销售?
2. 请结合本例谈谈什么是战略? 什么是战术?

一、什么是战略

战略管理大师波特(Michael E.Porter)认为,通常管理的核心就是战略,即明确公司的定位, 确定取舍以及经营活动的配称,从而获得竞争优势,战胜竞争对手。

定位(positioning)是要回答企业当前的地位和未来方向等问题,如组织的性质、使命、目标、 愿景。使命指明了企业意图参与竞争的一个或多个业务,以及所要服务的顾客;愿景是公司未来 的路线图,它建立了关于一个公司目标的描述,并提供了实现目标的合理解释和理论基础,为公司指明了前进的方向。它反映了企业的价值观和愿望。

取舍(trade-off)就是决定企业做什么,同时企业不做什么,在竞争中做出取舍、权衡。导致取舍的原因有三方面:一是要与企业的形象或声誉相符;二是不同的定位要求有不同的产品配置、不同的装备、不同的员工行为、不同的技能和不同的管理系统;三是内部协调和控制的限制。战略管理理论认为,组织获得竞争优势主要依据组织所拥有的资源和能力,主要资源包括人力、物力(装备、土地、能源)、财力、技术、信息、关系、形象、权力、文化等,主要能力包括机会的把握能力,环境的应变能力,资源的选择与获取能力,资源的管理、配置与使用能力等。面对市场竞争的加剧,企业把提高竞争力逐渐转向为提高企业的核心竞争力上。任何组织,其资源和能力都是有限的,不可能在所有的业务上都能获得竞争优势,因此,有必要将有限的资源集中在企业的核心业务上发展,配置一个适当的"价值链"使公司能够为客户提供独特的价值以获取盈利。

定位与取舍决定了企业会执行哪些活动、设计个别活动的方式以及活动之间的相互关系,但为了防御竞争对手,这些活动必须高度集成。配称(fit)就是将这些活动"锻造"成一个相互配合的和相互加强的整体,体现了组织的资源配置和使用能力。配称不仅增加了竞争优势,而且使对手的模仿更困难,因为对手可以很容易拷贝某个活动或某个产品特色,但很难复制整个竞争系统。没有配称,在制造、营销或分销活动中的独立改善就很容易被竞争者模仿。

二、波特五力模型:互联网如何影响行业结构

互联网与企业战略制定有什么关系呢?现代企业的战略制定不在于用不用互联网,使用互联网对想继续保持竞争力的企业而言已经没有选择的余地,关键是如何使用。波特应用"五力"模型分析了互联网对行业的影响,如图2-3所示。从模型中可以看出,互联网对行业的负面影

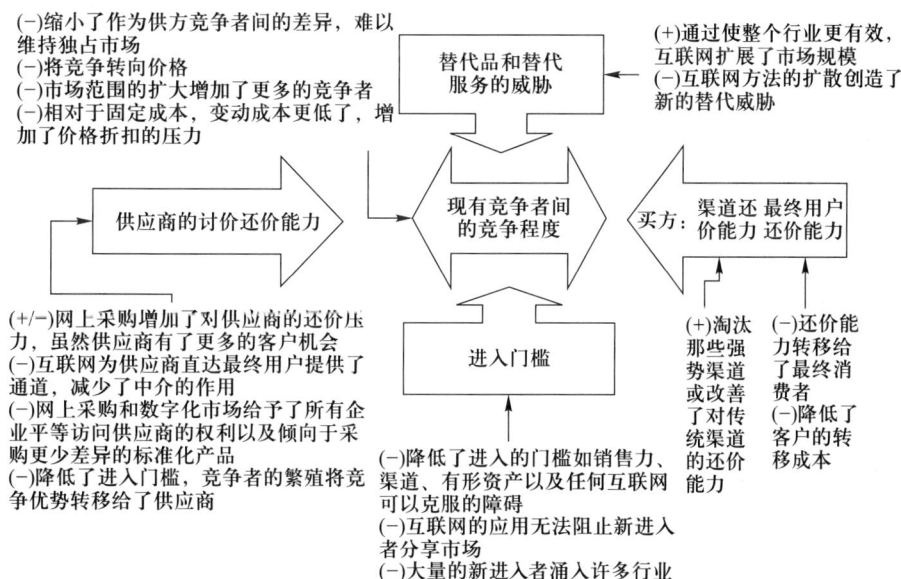

图2-3　波特"五力"分析模型:互联网如何影响行业结构①

---

① Michael E.Porter.Strategy and the Internet.Harvard Business Review,2001,3:63~78(Reprint R0103D).

响占大多数,这就出现了一个互联网应用的悖论:互联网有很多好处,如信息广泛可用,降低了采购、营销、分销的难度,买卖双方更容易找到交易伙伴,但企业很难将这些好处转成利润,甚至还对许多行业的企业赢利能力构成压力。那些认为互联网可以改变一切,原有的有关企业和竞争的规则都应该被放弃的观点是非常危险的。企业的竞争优势依然来自成本与价格的优势,企业间的竞争依然是质量、特色和服务的竞争。因此波特认为互联网并不是获得竞争优势的资源,它只是传统竞争方式的一个补充。企业实施电子商务战略的目标就是要将互联网与传统方法相融合以支持或进一步扩大企业业已存在的优势。

三、互联网对企业战略的影响

企业获得成本和价格优势有两种途径:一是运营效益(operational effectiveness),做与竞争者相同的事但比他们做得更好,如拥有更好的技术、更有效的管理结构或更加训练有素的员工;二是战略定位(strategy positioning),做与竞争者不同的事,这就意味着提供不同的特色、不同的服务或不同的物流安排。互联网对两者的影响完全不同。互联网使企业保持经营优势更加困难,但却为建立或强化一个独特的战略定位创造了新的机会。

(一)互联网削弱了企业运营优势

互联网是当今增强企业运营效益的最强有力的工具。通过简化和加速实时信息的交换,互联网可以完善所有企业和行业的价值链。由于互联网是具有相同标准的开放平台,企业只需少量投资就能获得这方面的利益。简单地改善运营效益并不能形成竞争优势。相反互联网的性质使保持运营优势更加困难。

以前的信息技术应用开发通常是复杂的、艰难的、耗时的、昂贵的,这使得企业获得 IT 的优势比较困难,但使得竞争者仿效也很难。互联网的开放性结合先进的软件体系结构、开发工具和模块化,使得企业设计和实施应用系统更加容易,系统仿效也就变得更容易了。如今,有一定竞争力的公司几乎都开发了类似的互联网应用系统,结果许多企业享受到了运营效益的改善。企业很难从实施最好的应用系统中获得持久的优势。

(二)互联网有助于企业建立独特的战略定位

若企业无法获得运营优势,则获得更高经济价值的唯一办法是只能通过独特的竞争产生成本优势或价格溢价,也就是建立独特的战略定位。互联网通过对企业核心资源,如熟练员工、特有的产品技术、高效的物流系统等的整合,为建立或强化一个独特的战略定位创造了新的机会。

建立和维持一个独特的战略定位,企业需要遵循六条原则,除前文提到的取舍和配称两条原则外,还有以下四条。

1. 要有正确的目标(right goal)

企业应为投资者带来长期的超额回报,因此应根据赢利能力、销售量或市场份额来制定战略。

2. 要有独特的价值主张(value proposition)

企业的产品或服务能为客户带来不同于竞争者的利益或者用不同于竞争者的方式来满足消费者的独特需要。战略既不是寻求一个全局性的最优方式进行竞争,也不是努力满足每个客户的所有要求,而是制定一个能够为一组特定的用途或一群特定的客户提供独特价值的竞争方式。

3. 在独特的价值链(value chain)中体现战略

要想建立可持续的竞争优势,企业必须执行与对手不同的活动或者以不同的方式执行相似的活动。企业必须采用与对手不同但适应于独特价值主张的制造、物流、服务配送、营销、人力资源管理等一系列活动的方式。它不要求最好,但必须有特色,特色才能体现竞争优势。

4. 持续性(continuity)

企业所定义的独特的价值主张必须具有持续、连贯的特点。没有方向上的持续性,公司要想开发独特的技能和资产或者在客户中建立优良的声誉是很难的。持续的完善是必需的,但必须始终是在企业的战略方向指导下完善。

早期的电子商务企业正是因为违背了这些原则,没能很好地建立起企业战略,它们只是利用互联网来提高运营效益,使得竞争转向了价格,最终导致众多 dot-com 公司的破产、倒闭或被兼并。如注重销量增长或市场份额而不是赢利能力,只追求点击率而不是从客户那里获取实际价值,希望能提供所有可能的产品、服务或信息而不是有所取舍、权衡,一味模仿竞争者的活动而不注重配置独特的价值链等。

但当企业利用互联网帮助建立和维护战略定位时,互联网却为企业提供了一个比以往任何 IT 都更好的技术平台。传统的 IT 应用中,软件包难以定制,不同系统集成困难,即使 ERP 将活动连接了起来,但因缺乏灵活性,企业仍不得不改变自己独特的价值链以适应软件,结果 IT 成为标准化经营的推动力而使企业失去独特的竞争优势。

互联网的体系结构改善了软件体系结构和开发工具,使其成为更有力的战略工具,主要表现在软件的定制能力和集成能力上。软件定制能力的提高有利于企业建立适应企业独特战略定位的互联网应用软件,同时由于互联网体系结构的改善及标准化,软件集成能力也得到加强,这有利于加强企业活动的配称。

(三)互联网不是获得竞争优势的资源,而是传统竞争方式的一个补充

要利用互联网在战略定位上的潜能,企业家们需要改变一些观念。认为互联网颠覆了所有传统的经营理念是过于夸张了,企业需要全面权衡互联网和传统活动。不同行业的权衡是不同的,如在线音乐可能对 CD 行业的冲击比较大,但对大部分行业的影响都是有限的。互联网代替了部分活动环节后需要对整个价值链做重新设计的行业几乎没有,即使是音像公司,许多传统的活动如寻找和推广某个天才艺人、音乐制作、安全传播等也仍然是最重要的活动。

企业小知识:
阿里巴巴的
战略

互联网应用软件从事的活动对竞争而言往往是非决定性的,如通知客户、处理事务、获取输入,而企业核心资产如熟练员工、特有的产品技术、高效的物流系统仍然完整无缺。它们才是企业保持竞争优势的关键要素。

第三节 电子商务战略规划与制定

电子商务战略就是企业利用互联网或其他通信网络开展业务活动的规划与执行,其流程分为四个阶段,即分析、设计、执行和评估。

一、电子商务战略分析

(一) SWOT 分析

战略分析就是评估企业自身和周围环境,明确实施电子商务的任务和目标,即方向、使命、愿景。任何一个企业都是由行业价值链上的一个或多个战略业务单元组成。每个企业都有其优势(strengths)、劣势(weaknesses),也始终存在着机会(opportunities)、威胁(threats)。SWOT 分析就是一种从不同角度如营销、内部管理、伙伴关系、社会环境等分析企业的优势与劣势、机会与风险的战略分析工具。图 2-4 列举了部分与 SWOT 分析相关的问题。

优势	劣势
产品品牌声誉如何?	企业信誉是否受到损害?
营销渠道是否强大?	产品线是否过时?
对供应商或分销商的谈价能力如何?	研发能力是否下降?
是否具有宽的市场覆盖面?	公司内部协调是否很难?
员工素质如何?	组织结构是否庞杂?
是否有很强的目标意识?	企业是否出现了财务危机?
企业文化支持企业目标吗?	企业定价能力是否很弱?
机会	威胁
行业是否处于发展期?	是否出现了大量新的竞争者?
能否推出新产品?	是否遇到了进入障碍?
是否克服了某种障碍?	对手是否利用了某项新技术?
能否拓展新的市场?	是否出现了某种替代品?
能否改善企业的定价能力?	经营环境是否出现了麻烦?
有没有新技术可供利用?	劳动力成本是否不断上升?
竞争对手是否遇到了麻烦?	合作伙伴是否会转移?

图 2-4 SWOT 分析问题举例

对于实施电子商务战略的企业而言,重点分析电子商务的引入对企业而言是加强了优势还是削弱了优势,是缩小了劣势还是放大了劣势,是增加了机会或威胁还是减少了机会或威胁。通过系统的评估,并结合企业的经营战略决定是否实施电子商务战略。

实施电子商务战略可能还影响到与伙伴之间的关系。重点分析实施电子商务是加强了双方的合作还是削弱了双方的合作,为合作伙伴带来了机会还是带来了风险,是加强了合作伙伴的优势还是削弱了合作伙伴的优势,合作伙伴的变化会不会对企业产生不利影响。

实施电子商务战略还要分析对客户的影响。重点分析实施电子商务给客户带去了什么独特的价值,企业能从这个价值上获得赢利吗? 客户会认可这个价值吗?

SWOT 战略分析工具为企业进行战略规划提供了一个分析框架,正确使用 SWOT 战略分析工具应遵循以下基本策略。

(1) 明确战略目标。借助于价值链分析和平衡计分卡分析,明确企业的使命、目标和愿景,清楚地知道为什么要进行战略分析。

(2) 优势与劣势分析。企业的竞争优势源自企业拥有的核心资源以及核心能力,因此,应从战略目标入手,通过调查、访谈,确定影响战略实施的资源和能力等要素,确定企业的竞争对手,对比分析企业与竞争对手在资源和能力上的优劣,明确企业的优势和劣势。

（3）机会和威胁分析。企业的机会和威胁源自行业的竞争态势和企业所处的宏观环境的变化。因此,可借助波特五力模型分析行业的竞争态势,借助 PEST 工具分析政治、经济、社会文化、技术等对电子商务战略的影响,明确企业的机会和潜在威胁。

（4）以调研数据为基础。要从组织内部、竞争对手、经营环境等全方位调查各要素对应的数据。

（5）以对比分析为手段。横向对比分析竞争对手;纵向对比分析企业的历史与现状。

（6）战略分析结论。构造 SWOT 矩阵,即 SO、ST、WO、WT。将那些对企业电子商务发展有直接的、重要的、大量的、迫切的、久远的影响因素优先排列出来,而将那些间接的、次要的、少许的、不急的、短暂的影响因素排列在后面。

（二）电子商务战略定位

当企业确定实施电子商务战略时,电子商务战略定位就成为战略分析的另一项核心任务。其方法与一般的企业战略相似,主要任务有价值链分析、确定目标、价值主张、配称等。

1. 价值链分析

价值链（value chain）是一种用来确定活动以及分析活动如何影响企业成本和价值主张的框架,分为行业价值链和企业价值链。行业价值链的主要角色包括供应商、制造商、运货商、经销商、零售商和客户等。企业价值链包含 5 个主要增值活动:运入物流、运作、运出物流、销售、售后服务。整个价值链上的活动相互关联。互联网的最大优势就是这种将企业内部业务单元之间或企业与供应商、渠道、客户之间的活动实时地连接起来的能力,而且这种连接是双向互通的、低成本的、标准化的。

2. 电子商务战略目标

电子商务能够帮助企业做很多事,可以将其分为四大类,如表 2-1 所示。与节约相关的战略目标主要聚焦于预算控制;与结构相关的战略目标着重强调为企业运作提供一个稳定、高效的业务和交易平台;与策略相关的战略目标重点是通过实施内部重组或外部联盟以加强组织的竞争力;与营销相关的战略目标主要涉及营销服务的完善或探索新的、有效的营销渠道。[①] 企业可根据电子商务战略分析的结果选择某种电子商务战略目标。

表 2-1　电子商务战略类型及举例

战略类型	举例
与节约相关	通过去中介或者关闭部分线下门店,降低交易成本,如苏宁易购,小米等。
与结构相关	形成企业联盟,构建一个 Web 采购市场,如我的钢铁网等。
与策略相关	整合企业内外部关系,重组业务流程,打造一个数字化的供应链系统,如三只松鼠等各类 F2C 模式的电子商务企业。
与营销相关	借助于网络收集的大数据为消费者提供个性化服务,如酷特智能的 C2M 模式。

---

① Vincent S.Lai,Bok.Wong.E-strategies and performance. Communication of the ACM,2005,48(5).

3. 电子商务战略的价值主张

实施电子商务不仅能给公司或其投资者带来好处,还要能为客户创造价值。不同的电子商务应用会有不同的价值主张,如产品的个性化与定制、降低产品搜索成本、交易的安全性与便捷性、良好的配送服务等。实际上,明确了电子商务战略目标也就决定了电子商务战略的价值主张。

4. 电子商务战略配称

企业根据所确定的电子商务战略目标以及电子商务战略价值体现,确定电子商务活动的取舍,并将确定的电子商务活动与企业其他活动整合、集成,配置成一个符合企业战略、企业的电子商务战略并为企业创造价值的价值链。这其中可能会涉及企业业务流程重组。

背景故事:立邦漆"封杀"经销商网售[①]

张经理与立邦的经销合同于 2010 年 3 月 1 日到期,在他与立邦签订的新一期经销合同里,增加了一条醒目的约束条款:未经公司许可,经销商手中的立邦漆产品都不得进行网络销售。2010 年 3 月 17 日,立邦中国区企业品牌传播高级经理吴佳伦证实了该经营策略,称公司已决定全面禁止旗下经销商进行网络销售,所有在 2010 年 3 月到期的经销合同中,这一约束条款都会在新合同里明确。

在立邦全面禁止经销商网络销售时,它的竞争对手却都或多或少已开始涉足电子商务这一领域。如国内涂料企业嘉宝莉在 2009 年的上半年就已开通了其官方直营 B2C 电子商务网站,还有很多品牌也正在组建电子商务的专业团队。在行业其他竞争品牌都在为电子商务摩拳擦掌之际,立邦的这一做法让很多业内人士感到不解。吴佳伦解释称,2008 年起,公司陆续接到消费者投诉,称在网购立邦漆时遭遇假货。公司随即组织专门团队对网络上销售的立邦漆产品进行调研,他们惊讶地发现约 80% 的网售产品无法确认来源。"这个行业有些特殊,首先是产品跟消费者的健康紧密关联,另外是售后服务环节程序比较多。"吴佳伦说,而一旦网购的产品无法确认来源,上述程序公司都无法跟进。随着一些消费投诉事件的发生,公司的信誉受到了严重损害。

讨论与思考

1. 网购这一模式的出现,让很多品牌企业遇到了新的管理难题,请从立邦公司的优势、劣势,以及面临的机会、威胁等视角,分析是什么原因促使立邦采取这样的决策?

2. 访问立邦官方商城与立邦天猫旗舰店,观察两个网站的异同。

二、电子商务战略设计

一旦电子商务的战略目标得到明确,企业就能够开始其战略的设计,即鉴于企业的优势和劣势,制订具体的策略和实施计划来抓住当前商业环境中出现的新机会,管理企业面临的威胁。战略设计需要回答以下问题:

[①] http://tech.sina.com.cn/i/2010-03-21/09593967252.shtml.

（1）电子商务目标是否与企业的总体战略目标一致？是否符合企业的发展模式？明确电子商务战略的目标与指导思想。

（2）企业管理水平是否符合电子商务战略的要求？业务流程是否优化？

（3）企业信息化处于什么水平？企业信息化水平可分为四个层次，即生产过程信息化、办公自动化、管理信息系统、信息资源的有效整合和集成。

（4）选择什么开发模式？电子商务系统常用的开发模式包括自主开发、合作开发、外包、商品软件产品的再次开发、直接利用第三方技术。

（5）项目存在哪些风险？采取什么避险对策？

战略设计的输出就是制定一份商业计划书。商业计划书就是指用以确定企业目标并粗略地描述组织如何实现该目标的计划文档，以论证项目的可行性为主要目标。表 2-2 列举了一个典型计划书包含的内容。

表 2-2 商业计划书包含的内容

项目	描述
组织描述	组织的性质、构成、使命、目标
项目描述	现状与趋势，技术、市场风险分析，经营战略及计划
项目方案	项目内容（明确做什么）、技术方案（需要什么技术，如何获得这些技术，直接购买、自主开发还是外包或其他方式）
项目进度	分阶段项目任务，项目管理，责任人
组织机构及人力资源	项目实施的组织机构、领导、技术负责人、团队
市场分析	市场规模，潜在客户，价值主张；潜在对手，竞争的优势和劣势，前景
营销方案	市场研究、产品、价格、广告、促销、渠道、客户服务
投资规模及筹资方案	估算资金额度，确定筹资方案
财务分析	成本、盈利模式、盈利能力、经济和社会效益分析、回收期估算等
项目风险分析及对策	经营风险（渠道冲突、伙伴关系、客户关系等）、政策风险（法律、法规、隐私等）、技术风险（安全）等

商业计划书的主要用途有筹集资金、招聘高级管理人才、说服战略伙伴。商业计划书明确了目标、预见了困难、制定了相关措施，保障了项目按预定的轨道进行。

第四节 电子商务战略执行与评估

一、电子商务战略执行

战略执行是为执行战略设计阶段同意的项目制定详细的、短期的计划并加以实现。战略分析确定了组织是否实施电子商务战略，也就是回答了"做不做"的问题，战略设计是根据战略定位确定"做什么"，而战略执行就是详细描述"怎么做"。

（一）电子商务战略执行过程

企业实施某项战略有其流程，即分析、设计、执行和评估，而具体到战略执行阶段，也有一个微观层面的流程，它与战略规划的流程相似，只不过它是针对具体任务或项目而言的，因此常称为项目管理。项目管理主要任务如图 2-5 所示。[①]

1. 启动阶段

启动阶段的工作包括定义一个项目或项目阶段的各项工作与活动，决策一个项目或项目阶段的启动与否，或决策是否将一个项目或项目阶段继续进行下去等工作。

2. 计划阶段

计划阶段包括拟订、编制和修订一个项目或项目阶段的工作目标、任务、工作计划方案、资源供应计划、成本预算、计划应急措施等工作，需要制定详细的进度表，并有明确的进度标志。

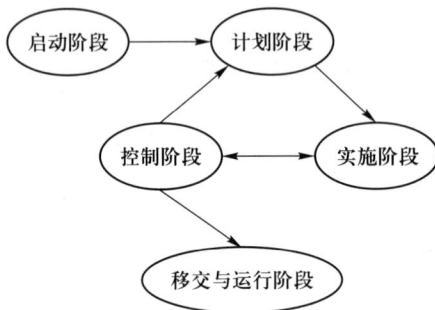

图 2-5 项目管理阶段

3. 实施阶段

配置项目实施所需要的各种资源，包括人力、资金、技术和知识、软硬件基础设施、管理等。

（1）建立一个电子商务运营团队。团队人员包括团队负责人、执行成员、技术专家。一个强有力的团队可能是项目成败的关键。这个强有力不仅是技术上的，更多的还是管理上的。团队的负责人必须有相当的资源调配和流程整合的权利，以确保电子商务战略的实施。

（2）软硬件环境建设。硬件环境包括网络、服务器配置、安全措施；软件开发任务包括网站、接口和应用软件等。需要考虑的问题有：

① 软件由谁来开发？可选项包括自主开发、合作开发、外包开发、直接购买软件或软件使用许可权。

② 网站托管方式：自己管理还是托管？

③ 硬件策略：硬件策略与网站托管方式有关，也与企业电子商务战略的规模有关。

（3）业务流程重组。删除冗余业务内容、修改不适应电子商务环境的业务内容，并将它们与因实施电子商务战略而新增的业务进行集成并优化；集成电子商务系统与供应链上的商业伙伴的应用系统。

4. 控制阶段

控制阶段的工作主要包括制定性能指标、执行标准，监督和测量项目工作的实际情况，分析

① 张友生，田俊国，殷建民.信息系统项目管理师辅导教程（下）.北京：电子工业出版社，2005.34-36.

差异和问题,采取纠偏措施等工作。

5. 移交与运行阶段

移交与运行阶段的工作包括制定一个项目或项目阶段的移交与接收条件,并完成项目或项目阶段成果的移交,包括项目实施过程中所形成的文档,从而使项目顺利结束。移交阶段的工作还包括用户培训、系统切换等工作。系统切换是指将原有业务流程所依赖的环境切换到新系统上来,使电子商务系统正式运行。一般来说,这个切换应该有个过程,不能一蹴而就,有些流程可能在相当一段时间内还需要保留,如传统支付与电子支付并行。

案例：英国 Electric Co.公司的电子商务战略

Electric Co.公司是一家英国电力供应公司,客户包括普通家庭到大型企业。2001 年 3 月英国发布了新的电力贸易协议(NETA),其目的就是要增加电力批发市场的竞争,以降低最终用户的价格。NETA 引起的最大变化就是客户可以自由地选择电力供应商。自从新政实施后有1/4 的客户发生了转移,整个行业每月转移的客户数达 40 万次。

大量的客户转移给 Electric Co.带来了压力。在业务处理上新客户注册可能引起操作错误,从接电话到信息系统维护都可能产生失误,这种失误可能会引起客户的不满意而转移为其他供应商的客户;即使是客户注销也可能是危险的,因为有些客户可能是因为逃避账单而注销服务。

Electric Co. 决定实施电子商务战略。公司选择了 Dataflow Software 的数据流软件Gatekeeper。Gatekeeper 将有效的数据流与不同的后台系统(如信用卡审核、CRM、结账与注册等)集成,这使得 Electric Co.从地理分布和产品/市场结构上巩固了其 IT 系统,从而作为单一实体运作所有业务,且明显节约了 IT 开支。系统因提供了业务处理自动化功能而减少了错误率、提高了信息流速度,增加了客户的满意度。

Gatekeeper 还为公司带来了工序自动化的好处。Electric Co.已经成功地利用数据流软件集成了中小企业业务,从而扩充了公司的竞争优势。

思考题

1. 描述 Electric Co.的电子商务战略定位。
2. Electric Co.采用了什么样的实施策略?
3. 评估 Electric Co.的电子商务战略。

(二) 电子商务战略执行策略

1. "先入"与"跟进"

所谓"先入",是指在行业内首先使用电子商务战略。"跟进"则是指行业电子商务已经比较成熟时再实施电子商务战略。先入和跟进的电子商务企业都有成功或失败的例子。如果企业能够建立独特的、竞争者难以模仿的电子商务战略,则先入者可以保持某些先入优势,如树立了品牌形象、为客户创造了新的选择机会、形成了稳定的客户群、锁定战略伙伴等。但先入者也存在一定的风险,如电子商务应用软件的开发技术相对不成熟,且软硬件基础设施的投入也很高;

缺乏电子商务应用的经验,难以把握市场规律;过早地进入了一个可能还没有准备好的市场;可能被吸取了先入者的经验和教训,并应用更好的软硬件技术的跟随者超越。

2. 区域化还是全球化

使用电子商务战略很多都是为了拓展业务空间,甚至为了推广全球化战略。但在拓展业务范围甚至以此来推广全球化战略时必须考虑到全球化战略可能存在的风险。

(1) 文化环境风险。进入一个陌生的环境存在很多风险,其中文化差异就是重要风险之一。文化差异主要包括语言、习惯、风俗等多个方面。它直接对人们的消费行为产生影响,如果在推广全球化电子商务战略的同时没有完成本地化任务,对实施电子商务战略的企业而言可能是致命的,很多企业正因为没有理解当地的文化,因而对其消费者的消费偏好缺乏足够的认识,最终导致失败或撤离该市场;另外电子商务网站语言也是一个重要问题,全球涉及上百种语言,即使是广泛使用的英语在不同的国家也还存在差异,因此如何解决网站的多语言支持问题也是企业必须考虑的。

背景故事：美国电子商务企业在中国的尴尬

先看一组网站访问量的对比数据,表2-3中的数据是2006年7月至2007年1月各网站访问量的变化范围。从数据中我们明显看出美国电子商务企业在中国面临的尴尬。这些在中国拥有最好的人力资源、最好的技术和最多的资金支持的、全球著名企业为什么会出现这种尴尬呢?

表 2-3 网站访问量

类别	企业	访问量(每百万)
搜索引擎	百度(baidu.com)	60 000~100 000
	谷歌中国(google.cn)	6 000~10 000
综合门户	新浪(sina.com.cn)	40 000~60 000
	雅虎中国(yahoo.com.cn)	20 000~50 000
C2C	易趣(ebay.com.cn)	2 000~6 000
	淘宝(taobao.com)	10 000~20 000
即时通	腾讯(qq.com)	40 000~80 000
	MSN中国(msn.com.cn)	2 000~6 000

没有人否认Google所拥有的搜索引擎技术,但它对中文的认识显然没有百度更深刻;MSN并不认为在线留言比电子邮件有什么优势,但QQ的在线留言却确实吸引了许多客户,而网吧对MSN而言更是个陌生名词;淘宝疯狂式的弹出广告尽管招来许多指责,但经营者更关心的是有多少客户成功地从易趣转移到自己的企业。

也许美国电子商务企业从中国市场退出时还不明白他们为什么输了。这就是文化差异,这也是市场环境差异。中国人喜欢社交和热闹的环境,当你打开QQ看到若干个朋友给你留言的窗口弹出时,自然会产生一种兴奋的、感觉被人重视的心理,而MSN那种静静的窗口只适合绅士们使用;进入中国电子商务企业的网站主页你会觉得非常热闹,尽管有时打开得比较慢,但你可以在主页就能找到你想要的东西,而美国企业的网站却往往给人一种"曲径通幽处"的感觉,虽然比较浪漫、安逸,但没有了解中国网民的主要成分构成。美国人的电子商务企业是为白领阶层服务的,中国电子商务企业是为普通大众服务的,在中国的网民中普通大众远远多于白领。

ICQ(icq.com)早在多年前就被 QQ 挤出了中国市场,MSN 亦已消失,易趣早已承认在中国经营上的失败,亚马逊中国的经营则步履维艰,Yahoo 中国和 google.cn 均已退出了中国大陆。美国电子商务在中国的尴尬还会持续多久?我们拭目以待。

（数据来源:alexa.com）

(2) 市场环境风险不同。不同地区的市场环境也存在着很大差异,主要包括法律法规、财税政策等;跨国经营还面临着通关、结算、结汇等问题。因此企业若想借助电子商务实现跨国经营,除能正确处理关税、汇兑、信用等风险外,还要认真研究并能准确把握当地的法律法规和相关市场政策。

(3) 作业风险。全球化电子商务战略拓展了市场空间的同时,也延伸了企业的供应链,因此订单履行与配送成为跨国经营的一种风险。支付也是一个困难,不同国家的支付习惯很不相同,支付宝和微信支付遍布中国各类支付,但并不是所有市场的电子支付像中国市场如此方便。美国人喜欢使用信用卡,而欧洲人喜欢使用借记卡等。更重要的经营风险来自于双方交易的认证,特别对 B2C 和 C2C 电子商务,风险会更大。

3. 是独立经营还是依托原有组织经营

企业可以重新建立一个独立公司开展电子商务业务,也可以仅作为企业的一个子单元。如果企业现有机制对电子商务战略存在制约,也无法进行结构重组,而电子商务战略也不需要依赖组织现有的经营,则建立一个独立的电子商务企业可能会更好。若实施独立的电子商务战略会引起剧烈的渠道冲突、部门利益冲突,则应当作为一个子单元来实施电子商务战略,并且在营销、定价、企业信息、内容管理等方面还要采取一致性行动。而在品牌战略上,则取决于现有品牌的影响,如果现有品牌很强势,则无须重新建立在线品牌,反之则可考虑重新建立一个新的在线品牌。

二、电子商务战略评估

电子商务战略评估主要是对电了商务战略实施的效果进行全方位评价,并据此给出卜一步的发展方向。

（一）电子商务战略方向评估

这主要评估电子商务战略是否与企业预期的目标方向一致,是否偏离了电子商务战略定位,原先的定位是否还能符合电子商务领域所出现的快速变化,是否需要进一步完善和改进,这些都是战略评估要回答的问题。评估的常用指标包括财务、效果和系统性能,具体包括以下几个指标。

（二）电子商务系统性能评估

这包括评价电子商务系统性能是否达到了预期的效果。电子商务系统性能评价有许多指标体系,Whitworth 等人提出了一个系统性能网络模型①(Web of System Performance,WOSP),如图 2-6 所示。他们将系统性能划分为边界、内部结构、效应器和接收器四对指标。

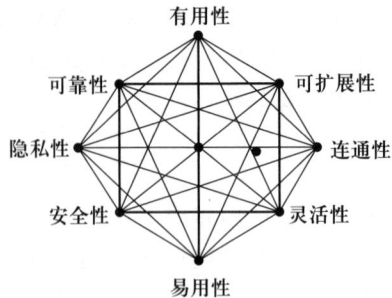

图 2-6　网站系统性能模型(WOSP)

1. 边界

边界(boundary)性能反映了对系统的访问控制能力,有益用户都应能访问系统,而有害用户都应被拒绝。评价指标有可扩展性(extensibility)和安全性(security)。可扩展性体现了系统对用户的接受能力;安全性体现了对用户的防范能力。

2. 内部结构

内部结构(internal structure)性能反映了系统对内外部变化的应变能力。评价指标有灵活性(flexibility)和可靠性(reliability)。灵活性体现了系统对外部变化的适应能力即系统可以在不同的环境下运行,而可靠性却体现了系统内部结构的相对稳定性,即使系统的某部分出现问题,整个系统仍能保证运行。

3. 效应器

效应器(effector)性能反映了系统的运行性能,评价指标有有用性(usefulness)和易用性(ease of use)。有用性就是指系统的事务处理能力,也就是说系统是否具有足够的功能;易用性是指实现这些功能时占用最小系统资源的能力,从而保证系统的运行性能,如访问速度快、操作方便。

4. 接收器

接收器(receptor)性能反映了对内容交换的控制能力,既能够保障正常内容的交换,又能保护隐私内容。评价指标有连通性(connectivity)和隐私性(privacy)。连通性体现了系统与其他系统的通信能力,而隐私性体现了系统控制私密信息传播的能力。

图 2-6 中指标间的距离反应了两个指标的一致性程度,距离越大,说明两者一致性越差,如连通性和隐私性就是一对相互制约的指标。中心点是系统性能的平衡点,如果出现向右偏心,说明系统侧重于可扩展性、连通性和灵活性,是一个高风险的系统;反之则是一个低风险的系统。

---

① Brian Whitworth,Jerry Fjermestad,Edward Mahinda.The Web of System Performance.Communications of the ACM,2006,49 (5):93-99.

（三）电子商务战略财务绩效评估

1. 盈利水平

这主要包括评价电子商务战略对企业的盈利能力及价值主张的影响,并分析其原因。例如,企业的销售是否增加了,增加了多少? 是什么原因导致了增加? 如市场扩大、取得了定价优势等。企业的利润是否增加了,增加了多少? 常将企业实施电子商务战略的投入成本与收益的比值作为重要评价指标,这种方法称为 ROI(return on investment)方法。

2. 成本控制

这包括评价电子商务战略对企业的成本、费用等的影响并分析其原因。例如生产成本是否降低了? 是从哪些方面降低的? 如采购价格、生产流程、供应过程发生的费用等。管理费用和营销费用是不是降低了? 从哪些方面降低的? 是否消除或减少了不合理的费用? 如库存、办公费用、渠道费用等。

（四）关系满意程度评估

这包括评价电子商务战略对企业与客户、供应商、分销商、零售商、合作伙伴之间关系的影响,并分析其原因。如客户满意度是否提高? 忠诚客户比例是否上升? 供应商满意度有没有得到提高? 分销商满意度如何?

（五）效率提高程度评估

这包括评价电子商务战略对生产效率、管理效率等的影响,并分析其原因。例如,生产效率是否因供应链的完善和流程优化得到了提高? 订单履行效率是否得到提高?

（六）学习与成长

对企业未来持续发展能力的影响,并分析其原因。例如,电子商务战略促进了组织的数据积累、知识积累以及创新能力。

章尾案例:跨界融合——互联网汽车

自 2018 年 6 月起,经历了长期高速增长的中国汽车市场狠狠踩下一脚刹车,全年销量同比下降 5.8%,迎来 28 年来的首次下跌。进入 2019 年,中国车市下滑态势延续,1—7 月销量同比下滑 8.8%。然而,上汽荣威却呈现了逆势上扬的态势,2018 年销量同比增长 19.6%,2019 年 1—7月上牌量同比增长 20.5%,成为寒冬中的一抹亮色。

一、跨界融合打造互联网汽车

2014 年 7 月 23 日,上汽集团与阿里巴巴集团签署互联网汽车战略合作协议。根据协议,双方将积极开展在互联网汽车和相关应用服务领域的合作,共同打造面向未来的互联网汽车及其生态圈。2015 年 3 月,阿里巴巴与上汽集团共同投资设立 10 亿元的"互联网汽车基金",组建了斑马网络。

互联网汽车是智能操作系统对汽车赋能后新的汽车定义,互联网成为基础设施,智能操作系统从底层融入整车,数据可进行云端交互,为汽车提供了第二个引擎,使得汽车可以同时跑在公路和互联网上。一般而言,互联网汽车由物理部件、智能部件和互联部件构成(图 2-7),它在传统汽车产品的基础上,搭载先进的车载传感器、控制器、执行器等智能部件,并通过互联部件融合车联网等互联网技术,具备复杂环境感知、智能化决策、自动化控制功能,使车辆与外部节点间实现信息共享与控制协同,从而使互联网汽车具有卓越的新能力。首先,汽车产品能够对自身的运行状态和周边环境进行实时监测,帮助汽车制造商获得前所未有的产品性能和使用报告,从而改进产品设计。其次,通过互联接口将汽车的智能部件与企业数据中心连接,对汽车提供远程服务和软件升级,大幅提升产品的性能和使用率。最后,将监测数据、远程控制和智能决策技术融合,实现汽车产品的半自动化甚至全自动驾驶。

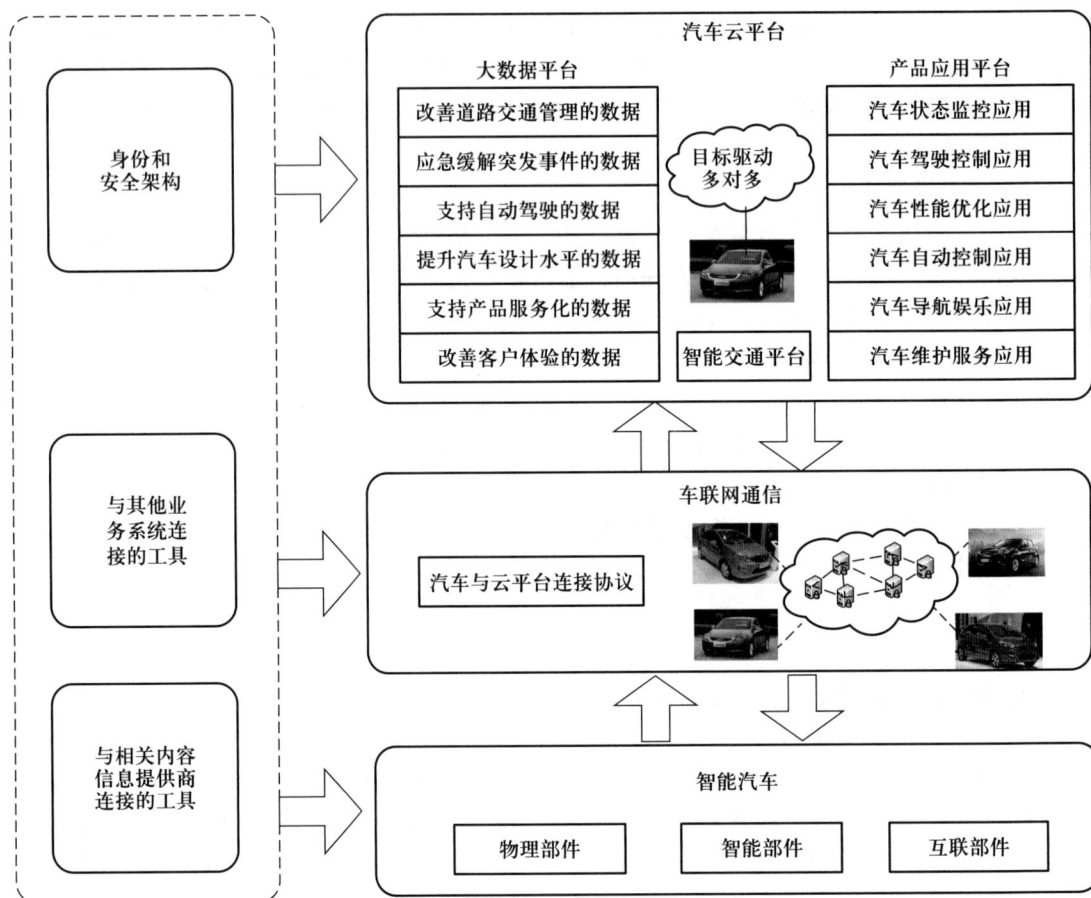

图 2-7 互联网汽车的技术架构示意图(与上汽互联网汽车技术无关)

上汽集团与阿里巴巴计划打造的“互联网汽车”是以最终用户体验为导向,充分集成阿里巴巴的“YunOS”操作系统、大数据、阿里通信、高德导航、阿里云计算、虾米音乐等资源,以及上汽集团的整车与零部件开发、汽车服务贸易等资源,产品将开放融合互联网和大数据,围绕用户的车生活,整合双方线上线下资源,为用户提供智慧出行服务。简单说来,上汽集团与阿里巴巴的互联网汽车可以从两个维度来理解:一个是互联网功能,另一个是互联网化。互联网功能就是驾驶人或乘车人可以在上汽的互联网汽车上自由地开展地图导航、文化娱乐、互动交友、在线购物等上网活动。而互联网化,则是上汽互联网思维与阿里大数据的结合。上汽拥有 2000 多万名车主,每名车主都是一名长期用户,服务对象相对固定,可借助大数据分析开展精准而极致的服务。

二、全球首款量产互联网汽车上市

上汽集团一直有着互联网汽车梦。在与阿里合作之前,上汽集团就已经开展了车载信息服务系统方面的研发应用,2010年发布了智能网络行车系统inkaNet,并在自主品牌车型上率先使用。搭载于荣威550的上汽inkaNet版已由在线导航及信息娱乐服务向兼容车辆远程诊断和安防服务发展,实现电脑屏、手机屏和车机屏整合以及信息云共享等功能。上汽与阿里的合作使得上汽在汽车智能化发展方向上更进一步,将联合优势资源,进一步打通汽车全生命周期用车需求和互联网生活圈,让用户体验到一个基于互联网、更加便捷的移动智能化生态圈,打造全新的互联网汽车。

2016年7月6日,上汽集团与阿里巴巴集团在杭州举行"登陆·探索"互联网汽车新品类联合发布会,宣布全球首款量产互联网汽车——荣威RX5正式上市。新车配备了阿里自主开发的YunOS操作系统,基于阿里生态系统中支付宝、淘宝、地图等大数据的读取,为用户带来全新驾驶体验。同时,针对互联网汽车流量收费问题,上汽集团推出了车载系统和新功能升级迭代的服务及流量,以及与汽车行车关联最紧密、流量消耗最频繁的"地图导航"服务及流量、远程车控服务及流量终身免费的营销策略。荣威RX5一上市就受到了消费者的青睐,上市3个月销量突破5万台,进入SUV市场前十名,当年累计销量突破9万辆。RX5还先后获得"2016中国国际工业博览会-工业设计金奖"殊荣和第四届轩辕奖年度大奖。2017年9月2日,RX5正式"登陆"北京汽车博物馆,和汽车发展史上具有分量的车型一起陈列展示,成为永久珍藏,显示出荣威RX5对汽车出行以及行业变革带来的深远影响。

三、深化跨界融合促进我国互联网汽车发展

上汽荣威RX5的成功没有使上汽产生自满心理,乘用车市场的激烈竞争激励着他们不断创新,并深化与阿里的跨界合作。

2018年推出的2018款荣威RX5搭载了互联网汽车智能系统2.0,普及了360全景影像功能,精微语音互动功能更强大。

2019年6月27日,荣威RX5超越系列全新上市,并计划率先进行FOTA更新,升级为3.0版本的全新一代互联网汽车智能系统——基于AliOS的斑马智行解决方案,AI语音、智能导航、远程车控等智能功能将迭代升级。

2019年8月28日,首款智能座舱荣威RX5 MAX上市发布,搭载14.3英寸2.5D四曲面玻璃大屏、12.3英寸全景AR模式虚拟仪表、BOSE沉浸式立体声音响系统、256色随心溢彩交互式氛围灯等配置,带来视、听、触等多感官的MAX享受,标志着中国汽车品牌在"智能座舱"时代树立起首面旗帜。

在发布荣威RX5 MAX上市的同时,上汽集团与阿里巴巴达成深化战略合作协议,双方将战略重组斑马网络和YunOS,并将合作领域扩大至汽车出行平台、自动驾驶、汽车行业云等领域。阿里巴巴将YunOS操作系统整体知识产权及业务注入斑马,斑马将拥有YunOS底层架构代码完整的所有权和使用权,并将进一步向汽车全行业开放,成为面向全行业开放的智联网汽车平台。

荣威RX5互联网汽车的开发与上市过程充分体现了互联网时代的典型特征:跨界融合。跨界就是变革,就是开放,就是一种融合。敢于跨界了,创新的基础才会更加坚实;融合协同了,群体智能才会实现,从研发到产业化的路径才会更垂直。

当前,我们所处的时代和面临的环境发生了很大的变化,而这种变化背后的驱动要素与跨界相关度非常高。过去传统工业的结构化模式,在互联网、移动互联网和大数据技术的冲击下,正在被颠覆。但是,这种颠覆不仅本身促进了传统服务业、制造业和资源性产业转型升级,也极大地促进了产业的跨界融合发展。

从跨界实施方式来看,跨界不仅是对外在商业模式的颠覆,也是对组织方式的颠覆。不仅需要企业整合内外部资源,同时要打破原有的组织边界和系统结构,建立相适应的动态组织体系,齐力推动外部的跨界融合。

案例思考题:

1. 试列举 3 个跨界融合的其他实例。
2. 互联网技术对传统产品转型起到了什么样的作用?
3. 思考互联网汽车的发展前景与方向。

本 章 小 结

本章从战略角度分析了互联网对行业、企业经营的影响,并详细论述了电子商务战略实施过程。通过本章学习,应能从战略角度理解互联网的作用,理解电子商务战略实施的过程、复杂性及其困难所在,掌握电子商务战略的核心目标,理解电子商务的价值创造过程。

关 键 词

E 战略(e-strategy)	SWOT 分析(SWOT analysis)
互联网(internet)	商业计划书(business plan)
定位(positioning)	有用性(functionality)
取舍(trade-off)	易用性(usability)
配称(fit)	连通性(connectivity)
"五力"模型("five forces" model)	隐私性(privacy)
运营效益(operational effectiveness)	灵活性(flexibility)
战略定位(strategy positioning)	可靠性(reliability)
价值主张(value proposition)	可扩展性(extensibility)
价值链(value chain)	安全性(security)
营利模式(profit model)	

思 考 题

1. 企业战略的任务是什么? 什么是 E 战略?

2. 以汽车行业为例,用波特的"五力"分析互联网对汽车行业的影响。你也可以选择你熟悉的行业。

3. 从价值链出发,绘制一张成衣制造企业的可能的战略业务单元结构图。

4. 如何正确理解互联网对企业战略的影响?

5. 什么是 SWOT 分析?除课本中列出的一些 SWOT 分析的问题举例外,你还能列出哪些与电子商务战略实施相关的问题?

6. 一个玩具企业打算实施电子商务战略,从战略实施的角度,你能给它什么建议呢?

7. 文化差异对电子商务战略实施会带来哪些影响?从我国电子商务目前的实际情况给予分析。

8. 课本中介绍了一种对电子商务网站性能评价的框架,你还能想到哪些其他性能需要被考虑进来?

课外在线讨论

学习《国务院关于积极推进"互联网+"行动的指导意见》,讨论"互联网+"的各种机会以及互联网在不同行业的作用机制。通过讨论,进一步深化对互联网资源观的认识。

实训操作

1. 某同城快餐连锁店的外卖业务拓展始终不理想,老板试图利用互联网开辟新的营销渠道,试根据你所学的电子商务知识,给其做一个电子商务方案,包括业务模式分析、技术方案、营销方案、物流方案、支付方案、风险评估等,方案字数在 700~1 000 之间。

2. 走访一个本地熟悉的企业,调查企业电子商务应用情况,并回答以下问题:(1)走访企业有没有互联网渠道?(2)如何利用的?或为什么没有利用?(3)当初是如何设想的?有没有达到预期目标?(4)现在主要存在哪些问题?(5)结合你所走访的企业的经营管理现状,借助 SWOT 分析工具,为企业制定一份实施电子商务战略的商业计划书。

即测即评

请扫描二维码进行在线测试。

第二篇

实　务　篇

第三章　电子商务商业模式

　　企业确定了电子商务战略后,在正式设计具体的业务流程之前,需要解决一个重要问题:应该采纳什么样的商业逻辑为客户和利益相关方创造价值。本章将重点讲授一些主流的电子商务商业模式。

学习目标

1. 理解商业模式的概念与分类,掌握不同商业模式的价值主张及盈利模式。
2. 掌握电子市场的商业模式类型。
3. 掌握社会化商务主要商业模式。
4. 掌握移动商务主要商业模式。
5. 掌握农村电子商务主要商业模式。
6. 掌握跨境电子商务主要商业模式。
7. 掌握互联网金融主要商业模式。
8. 了解其他电子商务商业模式。

本章导学

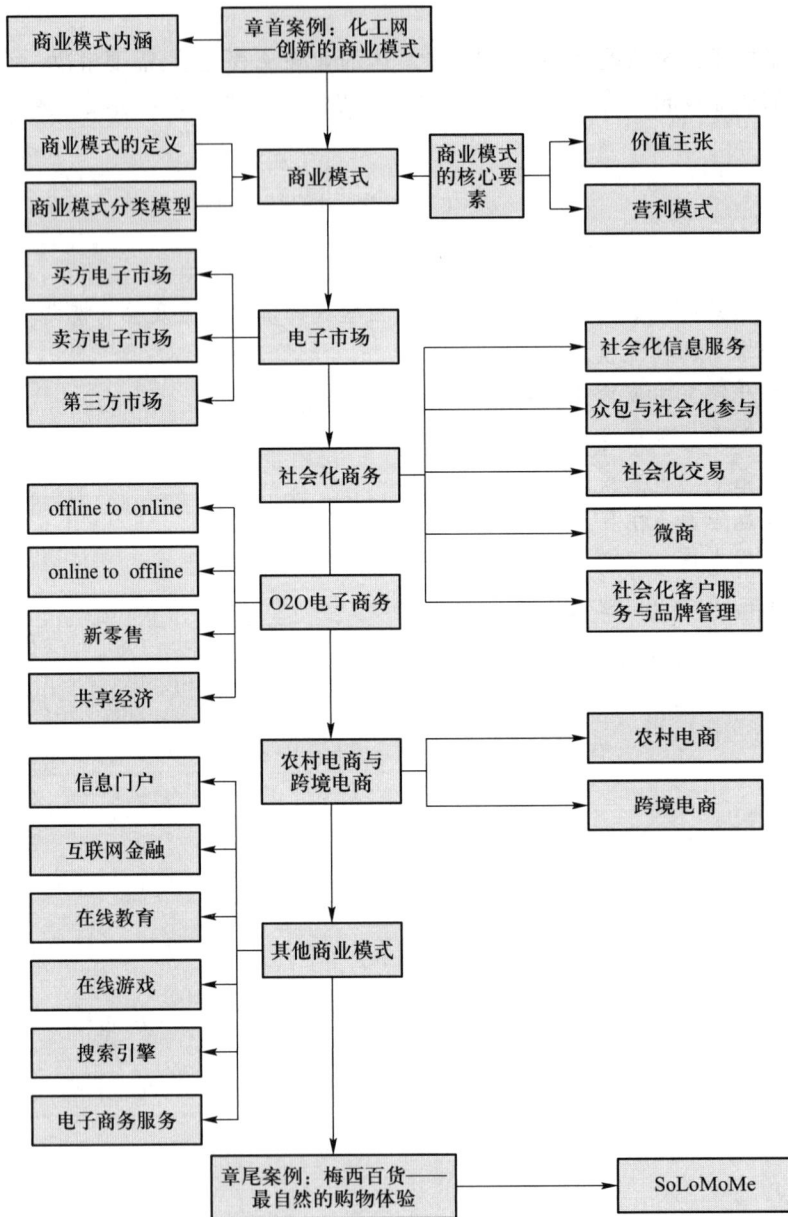

章首案例:化工网——创新的商业模式①

化工网(china. chemnet. com)是网盛生意宝(corp.netsun.com,SZ002095)的核心业务,现在我们打开其网站也许没有什么惊奇之处,但在 20 多年前的中国却是与众不同的。

一、专业网站:以行业信息服务为经营目标

1997 年,当人们都在关注 dot-com 时,现在的网盛科技总裁孙德良却选择了为行业提供服务的经营思路:选定专业网站可以对行业资源和需求更为熟悉,服务内容更加深入和细化。他首选的目标是服装,但当他偶然看到了一抽屉全国各地化工公司老总的名片时,他改变了主意,为什么不做一个化工专业网站呢?

(1) 化工企业数量多;

(2) 化工企业有理想的规模;

(3) 化工行业产业链较长;

(4) 化工产品种类多,标准化程度高。

因此在价格合理的情况下,化工企业能够承担也愿意为享受网络商务服务支付合理的费用,这就确保了公司具备可持续发展的能力。

二、明确的营利模式:"会员+广告"

化工网从创建伊始就有明确的商业模式:通过为会员企业的原料采购、产品出口提供信息创造价值,同时经营互联网广告业务,以收取会员费和广告费作为企业的营利模式。为确保信息服务质量,公司建立了国内较为完备的化工行业数据库,内含 40 多个国家和地区的 56 000 多个化工站点,20 余万条中文企业产品信息,50 余万条英文企业产品信息。该数据库是化工网赖以开拓市场、提供服务的核心要素。随着公司化工企业会员数量的增长,该数据库一直在持续扩充,并实现数据的动态更新。

三、低成本扩张:用鱼叉杀鱼和用网捕鱼

在其他互联网公司纷纷引入风险投资或战略投资时,化工网一直坚守自己的创业模式:专业网站+低成本扩张,以自有资金稳健独立地经营,因此在网络泡沫极度膨胀的时期,公司的经营模式未受风险资本的干扰,在网络经济的寒潮期依然实现了持续的营利。化工网在度过了势单力薄的起步阶段后,沿着低成本之路,逐渐撒开了扩张的"渔网"。1998 年起公司开始逐步向南京、北京等化工重地发展,先后在南京、济南、北京、上海、广州、成都、沈阳设立了办事处或联络处,实现了业务的快速扩张。

作为国内最早创办的专业化工网站之一,化工网在建成初期就获得市场认同,现已成为业内数据丰富、客户数量众多、访问量最高的化工站点,并凭借商业模式、品牌、产品、资源等优势逐步确立了行业领先地位。目前,化工网包括交易中心、产品大全、企业大全、企业报价、产品供应、产品求购、化工资讯等主要栏目。网站提供的服务包括信息发布、客户网站推广、入网会员贸易撮合、广告制作发布服务等,拥有国内外企业和个人注册会员 20 多万个,国内缴费企业会员有 5 000 多家。公司从创业时的不足 10 万元,已经发展到净资产超 8 亿元的电子商务企业,公司于

---

① 资料来源:网盛科技招股说明书,网盛生意宝公开声明,网盛生意宝宣传资料。

2006 年成功地在深圳中小板市场上市,并在全国专业网站中精选了近百家合作伙伴,共同建设类似"化工网"一样的行业龙头网站,成为中国中小企业的"生意宝"。

案例思考题:

1. 请指出化工网的经营特点。
2. 进入网盛生意宝网站,看看它现在开展了哪些新业务。
3. 比较化工网与阿里巴巴(alibaba.com)、慧聪网(hc360.com)商业模式的异同。

第一节 商业模式基本概念

一、商业模式的定义

(一) 什么是商业模式

电子商务的主要特点之一是借助于互联网或移动互联网创新各种商业模式。商业模式(business model)也称为业务模式,不同的学者对商业模式概念的表述略有不同,表 3-1 列出了几个具有代表性的陈述。不同学者的描述差异来自于视角的不同。Zott 等人认为[①],关于商业模式的描述主要有三个视角,即面向技术、面向组织以及面向战略。新涌现的商业与信息系统工程研究领域的专家则将商业模式看作是连接企业战略与业务流程的中介环节,如图 3-1 所示(Al-Debei et al, 2008;Di Valentin et al. 2012)。战略聚焦于如何战胜竞争者,商业模式作为企业特别是 IT 使能企业和数字化企业描绘、创新、评价价值创造的商业逻辑以及商业资源的有效协调的工具,而业务流程描述具体输出的生产。

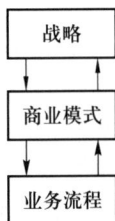

图 3-1 商业模式与战略、业务流程的关系

但不管描述方式存在什么样的差异,从表 3-1 中可以看出商业模式的核心是价值,价值包括三个方面:面向客户的价值(价值主张)、面向投资者的价值(营利模式)、面向伙伴的价值(商业生态系统)。商业模式需要回答的问题包括:谁是潜在客户? 客户价值是什么? 企业如何通过此业务获取利润? 企业如何以恰当的成本为客户提供价值? 因此商业模式就是企业通过创造价值而获取收益所采取的一系列活动,它表明了公司在价值链中所处的位置。任何商业模式都

---

① Zott, C., Amit, R., Massa, L., The business model: recent developments and future research. Journal of Management 2011, 37 (4), 1019-1042.

要清楚他们的营利模式和价值主张。

表 3-1 商业模式概念的各种表述

商业模式研究学者	商业模式描述
Paul Timmers(1998)	产品、服务和信息流的体系结构,包含对商业活动中各个参与者及其角色的描述、参与者潜在利益的描述、收入来源的描述
Amit,Zott(2001)	描绘交易内容、结构和治理的设计,通过开发新的商业机会来创造价值
Petrovic(2001)	描述为创造价值所构造的"商业系统"的逻辑
Chesbrough,Rosenbloom(2002)	从技术输入到经济产出的转换器
Hedman & Kalling (2003)	描述给定业务的关键要素,包括资源、客户、价值主张、网络、架构、结构、演化等
Michael Rappa(2004)	产生收入、赚钱的方法
Shafer et al. (2005)	描述企业的根本逻辑以及创造和获取价值网络中的价值的策略选择
Andersson et al. (2006)	描述业务活动的参与者及他们之间的价值交换关系
Rajala & Westerlund (2007)	为客户创造价值的方式,以及通过参与者、业务活动、相互协同的组合将市场机会转化为利润的方式
Janssen et al. (2008)	从组织的使命、为客户提供的产品和服务等视角描述组织的核心业务
Osterwalder and Pigneur(2013)	企业为顾客提供价值和为创造该价值、获得收入流所需要的企业及其伙伴网络的体系结构

(二)商业模式特点

电子商务商业模式是指企业借助网络环境为客户创造价值或强化现有的商业模式运作产生收益来维持企业生存或增强企业竞争力,它是企业商业模式在互联网环境下的具体应用,是企业实施电子商务战略的商业逻辑,其特点表现在目标价值、"流"和"使能器"三个方面,如图 3-2所示。

1. 目标价值层次

在传统经济中,企业商业模式的构建以企业利润最大化为目标,对于顾客利益和价值链中其他企业的利益通常考虑较少,因此存在着供需矛盾和企业之间的矛盾。供需矛盾还会因为供应链企业之间的供需关系不透明而被放大,即所谓的"牛鞭效应"。企业之间的矛盾产生,主要是因为价值网络中处于同一或相近角色的企业之间存在竞争,导致无法实现本来可以通过协作完成的高效率。在电子商务商业模式下,企业利用电子商务平台实现信息共享,快速沟通,能够对顾客价值需求加以满足、理解,并且能够在供应链企业之间实现信息快速交换;供应链企业间的信息和资源都实现共享,企业之间能够彼此谅解、协商、谈判和沟通,达成价值目标最大化的共识,在此基础上的协同作业,才能实现利益分享,价值增值并达到最大。

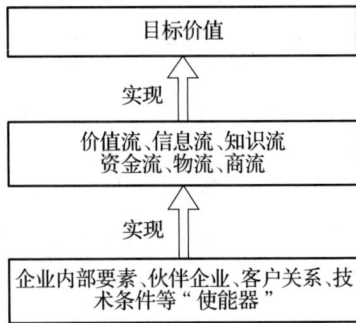

图 3-2　商业模式层次体系

2."流"层次

基于目标价值的电子商务商业模式的核心在于要有一个规范的电子商务环境以及不断提升电子商务技术的应用能力。在电子商务商业模式中,"流"层次中各种"流"的作用和地位与传统商业模式不同,已经发生了变化。价值流、信息流和知识流成为关注的对象,基于"流"的处理能力表现在不断采用新的理论和方法。先进的技术方法能使信息流以更快、更稳定的方式流动;知识能够在更广泛的范围内得到很好的共享和使用。通过对价值流的分析和重新设计,在整个价值网络中可以从两个方面来增加新的价值:在价值网络中,通过消除无效或效率低下的运转环节,大幅度降低交易成本;提供产品增值服务以提升整个产品或服务的新增价值。

3."使能器"层次

电子商务使能器(enabler)是保障电子商务系统正常运行的基础设施,是电子商务商业模式的固有特征。主要的使能器有硬件(如服务器)、系统软件(如操作系统)、网络(如路由器)、安全软件(加密软件)、电子商务软件系统、流媒体方案(如 real media, asf, wmv)、CRM/SRM/SCM/LMS/ERP 软件、支付系统(如支付宝、银联)、数据库(如 Oracle、DB2、My SQL、Hbase)等。

（三）建立电子商务商业模式的工具和方法

1.价值链分解法

通过对价值链的分解、分析和重组,确定企业在价值链中的定位从而建立相应的电子商务商业模式。

2.案例推理法

通过回顾以往案例的成功经验和失败教训,依据新的条件和状况建立新的商业模式。该方法通过对不同商业模式的比较分析,根据不同的模式设计需求,采用文字描述、图形表示、计划、报告等形式表现新的商业模式内容。

3.评估法

选择某种评估方法如"平衡计分卡"对商业模式各组成成分的重要性进行打分评估,从而建立针对具体情形的商业模式。

4.情境规划(scenario planning)法

该方法在处理未来商业环境的不确定性方面具有很强的能力。核心工具是使用模型模拟器。管理者可在无任何风险的实验环境下,对模型进行模拟和实验。情境的动态性有助于企业对环境的变化预先做出反应并做出相应计划的备案。

二、电子商务价值主张

价值体现或价值主张(value proposition)是确定一个企业的产品或者服务如何满足客户的需求(Kambil, 1998),它是企业商业模式的核心。为什么客户要选择与你的企业打交道? 你的企业能提供什么其他企业不提供或不能提供的内容?

成功的电子商务价值主张:产品供应的个性化和定制、产品查询成本的降低、价格发现成本的降低以及通过送货管理(方便、快速)来推动交易。例如阿里巴巴的价值主张是"让天下没有难做的生意",化工网的价值主张是专业化服务。

电子商务商业模式中的价值流确定了商业模式对供应商、消费者、市场创建者或互联网门户的价值主张,企业的长期生存能力主要取决于价值流是否"健壮"。

(一)电子商务商业模式的价值创造

Amit 和 Zott[1] 挑选了欧美 59 家(美国 30 家、欧洲 29 家)电子商务企业进行调查研究,从中发现了电子商务商业模式的四种价值源,即高效性、互补性、锁定性和新颖性,如图 3-3 所示。

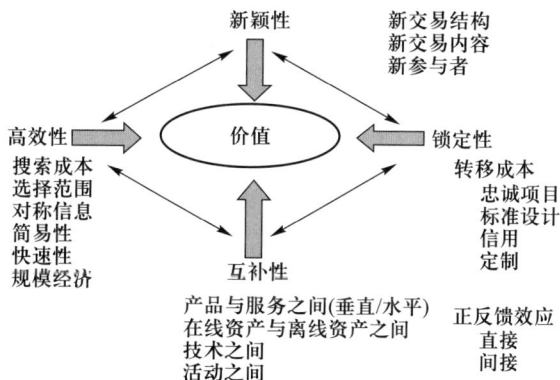

图 3-3　电子商务中价值创造的源泉

1. 高效性

提高效率可使企业处理单位事务的成本下降。效率越高的电子商务商业模式成本越低,因而价值也就越高。

(1)减少了买卖双方信息不对称的现象。互联网便捷、快速的信息传输能力使双方能获得最新和最全面的信息。

(2)完善的信息减少了客户搜索成本和讨价还价成本,还减少了客户投机行为。

(3)利用虚拟市场的互联性,为客户提供了更有效、更快捷的决策。

(4)提供更便宜的选择,手段包括降低流通成本、流线化库存管理、简化处理(可减少错误);通过需求聚集和大量采购使个人消费者享受规模经济的好处;流线化供应链;加快事务处理和订单履行。

(5)减少了营销、销售、事务处理、沟通成本。

① Amit, R. , Zott, C. . Value creation in e-business. Strategic Management Journal, 2001, 22: 493-520.

2. 互补性

当捆绑商品所提供的价值超过每件商品单独提供的价值总和时就呈现出商品间的互补性。电子商务可充分利用信息技术的优势发挥商品互补价值。

（1）垂直互补。供应链上的商品或服务互补，如第三方物流、协同设计、售后服务。

（2）水平互补。不同行业的产品或服务互补，如一站式购物，照相机与胶卷的互补。

（3）核心互补。以企业的核心业务为中心，同时提供相关的互补性商品或服务。如航空公司除机票服务（核心业务）之外，还提供景点、天气、宾馆、交通等其他信息或订购服务。

（4）离线与在线间的互补。利用离线产品或服务为在线业务提供补充，如 Wal-Mart 在线销售的商品可以到其物理店铺办理退货或调换。

（5）其他补充。企业为了吸引客户，还可能提供众多补充服务，例如在拍卖、直销、零售网站上还提供个人主页、博客、聊天室、BBS、e-mail、在线贺卡、软件下载、音乐点播、短信发送、铃声下载等补充服务。

高效性为互补性创造了条件，互补性也提高了经营效率，例如互补性降低了投机性，从消费者角度互补性为其提供了高效的事务处理流程。

3. 锁定性

锁定包括两个方面：一是客户，一是战略伙伴。锁定使客户重复购买，这也激励了战略伙伴维持和改善其协作，结果既增加了伙伴让利客户的愿望，又降低了公司的机会成本。锁定能有效防止客户和战略伙伴向竞争者转移。锁定客户是锁定的基本任务。客户锁定策略主要包括：

（1）忠诚项目。对回头客给予一定回报，如积分、返点、折扣。

（2）设计主宰行业的标准，包括业务流程、产品、服务等。

（3）建立信用。通过独立的可信第三方给予客户交易安全、可靠的保证。

（4）定制与个性化。人的习惯一旦形成后是不容易改变的，因此利用这一特征，企业可从多方面提供服务以锁定客户：提供独特的、友好的网站界面和超链接结构，当客户习惯这种网站界面和结构后就可能不太愿意接受另一种界面或结构了；提供产品、服务或信息定制功能；利用客户档案、消费历史、访问记录进行个性化产品、信息或服务推荐，形成个性化界面、针对性营销等，当客户与网站交流越多时，个性化推荐就越精确，客户也就越愿意留下。

（5）正反馈效应。正反馈效应展现的是一种网络外在性（network externality）。一种网络外在性是关系外在性，当一个客户加入某个社区时，随着在社区中建立越来越多的关系，客户就受到了网络的约束而使脱离网络的成本增加；建立的关系越广，转移成本就会越高，从而达到锁定客户的目的，如微博、微信等。另一种网络外在性是消费外在性，即消费者认为一个商品的消费效用随着其他消费者的消费量增加而增加。例如人气越旺的游戏网站聚集的人会越来越多，反之则会越来越少；电子商务平台卖家与买家数量也存在正反馈效应，即人气越旺的电子商务平台卖家与买家越来越多，反之则会越来越少。还有一种间接的网络外延性，例如某种游戏既可以投放到联众（ourgame.com），也可以投放到另一家游戏网站，但由于联众在其他游戏中能吸引大量的玩家，因此供应商就会认为新游戏在联众上的潜在玩家更多，这样就有更多的游戏供应商愿意将自己的产品投放到联众上而使联众更有吸引力。

高效性和互补性所创造的价值能够培育锁定性，锁定反过来又巩固和加强了高效性和互补性所创造的价值。

4. 新颖性

商业模式创新是电子商务永无止境的话题,21 世纪的企业竞争也就是创新力的竞争。自从电子商务出现以后,各种创新层出不穷,例如 eBay 的 C2C 拍卖、priceline.com 的逆拍卖等都是交易结构创新,各种创新的互补性商品市场则是交易内容创新。创新必然会产生各种新的市场参与者,如阿里巴巴、京东、新浪、腾讯、eBay、Amazon 等。

创新是电子商务商业模式保持高效性、互补性和锁定性的动力。创新可以吸引和保持客户,尤其当有著名品牌支持时,有利于对客户的锁定;各种商品、服务、信息的组合都是互补性创新;而高效性来自于对互联网的各种创新应用。

(二) 电子商务商业模式的价值流

电子商务商业模式为供应链上的所有参与者:供应商、制造商、运货商、分销商、零售商、客户创造了不同的价值,而均衡的价值流动是电子商务商业模式生存的必要条件。价值均衡流动才能保障各参与者利益的平衡,也才能实现价值最大化,最终实现共赢。将前面的价值创造从消费者、供应商和销售商的角度加以思考,就可以得到图 3-4 描述的电子商务商业模式的价值流。[①]

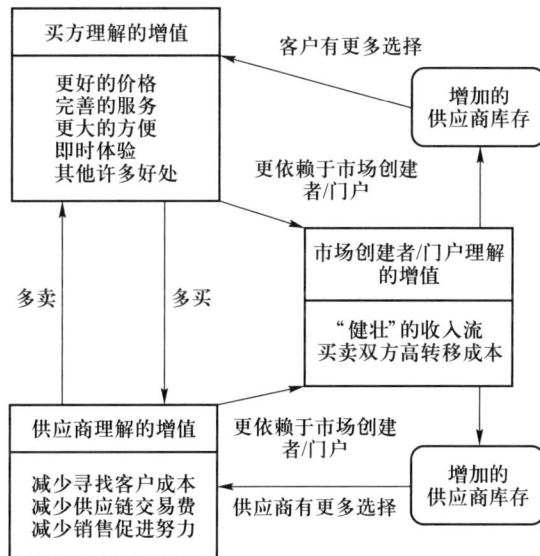

图 3-4 电子商务商业模式价值流

买方认为,电子商务商业模式应能够给其带来的增值包括:减少商品搜索成本和交易费用,兼具覆盖度和丰富度的购物体验,便捷性;同时他们认为还应该获得其他好处,例如购买机票时希望企业能提供住宿信息服务,还希望企业能提供与其他客户交流的机会,提供个性化推荐服务等。

供方认为电子商务商业模式应该能够帮助他们减少客户搜索费用、产品促销费用、交易费用,能够缩短交易时间。

---

① Mahadevan, B. Business models for Internet-based e-commerce: an anatomy. California Management Review, 2000, 42(4): 55-69.

市场创建者或门户(他们本身可能就是买方或卖方)除为买卖双方提供增值外,还应该为自己创造价值。当更多的买卖者加入市场后买卖双方的增值能够得到更多显现,因而对市场的依赖度就越高,稳定的收入就有了保障。

(三)电子商务商业模式的其他价值主张

电子商务商业模式除能创造前述的价值外,还有其他一些形式的增值服务:信用认证、购物指南、风险管理、采购管理、质量保证、安全服务、金融服务、第三方履约托管。

三、电子商务营利模式

价值主张和营利模式(profit model)是商业模式的核心,价值是基础,盈利是目标,不能创造价值的商业模式不可能获得盈利,但创造价值并不代表企业就一定能获得盈利。例如,网易(163.com)为客户提供了许多有价值的服务,如邮件服务、各类新闻和信息、搜索、贺卡等,但在2000年前后一直难以将这些价值转换成收入和利润,网易也一直处于亏损状态,直到2002年推出短信平台和其他增值服务,才创造了利润。

企业经营的最根本目标是为投资者获得超额回报,营利是企业的固有特征。营利模式是描述企业如何获得收入产生利润以及获得高额的投资回报(企业必须产生高于投资于别处的回报),简单说就是企业如何赚钱。电子商务营利模式就是指实施电子商务的组织如何利用网络获得收入和利润。营利既包括直接的、显性的、量化的,如销售收入的增加、利润增加,也包括间接的、隐性的和非量化的,如扩大了品牌的知名度、提高了客户满意度。营利模式表现在需求整合和企业间协作两个方面。整合克服了市场的零散性,供应商有更广阔的市场范围,而购买者有了更多的选择,也有了更好的价格透明度;协作使市场参与者建立和加深了他们之间的商业关系,从而改善各个企业和整个供应链的性能。电子商务的营利模式有多种,企业主要采用其中的一种或几种组合。下面列举一些主要的营利模式。

(一)边际收益增加

一些传统企业实施电子商务战略的目的是提高企业的边际收益,主要通过减少交易成本和寻找客户成本、去中介化(如不再需要分销商或零售商)、加快周转、控制库存等手段。

案例：收入模式的创新——网易的无线增值服务与在线游戏

网易(163.com)是中国三大门户网站之一,2000年6月底在美国纳斯达克(NASDAQ)市场上市,由于缺乏明确的盈利前景,上市当天就跌破了15.5美元的发行价,以后不断下跌并跌破1美元从而面临被摘牌的危机。

在此背景下,网易一方面承诺增加企业透明度,另一方面积极拓展新业务以增加收入并恢复投资人信心。其中在无线增值服务、网游方面取得了巨大成功,从而扭转了经营危机。网易财务指标及营利模式见表3-2。

1. 无线增值服务(sms.163.com)

2001年网易推出的无线短信平台为网易渡过难关立下了汗马功劳。所谓短信平台,就是针对手机键盘小、用户发送短消息不方便的问题,而开发的一个网站,用户可以通过手机号在该网站进行注册,然后就可以在网站上给目标手机用户发送短信息。网站与移动运营商分成用户发送短消息支付的费用(一般短消息 0.1 元/条)。2002 年,网易的无线短信平台就开始发挥效益,成为中国最大的无线增值服务平台,其收入占到当年总收入的 2/3。网易无线增值服务的内容后期发展到包括交友、订阅、图片、铃声、言语、彩信、WAP、点播、特色、语音、彩铃、百宝箱等十几类服务。

2. 网络游戏(http://game.163.com)

2002 年,网易开始涉足游戏,主要提供多角色扮演网络游戏(MMORPG)的开发和运营。2006 年在市场运营的游戏产品有《大话西游Ⅱ》《梦幻西游》《大唐豪侠》,以及泡泡游戏休闲平台等。

网易游戏突出自主研发的优势,在设计理念上体现民族特色和中国文化。2005 年 7 月,网易正式推出泡泡游戏休闲平台,推出的竞技、棋牌类休闲小游戏达 20 款。截至 2006 年 7 月,《梦幻西游》注册用户突破 9 000 万,最高同时在线人数突破 131 万;《大话西游Ⅱ》注册用户超过8 300 万、最高同时在线人数突破 58.7 万;网易自主研发的 3D 固定视角大型角色扮演类网络游戏《大唐豪侠》正式运营,游戏以"武侠精髓"和"侠义文化"为特点,以唐朝历史为背景。

经过 5 年的快速发展,网络游戏就成了网易最主要的收入模式。

表 3-2　网易财务指标及营利模式　　　　　　　　　单位:百万元人民币

年份	收入模式	收入	利润
1999	广告(64.4%)及其他	16.8	−52.0
2000	广告(91.2%)及其他	33.0	−169.3
2001	广告(50%),出租网络店铺及交易费(49.9%)	28.3	−233.2
2002	广告(14.7%),无线增值及其他服务(69.3%)、在线游戏(16.0%)	232.6	16.3
2003	在线游戏(35.7%)、无线增值及其他服务(49.1%)、广告(15.1%)	569.1	322.9
2004	在线游戏(65.6%)、广告(17.9%)、无线增值及其他服务(16.5%)	958.3	441.4
2005	在线游戏(81.4%)、广告(14.2%)、无线增值及其他服务(4.4%)	1613.4	932.0
2006	在线游戏(83.7%)、广告(12.9%)、无线增值及其他服务(3.4%)	2217.2	1242.7

3. 广告

广告一直是网易的一项稳定收入来源,曾经占总收入的 90% 以上,随着网易整体业务的发展,广告效益也越来越明显,戴尔、联想、中国移动、摩托罗拉、大众、本田、百事可乐、中国工商银行、匹克等著名公司均在其网站上发布广告。

从 2002 年短信平台扭转了公司的财务危机后,网易的业务稳定地大幅度增长。目前网络游戏、广告收入成为网易最重要的利润源泉,电子商务逐渐成为网易的另一收入来源,短信平台的历史使命早已完成。据 2018 年年报,网易总收入达 671.5 亿元,其中网络游戏的收入占比下降到 59.9%,电子商务的收入占比达到了 28.6%,网易考拉(kaola.com)、网易严选(you.163.com)等已成为跨境电子商务和原始设计制造商(ODM)电子商务的重要平台。

(数据来源:网易年报 2001.12—2018.12,www.163.com)

思考题

1. 查阅网易公司的最新年报，指出网易采用了哪些商业模式，其营利模式是什么？

2. 对比网易的创新和化工网的坚持，你更喜欢哪一种企业的风格？

3. 进入网易、新浪（sina.com.cn）、搜狐（sohu.com）网站，比较它们在商业模式与营利模式上的异同点，并写成研究报告。

（二）产品销售

通过在线销售产品、产品使用权、服务、信息等有形或无形产品获取收入，如在线音乐、在线影视、软件许可、图书（纸质、电子）、玩具等。

（三）交易费

电子商务企业根据交易量收取委托费。交易费可以按交易额收取，也可按交易次数收取。交易额模式是按交易额的一定比例提成，一般在 3%～15%，但不同产品差异很大。按交易次数收费就是每笔交易收取某个定额。

（四）会员费

注册成为企业的会员客户，每个客户按照一定的周期交纳固定费用以取得某类服务，如联众游戏、化工网、QQ 等都有这种营利模式。国外的许多新闻媒体也采用注册为会员方式订阅新闻。会员费有时又称为订阅费、注册费等。

（五）广告费

通过向网站投放广告的企业收取广告费。广告费的收入模式比较复杂，它与位置、大小、表现形式有关，同时计费方式也各种各样，如有的按广告的基本规格（位置、大小、表现形式）收费；有的按点击次数收费，即有效点击该广告并链接到相应的位置才计算一次；还有一种是按有效成交收费，即消费者点击该广告进入所链接的企业并完成商品的购买，一般按交易额的一定比例收取，这种广告费也称为联属费（affiliate fee）。

（六）增值服务费

增值服务费是指电子商务企业为客户提供增值服务所收取的费用。如信用卡认证可提取认证费；Paypal.com 提供第三方支付服务收取佣金；第三方履约托管（escrow）也是一种增值服务，是指买卖双方通过可信的第三方履行合约，例如，买方可将资金转给担保方，待买方收到合格产品后通知担保方支付资金；网络短信平台服务商与移动公司分成短信发送收费；邮件服务、博客等各类增值服务都可能成为收入来源。

四、电子商务商业模式的其他要素

（一）市场机会

市场机会是企业所预期的市场以及企业在该市场中有可能获得的潜在财务收入机会。你的目标市场是什么？市场容量有多大？市场空间由许多细分市场组成，实际的市场机会一般集中在一个或几个细分市场上。

（二）竞争环境

竞争环境是指其他企业在同一个市场空间中经营、销售同类产品。商业模式设计需要分析还有什么其他企业占据着你的目标市场？哪些是直接竞争对手,哪些是间接竞争对手？例如百度(baidu.com)、搜狗(sogou.com)、谷歌(google.com)、必应(bing.com)之间的竞争关系,化工网与其他化工网间的竞争关系。

（三）竞争优势

所谓竞争优势是指当企业能比它的对手提供更好(性价比)的产品、信息或服务时,它就获得了竞争优势(Porter,1985)。进入目标市场,你有什么特殊的优势？竞争优势包含:① 不对称竞争优势,如财政支持、学识、信息或权力;② 先行者竞争优势或跟随竞争优势;③ 不公平竞争优势,指因其他企业不能获得的要素而建立起来的优势,如品牌优势;④ 杠杆作用,指利用自己的竞争优势获得更多的优势。竞争环境的变化有可能导致竞争优势的丧失。

背景故事：旅游平台——竞争环境的恶化

携程(Ctrip)、e龙(eLong)是我国著名的旅游在线平台企业,其主要商业模式是整合酒店、机票等代理业务,解决了多层代理问题,创造了优良的业绩。那么日益强大的旅游平台商能成为旅游市场的"苏宁""国美"吗？酒店与航空公司不愿自己被牵着鼻子走! 随着信息化能力的不断提升,酒店与航空业直销力度日益增强,平台商的话语权正逐渐被削弱。

2010年3月初,在没有与中国政府和企业协商沟通的情况下,法—荷航单方面告知机票代理商:从2010年4月1日开始,法—荷航将实现零代理费,并要求代理人未来根据不同情况,每张机票向消费者征收50~700元的服务费。法—荷航"零代理费"引发汉莎航空公司、瑞士航空公司、南航国际线效仿。

面对日益恶化的竞争环境,2010年3月10日,携程率先召开了"双重低价保证,3倍赔付承诺"的新闻发布会宣布,在网络预订条件下,保证境内酒店价格达到市场最低,否则赔付3倍的现金差价。6天之后,e龙表示只要预订价格比携程贵,就赔3倍差价。易网通旗下的游易网宣布将酒店和机票的代理佣金直接返还给消费者,其中酒店返利8%,每张机票返利3%~6%,来实现"最低价"的承诺。这种"杀敌一千,自损八百"的价格战策略表明:单纯依靠佣金的商业模式无法长久。

讨论与思考

"携程"们应该怎么办？请帮它们出出点子!

（四）营销战略

营销战略是由如何进入一个新市场、吸引新客户的具体举措构成的营销计划。如何促销产品和服务以吸引目标客户是营销战略的核心。

（五）组织发展

所有的企业都需要有一个组织来有效地实现它们的商业计划和战略。组织发展就是要回答:为实现商业计划,企业需要采用什么类型的组织结构？许多电子商务企业的失败就是因为其缺乏支持新的商务形式所需的组织结构和文化价值。

（六）管理团队

管理团队是指企业中负责各类商业模式运作的员工。什么样的经历和背景对企业领导人来说是重要的？技术、经验、能力？负责模式运作的管理团队是商业模式实施成败的最重要因素。

五、电子商务商业模式分类模型

电子商务商业模式分类对电子商务企业选择一个或多个商业模式开展经营具有重要意义。企业通过确定其价值链中的地位找到自己获取收益的方法是电子商务商业模式分类的基础。

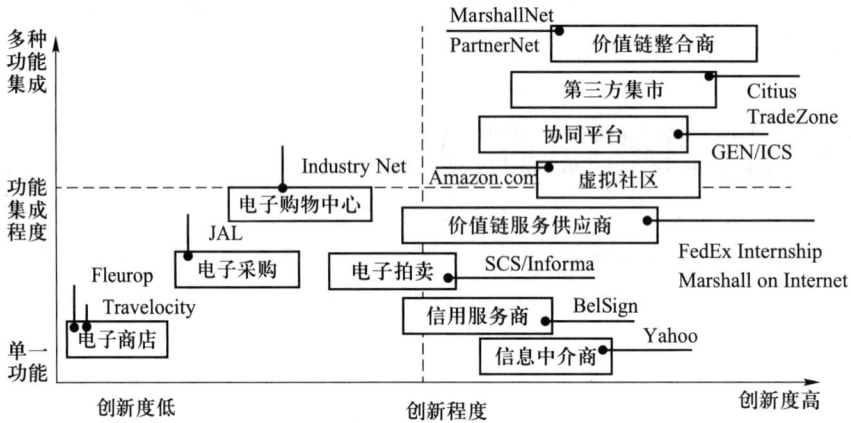

图 3-5 电子商务商业模式分类模型

图 3-5 所示为 Paul Timmers 提出的一个商业模式分类模型。每个具体模式旁举出了该模式对应的具有代表性的企业名称。该模型从业务创新程度和电子商务功能集成度两个方面对电子商务商业模式的体系结构进行规划，将电子商务商业模式划分为 11 个类别，用纵坐标表示功能集成度，用横坐标表示创新程度，直观地图解了电子商务商业模式的相互关系及分类体系，同时也指明电子商务商业模式由低级向高级的演变过程实际上就是电子商务商业模式推陈出新不断创新的过程。

电子商务发展至今，已经形成了许多商业模式，而每个电子商务企业在实际运作中一般都是选择多种商业模式进行集成。下面我们分别介绍一些比较典型的电子商务商业模式。

第二节　电子市场

电子市场是指利用通信网络特别是互联网环境开展商品、服务、信息的买卖，包括实物产品销售如玩具、图书、鲜花、计算机硬件，也包括数字产品销售如在线音乐、软件许可、铃声下载、旅游线路、电子图书等。可以分为买方电子市场、卖方电子市场和第三方电子市场。

一、买方电子市场

买方电子市场是指依据企业或个人的需求、采用逆拍卖、谈判或其他任何电子采购方式构建的基于 Web 的市场，主要包括买方集市和团购。

（一）买方电子集市

买方电子集市（buy-side e-marketplace）是公司为从合格的供应商处采购满足企业需要的产品所建立的基于 Web 的市场，可用的市场机制包括议价、招标、逆拍卖等。买方电子集市可以是某一家企业拥有，也可以是多家企业联合拥有。一般大型组织都有自己的在线招标采购系统。营利模式主要是降低采购成本，提高采购效率，提高边际收益。例如，宝武采购网（baowu.ouyeel-buy.com）就是宝武钢铁为其原材料采购建立的 B2B 电子商务网站。

（二）团购

团购是电子商务平台（例如，美团、大众点评）聚集个人消费者的需求，从而获得量折扣的交易。平台盈利来自于产品销售、交易费、增值服务费等。在交易中采购量大可以得到比较好的折扣，因此采购量较小的中小企业或个人通过互联网渠道，将同一区域内具有相同购买意向的零散的、小批量的购买收集起来（一般由第三方中间商完成），形成一个比较大的量，以谈判或招标方式以得到一笔最佳买卖。因此利用"团购"（group purchase）的概念，零散的买主也能得到比较好的折扣。电子商务使个人消费者也能享受到规模经济的折扣。2002 年，北京 76 名网民联合组成的购房团与某小区开发商谈判并成功签约，不仅得到了价格优惠，还签下了 20 余条补充条款，充分展现了团购的力量。此后团购迅速在全国发展，团购的对象也从大额商品如房屋、汽车和 IT 产品，衍生到价格水分较多的家庭装修用品以及各种旅游、健身和装修服务等。

成立于 2008 年的美国团购网站高朋（groupon.com）改变了原有的团购模式。高朋并不是一个纯粹的电子商务网站，它是电子商务、Web 2.0、互联网广告以及线下模式的结合体。网站每天推出一单精品消费，涉足领域横跨培训课程、户外活动、餐饮美食等服务行业，用户如果对团购有兴趣可以点击购买按钮，在限定时间内凑够最低人数，网友就能享受到超低的团购价，并且通过下载、打印、发送手机短信等获得优惠券，并使用优惠券进行消费，即所谓的单品团购。

借鉴于高朋的团购模式在中国得到迅速发展，目前国内主要的团购网站有美团网（meituan.com）、大众点评网（dianping.com）、百度糯米网（nuomi.com）等。其基本运营模式是团购平台以"加大商铺人气"为吸引点，邀请各大商铺入驻，商铺在缴纳一定的加盟费、保证金并与团购平台约谈好佣金比例之后，就具体的团购产品签订团购协议。之后，团购平台在一定的城市分类宣传展示商铺的团购产品，以便网民通过团购平台搜索到目标产品，网民将以下订单并预先付全款的形式，获得享受商铺团购产品的资格，网民凭借相应的凭证前去消费，商铺在对凭证认证之后，向网民提供相应的团购产品或服务。最后，团购产品到期后，以双方约定的佣金比例，团购平台将商铺所得部分收益转给商铺。

除上述主流的团购模式外，还有社区团购、分级团购。社区团购就是真实居住社区内居民团体的一种购物消费行为，是依托真实社区的一种区域化、小众化、本地化的团购形式，由居丫网 2013 年 6 月正式推出，通过社区商铺为周围（社区内）居民提供的团购形式的优惠活动，促进商铺对核心客户的精准化宣传和消费刺激，实现商铺区域知名度和美誉度的迅速提升，对商铺的营销产生重大效果。分级团购就是网民和商家都可以从自己的需求出发，发起团购或团批，根据不同团购级别量体裁衣，设立各级团购或团批价格，等待卖家或买家前来参与团购，由快好多网首创。

二、卖方电子市场

卖方电子市场是指企业通过电子目录、电子拍卖、谈判等市场机制向众多企业或个人消费者出售产品或服务而建立的一个基于 Web 的市场,主要形式是电子卖场、网上店铺、在线直销、卖方电子集市和电子拍卖等。

(一) 电子卖场(e-mall)

电子卖场是指拥有众多商店的在线购物平台,交易类型为 B2C 或 C2C。例如天猫(tmall. com)就是一家电子卖场。它包含一个产品分类目录和商品搜索引擎。当消费者对某件商品感兴趣时,他们就会被引导到销售这些商品的独立店铺去购物,各店铺之间独立经营,不分享服务。淘宝(taobao.com)也是一家电子卖场。

(二) 电子商店(e-store)

电子商店是指销售产品和服务的单个公司的网站,如京东(JD.com)。店铺既可以属于生产企业(如小米公司,mi.com),也可以属于零售商(如苏宁,suning.com),还可以属于个人;可以经营各类商品(如京东,JD.com),也可以专营某类产品。

(三) 在线直销(online direct sales)

在线直销(亦称"工厂电商")是指互联网电商企业给上游工厂提供渠道与流量解决方案,使得制造商直接通过在线渠道将商品出售给消费者而不经过任何中间商。客户可以是个人用户即 M2C 或 F2C,也可以是企业用户。"定制"(C2M)和"原始设计制造商"(ODM)是工厂电商常用的经营策略,代表性企业有网易严选(you.163.com)、京东京造、淘宝心选(good.tmall.com)等。营利模式主要是产品销售、提高边际收益等。

(四) 卖方电子集市(sale-side e-marketplace)

卖方电子集市是公司销售标准化或定制产品给合格企业的场所,华为企业业务网(e.huawei. com)就是华为为向其企业客户销售通信产品而建立的 B2B 电子商务网站。"按订单生产"是卖方电子集市常用的一种经营策略。营利模式主要包括销售收入、提高边际收益。

(五) 电子拍卖(e-auction)

拍卖是一种动态定价的市场机制,由卖方提供商品和保留价格,买方通过竞价达到最终成交价。电子拍卖就是通过互联网完成拍卖业务。拍卖是一种市场机制,在各种卖方市场中常被采用。阿里(https://paimai.taobao.com/)、京东(auction.jd.com)都提供电子拍卖交易。营利模式主要包括销售收入、提高边际收益。

三、第三方电子市场

买方市场或卖方市场都是以满足一方需求为目标的单向市场。第三方电子市场(或电子交易所、公共电子集市)是为买卖双方提供交易匹配而建立的一个基于 Web 的双向市场。它一般由第三方电子市场创建者所有,是一种中介模式的市场,它可以是属于某一行业的垂直市场,也可以是横跨多个行业的水平市场,可分为第三方 B2B 电子市场,例如阿里巴巴(alibaba.com, 1688.com),第三方 B2C 电子市场,例如天猫(tianmao.com),以及第三方 C2C 电子市场,例如淘宝(taobao.com)等。第三方电子市场一般有一个商品分类目录和一个搜索引擎,客户进入感兴趣的产品页面后就可以选择自己想要的产品,然后开始订货或议价。其主要功能有:

（1）匹配功能。建立市场机制和提供相关服务，为买卖双方寻找到合适的交易伙伴。

（2）促进交易。为买方提供商品、服务、配送等信息，提供逆拍卖、请求报价、请求投标等服务；为卖方发布电子目录等信息，提供拍卖销售、客户发现等服务；为双方提供托运、保险、第三方履约托管、支付结算等服务。

（3）维护交易政策和基础设施。保证交易服从相关法律；保证交易（批量交易、复杂交易）正常进行；提供买卖双方接口。

在线股票交易市场是一个比较复杂的第三方电子市场，同一只股票有多个卖方寻价，同时也有多个买方报价，然后按照一定的匹配机制完成交易。目前几乎所有的证券公司都推出了网上交易系统，如国元证券（gyzq.com.cn）。

第三方电子市场的盈利模式主要有交易费、会员费、广告费、服务费等。

其他类型的电子市场还包括由你定价、易物交易、个人竞买、废物回收等。

第三节　社会化商务

社会化商务（social commerce）是电子商务的一种衍生模式。它借助社交网站、社交网络服务、微博、微信、社交媒介、网络媒介的传播途径，通过社交互动、用户生产内容等手段来辅助商品的购买和销售行为。在 Web2.0 时代，越来越多的内容和行为是由终端用户来产生和主导的，比如博客、微博。

一、社会化信息服务

这是一种以个人用户为主体的服务模式，特别是在 Web2.0 技术支持下，各种以展现个人意志为主旨的新型商业模式得到迅速发展。

（一）电子信箱

这是电子商务企业推出的最早的个人空间服务，常与其他商业模式集成使用。用户可以申请注册成为企业的电子信箱用户从而获得个人空间。电子信箱的主要功能是用来帮助用户与其他人员进行信息交换和间接交流。随着各企业推出的信箱空间越来越大，人们也常将电子信箱当作网络硬盘使用。如网易（mail.163.com）、新浪（mail.sina.com）等都是公共电子信箱服务商，而一些专门机构也提供电子信箱服务。电子信箱服务及其形成的通信关系，构建了一种在线社交网络。例如 Google+就是基于 Gmail 邮箱的一个社交平台。

（二）即时通

即时通（instant messager，IM）是借助互联网平台为用户提供在线交流服务。它包括文字交流、音视频交流等模式，可以一对一，也可以群聊。另外在即时通中还提供一些远程协助功能。由于即时通技术已经相对成熟，因而存在各种即时通软件，但最著名的莫过于腾讯 QQ（qq.com）和 Skype（skype.com）。基于即时通的在线互动形成了一种在线社交网络，例如 QQ 空间就是基于 QQ 的一个社交平台。

（三）用户创建内容服务

用户创建内容（user generated content）是指用户将自己原创的内容通过互联网平台进行展示或者提供给其他用户。用户创建内容服务是网站为用户创建内容提供相应的服务平台。当前主要的用户创建内容的类型有博客、微博、微信、播客、维客和社交网络等。

1. 博客

博客(Web Log, Blog)是一个由服务商提供的可定制的个人网站,用户可以在其博客上发布自己的想法、与他人交流以及从事其他活动。如博客网(bokee.com)、中国博客网(blogcn.com),一些综合性门户网站也推出了博客服务。博客类型有基本博客、小组博客、协作式博客、公共社区博客、商业型博客、知识库博客。博客的存在方式有托管博客、自建独立网站的博客、附属博客。

2. 微博

微博是一个基于用户关系的信息分享、传播以及获取平台,用户可以通过网页、WAP 页面、手机短信/彩信发布消息或上传图片。最早也是最著名的微博是美国的 twitter.com,国内最具影响力的微博网站是新浪微博(weibo.com)。

3. 微信

微信(WeChat,weixin.qq.com)是腾讯公司推出的一款集即时通、社交、支付、商务运营等功能为一体的社会化服务产品。用户可以通过文字、图片、语音、视频等多种方式实现点对点或群内成员间的即时通信,也可以通过朋友圈分享内容,借助于微信公众号,企业或个人可以发布或订阅自己感兴趣的内容。微信改变着人们的生活方式。

4. 音视频社交

YouTube.com 是一家为用户自创视频提供发布空间的网站,成立 20 个月就被谷歌(google.com)以 16.5 亿美元收购,创造了互联网的新奇迹。这种为发表个人制作的音视频内容共享而服务的网站——"播客(Podcasting)"已经成为广受欢迎的商业模式。提供类似业务的中国网站有抖音(douyin.com)、快手(kuaishou.com)、土豆(tudou.com)、优酷(youku.com)等。音视频社交的另一类代表性网站是 B 站(bilibili.com),允许用户在观看视频时发表实时评论功能并悬浮于视频上方("弹幕"),这种独特的视频体验让基于互联网的弹幕能够超越时空限制,构建出一种奇妙的共时性关系,形成一种虚拟的部落式观影氛围,让 B 站成为极具互动分享和二次创造的文化社区。B 站也是众多网络热门词汇的发源地之一。

5. 知识分享

维客(Wiki)是一种支持面向社群的超文本写作工具,其特点是创建、更改、发布的代价小;有严格的主题限制,不强调个性化;发布的内容可被任何访问者维护,每个人都可以发表自己的意见,或者对共同的主题进行扩展或者探讨。维客使用最多的场合就是共同文档的协作写作。如维基百科(wikipedia.org)、百度百科(baike.baidu.com)等。值得注意的是维客网站上的内容并没有经过权威审核,很多内容的观点可能是错误的。知识分享的另一类代表性网站是知乎(zhihu.com)等社交化问答社区,用户分享着彼此的知识、经验和见解。

6. 社交网络服务

这类网络代表性的有脸谱网(facebook.com),人人网(renren.com)等。这类网站的好友大多在现实中也互相认识。用户可以更改状态、发表日志、发布照片、分享视频等,从而了解好友动态。

(四) RSS

RSS(Really Simple Syndication, Rich Site Summary)是一种基于扩展标记语言(eXtensible

Markup Language，XML)的网站内容分发和聚合技术。从信息服务商角度看,任何用户都可能成为信息的提供者;从用户角度看,用户可在支持 RSS 输出的多家网站上订阅内容,然后借助某种支持 RSS 的聚合工具软件,如 SharpReader、NewzCrawler、FeedDemon,就可在不打开网站内容页面的情况下阅读用户订阅的全部内容,如图 3-6 所示。

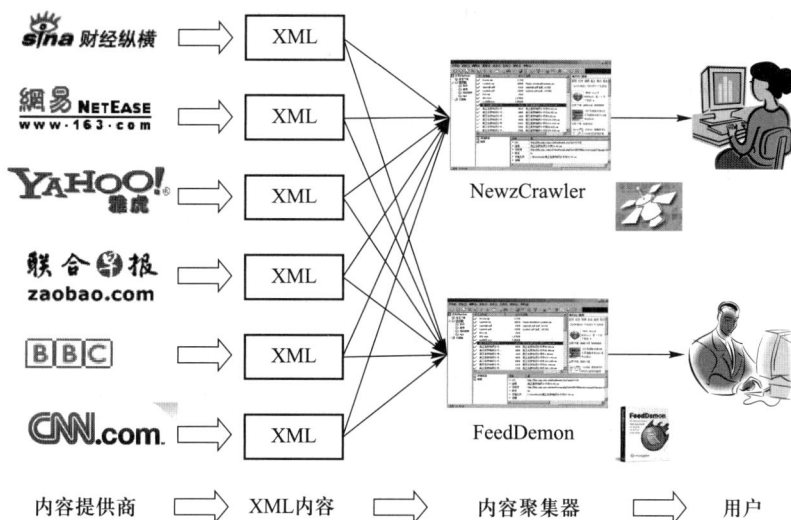

图 3-6　RSS 工作原理

（五）网络电视

网络电视(IPTV)是以宽带网络为载体,通过电视服务器将传统的卫星电视节目经重新编码成流媒体的形式后传输给用户收看的一种视讯服务。网络电视常以 P2P 技术为支持。目前有许多基于 P2P 技术的网络电视软件,如 PP 视频(pptv.com)、爱奇艺(iqiyi.com)等。

（六）互联网电话

互联网电话(voice over internet protocol，VoIP)是指将模拟的语音信号经过压缩与封装后,以数据包形式在 IP 网络中传输,从而实现语音交流的功能,也称为网络电话或 IP 电话。skype.com 是最著名的全球性互联网电话公司,它通过在全世界范围内向客户提供免费的高质量通话服务,正在逐渐改变着电信业。Skype 是网络即时语音沟通工具,具备 IM 所需的其他功能,比如视频聊天、多人语音会议、多人聊天、传送文件、文字聊天等功能。它可以免费高清晰与其他用户语音对话,也可以拨打国内国际电话,无论固定电话还是手机均可直接拨打,并且可以实现呼叫转移、短信发送等功能。2011 年 5 月 11 日,微软宣布以 85 亿美元收购 Skype。

（七）在线下载

自从互联网诞生以来,上传(upload)和下载(download)就是信息共享的基本手段,但随着 P2P 技术的发展,信息共享已从原来的 C/S 模式发展到现在的 P2P 模式。基于 P2P 技术的下载服务成为个人信息服务的一个重要商业模式,著名的 P2P 下载软件有迅雷(xunlei.com)、快车(flashget.com)等。

二、社会化商务商业模式

传统商务的业务模式特点是一种点对面模式,例如,请明星代言就是点对面模式。互联网

1.0时代的业务模式也是点对面模式,例如,搜索引擎注册、门户广告等,其转化率低、单位成本高。而社会化商务时代的商业模式特点则是点对点模式,参与即营销。社会化网络的出现改变了传统的业务模式,其特点是平民化、个性化、门槛低、运作简单,交互性强、传播迅速,内容随意性强、自我修正能力强。开展社会化商务的前提是聚集社会化用户群,主要运营策略分为三类:

(1)短期行为。采取事件营销,将企业信息发布到企业定义的节点上,产生短期的效益。

(2)长期行为。培养累积粉丝,最终产生再生行为。

(3)短期和长期行为的配合:用最快的时间积累大量粉丝,以后用长期行为进行 CRM 维护。

社会化商务的主要业务模式有以下几种。

1. 众包与社会化参与

众包指企业将过去由内部员工或固定伙伴执行的任务,以开放的形式外包给非特定的网络大众的一种商业模式,也就是通过网络做产品的开发需求调研,以用户的真实使用感受为出发点,使用户成为企业品牌的参与者。众包的任务通常是由个人来承担,但如果涉及需要多人协作完成的任务,也有可能以依靠开源的个体生产的形式出现。其思想是基于社会化网络平台,使分布于全球的人力资源得到充分应用。许多开源软件都是众包产品,最著名的众包产品还包括维基百科,小米手机也是采取众包模式进行产品开发。众包模式已经成为许多企业调研获取信息、完善产品设计的一个重要途径,需要大数据分析技术的支持。

2. 社会化交易

这是最为普遍的一种社会化商务商业模式,它将人和商品相结合,整合在线社交网络中的朋友、群、投票、评论、讨论等各种要素,构成用户群体的兴趣圈,使用户产生关系链进行互动,从而指导和促成买卖活动。它有以下模式:

(1)在现有的商务网站上添加社交软件和功能,代表性的网站有蘑菇街(mogujie.com)、美丽说(meilishuo.com),以及各类团购网站。

(2)在社会化媒体和社交网站上添加电子目录、产品推荐、电子购物车等电子商务功能,代表性的网站有小红书(xiaohongshu.com)、豆瓣(douban.com)等。

(3)将电子商务网站与外部社会化平台衔接,代表性的网站是拼多多(pinduoduo.com),消费者可以将拼多多上的商品转发到微信朋友圈砍价,从而从微信平台引流至拼多多平台,增加交易活跃度;

(4)微博、脸谱等社交工具为电子商务网站提供广告、购物、市场调研、客户服务等多种商务功能和服务。

3. 微商

微商是基于微信生态的社会化分销模式。它是企业或者个人基于社会化媒体开店的新型电商,从模式上来说主要分为两种:基于微信公众号的微商称为 B2C 微商,基于朋友圈开店的称为C2C 微商。微商基于微信"连接一切"的能力,实现商品的社交分享、熟人推荐与朋友圈展示。从微商的流程来说,微商主要由基础完善的交易平台、营销插件、分销体系以及个人端分享推广微客四个流程部分组成。

4. 社会化客户服务与品牌管理

社会化客户服务是指像新浪微博网站等均提供了广告、购物、市场调研、客户服务等功能。

一篇微博能帮助一个企业解决一个问题,一篇微博也可能扼杀一个品牌。借助于社会网络与客户进行有效的互动,既可以扩大品牌的影响,又可以增强客户的黏性。罗莱家纺的案例充分阐释了社会化媒体时代如何管理和运营企业的品牌。

案例:罗莱生活——跨界与社会化营销的结合

LOVO 家纺(luolai.cn),是罗莱生活于 2009 年推出的定位于"欧洲新锐设计师设计,互联网直卖床品,没有中间环节"的家纺品牌,在线销售包括套件、被子、枕头、床垫、家居服饰和夏令用品等 30 大类,超过上千余种优质商品,赋予个性化现代生活方式的全新内涵。

一、2013 年跨界兔斯基

自 LOVO 家纺电子商务品牌启动以来,发出自己品牌声音的迫切性越来越强烈。作为更年轻更时尚的家纺品牌,需要吸纳属于其风格的更年轻的用户群体。LOVO 家纺通过与兔斯基漫画形象的跨界合作以及为期 1 个月的营销战役,实现了社会化营销的首战告捷。LOVO 家纺为什么选择兔斯基合作?这是因为,LOVO 家纺的奋斗精神与兔斯基传递的精神相契合,其强调自由、张扬个性的品牌理念与兔斯基亦有一致性。整个营销活动可分为三大要点:突出形象、创造话题及品牌露出。

1. 突出形象

兔斯基形象经过几年之后有所沉寂,所以 LOVO 家纺营销团队把网友模仿兔斯基的动作视频找出来,经再次整合制作后进行传播。同时,营销团队借中秋节,拍了一个创意视频,视频中"嫦娥"抱着"月兔"兔斯基出现在地铁,兔斯基在人们脑海中的记忆被唤醒。

2. 创造话题

仅仅将动作停留在"唤醒"是远远不够的。在"嫦娥"带着兔斯基出现在地铁后,活动被升级为事件营销——"嫦娥"遭到猥琐男偷拍,"偷拍"视频在网上又引起了一轮传播。

3. 品牌露出

在造势阶段品牌信息并无露出,直到"嫦娥"系列的第三部视频才出现品牌信息。之后,兔斯基快乐解压操视频播出,兔斯基大量经典表情动作被用真人演绎的形式进行传播,其中包含大量 LOVO 品牌曝光。至此,营销效应达到顶峰,新浪微博红人、微信公众号等 SNS 渠道出现了大量话题转发。

2013 年,LOVO 家纺荣获金麦奖年度最佳社会化营销奖。

二、2014 年全城寻鸭

1. 游戏热身

2014 年 8 月,LOVO 家纺上线了一款百万红包游戏,登录游戏就会弹出六个鸭蛋并获得一定的优惠券,同时玩家借助于微信、微博传播游戏还可以获得额外的激励,很快实现了 20 万人参与游戏。然后通过多种媒体,并结合热点话题,在消费者中分享、传播寻鸭游戏,并通过打油诗等趣味活动让用户获得一些找鸭子的线索。

2. 全城寻鸭

第一天和第二天,LOVO 家纺在上海的四个地标处埋藏了 2 000 多个黄鸭。通过不断与消费者互动,调动消费者找鸭子的兴趣,然后再埋藏新的红色鸭子或蓝色鸭子,增加激励力度。消费者的寻鸭热情被完全调动起来。

3. 全城告白

考虑到粉丝们的情感表达需求,找到鸭子的消费者可以对着手机说出自己的心里话,并请其录在手机里,然后在朋友圈进行传播,实现二次传播。最后阶段是消费者与公司聘请的俊男美女线下互动,并可以自由拍照分享,实现了又一次传播。

整个过程延续了一周时间,实现了销售收入 2 000 多万元,微信粉丝增长了 92%,微博粉丝增长近 1.5 万人,移动端搜索同比提升 772%。

2014 年 12 月金麦奖颁奖盛典暨中国(杭州)国际电商营销峰会上,LOVO 家纺获得了家装生活类银奖——"床站 24 小时,LOVO 发力勇夺家纺三连冠"。

三、2015 年将"有趣"进行到底

对于行业竞品发起"一元购"低价挑战时,LOVO 家纺坚持将"有趣"进行到底,尊重创意,重视传播,以"有趣"成功建立品牌价值、助力销售。

1. 二次元创意

为了配合匈牙利羽绒被的预售,LOVO 家纺做了一本被朋友圈刷屏的"史上最强说明书"。眼保健操背影音乐,"什么鬼"英文字幕,加上由"80 后""网红"李雷和韩梅梅担当男女主角,这些散发着强烈二次元味道的创意,不仅使一床羽绒被一夜之间变得妙趣横生,引起网友自发传播,更是助力了匈牙利羽绒被在"双 11"预售阶段就创造了近万套的好销量。

2. 烧脑营销

就在"双 11"预售进行得如火如荼的时候,LOVO 再次把"有趣"升级,在天猫罗莱家纺官方旗舰店展开了一场烧脑的营销策略——破解黄金谜题,悬赏 10 万金条! 于是整个天猫旗舰店就成了一个黄金版的密室逃脱,在"难为"消费者的同时,也是对市场进行了一次颠覆性试验。悬乎的谜题不仅引起了各路网民的围观,而且出现了攻略破解的文章,使"有趣"形成了巨大的传播效应。

3. T2O 互动

"双 11""春晚"很闹,LOVO 家纺却再次出其不意,把"有趣"推到了最高潮。品牌代言人韩国明星霸气登场,屏幕闪现"LOVO 家纺",消费者只要打开手机淘宝摇一摇即可领取"红包雨",激发了 T2O(TV to online)互动,掀起了店铺流量的高峰;而 LOVO 家纺同步发布了 Rain 微信视频邀约 H5! 朋友圈再次被刷屏!

四、2016 年网红营销:"卖人"

1. 周年庆典

3 月 1 日,LOVO 家纺迎来了品牌七周年庆典,主题是"七年之 young 不止所见",邀请了 8 位不同纬度、不同粉丝受众的"网红"为其 8 款新品做"带颜仁",LOVO 为不同花色和图案的产品匹配不同特性的"网红"。

2. 打赏网红

消费者可以使用积分打赏"网红",页面上显示各家"网红"公认的"身价",打赏的身价越高,"网红"及其推荐的产品越受关注,同时与创意话题"卖人"遥相呼应:卖更合适的人推荐的产品,刺激消费者再次购买。

3. 网红经济

"网红经济"是以年轻貌美的时尚达人为形象代表,以"网红"人的品位和眼光为主导,进行选款和视觉推广,在社交媒体上聚集人气,依托庞大的粉丝群体进行定向营销,从而将粉丝转化为购买力,"网红"粉丝群体与品牌产品内容之间的契合程度是"网红经济"的关键。LOVO家纺大胆尝试"网红经济",整合微博、微信渠道内的优势网红资源,精确选择粉丝资源具有购买优势的合作方,配合品牌物料进行理念贴合度高、网红形象妥善展露的营销活动,产生了意想不到的效果。

作为一个传统企业,到线上的过程是非常困难的,传统企业真正走向互联网更多是思路。"我们总结了传统企业社交媒体的三字经:第一个是接地气,把神话的品牌落地化,和消费者进行沟通;第二是多花样,消费者很容易审美疲劳;第三个是多聚焦,只有在短的时间内,集中火力开一个点这个点才能够瞬间爆发。"罗莱家纺副总裁王梁总结道。

(资料来源:互联网及LOVO家纺官网)

思考题

1. 社会化商务的关键是思路、创意、有趣。上述LOVO家纺的一系列运作对你有什么启示?
2. 社会化商务的运营中,有时候会出现被社会诟病的低俗、炒作等现象,你如何看待?

第四节　O2O电子商务

一、O2O的出现

电子商务一直保持着强劲的发展态势。一方面,随着移动互联网的发展和智能手机、平板电脑等移动终端设备的迅速普及,有力地支撑着互联网经济的快速发展,促使移动终端拥有越来越完善的服务体系,极大地降低了互联网信息的获取门槛和网购行为的学习成本,移动互联网网民维持着持续的增长。无线网络的广泛应用、智能终端的迅速普及、移动互联网用户规模的快速增长使得电子商务开始从传统互联网时代迈进移动通信时代,即进入移动电子商务时代。

移动电子商务的优势在于移动性和可达性。由于智能手机等智能移动终端设备通常被用户随身携带,用户可以随时随地方便地获取所需的信息和服务。移动互联网和智能移动终端的结合给移动电子商务的发展和运营效率的提高带来了传统电子商务无法比拟的优势。借助于移动电子商务,商家和消费者可以将线上(online)与线下(offline)有机衔接,使得各种电商服务能够在人们日常生活中实现立体化的广泛渗透,能够为范围更大的用户提供更多、更智能的服务,也为电商企业创造了更多纵深式变革的发展机遇,带来新的市场,甚至能够由此培育创造出新的业态。

实际上,从互联网出现以来,我们这个世界似乎被分化为两个世界:现实世界和虚拟世界。在这两个似是而非的不同世界里,出现了所谓线下传统零售业与线上互联网企业泾渭分明的商业模式和沉迷于线上的"宅男""宅女"与线下逛街的消费者。

然而,绝大部分的线上商务活动都是线上和线下相互结合的,因为它们需要在物理世界中实现。因此,从本质上看,线上线下互动发展一直都是而且必将是未来互联网时代中商务活动而不仅仅是电商活动的普遍范式。商务企业要想实现突破性和持续性的发展,都必须经过一个线上线下的资源重组过程。现实世界创造出一个虚拟世界,虚拟世界的发展深入影响着现实世界。互联网带动的虚实互动将出现新商业时代的社交、营销、支付、消费体验的革命。

二、O2O 的概念

2010 年 8 月,Alex Rampell 首次提出了 O2O 即 online to offline 的概念,2011 年 11 月引入我国。

Alex Rampell 在研究 Groupon,Opentable,Restaurant.com 和 SpaFinder 等公司时,发现他们的共同点是:线上业务促进了线下业务的发展,因而将这类商业模式定义为 online to offline(O2O)。Alex Rampell 定义的 O2O 商务的核心是:把线上的消费者带到现实的商店中去,在线支付购买线下的商品和服务,再到线下去享受服务。它是支付模式和线下门店客流量的一种结合。随着 O2O 商业模式的研究与发展,O2O 的概念已经脱离了 Alex Rampell 最原始的仅仅是"线上—线下"(online to offline)的定义,演化为线上和线下的互动与整合。线下"营销、交易、消费体验"这三个基本的商务行为通过互联网使现实世界与虚拟世界进行互动,使得这些商务行为能够在线上更为便捷地完成。因此,O2O 可以定义为借助(移动)互联网,实现线下/线上商务活动(营销、交易、消费体验等)的互动与整合的一种新型商业模式。其基本特征就是 SoLoMoMe:社交化(social)、本地化(local)、移动化(mobile)、个性化(personalized)(图 3-7)。

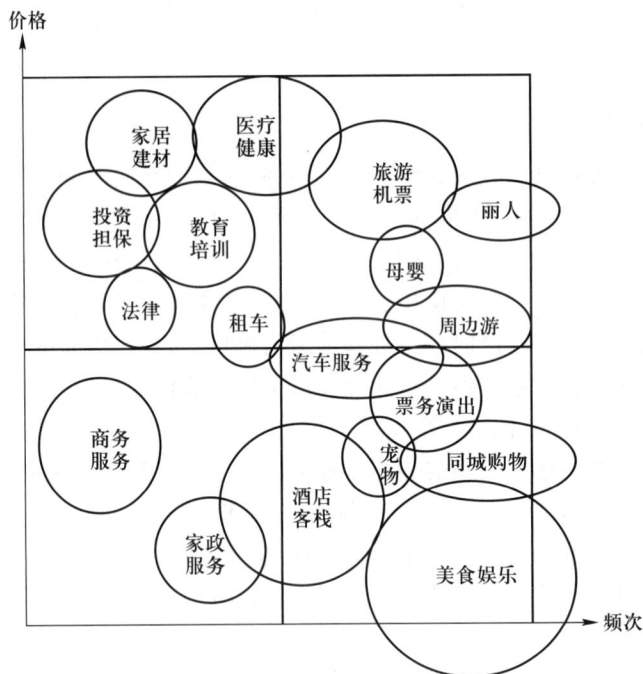

图 3-7 生活类 O2O 电子商务机会

二维码技术为 O2O 的发展创造了更好的条件。二维码是用特定的几何图形按一定规律在平面(二维方向)上分布的黑白相间的图形,在产品防伪/溯源、广告推送、网站链接、数据下载、商品交易、电子支付、定位/导航、电子凭证、车辆管理、电子政务、信息传递、名片交流、WiFi 共享等现代政治、社会、经济各类活动中应用十分广泛,是线上线下的关键入口。支付宝、新浪微博、腾讯微信等都支持二维码识别。

O2O 是实现线上虚拟世界与线下现实世界互动与融合的一种商业模式,二维码是进出两个世界最简便的符号。

(1)二维码电子标签。从线下现实世界进入线上虚拟世界,从而增强对现实世界的了解。例如,手机二维码景点导航可用手机扫描景点区设置的二维码,既可掌握周围的景点、线路、停车场、饭店等信息,也可对某个特定的景点(如一棵千年古树)有更深入的了解;二维码商品溯源可用手机扫描二维码即可追溯商品的产地、主要成分、性能指标等;拍码购物可用手机扫描虚拟货架上的产品二维码,就能够实现商品的购买,然后送货到家,方便快捷;扫码用车可用手机扫描共享单车上的二维码进行骑行等。

(2)二维码电子凭证。从线上虚拟世界进入线下现实世界,从而实现对现实世界的体验。例如,可将手机上的二维码登机牌被机场安检系统扫描、地铁电子票被过闸系统扫描,从而完成飞机、地铁等交通工具的乘坐通关检查;其他二维码电子凭证的应用场景还包括在线订餐的电子凭证,在线购买电影票的电子凭证等。

三、O2O 运营模式

(一)offline to online 模式

电子商务的快速发展对传统商业企业造成了巨大的冲击,各大传统百货商场频频传出或关门或易主的消息,如北京市知名的电子产品聚集地百脑汇闭店停业、赛特购物中心已停止营业、长安商场闭店出清等。面对电子商务的冲击,如何拥抱互联网实现商业模式转型,成为传统商业企业面临的巨大挑战。因此,借助于移动互联网平台,实现从线下向线上迁移,成为传统商业企业变革的新模式。

1. 自建电商平台模式

苏宁是传统的家电市场巨头,拥有全国 1500 多家门店,转型发展电子商务,即苏宁易购。它的竞争对手是谁?京东、天猫,还是它自己?苏宁易购早期的发展路径并不清晰,它只是希望再建一个 B2C 电子商务,结果腹背受敌,前方面对着京东、天猫的竞争,背后却挤压着苏宁门店的业务,直至将线下门店与线上业务整合,消费者既可以在线上下单订货,也可以将消费者从线上引流到门店体验消费,才逐步走出困境。但像苏宁易购这样成功自建互联网渠道的传统商业企业并不多,比如万达自建的互联网渠道非凡,并不算成功,而更多的传统企业自建的互联网渠道基本访客寥寥。主要原因有三方面:

(1)定位问题。将传统企业原封不动搬到互联网渠道,再建一个互联网"百货大楼",却与线下业务发生冲突。

(2)我国市场的特点。我国商业企业数量多,单个企业市场占有率普遍不高,每个企业独立构建自己的互联网渠道必然导致消费者购物体验差,访问量少。

(3)运营问题。独立运营一个电子商务网站面临着市场体系的形成与市场信用建立的挑战。

2. 与电子商务平台合作模式

在自建互联网渠道失败后,很多商业企业就寄希望于第三方电子商务平台,比如在京东、天猫上开旗舰店、特色馆等等模式,但这些企业能得到什么呢? 根据市场调查,一些传统的综合性商业企业,借助于第三方平台的年销售额在整个公司的占比非常有限,一般不到1%。主要原因是依托于第三方电子商务平台,需要有强大的运营能力,代价比较大,成本大,效果差,持续性不好。

(二) online to offline 模式

电子商务在我国得到了快速的发展,这已经是无可争议的事实,但在交易规模不断刷新历史的情形下,隐藏在背后的问题却无法忽略。自从 2011 年起,实际运营的网店数量在不断下降,增速逐渐放缓,众多的卖家难以获得盈利,一些著名的 B2C 电子商务企业持续在亏损边缘挣扎,B2B 平台面临着进一步发展的瓶颈。"双 11"后近 30 天的退投数量惊人,部分品牌退投率超过 30%。团购在 2011 年出现了井喷式发展之后,也面临着一系列的压力:高折扣、网站分成对线下商家造成压力,团购网站竞争加剧,价格折扣率在下降;客户、商家的黏性均有待进一步提高;经营困难增加,服务质量下降,投诉增多。总体来看,我国电子商务仍然处于快速增长期,但因透明性、平台容量、流量红利枯竭、信息过载导致效率降低、购物体验差等问题,传统电子商务也面临着困境;此外快消品与生鲜品线上购物不便利等也催生传统电子商务企业的变革。因此,借助于移动互联网平台,实现从线上向线下迁移,成为传统电商企业变革的新模式。

(1) 电子商务企业线下开体验店。在网络上形成一定网络品牌的电子商务企业为了扩大其市场影响,增加消费者触点,纷纷在线下开出体验店。例如,互联网坚果品牌"三只松鼠"第一家线下体验店于 2016 年 9 月在芜湖金鹰新城开业,2018 年提出了"三只松鼠联盟小店"模式,吸引了全国近万名创业青年的参与,截至 2019 年 8 月底,三只松鼠线下联盟小店达 105 家店,覆盖 55 个城市。

(2) 电子商务企业参股或收购传统商业超市。以电子商务平台商为主的大型电子商务企业纷纷参与线下传统商业超市,将线上平台优势延伸到线下。例如,京东入股永辉超市,阿里入股银泰、三江购物,苏宁易购收购家乐福,亚马逊以 137 亿美元收购全食超市(Whole Foods Market)等。

(三) 新零售模式

2016 年 10 月的阿里云栖大会上,马云在演讲中第一次提到"新零售",但并没有指出什么是新零售。从此后的许多企业实践来看,新零售是指个人、企业以互联网为依托,通过运用大数据、人工智能等先进技术手段并运用心理学知识,对商品的生产、流通与销售过程进行升级改造,进而重塑业态结构与生态圈,并对线上服务、线下体验以及现代物流进行深度融合的零售新模式,其核心要义在于推动线上与线下的一体化进程,线上和线下将从原来的相对独立、相互冲突逐渐转化为互为促进、彼此融合。

(1) 盒马鲜生。2016 年 1 月,阿里巴巴的自营生鲜类商超"盒马鲜生"在上海金桥广场开设了第一家门店,面积达 4 500 平方米,成绩斐然,年坪效高达 5 万元,是传统超市的 3~5 倍。盒马是一家只做"吃"这个大品类的全渠道体验店。整个门店完全按全渠道经营的理念来设计,完美实现了线上和线下的全渠道整合。每件商品都有电子标签,可通过 App 扫码获取商品信息并在线上下单。物流仓储作业前置到门店,和门店共享库存和物流基础设施,店内部署了自动化物流设备进行自动分拣,基本能达到 5 公里内 29 分半钟送达的及时配送承诺。

(2)京东便利店。京东于 2017 年 7 月成立新通路事业部,运营线下京东便利店。京东便利店并非传统意义上的便利店形态,它将京东的品牌、供应链、运营、科技创新等能力赋能给小店,推出一套打通品牌商—终端门店—消费者的京东便利店智慧管理系统,通过提供模块化的场景化运营服务,透明开放地对接品牌厂商,让店主根据消费场景需求进行差异化选择,进而实现门店在品类、形象、经营能力上的升级,以技术引领未来零售业的发展。

(3)无人超市。2016 年 12 月,亚马逊推出了一个视频:在一间叫 Amazon GO 的便利店里,不再需要排队、扫描商品、收银,消费者选完东西就可以直接离店,背后的智能系统会识别你拿走了什么,并准确扣费。第一家 Amazon GO 于 2018 年 1 月在西雅图正式开业。截至 2019 年 8 月,亚马逊在芝加哥、纽约、旧金山和西雅图共有 14 家 Amazon Go 商店。在 Amazon Go 首创了"不排队,不结账"的无人收款购物体验后,2017 年 7 月阿里巴巴在淘宝造物节上推出无人超市"淘咖啡",2018 年 4 月京东开设首家京东 X 无人超市,缤果盒子、F5 未来店、小麦铺、猩便利、GOGO 等打着"无人零售"旗号的创业团队雨后春笋般的涌现。

背景故事:AR、VR 技术增强传统电子商务购物体验

传统的线上电商从诞生之日起就存在着难以补平的短板,即线上购物的体验始终不及线下购物是不争的事实。相对于线下实体店给顾客提供商品或服务时所具备的可视性、可听性、可触性、可用性等直观属性,线上电商始终没有找到能够提供真实场景和良好购物体验的现实路径。特别是在我国居民人均可支配收入不断提高的情况下,人们对购物的关注点已经不再局限于价格低廉等线上电商曾经引以为傲的优势方面,而是越来越注重对消费过程的体验和感受。近年来,虚拟现实(virtual reality,VR)、增强现实(augmented reality,AR)、混合现实(mixed reality,MR)等技术开始渗透电子商务领域,给改善电子商务环境下的购物体验创造了新机遇。

(1)京东 AR、VR 畅想购。2017 年 7 月,京东推出 AR、VR 畅想购,消费者可以在购买之前进行产品试戴、试穿、试用,还可以对产品进行模拟操作,与使用环境进行匹配等操作,使消费者沉浸于虚拟与现实交互的购物环境中。

(2)汽车之家 AR 看车。2017 年 1 月,汽车之家(autohome.com.cn)首创的 AR 看车正式上线,打破了传统购车选车图片化浏览的局限。AR 看车利用 3D 渲染技术在真实场景中为用户最大程度还原车辆的真实效果,支持车身外观、内饰三维展示,车辆道路模拟,车辆参数信息展示等功能,将车辆立体化地呈现在手机屏幕上。

(3)亚马逊虚拟售货亭。2018 年 7 月,亚马逊推出基于虚拟现实技术的售货亭(virtual reality kiosks),客户可以在 360°全息图上检查新款连衣裙是否合身,拿起某款项链并近距离检查复杂的细节,打开放在厨房台面上的微波炉,看看它的外观适不适合自己的屋子等。

(4)阿里"未来购物街区"。2018 年 9 月,淘宝联手微软 HoloLens 打造 MR 未来购物街区——"淘宝买啊"。"淘宝买啊"整合了阿里完整的线上生活消费数字资产和电商服务平台,消费者只要戴上 HoloLens,现实世界可即刻触发联网信息,处处可购,服务伸手即来。

(5)奇瑞捷途汽车智慧展厅。2018 年 5 月,捷途首家汽车智慧展厅在成都落户,展厅引入 WiFi 定位、智能机器人、AR/VR 等技术,建有智慧迎宾、产品介绍、互动体验、VR 直播等智慧体

验区,给客户带来沉浸式体验感受。

四、共享经济

(一)共享经济的兴起

共享概念早已有之。传统社会,朋友之间借书或共享一条信息,邻里之间互借东西,都是一种形式的共享。共享经济术语最早由美国马科斯·费尔逊(Marcus Felson)和琼·斯潘思(Joel. Spaeth)于 1978 年提出。

共享经济的主要特点是,基于一个由第三方创建的、以信息技术为基础的市场平台,第三方可以是商业机构、组织或者政府,个体可借助第三方平台,交换闲置物品,分享自己的知识、经验,或者向企业、某个创新项目筹集资金。共享经济涉及三个主体,即商品或服务的需求方、供给方和共享经济平台。共享经济平台作为连接供需双方的纽带,通过移动 LBS 应用、动态算法与定价、双方互评体系等一系列机制的建立,使得供给与需求方通过共享经济平台进行交易。

受制于商品所处的空间限制,以及信息技术的限制,共享经济在概念提出后的 30 多年并没有得到很好的发展。进入 21 世纪,随着移动互联网、Web 2.0、人工智能、移动支付、智能手机、移动定位等技术的发展,共享经济也开始出现并得到快速发展。爱彼迎(airbnb.com,2008 年成立)、任务兔(taskrabbit.com,2008 年成立)、优步(Uber.com,2009 年成立)等平台的成功,掀起了全球特别是中国共享经济的发展热潮。滴滴打车、快的打车的竞争与合并吸引了全国网民的眼球,随后各种共享服务开始出现,诸如共享马扎、共享睡舱、共享篮球、共享雨伞、共享充电宝如雨后春笋,蓬勃发展,当然最著名要算共享单车,摩拜(mobike.com)、OfO 充斥街头。

(二)共享经济的概念

共享经济(sharing economy)是基于费用分摊,使得个体之间协同利用未被充分使用的商品,如出租车、私家车、私人住宅、出租屋、珠宝等。共享经济平台则是依托技术创新和供应柔性的一种 P2P 平台。

共享经济的本质是整合线下未被充分使用的资源,通过线上平台的合理分配得到充分利用。例如,爱彼迎充分挖掘利用那些家有闲置空房的业主,将他们与旅游客户连接起来,使闲置的房屋资源得到有效利用;任务兔则是将有空闲时间的、需要额外收入的人士与需要雇人做活的用户连接起来,使时间得到充分利用;优步则是将出租车与需要出行的客户连接起来,减少出租车的空车时间,提高出租车的使用效率,缩短客户的等待时间。

(三)共享经济的挑战

1. 资源浪费问题

随着共享经济的发展,各种创新模式开始出现,他们不再受限于闲置资源的挖掘和利用,而是将共享的概念延伸到使用权和所有权的变革,用户消费不一定需要拥有,凡是拥有使用权就能满足需要的,可放弃所有权,企业从传统的销售模式转变为租赁服务模式。这种理念的改变,使得此类共享经济的发展建立于大量资源的投入之上。最典型的是共享单车,据不完全统计,截至 2019 年年初,全国共享单车投放总量已超 2 000 万辆。2019 年 7 月 31 日,北京市交通委发布上半年共享单车运营情况,上半年全市共享单车日均骑行量为 160.4 万次,平均日周转率仅为 1.1 次/辆,每辆在京投放的单车每天只被使用了 1.1 次,周均活跃车辆也仅占三成,车辆投放总量严重过剩。过剩的投放一方面导致资源浪费,另一方面也给城市管理带来了挑战,单车乱停乱放、扰乱交通秩序,大量单车被扔到荒草丛中、高架桥下等偏僻之处,严重破坏了城市环境(图3-8)。

图 3-8 乱停乱放的共享单车和大量报废的共享单车

2. 社会安全问题

共享经济是资源使用权的不断转换,其中存在着许多治安与安全问题。

(1)押金风险。一般共享资源的使用都需要预付一定的押金,而共享经济的规模很大,押金金额总量很高,存在着潜在的金融欺诈或挪用风险,例如,2017年下半年,出现了多家共享单车企业不能及时退还客户押金的问题。

(2)隐私问题。除注册、使用留下许多客户信息可能被侵犯之外,用户在使用共享资源过程中,还可能存在其他隐私被侵犯的风险。例如,2019年5月1日,山东青岛 家民宿内,通过爱彼迎预定入住的游客发现针孔摄像头。调查发现该房主的三套出租房源都没有行业许可证,其中两套的卧室正对床位置安装了针孔摄像头。

(3)犯罪活动。少数不法分子以"发展共享经济"为幌子,从事非法集资、窃取用户隐私、危害国家安全等违法犯罪行为;共享顺风车多次出现出租车司机残害单身女性乘客问题。

3. 应对策略

解决共享经济发展中的问题,一方面需要完善相关法律制度,另一方面需要开展深入的理论研究和技术创新。例如,以下都是值得深入研究的问题。

(1)交易成本。共享使用成本低还是购买成本低?

(2)资源优化调度。当一个用户向平台申请资源时,系统应该如何给他/她分配资源?

(3)定价策略与盈利模式。当一个用户向平台申请资源时,应该依据哪些因素确定资源的价格?

(4)共享经济对现有市场的影响。共享资源的出现会不会影响原有资源的绩效?共享资源的出现对区域经济整体状况产生什么影响?

(5)共享资源服务者和使用者行为。不同服务者有什么服务偏好?不同使用者有什么使用偏好?

第五节 农村电子商务与跨境电子商务

上一节提到,传统电子商务面临着流量枯竭的挑战,使得传统电子商务企业借助于移动互联网和智能终端技术,开始向线下渗透。另一方面,利用电子商务独特的全球可达性的特征,下沉和扩展电子商务区域,挖掘潜在消费群体,是电子商务解决流量枯竭的另一个重要手段。这主要包括开展农村电子商务和跨境电子商务。

一、渠道下沉—农村电子商务

中国作为一个农业大国,农村人口占据着约 45% 的比重。但由于我国农村自然村落大多呈分散式布局,规模偏小,在 PC 互联网快速普及的几年里,因为网络基础设施建设有限等原因,传统互联网对于农村的触达效率低,农村网民的数量增长较为缓慢。中国互联网络信息中心(CNNIC)发布的《第 36 次中国互联网络发展状况统计报告》显示,截至 2015 年 6 月,农村网民互联网普及率仅为 30.1%。而城镇地区互联网普及率则达到 64.2%。互联网飞速发展的时代,农村网民的低普及率使得农村在互联网领域特别是电子商务领域具有极大的潜能。挖掘这一潜能的关键在于农村地区移动互联网的普及。

(一)发展农村电子商务的机遇与挑战

1. 发展农村电子商务的机遇

(1)技术推动。随着以智能移动终端为载体的移动互联网的爆发,很多尚未接触互联网的村镇人群直接成了移动网民。CNNIC 报告指出,2015 年上半年农村新增 909 万网民中,使用手机上网的达 69.2%。手机上网成为带动农村地区网民增长的中坚力量。企鹅智酷发布的《农村电商用户行为调查》显示,农村网民中通过手机购物的占比达到 64.2%,而使用电脑购物的只有32.9%。我国农村网购人群特别是移动端用户已经进入高速增长期,智能移动终端的迅速普及以及移动互联网的逐渐下行使得农村地区能够一步直接跨入移动电商的时代,加之我国村镇人群的移动网络使用能力的提升非常迅速,农村电商正逐渐成为电商掘金的下一个蓝海市场。

(2)政府支持。国务院和相关部委下达了一系列文件,促进农村电子商务的发展,并在全国开展农村电子商务示范县建设。这些文件包括国务院办公厅发布的《关于促进农村电子商务加快发展的指导意见》,商务部等 19 部门发布的《关于加快发展农村电子商务的意见》,以及农业农村部、国家发展和改革委员会和商务部发布的《推进农业电子商务发展行动计划》。

(3)企业重视。阿里巴巴、京东等电子商务企业、各地方商业龙头企业都纷纷涌入农村电商发展。阿里与京东不约而同大力布局农村电商,加速渠道下沉,争抢农村市场。2014 年以来,京东掀起"刷墙潮",阿里召开"县长大会",进一步说明农村电子商务是电子商务的下一个"风口"。

2. 发展农村电子商务的挑战

虽然发展农村电子商务存在着"天时、地利、人和"的宏观有利条件,但在微观运营上,也存在着一系列的挑战。

(1)农民、地方政府、企业等市场参与者的参与意识与动机。有些地方政府和企业参与意识不强,有些地方政府和企业参与动机不纯,还有一些地方政府在实施示范工程中只注重形式,不注重实效,导致政府资金使用效率低下。

（2）农村、偏远地区电子商务人才匮乏。电子商务涉及的整个供应链都需要有各方面人才的支持，而电子商务发展落后的地区，往往因经济欠发达，难以吸引和留住电子商务人才。

（3）物流基础设施建设相对落后，解决最后一公里问题比较困难。由于我国农村自然村落大多呈分散式布局，规模偏小，为控制物流配送成本带来了巨大的挑战。

（4）农产品生产基地分散，产品形态非标准化，很多都是生鲜产品，使得消费者在网络平台上购买农产品心存疑惑，也为物流配送提出了新挑战。

（5）由于农村区域经济缺少竞争力，在实施"农产品进城，工业品下乡"过程中，在某些区域可能出现农产品难以进城，而工业品却冲击了原有的小农经济，从而导致农村资金净流出，不利于农村持续发展。

（二）农村电子商务的主要任务

农村电子商务的主要任务是完善农产品市场机制，促进现代农业发展，扩大和提升消费需求，加快转变政府职能，最终实现"农产品进城，工业品下乡"。农业农村部、国家发展和改革委员会和商务部为推进农业电子商务发展提出了 20 项专项行动计划，包括开展能力提升行动（教育培训）、平台对接行动（各种"特色馆"）、电商拓展行动（自建特色平台），积极培育农业电子商务市场主体；开展网络集货行动（农产品集货平台）、产品推介行动（"名特优新""三品一标""一村一品"等农产品上网营销活动）、信息共享行动（市场信息监测预警）、质量监管行动、运行保障行动等，着力完善农业电子商务线上线下公共服务体系；开展渠道延伸行动（进村入户）、市场转型行动、模式创新行动、基础支撑行动，大力疏通农业电子商务渠道；开展技术创新行动、示范推广行动（农村青年电商培育工程、"快递向西向下"服务拓展工程、电商扶贫工程、巾帼电商创业行动、电子商务进农村综合示范）、标准推进行动（农产品标准化）、政策研究行动、智库应用行动，加大农业电子商务技术创新应用力度；开展政策支撑行动、硬件支撑行动、运营支撑行动，完善农业电子商务政策体系。

（三）农村电子商务的运营模式①

1. 浙江遂昌——电商生态的重构+农村电商的先锋

遂昌首先形成了以农特产品为特色、多品类协同发展、城乡互动的县域电子商务"遂昌现象"，以本地化电子商务综合服务商作为驱动，带动县域电子商务生态发展，促进地方传统产业特别是农产品加工业的发展，"电子商务综合服务商+网商+传统产业"相互作用，形成信息时代的县域经济发展道路；遂昌"赶街"项目的推出，打通了信息化在农村的最后一公里，让农村人享受和城市一样的网购便利与品质生活，让城市人吃上农村放心的农产品，实现城乡一体。"遂昌模式"采用多产品协同上线，以协会打通产业环节，政府政策扶持到位，借助与阿里巴巴的战略合作，依靠服务商与平台、网商、传统产业、政府的有效互动，构建了新型的电子商务生态，可以助力县域电商腾飞。

2. 浙江临安——线上线下齐飞

浙江临安立足自己的优势产品坚果炒货，依托杭州区位优势，线上线下相互配合齐头并进，建立"一带一馆+微临安"，即阿里巴巴临安坚果炒货产业带、"淘宝·特色中国——临安馆"，以及集旅游、传媒、娱乐、生活、服务于一体的具有临安本土情怀的微信平台——微临安。

① 魏延安. 在阿里县长会议上的报告：中国农村电商十大模式的启示，2015.

3. 浙江丽水——梧桐工程有奇效

县域电商某种程度上就是一个栽梧桐的过程,有梧桐才能有凤凰。丽水的梧桐工程就是全力打造区域电商服务中心,帮助电商企业做好配套服务。让电商企业顺利孵化成长壮大,是丽水农村电商的最大特点。电子商务服务中心具备四大功能:主体(政府部门、企业、个人)培育、孵化支撑、平台建设、营销推广,承担了"政府、网商、供应商、平台"等参与各方的资源集成及需求转化功能,促进区域电商生态健康发展。"丽水模式"可总结为"政府投入、企业运营、公益为主、市场为辅",要把政府服务与市场效率有效结合,就必须吸引大量人才和电商主体回流。

4. 河北清河——电商带来第二春

河北清河的传统优势羊绒产业在市场竞争中近乎一败涂地,然而2007年在淘宝卖羊绒的意外成功,引发了电子商务的大发展,"电商"成了清河县最具特色的商业群体,清河也成了全国最大的羊绒制品网络销售基地。该县不断加大力度建设电子商务产业园、物流产业聚集区以及仓储中心等一大批电子商务产业聚集服务平台,实现由"淘宝村"向"淘宝县"的转型提升。"清河模式"在暴发中顺势而为,一是协会、监管部门、检测部门联合维护正常市场秩序;二是建设孵化中心与电商园区,加强培训,推进转型升级;三是建立B2C模式的"清河羊绒网"、O2O模式的"百绒汇"网;四是实施品牌战略,12个品牌获中国服装成长型品牌,8个品牌获得河北省著名商标,24家羊绒企业跻身"中国羊绒行业百强"。

5. 山东博兴——新农村包围城市

当2013年全国只有20个淘宝村的时候,山东省博兴县一个县就有两个淘宝村,这是耐人寻味的现象,2013年两个村电商交易额达4.17亿元,一个做草编,一个做土布,博兴县将传统艺术与实体经营和电子商务销售平台对接,让草柳编、老粗布等特色富民产业插上互联网翅膀,实现了农民淘宝网上二次创业。作为全国草柳编工艺品出口基地,博兴淘宝村的形成可谓自然长成,不仅货源充足,而且质量和口碑一直不错,电商门槛和成本都不高,更是易学和模仿。淘宝村的成功,进一步推动了本县传统企业的网上转型。博兴模式的成功表明传统外贸要及时转型,要发挥人才的关键作用,实现产业园区与线上的结合,政府应及时引导与提升。

6. 吉林通榆——系统性委托

吉林省通榆县是典型的农业大县,农产品丰富,但人才缺乏、物流落后,为此,通榆政府与杭州常春藤实业有限公司开展系统性合作,为通榆农产品量身打造"三千禾"品牌。同时配套建立电商公司、绿色食品园区、线下展销店等,开展全网营销,借助电子商务全面实施"原产地直销"计划,把本地农产品卖往全国。"通榆模式"的特点是政府整合当地农产品资源,系统性委托给具有实力的大企业进行包装、营销和线上运营,地方政府、农户、电商企业、消费者及平台共同创造并分享价值,既满足了各方的价值需求,同时带动了县域经济的发展。

7. 陕西武功——从县域电商到电商经济的跨越

陕西省武功县是传统农业县,农产品"买难卖难"问题一直困扰着农村经济的发展。为破解这一难题,武功县政府积极发展电子商务,探索"买西北、卖全国"的模式,立足武功,联动陕西,辐射西北,面向丝绸之路经济带,将武功打造成为陕西农村电子商务人才培训地、农村电子商务企业聚集地、农产品物流集散地。武功县建立了相对完善的运营中心、物流体系、扶持机制,搭建了电商孵化中心、产品检测中心、数据保障中心、农产品健康指导实验室四大平台,为电子商务发展提供一系列免费资源:免费注册、免费提供办公场所、免费提供货源信息及个体网店免费上传产品、免费培训人员、在县城免费提供 WiFi"五免"政策。

8. 江苏沙集——草根们的无中生有

江苏省沙集镇的村民过去大多从事传统的种植、养殖和粉丝的生产加工,曾有一段时间,回收废旧塑料甚至成为村民们赚钱的主要营生。2006 年年末,苏北睢宁县沙集镇当时 24 岁的孙寒在好友夏凯、陈雷的帮助下,尝试在淘宝网上开店创业,后试销简易拼装家具获得成功,引得乡亲们纷纷仿效。随着电子商务在本地的快速发展,不产木材的沙集镇,居然形成了规模可观的家具加工制造业,品类齐全、各式各样的家具在这里几乎都制作。从过去的破烂王到今日的家具大王,从一个村的聚焦到一个镇的繁荣,沙集的转型与提升,一是从单打独斗到集团作战,从个体为主向企业为主转型;二是逐渐开始建立自主品牌;三是产业链空间大,家具带动配套产业发展;四是由村到镇再到园区,产业模式不断升级,从小作坊向现代企业转型。

案例：淮商集团的农村电子商务战略模式

随着农村电子商务战略的实施,各大电商平台和电商服务企业迅速在农村市场占据规模,并逐步对农村市场形成影响和冲击。成立于 2012 年的安徽淮商电子商务有限公司以"互联网+万村千乡"的经营模式,将传统商贸流通与农村电子商务应用互补融合,采用"农场+基地+合作社+连锁超市+电子商务"模式,开拓出了一条崭新的、充满活力的农村电子商务之路。2013 年 12 月,淮商集团上线了安徽省第一家县级本地 O2O 电商平台"淮商 e 购",在带动企业自身销售的同时让乡镇级网点和区域内所有用户对接上淘宝、京东等大型购物网站,截至 2015 年 10 月底,已实现乡镇 110 家门店区域 O2O 和域外电商全覆盖;2015 年 10 月,淮商集团联合 10 家石榴产业社与京东集团合作,利用"互联网+现代农业"的营销模式,通过线上线下活动的同步开展,携手打造了中国怀远(京东)石榴节,实现石榴销售近 3 000 万元,其中,线上销售突破 1 700 万元,并带动地方其他特产品网销近千万元。同时,淮商集团代运营的县级电商公共运营服务体系已覆盖 110 多家农村电商服务站点,基本形成了网上代买、代卖,网上缴费、预约挂号、农村创业、本地生活等功能齐全的全方位电商系统。

作为一家以连锁超市为早期业态的传统商贸流通企业,淮商集团以"互联网+"对农业产业链赋能,推动了电子商务和实体经济、民生事业的有效衔接。初具规模的淮商农村电商,既是电子商务产业的一个创新,亦是万村千乡工程的一个变革。

1. 提效率:解决物流最后一公里

进村物流运输难,是限制农村电子商务广泛深入发展的根本阻碍。淮商集团依托自身在怀远各处广泛散布的连锁商超,基于"五分钟淮商"的高效思想,积极利用乡镇商贸中心和物流配送中心,初步建立了一个能够积极响应市场需求的线下物流配送网,结合集团推出的淮商 e 购线上购物平台,基本实现了农村网购便捷、高效、广泛覆盖。

2. 补短板:打通农产品出村进城通道

大部分农产品标准化低、规模小、品牌弱,农产品销售成为农村电商一大短板。农村电商的一个网销目标,是要把农产品从农村运出去。想要实现农产品网销,首先要保证产品质量,在因地制宜的基础上,通过建立农业基地,技术指导农业生产,实现农场和农超对接,不断挖掘和包装品牌,寻找既有营销价值又有地域特色的产品。例如集团打造的"三瓜公社""怀远石榴节"等独具特点的农产品品牌,在多年的经营筹划之下,逐步形成统一标准、统一配速和统一的追溯体系,再基于线上线下多种营销渠道,支撑农产品安全、高质量地上行。

3. 创特色:引领农业产能生态化

"互联网+农村"不只是简简单单地把农产品卖出去,而是要真正解决农村健康发展的生态圈。农村电子商务并非是实现农村网商的一种技术手段,真正实施农村电子商务,要在维护并改善原有农业生态文明的基础上,实现农业的现代化、网络化和信息化。淮商集团重视农业产能的原生态健康发展,始终秉持着"政府引导、龙头带动、村民参与、市场推动、基层运作"五位一体的发展思路,让"互联网+"推动农业产业化升级与生态健康的发展,使村民在得益于农村电商带来的切身实惠的同时,也能真正看得见青山绿水。增加对美丽家乡的热爱。

4. 促发展:激发农村网商活力

既懂农产品又懂电子商务的专业人才的缺乏,是农村电子商务做大做强的拦路虎。淮商集团在依托地方特色产业及优质产品的基础上,组织当地群众发展各种产品网店,共享供货平台、物流系统,推动群体性创业,并结合蚌埠地域特点,搭建了集电子政务、电子商务、综合服务、现代农业、生态旅游、网商学院于一体的"智慧怀远"线上综合服务平台,建成了网商集聚、服务集聚、平台集聚、商品集聚的电子商务孵化园。借力国家级电子商务进农村示范县建设,完善配套服务支撑,既解决了怀远县电子商务氛围不浓、人才不足、资金和资源短缺的问题,又鼓舞了有志之士开创农村电商事业的决心,从而深化了淮商电子商务推进的步伐,进一步促进了电商服务农村。

思考题

1. 农村电子商务实现的瓶颈都有哪些?
2. 登录淮商e购(ahhscs.com)网站,了解淮商e购的经营模式,并分析其网站特色。
3. 了解更多关于互联网+的内容,思考农村电子商务实施还可以采用什么创新策略。

二、海淘全球——跨境电子商务

跨境电子商务是指通过分属不同关境的交易主体,利用电子商务平台达成交易、进行支付结算,并通过跨境物流送达商品、完成交易的一种国际商业活动。一般分为跨境进口电子商务和跨境出口电子商务。

(一)跨境电子商务的发展历程

1998年,中国第一个跨境电子商务网站8848.net诞生,1999年,阿里巴巴在软银、高盛等国际风投的资助下正式成立,并主要采取"中国黄页"的模式,发布国内外供求信息,自此,中国B2B跨境电子商务模式逐渐形成。

2004年,我国《电子签名法》颁布,为跨境电子商务的发展提供了法律保障。随着支付宝的使用和一系列技术创新手段的运用,阿里巴巴的业务范围逐渐拓展,并形成了跨境电子商务的综合信息平台,帮助中小企业从事B2B和B2C跨境电子商务。在此期间,ebay、亚马逊及大龙网等跨境电商综合信息平台也逐步建立。

2008年,由阿里巴巴等少数大平台控制的局面有所改变,一批从事跨境电子商务的企业和平台陆续建立,如敦煌网等,这些平台不但为企业提供跨境电子商务的信息发布与搜索,还参与跨境电子商务的支付及物流服务。同期,海外代购得到快速发展,各种私人代购网站游走于法律监管的灰色地带。2012年3月12日,商务部出台《关于电子商务平台开展对外贸易的若干意见》,政府从政策层面对跨境电商提供支持,先后批准上海、重庆、杭州等城市成为跨境电商试点城市。逐渐形成一条涵盖营销、支付、物流和金融服务的完整产业链,行业格局日渐稳固,跨境电商发展日益规范。

(二)跨境电子商务生态圈

(1)政府职能/监管服务,主要部门包括海关、国检、外汇管理、税务、市场监督局、工业和信息化部、电子商务交易保障中心。

(2)资金支付结算服务,主要参与机构有地下钱庄、Paypal、支付宝、快钱、银行等。

(3)物流运输服务,主要服务业务有仓库(保税仓、海外仓)、转运、快递、海运、空运、陆运、报关。

(4)网络交易服务,包括平台型电子商务企业,如 eBay、Amazon、阿里速卖通(aliexpress.com)、敦煌网(DHgate.com)等,以及垂直电子商务企业,如 DealExtreme(dx.com)、Chinamade、走秀、凡客、境外海淘网站等。

(三)跨境电子商务模式

1. M2C 模式

M2C(media to consumer)是媒介对消费者的购物模式,是一种基于电子商务平台的网上购物模式,平台招商,开放平台入驻国际品牌,如天猫国际(tmall.hk)。其优势是用户信任度高,商家需有海外零售资质和授权,商品海外直邮,并且提供本地退换货服务;劣势在于大多为代运营,价位高,品牌端管控力弱。

2. B2C 模式

采取直接采购与保税自营模式。如京东、聚美、蜜芽等主要经营进口电子商务,兰亭集势等经营出口电子商务。优势是平台直接参与货源组织、物流仓储、买卖流程,销售流转高,时效性好;劣势是受资金占用和商品品类的入境限制(如,广州不能走保健品和化妆品),主要以销售爆品和标品为主,毛利空间不大。

3. C2C 模式

海外个人代购模式,一般是海外买手入驻诸如淘宝全球购(g.taobao.com,进口)或 eBay 中国(ebay.cn,出口)等平台开店,或朋友圈海外代购,以销售长尾非标品为主。优势是个性需求和情感得到满足,劣势则是商品真假难辨,服务体验掌控度差,存在法律政策风险等。

4. B2B2C 保税区模式

跨境供应链服务商与跨境电商平台合作,平台提供用户订单后由供应链服务商通过保税邮出模式,直接发货给用户。优势是便捷且无库存压力;问题是 B2B2C 借跨境电商之名行一般贸易之实。

5. 海外电商直邮

可以直运中国的海外购物网站,如 amazon.com,消费者可以直接在网站购物,卖家也可以直接在平台上开展电子商务运营,将中国产品销往全球。优势是有全球优质供应链物流体系;劣势是对当地用户消费需求的把握能力。

其他还有诸如敦煌网、阿里速卖通等跨境 B2B 出口电子商务平台。

（四）跨境电子商务物流模式

物流模式一直都是跨境电子商务的痛点，目前主要有以下五种模式。

1. 邮政包裹模式

据不完全统计，中国出口跨境电商 70% 的包裹通过邮政系统投递，其中中国邮政占据 50% 左右。因此，目前跨境电商物流还是以邮政的发货渠道为主。邮政网络基本覆盖全球，比其他物流渠道都要广。这也主要得益于万国邮政联盟和卡哈拉邮政组织。

2. 国际快递模式

通过四大商业快递运营商 DHL、TNT、UPS 和 FedEX 完成配送任务。这些国际快递商通过自建的全球网络，利用强大的 IT 系统和遍布世界各地的本地化服务，为网购中国产品的海外用户带来很好的物流体验。

3. 国内快递模式

国内快递主要指 EMS、顺丰和"四通一达"。其中 EMS 的国际化业务最完善。依托邮政渠道，EMS 可以直达全球 60 多个国家和地区，费用相对四大快递巨头要低。此外，中国境内的出关能力很强，到达亚洲国家是 2~3 天，到欧美则要 5~7 天。顺丰的国际化业务较为成熟，目前已经开通到美国、澳大利亚、韩国、日本、新加坡、马来西亚、泰国、越南等国家的快递服务，发往亚洲国家的快件一般 2~3 天可以送达。"四通一达"中申通和圆通布局较早，但也是近期才发力拓展。比如美国申通在 2014 年 3 月才上线，圆通也是 2014 年 4 月才与 CJ 大韩通运合作，而中通、汇通、韵达则是刚刚开始启动跨境物流业务。

4. 专线物流模式

跨境专线物流一般是通过航空包舱方式运输到国外，再通过合作公司进行目的国的派送。专线物流的优势在于其能够集中大批量到某一特定国家或地区的货物，通过规模效应降低成本。因此，其价格一般比商业快递低。在时效上，专线物流稍慢于商业快递，但比邮政包裹快很多。市面上最普遍的专线物流产品是美国专线、欧美专线、大洋洲专线、俄罗斯专线等。也有不少物流公司推出了中东专线、南美专线、南非专线等。

5. 海外仓储模式

海外仓储服务指为卖家在销售目的地进行货物仓储、分拣、包装和派送的一站式控制与管理服务。海外仓储包括头程运输、仓储管理和本地配送三个部分。头程运输，即商家通过海运、空运、陆运或者联运将商品运送至海外仓库；仓储管理，即商家通过物流信息系统，远程操作海外仓储货物，实时管理库存；本地配送，即海外仓储中心根据订单信息，通过当地邮政或快递将商品配送给客户。选择这类模式的好处在于，仓储置于海外不仅有利于海外市场价格的调配，同时还能降低物流成本。拥有自己的海外仓库，能从买家所在国发货，从而缩短订单周期，完善客户体验，提升重复购买率。结合海外仓库所在国的物流特点，可以确保货物安全、准确、及时地到达终端买家手中。然而，这种海外仓储的模式虽然解决了小包时代成本高昂、配送周期漫长的问题，但并不是任何产品都适合使用海外仓。最好是库存周转快的热销单品适合此类模式，否则，极容易压货。同时，这种方式对卖家在供应链管理、库存管控、动销管理等方面提出了更高的要求。

案例：小红书——社区模式转型跨境电商

近年来，我国海外购物、海淘大军越发火热。阿里、亚马逊、聚美等电商购物网站均推出了海外购物的子版块迅速抢占市场。但由于信息不对称，用户不能及时、完全地了解海外产品，而且用户在获取信息后不知如何辨别、取舍信息，使得国内用户对于海外购物仍然心存芥蒂。而这也成为小红书（xiaohongshu.com）创办的初衷，为用户解决"买什么""哪里买""多少钱"的难题，让全世界的好生活触手可及，从而使小红书成为年轻人的生活方式平台和消费决策入口，截至2019年3月，小红书用户数超过2.2亿，其中70%用户是90后。

1. 从零到一：解决"出国不知道买什么"的痛点

当2013年超过8 000多万人次的出境游大军想知道目的地可以买什么时，却不知可以向谁求助。2013年6月在上海成立的小红书，及时推出了以PGC（professionally-generated content，专业生产内容）为主的"小红书出境购物攻略"APP。产品瞄准了爱好出境旅游和购物的高价值女性用户，以一二线城市的白领为典型代表，是一个典型的解决出境购物痛点的工具性产品。攻略包括不同国家的退税打折信息、品牌特色商品推荐、购物场所、地图索引和当地实用信息。

2. 从工具到社区：瞄准中产阶级女性，将线下讨论购物场景搬至线上

2013年12月，小红书推出了具有社区性质的"海外购物分享笔记"。以UGC（user-generated content，用户生产内容）为主的"购物笔记"是一个垂直类社区，其图片质量之高和描述内容之详尽满足了海量用户对纷繁复杂的购物信息的需求，因此小红书也被称为"海淘版知乎"。用户以具有境外购物习惯的女性为主，同时社区对广大的"泛白领"群体产生了强大的吸引力，对临近大学毕业、经历生活状态改变和消费升级的女性群体有巨大的引导作用，用户群体得到自然延伸。

3. 从社区到社区电商：直面电商供应链和跨境物流

2014年12月，小红书正式上线新产品"福利社"。"福利社"版块的上线意味着小红书从社区升级为社区电商，其目的是解决用户"看得到却买不到"的问题。小红书直接联络国外品牌方或一级供应商进行采购，在供应链上严守每一细节，杜绝假货流入的可能；2015年年初和年中，小红书郑州和深圳自营保税仓先后投入运营，解决了海外购物的物流之痛。

4. 从社区电商到"品牌号"：让品牌更好地连接消费者

2019年3月，小红书正式上线新产品"品牌号"。"品牌号"帮助品牌获得官方认证，使品牌拥有更多展示入口；邀请品牌合作人发布合作笔记，搜索发现及内容分发，引导用户关注；通过与粉丝互动，增加用户粘性，洞察多维数据报告，赋能内容营销；打通交易，配置小红书品牌旗舰店，可实现流量高效转化。"品牌号"的上线可以帮助品牌更好地连接消费者，在小红书完成一站式闭环营销。

小红书独特的定位、内容分享与供应链分离的C2B模式所产生的用户信任感、将用户体验做到极致、深植社区服务、采用互动式营销等一系列策略成为其成功的关键。

2015年6月，小红书APP荣登苹果应用商店总榜第四，生活榜第二，用户达到1 500万；2017年6月，小红书在苹果App Store购物类下载排名第一，用户突破5 000万；2018年6月，小红书估值超过30亿美元，用户突破1亿；2019年3月，小红书用户突破2亿。被彭博社称作"连接中外消费者的桥梁"的小红书成了中国跨境电子商务的一匹黑马。

（资料来源：百度百科、小红书官方网站、其他互联网资源。）

思考题

1. 小红书的商业模式有什么特点？它是如何演化的？
2. 在各电子商务大鳄们紧盯跨境电子商务之时，你应该提醒小红书注意解决什么问题？

第六节　其他商业模式

互联网与电子商务为各种商业模式的创新创造了有利条件，几乎每天都会产生一些新的商业模式，也有许多商业模式在被复制，因此我们不可能罗列出所有的商业模式。前面我们介绍了一些最主要的电子商务商业模式，下面简单介绍一些其他常见的电子商务商业模式。

一、信息门户

信息门户网站是用户利用浏览器浏览所需信息的唯一入口。根据信息提供者的角色不同可以分为专有门户、公共门户。专有门户有个人门户和企业门户。企业门户是消费者访问企业内外部信息的唯一入口。公共门户因其提供的信息特点不同又可分为综合门户（水平门户）、垂直门户。

（一）企业门户

建立企业门户是企业信息化过程中信息集成的需求，企业在建设了一些应用系统之后，希望打破应用系统之间的壁垒，形成一个协同的信息平台。

企业门户就是一个连接企业内部和外部的网站，为用户提供一个单一的访问企业各种信息资源的入口。企业的员工、客户、合作伙伴和供应商等都可以通过这个门户获得个性化的信息和服务。它融合了商业智能、内容管理、数据仓库/集市、数据管理等一系列用于管理、分析、发布信息的软件程序。企业门户提供的功能主要有：

（1）通过企业门户，企业能够动态地发布存储在企业内部和外部的各种信息。

（2）可以完成网上交易。

（3）可以支持网上的虚拟社区，网站的用户可以相互讨论和交换信息。

（4）支持员工之间、团队之间、企业与伙伴之间的协同。

（5）完善供应链管理、客户关系管理、物流管理。

（6）集成分散在企业内外部的信息系统。

（二）公共门户

公共门户是以网络媒体为主要特征，提供分类信息的综合性网站，其目的是通过吸引大量的重复性用户建立在线用户群，使访问者产生购买网站广告所推销的产品的可能性。

1. 综合门户（水平门户）

提供各类综合性信息服务的公共门户，其特点是内容广泛而全面，覆盖许多行业。综合门户为了吸引访问者，提高网页浏览量会不断为用户推出系列免费内容和服务，如电子信箱、网络硬盘、博客、个人主页等，也常集成其他商业模式，如电子市场、拍卖等，还提供各类增值服务如短信平台、铃声下载、电子贺卡等。人们习惯上将 B2C 类型的门户称为综合门户，而将 B2B 类型的门户称为水平门户。如我国最著名的三大门户网站新浪(sina.com.cn)、网易(163.com)和搜狐(sohu.com)就属于综合性门户,此外还有一些地区性的综合性门户网站,如浙江都市网(zj.com);而阿里巴巴(alibaba.com)、慧聪网(hc360.com)就属于 B2B 水平门户。还有一类综合性门户专门提供目录服务,如网址之家(hao123.com)是专门提供网站地址服务的综合门户。

2. 垂直门户

针对某一行业或专门领域提供综合信息服务的公共门户,其特点是专业性强,针对特定的消费人群。目前,从制造业到服务业、从工业到农业、从娱乐休闲到度假旅游,几乎每个行业都有多家垂直型门户网站,例如仅钢铁行业就有上百家门户网站,带"中国"的钢铁网就有近 10 家。

二、互联网金融

互联网金融是指利用互联网技术和信息通信技术实现资金融通、支付、投资和信息中介服务的新型金融业务模式。当前互联网金融行业主要由传统金融机构和非金融机构组成。传统金融机构的互联网金融主要包括对传统金融业务的互联网创新以及电商化创新等;非金融机构的互联网金融则主要是互联网企业利用互联网技术进行金融运作,包括融资、借贷、支付、理财等。

1. 众筹

众筹(crowdfunding)即为大众筹资,是指资金需求方通过互联网和 SNS 平台发布筹款项目,采用团购预购的形式向网友募集项目资金的模式。BAT 三大电子商务龙头企业都有自己的众筹网站(8.baidu.com/rich/、izhongchou.taobao.com、gongyi.qq.com/),其他著名的众筹还包括京东众筹(z.jd.com/sceneIndex.html)、众筹网(zhongchou.com)等。

2. P2P 信贷

P2P 信贷(peer-to-peer lending),即点对点信贷,指不同的网络节点之间的小额借贷交易(一般指个人),需要借助电子商务专业网络平台帮助借贷双方确立借贷关系并完成相关交易手续。借款者可自行发布借款信息,包括金额、利息、还款方式和时间,自行决定借出金额实现自助式借款。主要有两种运营模式,第一种是纯线上模式,其特点是资金借贷活动都通过线上进行,不结合线下的审核。通常这些企业采取的审核借款人资质的措施有通过视频认证、查看银行流水账单、身份认证等。第二种是线上线下结合的模式,借款人在线上提交借款申请后,平台通过所在城市的代理商采取入户调查的方式审核借款人的资信、还款能力等情况。主要平台有陆金所(lu.com)、拍拍贷(ppdai.com)、红岭创投(my089.com)、人人贷(renrendai.com)等。P2P 平台因其参与者以个体为主,风险意识薄弱,存在着较大的金融安全隐患。

3. 第三方支付

第三方支付狭义上是指具备一定实力和信誉保障的非银行机构,借助通信、计算机和信息安全技术,采用与各大银行签约的方式,在用户与银行支付结算系统间建立连接的电子支付模式。根据央行 2010 年在《非金融机构支付服务管理办法》中给出的非金融机构支付服务的定义,从广义上讲第三方支付是指非金融机构作为收、付款人的支付中介所提供的网络支付、预付卡、银行卡收单以及中国人民银行确定的其他支付服务。第三方支付已不仅仅局限于最初的互联网支付,而是成为线上线下全面覆盖,应用场景更为丰富的综合支付工具。主要支付平台包括银联(unionpay.com)、支付宝(alipay.com)、财付通(tenpay.com)、快钱(99bill.com)等。

4. 数字货币

2009 年,不受央行和任何金融机构控制的比特币诞生。比特币是一种"数字货币",没有集中的发行方,由计算机生成的一串串复杂代码组成,新比特币通过预设的程序制造,随着比特币总量的增加,新币制造的速度减慢,直到 2140 年达到 2 100 万个的总量上限,被挖出的比特币总量已经超过 1 200 万个。任何人都可以在任意一台接入互联网的计算机上挖掘、购买、出售或收取比特币,并且在交易过程中外人无法辨认用户身份信息。以比特币、莱特币等数字货币为代表的互联网货币爆发,从某种意义上来说,比其他任何互联网金融形式都更具颠覆性。在 2013 年 8 月 19 日,德国政府正式承认比特币的合法"货币"地位,比特币可用于缴税和其他合法用途,德国也成为全球首个认可比特币的国家。这意味着比特币开始逐渐"洗白",从极客的玩物,走入大众的视线。也许,它能够催生出真正的互联网金融帝国。比特币炒得火热,也跌得惨烈。无论怎样,这场似乎曾经离我们很遥远的互联网淘金盛宴已经慢慢走进我们的视线,它让人们看到了互联网金融最终极的形态也许就是互联网货币。当前所有的互联网金融只是对现有的商业银行、证券公司、保险公司等金融机构提出挑战,而互联网货币的形态却是对央行的挑战。也许比特币会颠覆传统金融成长为首个全球货币,也许它会最终走向崩盘,不管怎样,可以肯定的是,比特币会给人类留下一笔永恒的资产。

5. 信息化金融机构

信息化金融机构是指通过采用信息技术,对传统运营流程进行改造或重构,实现经营、管理全面电子化的银行、证券和保险等金融机构。金融信息化是金融业发展趋势之一,而信息化金融机构则是金融创新的产物。从整个金融行业来看,银行的信息化建设一直处于业内领先水平,不仅具有国际领先的金融信息技术平台,建成了由自助银行、电话银行、手机银行和网上银行构成的电子银行立体服务体系,而且以信息化的大手笔——数据集中工程在业内独领风骚,其除了基于互联网的创新金融服务之外,还形成了"门户""网银、金融产品超市、电商"的"一拖三"的金融电商(商融一体化)创新服务模式。

6. 金融门户

互联网金融门户是指利用互联网进行金融产品的销售以及为金融产品销售提供第三方服务的平台。它的核心就是"搜索比价"的模式,采用金融产品垂直比价的方式,将各家金融机构的产品放在平台上,用户通过对比挑选合适的金融产品。互联网金融门户多元化创新发展,形成了提供高端理财投资服务和理财产品的第三方理财机构,提供保险产品咨询、比价、购买服务的保险门户网站等。这种模式不存在太多政策风险,因为其平台既不负责金融产品的实际销售,也不承担任何不良的风险,同时资金也完全不通过中间平台。

7. 互联网理财

阿里巴巴于 2013 年 6 月推出的余额宝,是蚂蚁金服旗下的余额增值服务和活期资金管理服务。余额宝对接的是天弘基金旗下的增利宝货币基金,特点是操作简便、低门槛、零手续费、可随取随用。除理财功能外,余额宝还可直接用于购物、转账、缴费、还款等消费支付,是移动互联网时代的现金管理工具。余额宝的推出引出一系列"宝宝"的面世,然而,随着央行货币政策的放松,"宝宝"们的收益也逐级下降,其火热程度已远不及 2013 年的初创时期。

三、在线教育

利用互联网开展教育服务一直是互联网应用的重要领域,面向各类人群的教育网站层出不穷。在线教育(E-learning)就是指通过应用信息科技和互联网技术为用户提供知识教育、技能培训等。近年来,随着美国的一些著名高校推出网络公开课,在线教育再一次出现在风口之上。最典型的在线教育产品就是慕课(MOOC,massive open online course),即大规模开放的在线课程。主要平台有中国大学 MOOC(icourse163.org)、网易公开课(open.163.com)、Coursera(coursera.org)、Udacity(udacity.com)、edX(edx.org)等。

四、在线游戏

在线游戏指在互联网上实现单方、双方、多方的游戏服务和一些互动性的娱乐服务。这类服务突破了传统单机游戏和互动节目的局限性,对学生、年轻人有很强的吸引力,有比较牢固的用户群。目前已成为宽带内容服务中的一大卖点,如盛大(snda.com)、网易(163.com)、联众(ourgame.com)等。

五、搜索引擎

搜索引擎是利用某种计算程序如"Spider"收集和分类互联网上的信息资源,并在用户利用关键词搜索时借助于 PageRank 算法、Hits 算法等报告搜索结果的应用系统。搜索引擎分为:通用搜索引擎,如百度(baidu.com)、谷歌(google.com);垂直搜索引擎,如就业搜索引擎深度(deepdo.com)、股票搜索引擎 MACD(macd.cn)。

六、电子商务服务

电子商务服务是指为电子商务应用提供的服务,即面向机构或个人的电子商务应用的服务。这类服务主要有软件服务、营销服务(如精准营销、效果营销、病毒营销、邮件营销等)、运营服务(如代运营、客服外包等)、仓储服务(电商仓储、物流服务等)、支付服务等。

(1)软件服务。为企业实施电子商务战略提供必要的应用系统,包括网站、App、商品管理工具、购物车、e-SCM、e-CRM 等,如 Microsoft、App Store 等。

(2)内容提供商。为电子商务企业提供信息或娱乐服务,如新闻、音乐、影片及艺术品等。

(3)营销服务。为电子商务企业策划并实施营销活动,如精准营销、效果营销、病毒营销、邮件营销等。

(4)价值链服务提供商。这些供应商专注于供应链功能如仓储、物流或价值链增值服务,如质保、保险。

(5)金融服务。为电子商务交易提供支付等金融服务,如银联(chinapay.com)、paypal.com。

(6)代运营服务。代运营是指代理传统企业运营电子商务,并根据销售业绩与传统企业进行销售分成。在代运营过程中传统企业一般还需要支付基础的代运营服务费用。代运营企业需要具备网络营销、产品、客服、供应链等全方位的知识,代运营可包括建站、平台开店、店面装潢、推广、数据分析、物流、客服、仓储等全部或部分业务。

(7)客户服务与支持。客户服务与支持是客户关系管理中的重要部分,一般通过呼叫中心和互联网实现。客户服务与支持为客户提供产品质量、业务研讨、现场服务、订单跟踪、客户关心、服务请求、服务合同、维修调度、纠纷解决等功能。

章尾案例:梅西百货——最自然的购物体验[①]

梅西百货公司(Macy's)是美国著名的连锁百货公司,其旗舰店位于纽约海诺德广场(Herald Square),主要经营服装、鞋帽和家庭装饰品,以优质服务赢得美誉。

2008年美国爆发的金融危机,导致全球经济陷入困境。处于风暴眼之中的梅西百货也受到了巨大的冲击,大量门店关闭,销售额持续下降,经营出现了亏损。面对困境,梅西百货公司通过对消费者、公司高层、供应商以及行业专家的调研,于2008年春季开始了以本地化战略为核心的战略变革——M.O.M,即我的梅西(My Macy's)、全渠道(omni-channel)、魔力销售(magic selling),它们分别代表着本地化、线上线下资源整合,以及服务品质。正是这三驾马车使梅西百货迅速走出了困境。

一、本地化战略

"我的梅西"计划所依据的理念是根据各个门店周边顾客的地域特点配置商品种类,其目的是迎合当地口味,增加同类商店的营业额并削减成本。比如,偏北方寒冷的波特兰和旧金山门店,即使在夏天也会准备毛衣等商品;而在南方偏热的门店则配置更多的白色牛仔服;在公务员集中的华盛顿特区出售更多的职业装等。此外,在尺码和颜色上,也会根据地区特点的不同,进行不同的配置。为了了解并满足不同地区顾客的真实想法,公司雇用了一些本地人来运营商场。

为了配合本地化战略,梅西百货对于内部采购和商品配置流程进行相应的调整,例如品类管理实施统一化与地域化、集权与分权相结合的策略,也就是"地方提需求、总部来筹集"。这一改革使得梅西百货可以更快地响应顾客的需求和决策,提高运营效率和执行力度,减少冗余费用,保持和供应商的良好合作关系。同时,门店可以切合顾客需求,减少打折,引进更多的高利润特色产品。而本地化战略往往会使消费者选择距离自己最近的商品,这也减小了物流的压力。

本地化战略很快就收到了成效。在短短的几个月内,实施了"我的梅西"计划的商场的营业额相较于其他梅西门店提高了2.5%。借助于本地化策略,曾经仅专注于美国东西海岸的梅西百货,将门店开遍全国。三年时间公司利润翻倍,股价涨了6倍。

相对于单纯的电子商务公司大力发展物流和仓储,梅西百货要建更多的百货商店,而不是仓库,并通过渠道整合,将梅西百货的线上订单直接从商店送到消费者手中,价格基本一致。而全国的门店同时扮演了仓库的功能,提高了库存的效率,"毕竟人们不能去仓库里买东西",梅西百货的CEO兰格伦说道。

二、全渠道整合

市场研究机构InsightExpress的数据显示,当人们在实体店购物时,超过六成的智能手机用

---

① 梅西百货官网,http://investors.macysinc.com,2016;品途商业评论,梅西百货如何用全渠道做零售O2O,http://www.pin-tu360.com/article/54d7017b14ec53c11660f1be.html,2014;陈炫如,梅西百货的全渠道O2O战略,http://www.iyiou.com/p/2589,2014.

户会利用移动终端寻找更优惠的价格;数字营销机构 ComScore 的调查显示,在进入实体零售店的购物者中,有近六成会选择随后在网上购物。移动互联网与智能手机的普及,使得零售商正处于 SoLoMoMe,即社会化(social)、本地化(local)、移动化(mobile)以及个性化(personalized)的经济时代,将零售业带入"价格透明新纪元",传统百货商正担心它们逐渐成为在线零售商的陈列室。事实上,美国人已经习惯于通过不同的方式购物。比如,在线下,人们可以在逛街时用手机搜索附近的商场,通过对比找到适合自己的购物场所;或者干脆待在家里,网上下订单。

为此,梅西百货试图整合线上线下以及移动终端的资源,推行全渠道(Omni-channel)战略,通过科技手段来达到存货的最优化配置。所谓全渠道零售,是指以消费者为中心,利用所有的销售渠道,将消费者在各种不同渠道的购物体验无缝链接,同时将消费过程的愉悦性最大化。因此顾客可以同时利用一切渠道,如实体店、目录、呼叫中心、互联网以及手机等,随时随地购物。

梅西百货是最早"触网"的零售企业之一,1996 年就开通了公司网站 macys.com,当年收入只有区区 3 万美元。虽然当时没有找到方向,但梅西百货的决策高层坚信一定会出现一种不同的商业模式。后来它果然出现了。为此,梅西百货在打造网上渠道上不吝投入,仅 2006—2008 年就投资 3 亿美元进行 IT 基础设施建设。

梅西百货在对顾客的购买行为进行分析后认为,大部分顾客并不是只在网上或者只在实体店购物。他们根据自己的需要选择购买渠道。因此,重要的是让顾客知道,梅西百货能够满足他们的购物需要,无论是在梅西实体店里、在梅西网站、在梅西移动应用上还是在其他梅西品牌的渠道。关键是让消费者选择梅西品牌。越来越多的梅西百货的顾客既使用网络购物,又会到实体店购物。这两种渠道之间的互动具有非常强大的效用,使用两种渠道购物的顾客比使用单一渠道购物的顾客购买额超出一倍,而且每 1 美元的线上收入,在此后 10 天里为公司带来近 6 美元的实体店收入。如今,梅西百货的线上业务年销售额已经超过 10 亿美元。面对电商巨鳄亚马逊来势汹汹的冲击,梅西百货已经把店铺转化为配送中心,依靠其在全美国 800 多家门店与亚马逊的物流网络抗衡。利用实体门店的存货仓库作为网上订单的配送中心,最大的好处是能更好地管理库存。顾客订购的产品即使网上仓库缺货,只要任何一家实体门店有货,梅西都可以快速调配并发送给顾客。

根据市场研究机构 IDC Retail Insights 的研究结果,全渠道消费者是标准的黄金消费者。相对于单渠道消费者,多渠道消费者平均要多消费 15% ~ 30%;而相比于多渠道消费者,全渠道消费者平均要多消费 20%。更为重要的是,全渠道消费者的顾客忠诚度要远远高于单渠道和多渠道,还会通过社交媒体和在线活动影响更多的顾客。传统百货商如果想在将来继续运作下去,那么他们必须拥抱全渠道零售的到来,要通过物理的和虚拟的渠道,把购物转变成一个充满趣味,同时有着强烈的情感联系的购物体验。

三、品质服务

梅西百货的渠道整合策略有个非常明确的主题:"让购物体验简单而周到"。这些改变能够为顾客提供更快速、更高效和更轻松的购物体验,考虑到顾客购买前喜欢在网上了解商品,并到实体店内体验商品的习惯,梅西百货开发了许多新的软硬件设施,尽力让顾客的购物体验完美而周到。畅想一下如下的情境:当你进入梅西百货门店后,将被提示开启 APP 并完成双向确认的签到(尊重你的隐私),经过每个区域,蓝牙、NFC 等传感器会向你的手机 APP 推送周围的促销信息以及电子优惠券等,你还可以借助虚拟渠道和各种社交媒体查询商品评价、原料和价格比较等信息;在支付方面,你可通过扫描商品上的二维码完成移动支付,也可通过传统方式或者非接触电子钱包支付;在购物体验和管理方面,你可以提前通过 App 设定自己的关注商品,当进入实体门店后将得到相关的促销或特殊折扣信息,店内的服务人员还会借助于信息系统记载你的购物历史,为你提供专业的建议,避免单纯网上购物所带来的商品无法与家庭环境相适或网上购买的衣物无法与家里的衣服相配的尴尬。所有的一切,都是为了顾客更好地享受融合了各渠道优点的购物体验,完成线上线下渠道间的无缝转移,实现将线上的"亲"①体验与线下的"亲身"体验相结合。不是因为便宜而购买,是因为体验而购买。

梅西百货实行的措施与服务包括:

(1)搜索与递送服务。将梅西的后台库存系统整合进店铺前端的零售收银系统中,如果顾客在某家门店看中了一个商品,但是这家门店没有合适的颜色或尺码,或者根本不卖这个商品,销售人员可以从网上搜索合适的商品并且下订单,把商品直接递送到顾客的家里。

(2)美容小站。这是安装在实体店里的自助服务机,顾客能够在这台机器上搜索化妆品库存,了解和研究产品功能,以及进行购买。一位"美容小站专职礼宾助理"在现场为顾客提供使用帮助,并协助处理信用卡交易。

(3)电子屏。在实体店里装配的电子屏提供与美容小站类似的自助服务功能,还可以用于辅助送货服务,礼宾助理通过使用全球定位系统和数字签名套件来更有效和准确地管理送货流程。

(4)"真试衣"。这是梅西网上商城 macys.com 上的一个应用工具,帮助女性顾客精准选择最适合她们"独特的身体和喜好的风格"的牛仔裤。

(5)客户响应设备。梅西百货将商店的付款设备进行改装,使之可以支持像谷歌钱包这样的新支付技术。

梅西百货还通过利用更先进的消费习惯跟踪技术,更好地观察多数顾客的个人购买行为以满足顾客的个性化需求。例如,公司的技术不仅可以预测什么时候提醒购买了某款化妆品的顾客来购买新品,而且可以推断出该化妆品用户还喜欢购买什么品牌的时尚首饰。这样,梅西百货就可以对他们进行相应的市场营销。梅西百货曾经根据不同的气候特点而发放 4 份不同的秋季促销商品目录,但是在新技术的支持下,制作出了 695 个针对性极强的不同版本。

四、案例小结

在无处不在的网络、无处不在的计算以及由大数据驱动的无处不在的服务时代,商业的形态将继续发生着深刻的变化。大数据驱动的商业模式将是在恰当的时间和地点,将恰当的商品/服务以恰当的数量和价格提供给恰当的消费者,进而获得恰当的利润。"如果你给体型偏小的顾客发送大号商品的目录时,她会说,'你没明白我的意思——你压根儿就不了解我'。"兰格伦说道。"所以,'我的梅西百货'指的是,当你收到我们邮寄的商品,或者当你在梅西百货拿到商品时,你会说,'这就是我的梅西百货。这不是千篇一律的梅西百货'。"

案例思考题:

1. 梅西百货是怎样整合线上线下资源的?

---

① "亲",网络流行词,广泛被电商卖家使用,旨在与消费者建立一种亲近、亲切的语境,维系客户关系。

2. O2O 模式相较于传统的电子商务有哪些优势?

3. 如何应对传统电商逆向 O2O?

本 章 小 结

本章重点分析了电子商务实施过程中的价值创造及价值流动,介绍了目前主要的电子商务赢利模式,最后分类阐述了电子商务的主要商业模式,包括电子市场、社会化商务、O2O 电子商务、农村电子商务、跨境电子商务,以及信息门户、互联网金融、在线教育、在线游戏、搜索引擎、电子商务服务等。通过本章学习,应能理解电子商务的价值创造过程,掌握主要的电子商务营利模式和商业模式。

关　键　词

价值主张(value proposition)	online to offline
盈利模式(profit model)	SoLoMoMe
使能器(enabler)	移动商务(mobile commerce)
电子集市(e-marketplace)	二维码(two-dimensional code , QR Code)
团购(group purchase)	新零售(new retail)
"由你定价"(name your own price)	增强现实(augmented reality , AR)
电子商店(e-store)	虚拟现实(virtual reality , VR)
在线直销(online direct sales)	混合现实(mixed reality , MR)
电子卖场(e-mall)	共享经济(sharing economy)
电子拍卖(e-auction)	共享单车(bike-sharing)
电子交易所(e-exchange)	农村电子商务(countryside/rural　EC)
电子邮件(e-mail)	跨境电子商务(cross-border EC)
即时通(instant messager)	M2C 模式(media to consumer)
博客(web log ,blog)	门户(portal)
维客(Wiki)	众筹(crowdfunding)
微信(WeChat)	P2P 信贷 (peer-to-peer lending)
用户创建内容(user generated content)	第三方支付(third-party payment)
微博(microblog)	比特币(BitCoin)
社交网络服务(SNS)	余额宝

续表

RSS	慕课(MOOC)
网络电视(IPTV)	在线教育(e-learning)
社会化商务(social commerce)	在线游戏(online game)
互联网电话(VoIP)	搜索引擎(search engine)
众包(crowdsourcing)	电子商务服务(e-Commerce service)
微商(WeChat business)	代运营(transport program)
O2O	

思 考 题

1. 分析 alibaba.com 的价值创造及其价值流。

2. 针对本章中的六种营利模式,试举出一个实际的电子商务企业实例。注意不要使用本章中的实例。你有没有发现其他营利方式?

3. 你能不能对本章中的商业模式重新分类?电子商务商业模式层出不穷,你又发现了哪些新的商业模式?指出其代表性的企业。

4. 微博、社交网站、视频分享等 UGC 网站近年来得到迅速发展,但营利模式还面临着许多挑战。请思考如何创新营利模式和营销策略,使这些网站的点击流能够转变为企业的赢利。

5. 在设计一个创新体验的时候,企业都应充分考虑消费者最自然的状态是什么,而不是以强迫改变某种习惯为出发点。如何理解上述这句话?从各种电子商务模式创新角度思考和分析。

6. 近年来,共享经济蓬勃发展,特别是"共享单车"的出现是一个典型的实例。请查阅相关资料,分析共享单车的发展前景。

7. 农村电子商务被赋予了很多使命,比如脱贫。你认为实施农村电子商务的困难在哪里?从经济视角,分析实施农村电子商务可能面临的危机。

8. 跨境电子商务能否解决中国消费者海外抢购奶粉、马桶盖、电饭锅等现象?

9. 金融风险关系到国家金融稳定与经济安全,互联网金融创新也带来了许多挑战。试分析比特币、余额宝、P2P 信贷、众筹、虚拟信用卡、二维码支付等互联网金融产品可能存在的风险。

10. 电子商务服务为电子商务生态系统的构建创造了许多创业机会。请查阅相关资料,从电子商务生态系统建设的视角,分析还有哪些创业机会。

课外在线讨论

万达,商业房地产开发商,线下"天猫"。王健林不仅不再坚持与马云打赌,自己却与腾讯、百度合作投入巨资玩起了电商(飞凡网,ffan.com),他看到了什么?是自己的危机还是未来的机会?

实 训 操 作

苏宁,传统的家电市场巨头,全国 1 500 多家门店,转型发展电子商务(苏宁易购,suning. com),是 B2C 还是 O2O? 它的竞争对手是谁? 京东、天猫,还是它自己? 留给我们什么样的思考? 访问苏宁易购网站,调查苏宁发展史,针对上述疑问撰写一份 8 000 字左右的研究报告。

即 测 即 评

请扫描二维码进行在线测试。

第四章　网络营销

　　本章将介绍网络营销的基本概念,详细介绍网络营销的具体策略,包括网络产品与品牌策略、网络价格与定价策略、网络推广与销售促进策略和网络渠道策略等,最后介绍网络客户关系管理的相关内容。

学习目标

1. 掌握网络营销的基本概念和网络营销的核心任务。
2. 了解网络营销的产生、发展、基本功能和网络营销应该注意的问题。
3. 掌握 4P 和 4C 等网络营销的理论基础,掌握消费者的购买决策过程。
4. 掌握网络产品策略、网络服务策略和网络品牌策略实施的具体方法。
5. 了解网络价格策略的内涵,掌握网络价格与定价策略实施的具体方法。
6. 掌握网络推广与销售促进的具体方法,掌握个性化营销和社会化营销的核心思想。
7. 了解互联网对营销渠道的影响,掌握网络渠道重构、协调与优化的基本思路。
8. 了解消费者分类的基本思想,掌握提升客户忠诚度的策略。

本章导学

```
┌─────────────────────┐      ┌──────────────┐        ┌──────────────────┐
│ 网络营销策略综合应用 │─────▶│ 章首案例:淘 │───────▶│  网络营销的基本概念  │
└─────────────────────┘      │ 宝的网络营销 │        └──────────────────┘
                             └──────────────┘        ┌──────────────────┐
                                    │                │ 网络营销产生和发展 │
                                    ▼                └──────────────────┘
                             ┌──────────────┐        ┌──────────────────┐
                             │ 网络营销的基 │───────▶│   网络营销功能    │
                             │   本理论     │        └──────────────────┘
                             └──────────────┘        ┌──────────────────┐
                                                     │ 网络营销理论基础  │
                                                     └──────────────────┘
┌──────────────────┐        ┌──────────────┐        ┌──────────────────┐
│  网络产品策略    │◀───────│ 网络产品与品 │        │   网络消费者      │
└──────────────────┘        │  牌策略      │        └──────────────────┘
┌──────────────────┐        └──────────────┘        ┌──────────────────┐
│  网络品牌策略    │◀───────       │                │  网络价格的内涵   │
└──────────────────┘               ▼                └──────────────────┘
                             ┌──────────────┐        ┌──────────────────┐
                             │ 网络价格与定 │───────▶│  差异化定价策略   │
                             │   价策略     │        └──────────────────┘
                             └──────────────┘        ┌──────────────────┐
┌──────────────────┐               │                │   低价定价策略    │
│  网络推广策略    │◀──────         │                └──────────────────┘
└──────────────────┘               ▼                ┌──────────────────┐
┌──────────────────┐        ┌──────────────┐        │   免费价格策略    │
│ 网络销售促进策略 │◀───────│ 网络推广与促 │        └──────────────────┘
└──────────────────┘        │  销促进策略  │───────▶┌──────────────────┐
┌──────────────────┐        └──────────────┘        │   分级定价策略    │
│  个性化促销策略  │◀───────                         └──────────────────┘
└──────────────────┘                                ┌──────────────────┐
┌──────────────────┐                                │ 定制生产定价策略  │
│  社会化促销策略  │◀───────                         └──────────────────┘
└──────────────────┘                                ┌──────────────────┐
                                                     │ 许可使用定价策略  │
                                                     └──────────────────┘
                             ┌──────────────┐        ┌──────────────────┐
                             │ 网络渠道策略 │───────▶│   网络渠道重构    │
                             └──────────────┘        └──────────────────┘
┌──────────────────┐               │                ┌──────────────────┐
│   目标客户       │◀──────         │                │ 网络渠道冲突与协调│
└──────────────────┘               ▼                └──────────────────┘
┌──────────────────┐        ┌──────────────┐
│  与消费者互动    │◀───────│ 客户关系管理 │
└──────────────────┘        └──────────────┘
┌──────────────────┐               │
│  "一站式"服务    │◀──────         │
└──────────────────┘               ▼
┌──────────────────┐        ┌──────────────┐        ┌──────────────────┐
│   客户忠诚度     │◀───────│ 章尾案例:汉 │───────▶│   网络营销创新    │
└──────────────────┘        │ 堡王的创意营销│        └──────────────────┘
                            └──────────────┘
```

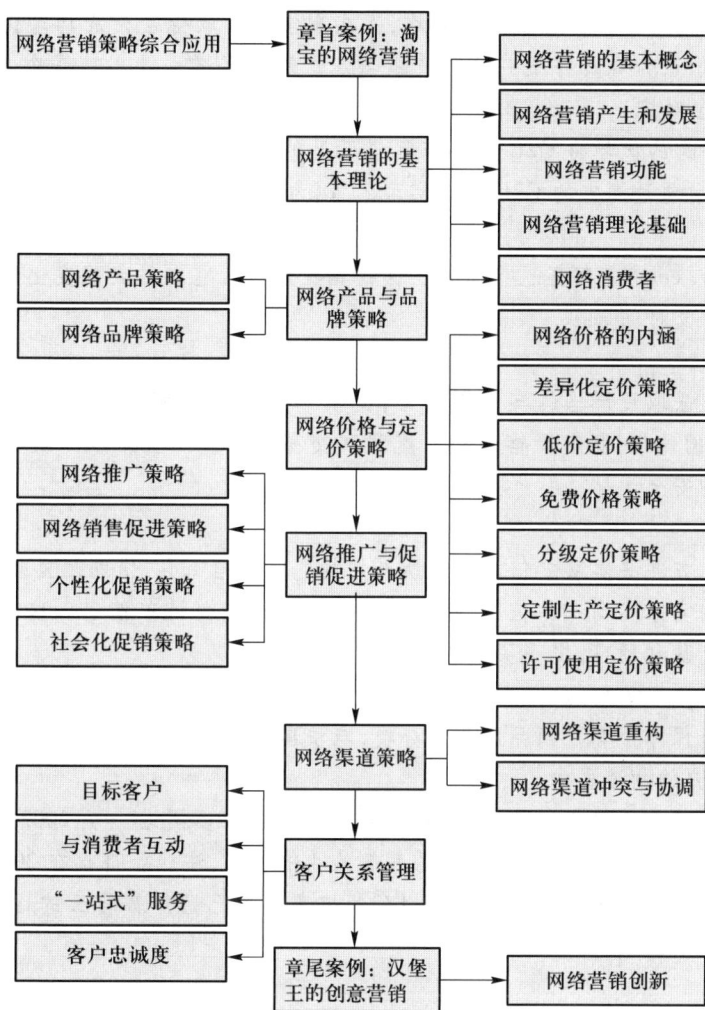

章首案例:淘宝网——网络营销的经典战例

淘宝(taobao. com)是阿里巴巴(alibaba. com)旗下的一家 C2C 电子商务企业,成立于 2003 年。在其他企业的广告还局限于 banner、logo 之类的传统形式时,淘宝网采用的广告策略就是全方位、地毯式地弹出窗口,并且用了很多技术使广告过滤工具失效,因此当用户访问各种主流网站时都有淘宝的弹出窗口广告,不管你对它有什么感觉,它都会让你记住了"淘宝"这个词。其广告效果是显而易见的。

与弹窗广告类似,淘宝网大量采用联属营销方式进行品牌推广,在百度、优酷和大量的中小网站中都能看到淘宝店铺的联属营销窗口,那些为淘宝做联属营销的网站也被统称为"淘宝客"。通过打造"阿里妈妈"平台,为淘宝上的卖家与"淘宝客"提供了有效对接的渠道。

当然,仅依靠广告轰炸并不一定能够吸引足够的客户使用,为此,淘宝还推出了一系列的配套策略。

1. 三年免费

淘宝成立时提出了三年免费服务的策略,而在淘宝迅速取得巨大成功时仍然维持承诺。从淘宝的观点看,他们认为会员并不一定在乎那点会员费,但淘宝失去的将是企业的信誉。

2. 与 B2B 平台对接

淘宝利用其特有的优势将 C2C 业务与阿里巴巴的 B2B 业务对接,个体卖主可以从 B2B 平台上批量采购,然后通过淘宝的 C2C 平台实现零售,为客户带来了极大的方便。

3. 支付宝

支付宝(alipay. com)是阿里巴巴推出的又一拳头产品。它在很大程度上解决了国内电子商务一直面临的电子支付问题。

4. 安全服务

淘宝在注册上采取更严格的实名制认证,提供"阿里旺旺"即时交易沟通工具,应用"诚信通"工具评测客户的诚信,制定严格的交易流程和交易规章。淘宝采取了这样一系列措施尽可能地保障了交易的安全。

5. 阿里旺旺

阿里旺旺是为方便买卖双方信息沟通所开发的即时通信工具,借助阿里旺旺,在购买前买家可以非常方便地向卖家咨询产品信息,也可以与卖家确认相关订单信息。这种即时交互有助于消除买家心中的犹豫和疑惑,提高买家购买的可能性。

6. 其他服务

目录管理服务保障了客户商品的正确分类,与快递公司建立战略伙伴既保障了交易的递送效率,又降低了客户的物流成本。

淘宝的一系列营销策略迅速使其成为国内最著名的 C2C 网站。从 2003 年开始,在网站发布不到一年的时间里,其访问流量就达到了易趣的 4 倍以上,注册会员也在 2005 年超过了易趣。2006 年初易趣的市场份额已不到淘宝网的 1/2。按照阿里巴巴总裁马云的话说,他拿着望远镜也看不到竞争对手。

案例思考题:

1. 淘宝网采用了哪些营销策略击败了其竞争对手?
2. 结合淘宝的案例,分析不同网络营销方法的优势和不足。
3. 结合淘宝的案例,思考网络营销的本质是什么。
4. 调查拼多多的发展历程,分析其与淘宝在营销策略上的异同。

第一节 网络营销的基本理论

一、网络营销的基本概念

营销是组织为了与客户建立关系,并促使其购买自己的产品和服务所采取的策略和行动,其核心使命是吸引和保留客户。为此,组织会利用各种营销变量,如产品、价格、广告、渠道等来满足新老客户的需求。互联网作为一个新的营销变量受到了众多组织越来越多的重视。网络营销是指组织或个人基于互联网,对产品、服务所做的一系列经营活动,从而达到满足组织或个人需求的全过程。其核心是与客户建立或维持积极的、长期的关系,由此使组织可以对自己的产品和服务收取比竞争对手更高的价格,为企业创造竞争优势。网络营销的目标主要有两点,一是成为消费者的有效触点,让更多的客户接触到企业的产品,一般称为广度营销;二是提高用户的转化率,使其真正成为企业的忠诚客户,一般称为深度营销。网络营销活动是一个过程,一般可以将该过程分为以下七个阶段。

（1）界定市场机会。企业参与市场竞争,首先要寻找突破口,明确市场机会在哪里。识别未被满足或服务不周的需求,细分目标市场,评估机会的吸引力以及所需的资源。

（2）制定营销战略。选择细分的目标市场,产品定位以及资源的配置。

（3）设计客户体验。所谓客户体验是指客户在与组织的交互过程中,对组织的产品、服务及相关激励因素的感知。在互联网环境下,客户体验包括站点的易用性、可靠性、安全性、信息的丰富度和可达性、定制功能、交互性等。

（4）构思客户界面。它是客户体验设计的逻辑延伸,在界面构思中需要考虑的要素有场景、内容、社区、定制、沟通、交换链接、商务活动。

（5）设计营销计划。需要企业通过对各种营销手段的创意设计,以创造出期望表述的客户体验,突出网络营销个性化和交互性的特点,制定出产品、品牌、价格、促销、渠道、社区等营销策略。

（6）分析客户信息。利用数据分析技术分析网络营销过程中所收集到的各类信息,为构建更加牢固的客户关系提供决策支持。

（7）评估营销计划。评估网络营销计划是否达到了组织预期的目标,设计一套有效的评价指标体系是客观评价网络营销计划的关键。

网络营销在国外有许多翻译,如 cyber marketing, Internet marketing, network marketing, e-marketing, web marketing, on-line marketing 等。不同的单词词组有着不同的含义,如 cyber marketing 强调网络营销是在虚拟的计算机空间（cyber,计算机虚拟空间）上运作;Internet marketing 是指在 Internet 上开展的营销活动;network marketing 是指在网络上开展的营销活动,这里的网络不仅仅是 Internet,还可以是一些其他类型的网络,如增值网 VAN。目前,比较习惯采用的翻译方法是 e-marketing,e（即 electronic）表示电子化、信息化、网络化,且与电子商务（e-business）、电子虚拟市场（e-market）等相对应。

二、网络营销的产生与发展

网络营销的产生,是科学技术的发展、消费者价值观的变革和商业竞争等综合因素所促成的。

（一）网络营销产生的科技基础

20 世纪 90 年代初,飞速发展的互联网使网络技术应用呈指数增长,全球范围内掀起应用互联网热,网络技术的应用改变了信息的分配和接收方式,改变了人们的生活、工作和学习、合作和交流的环境。企业则利用网络新技术的快速便车,促进企业飞速发展。世界各大企业纷纷上网,提供信息服务和拓展业务范围,积极改组企业内部结构和发展新的营销管理方法。互联网的发展和应用是网络营销产生的科技基础。

（二）网络营销产生的消费观念基础

满足消费者的需求是企业经营的核心。随着科技的发展、社会的进步、文明程度的提高,消费者的观念在不断地发生变化。

1. 个性化消费的回归

消费者以个人心理愿望为基础挑选和购买商品或服务,心理上的认同感是做出购买决策的先决条件。消费者的选择不单是商品的使用价值,以商品供应千姿百态为基础的单独享有成为社会时尚。

2. 消费主动性的增强

由于商品生产的日益细化和专业化,消费者的风险意识随选择的增多而增强,他们对单向"填鸭式"营销沟通感到不信任,进而会主动通过各种渠道获取与商品有关的信息,并进行分析比较,增加对产品的信任和争取心理上的满足感,以减少购买失误的可能。

3. 对购物方便性的追求

由于现代人工作负荷较重,消费者希望购物方便,尽量节省时间和精力支出,特别是对某些品牌的消费品已经形成固定偏好的消费者,这一需要尤为重要。

4. 对购物乐趣的追求

现代人的生活丰富多彩,购物活动不仅是消费需要,也是心理需要,很多消费者以购物为生活内容,从中获得享受。

5. 价格仍然是影响购买的重要因素

虽然营销工作者倾向于以各种差别化来减弱消费者对价格的敏感度,避免恶性削价竞争,但价格始终对消费者心理有重要影响。这说明即使在当代发达的营销技术面前,价格作用仍不可忽视。只要价格降低幅度超过消费者的心理界限,消费者也难免会改变既定的购物原则。

（三）网络营销产生的现实基础

随着市场竞争的日益激烈,为了在竞争中占有优势,各企业都想方设法地吸引客户,很难说还有什么新颖独特的方法出奇制胜。一些营销手段即使能在一段时间内吸引客户,也不一定能使企业的利润增加。市场竞争已不再依靠表层营销手段的竞争,更深层次的竞争已经开始。面对这样的现实环境,网络营销展现了多种竞争优势。

1. 成本费用控制

开展网络营销给企业带来的最直接的竞争优势是企业成本费用的控制。网络营销采取的是新的营销管理模式。它通过互联网改造传统的营销管理组织结构与运作模式,并通过整合生产、采购等部门,实现企业成本费用最大限度的控制。开展网络营销,企业可以降低经营过程中的交通、通信、人工、财务和办公室租金等成本费用,可最大限度地提高经济效益。

2. 发现新的市场机会

互联网上没有时间和空间限制,它的触角可以延伸到世界每一个地方。因此,利用互联网从事市场营销活动可以覆盖过去靠人工进行销售或者传统销售方式所不能达到的市场,从而为企业创造更多新的市场机会。

3. 增加客户满意度

在激烈的市场竞争中,增加客户满意度、提高客户忠诚度是企业营销的目标。由于市场中消费者千差万别,要想采取有效的营销策略来满足每个消费者的需求十分困难,而互联网的出现改变了这种情况。利用互联网,企业可以将产品介绍、技术支持和订货情况等信息放到网上,消除时间和空间的限制,使消费者可以随时随地、主动地根据自己的需求有选择地了解感兴趣的信息,最终达到能够高效地为客户提供满意的产品和服务的目的。

4. 价格优势

由于网络营销能为企业节约促销和流通费用,使产品成本和价格的降低成为可能,可以实现以更低的价格销售。

三、网络营销功能

网络营销是企业整体营销战略的一个组成部分,是为实现企业总体经营目标所进行的、以互联网为基本手段营造网上经营环境的各种活动。网络营销的核心思想就是"营造网上经营环境"。所谓网上经营环境,是指企业内部和外部与开展网上经营活动相关的环境,包括网站本身、客户、网络营销服务商、合作伙伴、供应商、销售商、相关行业的网络环境等。网络营销的开展就是与这些环境建立关系以达到提升企业竞争力的过程。因此,网络营销应该具有以下几项主要功能。

(一) 网络品牌——品牌价值扩展和延伸

美国广告专家莱利·莱特预言:未来的营销是品牌的战争。拥有市场比拥有工厂更重要。拥有市场的唯一办法,就是拥有占市场主导地位的品牌。互联网的出现,不仅给品牌带来了新的生机和活力,而且推动和促进了品牌的拓展和扩散。网络营销的重要任务之一就是通过一系列的措施,在互联网上建立并推广企业的品牌,知名企业的网下品牌可以在网上得以延伸;一般企业则可以通过互联网快速树立品牌形象,达到客户和公众对企业的认知和认可,并提升企业整体形象。在一定程度上说,网络品牌的价值甚至高于通过网络获得的直接收益。实践证明,互联网不仅拥有品牌、承认品牌,而且对于重塑品牌形象、提升品牌的核心竞争力、打造品牌资产等方面具有其他媒体不可替代的效果和作用。

对于电子商务企业,其网络品牌建设是以企业网站建设为基础的。网站所有功能的发挥都要以一定的访问量为基础,所以,网址推广是电子商务企业网络营销的核心工作。

(二) 信息搜索与信息发布

信息搜索是网络营销进击能力的一种反映。在网络营销中,可利用多种搜索方法,主动、积极地获取有用信息和商机,如价格比较信息、对手的竞争态势、商业情报,以帮助企业经营决策。随着信息搜索功能向集群化、智能化方向发展,以及向定向邮件搜索技术的延伸,网络搜索的商业价值得到了进一步的扩展和发挥。寻找网上营销目标将成为一件易事。

发布信息是网络营销的主要方法之一,也是网络营销的又一种基本职能。无论哪种营销方式,都是将一定的信息传递给目标人群,包括客户/潜在客户、媒体、合作伙伴、竞争者等。网络营销以其特有的信息发布环境可以在任何时间将信息以最佳的表现形式发布到全球的任何一个地点,同时满足覆盖性和丰富性。更重要的是,在网络营销中的信息发布可以是双向互动的。

(三) 销售渠道的开拓

一个具备网上交易功能的企业网站本身就是一个网上交易场所,网上销售是企业销售渠道在网上的延伸。网上销售渠道建设也不限于网站本身,还包括建立在综合电子商务平台上的网上商店,以及与其他电子商务网站不同形式的合作等。同时网络所具有的传播、扩散能力打破了传统经济时代的经济壁垒、地区封锁、人为屏障、交通阻隔、信息封闭等,对销售渠道的开拓有重要的促进作用。

(四)网上市场调研

在激烈的市场竞争条件下,主动地了解商情、研究趋势、分析客户心理、窥探竞争对手动态是确定竞争战略的基础和前提。通过在线调查表或者电子邮件等方式,可以完成网上市场调研,获得充分的市场信息。相对传统市场调研,网上调研具有高效率、低成本的特点,因此,网上调研成为网络营销的主要职能之一。

(五)客户关系管理

客户关系管理源于以客户为中心的管理思想,是一种旨在改善企业与客户之间关系的新型管理模式,是网络营销取得成效的必要条件,是企业重要的战略资源。在传统的经济模式下,由于认识不足或自身条件的局限,企业在管理客户资源方面存在着较为严重的缺陷。针对上述情况,在网络营销中,通过客户关系管理,将客户资源管理、销售管理、市场管理、服务管理、决策管理集于一体,将原本疏于管理、各自为战的销售、市场、售前和售后服务与业务统筹协调起来,既可跟踪订单,帮助企业有序地监控订单的执行过程,规范销售行为,了解新、老客户的需求,提高客户资源的整体价值,又可以避免销售隔阂,帮助企业调整营销策略。利用互联网提供的方便快捷的在线客户服务,如从形式最简单的 FAQ(常见问题解答),到邮件列表,以及 BBS、聊天室、信息跟踪与定制等各种即时信息服务,提高服务质量,增加客户的满意度,提高客户的忠诚度,并通过收集、整理、分析客户反馈信息,全面提升企业的核心竞争能力。

总之,开展网络营销的意义就在于充分发挥各种功能,促进销售,提升企业的竞争力,使企业经营的整体效益最大化。

四、网络营销的理论基础

消费者消费观念、客观市场环境以及科学技术是现有市场营销理论赖以形成和发展的基础。网络强大的通信能力及其交互性和电子商务系统便利的商品交易环境,改变了原有市场营销理论的根基。在网络环境和电子商务中,信息的传播由单向的传播模式发展为一种双向的交互式的信息需求和传播模式,即在信息源积极地向消费者展现自己产品或服务等信息的同时,消费者也在积极地向信息源索要自己所需要的信息。市场的性质也发生了深刻的变化,生产者和消费者可以通过网络直接进行商品交易,在网络的支持下直接构成商品流通循环,从而避开了某些传统的商业流通环节,原有的以商业作为主要运作模式的市场机制将部分地被基于网络的网络营销模式所取代,市场将趋于多样化、个性化,并实现彻底的市场细分,其结果使得商业的部分作用逐步淡化。消费者可以直接参与企业营销的过程,市场的不确定因素减少,生产者更容易掌握市场对产品的实际需求。由于巨大的信息处理能力,消费者有了更大的挑选商品的余地。

由于这些变化,使得传统营销理论不能完全胜任对网络营销的指导,但是网络营销仍然属于市场营销理论的范畴。它在强化了传统市场营销理论的同时,也具有一些不同于传统市场营销的新理论。

(一)4P 理论

在传统市场营销策略中,由于技术手段和物质基础的限制,产品的价格、宣传和销售的渠道、商家或厂家所处的地理位置以及企业促销策略等就成了企业经营、市场分析和营销策略的关键性内容。美国密歇根州立大学的麦卡锡将这些内容归纳为市场营销策略中的4P组合,即产品(product)、价格(price)、地点(place)和促销(promotion)。

(1)产品策略不仅包括产品的功能维度,还包括产品的品牌、包装和服务等多种维度。产品策略是企业提供给目标市场的产品和服务的集合,包括产品的效用、质量、外观、式样、品牌、包装、规格以及服务等因素。

(2)价格策略主要是指产品的基本价格、价格折扣以及价格支付的时间和方式等。企业需要根据不同的市场定位,制定不同的价格策略,产品的定价的依据是企业的品牌战略。

(3)渠道策略不仅是指产品分销的空间位置,还包括分销过程中的储存设施、运输设施和存货控制等环节。渠道策略是产品由制造企业向目标市场转移过程中所涉及的运输、仓储、分销、零售等活动的组合。

(4)促销策略是指企业与目标市场进行沟通,从而说服目标市场支持和信任企业、购买企业产品的所有活动。与狭义上的"促销"不同,促销策略包括广告、人员推销、销售促进与公共关系等一系列的营销行为。

(二)4C 理论

以4P理论为典型代表的传统营销理论的经济学基础是厂商理论即利润最大化,所以4P理论的基本出发点是企业的利润,而没有把消费者的需求放到与企业的利润同等重要的位置上。它指导的营销决策是一条单向的链。而网络互动的特性使得消费者能够真正参与到整个营销过程中来,消费者不仅参与的主动性增强,而且选择的主动性也得到加强。在满足个性化消费需求的驱动之下,企业必须严格地执行以消费者需求为出发点、以满足消费者需求为归宿点的现代市场营销思想,否则消费者就会选择其他企业的产品。所以,网络营销首先要求把消费者整合到整个营销过程中来,从他们的需求出发开始整个营销过程。这就要求企业同时考虑消费者需求和企业利润。

据此,以舒尔兹(Don E. Schultz)教授为首的一批营销学者从消费者需求的角度出发研究市场营销理论,提出了4C组合,即整合营销(integrated marketing)理论。其要点是:

(1)不急于制定产品(product)策略,先研究客户的利益(customer benefit),以消费者的需求和欲望(consumer's wants and needs)为中心,卖消费者想购买的产品。如美国Dell公司,客户可以通过互联网在公司设计的主页上进行选择和组合计算机,公司的生产部门则根据用户需要再组织生产,因此公司可以实现零库存生产,特别是在计算机部件价格急剧下降的年代,零库存不但可以降低库存成本,还可以避免因高价进货带来的损失。Dell公司在1995年还是亏损的,但在1996年,它通过互联网定制化销售计算机,业绩得到大幅增长。

(2)暂时把定价(price)策略放到一边,而研究客户为满足其需求所愿付出的成本(customer cost),并依据该成本来组织生产和销售。例如美国的通用汽车公司允许用户在互联网上,通过公司的有关导引系统自己设计和组装满足自己需要的汽车,用户首先确定接受的价格标准,然后系统根据价格的限定从中显示满足要求式样的汽车,用户还可以进行适当的修改,公司最终生产的产品恰好能满足客户对价格和性能的要求。

(3)忘掉渠道(place)策略,着重考虑怎样给消费者方便(convenience)以购买到商品。例如法国钢铁制造商犹齐诺—洛林公司采用了电子邮件和世界范围的订货系统,从而把加工时间从

15 天缩短到 24 小时。该公司通过内部网与汽车制造商建立联系,从而能在对方提出需求后及时把钢材送到对方的生产线上。

(4)抛开促销(promotion)策略,着重于加强与消费者沟通和交流(communication)。例如美国雅虎(Yahoo)公司开发了能在互联网上对信息分类检索的工具,且具有很强交互性,用户可以将自己认为重要的分类信息提供给雅虎公司,雅虎公司马上将该分类信息加入产品中供其他用户使用。

4P 反映的是销售者用以影响消费者的营销工具的观点;而从消费者角度看,企业关于 4P 的每一个决策都该给消费者带来价值(即所谓的4C),否则这个决策即使能达到利润最大化的目的也没有任何用处,因为消费者在有很多商品选择余地的情况下,不会选择对自己没有价值或价值很小的商品。但企业如果不是从利润最大化出发而是从 4P 对应的 4C 出发,在此前提下寻找能实现企业效益最大化的营销决策,则可能同时达到利润最大和满足消费者需求两个目标,因此,网络营销的理论模式应该是:营销过程的起点是消费者的需求;营销决策(4P)是在满足 4C 要求的前提下的企业效益最大化;最终目标是消费者需求的满足和企业效益最大化。由于个性化需求的良好满足,消费者对公司的产品、服务产生偏好,并逐步建立起对公司产品的忠诚意识,同时,由于这种满足是差异性很强的个性化需求,就使得其他企业的进入壁垒变得很高,也就是说,其他生产者即使也生产类似产品,也不能同样程度地满足该消费者的个性消费需求。这样,企业和客户之间的关系就变得非常紧密,甚至牢不可破,这就形成了"一对一"的营销关系。上述这个理论框架被称为网络整合营销理论。它始终体现了以消费者为出发点及企业和消费者不断交互的特点。它的决策过程是一个双向的链(图 4-1)。

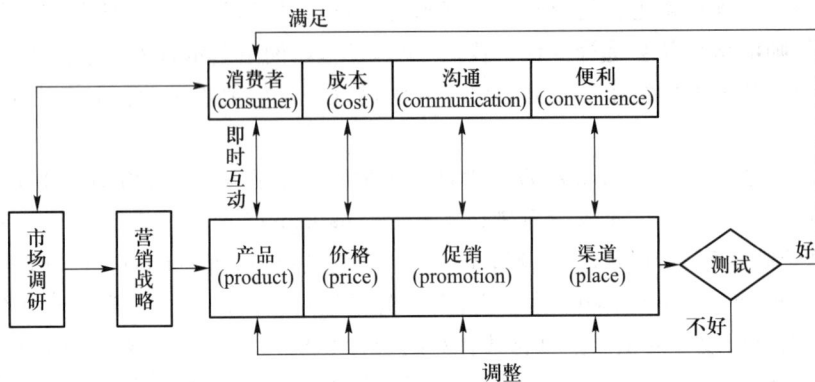

图 4-1 整合营销过程

五、网络消费者

企业在网上销售产品之前,需要了解自己会遇到的网上消费者是哪一类群体,他们在网络市场环境下的行为特征是什么,他们是如何完成购买决策的,如何管理他们等一系列问题。

(一)我国互联网用户及其特点

根据中国互联网络信息中心(cnnic. cn)发布的《第 44 次中国互联网络发展状况统计报告》,截至 2019 年 6 月底,我国的互联网上网人数达 8.54 亿,互联网普及率为 61.2%;使用手机上网的用户达 8.47 亿,占网民总体规模的 99.1%。网民规模仍然保持增长,但增速继续减缓,见图 4-2。

网民规模和互联网普及率　　　　　　　　　　　　　　　　　　　　单位：万人

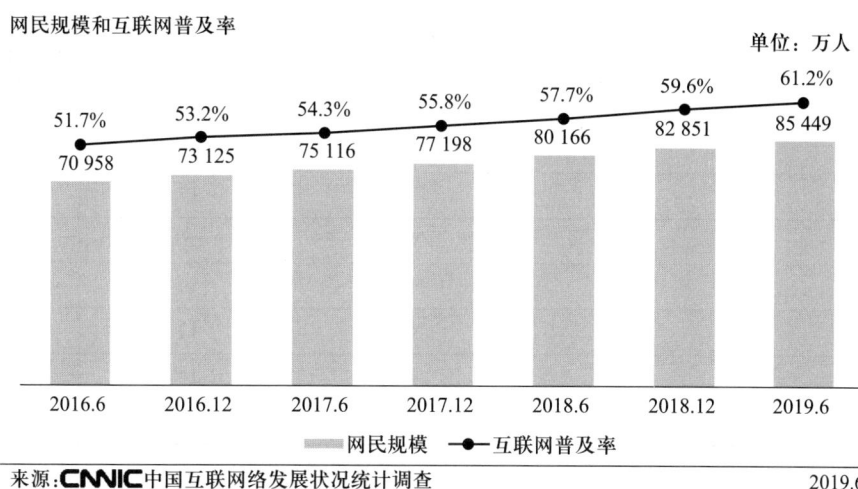

来源：CNNIC中国互联网络发展状况统计调查　　　　　　　　　　2019.6

图 4-2　我国互联网上网人数及其增长情况（数据来源：中国互联网络信息中心（cnnic.cn））

随着互联网技术与应用的快速发展，人们在网上从事活动的内容加速分化，电子邮件、博客、微博、BBS 等传统互联网络应用使用率继续走低；搜索、即时通信等基础网络应用使用率趋向饱和，向连接服务方向逐步发展；移动商务类应用发展迅速，成为拉动网络经济的新增长点，网约车、网络直播、在线教育等应用快速发展；网络支付从线上走向线下，使用率增长迅速。表 4-1 列出了我国网民上网活动的主要内容。

上网人员的学历分布也越来越符合整个社会的学历分布水平，也就是说各种学历的人的上网机会已经相当，这也间接地反映了我国互联网的普及程度。

表 4-1　我国网民主要上网活动

应用	排序	2019 年 6 月（%）	排序	2015 年 6 月（%）
即时通信	1	96.5	1	90.8
网络视频（含短视频）	2	88.8	6	69.1
搜索引擎	3	81.3	3	80.3
网络新闻	4	80.3	2	83.1
网络购物	5	74.8	8	56.0
网上支付	6	74.1	9	53.7
网络音乐	7	71.1	4	72.0
网络游戏	8	57.8	7	56.9
网络文学	9	53.2	11	42.6
网络直播	10	50.7	—	NA
网络订外卖	11	49.3	15	26.4
旅行预订	12	48.9	13	34.3
网约专车或快车	13	39.7	—	NA

续表

应用	排序	2019 年 6 月（%）	排序	2015 年 6 月（%）
网约出租车	14	39.4	—	NA
在线教育	15	27.2	—	NA
互联网理财	16	19.9	17	11.8
博客/个人空间	—	NA	5	71.1
网上银行	—	NA	10	46.0
电子邮件	—	NA	12	36.7
微博客	—	NA	14	30.6
论坛/BBS	—	NA	16	18.0

（数据来源：中国互联网络信息中心（cnnic.cn），NA 指相关数据未公布）

在电子商务交易方面，截至 2019 年 6 月，我国网络购物用户规模达 6.39 亿，手机网络购物用户规模达 6.22 亿，网络购物市场保持持续发展，跨境电商、三线以下中小城市及农村市场以及直播带货、工厂电商、社区零售等模式创新为网络购物市场提供了新的增长动力。

（二）网络消费者行为模式

企业在了解网络访问者的特点后，就需要关注他们的网上行为方式。消费者行为理论试图在分析消费者的社会因素、自身因素以及购买动机等的基础上，对消费者做出的各种决策进行预测和解释。如预测消费者需要什么产品，愿意在什么地方、什么时间以何种方式购买，所能承受的价格是多少，如何完成购买决策等问题，同时还能够设法解释客户为什么要购买这些产品。

1. 自身因素

不同的个体、个体所处的不同人生阶段，其购买意向和购买行为也是不同的。影响个体购买决策的因素主要有年龄、职业、地位、经济状况、受教育水平、生活方式、个性等。例如，不同年龄阶段的人有不同的商品需求、不同的心理预期，因此其购买行为是不同的。年轻人收入不高，但喜欢新潮，因此他们在购买商品时更注重外在样式；中老年人则更注重产品质量以及产品的品位。

2. 社会因素

社会因素包括文化因素、相关群体因素。文化通常是指人类在长期生活实践中建立起来的价值观、道德观及其他行为准则和生活习俗，是引发人们的愿望及行为的最根本因素。它对消费者行为的影响最为广泛。通过对文化因素的分析可预测消费者的市场行为，如在不同的市场上消费者会购买哪些产品、如何购买等，文化因素会对整个国家产生影响。

亚文化是文化的一个子集。它主要由社会差异如地区差异、民族差异等造成，不同的亚文化人群其购买行为是不同的，如上海人比较精明、北方人比较直爽等，都会影响他们的购买决策。

社会相关群体之间的相互影响也是消费者购买决策过程的重要参照。相关群体是指对消费者的态度和购买行为具有直接或间接影响的组织、团体和人群等，如父母与孩子之间、夫妻之间、同事之间、朋友之间。群体具有强大的影响力，所谓"近朱者赤"，其购买行为有一定的趋同性即羊群效应，因此企业要设法接近那些能够通过其个性、技能或其他因素影响他人的观念领导者（opinion leaders），并把营销活动对准他们。

家庭是消费者最基本的相关群体,其成员之间的相互影响是最强烈的。企业要注意研究丈夫、妻子、子女在商品购买中所起的作用,如谁是购买者、谁是使用者、谁是决策者。一般而言,家庭成员对购买的参与程度与所购产品及购买过程的不同阶段有很大关系。

生活方式群体是一种独特的参照群体,他们可能具有某种相同或相似的爱好(读书、运动、购物偏好等)、兴趣(食品、时尚、娱乐等)、观点(社会观点、政治观点、商业观点等),一旦了解了消费者的生活方式以及具有这种生活方式的典型人物的购买行为,就能够针对这类人群来设计产品和营销信息。

3. 购买动机

动机是一种内在的心理状态,不容易被直接观测,但它可以根据人们的长期行为表现或自我陈述加以了解和归纳。网络消费者的购买动机大体分为三类,即理智动机、感情动机和惠顾动机。

理智动机是建立在人们对于在线商场推销的商品的客观认识的基础上的。他们的购买动机是在反复比较之后才产生的,对所要购买的商品的特点、性能及使用方法心中有数。他们的购买行为受控于理智,很少受外界影响。其购买行为受商品的适用性、价值、美感、安全性、可靠性以及交易过程的便捷性等因素影响。

感情动机是由人的情绪、情感所引起的购买动机。由个人的喜好、满意、快乐、好奇而形成的低级形态的感情动机具有冲动性、不稳定性,而由个人的道德观、群体感引起的感情动机则比较稳定。感情动机一般由求新、求名、从众等心理因素引起。

惠顾动机是基于理智和感情之上,对特定网站的产品或服务产生特殊的信任与偏好而重复地、习惯性地前往访问并购买的一种动机。形成惠顾动机的因素往往包括搜索引擎的便利、广告醒目、站点内容的吸引力、价格、商标品牌的权威性、产品质量、可靠的信誉、客户服务、支付配送、安全等。消费者在惠顾动机驱使下,心中首先确立了购买目标并在各次购买活动中克服和排除其他同类产品或服务的吸引或干扰。具有惠顾动机的消费者往往是网站的核心客户。

网上消费者行为模式见图 4-3。

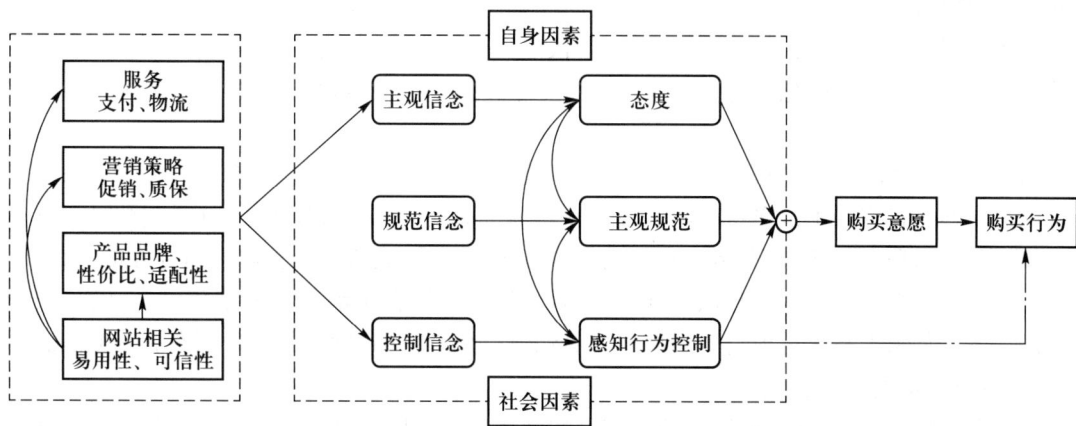

图 4-3　网上消费者行为模式

（三）网络消费者购买决策过程

人们购买一种商品的行为并不是突然发生的,在购买行为发生之前,购买者会有思维活动或行为来保证以后购买的商品自己能满意。与消费者购买行为相关的是一个完整的购买过程。企业了解消费者整个购买决策过程是很重要的,因为在消费者购买过程中,企业可以制定一些策略来帮助消费者满足自己的需要。消费者购买商品也是一种决策,因此其决策过程可粗略地分为四个阶段:需求确认、信息收集、评价选择、购买与购后评价。

1. 需求确认

消费者在认识到自己需要某种商品后,才会去选择和购买,因此需求确认是消费者购买决策过程中的第一个阶段。在这个阶段里,消费者认识到自己的当前状态与理想状态的差距,而这个差距就是消费者的需求,消费者需要满足这一需求从而达到消除差距的目的。企业需要了解消费者的需求是由哪些刺激因素激发的,进而巧妙地设计促销手段去吸引更多的消费者浏览网页,使消费者知道本企业所提供的产品或服务能够满足他们的需求。

2. 信息收集

信息收集是消费者做出正确购买决策的基础。购买前的信息搜寻过程中,消费者首先在自己的记忆中搜寻可能与所需商品相关的知识经验,如果没有足够的信息用于决策,他便要在外部环境中寻找与此相关的信息。其途径主要有两条:一是通过相关群体获取所需信息;二是通过公共传媒如电视、广播、网络等。因此企业应试图通过某种途径让消费者获得能满足其需求的本企业的产品信息。

消费者利用网络收集信息的策略一般有:借助搜索引擎,包括通用搜索引擎(如 baidu. com),或垂直搜索引擎(如化工类 molget.com),直接访问某个著名网站(如 tianmao.com,JD. com),利用即时通软件(如 QQ)请求网友推荐等。

3. 评价选择

消费者在获得了相关产品或服务的信息之后,制定相应的购买方案,并根据个人的特点(前述所分析的影响消费者行为模式的相关因素),选择一种最适合自己的购买方案。在消费者实际购买行为中,通常会有一项因素是消费者评价与选择购买方案的主要因素,这项因素被称为决定性因素,如价格、品牌、质量等。决定性因素依商品的种类和消费者的感觉、生活方式、态度、需要等诸多方面的因素而变化。有时决定性因素并不止一个,可以是两个同样重要的因素。

4. 购买与购后评价

当购买方案决定后,消费者的下一个任务就是完成购买行为。当消费者完成购买行为后,消费者就会对购买过程特别是交易过程以及所获得的产品或服务进行评价,如交易过程是否方便,售前、售中、售后服务如何,产品是否真正满足了自己的需求,是否完全消除了所存在的差距。

根据期望确定理论,决定消费者对购买是否满意的关键在于消费者的期望和产品实际性能之间的关系。如果产品未达到消费者期望,消费者就会失望;如果达到期望,消费者就会满意;如果超出了期望,消费者就会惊喜。

消费者的期望基于其从销售商、朋友或其他来源处获得的信息,如果销售者夸大了产品的性能,消费者的期望就不会得到满足,必然导致不满意。期望和性能之间的差距越大,消费者的不满意程度就越高。

第二节　网络产品与品牌策略

营销的目的是要为企业创造一个高于平均值的投资回报率。企业尝试着能生产或供应独特的、差异度较高的产品或服务,而市场几乎不存在或很少存在有效的替代品或替代服务;新的进入者很难在短期内生产或提供具有相似特征(包括功能、价格、性能等)的产品或服务。营销的中心任务就是要确定产品或服务所具有的独特的、与众不同的特征。

一、网络产品策略

(一)网络产品的概念

产品包括有形产品和无形产品。在网络营销中,产品的整体概念可分为五个层次:

(1)核心利益层次,是指产品能够满足消费者购买的基本效用或益处。

(2)有形产品层次,是产品在市场上出现时的具体物质形态,是为传递产品核心利益而设计的一系列与众不同的特征。通过这些特征,可将企业的产品与其他制造商所提供的产品区别开来。

(3)期望产品层次,在网络营销中,客户处于主导地位,消费呈现出个性化的特征,不同的消费者可能对产品的要求不一样,因此产品的设计和开发必须满足客户这种个性化的消费需求。这种客户在购买产品前对所购产品的质量、使用方便程度、特点等方面的期望值,就是期望产品。为满足这种需求,要求企业的设计、生产和供应等环节能根据客户的需要实行柔性化的生产和管理。

(4)延伸产品层次,是指由产品的生产者或经营者提供的、能更好地提升企业核心利益的服务,如售后服务、送货、质量保证等。

(5)潜在产品层次,是指在延伸产品层次之外,由企业提供的、能满足客户潜在需求的产品或服务。它主要是产品的一种增值服务,例如汽车销售提供贷款服务业务。

(二)网络环境下的新产品开发

在网络环境下,新产品开发的首要前提是新产品构思和概念形成。新产品的构思可以有多种来源,如客户、科研者、竞争者、企业销售人员、中间商和高层管理者,但最主要来源还是依靠客户来引导产品的构思。网络营销的一个最重要特性是与客户的交互性。它通过信息技术和网络技术来记录、评价和控制营销活动,掌握市场需求情况。网络营销通过对客户数据库的挖掘,在发挥消费者主动性的基础上,发现客户的现实需求和潜在需求,从而形成产品构思,并用来指导企业营销策略的制定和营销活动的开展。

发挥消费者主动性的最好方式就是让消费者自己设计需要的产品,即个性化产品设计。网络环境为企业利用个性化产品设计提高产品创新能力提供了可行的环境。Dell 是个性化产品设计的典范。通过 Dell 的个性化定制平台,用户可以方便地选择符合自己需求的主板、声卡、显卡、硬盘等配件,进而定制一台属于自己的计算机。然而,实施个性化定制并非计算机产品的专利,在商业模式不断创新的今天,个性化定制的应用范围越来越广。采取个性化定制的产品品类也从计算机、冰箱、手机等标准化产品,发展到相册、服饰等非标准化产品。

青橙手机(qingcheng.com)于 2013 年推出了手机个性化定制平台。为了满足"80后"和"90后"用户的多元化和个性化需求,青橙手机允许用户对手机的外观、硬件、软件、配件和服务等不同方面进行一对一定制。在外观定制方面,用户可以从 1 000 种手机后壳、10 万种机头中选择符合自己偏好的搭配;在硬件定制方面,用户可以对显示屏、内存、摄像头等各种硬件进行选择;在软件定制方面,青橙手机建立了 MYUI,用户可以定制自己的 APP;在配件定制方面,青橙为不同的定制产品提供多款式、多功能配件,消费者可自由选择;在服务定制方面,用户可以定制不同的专属服务,也可以选择延保等特殊服务。

与计算机、手机等产品的个性化定制不同,相册、服饰等产品具有流行性、价值低等特点。以网易印象派商城(yxp.163.com)、咔嚓鱼(kachayu.com)等网站为代表,相册、服饰等非标准化产品的个性化定制近年来得到了快速发展。利用网易印象派商城这一平台,用户可以设计个性化的相册、照片书、T 恤、配饰、家居装饰等产品。在"无设计,不生活"的品牌理念指导下,网易印象派从人人参与、个性化定制与设计两个方面共同促进个性化产品的创新。

与传统环境下先有产品后有客户不同,客户、供应商、经销商可以主动地全程参与网络环境下的新产品研制与开发。基于互联网,客户变成能够与企业实时交互的群体,先有客户需求后有产品成为互联网环境下新产品开发的重要模式。值得关注的是,许多产品并不能直接提供给客户使用,需要许多企业协作才能满足客户的最终需要。因此,在新产品开发过程中,加强与以产品为纽带的伙伴企业的合作是新产品成功的关键。

案例:我的星巴克点子:让用户参与产品和服务创新

2008 年 3 月,星巴克公司推出了名为"我的星巴克点子"(www.MyStarbucksIdea.com,简称 MSI)的社会网站。通过该网站,用户可以从产品(product ideas)、服务(service ideas)、参与方式(involvement ideas)等方面提出自己的建议,也可以对其他用户的建议进行投票,并查看用户的哪些建议正在付诸实施。该网站就像一个即时、互动的全球性客户意见箱,消费者不仅可以提出各类针对星巴克产品和服务的建议,对其他人的建议进行投票评选和讨论,而且可以看到星巴克对这些建议的反馈或采纳情况。

对于星巴克来说,公司由此从消费者那里获得了一些极具价值的设想和创意,用来开发新的饮品、改进服务体验和提高公司的整体经营状况。更为重要的是,通过 MSI 网站与消费者进行交流,强化了广大消费者,特别是一些老顾客与星巴克的关系和归属感,也提高了星巴克在广大消费者心目中关注消费者和悉心倾听消费者心声的形象。

从创建之日起 MSI 网站就形成了巨大的流量,在创建的头 6 个月,MSI 网站共收到了约 75 000项建议,很多建议后面可以看到成百上千的相关评论和赞成票。截至 2015 年 8 月,MSI 网站的在线建议数超过 21 万条。在 MSI 网站上,星巴克目前派驻有大约 40 名"创意伙伴",他们是公司内咖啡和食品、商店运营、社区管理、娱乐等许多领域的专家,负责在线听取消费者的建议,代表公司回答提出的问题,交流星巴克采纳实施的消费者建议和正在进行的其他项目。

(资料来源:陈亮途. 社会化营销:人人参与的营销力量. 沈阳:万卷出版公司,2011.)

思考题

1. 进入 www.MyStarbucksIdea.com,分析用户参与对星巴克公司产品和服务创新的作用。

2. 分析星巴克公司是如何激励用户参与产品和服务创新的。

(三) 个性化产品推荐策略

一方面,由于消费者在人格特征、教育、收入、社会环境、角色、年龄、文化等方面存在差异,导致消费者认知过程不同(信息加工过程)、决策目标和决策行为不同,以及用户的需求不同;另一方面,电子商务环境下,参与交易的商品种类繁多,因而存在着"信息过载"问题,即用户在购买过程中需要浏览大量与其需求无关的信息,对用户的满意度和忠诚度产生负面影响。因此,电子商务环境下,企业不仅需要关注产品设计问题,更要关注如何帮助用户从大量的产品中找到符合需求的产品,将营销目标细分到"个体"顾客,并按照顾客的独特需求制定个性化策略,在最大限度满足消费者个性化需求的同时,提升企业的核心竞争力,提高企业的盈利能力。个性化产品推荐成为电子商务环境下产品策略的重要内容,从亚马逊以"购买了该产品的用户还购买了"等形式进行产品推荐开始,个性化推荐已经成为电子商务网站的"标配"。

个性化推荐的核心是准确理解消费者的个性化需求,建立消费者个性化需求模型,在此过程中需要大量的信息支持。电子商务的发展积累了大量的数据,为个性化推荐创造了良好的契机。这些数据主要来自消费者的各种网络行为,主要包括信息搜索行为、网站访问行为、消费与购买行为、在线评论发表行为以及口碑传播行为。

个性化推荐的理论假设是依据行为学理论,具有相似网络行为(如点击、购买)的消费者具有相似的兴趣、角色、需求;具有相似兴趣、角色、需求的消费者具有相似的消费行为。前者是构建用户偏好模型的基础,后者是预测用户购买的基础。

1. 个性化推荐问题描述

设 U、I 分别表示用户集和被推荐的商品集;商品 $i \in I$ 对于用户 $u \in U$ 的效用函数 $f: U \times I \rightarrow R$,$R$ 为效用值。个性化推荐的任务就是对于任一给定用户 u,寻找一个 $i^* \in I$,使得

$$f(u, i^*) = \max_{i \in I} f(u, i)$$

效用函数可以有不同的选择,目前主流的做法是将用户的评分值当做该商品相对该用户的效用值。根据推荐机制的不同,个性化推荐技术主要有协同过滤推荐技术和基于内容的推荐技术。

2. 协同过滤推荐技术

协同过滤(collaborative filtering, CF)推荐技术是推荐系统中应用最早和最为成功的技术之一。协同过滤是基于这样的假设:$(U_A \text{ buy item1})$ and $(U_B \sim U_A) \rightarrow U_B$ maybe buy item1,即要为目标消费者 U_B 找到其真正感兴趣的产品,应该首先找到与目标消费者有相似兴趣的其他消费者 U_A,然后将他们感兴趣的商品 item1 推荐给目标消费者。协同过滤方法的基本过程可以用图 4-4 表示。这一思想非常易于理解,在日常生活中,人们往往会根据朋友的推荐对产品进行选择。协同过滤正是把这一思想运用到电子商务推荐系统中来,基于其他消费者对某一产品的购买记录来向目标消费者进行推荐。

协同过滤推荐技术又分为基于最近邻的 CF 方法和基于模型的 CF 方法。基于最近邻的 CF 方法是指根据用户或/和商品间的相似性进行项目推荐,利用用户相似性的方法称为 User-based 最近邻的协同过滤方法;利用商品相似性的方法称为 Item-based 最近邻的协同过滤方法;如果既利用了用户相似性又利用了商品相似性,则称为 hybrid 最近邻的协同过滤方法。基于模型的 CF 方法是指借助机器学习或统计学的方法构建评分模型(model-based, $f: U \times I \rightarrow R$),然后再利用该

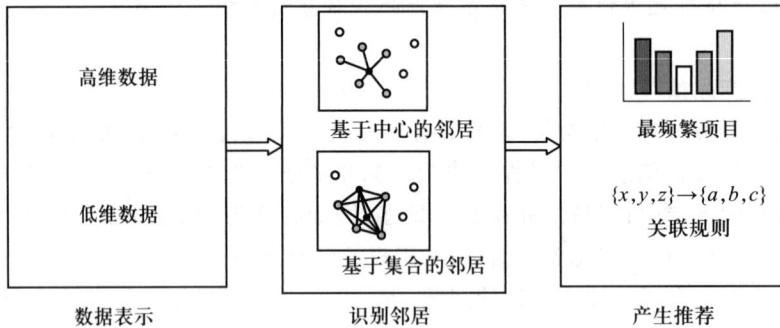

图 4-4 协同过滤的基本过程

模型进行推荐,常用的机器学习或统计学的方法有分类模型、回归模型、概率模型、隐语义模型、神经网络等。下面以 User-based 最近邻的协同过滤方法为例,介绍协同过滤推荐技术的过程。

(1)数据表示。设支持个性化推荐的数据可以表示为一个二维矩阵 M,如表 4-2 所示。矩阵列头表示用户集合 U,矩阵行头表示商品集合 I,矩阵第 i 行第 j 列的值表示用户 U_i 对商品 I_j 的效用 r_{ij}(可用用户评分表示,因此一般称矩阵 M 为评分矩阵),由于并不是所有用户都购买过所有商品,因此 M 有些值存在,有些值是空的,实际上矩阵 M 往往是非常稀疏的。

表 4-2 消费者评分数据

	1	2	3	4	5	6	7	8	9	10	11	12
1	1		3		?	5			5		4	
2			5	4			4			2	1	3
3	2	4		1	2		3		4	3	5	
4			4		5			4				
5			4	3	4	2					2	5
6	1		3		3			2			4	

(2)识别邻居。首先,设置一个相似度阈值,并计算任意两个用户间的相似度,形成了用户相似网络,任意用户 u 都存在一个最近邻域 N_u。相似度的计算方法有很多,主要有距离相似性、Jaccard 相似性、余弦相似性、皮尔逊相似性等。

$$\text{sim}(u,v) = \frac{\sum\limits_{i \in I_u \, I_v} (r_{u,i} - \bar{r}_u)(r_{v,i} - \bar{r}_v)}{\sqrt{\sum\limits_{i \in I_u \, I_v} (r_{u,i} - \bar{r}_u)^2} \sqrt{\sum\limits_{i \in I_u \, I_v} (r_{v,i} - \bar{r}_v)^2}}$$

该式为皮尔逊相似性计算公式。其中,$\text{sim}(u,v)$ 表示用户 u 和 v 的相似性,I_u、I_v 分别表示 u 和 v 购买过的商品集合,$r_{u,i}$、$r_{v,i}$ 分别表示用户 u,v 对商品 i 的效用,$\bar{r}_u$、$\bar{r}_v$ 分别表示 u,v 的平均评分。例如,我们可以计算表 4-2 中用户 1 与所有用户的相似性为(1.00, −0.18, 0.41, −0.10, −0.31, 0.59),且设相似性阈值大于 0.35,则用户 1 的最近邻域 $N_1 = \{3,6\}$。

(3)评分预测并推荐产生。设预测评分的目标是 r_{ui}。对于任意商品 i,都存在一个集合 U_i,包含了所有对项目 i 进行过评分的用户,则存在集合 $K = U_i \cap N_u$,包含了既对商品 i 有过评分又与 u 相似的用户集合,从中选择 k 个最相似的邻居(k-nearest neighbor, k-NN)用户构成集合

$N_u^i(k)$,作为评分预测的参照用户集合。例如,根据表 4-2,若 $u=1,i=5$,则 $K=U_5 \cap N_1=\{3,4,5,6\} \cap \{3,6\}=\{3,6\}$,若 $k=2$,则 $N_1^5(2)=\{3,6\}$。

最后,根据参照用户的评分以及与参照对象的相似性,利用加权平均的方法预测 r_{ui}。

$$\hat{r}_{u,i} = \bar{r}_u + \frac{\sum_{v \in N_v^i}(r_{v,i} - \bar{r}_v) \cdot sim(u,v)}{\sum_{v \in N_v^i} |sim(u,v)|}$$

根据该式,可以得出 $r_{15}=3.6+(0.41*(2-3)+0.59*(3-2.6))/(0.41+0.59)=3.4$。

基于协同过滤的推荐系统可以说是从消费者的角度来进行相应推荐的,而且是自动的,即消费者获得的推荐是系统从购买模式或浏览行为等隐蔽方式获得的,不需要消费者努力便能找到适合自己兴趣的推荐信息,如填写一些调查表格等。协同过滤的优点主要有如下几方面:

（1）对推荐对象没有特殊的要求,因此协同过滤方法对许多非结构化的复杂对象,如音乐、电影和图片等的推荐更加容易。

（2）共享其他人的经验,避免了分析产品特征过程中可能出现的诸多问题,避免了内容分析的不完全和不精确。

（3）有推荐新产品的能力。消费者对推荐产品的内容事先是预料不到的,可以发现内容上完全不相似的产品。这也是协同过滤和基于内容过滤的一个较大的差别,基于内容的过滤推荐很多都是消费者本来就熟悉的内容,而协同过滤可以发现消费者潜在的但自己尚未发现的兴趣偏好。

（4）能够有效地使用其他相似消费者的反馈信息,可加快个性化学习的速度。

3. 基于内容的个性化产品推荐

基于内容（content-based filtering）的个性化推荐主要根据目标消费者以前选择过的项目或定制内容,推荐与历史项目或定制内容最为匹配的项目,其本质是信息过滤技术的延续与发展。基于内容的推荐是在产品（产品、服务等）的内容信息基础上做出的推荐,而不需要依据消费者对产品的评价意见,因此,这一策略更多地使用机器学习的方法从消费者过去感兴趣的产品特征描述中得到消费者的偏好信息,进而进行个性化推荐。在基于内容的推荐系统中,消费者之间是独立的,产品是通过相关的特征属性来定义的。系统基于产品的特征,为每个消费者分别建立不同的兴趣偏好模型,进而考察消费者的兴趣偏好与待推荐产品的匹配程度。

表 4-3　历史购买记录

产品	质地	颜色	价格	是否购买
产品 1	木质	红色	高	是
产品 2	塑料	红色	低	否
产品 3	木质	蓝色	高	是
产品 4	塑料	蓝色	高	否
产品 5	木质	蓝色	低	？

表 4-3 表示的是目标消费者的历史购买记录（产品 1 和产品 3）以及购买产品的特征。基于内容的推荐系统可以用产品的特征（质地、颜色、价格等）构建目标消费者的兴趣偏好模型,根据这一模型,可以判断是否该向消费者推荐产品 5。

在基于内容的个性化推荐系统中,产品都是用其特征来描述的。如网页、文档等用关键词来表示,物品用颜色、质地等来表示。产品用特征表示后,便可以用不同的方法学习消费者的兴趣偏好模型。在基于内容的个性化推荐系统中,常用的机器学习方法有决策树、神经网络和关联规则等。基于内容的推荐方法具有以下优点:

(1)可以向消费者推荐符合其特定兴趣偏好的项。由于消费者的兴趣偏好模型建立在其过去感兴趣的项的基础上,因此,由此模型产生的推荐能够较好地满足消费者的需求,特别是在消费者具有比较特殊的兴趣爱好的情况下,基于内容的个性化推荐往往会具有更好的效果。

(2)可解释性强。基于内容的个性化推荐以产品的特征属性来构建消费者兴趣偏好模型,因此,通过列出推荐产品的特征,可以解释为什么推荐这些产品。比如向某一消费者推荐了红色的外套,其原因就可能是该消费者过去对红色的服饰比较感兴趣。

(3)能推荐新的或不是很流行的产品。对于新的或者不是非常流行的产品,只要获得该产品的特征属性,就可以用基于内容的个性化推荐方法进行推荐。

(4)已经有比较成熟的技术。基于内容的推荐,一般是以传统的机器学习方法为支撑,而这些方法往往都是比较成熟的。关于分类学习方面的技术,如神经网络、决策树等都已经相当成熟。

4. 个性化推荐面临的主要挑战

(1)稀疏性。由于网站上的商品种类数以万计、百万计,而消费者真正购买过的商品很有限,少则数十种,多则上千种,但相对于商品种类而言,是非常稀少的,导致支持个性化推荐的矩阵有效数据量占比很低,非常稀疏,给个性化建模带来了很大的挑战。

(2)冷启动。电子商务平台上不断有新用户、新商品加入,由于新用户、新商品没有交易记录,因此,无论使用基于内容的推荐技术还是使用协同过滤推荐技术,都没有办法解决新用户的推荐问题,但可以使用基于内容的推荐技术解决新商品的推荐问题。

(3)增量计算。由于每时每刻都会发生新的交易,因此评分矩阵的数据也在不断变化,其所反映的用户偏好模型可能也在变化,因此,如何实现增量计算,适应用户偏好的动态变化,也是推荐技术的一个挑战。

(4)多样性与精确性的权衡。信息茧房是指消费者的信息领域会习惯性地被自己的兴趣所引导,从而将自己的生活桎梏于像蚕茧一般的"茧房"中的现象。个性化推荐则会强化信息茧房现象。个性化推荐越精确,就越符合消费者兴趣偏好,将越加强化消费者仅关注自己的兴趣偏好。因此,如何权衡多样性和精确性,消解信息茧房效应,是个性化推荐的挑战之一。

(5)跨领域数据的交叉利用。每个用户都活动在多个平台,比如在微信上与他人互动,在京东上购物,因此怎样有效利用不同平台的信息,构建更准确和多样的用户偏好模型,是一个重要的问题。

(6)脆弱性。个性化推荐可能因为消费者刷好评或刷差评而遭受攻击,从而推荐出不是消费者期望的产品。

二、网络品牌策略

(一)品牌与网络品牌
在消费者心目中能将产品变得真正独特和区分开来的是产品的品牌。品牌是指当消费者消费或将要消费某一企业的产品或服务时所持有的期望集,这些期望建立在以前消费者消费这种产品时所获得的经验(体验),对其他使用过这种产品的消费者的经验的依赖(口碑)以及商家通过各种渠道和媒体对这种产品独特性能的赞赏和许诺的基础上(广告宣传)。消费者对品牌所持有的期望包括质量、可靠性、耐用性、信任、好感、忠诚以及声誉。

网上品牌与传统品牌有着很大不同,传统优势品牌不一定是网上优势品牌,网上优势品牌的创立需要重新进行规划和投资。美国著名咨询公司 Forrester Research 公司发表的调查报告①指出,知名品牌与网站访问量之间没有必然的联系。尽管可口可乐、耐克等品牌仍然受到广大青少年的青睐,但是这些公司网站的访问量却并不高。因此拥有知名品牌的公司要在网上取得成功,绝不能指望依赖传统的品牌优势。

(二) 网络品牌的特征

1. 网络品牌体现了网络和信息技术的特点

互联网具有泛在性(ubiquity)、可达性(reach)、标准化(universal standards)、丰富性(richness)、交互性(interactive)、信息高密度(Information density)以及个性化(personalization)和定制化(customization)等特点,网络和信息技术的应用能够使企业创建网络品牌,延伸其品牌的价值。在互联网上,品牌元素特征表现为网站名称、Logo、域名、网址等,创建网络品牌依靠网站上发布和传播有价值的信息,在线销售产品和提供服务,在线维系和管理客户关系以及网络广告等网上活动来实现。

2. 网络品牌与网络社区及其成员相关联

接受和认同网络品牌的客户,是通过网络沟通建立的客户关系确定的。科特勒认为每个品牌都代表了一组忠实的顾客,网络品牌也不例外,它代表了一组忠实的顾客,这组客户通过网络社区维系。利用网络社区平台建立一种持久稳定的顾客关系,以此获得顾客的需求,并加以满足,不断地使其满意,这样就能造就一批对品牌忠诚的顾客。如"新奇军"网络社区(http://www.mychery.net/),其社区成员基本上是"奇瑞"品牌汽车的车主,他们在网络社区通过电子口碑影响和造就"奇瑞"品牌一批又一批新用户。又如,2005 年初夏,可口可乐品牌将品牌向网络延伸,在上海国际博览中心发起以网络游戏《魔兽世界》为平台的"要爽由自己,冰火暴风城"主题嘉年华活动,在短短的两天时间内,吸引超过 2 万人参加该活动,并及时开通 iCoke 网站,使可口可乐品牌的网络价值实现快速提升。

3. 网络品牌意味着提供有价值的信息或服务

网络品牌价值是通过网络向顾客提供有价值的信息和服务来实现的,人们能够记住一些网络品牌,是因为这些品牌能够给人们提供有价值的信息或服务。如:人们想起"百度"是因为其强大的信息搜索能力;想起"头条"是因为其网络新闻信息的个性化与及时性;用到"QQ"是因为离线留言和在线交流;用"阿里巴巴"是其提供在线电子商务支持,等等。网络品牌提供的有价值信息和服务在客户那里得到承认才能体现品牌的价值,这是网络品牌的核心内容。

4. 网络品牌象征在线客户支持和服务的能力体现

虽然互联网商业化应用从 20 世纪 90 年代才开始,但却诞生了许多著名的网络品牌。这些品牌都有一个共同的特征,那就是在网上长期提供在线客户服务和技术支持。拥有品牌的企业

---

① Morrisette, S., Clemmer, K., Bluestein, W.. A Forrester Research Report, 1999.

要持续体现这种能力,需要有长远的网上业务规划,要对品牌不断投资和营销,以提高其网上知名度和美誉度。网站知名度与客户访问量之间没有必然的联系,因此,网络品牌需要企业规划好在网上的业务,长期提供令顾客满意的产品或服务,使其源源不断获得品牌释放的价值,以保持顾客忠诚度。

(三) 网络域名

企业在互联网上进行商业活动,同样存在被识别和选择的问题,由于域名是企业站点的访问地址,是企业被识别和选择的对象,也是企业在互联网上的形象化身和虚拟商标,因此提高域名的知名度,就是提高企业站点的知名度,也就是提高企业被识别和选择的概率。所以,必须将域名作为一种商业资源来管理和使用。

在互联网上日益深化的商业化过程中,域名作为企业组织的标志作用日显突出。但互联网域名管理机构没有赋予域名法律上的意义,域名与任何公司名、商标名没有直接关系,由于域名的唯一性,任何一家企业注册在先,其他企业就无法再注册同样的域名,因此域名已具有与商标、名称类似的意义。由于世界上著名公司大部分直接以其商标命名域名,如海尔(haier.com)、福特(ford.com)、奇瑞(chery.cn)、万科(vanke.com)等,因此域名在网络营销中同样具有商标特性,加之大多数使用者对专业知识知之甚少,很容易被一些有名的域名所吸引,因此一些显眼的域名很容易博得用户的青睐。正因域名的潜在商业价值,与许多著名企业商标同义的域名往往被抢先注册,甚至有人用一些著名公司的商标或名称作为自己的域名注册,并向这些公司索取高额转让费。

域名的申请注册必须向授权组织申请。根据互联网国际特别委员会(IAHC)的报告,将顶级域名分成三类:国家顶级域名,如.cn 表示中国;国际顶级域名.int;通用顶级域名包括.com(公司企业)、.net(网上服务机构)、.org(非营利组织)、.edu(教育机构)、.gov(政府部门)、.mil(军事部门)等。由于互联网的发展,原来由 InterNIC 单独受理域名申请,现在发展为多个申请注册中心。如果申请通用顶级域名.com、.org 和.net 则由 InterNIC 负责。但企业也可以根据需要在本国顶级域名下申请,体现企业的国籍,如中国的企业可以在顶级域名.cn 下注册(CNNIC 负责,cnnic.net.cn),如果引起冲突还可以在国内得到妥善解决。

背景故事:国网——域名抢注的"大腕"

国网公司于 1996 年 3 月注册成立,经营范围为计算机网络信息咨询服务等。公司的一项重要业务就是囤积域名,2000 年全国.cn 域名有 10%控制在国网手里,包括与数百个国际驰名公司如杜邦、宝洁、宜家等品牌字母相同的域名。

1995 年 8 月宝洁公司注册了国际域名"olay.com"等注册商标使用权。1999 年 5 月国网公司在 CNNIC 注册了 olay.com.cn,并一直未开通使用,妨碍了宝洁公司在中国注册"olay.com.cn"域名的权利。法院判定其行为主观恶意显而易见,构成了不正当竞争,判决国网公司注销"olay.com.cn"域名,并赔偿宝洁公司损失 900 元。

美国联合包裹服务公司(ups.com)是世界上著名的包裹速递公司,成立于 1907 年。该公司在 160 多个国家和地区注册了"ups"商标,1992 年 4 月注册并使用国际域名"ups.com"。1993 年,美国联合包裹公司进入中国进行经营和广告宣传活动。1997 年至 1998 年,美国联合包裹公司经中国商标局核准,在多项商品和服务上注册"ups"及图形商标。1999 年 5 月 25 日,国网公司在 CNNIC 注册了域名"ups.com.cn",并一直没有实际使用。法院认定国网公司是有意阻止联合包裹公司注册该域名,具有明显的商业目的,国网注册该域名的行为具有恶意,判决国网公司注销"ups.com.cn"域名。

杜邦公司于1802年在美国注册成立,现在其产品涉及电子、汽车、服装等领域,行销150余个国家和地区。杜邦公司自设立以来,一直在其产品上使用椭圆字体"DUPONT"作为产品制造者的识别标志。杜邦公司在美国、德国等17个国家注册的三级域名,均为"dupont.com.行政区缩写"。1998年11月2日,国网公司在 CNNIC 注册了域名"dupont.com.cn",并一直没有实际使用。法院判定国网恶意将他人驰名商标注册为域名,无偿占有他人的商誉为自己谋取不当利益,违反了诚实信用原则,其行为也构成了不正当竞争。判决国网公司撤销其注册的"dupont.com.cn"域名,并赔偿杜邦公司的调查取证费用2 700元人民币。国网公司已经被判决失去的域名还包括 subway.(com.)cn, ninewest.(com.)cn, martrix.(com.)cn, fox.(com.)cn 等。

不过国网公司在2005年也获得了收获,google.com 为了迅速进入中国市场而放弃了起诉国网侵权,支付了数百万美元买回了 google.com.cn 和 google.cn 域名。

（资料来源:[1]丁曼丽.抢注知名品牌域名失败,国网注册数千域名亏大了.市场报,2002-05-08　[2]张樊.国网公司囤积域名终获回报.天极网(yesky.com),2005-04-29)

（四）网络品牌的形成过程及其危机公关

网络品牌的形成有其过程,从消费者对该品牌不了解到了解,然后开始访问该网站,并可能成为用户,最终形成对品牌的忠诚,通过忠诚客户的口碑逐渐形成品牌效应,吸引更多的人关注和认知该品牌。在客户对品牌的认知过程中,不同阶段影响因素不同,如图4-5所示。最终形成著名的网络品牌还要取决于以下因素:价值体现、高质量的在线体验、优良的声誉、与客户的有效沟通、独特的品牌形象、有实力的合作伙伴、以客户为中心、不断创新、利用离线品牌和资产。①

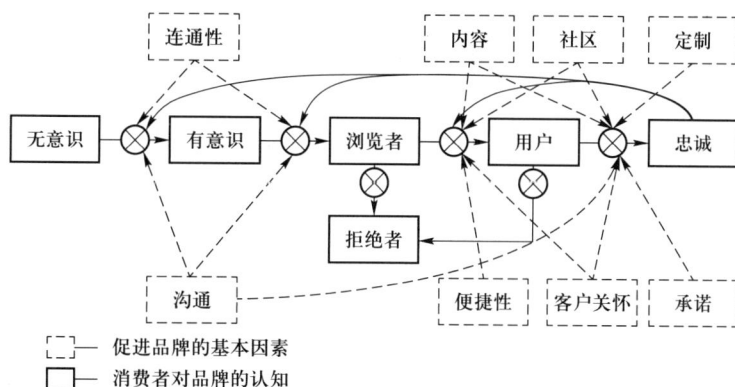

图4-5　网络品牌的形成过程

在网络品牌形成、维系和稳固的过程中,必须注意潜在的品牌危机及其不利影响。品牌危机是企业由于外部环境变化或品牌在运营管理过程中的失误造成的,对企业的生存与发展会产生

---

① Robin Cleland.Building brands on the Internet.White Paper, Vanguard Brand Management Ltd., Jan. 2002.

不良影响。品牌危机能够在很短的时间内,在社会公众中蔓延,进而大幅度降低企业品牌的资产价值,甚至危及企业的生存与发展。

由于用户的匿名性、信息的无限传播性和不可控性等特点,网络环境下品牌危机的突发性、紧急性、危害性特征更加明显。

(1)网络危机的突发性。互联网的普及和微博、微信等社交工具的广泛应用使得品牌负面口碑的传播更加迅速,传播的范围更加广泛。在负面口碑和用户广泛互动的诱使下,群体情感容易产生快速的负向极化,从而导致网络危机的突发。

(2)危机处置的紧急性。传统危机公关的"黄金四小时"原则在网络环境下不再适用,在互联网环境下品牌危机处置的黄金周期更加缩短。这就要求品牌危机发生后,企业必须能够做出快速的响应。

(3)危机影响的危害性。与传统环境相比,互联网环境下品牌危机的危害性更大。借助新闻平台、搜索引擎、社交网络等网络工具,企业负向口碑传播的范围被无限放大,其影响也更加深远。

正是由于品牌危机的上述特点,企业必须借助品牌危机监测、危机处置和危机善后管理等手段,对互联网环境下的品牌危机进行有效管控。

(1)危机预警监测阶段。目标管理任务是监测和防范品牌危机的发生,准备品牌危机处置预案。内容包括对品牌形象、品牌忠诚、品牌市场影响、法律权益(包括品牌名称安全、品牌标志安全和品牌商标安全)及品牌素质进行监测和预警。

(2)危机处置实施阶段。目标管理任务是尽快确定品牌危机,启动危机应急预案处置方案,控制危机的继续蔓延;企业成立品牌危机应对指挥中心,加强对内、对外积极主动地沟通,使企业应对品牌危机反应(response)适度,使危机产生的负面影响降到最低程度。

(3)品牌危机善后阶段。该阶段的工作是对品牌危机发生后的事后管理,目的是对品牌的恢复(recovery)和重振(renewal),主要任务是测评企业品牌形象,总结品牌危机管理经验,恢复企业正常运营,在企业内部和外部采取管理策略,重振品牌形象。

第三节 网络价格与定价策略

企业的定价目标一般有生存、获取当前最高利润、获取当前最高收入、使销售额增长最大量、获取最大市场占有率和最优异的产品质量。企业的定价目标一般与企业的战略目标、市场定位和产品特性相关。企业在制定供给价格时,从企业内部考虑,主要是依据产品的生产成本;从市场全局考虑,取决于需求方的需求强弱程度和价值接受程度,以及来自其他同类产品或替代性产品的竞争压力程度。需求方接受价格的依据则是商品的使用价值和商品的稀缺程度,以及可替代品的机会成本。

从企业内部说,互联网的应用有利于降低采购成本费用、降低库存、控制生产成本,从而有效控制企业的成本和费用支出,有利于产品在价格上取得竞争优势。这里着重介绍企业可能采用的价格策略。

一、网络价格的内涵

价格是消费者购买决策的主要决定因素,也是决定企业市场份额和盈利率的最重要因素之一。传统企业通常是根据固定成本和可变成本以及市场需求曲线确定产品价格。企业通常是通过测试不同的价格和需求量的组合来寻找产品需求曲线(图 4-6),基于产品需求曲线和企业成本等因素制定实现收益最大化的产品价格。

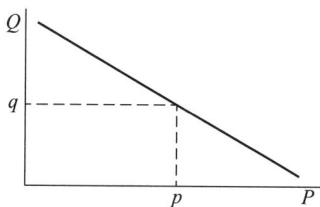

图 4-6　需求曲线

在传统环境下,由于信息不对称以及市场空间和时间的阻隔,消费者对价格信息所知甚少,在产品的议价过程中往往处于一种被动地位。互联网环境下这种不对等的买卖关系大为改观。借助互联网,消费者可以在全球范围内迅速收集到与购买决策有关的信息,并对产品及价格进行充分的比较。与传统环境相比,互联网环境下的产品价格在以下方面表现出自身特点:

(1)价格水平。随着互联网上的商业发展,网上产品的价格经历了一个从比传统市场价格高到低的演变过程,市场因竞争而变得成熟。1997 年 5 月 19 日,当美国最大的书刊零售商巴诺(Barnes&Nobel)公司也开始在网上卖书后,Amazon 一下子就降价近 10%,以对付这个竞争对手。

(2)价格弹性。价格弹性是指价格的上下波动能引起需求量相反变动的幅度。在一个竞争充分、消费者对价格信息全面了解的市场上,价格弹性比较大,即谁便宜(价格低),消费者就向谁购买(销量大)。由于网络用户可以在不同商家及产品之间进行对比选择,较低的转移成本增加了产品的价格弹性。但是,价格弹性与产品、环境及用户忠诚度等密切相关。研究表明,在产品信息较少时,消费者非常在意产品价格(价格弹性高),而当向消费者提供较多的产品信息、产品独特性较强或用户对企业具有较高忠诚度时,价格竞争就变得不太明显而且更容易成交,也就是说价格的高低对销量的影响减小了。

(3)标价成本。标价成本是指商家改变定价时产生的费用。在传统市场上标价成本主要是对货品重贴标签的材料成本、印刷成本和人工成本。而在网上的标价成本则很低,仅仅是在数据库中做一下修改。较高的标价成本会使价格比较稳定,因为每一次价格变动所带来的利润至少要超过价格变动所产生的费用,所以传统商家就不太愿意做小的价格变动。而网上商家价格变动的次数要远远大于传统商家。

(4)价格差异。即在同一时间同一商品市场上有不同的价格。分析发现,和传统市场相比,网上的价差并没有缩小。网上的书籍和 CD 的价差最多可达 50%,书籍和 CD 的平均价差分别为 33%及 25%。分析认为其中的原因包括市场不够成熟以及网上零售商本身的一些不同,如它们在公众中的知名度及公众对它们的信任程度。有人则研究了网上旅行社出售的机票的价差。尽管剔除了不可比性,价差还是达 20%。他们没有拿这个价差和传统市场的价差做比较,但认为这个价差还是超出他们的预料。他们认为这是商家的市场分化策略及价格歧视所致。

二、网络定价策略

（一）差异化定价策略

所谓差异化定价，是指企业在提供产品服务时，不是不加区别地对所有客户均提供相同的价格，而是通过对市场的细分，谨慎行使产品价格浮动权，提供不同的有针对性的服务价格。

1. 顾客差异化定价

虽然提供相同的产品或服务，但企业则针对不同的顾客实施差异化价格。顾客差异化定价既有对老客户提供优惠价、歧视新客户，也有对老客户提高定价，以吸引新客户，所谓"大数据杀熟"。顾客差异化定价可能会遭受消费者的投诉，引起消费者的不满，应谨慎实施。企业实际在实施时，一般并不是直接从价格上体现，而是往往通过是否发放优惠券、是否免运费、是否提供某类服务、是否赠送某种附属品等来实施顾客差异化定价策略。

2. 渠道差异化定价

虽然提供相同的产品或服务，但企业则针对传统渠道和网络渠道，实施不同的价格。为了避免线上与线下业务冲突，企业在实施渠道差异化定价时，往往与产品差异化相结合，即在网络渠道销售的产品品牌或型号与传统渠道销售的产品品牌或型号不同，尽管产品质量、规格本质上没有差异。

3. 时间差异化定价

时间具有不可逆转的特殊性，每个人对于时间的要求也不尽相同，因而企业往往利用顾客对时间上的需求差异实现差异化定价。典型的运营策略是先在传统渠道销售，然后一定时间后，再迁移到线上销售，但价格不同；或者反向操作，即先在网络渠道销售，然后一定时间后，迁移到传统渠道销售。

4. 区域差异化定价

不同区域的消费者对同一产品的需求意愿、偏好、支付能力都存在差异，由于互联网，特别是移动互联网具有定位能力，为互联网实施区域差异化定价策略创造了机会。因此，虽然提供相同的产品或服务，但企业则针对不同的地区，实施不同的价格。

为了防止不同渠道的无序竞争，保护企业品牌形象，有些企业，特别是那些具有市场垄断地位的高知名度品牌企业，对于同一产品在所有市场包括传统市场和网络市场、国内市场和国际市场采用同一价格的策略。

（二）低价定价策略

直接低价定价策略就是定价时大多采用成本加一定利润的方法，有的甚至是零利润，因此这种定价在公开价格时就比同类产品要低。它一般是制造业企业在网上进行直销时采用的定价方式。采用低价策略的基础就是通过互联网企业可以节省大量的成本费用。

另外一种低价定价策略是折扣策略。它是在原价基础上进行打折来定价。这种定价方式可以让客户直接了解产品的降价幅度以促进客户的购买。这类价格策略主要用在一些网上商店，一般按照市面上的流行价格进行折扣定价。

如果企业是为拓展网上市场，但产品价格又不具有竞争优势时，则可以采用网上促销定价策略。促销定价除了前面提到的折扣策略外，比较常用的是有奖销售和附带赠品销售。

在采用低价定价策略时：

（1）由于互联网是从免费共享资源发展而来的,用户一般认为网上商品比从一般渠道购买的商品便宜,因此在网上不宜销售那些客户对价格敏感而企业又难以降价的产品,如黄金首饰。

（2）在网上公布价格时要针对一般消费者、零售商、批发商、合作伙伴等不同的客户对象,分别提供不同的价格信息发布渠道,以免因低价策略混乱导致营销渠道混乱。

（3）由于消费者通过搜索功能很容易在网上找到最便宜的商品,因此在网上发布价格时要注意比较同类站点公布的价格,否则价格信息公布将起到反作用。

（三）免费价格策略

免费价格策略是市场营销中常用的营销策略,主要用于促销和推广产品。这种策略一般是短期和临时性的。但在网络营销中,免费价格不仅仅是一种促销策略,还是一种非常有效的产品和服务定价策略,其目标是迅速占领市场,以期获取或发掘后续的商业价值。

免费价格策略就是将企业的产品和服务以零价格形式提供给客户使用,满足客户的需求。免费价格形式有这样几类形式:

（1）产品和服务完全免费,即产品（服务）从购买、使用到售后服务所有环节都实行免费服务。

（2）产品和服务限制免费,即产品（服务）可以被有限次使用,超过一定期限或者次数后,取消这种免费服务。

（3）产品和服务部分免费,如一些著名研究公司的网站公布部分研究成果,如果要获取全部成果必须付款成为公司客户。

（4）产品和服务捆绑式免费,即购买某产品或者服务时赠送其他产品和服务。

网络营销中并不是所有产品都适合于免费策略。互联网作为全球性开放网络,可以快速实现全球信息交换,只有那些适合互联网这一特性的产品才适合采用免费价格策略。一般说来,免费产品具有易数字化、无形化、"零"制造成本、成长性强、冲击性强、存在间接收益等特点。

（四）分级定价策略

分级定价策略是指生产一种产品的一系列不同档次的商品,在不同的细分市场以不同的价格销售本质相同而档次不同的商品。在分级定价策略下,价格依赖于消费者对不同档次商品的价值认定。消费者会把自己分成不同种类,支付不同的价值购买不同档次的商品。

分级定价策略的应用非常广泛,例如,服装厂可以把自己的产品按大、中、小号分级定价,也可以按大众型、折中型、时髦型划分定价。分级定价策略与免费价格策略相结合可以取得更好的效果。企业可以针对低价值的商品采取免费价格策略,但是高价值的商品则以较高的价格提供。

（五）定制生产定价策略

定制定价策略是在企业能实行定制生产的基础上,利用网络技术和辅助设计软件,帮助消费者选择配置或者自行设计能满足自己需求的个性化产品,同时承担自己愿意付出的价格成本。

作为个性化服务的重要组成部分,按照客户需求进行定制生产是网络时代满足客户个性化需求的基本形式。由于消费者的个性化需求差异性大,加上消费者的需求量又少,因此企业实行定制生产,在管理、供应、生产和配送各个环节上,都必须适应这种小批量、多式样、多规格和多品种的生产和销售变化。为适应这种变化,企业应该采用企业资源计划系统（Enterprise Resource Planning, ERP）提高管理的自动化水平,采用生产控制系统如计算机集成制造系统（Computer Integrated Manufacturing Systems, CIMS）提高生产的自动化水平,采用供应链管理系统（Supply

Chain Management，SCM)提高供应和配送的自动化水平。

（六）许可使用定价策略

所谓许可使用定价，就是客户通过互联网注册后可以直接使用某公司的产品，客户根据使用次数付费，而不需要将产品完全购买，即仅购买产品的使用许可权。企业方面，减少了为完全出售产品而进行的不必要的大量生产及包装，同时还可以吸引那些只想使用而不想拥有该产品的客户，扩大了市场份额；客户方面，节省了购买产品、拆包、处置产品的麻烦，且节省了不必要的开销。

采用许可使用定价策略，一般要考虑产品是否适合通过互联网传输，是否可以实现远程调用。例如，图书、软件、音乐、电影等易数字化的产品比较适合采用该策略。

第四节　网络推广与促销策略

一、网络推广策略

网络推广是指通过互联网渠道，将产品信息传递给尽可能多的潜在客户，实现最广泛的产品传播。常用的网络推广方法主要有网络广告、搜索引擎注册与排名、联属网络营销、交换链接、病毒性营销、网红直播等。

（一）网络广告

几乎所有的网络营销活动都与品牌形象有关，在所有与品牌推广有关的网络营销手段中，网络广告的作用最为直接。由于互联网发布广告有其独特优势，如制作、维护、渠道等费用较低，广告覆盖面广，广告格式丰富且具有互动性、便于统计等，再加互联网用户人数的持续增长以及人们对互联网的信息依赖程度越来越高，互联网已经成为企业投放广告的重要场所。

网络广告的投放主要有三种策略：一是在企业自己的网站上发布产品或服务信息，然后推广企业网站；二是在其他企业的网站上投放广告，一般选择行业门户或综合门户；三是借助邮件列表、社交网络平台等手段传播广告信息。网络广告的形式多种多样，主要有横幅广告(banner ads)、移动标志(floating logo)、大屏幕广告(TV-screen)、对联广告、全屏收缩广告、弹出式广告、富媒体广告(rich media)、文本链接广告(text link)、搜索引擎广告和电子邮件广告等。随着移动APP、社交网络和在线评论等各种网络应用的不断出现，网络广告领域发起了一场轰轰烈烈的创新运动，移动应用广告、用户创造广告等新的广告形式不断出现。新型广告由于克服了标准条幅广告条承载信息量有限、交互性差等弱点，因此获得了相对比较高的点击率。有研究表明，网络广告的点击率并不能完全代表其效果，网络广告对那些浏览而没有点击广告的、占浏览者总数99%以上的访问者同样产生作用。

选择什么样的网站投放网络广告与传统广告选择媒体基本类似，需要考虑的因素有以下几个方面：

（1）广告费用。网络广告费用与所选网站的知名度、广告陈列的位置、广告所占区域的大小、广告表现形式等有关。广告定价是一项复杂的任务，因为广告效果一般很难评价，而网络广告市场的定价机制还没有成形。通常的定价方法有：根据放置广告的页面被浏览的次数定价；根据广告被实际点击的次数定价；按交互情况计价，即综合考虑浏览目标广告的时间、被访问的目标广告的页面数、额外点击数、重复访问该广告的次数;按实际购买计价,即只有产生实际购买才支付一定的费用;固定定价,如每条横幅每月应付的价格;协商定价;竞价。

（2）广告收益。比如广告发布后是否增加了访问量,是否增加了销售收入等。

（3）广告效率。广告接受者是否是企业想接触到的消费者。

（4）媒体形象。媒体形象是否与广告的推广形象吻合。这有两方面的含义:一是品牌上的吻合,所谓"门当户对",一个著名的国际品牌也会选择著名的网站投放广告;二是内容上的吻合,比如家用产品一般选择像新浪、网易等综合门户投放广告,而专业性网站更多的是投放相关行业的产品广告。

（5）媒体的服务。网络广告与传统媒体广告的最大区别就是能够统计广告到底被多少人浏览过,被多少人点击过,甚至还能跟踪访问者,因此网站能否提供这些服务是企业选择广告商时也应该考虑的一个因素。

（二）搜索引擎注册与排名

搜索引擎是最经典,也是最常用的网络营销方法之一,是人们发现新网站或新产品的基本方法。因此,在主要的搜索引擎上注册并获得最理想的排名,是电子商务运营企业首要考虑的问题之一。企业正式运营电子商务后尽快提交到主要的搜索引擎,是网络营销的基本任务。搜索引擎结果注册包括普通型注册、推广型注册以及竞价型注册。普通型注册费用较低,但仅保证收录,不保证排名;推广型注册保证排在搜索结果的第一页,但若推广型注册用户过多,一般搜索引擎服务商会采用"滚动排名"策略;竞价型注册是一种按照为客户网站带去的实际访问量收费的模式。

由于有众多搜索引擎,因此公司选择哪些搜索引擎注册是一门学问,主要策略有:

（1）选择著名的综合搜索引擎公司,如百度（baidu.com）、谷歌（google.com）。

（2）根据所属行业,选择专业搜索引擎。

（3）由于电子商务平台都提供了站内搜索引擎,因此借助于电子商务平台提供的广告投放工具,如阿里的直通车、京东的竞价广告等,可以有效提高产品的曝光度。

搜索引擎推广的不足:

（1）结果太多,排不到前面可能没有任何意义。

（2）不同的时间查询结果不同。

（3）不同的搜索引擎查询结果不同。

（4）要求准确的关键词选择,太冷僻了没人查,太通俗了结果太多。

（5）对语义的理解有限,因而会产生歧义,如查"光学数据库"却出现了"光学数据库是不行的"等。

对企业而言,改善排名的途径主要有:

（1）选择恰当的新名词。

（2）交纳更高的费用。目前很多搜索引擎公司是按照费用高低排名的。从搜索引擎角度,可在技术上采用一些策略,比如优先推荐有此域名的网址,如在 google.com 上搜索 fox 这样的常用词也能准确定位到福克斯（fox.com）公司,而在百度上输入 163,也能直接定位到 163.com。

（3）搜索引擎优化（search engine optimization, SEO）。SEO 为近年来较为流行的网络营销方式,其主要目的是增加特定关键字的曝光率以增加网站的能见度,进而增加销售的机会。SEO

的主要工作是通过了解各类搜索引擎如何抓取互联网页面、如何进行索引以及如何确定其对某一特定关键词的搜索结果排名等技术,来对网页进行相关的优化,使其提高搜索引擎排名,从而提高网站访问量,最终提升网站的销售能力或宣传能力的技术。

(三) 联属网络营销

联属网络营销(Affiliate Marketing)又称会员制营销,已经被证实为电子商务网站的有效营销手段。国外许多网上零售型网站都实施了联属计划,几乎已经覆盖了所有行业。

联属网络营销就是一个网站的所有人在自己的网站(称为联属网站,affiliate)上推广另一个商务网站(称为主力网站,Merchant)的服务和商品,并依据实现的销售额取得一定比例佣金的网络营销方式。

联属网络营销理论发端于亚马逊书店在 1996 年夏推出的一种联属方案(associates program)。根据这一方案,任何网站都可以申请成为亚马逊书店的联属网站,在自己的网站上推荐亚马逊书店经营的图书,并依据实际售出书籍的种类和已享折扣的高低获得 5% ~ 15% 的佣金。该方案一经推出,就在业界引起了轰动。当年加入联属营销计划的网站超过了 4 000 家,次年夏天突破了 1 万家,1998 年夏天达到了 10 万家。正是这些联属网站使得亚马逊书店名声大振,成为网上零售的第一品牌。在亚马逊书店的带动下,网上零售业者纷纷仿效。如今联属网络营销的观念已经普及在网络上发展的各个行业的各种规模的公司。

联属网络营销有其自身优势,主要表现在:

(1) 主力网站可以通过发展联属网络以较小的花费在较短的时间内树立自己的网上品牌,实现网上销售额的快速增长。

(2) 联属网站可以通过加入联属网络营销计划从起点较低的内容网站迅速转变为电子商务网站,实现营业收入。

(3) 网上消费者也能从联属网络营销中获得实惠。

(四) 交换链接

交换链接或称互惠链接,是具有一定互补优势的网站之间的简单合作形式,即分别在自己的网站上放置对方网站的 logo 或网站名称并设置对方网站的超级链接,使得用户可以从合作网站中发现自己的网站,达到互相推广的目的。交换链接的作用主要表现在:获得访问量,增加用户浏览时的印象,通过合作网站的推荐增加访问者的可信度等。交换链接能够有效地提高企业在业内的认知度和认可度。但交换链接面临双方网站的知名度、点击率等可能不相同的困难。因此可以加入广告交换组织。广告交换组织通过不同站点的加盟,提高了链接互换的机会,起到相互促进的作用。

(五) 病毒式营销

所谓"病毒式营销",并非真的以传播病毒的方式开展营销,而是通过利用公众的积极性和人际网络,使营销信息像病毒一样被快速复制传向数以万计、数以百万计的受众。这是一种口碑营销。在网络环境下可以使用电子邮件、新闻组、聊天室、社区、论坛等传递信息。一个有效的病毒性营销战略一般有六项基本要素,即:

(1) 提供有价值的产品或服务;

(2) 提供无须努力地向他人传递信息的方式;

(3) 信息传递范围很容易从小规模向大规模扩散;

（4）利用公众的积极性和行为；

（5）利用现有的通信网络；

（6）利用别人的资源。

近年来，随着在线社会性网络和"抖音"等短视频的快速发展，用户创建内容、在线社会性网络与病毒性营销的结合产生了巨大的推广能量，使消费者在不知不觉中感受到广告的力量。

案例："公交胸照门"——UGA+病毒营销

"公交胸照门"缘起坐公交车的新刷卡方式，就是用手机代替以前的公交 IC 卡。2010 年年初网上流传一段关于手机刷卡坐公交车的视频引来众多网友的关注。视频中，一大妈看到一位年轻女子用胸部轻轻贴在公交刷卡器上以后，自己也想效仿，但没有奏效。最后，公交车司机只能无奈地让大妈上车。

"公交胸照门"以凑巧的视角，让搞笑的情节完美、巧妙地融入平凡生活中，一切都充满了"无意"，那些精心构思的成分被淡化得无影无踪，因而受到网民的推崇。视频在网络上获得广泛传播！

随着事件的"病毒式"传播范围越来越广，有不少网民开始质疑这段视频的性质，有人猜测是某产品的代言广告，也有人猜测是女主角的自我炒作，事件总是在不被揭露之前被人们的好奇心蛊惑着。

酷 6 网姚建疆的坦言告知，释然了人们的猜测和关注。

这是一种被称为 UGA（user generated advertising）营销模式的广告传播形式，让用户参与广告制作和传播，"通过在网友拍摄的原创视频中植入客户产品内容元素，将客户宣传潜移默化地传递给网友，达到娱乐网民和宣传产品的双重目的，同时视频原创作者也可以因此受益，形成三赢的态势。"

而"公交胸照门"只是酷 6 网为联通量身定做的病毒式营销广告。

广告传播形式的奇思妙想的变革在淡化广告的商业成分，改变着广告强硬的态度，凸显受众的主体地位，营造广告的舆论空间。这种润物细无声的广告传播，让受众在发笑中潜意识体会其中蕴含的商品信息，在广告竞争环境日益恶化的今天，如何在不引起受众反感的前提下，达到广告营销的目的将是摆在广告人面前的难题。

创新、创意不仅是画面和文案的夺彩，更有形式和内容的巧妙结合。这需要广告人的强大创新能力，也需要广告主的慧眼识真金。

（资料来源：http://baike.baidu.com/view/3161213.htm；翟志远. 2010 年十大广告营销焦点事件. 中国营销传播网，2011-01-25.）

思考题

1. 对类似"公交胸照门"式的网络营销模式("庸俗"炒作),你持什么态度?
2. 你能想象出未来病毒式营销的推动策略吗?
3. 如何看待视频共享网站的知识产权保护问题?

(六) RV 跨业态营销

RV(reality and virtual)跨业态营销是指将网络虚拟环境与实体商品相结合的一种相互推广的双赢营销策略。该创新策略来自于牛肉干与网络游戏的结合。

牛肉干,是杭州绿盛集团的主产品之一;网游,是中国 3D 网络游戏原创力量之一、杭州天畅网络科技有限公司的主产品之一。正是这两个分别代表着传统制造业和高新科技业的企业,碰撞出了一个崭新的营销模式,并由此衍生出了一个对资源利用和企业合作模式产生重大影响的"RV 跨业态战略联盟"(reality+virtuality)。2005 年双方签署一项战略合作协议,将各自产品的推广嵌入到对方产品之中,绿盛的外包装上印上《大唐风云》广告,而《大唐风云》的游戏里编入"绿盛 QQ 能量枣"作为游戏能量补充剂。牛肉干的形象代言人"太平公主",为企业节省了 200 万元的明星代言费。实际效果证明,这个虚拟的太平公主深受消费者喜爱。在合作的第一个月内,出货量达到 2 700 多万元,而往年同期还不到 300 万元;而在大唐风云的游戏网站注册的会员超过 10 万人,同时还吸引了一大批风险投资商的关注。

此后,各类 RV 营销模式相继涌现,如方便面+网游,自行车+网游等。近年来,随着在线社会性网络的发展,一种新兴的借助 Web2.0 技术搭建的基于社区互动游戏的 RV(reality+virtuality)跨业态营销模式受到企业的欢迎。其中"中粮生产队"是一个典型代表。中粮生产队是中国最大的粮油进出口企业与实力雄厚的食品生产商中粮集团推出的一款全新实时互动交际游戏,于 2010 年 1 月正式上线。"中粮生产队"不仅通过趣味游戏丰富城市白领的网络生活,加强他们与朋友间的互动了解;更为重要的是,它将旗下丰富的产品植入游戏之中,并将每一款产品从最初的田间种植到工厂生产乃至最终到餐桌的一个产业链过程也巧妙地融入其中,开创了一种全产业链体验式营销模式。"中粮生产队"的游戏设置以中粮集团旗下的粮油产品为基础,设计了种植、照料、采收、压榨、运输五个游戏环节,每个游戏环节都依据每种农产品的不同特点设计不同的游戏。能不能赢取中粮的奖品成为行为"靠不靠谱"的标准。

(七) 网红直播

网红直播是借助于网络红人的影响力,利用视频直播技术进行产品解说,并通过多频道网络播放平台进行传播,达到产品推广、引流和带货销售的目的。越来越多的电商平台通过主打网红直播带货,使得电商与工厂的关系越来越近,促进了工厂电商的发展。

"网络红人"一般指借助于新兴网络平台来展示自身个性、外貌或能力,迅速走进公众视野并引起社会群体广泛关注而走红的个人。网红借助网络自身的普遍性和互动性,并且结合网络推手和一些网络营销团队的推动,持续活跃在网民眼前,从而实现网红本身的利益诉求。

但网红直播的发展仍存在许多问题:网红经济带来的流量难以量化,孵化网红的成本越来越高,质量难以保证等。研究表明,不同的网红类型,其带货能力存在着显著差异,以颜值型网红的流量变现率为基准值 1,则幽默型网红的变现率为 1.20,内涵型网红的变现率为 1.34。进一步研究发现,消费者对内涵型网红的信任度最高,而对颜值型网红的信任度最低。

多频道网络(multi-channel network,MCN)是与内容创作者合作抑或直接创作各种特色内容,并对内容发布平台进行管理和营销的组织。多频道网络涵盖自创内容与关联工作室创作的大量内容,甚至包括可提供内容的门户网站。一般来说,内容创作者通常会为了获得粉丝、进行交叉推销、拓展品牌战略、将内容变现并获得数字版权管理和其他合规服务而加入多频道网络。如涵(ruhnn.com)是目前国内最著名的 MCN 机构,与微博(weibo.com)、抖音(douyin.com)、快手(kuaishou.com)、B 站(bilibili.com)等平台达成战略合作,主要从事网红孵化、网红电商和网红营销等业务。

二、网络销售促进策略

网络销售促进主要是指企业在网络环境下运用各种短期诱因鼓励消费者购买企业产品和服务的促销活动。网络销售促进主要有以下形式。

1. 降价促销

降价促销是网络销售促进的主要形式。企业以直接价格折扣、优惠券价格折扣、买一送一等形式降低产品价格,达到促销产品的目的。

2. 有奖促销

在进行有奖促销时,提供的奖品要能吸引促销目标市场的注意。同时,要充分利用互联网的交互功能,充分掌握参与促销活动群体的特征和消费习惯,以及对产品的评价。

3. 拍卖促销

拍卖促销就是将产品不限制价格在网上拍卖。网上拍卖市场是新兴的市场,由于快捷方便,吸引了大量用户参与网上拍卖活动。

4. 免费促销

免费促销的主要目的是推广站点。开展免费促销,首先,要考虑提供免费资源的目的是什么,是为了宣传还是扩大访问量形成品牌效应? 其次,要考虑提供什么样的免费资源。目前网上免费资源非常丰富,只有提供有创意的服务才可能成功。最后,要考虑企业的收益,世上没有免费的午餐,免费促销的最终目标是为企业带来效益。当然这种效益有直接的,如点击量的增加可能带来广告收入的增加;也有间接的,如扩大了企业品牌的知名度;有短期的也有长期的,有现金的也有无形的。

5. 积分促销

积分既是一种促销手段,也是一种保留客户的策略,在传统零售市场常被采用。网络促销也可以使用该策略。

在上述销售促进手段的基础上,企业可以结合网络特点和产品特点对网络销售促进形式进行创新,提高其趣味性。

电子优惠券是价格折扣的一种重要形式。传统的电子优惠券通常为一张事先编辑好的图片文件,消费者通过网络下载、打印成纸质优惠券,然后凭打印的优惠券消费。近年来,各种新型的电子优惠券得到了广泛应用。这些新型的优惠券用一串由数字、字母和字符组成的代码表示优惠券的折扣数额。消费者在网络购物的结算过程中,只要在指定位置输入该代码,系统会自动对电子优惠券进行识别并判别消费者所输代码是否符合应用条件,极大地方便了电子优惠券的使用。目前这种新型的电子优惠券已经在京东商城(图 4-7)、天猫、当当网等电商企业得到了广泛应用。

图 4-7 京东电子优惠券

与电子优惠券这种简单的价格折扣应用不同,系列销售、节日促销等方式通过一系列活动调动消费者网络购物的积极性,提高了网络促销的效果。系列销售是指企业设定多个时间段并在每一时间段促销不同的产品,消费者只有在特定产品的促销时段购买才能享受该产品价格优惠的一种营销策略。系列销售可以分为系列促销产品相互独立的"独立品系列销售"和系列促销产品可相互替代的"替代品系列销售"。在独立品系列销售中,企业在不同阶段促销的产品没有互补或替代的关系,如今天促销面包、牛奶等食品,明天促销牙膏、牙刷等生活日用品。在替代品系列销售中,企业在不同阶段促销的产品可以相互替代,如企业在不同阶段促销不同型号的计算机产品。替代品系列销售的实际应用非常广泛,实现形式也是多种多样。例如,在 lenovo.com "seven days of deals"活动中(图 4-8),lenovo.com 在系列销售活动开始之前给出 7 款产品及其销售时间,但并未公布产品价格,消费者只有在产品促销当日才能获得该产品的促销价格。由于相关产品具有替代性,消费者在决定是否购买某款产品时需要考虑后续是否会出现更好的产品和更加优惠的价格,增加了销售促进的趣味性。

网络环境的虚拟化、数字化、无限可达性以及网络消费者的主动性等特点为创新网络促销实践提供了环境支持。网络环境下企业促销实践的形式不断创新,以淘宝网的"双 11"促销活动、京东的"618"、苏宁易购"818"发烧购物节等为代表的产品促销均是网络促销实践的重要创新,成为中国网络消费者的三大购物节。

lenovo.com的系列销售

hp.com的系列销售

京东商城系列销售

dell.com的系列销售

图 4-8　系列销售促销

三、个性化促销

与传统环境倚重人员推广和电视广告不同,电子商务环境可以更加有效地利用网络传递产品和服务信息,启发消费者需求,激发消费者的购买欲望和购买行为。所谓个性化促销即将促销对象细分到个人,根据消费者个体的兴趣偏好制定相应促销策略,从而满足其独特需求的促销策略。消费者需求的独特性和企业的差异化竞争需求是个性化促销策略发展的主要驱动力量。

(1)消费者需求的独特性。受人格特征、教育、收入、社会环境、角色、年龄、文化等因素的影响,消费者个体的需求体现出很大的差异性。消费者需求的独特性要求企业必须制定个性化的促销策略,进行一对一的精准营销。

(2)企业的差异化竞争需求。在激烈竞争环境中,设计新颖的促销模式和支持该模式的价值链体系、增加竞争对手模仿的难度是提升企业竞争力的有效途径。个性化促销是网络环境下新颖的、难以模仿的促销手段。

广告和销售促进是传统环境下企业进行促销的主要策略,而个性化对提高上述策略的效果具有积极的作用。

1. 个性化广告

传统广告形式(如电视、平面媒体、广播等)信息传播方式都是单向广播的形式,所以广告的投放只能按照位置和时段来进行控制,是一种粗放型的广告模式。虽然这些广告形式会匹配某些消费者的需求,但大部分情况下会引起消费者的反感。个性化广告是一种精准化的广告模式,向不同的消费者展示不同的广告。其个性化主要体现在如下三方面。

（1）内容个性化。个性化广告的内容和展示形式是从消费者个体的实际需求进行设计的，以消费者需求为出发点的广告内容更容易打动消费者。

（2）投放精准化。个性化广告要求对目标消费者进行精准定位，对不同的目标客户投放不同内容的广告。企业也可以基于消费者偏好，在旗帜广告、电子邮件广告、公告栏广告等网络广告中选择消费者最容易接受的广告形式。

（3）响应快速。通过跟踪消费者的点击、浏览和购买等行为，个性化广告在投放之后的很短时间就可以得到用户的反馈信息，如相应广告是否受欢迎、所选媒体是否能够覆盖所有目标受众等，基于反馈信息可以对个性化广告策略进行快速调整。

基于用户行为的广告和基于用户兴趣的广告是个性化广告的主要策略。基于用户行为的个性化广告通过企业营销数据库、浏览器 Cookies 及其他网络数据搜集用户信息，构建网络消费者的兴趣偏好模型，并对其需求进行预测。其实质是通过用户的行为数据对用户兴趣偏好进行分析，从而针对性地在今后用户浏览的地方发送其可能感兴趣的广告，以期提高广告的精准性。例如，淘宝等网站利用 Cookies 技术获得用户在淘宝网上浏览的产品信息，基于此对其联属营销广告的内容进行个性化调整。如果用户近期在淘宝网上浏览了一些与男装有关的产品，那么淘宝在百度、土豆等网站上的联属营销广告会适时调整为相关的男装信息。

基于用户兴趣的个性化广告让用户主动选择自己的兴趣爱好和特征，企业根据用户主动提交的信息筛选、定制和推送广告。其实质是用户可以通过自行定义自己的兴趣来与广告的关键词进行匹配，从而达到广告的个性化。例如，Google、百度、淘宝等网站的搜索偏好设置就是让用户编辑自身感兴趣的工具。基于这些工具，用户可以告诉企业他们具有怎样的需求、喜欢哪一类的广告内容，也可以直接开启、停用或屏蔽某些广告主的广告。

2. 个性化销售促进

以价格折扣进行销售促进是企业最常使用的销售促进策略。基于消费者的在线行为数据，企业可以对具有不同需求的消费者实施不同的销售促进策略。个性化销售促进的类型主要包括如下三种。

（1）销售促进产品的个性化。销售促进产品的个性化即基于兴趣偏好向不同用户展示不同的销售促进产品。如亚马逊网站根据消费者的浏览历史，向具有不同兴趣的消费者分别提供电子产品、图书、日用品等不同类别的价格促销信息。

（2）销售促进形式的个性化。销售促进的本质是利用价格上的优惠对消费者的购买行为进行短期的刺激，直接价格折扣、优惠券、返现、邮寄退款折扣（mail-in-rebates）等均可以起到相应的效果。销售促进形式的个性化即要求企业在这些销售促进形式中选择最适合的方式诱导消费者的购买行为。

（3）销售促进优惠的个性化。销售促进优惠的个性化即基于支付意愿等信息对不同的用户给予不同的价格优惠幅度。企业需要基于消费者的品牌选择、购买数量、购买时间及其效用函数对销售促进优惠幅度进行个性化优化。

四、社会化促销策略

社会化促销是指在广告、人员推广、销售促进和公共关系等促销策略中加入社会化要素所形成的新型促销策略。社会化促销通常利用即时消息类应用(如 QQ)、在线社交类应用(如 Facebook)、微博类应用(如新浪微博)和共享空间类应用(如优酷土豆)等在线社交网络平台展开。

用户主动是在线社交网络与其他网络媒体的主要差异。在线社交网络环境下,用户主动创造并传播信息,主动与他人建立关系并进行互动沟通,并主动参与到企业的促销活动中来。用户的主动性改变了企业主导的促销策略,为促销策略的创新提供了新的条件。

1. 社会化广告

社会化广告主要是通过各种社交网络平台实现广告信息的分享与传播,借助用户间的交互对广告主题达成深度或者广度的传播。随着社会化媒体的广泛应用,Facebook、Twitter、人人网、微博等社会化媒体已经成为消费者信息搜索和信息分享的主要工具。在信息搜索阶段,消费者借助 Facebook、Twitter、人人网、微博等平台搜集企业发布的信息、其他消费者的评论信息、朋友或意见领袖的推荐信息和视频分享平台上的多媒体信息等,综合上述信息进行产品的购买决策。Nielsen 公司的调查表明,与企业主导的电视广告、官网等信息传播渠道相比,用户更加信任由好友在社交网络平台传递的信息。信任来自熟人推荐信息的用户比例达到 90%,而信任企业网站广告信息和电视广告信息的用户比例只有 70% 和 62%。在主动分享阶段,消费者通过社会化媒体进行分享,他们在社区中发表自己的使用感受,在社交网络中向朋友推荐,或以用户创造广告的形式在视频分享网站上与他人共享购物过程和使用体验。

实施社会化广告的主要途径包括社交网站广告、基于 APP 的广告、基于社交网络的病毒营销、基于地理社交网络的广告、基于视频分享网站的广告以及基于社交主页的广告等。

社交网站广告是指在社交网站首页或其他显要位置放置横幅广告、移动广告等内容,也可以采用社交游戏和讨论组等形式进行广告展示。

基于 APP 的广告是比社交网站广告更复杂的广告形式,需要借助社交网络应用(social applications)的支持进行社会化交互,从而达到广告的诉求。例如,"Where I've Been"是 Facebook 上的一款以旅游为主题的 APP,其功能是提供用户已经去过或计划前往的旅游地点的地图。基于该应用,用户可以进行旅游行程规划、组团或旅馆预订等操作。该款 APP 的拥有者就可以向 Facebook 用户促销相关的产品。

基于社交网络的病毒营销是口碑营销的一种,其实质是让用户通过社交网络告诉好友他们喜欢或不喜欢的产品。与口碑营销一样,基于社交网络的病毒营销也有很多的变形。例如,很多品牌通过社交网络展示产品信息,并在产品展示页面添加"Like"功能。如果用户点击了"Like"按钮,他的好友便可以看到这个信息,从而实现口碑营销的效果。企业也可以借助微博用户的影响力进行病毒营销。PayPerPost(payperpost.com)是一个连接广告主、微博发布者、视频发布者和图片发布者的平台。通过该平台,广告主可以将广告诉求与内容发布者的主题进行匹配,并对营销费用进行议价。

基于地理社交网络的广告基于用户地理位置进行广告发布。其主要思想是借助社交网络中的"签到"信息获得用户的地理位置或利用地理信息系统(GPS)跟踪移动终端的位置,进而发布与用户位置相匹配的广告信息。以"酷划""Cashslide"为代表的手机解锁 APP 是基于地理社交网络的广告形式。解锁 APP 可以基于用户地理位置发布广告信息,并为用户提供了社交网络分享的功能。随着移动社交网络的广泛应用和手机等智能终端的普及,基于地理社交网络的广告已经成为社会化广告创新的重要方向。

基于视频分享网站的广告主要有两种形式。一种形式是将广告诉求制作成视频,在优酷土豆等视频分享网站发布,其实质是病毒营销。如百度"病毒营销三部曲"将百度网络的信息量大、百度更懂中文、搜索速度快和搜索精度准等诉求拍摄成"孟姜女篇""唐伯虎篇"和"刀客篇"三个视频,并在视频分享网站发布,取得了非常好的病毒营销效果。基于视频分享网站的广告的另一种形式是将广告诉求附着于相关视频。优酷土豆等网站绝大部分视频前都会有长短不一的产品广告,就是该形式的典型应用。

基于社交主页的广告是指在 Facebook、Twitter 等社交网站创建企业主页,吸引粉丝关注,进而发布广告信息。近年来,在社交网络创建主页,提供信息发布、客户关怀和售后服务等功能,已经成为企业促销和服务社会化的重要趋势。以 Dell 为例,Dell 在 Facebook、Twitter、新浪微博、人人网、开心网等社交网络平台均开通了服务账号,形成了一个跨平台的社会化服务系统,可以提供 Dell 技术支持、Dell 技术中心社区、Dell 促销等众多功能。

用户创造广告(user generate ads,UGA)是一种新颖的社会化广告形式。其主要思想是让社交网络用户成为广告的创造者。由于 UGA 的诉求从用户的角度展开,而且在广告创意、设计直至形成过程中均有用户参与,用户自然会很乐意传递这样的广告信息。在 Facebook 等社交网站意见领袖的日常视频中嵌入产品广告是 UGA 的最早应用,如在某位女性意见领袖上传的 Facebook 视频中"无意"地展示某品牌的化妆品。这种"嵌入"式的广告要求尽量淡化广告的诉求,从而实现潜移默化的广告效果。

2. 社会化销售促进

销售促进的本质是利用价格折扣、优惠券等短期诱因鼓励用户购买企业的产品。社交网络为创新销售促进形式提供了新的环境。

通过社交网络发放优惠券是社会化销售促进的基本形式。通过社交网络的用户信息及其好友信息,企业可以更加准确地筛选出发放优惠券的目标用户。企业也可以创建优惠券的相关网页,并引导用户转发网页链接,从而实现社会化优惠券的发放效果。Facebook 推出的"Facebook Offers"以及腾讯推出的"腾讯认证空间"均是此类社会化优惠券的应用。腾讯认证空间允许企业在认证空间互动专区里发布优惠券促销信息,企业创建的优惠券生成 RichFeed,并发布给企业社交账号的粉丝,粉丝看到优惠券信息后,可以领取优惠券并转发分享到其他好友。

通过社交互动增加趣味性是提高社会化促销效果的有效途径。这种基于社交互动的销售促进方式吸引用户的全面参与,不仅实现了销售促进的目的,而且可以提高品牌宣传的效果。社会化促销是一种新的营销方式,各种创新的社会化促销形式不断涌现。为了充分发挥社会化促销的优势,企业在设计社会化促销策略时需要注意如下两方面问题:

(1)综合考虑社交关系,有效识别目标用户群。社交网络将孤立的用户个体连接成为相互依赖、相互影响的整体。社交网络促销不仅要利用用户个体的相关信息,更要充分利用用户之间的关系信息、影响信息和互动规律,从而构建更加准确的用户行为模型,提高社会化促销的效果。

(2)充分发挥用户主动性,借助用户交互更深层次传播促销信息。为了发挥社交网络平台的"社交"特性,广告信息的传递需要充分调动用户的主动性,通过用户参与的方式让信息在网络之间进行更广、更深的传播。

广告、销售促进的最终目的是与用户建立更加深入的关系。用户社会化广告吸引用户关注,通过销售促进提高产品销量不是社会化营销的最终目的。在广告、销售促进的基础上,结合更加友好的双向沟通、技术支持、售后服务、客户关怀等社会化服务,才能有效提高用户的满意度和忠诚度。

第五节 网络渠道策略

与传统营销渠道一样,以互联网作为支撑的网络营销渠道也应具备传统营销渠道的功能。营销渠道是指与提供产品或服务以供使用或消费这一过程有关的一整套相互依存的机构。它涉及信息沟通、资金转移和事物转移等。一个完善的网上销售渠道应有三大功能:订货功能、结算功能和配送功能。但互联网的交互性和普遍存在性使得渠道中相关角色的作用发生变化。

一、去中介与中介重构

(一)去中介与中介重构

在传统营销渠道中,中介(中间商)是其重要的组成部分。中介(intermediation)是联系生产商和消费者的第三方,如批发商、分销商、零售商。中介层越多,从生产商到消费者间的价格差就会越大。中介之所以在营销渠道中占有重要地位,是因为利用中介能够在广泛提供产品和进入目标市场方面发挥最高的效率。营销中介凭借其业务往来关系、经验、专业化和规模经营,提供给企业的利润通常高于自营商店所能获取的利润。但互联网的发展和商业应用,使得传统营销中的中介凭借地缘原因获取的优势被互联网的虚拟性所取代,同时互联网的高效率的信息交换,改变着过去传统营销渠道的诸多环节,将错综复杂的关系简化为单一关系。互联网的发展改变了营销渠道的结构。

去中介化(disintermediation)就是要在给定的供应链中移除某些起中介作用的组织或业务处理层,一方面降低渠道成本,另一方面提高渠道效率。在此背景下传统中介的角色重定位成为他们生存的必要条件,因此就出现了所谓的中介重构。中介重构(reintermediation)是指重新确定供应链中的中介角色,使其提供增值服务。如帮助客户选择卖主,帮助卖主将货物配送给客户。图4-9[①]描述了中介、去中介和中介重构,去中介和中介重构引起不同的网络营销渠道策略。

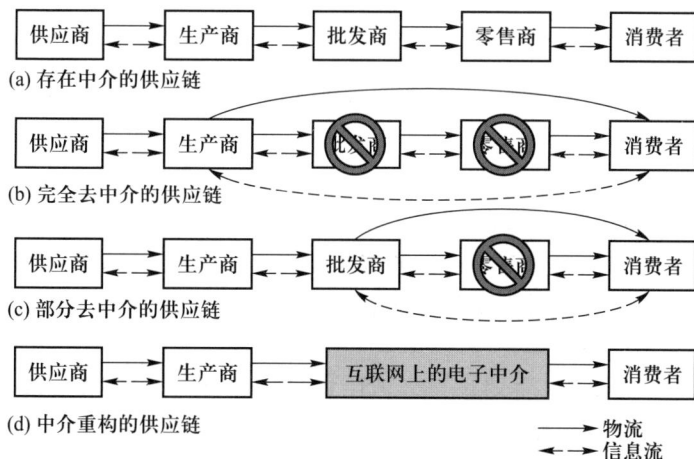

图4-9 中介、去中介与中介重构

---

① Efraim Turban.Electronic Commerce—A Managerial Perspective.Pearson Prentice Hall, 2004.118.

1. 网上直销

网上直销就是利用互联网而不借助任何传统中介作用将产品或服务直接从生产商销售给最终用户,如图 4-13(b)所示。完全去中介迫使传统中介改变其职能,由过去的中间力量变为直销渠道提供服务的中介机构,如提供货物运输配送服务的专业配送公司,提供货款网上结算服务的网上银行,以及提供产品信息发布和网站建设的 ISP 和电子商务服务商。网上直销渠道的建立,使得生产者和最终消费者直接连接和沟通。

2. 网上间接营销

间接营销是通过融入互联网技术后的中间商机构提供网络间接营销渠道,如图 4-13(d)所示。传统中间商由于融合了互联网技术,大大提高了中间商的交易效率、专门化程度和规模经济效益。同时,新兴的中间商也对传统中间商产生了冲击,如美国零售业巨头 Walmart 为抵抗互联网对其零售市场的侵蚀,在 2000 年元月份开始在互联网上开设网上商店。基于互联网的新型网络间接营销渠道与传统间接分销渠道有着很大不同,传统间接分销渠道可能有多个中间环节如一级批发商、二级批发商、零售商,而网络间接营销渠道只需要一个中间环节。网络间接营销的主要模式有综合门户、电子卖场、网上店铺、卖方电子集市、电子交易所等。

案例:Dell 网上直销先锋

Dell(dell.com)是全球最大的计算机生产商,其产品包括台式机、笔记本、网络服务器、工作站和存储设备。计算机行业是过去 20 年增长最快的行业,但计算机行业的生产企业也面临着巨大的挑战。首先,技术的快速变化使企业在维持库存时产生了巨大的损失,许多公司每周损失 0.5% ~2%;其次,传统的垂直集成模式在计算机行业几乎消失了,因为研发成本太高以及技术变化太快使得谁也没有能力保证计算机生产线的每个部件都是领先于其他企业的。

Michael Dell 于 1984 年创建该公司,其创建时的营销理念是越过分销商直接将产品销售给最终用户,为顾客提供定制服务,满足顾客的技术需求意识。Dell 所基于的业务模式集成了五个关键策略:快速周转,按订单生产,消除分销商所引起的价格和时间成本,优良的服务和支持,低库存和低资金投入。

Dell 的这一营销理念克服了计算机行业面临的困难。Dell 的直销几乎不需要占用库存,企业的全部精力集中在加快供应链上零部件和产品的周转,产品的库存周期只有 2.5~5 天,而其竞争对手 Compaq、IBM 则占用 50~90 天的库存。Dell 投放新产品的速度也比竞争对手快,不需要降价销售存货,因为 Dell 根本就没有存货。

在产品开发上,Dell 与其供应商建立了紧密的合作关系,使得供应商将精力集中在它自己擅长的零部件上。与此同时,Dell 将其研究集中在以客户为中心的、与伙伴协同开发与设计上,并以此培养供应链能力。

Dell 允许客户自己设计产品并通过网络下订单、选择配送方式,下单后客户可以在线跟踪订单的执行。客户定制的产品一般情况下可在 3~6 个工作日内完成组装,组装后的产品根据客户的要求可在 1~5 个工作日内投递。

Dell 公司从 1984 年成立,到 1992 年就成为《财富》500 强企业,2011 年排名第 34 位,目前每年净收入约 600 亿美元。Dell 公司也是增长最快的计算机生产商,其股价从 1988 年招股时的

8.5/股美元到 2006 年 11 月 3 日时的复权价为 2 327.24 美元,上涨了 270 多倍。

（资料来源：http://www.dell.com/content/；Roman Kapuscinski, Rachel Q Zhang, Paul Carbonneau, Robert Moore, Bill Reeves, Inventory Decisions in Dells Supply Chain, Interfaces, 2004, 34(3), 191–205, INFORMS）

思考题

1. 进入 Dell 中国网站(dell.com.cn),尝试定制一个自己喜欢的 PC。
2. 画出 Dell 的业务流程图。
3. 比较 IBM(ibm.com)、联想(lenovo.com.cn)与 Dell 有什么区别。

(二) 网络渠道优势

首先,利用互联网的交互特性,网上营销渠道从过去单向信息沟通变成双向直接信息沟通,增强了生产者与消费者的直接连接。

其次,网上营销渠道可以提供更加便捷的相关服务。一是生产者可以通过互联网提供支付服务,客户可以直接在网上订货和付款,然后就等着送货上门,这一切大大方便了客户的需要。二是生产者可以通过网上营销渠道为客户提供售后服务和技术支持,特别是对于一些技术性比较强的行业如 IT 业,提供网上远程技术支持和培训服务,既方便客户,又节约成本。

最后,网上营销渠道的高效性,可以大大减少过去传统分销渠道中的流通环节,有效降低成本。对于网上直接营销渠道,生产者可以根据客户的订单按需生产,实现零库存管理,同时网上直接销售还可以减少过去依靠推销员上门推销的昂贵的销售费用,最大限度地控制营销成本。对于网上间接营销渠道,通过信息化的网络营销中间商,可以进一步扩大规模,实现更大的规模经济,提高专业化水平;通过与生产者的网络连接,可以提高信息透明度,最大限度地控制库存,实现高效物流运转,降低物流运转成本。

(三) 渠道建设与选择

由于网上销售对象不同,因此网上销售渠道存在很大区别。对于 B2B 交易模式,由于每次交易量很大、交易次数较少,并且购买方比较集中,因此网上销售渠道建设的关键是建设好订货系统,方便购买企业进行选择。由于企业一般信用较好,通过网上结算实现付款比较简单;配送时一般进行专门运送,既可以保证速度也可以保证质量,减少中间环节造成的损耗。对于 B2C 交易模式,由于单次交易量小、交易次数多,而且购买者非常分散,因此网上渠道建设的关键是结算系统和配送系统,这也是目前网上购物必须面对的门槛。由于国内的消费者信用机制还没有建立起来,加之缺少专业配送系统,因此开展网上购物活动时,特别是面对大众购物时必须解决好这两个环节才有可能获得成功。

不同的企业有不同的渠道选择策略,一般而言,规模型企业且具有较大范围(如全国甚至国际)的品牌知名度的企业,可采用网上直销渠道;对于规模较小且品牌知名度不大的企业,一般适合选择电子中间商;处于两者之间的企业可采用网上直销与电子中间商并存的模式,并视企业发展逐渐向一个方向调整。网上渠道只是一类渠道,它不可能完全替代传统的营销渠道(图 4-10)。

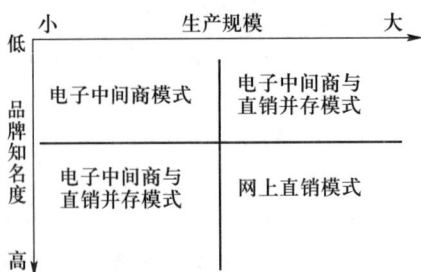

图 4-10 网上渠道的选择

案例：千寻网之败与钻石小鸟的"美梦"

1. 千寻网之败

千寻网 2009 年 4 月 20 日面世，专营高档消费品，旨在通过美国、欧洲、韩国及全球代理商提供商品，让用户购买在国内买不到的品牌商品。然而，经营不到一年，2010 年 3 月 11 日，京东商城正式宣布收购千寻网。

2. 钻石小鸟的美梦

曾经给钻石行业带来革命性影响的网络钻石营销模式现在遇到了不可忽视的麻烦。原本在线上发展得如火如荼的钻石行业，一时间，一个美梦面临破灭。在"钻石小鸟"北京体验店中，四壁满铺钻石的璀璨店面、一屋子的成品钻戒柜台，除了是建在写字楼里之外，跟传统的钻石珠宝店没有什么不一样，谁能想到"钻石小鸟"是中国钻石网络销售第一品牌。

角落里有几台计算机，是顾客上网区，这符合网络营销的特色。但迎面走来的销售却告知，网上的订单不多，网上订购很多时候尺寸不合适，又不能退货，因此大多数消费者都是到体验店来购买。

2010 年 2 月刚在广州天河区开张了一家体验店的彼爱钻石市场总监陶延成介绍，钻石电子商务的商家越来越多地选择在线下开设体验店，线上销售额还占不到总量的两成，80% 的交易是在体验店完成的。

虽然体验店开设在写字楼省去了繁华商铺的高昂成本，但钻石定价体系是死的，随着越来越多的体验店开张，钻石网销商家们的价格战愈演愈烈，价格只是传统钻石珠宝商家的一半，钻石网销的利润已经薄之又薄。

"中国整个钻石电子商务业务加起来，市场销售总额还占不到 5%，行业内部并没有将钻石网售看成是威胁。"传统商家钻石世家市场部一名负责人表示。

（资料来源：[1] 王翔遥. 千寻网之败. 经济观察报，2010-03-27. [2] 吴娓婷，王芳，李亚蝉. 钻石网络营销：一个美梦的破灭. 经济观察报，2010-03-27.）

思考题

1. 为什么千寻网败得这么快？
2. 钻石小鸟和千寻网存在什么共同特征？

二、渠道冲突与协调

渠道冲突是指企业通过两条或两条以上的渠道向同一市场分销产品而产生的冲突,其本质是多种分销渠道在同一个市场内争夺同一客户群而引起的利益冲突。传统企业选择网络作为新的营销渠道可能面临渠道冲突的风险,即在线营销渠道对传统营销渠道所造成的竞争压力,如生产商直销与传统的批发商、零售商可能会产生冲突等。另外,企业内部部门之间也可能因各自业务对象(在线业务与离线业务)不同产生冲突,如资源分配问题、产品定价问题等。

(一)网络渠道冲突的类型

1. 水平渠道冲突

水平渠道冲突主要是指同一渠道模式中,同一层次中间商之间的冲突。在水平渠道中,各成员之间的联系是一种横向的关系,大家都是平等的,即他们在权力上处于同一个水平线,但利益是独立的。在互联网环境下,企业的中间商通过自有网络渠道或第三方网络平台销售相关产品,产品同质但价格有高有低,从而产生了利益冲突。

2. 垂直渠道冲突

垂直渠道冲突主要是指供应链上不同层次企业之间的冲突。典型的垂直渠道冲突是制造企业与分销商、零售商之间的冲突。当制造企业通过网上直销的方式进行产品销售时,势必与分销商、零售商的利益产生冲突。在多渠道影响过程中,这种垂直渠道冲突比水平渠道冲突更常见。

3. 多渠道冲突

多渠道冲突主要是指企业在网上和网下、移动端和 PC 端等不同分销渠道之间的冲突。随着电子商务的快速发展以及移动分销渠道的逐渐成熟,线下体验线上购买、线上购买线下退货等行为使得企业在个同渠道之间的冲突越加突出。

(二)渠道冲突的原因

1. 互联网的领域和利益冲突

研究表明,不同渠道的领域越相似渠道冲突便会越激烈。传统渠道的各个成员往往在不同的销售区域运作,而以互联网、移动互联网为基础的网络渠道,突破了时间和区域的限制,渠道成员均可以在不同销售区域吸引潜在的消费者,扩大市场覆盖面,领域重叠现象越来越突出。由于不同渠道成员在利益上的不一致,他们降低价格、争抢领域、吸引客户,从而爆发了渠道冲突。

2. 分工界线越来越模糊

在传统环境下,制造企业、批发商、零售商各自承担着生产、分销、零售等不同任务。大家各司其职,互不干扰,共同获益。互联网环境打破了生产、分销和零售等任务的严格界线,制造企业通过官网进行产品直销,零售商也可以通过网上店铺面向全国甚至全世界销售产品。在这种情况下,供应链上不同层次的成员会认为网络渠道侵占了传统渠道或企业直销渠道抢走了供应商、零售商的顾客,瓜分了他们的利润,从而爆发了领域冲突。多渠道策略要求企业对供应链上不同成员之间的任务分工进行重新划分。

3. 多渠道机制设计不够完善

多渠道策略不是在传统渠道基础上搭建网络渠道那么简单,而是需要对多渠道结构及其运营机制进行合理设计,从任务分工、利益分配到产品布局、价格优化等方面进行综合考虑。多渠道机制设计的不断完善需要基于多渠道营销经验的不断积累以及消费者行为、多渠道协同等研究的理论支撑。

（三）渠道冲突的管理策略

1. 产品策略

产品策略的基本思想是在不同渠道中尽量避免销售同样的产品,从而实现降低冲突的目的。在营销实践中,企业可以采取一定的方法对网上直销产品与中间商产品进行区分,如给网上直销产品赋予不同的品牌或者名称(即使它和中间商销售的产品没有本质区别),这样可以降低网络销售产品与中间商产品的对比度,从而降低冲突。例如,美国第一大电器零售商 Bestbuy 促销的计算机往往具有与实体店中的计算机不同的花纹或者型号(基本配置相差无几)。企业也可以根据产品的生命周期来制定不同的销售策略以降低冲突。例如,在产品需求快速增长时采取网上直销和中间商销售相结合的策略,在成熟期间和产品需求下降时关闭网上直销渠道以避免网上直销与中间商销售的冲突。

2. 价格策略

价格冲突是渠道冲突的主要表现,如何进行多渠道定价对解决渠道冲突有着至关重要的作用。多渠道价格优化是一个非常复杂的问题,需要根据不同营销环境设计不同的定价策略。在解决供应商与中间商的渠道冲突方面,研究表明,由于中间商对价格往往有着更强的敏感性,供应商网上直销的价格要高于中间商的定价,并且不在直销渠道进行打折促销等活动可以降低渠道冲突。网上网下渠道的价格协调一致一直以来都是理论研究和实践探索的热点问题。沃尔玛和苏宁易购等双渠道零售商先后经历了网上网下异价到网上网下同价的模式转变,但是网上网下同价的效果及其影响尚需进一步的验证。

3. 促销策略

企业可以制定统一的促销策略,并鼓励不同的渠道互相为对方做广告,鼓励和推动两类渠道间的交叉促销,可以促进网络营销渠道与传统营销渠道之间的合作,减少新型分销渠道冲突的产生。企业可以利用网络的优势,在为自身产品做好宣传的同时,向消费者介绍并推荐传统营销渠道中的合作伙伴,或者在网站上辟出专栏给传统分销商进行广告宣传,甚至在某些目标市场上不接受网上直接订购,而是提供给消费者当地可供选择的分销商信息。企业可在网站上为传统分销商的赠品活动进行宣传,并且鼓励消费者在网上订购产品前先去传统分销商那里进行产品试用,或者通过在自己的网站上提供传统分销商的目录及其主页链接,为买家提供了两种选择:在线购买和到分销商那里购买。同样的,也可通过传统营销渠道来扩大企业网站的知名度,宣传企业的在线销售。

4. 渠道策略

渠道成员之间的交流在渠道协作过程中起着重要的作用,加强网络营销渠道与传统营销渠道之间的相互沟通、信息共享,可以有效解决由于认识或观念上的不一致而导致的渠道冲突。构建有效的渠道沟通机制,通过一系列的沟通措施,包括进行必要的人员交流以及制造商对分销商进行培训等,来强化其主观认识的趋同性,降低渠道冲突。在产品的供货方面,企业可把网上收取的订单转交给离顾客最近的传统渠道商,借助传统渠道商高效的物流配套设施来实现物流转移,提高供货速度,给顾客带来便利,同时让不同的渠道成员共享利润。把渠道伙伴整合于网络销售过程中,可以节省大量的人力、物力,建立起公司和渠道伙伴之间信任与合作的关系,并且能阻止不必要的渠道冲突。

5. 沟通策略

现实中,很多矛盾都是源于沟通障碍,或者是信息失真造成的相互误解,因此,企业可通过加强自己与其他渠道成员之间的信息交流与沟通,从而增进相互了解和信任,达到弱化和降低渠道冲突的目的,并起到预防渠道冲突的作用。比如召开经销商大会,建立共同愿景以及制定高层的巡视和拜访制度等。

6. 渠道信息系统的应用

给予渠道成员技术支持。技术支持包括给予渠道成员在营销手段、信息咨询和产品培训方面的支持,并帮助中间商提高售后服务能力。比如针对传统中间商更应关注其渠道宣传以及营销手段丰富这些方面,对于网络中间商而言则应帮助其在网络软硬件方面技术的完善。

7. 完善利益分配制度

根据中间商在营销体系中所起的作用合理进行利益分配,可以通过物质和精神两方面的激励来实现。比如为了提高中间商的积极性,可以制定便于量化管理的分级返点制度。另外,对于某区域网络销售的产品也可视为该地区销售代表的业绩并给予更多的佣金。可以制定一些策略解决渠道冲突问题,如直接让现有的分销商实施电子商务;建立企业门户,鼓励中介承担企业实施电子商务时所产生的新型服务;仅在线销售没有冲突的产品,如新产品、传统渠道不愿经营的产品等,而其他易引起冲突的产品只在线做广告,仍由传统渠道分销;只利用互联网做推广、客户服务等,而不承担销售任务;成立独立的在线子公司等。另外,为避免渠道冲突,企业还要有协调管理措施,如明确责任、统一定价等。

第六节 客户关系管理

客户关系管理(customer relationship management,CRM)是一种将重点放在建立长久、稳定的并为企业和客户双方增加价值的客户服务方法,是一项选择和管理客户以优化长期价值的企业战略。CRM 要求建立以客户为中心的商业理念和文化以支持有效的营销、销售和服务过程。互联网环境使得 CRM 出现了一些新特征。

(1)互联网环境使得客户的公民意识和权力得到加强。在传统环境下,消费者与企业之间存在信息不对称问题,企业拥有信息上的优势,企业追求的目标是"客户忠诚"。自从互联网产生以来,网络社区以及近年来随着 Web 2.0 技术的快速发展所涌现出各种形态的在线社会性网络成为消费者与消费者、企业与客户沟通的重要渠道,互联网的社会性特征日益显著,消费者不仅获取信息的能力得到极大的提高,而且创造信息和传播信息的能力迅速提升,口碑传播范围更广,影响更大,客户的公民意识和权力得到加强,消费者以追求个人效用最大化和与企业建立共生关系为目标,积极参与企业经营活动,主动转变角色,给企业客户关系管理带来了新的机会,也形成了新的挑战。

(2)企业追求的客户关系理念发生了变化。传统环境下,企业客户关系管理的目标是通过细分客户,制定营销策略以提高客户的满意度、忠诚度,获取、保留和开发客户("利益诱惑");而互联网环境的虚拟性、非面对面的服务模式,使得企业与消费者之间的沟通层次较浅,关系的形成和维系由"信息认知"+"现场感知"退化为"信息认知",交易过程更加依赖具有公信力的第三方认证、口碑和风险控制机制,因此企业在构建客户关系时,更加关注客户对企业的信任、承诺

("情感诉求"),进而使其发展成为企业的拥护者(advocator)、伙伴(partner)。

（3）互联网环境扩展了企业的营销渠道。互联网环境催生了渠道的进一步分化,营销渠道越来越专业化,如信息发布、交易、物流、支付、客户支持等都可能成为独立的渠道,企业对渠道的控制能力减弱,而每个渠道的质量和服务水平都可能影响客户关系。因此企业和研究者均面临着诸如消费者的渠道选择偏好、渠道的公平性、渠道资源分配、渠道策略的协调(如价格、产品、促销、设计、分布、服务)等一系列新的挑战。

（4）客户关系收益的观念也发生了变化。客户关系的社会收益受到企业和客户的极大关注。从企业视角看,企业更加注重客户的全生命周期的价值,同时为了弥补由于面对面沟通的减少而导致的客户品牌情感下降,企业还需要增强企业形象的情感成分,企业的社会形象、社会责任将会变得更重要;从客户视角看,除需求获得有效满足之外,利用企业的品牌、互动平台为纽带,建立社会关系网络(如"车友""驴友"等)从而获得客户之间的社会关系收益成为客户关注的重点。

（5）影响客户关系的因素发生了变化。除质量、价格、服务水平等传统因素外,互联网环境下影响客户关系的因素更加复杂,主要有:① 信息服务能力。搜索的便利性,搜索效能,信息质量,美感,信息比较能力。② 交易能力。购买效能,可谈判性,购买速度,多样性,愉快感,虚拟体验,公平性感知。③ 营销能力。电子邮件,目录,个性化/定制服务,价格,促销,互动与沟通(社会交流平台、口碑的有效表达与传播、对抱怨的响应)。④ 保障能力。物流配送,风险管理(产品与服务保障、支付结算),售后支持,隐私保护与安全等方面。

因此需要围绕消费者购买决策过程制定改善客户关系的策略。

一、目标客户

（一）消费者划分

佛瑞斯特研究中心(Forrester Research Inc.)提出了一种根据消费者取得、使用科技(如网络、手机以及数字电视的使用等)的态度、动机和能力的不同消费者进行分类的方法。该方法从科技的态度、收入和动机三条轴线分析消费者,如图4-11所示。第一条轴线将消费者区分为科技乐观主义者和科技悲观主义者。科技乐观主义者相信新科技将使他们的生活变得更简便,而悲观主义者则对利用科技来满足需求或欲望兴趣不高,宁愿利用传统方法获得满足。第二条轴线根据需求动机将消费者分为事业取向、家庭取向和娱乐取向型。事业取向代表想出人头地或在工作上感觉受重视,家庭取向与养育和提供照顾有关,而娱乐取向则是基于玩乐的需求。第三条

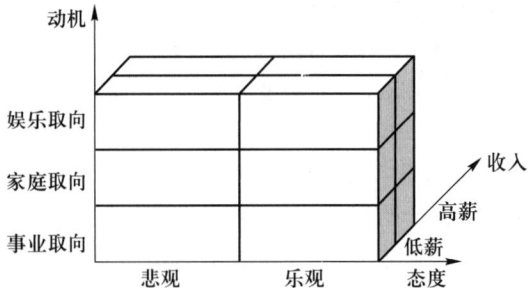

图 4-11 佛瑞斯特研究中心消费者分类思想

轴线则是收入轴线。营销人员在利用态度和收入轴线找出接受性高的消费者后,根据动机轴线选择产品或服务信息。

（二）目标客户确定

1. 确定方式

（1）了解现有客户与潜在客户。根据乐观或悲观的分类,确定最终客户与潜在客户,并且尽可能地将产品或服务营销给最可能改变行为的客户。在互联网环境下,可以通过网站、电子邮件与会员卡界定目标客户群。

（2）找出最能让企业赚钱的客户。在分析企业的获利能力时,不仅要关心每个客户划分所带来的收益,而且应考虑客户的服务成本,以及客户的终身价值。

确定了目标客户后还要分析与客户紧密相关的几类群体。

2. 分析与客户紧密相关的群体

（1）了解谁是购买决策的影响者。客户不一定就是下订单者或付款者,真正的客户往往是位居幕后、影响采购决策的人。一家三口去购买汽车,孩子可能是选型者,妻子是决策者,而丈夫可能是下订单或付款者,当然车主可能是丈夫,但关键决策不是丈夫完成的。

（2）了解谁是推荐者。满意的客户往往是网站最好的推销员,应设法激励老客户推荐新客户,并持续追踪推荐的成果。

（3）厘清客户、合作伙伴以及其他重要人员的关系。企业能够顺利发展,除客户以外,还有赖于许多人的协助。因此,必须能清楚地分辨最终客户、合作伙伴,以及其他重要关系人之间的差别。合作伙伴(或许是商业伙伴)都是代表本企业直接与最终客户接触的人;重要关系人则包括员工、股东、银行等关心企业经营的人士。企业必须优先考虑客户的立场,一旦以客户为中心,不仅有助于建立与客户的关系,同时也有利于改善所有合作伙伴、其他重要关系人与客户相关的流程。

二、与消费者互动

（一）让客户在线取得产品或服务信息并进行交易

许多网站提供的产品或服务信息已经多得足以让客户决定购买,但企业却不在网站上提供交易功能,而只提供各门市的地址与电话。客户已经花了许多时间了解产品相关信息,而且也准备购买,为何中途打断他的下一步动作?

（二）让客户自行查询订单进度、付款等服务

以网络为基础的服务与支持功能是电子商务最成功的应用之一。客户都很高兴能使用这些在线服务自己解决问题,而不用再打电话咨询技术人员。例如,每个星期 Dell 公司有数万名的客户在网络上检查订单的状况。这类使用自助服务的客户每一位可以为 Dell 省下 8 美元的成本。

（三）让客户自行选择互动媒体

并不是每一个客户都准备好、有意愿、有能力使用网络,企业必须让客户自行选择他们想要沟通接触的渠道。网站应该能够提供同样的信息给所有的渠道:电话、电子邮件、语音系统以及无线网络。

（四）赋予客户自行设计产品的能力

个性化服务策略的依据之一,是客户有能力在网站上创造个人产品。

三、"一站式"服务

从电子商务观点来看,"一站式"(one-stop shopping)服务意味着无论是否有专人服务,客户都能够跨越企业产品线与部门的层层限制,随时在线存取信息、执行交易或要求服务。它不但不会阻绝客户与业务人员或技术服务人员之间的关系,同时还能协助客户在快速有效的交易过程中减少摩擦。

"一站式"服务要求不管企业内部有多少产品线、部门或员工与客户往来,对外都是一个完整的个体。业务人员所知道的客户资料,客服人员也应该知道,反之亦然。因此企业应将客户所有资料整合到单一又容易存取的数据库中,建立以客户为中心的信息系统。无论是处理客户抱怨、开列发票、完成交易,还是追踪货物运送状况,所有与客户往来的记录都应纳入规划完善的数据库,让每一位可能与客户接触的员工都能随时存取。

"一站式"服务还要注意改善与消费者有关的作业流程,并全方位开放整个流程。

四、客户忠诚度

忠诚度是客户愿意再次接受企业服务的程度。企业应自始至终保障客户拥有美好的消费经验,以建立客户的忠诚度。

（一）愉快的购物体验

1. 带给客户一致、具有品牌保证的消费感受

品牌不仅让客户联想起产品,同时也会唤起一连串的感受。当客户对产品与服务的体验越深刻,客户的表现与反应也越直接、越是发自内心的。因此企业应能将客户的期望转化为品牌印象,使其深植于客户心中。

2. 节省客户时间并减少不便

电子商务的重要意义之一在于它的快捷、方便。

3. 让客户放心

美好的购物经验除了来自满意的产品与服务,还有安全感。当网络银行刚问世时,多数客户最担心的就是安全性。于是,security 1stbank. com 巧妙地将客户的恐惧转换成企业的资产,视安全为经营策略的核心,并首先表现在公司的名称上。让客户查询订单处理的进度,也是提供客户安全感的一种方式。客户希望知道商家是否收到订单、要求的服务是否已被受理、是否按照所要求的付款方式扣款与开列单据等。

4. 与合作伙伴共同为客户提供一致的服务

除本企业外,分销商或其他合作伙伴也要能够与客户保持互动。例如,客户订购的产品与送货服务由第三方完成,虽然客户通常不会在意是用哪一种方式与企业打交道,但他绝对会要求企业为最后品质以及所有的消费经验与感受负责。

5. 尊重每一位客户的独特性

如果网络企业不能尊重每位客户的独特性,将无法提供客户自始至终满意的消费经验。

（二）良好的售后服务

企业要赢得客户的心，必须让产品能够在任何时候、任何地方都能符合客户的需求，指导客户安装、使用，跟踪客户的使用状态、反馈意见，保障客户退货、调换或及时维修的权利。

（三）开展数据库营销和个性化服务

对电子商务企业而言，掌握客户信息的能力将直接影响企业的营销效果。因此必须尽可能多地收集实际客户与潜在客户的信息，用"以客户为中心"的战略整合以前"以产品、服务、功能或财务为中心"组织的客户信息，构建客户信息数据仓库，预测客户的购买行为并提供购买建议等。鼓励客户自己定制个性化需求与设计、检查历史交易记录、提供个人资料信息，以完善对客户的个性化服务。

五、CRM 应用类型

（一）直面客户的应用

客户与企业直接交流、沟通的辅助工具，可以帮助服务人员完成信息收集、处理等容易自动完成的工作，如基于 Web 的呼叫中心或客户交互中心。客户交互中心是企业用来解决来自不同联系渠道的客户服务问题的一个综合服务实体。多渠道客户交互中心的工作方式是：

（1）客户通过一个或多个渠道进行联系；
（2）系统收集这些信息并集成到数据库，然后决定服务应答；
（3）客户被引导到自助服务或人工代理；
（4）服务被提供给客户。

（二）接触客户的应用

这是企业用来代替人工与客户接触的应用系统，如个性化页面服务、购物车、电子钱包等。

（三）以客户为中心的应用

以客户为中心的应用系统支持客户数据收集、处理、分析。一般需要建立数据仓库系统。具体的数据包括：所有作业层的 CRM 数据和分析层的 CRM 数据；企业的产品和服务以及分销渠道信息；有关营销、销售、服务创新、客户回复的信息；有关客户请求和企业回复的信息；客户交易信息。可借助统计报表、联机分析、数据挖掘等工具分析、处理 CRM 数据，以辅助企业的营销决策。

章尾案例：汉堡王的创意营销

世界第二大快餐品牌汉堡王，一个值得一看的营销案例。汉堡王营销：消费者在意料之外，营销手段在情理之中。这一系列创意的来源——代理方 CP+B，也已成为全球互动创意公司之一。

一、价格营销：你加粉，我降价

商家常说，顾客就是上帝。现实往往是，消费者没有发言权。如果有一天，你突然被赋予决定商品价格的权利，你会不会很兴奋？

汉堡王深谙这种消费心理，但其新近的营销活动看起来更像是一次负面事件——消费者喊着维权行动的口号，要求汉堡王进行相应改革。随后汉堡王"迫于压力"，无奈降价，但前提是加

Facebook 粉丝,每 500 个粉丝,汉堡王的价格就会降低 1 美元。比起赤裸裸降价,这种"欲拒还迎"显得更聪明。

二、另类营销:删好友,得汉堡

"你愿意删除 QQ 上的 10 个好友名单,换取 1 个免费用餐的机会吗?"有人可能要想一下,但也有人毫不考虑就做了决定。汉堡王在名为"Whopper Sacrifice"的营销活动中,就怂恿消费者"牺牲"自己的 10 位朋友来换取一个大华堡。一旦决定参与活动,就必须在自己的 Facebook 上安装一个程序,被你删除的朋友会被赤裸裸地公开在网站上,让每个人都知道:"Jerry 为了一个大华堡,牺牲和 Mary 的友情!"更狠的是,网站上的数字还会随时更新,并且搭配一则被熊熊火焰包围着的标语:"现在已有 57 990 个朋友被牺牲掉……"

广告公司将汉堡王的这项创意,评为"非常聪明的在线活动!"换算起来,就算免费送出了 1 万个大华堡,导致 10 万人惨遭朋友牺牲,但对 Facebook 的庞大会员来说,是根本微不足道的数字,对汉堡王而言,更是借由激发玩家之间的"危机意识"及口耳相传,得到远大于实际付出成本的广告效益。

案例思考题:

1. 汉堡王社会化销售促进活动利用了社交网络的什么特性?
2. 如何能够提高社会化营销的效果?
3. 在个性化和社会化背景下,如何进行网络营销策略的创新?

本 章 小 结

本章首先分析了网络营销依赖的相关营销理论及可能采用的网络营销方法,介绍了我国网络消费者的人口结构和在线行为特点,阐述了网络消费者购物的一般决策过程;然后介绍了 4P 和 4C 等经典营销理论以及网络产品与品牌策略、网络价格与定价策略、网络推广与促销策略和网络渠道策略;最后介绍了客户关系管理和主要的网络营销技术,使读者对网络营销能有一个比较深入的了解。

关 键 词

网络营销(e-marketing, Web marketing)	联属营销(affiliate marketing)
整合营销(integrated marketing)	链接交换 (link exchange)
4P 营销理论(4P marketing theory)	病毒式营销(viral marketing)
4C 营销理论(4C marketing theory)	RV 营销(reality and virtual marketing)
个性化产品设计(personalized product design)	网络红人(Internet celebrity)
个性化推荐(personalized recommendation)	网红直播(netcasting)
协同过滤(collaborative filtering)	多频道网络(multi-channel network,MCN)

续表

推荐系统(recommendation system)	销售促进(sales promotion)
网络服务(online service)	社会化广告(social ads)
网络品牌(online brand)	个性化促销(personalized promotion)
品牌危机管理(brand risk management)	社会化促销(social promotion)
域名(domain name)	定制服务(customized service)
网络定价(online pricing)	渠道冲突(channel conflict)
差异化定价(differential pricing)	渠道协同(channel coordination)
网络广告(internet ads)	多渠道(multi-channel)
网络广告(web advertising)	中介(intermediation)
横幅(banner)	去中介化(disintermediation)
弹出窗口(pop-up window)	中介重构(reintermediation)
搜索引擎(search engine)	客户关系管理(CRM)
搜索引擎优化(Search Engine Optimization, SEO)	"一站式"(one-stop shopping)

思　考　题

1. 如果你是一个有一定品牌知名度的企业的执行官,会如何考虑利用互联网拓展传统品牌价值?

2. 分析 4P 与 4C 的对立统一关系。

3. 如果你是某汽车营销经理,你如何利用现代营销理论来规划企业的营销策略?

4. 品牌知名度是否是你选择使用搜索引擎注册这一营销方法要考虑的重要因素? 使用搜索引擎还要考虑哪些因素?

5. 根据 cnnic.cn 公布的最新调查数据,分析我国互联网人口结构对企业开展电子商务的影响。

6. 你认为哪些因素会影响消费者在线购买的欲望? 哪些是正面因素,哪些是负面因素?

7. 请你设计一个问卷,调查网络游戏客户的分布、爱好,并给出问卷的投放策略。

8. 你如何看待域名抢注问题? 有什么有效办法给予约束吗?

9. 品牌形成有一个过程,你能通过网络缩短这一过程吗? 如何做?

10. 互联网环境为企业创新价格策略提供了条件,你见过哪些新颖的网络定价形式? 分析其定价原理。

11. 社会化营销的形式有哪些? 社会化营销成功的关键是什么?

12. O2O 应用的模式有哪些? 调研 O2O 创意营销的主要方向。

13. 随着生活水平的提高,人们对旅游的需求也越来越多,如果你是黄山风景区的管理者,你会不会考虑为客户提供一些定制服务呢? 如果你是一个旅行社的经理,你又会不会这么做呢? 上网查一下目前一些主流的旅游网站提供了哪些业务,做一些简单对比,并分析我国旅游电子商务发展所存在的问题。

14. "没有免费的午餐"在互联网环境下是否失灵了? 试分析之。

15. 电子商务环境下中介如何改变战略以适应新的环境? 举出几个成功的电子商务中介企业。

16. 渠道冲突是实施电子商务战略时必须面对的问题,你有哪些好的建议来解决渠道冲突问题?

17. 从"己所不欲,勿施于人"的角度分析弹出广告与广告拦截问题。

18. 你认为企业维持客户忠诚的根本措施是什么?

19. 如果让你设计一个方案来跟踪兴趣客户,你会如何考虑? 这样做会引起客户的反感吗?如何保护客户的隐私呢?

实 训 操 作

1. 如果奇瑞汽车请你帮它们设计一个网络营销组合方法,你认为如何做比较有效?

2. 收集个性化营销、社会化营销、O2O 和网红直播等网络营销的创新方式,分析电子商务和社交网络环境下网络营销取得成功的关键因素。

即 测 即 评

请扫描二维码进行在线测试。

第五章　电子交易

在第一章和第三章,介绍了多种电子商务交易模式和交易类型,不同的交易模式和交易类型可采纳多种不同的交易机制。本章将介绍电子交易的概念、过程和模型,详细介绍电子目录销售、网络团购、定制定价和捆绑定价等静态价格机制和谈判议价、拍卖和个性化定价等动态价格机制。

学习目标

1. 了解交易与电子交易的基本概念。
2. 掌握电子交易的过程。
3. 掌握电子交易中的目录销售等静态价格机制。
4. 掌握电子交易中的拍卖、逆拍卖等动态价格机制。
5. 了解团购、定制等定价策略。

本章导学

```
┌──────────────┐      ┌──────────────┐          ┌──────────────┐
│ 电子交易机   │─────▶│ 章首案例：eBay │    ┌────▶│ 交易与电子交易 │
│ 制综合应用   │      └──────────────┘    │     └──────────────┘
└──────────────┘            │            │     ┌──────────────┐
                            ▼            │────▶│ 电子交易过程   │
                    ┌──────────────┐     │     └──────────────┘
                    │ 电子交易概念 │─────┤     ┌──────────────┐
┌──────────────┐    │   及流程     │     │────▶│ 电子交易模型   │
│ 电子目录销售 │◀── └──────────────┘     │     └──────────────┘
└──────────────┘│           │           │     ┌──────────────┐
┌──────────────┐│           │           └────▶│ 电子单证处理   │
│ 网络团购     │◀┤           ▼                 └──────────────┘
└──────────────┘│   ┌──────────────┐          ┌──────────────┐
┌──────────────┐│   │ 静态价格机制 │    ┌────▶│ 谈判议价     │
│ 捆绑定价     │◀┤   └──────────────┘    │     └──────────────┘
└──────────────┘│           │           │     ┌──────────────┐
┌──────────────┐│           │           │────▶│ 正向拍卖     │
│ 定制定价     │◀┘           ▼           │     └──────────────┘
└──────────────┘    ┌──────────────┐    │     ┌──────────────┐
                    │ 动态价格机制 │─────┤────▶│ 逆拍卖       │
                    └──────────────┘    │     └──────────────┘
                            │           │     ┌──────────────┐
                            ▼           │────▶│ 双向拍卖     │
                    ┌──────────────┐    │     └──────────────┘
                    │ 章尾案例：京东│    │     ┌──────────────┐
                    │ ——多种网络交易│────┤────▶│ 在线物物交换  │
                    │ 机制的综合应用│    │     └──────────────┘
                    └──────────────┘    │     ┌──────────────┐
                                        └────▶│ 个性化定价    │
                                              └──────────────┘
```

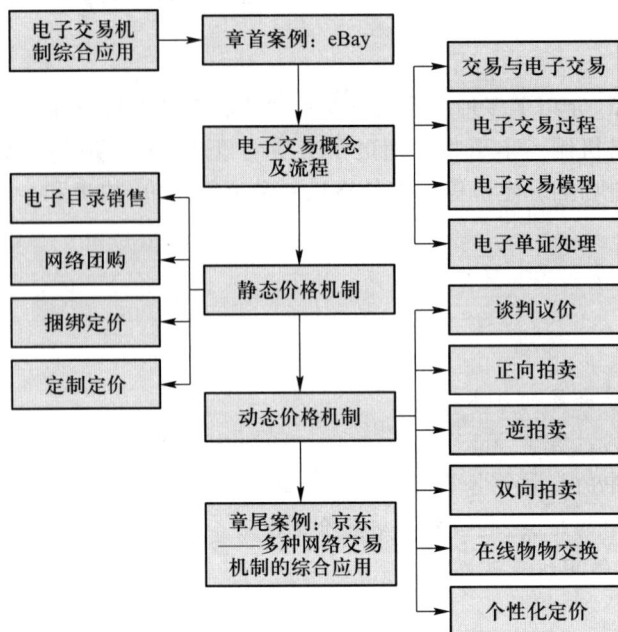

章首案例:eBay:源自一个美丽的爱情故事

eBay(ebay.com)公司的成立有着一个浪漫的故事。Omidyar 的女朋友酷爱 Pez 糖果盒,却为找不到同道中人交流而苦恼,于是 Omidyar 建立起一个拍卖网站,希望能帮助女友和全美的 Pez 糖果盒爱好者交流,这就是 eBay。令 Omidyar 没有想到的是,eBay 非常受欢迎,很快网站就被收集 Pez 糖果盒、芭比娃娃等物品的爱好者挤爆。

在 eBay 上,每天都有数百万的家具、收藏品、计算机、车辆被刊登、贩售、卖出。有些物品稀有且珍贵,然而大部分的物品可能只是个满布灰尘、看起来毫不起眼的小玩意。这些物品常被他人给忽略,但在全球性的大市场贩售,那么其身价就有可能水涨船高。Omidyar 贩售的第一件物品是一只坏掉的激光指示器,以 14.83 元成交。他惊讶地询问得标者:"您难道不知道这玩意坏了吗?"Omidyar 接到了以下的回复信:"我是个专门收集坏掉的激光指示器玩家。"

eBay 于 1996 年 5 月正式组建公司,成为在线拍卖的先锋。eBay 为买卖双方提供了一个"有效的和有趣的"在线拍卖社区,品种涉及古玩、古币、邮票、玩具等,1998 年的一年时间内注册会员从 34 万增加到 210 万,仅 1998 年的第四季度就主持了 1 360 万次拍卖。eBay 主要为个人服务,但也支持中小企业买卖新旧商品。eBay 的业务除美国外已经拓展到包括德国、英国、加拿大、日本等国家和地区,客户来自全球 150 多个国家和地区。

eBay 目前的市场机制主要有英式拍卖、荷兰式拍卖、电子目录销售、Buy-It-Now。在 eBay 上进行拍卖的流程主要包括:卖主注册并建立卖家账户;输入信用卡信息,必要时需与 PayPal 账户建立连接;提交恰当的产品注册信息,张贴待卖产品的说明,并且指出最低报价;等待潜在买主竞价。如果潜在买主觉得报价太高,商品可能就收不到报价。如果报价成功,买卖双方开始谈判支付方式、投递细节、担保及其他事项,eBay 担当中介作用。

为了保障交易能够安全、快捷地完成和执行,eBay 提供了一系列的软件工具和服务。例如,提供 Turbo Lister、eBay Blackthorne、Prostores 工具帮助用户自动完成销售流程,提供 Shipping Calculator 工具帮助用户计算运输费用,提供 Shipment Tracking 工具跟踪托运的包裹等。eBay 还通过其商业伙伴提供车辆检查、第三方托管契约、商品鉴定和评估、用户确认、买主保护和担保、邮资和运输等许多服务,既保证了交易的安全,又加快和方便了交易的执行。

eBay 的收入主要来自刊登费、交易费、增值服务费。刊登费取决于卖主希望其商品的曝光度,即由商品在网站上占据的位置或表现形式决定,如优先刊登在首页或分类产品首页、特殊字体或特殊画面、特色标示等,曝光度越高,刊登费就越高。增值服务费则主要来自部分管理工具的使用费、图片服务费等。eBay 目前的业务主要包含 eBay 电子市场,电影、演出、体育比赛等票务交易 StubHub 以及分类广告,电子市场仍然是其核心业务。

eBay 的影响是深远的,它将离线的、有限范围内的拍卖活动通过互联网延伸到了全球各地,其业务模式持续产生赢利,而且形成了亲近的商业氛围。目前拍卖是唯一在线业务超过离线业务的业务模式。但 eBay 在中国的发展一直是难有起色。

案例思考题:

1. 登录 eBay,查看 eBay 网上都有哪些定价机制。
2. 分析上述定价机制的特点及其差异。
3. 分析 eBay 在中国市场难有起色的原因。

第一节　电子交易概念及流程

一、交易与电子交易

(一)交易与电子交易概念

交易往往被叫做"买卖",在日常生活中几乎无处不在。如购物、信息检索、在线音乐、在线游戏都是交易。有些交易是有形的,有些交易是无形的。交易的核心是两个独立的经济人之间的权益交换,一般利用货币对权益大小进行衡量。

电子交易是指借助信息技术特别是互联网技术,实现非面对面的、互联互通的并自动完成的商品、服务等买卖过程,是电子商务中的重要环节。电子交易以信息技术为手段,改变了企业经营模式,有利于降低企业的经营成本,提高企业经营效率,增加企业收入。

电子交易有很多的优点,例如,电子交易超越传统交易障碍,如地域障碍、时间障碍、价格信息对比障碍和更换供货商的障碍;交易活动可以 365 天×24 小时全天候不间断服务和营业,客户可以随时随地地在网上完成订货、支付、咨询和服务等业务,并具有广泛的选择余地;卖方可以根据客户浏览网页的习惯,掌握客户的喜好和消费偏好,有助于调整产品结构、生产和进货规划,同时厂商的直销、广告、宣传和市场调查可以不受地理位置的限制;可降低企业内部人与人之间的互动成本;减少了中间流通环节,按订单生产,减少了库存,加快交易周期,节约了交易成本;买卖双方可通过互联网直接沟通、谈判,节省了差旅费用,加快了交易过程。

(二)电子交易与传统交易的区别

电子交易和传统交易本质上都是商品、服务、信息等的买卖过程,两者业务流程也相似,但由于电子交易采用了信息技术,使得电子交易与传统交易在信息传输与接收方式、签约方式、下单与订单履行方式、售后服务等方面都存在着不同。

1. 信息获取与传输方式不同

传统交易过程中,买卖双方通过传统媒介如报纸、纸质目录、往来信函等方式传输信息,使得双方难以充分地沟通、协调,增加了交易时间、费用和交易风险,而在电子交易中,信息的传输都是电子化的、即时的、交互式的,极大地提高了信息传递的速度,方便了双方的沟通和协调,节约了交易时间、费用,降低了交易风险。

2. 签约方式不同

传统交易需要双方进行多轮的面对面沟通、谈判,出差成为销售代表的代名词;而电子交易可开展网上谈判,签订电子合同等。

3. 下单与订单履行方式不同

在电子交易中,客户可通过供应商的门户网站直接下单,方便快捷,而企业可通过 ERP 系统将订单系统与库存系统、生产系统集成在一起,在线接收到客户订单后,可以通过企业内联网在线检查库存中是否有存货,也可指令生产系统组织生产,然后确定如何交付产品,客户还可选择电子支付。

4. 交易机制不同

一些在传统交易中难以实现的交易机制却被电子交易广泛使用,如拍卖、逆拍卖、由你定价、定制等。

5. 售后服务不同

传统交易中,许多服务需要上门完成,但电子交易可通过网络指导、培训,使客户自己完成某些原本需要供应商完成的服务。在线购物体验的交流方式也与传统方式存在着明显差异。

二、电子交易过程

一次完整的电子交易过程可以被划分为三个阶段:交易前的准备阶段、交易阶段、交易后的维持与评估阶段,如图 5-1 所示。

(一)交易前的准备阶段

准备阶段的主要工作是:买卖双方或参加交易各方在签约前,为交易做好各项准备工作,以保证电子交易的正常进行。一般情况下,买方会根据自身财力及实际的需要,制订一份购物计划清单,按照购物计划清单到电子交易市场上寻找符合要求的商品或供货厂家。买方会在电子交易市场上借助于搜索引擎、在线评论、在线社交网络上的朋友圈等,反复调查、选择、咨询、比较,综合分析各个不同供货商的报价,不断补充修改自己的购物计划。经过多次行动以后,最后确定购物计划,购物计划常包括商品类别、名称、规格、单价、数量、交货地点和付款方式等信息,还可能有一个候选供应商列表。买方还会根据实际情况选择一种最有利的市场机制来完成购买交易。

卖方则根据自己的供货情况,确定目标市场定位,制订营销组合计划;在网上举行新闻发布会,

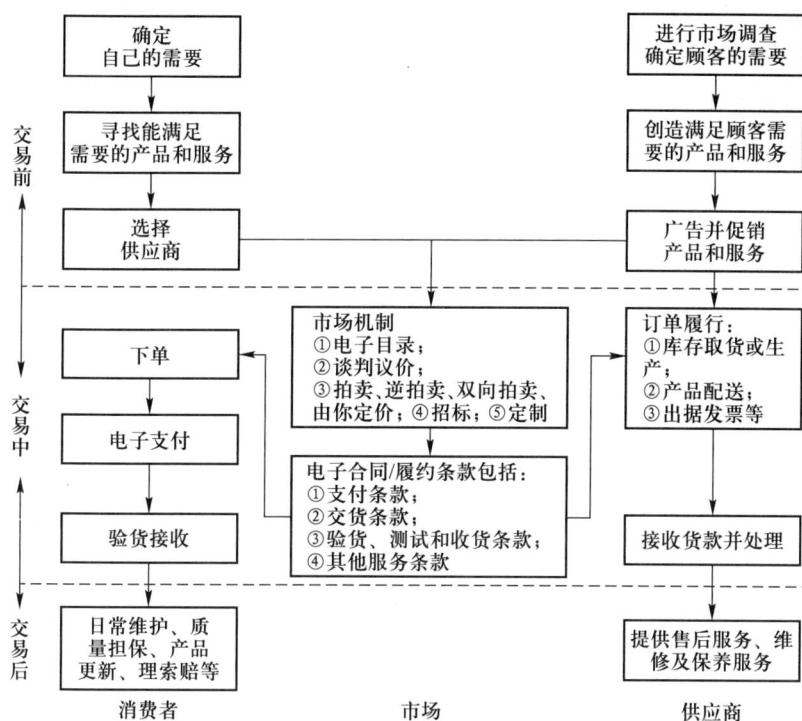

图 5-1 电子交易过程

发布广告和信息、购买关键词搜索等,对所供产品和服务实施推广和促销行动;在进入某市场之前还要对当地的文化、风俗、政策、法规等有深入了解。卖方也会选择一种最有利的市场机制来完成商品或服务的销售。

电子交易过程开始之前要做的准备工作还有:建立与银行、海关、商检、税务、保险、运输、电信和中介等一系列部门及机构信息网关的联系,实现信息的互联互通和交易数据的交换与共享。

(二)交易阶段

交易阶段是实现双方权益交换的实质环节,它从买卖双方的交易洽谈开始到权益完全转换完毕结束。不同的市场机制,交易阶段的活动存在一定的差异,但大体上有协商谈判、下单、订单履行、支付与结算等活动。

1. 协商谈判与签约

一般来讲,谈判主要发生在 B2B 或团购等大额交易中,而 B2C、C2C 交易常常由电子商务企业依据国家或地区的经济法规制定一个标准化的交易流程,承诺的交易双方均应遵循此交易流程,而商品价格可通过不同的市场机制来确定。

谈判的任务主要是确定交易的商品、数量、规格、价格、支付方式、配送方式、履约周期、交货地点以及产品安装、培训、使用、维护、调换、退货等售后服务条款。谈判还要明确违约责任。谈判完成后通过认证机构对协议结果进行电子认证,并以法律认可的电子文件形式固定下来,形成书面贸易合同或电子贸易合同,数字签名生效后存认证中心,使法律文件具备法律效力。值得注意的是,只有经过数字签名后的电子合同才具有法律效力。当合同签订后,交易的各方就应该按照《合同法》的要求享有权利、承担义务并履行责任。电子合同具有安全性、保密性、有效性和不可抵赖性的特点。

交易双方进行网上谈判的渠道也很多,可以是公共的即时通信系统,如 QQ、微信等,可以是电子商务中介机构提供的专用的网上会谈室,也可以是电子邮件形式。只要双方认可的沟通方式都可以。

2. 下单

下单就是指客户根据自己的需要向商品或服务提供方声明自己的购买要求如品种、规格、价格、数量等并给出相应的承诺,不同的市场机制下单方式不尽相同。

电子目录销售:下单就是将选定的商品放入购物车,并在确认数量、支付方式、配送方式和交货地点后将结果提交给销售商。

拍卖:下单实际上就是参与竞价。

谈判机制:下单就是将电子合同中的购买信息转为企业的生产订单。

定制:下单就是客户在企业提供的平台上设计出满足自己要求的产品并愿意接受可能略高的价格。

由你定价:下单就是客户描述出自己的需求及愿意接受的价格。

招标:下单就是描述出自己的需求并请求供应商参与竞价。

3. 订单履行

订单履行就是企业为完成对客户的承诺而实施的一系列活动,包括库存检查、组织生产、安排运输配送、准备各种单据和票证、办理交易所需的必要手续。在订单履行阶段要能让客户及时跟踪订单的执行状况。

4. 支付与结算

支付是指消费者为获取商品的所有权或某种服务等权益向商品或服务提供方交纳一定的货币资金。支付方式可以是传统方式也可以是电子方式。不同的企业对支付的时间点有不同的要求:有的企业要求在下单同时就完成支付;有的企业同意客户在收到货物后支付。为保障电子交易安全,目前更多的支付策略是委托第三方代理。

卖方在收到货款后完成内部结算,交易阶段任务结束。买方在收到货物后验收入库,并完成内部结算,交易阶段任务结束。

(三) 交易后的维持与评估

交易后的工作包括以下几个方面。

1. 安装、使用

企业可以采取上门服务的方式提供支持,也可通过互联网远程指导、培训,由客户自己完成,一般在交易谈判时已明确了支持方式。

2. 调换或退货

对消费者而言,如果发现产品不能满足自己的要求或未达到双方协商的要求,则可请求调换或退货。调换或退货目前已是被大多数企业所接受的业务活动。但电子商务交易中,退货面临增加新的物流成本,也可能给客户带来不便,企业在实施电子商务战略时应该有所规划,如可允许客户到任何最近的产品销售点退货,也可挑选合作伙伴帮助接受退货等。

3. 客户关怀

卖方应该及时掌握客户的体会,包括对交易过程是否满意,对产品质量、价格是否满意,对企业的服务是否满意等,以提高客户的满意度和忠诚度,保持客户。可借助 CRM 系统实现客户关怀。

4. 理索赔

不可能每笔交易都会顺利完成,在交易过程中或交易后发生纠纷是常见的,特别是在 C2C 电子商务中,各种纠纷屡见报道,如卖方收款后不发货,或以次充好;买方收货后不付款,或不承认收到货物或声称货物不符合要求或声称货物在运输过程中损毁等而拒绝付款等,除电子商务企业或电子商务中间商要规范交易过程、建立相应的约束机制外,要制定明确的违约仲裁办法;交易双方若签有合同则应按合同执行,经过协商、仲裁或司法诉讼后,受损方向违约方索赔,违约方给受损方理赔。

三、电子交易模型

狭义的电子商务是指基于网络的电子交易。最初的网上购物不包括电子支付功能,只负责商品信息发布、浏览和客户下订单,付款是通过其他途径如电话、传真等工具完成的。由于电子支付成为影响网上购物快速发展的关键问题,于是就针对企业与企业、企业与消费者的网上交易设计了交易安全保障的技术协议,这就是安全交易协议(SET)和安全套接层协议(SSL),既要保证商家安全也要保证消费者安全,同时又要使网上交易方便快捷,安全可靠。基于这样的考虑,需要一个安全的电子交易模型指导企业开展网上交易。目前电子交易模型有五种:支付系统无安全措施的模型、通过第三方经纪人支付的模型、数字现金支付模型、简单加密支付模型、安全电子交易模型,如图 5-2、图 5-3 所示。

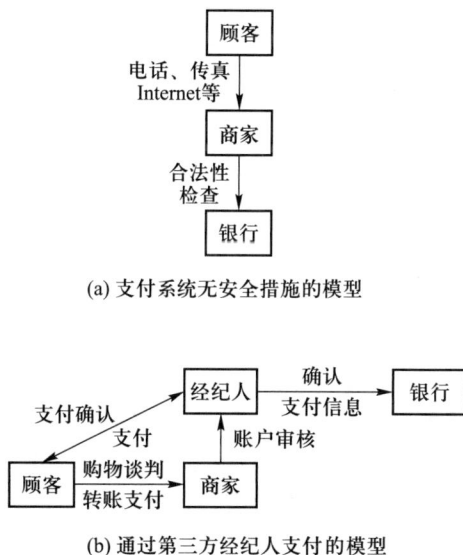

(a) 支付系统无安全措施的模型

(b) 通过第三方经纪人支付的模型

图 5-2　电子交易模型(一)

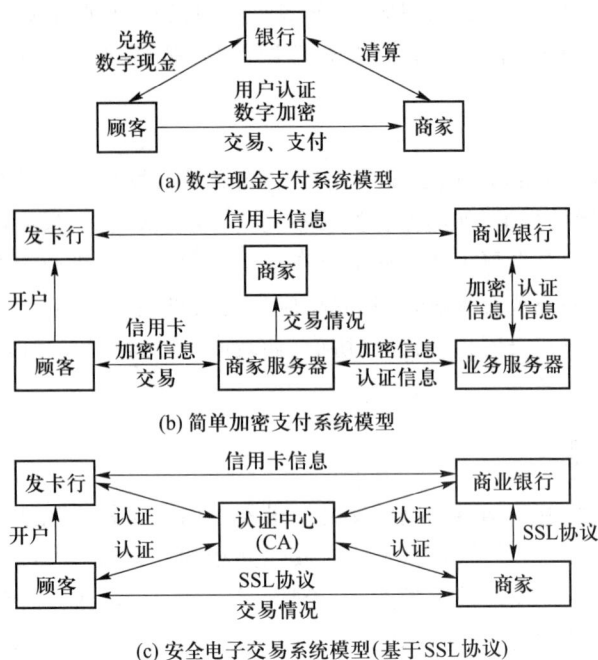

(a) 数字现金支付系统模型

(b) 简单加密支付系统模型

(c) 安全电子交易系统模型(基于SSL协议)

图 5-3　电子交易模型(二)

四、电子单证处理及流程

(一) 电子单证概念

单证是指贸易结算中应用的单据、证书和文件,包括信用证、汇票、发票、装箱单、提单、保单等。电子单证就是单证的数字化形式,是通过电子数据交换技术将普通纸质单证转化成标准化的数字格式而形成的电子介质。

电子交易过程中使用的电子单证是企业与用户之间完成交易的凭证,常见的网上电子单证形式有四种类型:

(1) 身份注册类;

(2) 普通信息交流类;

(3) 信息发布类;

(4) 商务操作类。

设计一套完整的单证体系既能让用户体会到网上购物的便利性,又能让企业管理者在处理网上订单数据时保持数据的准确性。单证处理流程的优劣,直接关系到单证处理的效率,也是商家快速接受和处理客户网上订货以及及时有效管理后台数据库的关键。

(二) 电子单证流程设计与处理

1. 身份注册类单证流程

身份注册类单证是为企业收集用户信息和确认用户身份而设计的单证,用于用户开始使用网站时的注册,其流程如图 5-4 所示。

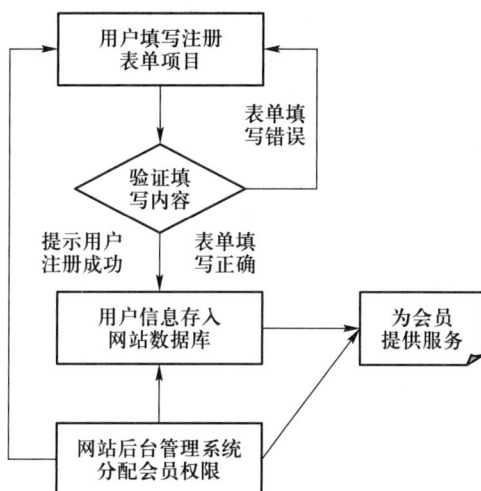

图 5-4 身份注册类单证流程

验证任务主要有用户 ID 唯一性验证、电子邮件格式验证、密码验证以及必填项验证。如果涉及身份验证,则可能需要借助手机、身份证号码等进行验证。

注册单证设计要简洁,且在内容上不能涉及用户的隐私信息,否则会引起用户的反感而拒绝注册。在注册单证上可以提供一些可供用户选择的偏好选项,以了解客户的消费行为偏好,也可以向用户发送一些针对性的电子邮件。

2. 普通信息交流类单证流程

该类单证是企业为获得某些特定信息、具有明确企图而专门设计的一类单证,常用于收集市场信息、需求调查、用户反馈等,其流程如图 5-5 所示。该类单证也可能是替第三方完成某项任务。

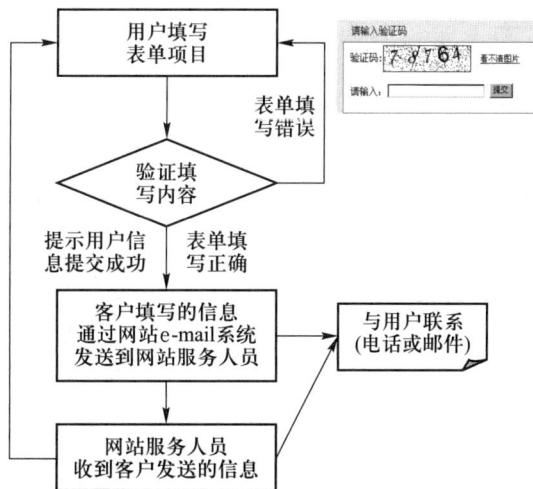

图 5-5 普通信息交流类网上单证流程

验证的目的主要是检查数据的完整性。

该类单证具有明确的目标,目标不同时单证内容也不相同。在设计时要注意紧扣主题,且填写内容不能太多,以防用户没有耐心。另外为防止恶意填写,有时还需要使用一些确认验证,目前常用的验证手段是输入验证码,如图 5-5 右上角所示。

3. 信息发布类网上单证流程

提供给用户发布信息的工具,往往作为一项服务与网站相应发布空间相联系,例如阿里巴巴为其会员提供发布产品信息的服务,其流程如图 5-6 所示。此类单证设计相对比较复杂,因为不同的会员对发布信息的要求可能不同,因此在设计时要尽量考虑到各种可能的信息发布需求。

4. 商务操作类

购物车(shopping cart)是用户在网上购买商品的一个重要工具,它让客户在选取商品时将待购商品暂存起来以便一同结账,与超市中的购物车功能相似。电子购物车能够让客户挑选商品,并将所选商品列成清单供客户检查、变更,直到点击"购买"按钮才触发实际购买,购物车的订单处理流程如图 5-7 和图5-8所示。

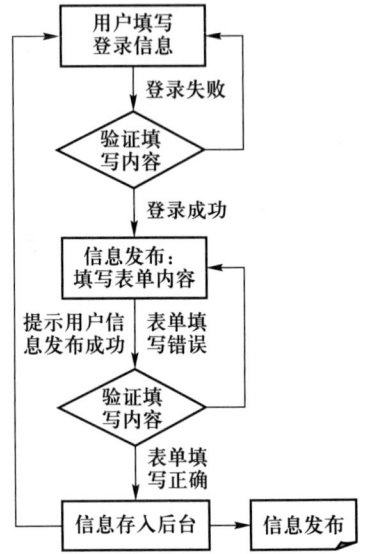

图 5-6 信息发布类网上单证流程

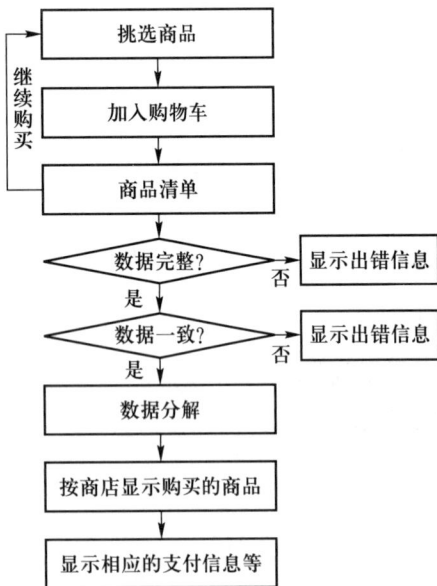

图 5-7 购物车的订单生成部分流程

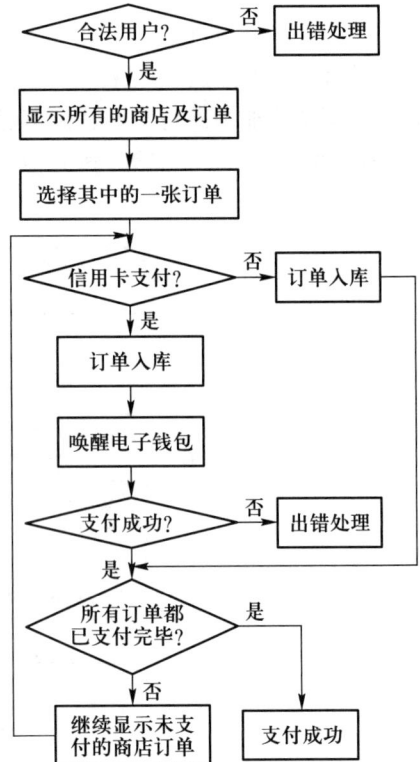

图 5-8 确认和支付部分流程图

（1）订单生成部分流程。在对客户订购商品数据校验的基础上，根据其所购的商品生成订单。

检查数据是否完整，主要是检查商品名称、种类、购买数量、编码等数据项是否完整，数据格式是否符合完整性要求，这些都满足后再进入下一步操作，否则显示出错信息。

检查数据是否一致，主要是检查商品的单价、数量和总金额等数据是否一致；数据一致则进入下一步，否则显示出错信息。

数据分解是指将接收到的客户订购的商品信息分解为每个具体购买项信息。由于电子市场下的网上商店的类属不同，如百货公司、宾馆、饭店和其他商店等，而不同类属的网上商店有各自不同的需求，并且每个商店各自的支付方式等也不尽相同。因此需要判断每个购买项的商店属性，并按不同的商店显示各自的订单和支付方式等。

（2）确认和支付部分流程。一旦客户确认所购商品的订单以及配送方式、支付方式，该订单就被存档，同时对数据库进行实时更新。电子市场对客户订单的确认和支付都是按商店级逐个进行的，在一个商店的订单被支付或者确认之后，市场级的订单继续保留未支付或者未确认的其余订单，直到该客户的订单上涉及的所有商店订单都被支付或者确认完毕才结束。如果购物车仅属于一个电子社区，如 amazon.com，则购物车的流程就相对比较简单。

第二节　电子交易的静态价格机制

电子交易有多种不同的市场机制，每种机制都有其相应的流程，市场机制主要有两大类：一类是静态价格机制，另一类是动态价格机制。本节主要介绍静态价格机制。

静态价格机制中的价格一般由卖方根据市场状况事先确定，买方在购买过程中可以享受适当的折扣；在电子商务环境下，买方也可以根据自己的需要和市场状况确定价格，由卖方提供符合条件的产品或服务，电子商务中的静态价格市场机制有电子目录销售和网络团购等。产品定制也可以看做是一种静态价格机制。

一、电子目录销售

目录销售作为一种市场机制已经存在很久了，它是将产品目录印制在纸上然后邮寄给潜在客户进行促销、销售。电子目录就是以电子化形式呈现产品信息，如品名、规格、价格、品牌等。在电子商务环境中，电子目录是比传统目录更具优势的销售方式，已经成为大多数产品销售网站的支柱。

对商家而言，电子目录的作用是为了宣传和促销产品、服务；对客户而言，希望从中获得产品或服务的信息。网站可提供搜索引擎和推荐引擎，使用户能够迅速发现满足自己需要的商品或服务。

早期的电子目录基本就是纸质目录的复制，现在的在线电子目录已经变成动态的、定制的形式，并集成了买卖程序。通过点击商品目录中的条目浏览商品详细的信息，包括各种媒体格式的介绍、客户的评论等；可以直接将商品加入购物车进入购买程序；商家除提供标准化的电子目录外，还可以为有偏好的消费者提供不同的商品内容、价格，特别是在 B2B 业务中。像京东、天猫、阿里巴巴都是典型的目录销售，图 5-9 显示了电子目录销售流程，图 5-10 展示了一种典型的电子目录。

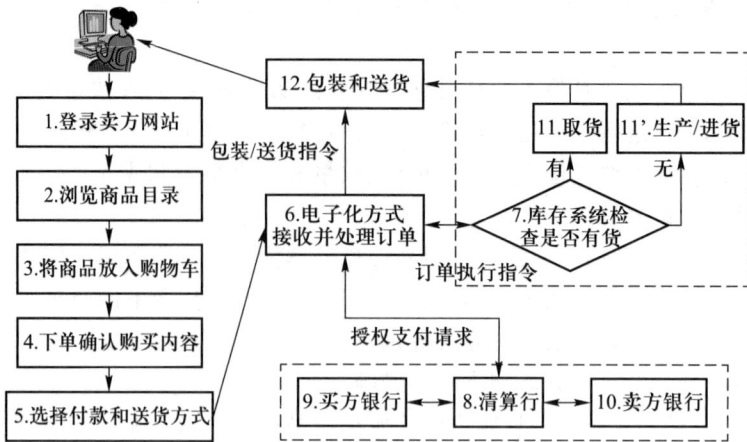

图 5-9 电子目录销售流程

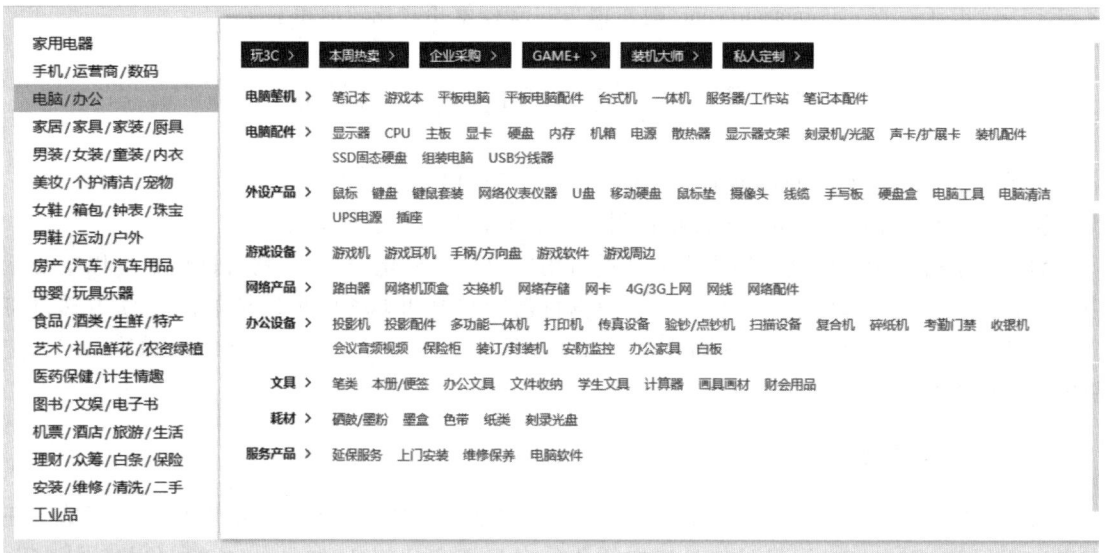

图 5-10 典型电子目录

电子目录是一种静态价格市场机制,消费者在购买商品时可以享受到不同折扣,但自己不能改变商品价格。一般来讲,购买越多,享受到的价格折扣也越多。有时针对不同的客户,目录定价也不完全相同,比如面向普通消费者的价格可能会高于面向企业内部员工或会员客户的价格,面向个人消费者的价格也可能高于面向企业客户的价格等。商家在管理目录时要注意不能出现渠道上的价格混乱。配送方式的选择也可能会影响最终支付的价格,比如普通投递和快递的价格是不一样的。

商家在电子目录销售中常用的定价策略有低价策略、高价策略、促销定价、心理定价。图 5-11展示了某网站产品的定价信息。

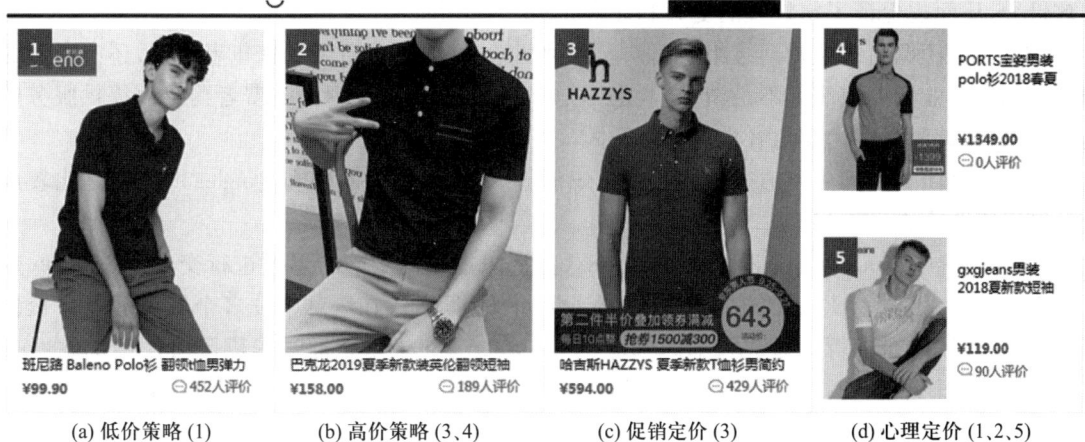

(a) 低价策略 (1)　　(b) 高价策略 (3、4)　　(c) 促销定价 (3)　　(d) 心理定价 (1、2、5)

图 5-11　目录销售的商品定价策略

（1）低价策略。对于具有成本优势的产品,商家可以采用低价策略获取较高的市场份额,但低价策略有时可能会影响企业的品牌形象。

（2）高价策略。对于具有技术优势的产品,商家可以采用高价策略树立企业的品牌形象,并获得超额回报。

（3）促销定价。促销定价是商家在短期内采取超低价(如秒杀价)策略,形成市场氛围,然后在市场稳定后逐步回归正常定价。

（4）心理定价。产品价值与消费者的心理感受有着很大的关系。心理定价就是利用消费者购买商品时的心理制定产品价格,主要有整数定价(如100元);尾数定价(如99.9元);谐音定价(如88.8元);声望定价,即利用消费者一分钱一分货的心理采取高价策略;习惯定价,即根据市场的公认价或大众价进行定价;根据产品定位不同,采用分档次的系列定价等。

小规模的电子目录制作比较容易实现,但大规模的电子目录制作需要借助专业的制作软件如智目录(icatalog.cn)才能实现。

二、网络团购

网络团购是一种非常流行的网络购物方式。所谓网络团购,是指一定数量的消费者通过互联网渠道组织成团,以折扣购买同一种商品。其根本特征就在于借助互联网的凝聚力量来聚集资金,加大消费者与商家的谈判能力,取得价格上的优惠。由于可以用较大的折扣买到需要的产品,网络团购得到了越来越多的消费者青睐。

网络团购的主体大体可以归为三类:购买者、销售者、组织者。网络团购的价格机制可以采取正向团购和逆向团购等方式,在实践中的应用形式多种多样。根据网络团购主体的组织形式,网络团购主要可以分为如下三种。

（1）消费者通过网络自发组织的团购。此种团购中,所有参与网络团购的都是消费者,组织者作为消费者之一通过网络将零散的消费者组织起来,以团体的优势去与销售者谈判,从而获得比单个消费者优越的购买条件。

（2）销售者通过网络组织消费者团购。此种团购中,销售者通过网络发布团购信息,邀请消费者参与团体采购,而销售者自愿将价格降低到比单个消费者采购更低的水平。因为消费者采购数量大,从而也保证了销售者的更大利润。

(3)专业团购组织通过网络组织团购。此种团购中,除了消费者和销售者以外,还有专业的团购组织。专业团购组织并不是消费者,也不是销售者,而是为了帮助消费者购买而提供服务的组织。当然,此种形式的组织者也可能是个人。

目前网络团购活动主要通过专业团购组织展开,Groupon、美团网和 Ringleadr 等都是比较成功的网络团购中介。

Groupon(groupon.com)是网络团购的先驱,主要采取正向团购的形式进行交易。Groupon 成立于 2008 年 11 月 11 日,总部位于美国伊利诺伊州的芝加哥,在全球 150 多个城市为用户提供团购交易,其团购价格折扣通常大于 50%。Groupon 的运作机制是通过提供限时团购的在线交易服务,以每日更新、货物价格低廉的模式,吸引临界数量以上的购买者,然后收取供货商的交易提成作为回报。Groupon 让团购真正变成一个多方受益的、可持续的新型电子商务。国内美团网、糯米网和淘宝聚划算都是正向团购的代表。

以 Ringleadr(twitter.com/ringleadr)、Loopt(loopt.com)和路客网(lookoo.cn)为代表的"逆向团购+Local-Based Service"的团购模式创新在实践中取得了良好的效果。Ringleadr 的逆向团购模式采用了让消费者自己发起团购的方式,消费者发布团购信息后,可以通过社交网络邀请其他人参加。当参团人数足够时,Ringleadr 就会把该团购计划发给商家审阅,商家在一定期限内决定是否通过或者需要修改这项团购计划。在 Ringleadr 的首页定义了消费者的两种角色:创建者和追随者。消费者只需输入或选择其所在城市名称,就可以创建一个团购或者查到当地的团购计划,然后选择自己喜欢的加入其中。Ringleadr 推出排行榜功能和手机应用套件让商家和消费者增加互动,这样消费者就可以和商家交流,不断地改进团购计划最终完成团购,在一定程度上提高了团购的实现率和消费者的满意度(图 5-12)。

图 5-12 Ringleadr 的逆向团购

路客网 2012 年推出了"手机买团购"的移动应用服务,该服务将 Local-Based Service 团购和移动支付服务进行结合,用户可以基于当前位置即时发现身边的团购信息,而且无须进行注册,输入手机号码就能直接进行支付购买。目前"手机买团购"聚合了来自拉手、美团、满座、糯米等国内 100 多家团购网站的团购信息，并按照美食、电影票、咖啡等类目进行分类。每一类团购信息中，"手机买团购"基于商家离用户当前位置的距离远近排序，用户可以点击查看团购的详情以决定是否购买。"手机买团购"还提供了商圈功能，用户可自由查看感兴趣的商圈有哪些团购信息，以及距离当前位置的距离（图 5-13）。

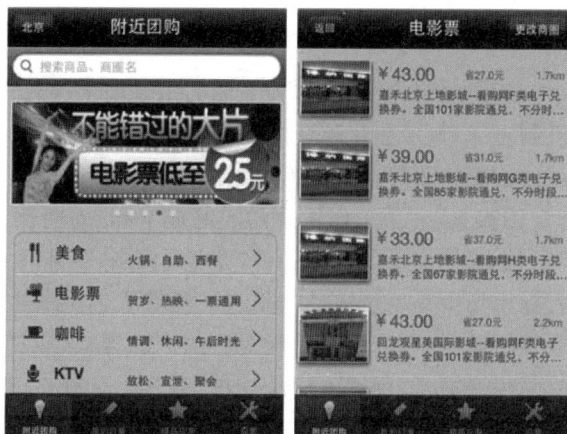

图 5-13 路客网的逆向团购

三、捆绑定价

捆绑销售是将两种或两种以上的相关产品进行打包出售的一种销售与定价模式，在电子产品、食品、服装等销售领域有着广泛的应用。电子商务环境下，企业一方面可以在消费者购买某件产品后，推荐其他产品，并制定个性化的捆绑价格；另一方面，可以分析消费者的购买历史，找出经常被一起购买的产品集合，并利用捆绑定价方法计算产品捆绑的价格。在捆绑定价过程中，将哪些产品进行捆绑销售、是否进行捆绑销售以及如何制定捆绑价格是捆绑定价决策的主要问题。

（1）哪些产品适合进行捆绑销售？通常情况下，企业拥有的产品多种多样。在选择捆绑产品时需要遵循的原则是在捆绑产品之间具有某一方面的契合点。消费者行为学研究表明，保留价格是消费者购买决策的重要依据。所谓保留价格是指消费者所能接受的产品的最高价格。捆绑定价中的产品契合点就是指在两件或多件产品之间找到某种匹配性特征，该特征能够使得消费者对于捆绑的保留价格大于对捆绑中每件产品的保留价格之和，即所谓实现"1+1>2"的效果。功能互补是常用的捆绑产品契合特征，在实际营销过程中，我们经常看到衬衣和领带、数码相机和小型彩色打印机等进行捆绑销售，即是功能互补的典型应用。

（2）是否进行捆绑销售？单独销售、完全捆绑和混合捆绑是捆绑定价的三种可选策略。以产品 A 和 B 为例，在单独销售策略中，A 与 B 不进行捆绑，其定价原则是单独销售每件产品时，企业利润最大化。在捆绑销售中，A 与 B 不再单独销售，此时的定价策略是制定最优的捆绑价格。在混合捆绑中，A 与 B 既捆绑销售，又作为个体单独销售（单独销售 A 和 B，或单独销售 A（B））。这说明，在企业捆绑定价的过程中有多种形式可供选择。具体选择哪一种形式，需要基于企业捆绑定价的目标而定。例如，如果以利润最大化为目标，企业需要选择能够实现最大利润的捆绑销售策略；如果企业以降低某种产品的库存为目标，企业则需要选择实现该产品销量最大的捆绑策略。

（3）如何制定捆绑价格？捆绑定价的目标通常包括新产品发售、清理库存或薄利多销等。基于不同的捆绑定价目标，企业需要制定不同的捆绑产品价格。捆绑定价以消费者效用最大化为基础，基于消费者的保留价格研究当企业给定不同价格时消费者的购买决策（购买捆绑产品还是单独购买相关产品），进而制定捆绑定价目标最优的产品价格。

四、定制定价

所谓定制,就是根据买主的需求说明书进行产品或服务的生产设计。定制是最古老的市场机制之一,在工业化革命之前,定制生产是主要的市场机制。比如客户要做一件衣服,首先挑选一位称职的裁缝,然后去量尺寸,确定质量、样式、价格等,最后由裁缝完成衣服的加工,即所谓的"量体裁衣"。手工作坊式的定制成本高、周期长,在工业化革命后被标准化的批量生产所代替。

标准化批量生产是一种"推"式机制,企业将标准化产品生产出来后努力"推"向市场,消费者在市场中是一个被动接受者。随着人们生活水平越来越高,人们越来越愿意展示自己独特的个性,他们不再满足于千篇一律的产品样式、质量、颜色等,个性化需求越来越多。相对于标准化批量生产而言,定制生产是一种"拉"式机制。它是由消费者驱动的生产方式,即先有需求后有生产,并且消费者直接参与产品的配置、设计,因此定制生产满足了消费者个性化的心理需求。特别是在有了网络以后,定制能力大大增强,配置定制产品的细节,甚至设计均可在线进行;原来的标准化批量生产在网络技术支持下转变成大规模定制生产,买主与设计者之间的交互可以快速、准确地配置他们想要的产品,而在信息化支持下的敏捷制造系统可以很快地达到这种生产能力,生产定制产品与生产标准化产品在价格上已没有多大差别。

计算机是最早进行网上定制的产品类别之一,戴尔公司是该行业的先驱,但随着信息技术的发展,定制模式被很多企业采纳。计算机制造企业构建网上定制平台,在显示屏、声卡、显卡、硬盘、内存、CPU 等方面提供不同型号的零部件让用户自由选择,最终组装成符合用户自身需求的计算机产品。同样的,手机等电子产品也可以按照定制的模式进行交易(如青橙手机)。与计算机、手机等由标准零部件组成的产品不同,服装、相册等产品并非由标准化零部件组成,这些产品的定制需要新的方式。喀嚓鱼和网易印象派主要提供相册冲印、服装和配饰定制等业务。这些网站提供相关产品的基本版式,用户在选择基本版式后,可以在相册、服装和配饰等产品上自由设计花纹、图案和文字,从而达到个性化定制的效果。

定制生产需要企业具备一定的条件。首先要有良好的信息化平台,从为消费者提供产品设计平台,到电子订单的接收、与企业内部系统如 ERP 系统的集成,都需要有良好的信息化平台,此外,企业的信息系统还要与供应商系统集成、与商业伙伴如第三方物流公司的信息系统集成等。其次企业要能够准确理解客户的需求,如利用协同过滤技术、企业设计人员的在线帮助等提高企业对客户需求的理解。

由于定制生产是先有需求后有生产,因此其业务流程也与传统的生产方式不同。换句话说,传统的标准化批量生产模式下,生产与交易是相对分离的,而定制生产模式下生产和交易是集成在一起的。不同的企业定制交易流程可能存在一些差异,特别是在支付环节,各企业所要求的时间点可能是不同的。由于个性化定制采取的是"拉"式生产方式,因此,高效的供应链体系至关重要。

案例:红领集团:流水线上的服装个性化定制

青岛红领集团有限公司创建于 1995 年,总部位于青岛即墨区,面向全球定制高档西装、衬衣等服装产品,海外市场分布在美国、加拿大、澳大利亚及英国、法国、德国、瑞士、瑞典等欧洲国家。主要运营酷特智能(kutesmart.com)C2M(customer to manufacturer)个性化定制平台。

（一）改革势在必行

红领和很多国内同行一样，创业之初以接外贸代工订单开始，是一个典型的传统 OEM 工厂。服装行业虽然环节较少，包括研发设计、加工生产、品牌渠道运营，但产业链上的利润分配十分不均，加工生产仅占整体利润的 10%。随着劳动力等要素的成本越来越高，商场专柜等流通环节占用的费用越来越多，OEM 的利润越来越少，企业的盈利空间不断被挤压，红领的日子也越来越不好过。

与此同时，消费者的消费水平和消费观念的提升，消费者的个性化、差异化的需求日益增多，定制服装重新赢得人们的青睐。但是传统的服装定制需要量体师以手工的方式量体、"打版"，制作毛坯，并在顾客试穿后反复修改。一方面，定制服装的量体方法需要量体师有长时间的经验积累，且量体经验不可复制；另一方面，工厂难以找到数量众多、经验丰富的量体师，不仅人工成本高昂，而且每个量体师量出的数据不能用于标准化的工业生产。

红领董事长张代理意识到，"低成本、低价格不是制造业的方向，传统发展方式终将难以为继。"2003 年，参观完国外工业生产之后的张代理，在自家企业内的一片反对声浪下，毅然敲响了从成衣生产到个性化定制转型之战的战鼓。

（二）标准化数据驱动个性化定制生产

红领集团基于过去在服装行业十多年的累积，先后投入数亿元资金，把 3 000 多人的工厂作为试验室，用信息化手段和互联网的思维，对服装制造的转型升级进行了艰苦的探索与实践，构建了顾客直接面对生产者的个性化定制平台"酷特智能"，采用数据建模和标准化信息采集的方式，将顾客分散、个性化的需求，转变为生产数据，创新打版和量体方式。

在数据采集方面，红领集团自主研发独特的量体工具和量体方法，采用 3D 激光量体仪对人体 19 个部位的 22 个尺寸进行数据采集。采集的数据和版型数据库相匹配，客户只需在定制平台上填写或选择自己的量体信息、特体信息和款式工艺信息等数据，后台的智能系统就会根据客户提交的数据，自动将其与数据库中存储的模型进行比对，输出客户的尺码、规格号、衣片、排料图、生产工艺指导书以及订单物料清单等标准化信息，把个性化的信息变成标准化数据。与此同时，网页上会展示给客户一个 3D 模型，通过模型顾客可以立体、细致地观察款式颜色、细节设计、布料材质等。用户体型数据的输入、驱动系统内近 10 000 个数据的同步变化，能够满足驼背、凸肚、坠臀等特殊体型特征的定制，覆盖用户个性化设计需求。

在数据建模方面，红领集团结合积累的数百万顾客个性化定制的版型、款式、工艺等数据，如各类领型、袖型、扣型、口袋、衣片组合等设计元素，构建了海量版型的数据库。基于数据库分析，将人体三维数据与布片二维数据在数据库中构建一一对应关系，同时整理出包括技术、材料、生产等所需数据信息，如不同的版型对材料的消耗量，不同面料的裁剪方式，以及部分工艺的具体实现方法等，进而将总结出来的信息与规则数字化、模型化，并储存在专用的数据库中，以备生产使用。同时，由于定制化数据的极大丰富，模型会随着更多版型数据的输入不断优化。例如，在早期的数据库中腰围和立裆的数据相关联，设计的规则是腰围加大立裆随之加长，但是随着数据的逐渐丰富，红领集团修改了模型，使关联更加准确。

为提高效率、降低成本并满足个性需求，红领集团自主研发了在线定制直销 C2M 平台。消费者通过 C2M 平台提交定制需求，系统自动生成订单信息，订单数据进入红领自主研发的版型数据库、工艺数据库、款式数据库、原料数据库进行数据建模。C2M 平台在生产节点进行任务分解,以指令推送的方式将订单信息转换成生产任务并分解推送给各工位。生产过程中,每一件定制产品都有其专属的电子芯片,并伴随生产的全流程。每一个工位都有专用终端设备,从互联网云端下载和读取电子芯片上的订单信息(图 5-14)。

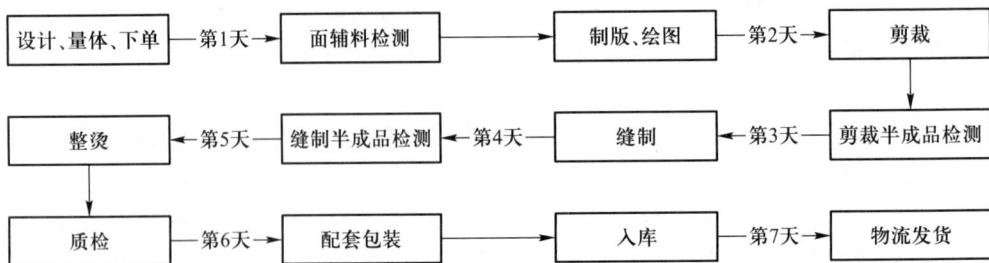

图 5-14 红领集团定制生产流程

(三) 创新成效

红领集团的数据库已经覆盖男装、女装和童装三大类目,每个类目又细分为西装、外套、衬衣、裤子和马甲五个子类目,可供顾客自由搭配,满足顾客对领型、口袋、面料、里料、拼接、个性刺绣及品牌标识等个性化的需求;个性化定制系统使工厂从接单到出货最长只需 7 天个工作日,服装价格根据面料质量不同,最低只需 2 000 元/套。2015 年,红领集团互联网定制业务收入及净利润收入均同比增长超过 100%,利润率达到 25% 以上。各项业务数据稳步增长。

未来,庞大的数据将成为红领取之不竭的"宝藏",并将帮助红领掌握未来的工业云平台,从而占据智能制造的制高点。展望未来,张代理对酷特信心十足:"如果持续保持变革和创新,酷特成长为千亿级的企业并不遥远。"

案例资料来源:(访问时间为 2019.9)

思考题

1. 分析定制定价和其他静态定价的优劣。
2. 转型 C2M 就能一帆风顺吗?试分析 C2M 定制生产模式存在的经营风险。

第三节 电子交易的动态价格机制

在动态价格机制中商品或服务的价格是随着供需关系的变化动态地发生变化,电子商务环境对动态价格机制的发展和创新起到了极大的促进作用,谈判议价、拍卖、招标等动态价格机制在电子商务实践中得到了广泛应用。

一、谈判议价

面对面讨价还价是最古老的交易方式,而谈判是该方式的一种规范。所谓谈判,是指在社会生活中当事人为满足各自需要和维护各自的利益,双方妥善解决某一问题而进行的协商。商务谈判是指买卖双方为实现某种商品、服务或信息的交易就多种交易条件进行的协商活动。

谈判议价一般用在昂贵的、特殊的产品上或批量采购上,其价格由买卖双方的交流、讨价还价确定,谈判除价格外还涉及其他服务内容,如支付、配送、售后服务条款等。因此除在谈判议价这种市场机制中需要谈判外,在其他市场机制中也存在谈判问题,如拍卖成交后的售后服务、担保等,招标采购中的商务谈判等。

谈判议价是一种复杂的市场机制,需要进行多轮的建议和反建议直至双方达成或放弃合作协议。谈判类型有一对一的双边谈判、多对多的多边谈判以及一对多谈判,谈判可能是为了单一目的如价格,也可能是为了多种目的如价格、支付、配送等。

传统环境下的谈判议价是由人主导的面对面协商,但在电子商务环境下,无论是B2B还是B2C,人们至少希望谈判在人必要的干预下能够半自动化地完成。因此借助智能技术辅助在线谈判就成了电子商务研究领域的一项热门课题。保障谈判自动或半自动地执行的两项基础性工作是:

(1)规范谈判流程。只有规范的谈判流程,谈判软件才能按流程自动执行谈判过程。

(2)建立与谈判相关的知识库。只有在知识库的支持下谈判软件才能够有效地、智能地在谈判中代表己方的利益。

图5-15就是一个借助智能Agent的在线谈判框架[1]。其谈判过程包括以下几个方面。

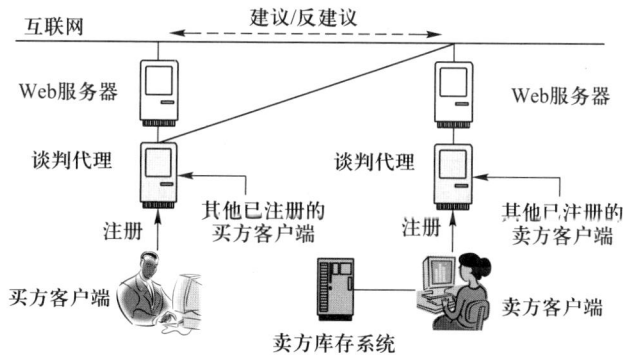

图5-15 智能在线谈判

(一)确认谈判对象

卖方通过在网站发布产品信息成为一个潜在谈判方,而买方借助搜索引擎寻找潜在供应商,供需双方的基本条件如品种、数量、价格范围等条件基本满足后双方就成了相互的谈判对象。

(二)注册

为了使谈判自动进行,双方均应安装谈判代理软件,并在系统中注册,注册时需要提供必要的信息以引导谈判进程并能指示系统在谈判过程中维护己方利益。这些信息主要包括详细的产品或服务需求以及相关的约束规则。

(三)谈判开始

买方向谈判代理发出产品或服务需求以启动谈判程序,并向卖方发出建议请求。卖方在收到买方建议请求后自动检查库存系统、验证己方的约束规则,在必要时可能调节己方的约束规则,生成回复建议发送给买方。买方针对回复建议确定应对策略:是否与自己的约束规则相符?

① S.Y.W.Su et al. An Internet-basednegotiation server for e-commerce. The VLDB Journal 2001,10:72-90.

若相符则接受建议,否则:

(1)拒绝建议,向卖方提出可能的修改;

(2)决策是否修改约束规则;

(3)产生一个反建议发送给卖方。

利用成本—效益分析确定最佳方案并将其与买方的约束条件一道发送给卖方,开始新一轮谈判,如此反复直至达成或放弃合作协议。

在谈判过程中一般有谈判专家和用户代表监视谈判过程,并做适当的、必要的干预。

二、在线拍卖

传统的拍卖是指由卖方提供商品及保留价格,买方通过竞价达到最终成交价的一种市场机制。拍卖原本用于市场范围小、具有特殊价值的商品销售,但电子商务的发展使拍卖概念得到极大延伸。它不仅保留了传统的拍卖方式,还将拍卖延伸到普通商品的交易中,同时在信息技术的支持下出现了许多创新的拍卖形式,如反向拍卖(逆拍卖)、集体议价、由你定价等。借助互联网或其他通信技术完成的拍卖统称为在线拍卖(e-auction)。

(一)正向拍卖

正向拍卖(forward auction)就是指传统的拍卖方式,根据竞价策略不同又被分为英式拍卖、荷兰式拍卖、"集体"议价、密封式拍卖等形式。

1. 英式拍卖

英式拍卖是最常见的拍卖方式。它是一种公开的增价拍卖,即后一位出价人的出价要比前一位的高,竞价截止时间结束时的最高出价者可获得竞价商品的排他购买权。

网上英式拍卖与传统英式拍卖有所区别。传统拍卖对每件拍卖品来说,不需要事先确定拍卖时间,一般数分钟即可结束拍卖;而对于网上拍卖来说,则需要事先确定拍卖的起止时间,一般是数天或数周。例如,在 eBay 拍卖站点,拍卖的持续时间一般是 7 天。

由于网上拍卖的持续时间较长,这使得许多网上竞买人具有"狙击"(sniping)情况,即直到拍卖结束前的最后数分钟才开始出价,试图提交一个能击败所有其他竞买人的出价,并使得其他竞买人没有时间进行反击。解决在拍卖的最后时刻出价的一种方式是在固定的时期内增加"扩展期"。例如,扩展期设定为五分钟,这意味着如果在最后五分钟内有出价,则拍卖的关闭时间自动延长五分钟。这一过程一直持续下去,直到五分钟以内没有出价,拍卖才终止。这种方式有效地解决了"狙击"现象。另一种方式是实施"代理竞价"机制。eBay 解释它的代理系统为"每一个竞买人都有一个代理帮助出价,竞买人只需告诉代理希望为该物品支付的最高价格,代理会自动出价,直到达到最高价格"。

参与英式拍卖的卖家需要在拍卖网站上进行注册、提交拍卖商品信息以及订单履行的时间承诺、费用承担者,并确定其拍卖低价、每轮加价幅度、拍卖持续时间等。

2. 荷兰式拍卖

荷兰式拍卖又称为减价拍卖、无声拍卖,它是一种公开的减价拍卖。卖方报出自己的卖价后,若无人应标,则开始减价,直至竞买者应价或报数量时产生成交,多适合于大库存量的产品销售;如出现多人应价,但数量不足以满足需求时,可转化为英式拍卖。在线荷兰式拍卖与传统荷兰式拍卖方式不完全相同,它并不要求一定以减价的方式报价,其交易规则是出价高者获得优先购买权,相同报价者出价在先者获得优先购买权,最后以所有中标人中的最低报价成交。

例:某卖主有 1 000 件相同的商品,最高价 100 元,现有 A、B、C、D、E 等 5 人参与竞价,结果如表 5-1 所示。那么最终成交结果是什么呢?

表 5-1 荷兰式拍卖竞价结果

竞价者	报价时间(13:00—15:00)	报价(元)	购买数量(件)
C	13:20	100	245
A	13:40	85	300
D	14:00	85	300
E	14:30	90	300
B	14:50	95	300

从表 5-1 中可以得到购买优先权如下:C→B→E→A→D。因此 C、B、E 优先成交 845 件,A 成交剩余的 155 件,D 未成交。最终成交价是中标人 C、B、E、A 中的最低报价 85 元。

参与荷兰式拍卖的卖家需要在拍卖网站上进行注册、提交拍卖商品信息以及订单履行的时间承诺、费用承担者,并确定其拍卖起始价、拍卖商品数量、拍卖持续时间等。

3."集体"议价

"集体"议价是一种不同于传统拍卖的网络拍卖类型,多适用于 C2B 的形式。商家将商品的基础价格(初始价)公布,然后开放给消费者报价和下订单,消费者的报价可以低于基础价,但有一定限制,在某个购买期内销售量越大,价格就会走向越低,最后购买者以所有中标人的最低价成交。这是一种类似量折扣的销售形式,使个人消费者也能享受到批发的价格,是团购的一种变形。借助于社交网络,消费者还可以将商品交易信息分享给消费者,吸引更多的客户参与竞价,从而获得更好的折扣。例如,拼多多(pinduoduo.com)采用的就是这种交易机制。

4. 密封式拍卖

密封式拍卖是指买主只有一次报价机会的拍卖,竞价者相互之间不知道对方的报价,也称为静默拍卖。报价最高者获得购买权,但成交价有两种模式,一种就是以最高报价成交,另一种模式是以第二高价成交,这种模式又称为 Vickrey 拍卖。例如某件商品有 A、B、C 三人参与竞价,出价分别为 A 为 10 万元,B 为 9.5 万元,C 为 8 万元,则最终 A 将获得该商品的所有权,若第一种模式成交,则 A 需付 10 万元,若是 Vickrey 拍卖,则 A 只需付 B 所报的价(第二高价):9.5 万元。

5. 一分钱竞拍

一分钱竞拍(penny auction)是一种新型的拍卖形式。在这样的活动中,参与者每次都投入一小笔钱,每次增加的幅度很小,但是投入的钱不退。在很短的报价时间结束后,最后下注者支付竞拍款,并得到商品,当然价格要远低于正常的交易价。由于大多数出价都是有去无回,所以有些专家认为这样的拍卖与买彩票、赌博中的下注并没有任何区别。卖家不仅能得到竞拍中胜出的人购物所付的钱,而且能够得到那些没有退还给参与竞拍的人所出的钱。这样的竞拍网站有 swoopo.co.uk、madbid.com、quibids.com 等。有些网站还允许那些没有胜出的人用投入的钱按正常价格购买网络店铺的商品。

(二)逆拍卖

逆拍卖(reverse auction)是相对正向拍卖而言的,又叫拍买或反向拍卖。它是指消费者可以提供自己所需的产品、服务需求和价格定位等相关信息,由商家之间以竞争方式决定最终产品、服务供应商,从而使消费者以最优的性能价格比实现购买,多应用于 B2B、G2B。如招标、团购都可以使用逆拍卖机制。逆拍卖的流程如图 5-16 所示。

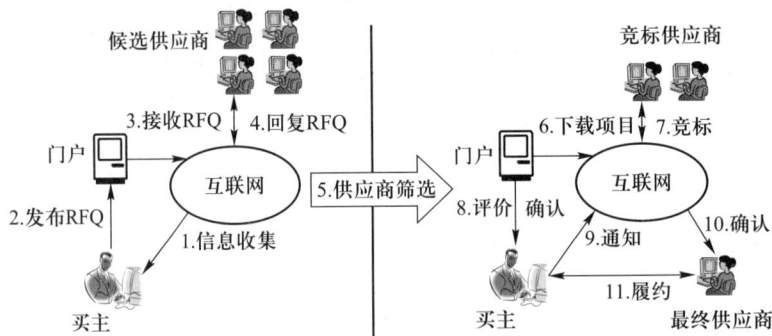

图 5-16 逆拍卖流程

"由你定价"也是一种逆拍卖机制,其基本思想是由用户给出所需产品的特征描述,并设定愿意支付的价格,由产品提供商决定是否以用户设定的价格为其提供相应产品。虽然"由你定价"没有请求报价(request for quote,RFQ)、连续竞价过程,但它仍然是由商家之间以竞争方式决定出最终产品或服务供应商。

Priceline(priceline.com)是"由你定价"模式的主要践行者(图 5-17)。Priceline 提供酒店、机票、租车、旅游等业务的"由你定价"服务。以预订旅馆为例,通过 Priceline 用户给定预订酒店的城市、入住和离开时间、酒店的大概方位和酒店等级等信息,最后给出愿意支付的价格。用户提交需求后,Priceline 便把用户需求及其愿意支付的价格等信息发给符合用户需求的酒店服务提供商,由服务商决定是否以用户给定的价格为其提供服务。

由于用户都会希望以尽可能低的价格享受到所需的服务,因此,"由你定价"的模式可能因为用户支付意愿过低对交易成功的概率产生负面的影响。为此,在用户输入愿意支付的价格时,Priceline 会根据以往成交的历史数据判断用户给定的价格是否过低,并给出相应的建议。此外,如果有多个提供商愿意为用户提供服务,则由 Priceline 根据一定原则为用户指定一家服务提供商。

除了 Priceline 网站酒店、机票和旅游保险等业务,"由你定价"模式在电影票销售、唱片销售等产品的逆向拍卖中也得到了广泛应用。"由你定价"模式之所以成功,主要是因为该模式可以为企业和消费者带来价值。

对消费者而言,通过"由你定价"的逆向拍卖模式往往可以用较低的价格(低于消费者的保留价格)享受到更好的服务,为其带来更多的消费剩余。另一方面,多家产品提供商为消费者的个性化需求竞拍,为电子商务提供了前所未有的娱乐性与趣味性,在满足消费者需求的同时,也为消费者带来了购物的喜悦感和成就感。

对企业而言,多提供一件产品的边际成本往往很低,但可能带来的边际收益却非常可观。尤其是以机票、酒店等为代表的"易逝品",由于时间因素能导致该类产品的使用价值降低到零,但其提供服务的边际成本较低,因此卖方能够出让的利润空间非常大。另一方面,逆向拍卖模式很好地保护了商业品牌。Priceline 上降价幅度最大的客房,通常是由 5 星级酒店提供的,这是因为

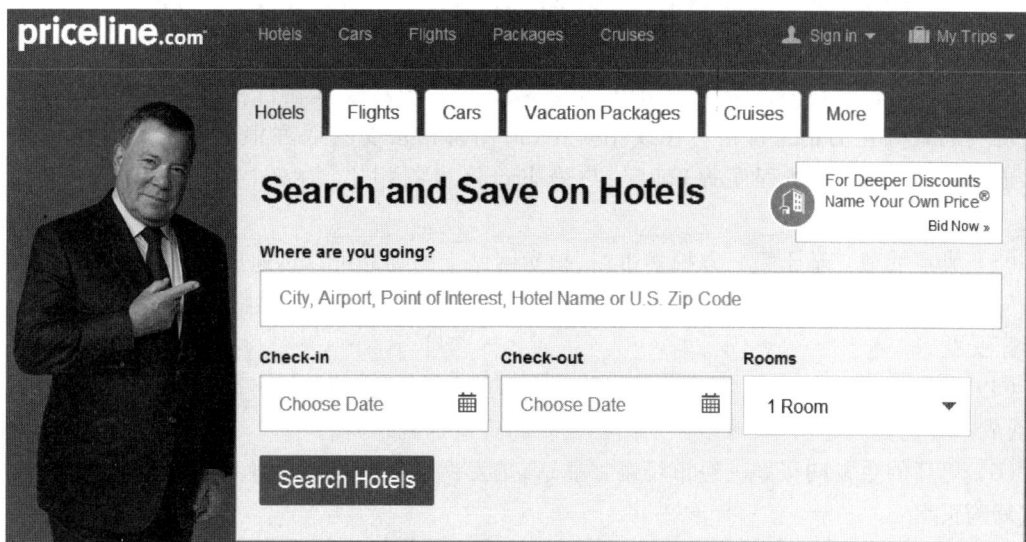

图 5-17　Priceline 的 Name-Your-Own-Price 模式

其定价与变动成本间差距最大。事实上,4 星与 5 星级酒店房间,一直是 Priceline 上销售最好的产品,因为普通人在这里可以低价购买到平时无法享受的奢华。长期以来,豪华酒店也乐于低价销售一些空置房间,但最主要的障碍来自于公开的低价对自身品牌的负面影响。而 Priceline 在这方面为品牌提供了很好的保护。在网站上,大众看不到任何报价信息,只有成功拍卖到客房产品的那一名消费者,才能够看到酒店名称和价格信息。即便在理论上说,也没有哪种销售模式能比此模式更好地保护品牌形象了。

(三) 双向拍卖

双向拍卖是一种特殊的拍卖方式,它是指由多个买主和卖主对同一标的物同时报价和寻价,匹配时既考虑价格同时还考虑数量。上海证券交易所(sse.com.cn)、上海期货交易所(shfe.com.cn)都是最典型的双向拍卖。双向拍卖市场中的交易过程具体如下:

(1) 买方和卖方给出各自的报价和参加交易的产品数量信息;

(2) 根据市场中的报价规则,判断交易者的报价是否合理,如果合理则被市场接受,不合理则通知他们重新报价;

(3) 根据交易规则来匹配市场中的买方和卖方,包括交易价格和交易数量,确定交易费用和交割时间等;

(4) 根据信息公布规则,显示市场中的买卖双方的报价、报价的次序、历史交易结果、利好消息和利空消息等;

(5) 根据交易规则判断交易是否终止,如果没有,则重新回到(1),开始新的交易;如果满足结束条件则关闭双向拍卖市场,流程结束。

根据双向拍卖交易规则中的买卖双方发生交易的时间不同,将双向拍卖划分为连续竞价和集合竞价。

(四) 拍卖价格机制的优势

作为一种动态价格机制,在线拍卖具有如下优势:

（1）高流通性。借助 eBay 等第三方拍卖市场,参与拍卖的买卖双方可以很容易找到对方。电子商务为建立全球化的拍卖市场提供了技术支持。

（2）轻松定价。在静态价格机制中,企业需要基于产品成本在价格需求曲线的基础上制定实现利润最大化的销售价格。在线拍卖中,产品价格由交易双方根据拍卖当时的情景（如需求迫切程度、竞拍激烈程度等）确定,与静态价格机制相比,拍卖中的价格机制更迅捷、更高效。

（3）成本低廉。基于第三方拍卖市场,拍卖网站上的物品可以迅速成交,交易成本降低。

（4）聚集人气。大型的拍卖网站可以将数量众多的热衷于网上购物的消费者集中在一起,使卖家受益。

（5）网络影响力。一家大型拍卖网站的人气越旺、商品的种类越丰富,以上所提到的高流通性、低成本等优势就越明显,网站在人们心目中的价值也就越高。

（6）更高的重复购买率。经市场调查显示,拍卖网站比亚马逊这种 B2C 零售网站具有更高的重复购买率。

（7）黏性。此处黏性是指顾客在网站长时间停留和再次登录的趋势。拍卖网站往往具有更高的黏性,而黏性强的网站可以获得更高的广告收入,因为浏览者有更深的印象和更长的浏览时间。

（五）拍卖中的消费者行为

（1）羊群效应。主要是指竞标者都涌向一个或几个已经投标的商品,并为此展开价格竞争的现象。

（2）卖家遗憾。卖家对于自己永远不能了解最终胜出者究竟愿意花费多少钱或者商品在他心目中的真实价值含量而感到遗憾。

（3）赢家心痛。这是指拍卖胜出者事后觉得自己的报价有些过高的心理感受。

（4）自我埋怨。这是指拍卖失意者认为是自己出价太低才导致失败的心理感受。

（六）拍卖中的欺诈问题

"托"在传统市场中已经存在多年,它是欺诈的一种形式,在在线拍卖中也出现了"托"形式的欺诈。欺诈已经成为在线拍卖特别是 C2C 拍卖的致命伤。

1. 竞价前的欺诈

竞价前的欺诈主要发生在卖方,其主要形式是夸大产品的质量或数量,比如用其他样品的图片代替实际样品的图片,在文字陈述时故意提高产品质量等,目的是吸引高报价。

2. 竞价中的欺诈

（1）买方欺诈。买方欺诈的目的是以一个超低水平的价格成交。在英式拍卖中,欺诈者在报价早期就喊出一个异常高的价格以压制其他人报价,其目的有二:一是一直保持该报价直至成交,但最后却放弃履约使卖主承担经济损失,这是一种损人不利己的欺诈;二是为了配合亲戚、朋友低价买入,在亲戚、朋友报入一个低价后立即报入一个高价,但在拍卖截止时间前突然撤去高报价,从而以先报入的低价成交。例如,某商品的底价是 100 元,价格增量是 5 元,真买主在报出 105 元后,伪买主（一般与真买主之间有关联）报出异常的高价,如 3 000 元,这样就不可能再有人竞价了,然后伪买主在拍卖即将结束时撤销报价,这样真正买主就能以 105 元成交了。

类似的情况在荷兰式拍卖、双向拍卖中也可能存在。例如,商家推出 100 件 100 元/件的商品,伪买主先报入 100 元/件、100 件,这样就可能阻止他人报价,在最后时刻真买主报 80 元/件、100 件,而伪买主撤单,这样真正买主就能以低价成交了。但由于网上荷兰式拍卖的量比较大,也允许他人自由报价,这种欺诈不太容易得逞。常用的对策是限制增减幅度。

(2)卖方欺诈。卖方欺诈的目的是希望以一个超高价格卖出拍卖品或阻止一个超低价格成交。"托"是为达到高价卖出而常用的策略。"托"就是一些伪买主利用消费者的从众心理,在拍卖期内不断地在真买主的报价上加价,给潜在买主形成产品受欢迎的形象,从而吸引客户追涨,最后以一个超高价成交。卖方为了阻止超出预期的低价成交,会以伪买主的身份在最后时刻报一个异常高价,这样卖主自己就变成了买主,从而阻止了不满意的交易。

3. 成交后的欺诈

(1)买方欺诈。成交后的买方欺诈主要是拒绝付款或克扣货款,常用的欺诈理由有:不承认收到货物,声称商品在运输过程中损毁,声称商品质量存在问题。

买方可能提供错误信息使得卖方在商品投递出去后与买方失去联系。

买方另外一种欺诈形式是调包退货,即用自己的一个劣质商品代替卖方的商品退还给卖方而拒绝付款。

(2)卖方欺诈。成交后的卖方欺诈主要是收款不发货或以假冒伪劣商品、盗窃品代之。卖方还可能在成交后拒绝向电子中介支付交易费用。

解决拍卖中的欺诈问题除了需要有相应的立法保障之外,还需要有交易制度上的限制和技术保护。比如像淘宝网就采用了实名制注册,这对欺诈是一个很大的抑制,另外可通过第三方完成履约。第三方履约流程如图 5-18 所示。

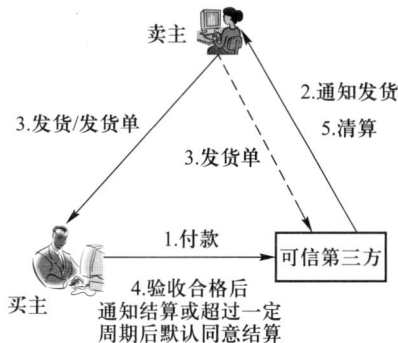

图 5-18　第三方履约流程

(七)网络竞拍的影响

由于人们有各种各样的交易目的,再加上拍卖的环境也各不相同,因此,竞拍背后的动机也千差万别。

1. 竞拍成为判断价格的社会机制

有些物品(例如稀有物品)并不在传统市场中出现,有些物品并不常在市场中出现。此时,竞价拍卖的作用就显现了,因为它会吸引潜在买家,有些甚至是某方面的专家。把众多这样的物品摆在一起,吸引许多潜在买家的注意,也表达出他们的意愿,因此,市场的流动就快了,而且价格也能够实现最优化。最经典的例子是对邮票和艺术品的拍卖,还有通讯频道、网络广告位置的拍卖等。例如,葡萄酒收藏家可以到 winebid. com 网站上举牌竞拍葡萄酒。

2. 竞拍成为高度可视化的分销机制

有效竞拍拍卖的是一些特殊商品。在这种情况下,卖家就减少商品的供给,用拍卖的形式吸引人们的注意,特别是那些喜欢淘便宜货的人或是喜欢赌一把的人。例如,各大航空公司就是这样组织航班座位的拍卖的。

3. 竞拍成为电子商务模式的一个组成部分

竞拍活动有时候单独进行,有时则与其他电子商务活动合并进行,例如,可以将团购和逆向拍卖结合在一起。

三、在线物物交换

物物交换是市场交易最古老的一种形式。如今,它是主要发生在企业之间的交易。物物交换中碰到的难题是难以撮合买卖双方。企业和个人都会用分类广告告知自己的供给和需求。但是真的要找到需求和供给匹配的交换方还是很难的。人们可以依靠中介,但是中介收费通常很高(佣金可能占到交易额的 20% ~ 30%),而且速度很慢。

在线物物交换(e-bartering)由于可以吸引到较多的交易伙伴,所以可以加快撮合的进程,不仅提高了交换的速度,而且改进了产品的匹配度。网络物物交换最多的是办公用房、仓库、厂房、闲置物品、企业库存、劳动力、旗帜广告位等。值得一提的是,物物交换依然要考虑交易税的问题。

在线物物交换一般是在物物交换交易所进行的,由网络中介帮助完成交易。目前常用的物物交换中介网站有 u-exchange. com、swapace. com 和国内的易物天下(i1515. com. cn)等。以易物天下为例,物物交换主要包括如下四种模式:

(1)易物清库:该模式的主要目的是清理库存,快速周转。借助该模式,用户可以不再用打折促销的方式清理库存,而是通过交换的方式把库存产品清理出去,换成用户想要的产品。

(2)易物采购:该模式的主要目的是换己所需,节省现金。借助该模式,用户可以通过以物易物的方式实现采购,节省现金。

(3)易物营销:该模式的主要目的是快速成交,拓展客户。借助该模式,用户可以运用易物营销的方式迅速拓宽渠道,换到准客户从而换成钱。

(4)易物投资:该模式的主要目的是资本运作,资产增值。借助该模式,用户可以通过不等值交换(例如 100 元的产品换成 200 元的产品,再打 5 折以下销售变现)实现产品增值。

四、个性化定价

由于不同消费者对同一产品的需求和价值感知存在差异,其支付意愿也存在较大差别。个性化定价策略就是利用消费者个体的特征和需求差异进行动态定价的一种价格机制。我们可以用一个场景来说明个性化定价机制。张三和李四都计划到某个网站购买《电子商务概论》教材,该教材在网站的标价为 34 元。通过分析用户的支付意愿,网站发现张三的支付意愿低,而李四的支付意愿高,于是给了张三一张满 30 减 5 元的电子优惠券。这样,张三和李四均购买了《电子商务概论》教材,但是支付的价格却分别为 29 元和 34 元。

虽然会有不公平的感觉,但是这种个性化定价的机制在现实生活中随处可见。在网络环境下,企业可以方便地获得丰富的消费者数据。基于这些数据,企业可以更有效地分析消费者对某一产品的渴望程度和支付意愿,进而为每一消费者制定独特的价格。

案例: 连锁超市的个性化定价

金柏莉·康韦尔的丈夫正通过高蛋白饮食来减肥,他早餐通常吃鸡蛋。几个月前,当食品零售企业西夫韦公司的购物 App 提供 18 个鸡蛋售价 1.89 美元的促销时,康韦尔欣然接受。康韦尔从未向这家商店提供过有关她家人健康或健身需求的任何信息。身为芝加哥招聘人员的她参加了西夫韦的"只是为你"计划。这个计划利用复杂的算法筛选购物数据,从而猜测她的需求并提出特别定制的商品优惠价格。"有时我会看到一些很划算的东西,或是我想要尝试的东西",康韦尔说,"而且能省点钱"。

这样的个性化定价未来可能成为常态,从西夫韦到克罗格公司以及加拿大的 Metro,众多杂货店都试图定制商品优惠价。这种做法将会增加销量,并防止购物者转向竞争对手的商店。"或许在一段时间以后,对于一小部分购物者来说,货架上的价格会变得与他们没什么关系。"西夫韦营销总裁迈克·米纳西说。

多年来,少数大型零售商一直向其顾客忠诚计划的成员寄送纸质优惠券,频率介于每月一次和每季度一次之间。现在他们通过手机应用在网上提供类似的折扣,发送频率为每周一次。

个性化报价能够增加顾客到访门店的次数以及顾客单次购物总额,从而推动销售。Catalina Marketing 公司的执行副总裁托德·莫里斯说,向顾客每赠送 1 美元就会产生 8 美元的额外销售额。他们每月跟踪逾 2.3 亿名美国购物者的购物行为,并为零售商和其他企业提供个性化优惠券。

如今,西夫韦的销售额中大约有 45% 来自那些通过计算机或移动 App 获得特别优惠的购物者,2011 年"只是为你"计划在全美推出时,这一比例几乎为零。"这已经成了我们销售收入增长的重大推动力。"西夫韦负责顾客忠诚计划与分析的高级副总裁基思·科尔伯恩(Keith Colbourn)说。

定制化优惠价格可以减少价格战的必要性,这对于 Metro 之类的公司来说是件好事。Metro 面临着塔古特等跨境扩张的美国连锁企业的强烈压力。此前,竞争对手打开报纸就能看到 Metro 的特价信息,而如今针对每个购物者的价格可能都不一样。"这是直接面向顾客的,因此竞争对手很难看到并跟踪。"Dunnhumby 公司的首席执行官西蒙·海伊说。他们为 Metro 和克罗格等在内的零售商定制优惠价格。

Dunnhumby 每周跟踪 10 亿多件被人购买的商品。其软件会检测顾客的购买模式(访问次数、最喜欢的品牌、购买商品的类别),以此判断其所谓的"顾客基因":购物者是否有年幼的孩子,是否喜欢自己做饭,或者是否关注健康或环境问题。随后,软件会将购物者与零售商以及消费品牌的优惠进行配对,针对他们已经购买或者可能愿意尝试的商品,提出优惠价。喜欢烹饪的素食者可能会得到藜麦的优惠券;而他喜欢吃肉的单身邻居收到的可能是其最喜欢的冷冻快餐的优惠。用户通过网站或移动 App 接收这些优惠,从中选择想要的商品。通常,顾客在结账时刷会员卡就会自动抵算折扣。

1. 对于企业而言,个性化定价具有哪些优点?

2. 电子商务环境为个性化定价带来了怎样的机遇?

3. 消费者抱怨商家的"大数据杀熟"却自己又无能为力,有什么有效的办法判断你是否被"大数据杀熟"了呢?

1. 个性化定价的基础

(1)数据基础。为了知道每位顾客最高愿意为一个产品支付多少钱,企业能不能直接让消费者开价呢?"由你定价"就是这样一种机制,但很多产品并不适合"由你定价"的模式。为了实施个性化定价,需要以丰富的用户数据为基础。电子商务环境为企业收集用户信息提供了有力的技术支持。企业后台数据库中记录着用户浏览、购买和评论的详细信息,通过 Cookie、网络爬虫等工具,企业也可以获得用户在其他网站的搜索信息、社交信息和评论信息。这些信息为个性化定价提供了坚实的数据基础。

(2)方法基础。用户的支付意愿和价格形式偏好是蕴含在用户行为数据中的潜在模式,必须通过科学的方法才能得到。联合分析(conjoint analysis)是获取用户支付意愿的常用方法。在实际的抉择过程中,由于价格等原因,人们要对产品的多个特征进行综合考虑,往往要在满足一些要求的前提下,牺牲部分其他特性,是一种对特征的权衡与折中。联合分析通过对人们真实购买决策的模拟,探讨当产品的某些特征发生变化后,应该如何调整价格才能得到消费者愿意接受的购买产品的价格。

2. 个性化定价的步骤

(1)识别用户的支付意愿和价格形式偏好。企业实施个性化定价的前提是企业需要知道每个用户对于产品的支付意愿或支付意愿区间。获取用户支付意愿的方式主要包括基于用户个人信息的方法和基于用户购买历史的方法等。

基于用户的个人信息,美国的一家连锁女性成衣零售店"维多利亚的秘密"(Victoria's secret)发现,对于女装,女性比男性的支付意愿更高。于是,在发放优惠券时,向女性用户发放"满75减10"的优惠券,而向男性用户发放"满75减20"的优惠券。

基于用户的购买历史,山姆俱乐部(Sam's Club)发现一位用户每周六都会来山姆俱乐部购买牛肉和洗衣粉。牛肉的购买记录比较稳定,不管有没有折扣,他都会购买;而对于洗衣粉,总是买2元一袋的汰渍。根据这些记录,山姆俱乐部就能够知道:该用户对牛肉价格不敏感,但对洗衣粉价格敏感(认为价格应该在2元左右)。如果山姆俱乐部正在协助价格更高的碧浪洗衣粉做品牌推广,就需要提供一张碧浪的优惠券给该用户。

当然,在实际的个性化定价过程中,用户的支付意愿需要利用联合分析等方法对用户的购买记录进行更为深入的分析,从而获得精确的用户支付意愿。

(2)制定个性化定价决策。基于支付意愿信息,企业需要结合产品需求、成本、库存、用户策略性行为等因素构建个性化定价的优化模型。模型的主要目的是决定对哪些用户采取个性化定价机制完成交易,每个用户所支付的具体价格是多少。

一个直观的个性化定价方法是,企业在获得用户的支付意愿后,应该把产品卖给愿意出价最高的人。就像在拍卖会上,谁喊的价最高,就把产品卖给他。然而,企业与拍卖会不同的是,用户并不是在同一时间出价,其购买的可能性、购买的数量以及愿意支付的价格都在随着时间而不断地变化。因此,企业需要根据这些信息设计个性化价格的优化模型。

（3）设计个性化定价的实施方式。由于不同的用户对个性化价格的接受程度不同,用户喜欢的价格展示形式也存在较大差异,因此,企业必须采取合适的形式(直接价格折扣、优惠券等)传递个性化的价格信息。对于相同的个性化价格,企业采用不同的实施方式可能取得完全相反的效果。试想企业如果同时告诉两位用户,一位用户需要支付 20 元才能买到产品,而另一位用户只要支付 10 元,第一位用户肯定会心怀不满地放弃购买。如果企业换一种方式,基于某种事由先给第二位用户一张 10 元的优惠券,此时第一位用户的不满显然会减轻许多。因此,个性化定价的实施方式对个性化营销的效果具有非常重要的影响。

3. 个性化定价存在的问题

亚马逊是最早将个性化定价引入产品定价机制的电子商务公司。为提高相关产品的赢利能力,亚马逊在 2000 年 9 月开始了著名的个性化定价试验。试验期间,亚马逊选择了 68 种 DVD 碟片进行动态定价。亚马逊根据潜在客户的人口学特征、购物记录、浏览行为等信息为每一用户计算独特的产品价格。例如,如果某一老用户对一款 DVD 产品表现出浓厚的兴趣,亚马逊对该用户报价 26.24 美元(反正他们会购买),相反,对兴趣不是太大的新用户报价为 22.74 美元,以吸引他们购买。由于部分兴趣浓厚的老用户付出了比兴趣不高的新用户更高的价格,兴趣不高的新用户又会在低价的吸引下购买相关产品,试验期间亚马逊获得了更高的收益。但是,这一差别定价策略实施不到一个月,就有细心的消费者发现了这一秘密,那些付出高价的顾客当然怨声载道,纷纷在网上以激烈的言辞对亚马逊的做法进行口诛笔伐,有人甚至公开表示以后绝不会在亚马逊购买任何东西,亚马逊的个性化定价试验也以失败而告终。

亚马逊的个性化定价试验虽然可以带来更高的利润,但这种以用户特征为依据的个性化定价策略容易让用户产生隐私被侵犯的感觉,也会产生受到不公平待遇的感知,尤其是那些兴趣浓厚的老用户(俗称"大数据杀熟")。美国宾夕法尼亚大学的 Annenberg 公共政策研究中心于 2005 年 6 月进行了在线价格歧视的研究。在 1500 名受访者中,87% 的消费者拒绝网站利用收集到的消费者个人特征进行个性化定价。

因此,虽然个性化定价是增加企业利润的可行方式,但是个性化定价容易引起的隐私、公平等问题必须在企业定价实践中得到有效解决。企业可以将产品捆绑、电子优惠券、差异化服务等传统策略与个性化定价相结合进行个性化定价的设计,在企业获得额外收益的同时,提高消费者的满意度,尽量减少个性化定价对用户购买决策的负面影响。

章尾案例:京东——多种网络交易机制的综合应用

京东 JD.COM 是京东集团旗下的专业综合网上购物商城,销售超数万品牌、4 000 多万种商品,囊括家电、手机、电脑、母婴、服装等 13 大品类。秉承客户为先的理念,京东所售商品为正品行货、全国联保、机打发票,它还同时推出"211 限时达""售后 100 分""全国上门取件""先行赔付"等多项专业服务。

不同交易机制满足不同商品交换是京东商城交易机制的创新优势。在京东商城上,用户可以看到最基本的电子目录销售的交易模式,以及独具特色的秒杀、优惠券、新人专享、PLUS 会员、品牌闪购等交易机制。

京东商城还设有拍卖专栏为用户提供珍品拍卖、司法拍卖、海关/政府拍卖、资产拍卖、破产拍卖等精准的拍卖交易服务(图 5-19)。

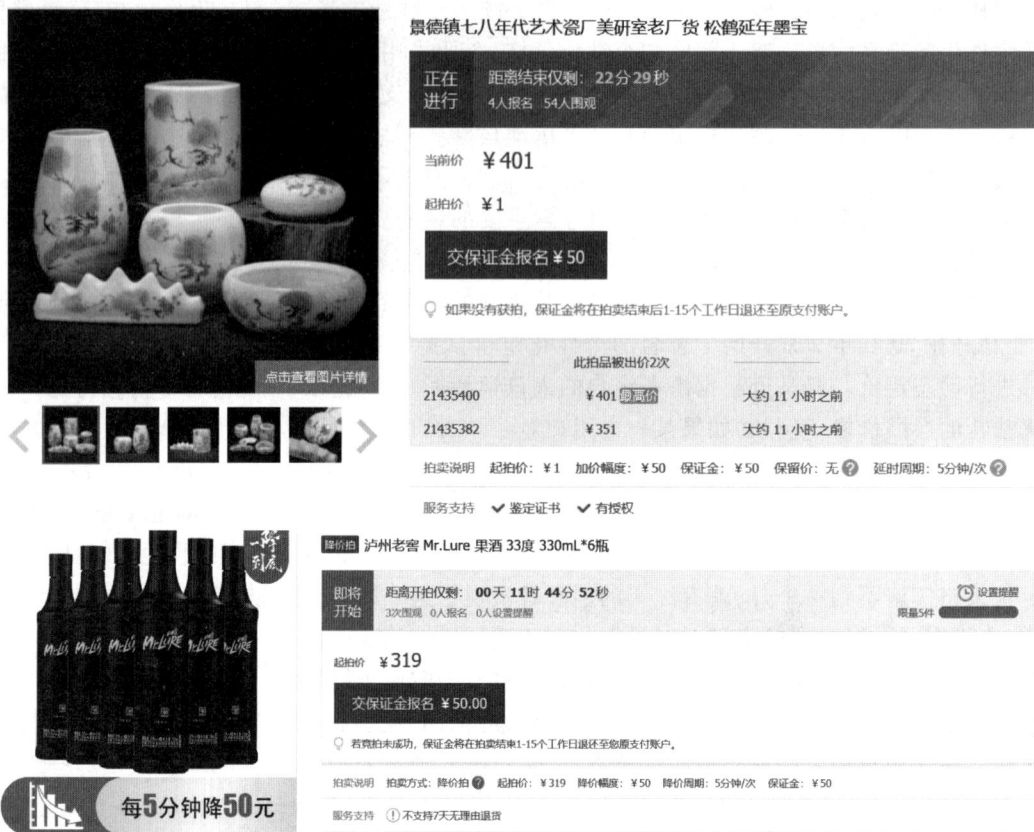

图 5-19 京东拍卖

京东拍卖采用英式拍卖机制,出价最高者竞拍成功,获得商品。其竞拍流程为:浏览拍品→交保证金→参与竞拍→竞拍成功→支付货款→完成收货。在竞拍过程中,出价最高者领先,价低者竞拍记录出局,出局者可以再次出价,如果在本次拍卖结束前 2 分钟内,没有其他用户继续出价,则出价排在第一位的将获得该拍品。此外,用户也可以设置一个代理出价金额,让系统自动帮助出价。京东拍卖涵盖了珍品拍卖、司法拍卖、海关/政府拍卖、资产拍卖、破产拍卖等;京东拍卖设计了多种拍卖模式,包括限时拍、全民抢拍、全球拍、夺宝岛等。

除英式拍卖机制,京东在荷兰式拍卖的基础上还推出了独具特色的"一降到底"拍卖活动。以泸州老窖 Mr.Lure 的"一降到底"为例,珍品拍卖设定的起拍价为 319 元,降价规则是每 5 分钟降价 50 元,直到有买家出价竞拍,降价停止,其余竞拍者以此价进行跟拍获得拍品。

京东商城的上述交易机制,结合英式拍卖和荷兰式拍卖,为用户提供不同的服务模式,极大地提升了消费者的购物热情和用户体验。与传统定价方法相比,网络定价策略创新的重要途径是基于互联网的及时性、互动性、无限可达性等特点对网络定价的应用形式进行创新,激发他们对价格走向的好奇心,让消费者在新的价格形式中获得竞价的紧张刺激感和胜利的购物体验。

案例思考题:

1. 登录 https://www.jd.com,分析京东商城在交易机制方面的特色。

2. 注册账号,体验京东拍卖机制的英式拍卖和荷兰式拍卖。

3. 分析社交网络和大数据等新兴信息技术环境为电子商务交易机制创新带来的机遇与挑战。

本 章 小 结

本章详细论述了电子商务的交易过程,以及电子商务交易中的主要市场机制,主要包括电子目录销售、网络团购、捆绑定价、定制定价等静态价格机制和谈判议价、在线拍卖、在线物物交换等动态价格机制,并介绍了目前流行的个性化定价机制。

关 键 词

交易(deal, exchange, trade, business)	逆拍卖(reversed auction)
谈判(negotiation)	双向拍卖(double auction)
订单(order)	英式拍卖(English auction)
购物车(shopping cart)	荷兰式拍卖(Dutch auction)
电子目录(e-catalog)	集体议价(group-buying auction)
捆绑定价(bundle pricing)	密封式拍卖(sealed-bid auction)
完全捆绑(pure bundling)	第一高价密封式拍卖(first price sealed bid auction)
混合捆绑(mixed bundling)	第二高价密封式拍卖(second price sealed bid auction)
免费价格策略(free strategy)	用户自主定价(name your own price)
网络团购(online group buying)	请求报价(request for quote, RFQ)
高朋网(groupon.com)	招标(tender)
反向团购(reversed group buying)	欺诈(fraud)
网易印象派(yxp.163.com)	定制(customization)
电子谈判(e-negotiation)	羊群效应(herd behavior)
智能代理(Intelligent agent)	个性化定价(personalized pricing)
eBay网络(eBay.com)	个性化价格折扣(personalized price discount)
在线拍卖(e-auction)	个性化优惠券(personalized coupon)
正向拍卖(forward auction)	

思 考 题

1. 传统交易与电子交易有哪些区别？除本章提到的区别之外，你还能想到哪些区别？

2. 分别选择一个销售实物商品、信息商品、服务产品的电子商务企业，描述它们的交易过程并分析它们之间有什么不同。

3. 你在上网时常常需要提交一些表格单证，除本章中提到的外，还有哪些不同的单证作业，举出提供该类单证作业的网站实例。

4. 访问 dangdang.com 网站，描述电子目录型电子商务企业的特点。如果让你来设计该网站的目录结构，你会怎么做？下载某个目录制作软件的测试版，描述该软件包含的主要功能。

5. 自动谈判是一项复杂的任务，请搜索一个比较好的电子谈判软件并描述其主要功能。alibaba.com 还提供了一个网上谈判室，你可以试着进去看看，如何完成谈判。

6. 进入京东拍卖（auction.jd.com），查看京东拍卖有哪些交易机制。

7. 进入易物天下（i1515.com.cn），查看以物易物的基本流程。

8. 查阅我国电子商务团购模式的发展过程，分析正向团购和反向团购的优势和劣势。

9. 个性化定价是电子商务环境下价格机制创新的重要方向，你见过哪些个性化定价应用？个性化定价成功的关键是什么？

实 训 操 作

1. 分别进入淘宝（taobao.com）和 eBay（ebay.com），看看它们都提供了哪些类型的拍卖？如果你有一件商品想出售，你会怎么做？如果想买一件商品又会怎么做呢？

2. 进入爱定客网站（idx.com.cn），试着给自己定制一件你喜欢的小配饰。

即 测 即 评

请扫描二维码进行在线测试。

第六章　电子支付与安全

电子支付是电子商务能不能形成交易闭环的关键技术。本章将介绍支付与电子支付的基本概念、电子支付系统、第三方支付平台、移动支付以及电子支付的安全技术等内容。

学习目标

1. 了解电子支付的概念以及电子支付的流程。
2. 掌握支付卡、虚拟信用卡、电子现金、电子支票、电子钱包、电子结账等的工作流程。
3. 掌握小额电子支付和 B2B 电子支付的主要模式。
4. 了解第三方支付产生的原因和特征。
5. 掌握第三方支付的交易流程和盈利模式。
6. 掌握移动支付的现有方式。
7. 了解移动支付的发展趋势和主流移动支付服务提供商。
8. 了解电子支付加密技术、认证技术和安全协议等电子支付安全技术。
9. 了解区块链技术,以及基于区块链技术的虚拟货币。

本章导学

```
┌──────────────┐     ┌──────────────┐              ┌──────────────┐
│ 第三方支付开创者 │◄────│ 章首案例:PayPal │─────────────►│ 支付与电子支付概念 │
└──────────────┘     └──────────────┘          │   └──────────────┘
                                                │   ┌──────────────┐
                                                ├──►│    支付卡     │
                                                │   └──────────────┘
                                                │   ┌──────────────┐
                                                ├──►│   虚拟信用卡   │
                                                │   └──────────────┘
                                                │   ┌──────────────┐
                                                ├──►│   电子现金     │
                                                │   └──────────────┘
                          ┌──────────────┐      │   ┌──────────────┐
                          │  支付与电子支付  │─────┼──►│   电子支票     │
                          └──────────────┘      │   └──────────────┘
                                                │   ┌──────────────┐
┌──────────────┐                                ├──►│   电子钱包     │
│ 第三方支付概念与特征 │◄──┐                           │   └──────────────┘
└──────────────┘   │                            │   ┌──────────────┐
┌──────────────┐   │                            ├──►│   电子结账     │
│  第三方支付流程   │◄──┤                            │   └──────────────┘
└──────────────┘   │                            │   ┌──────────────┐
┌──────────────┐   │   ┌──────────────┐         ├──►│  小额电子支付   │
│  第三方支付优势   │◄──┼───│  第三方支付平台  │─────────┤   └──────────────┘
└──────────────┘   │   └──────────────┘         │   ┌──────────────┐
┌──────────────┐   │                            └──►│  B2B电子支付   │
│ 第三方支付盈利模式 │◄──┤                                └──────────────┘
└──────────────┘   │
┌──────────────┐   │                                ┌──────────────┐
│  第三方支付提供商  │◄──┘                               │   移动支付概念   │
└──────────────┘                                │   └──────────────┘
                          ┌──────────────┐      │   ┌──────────────┐
┌──────────────┐          │   移动支付      │─────┼──►│   移动支付方式   │
│  电子商务安全问题  │◄──┐      └──────────────┘      │   └──────────────┘
└──────────────┘   │                            │   ┌──────────────┐
┌──────────────┐   │                            └──►│ 移动支付服务提供商 │
│  电子支付安全问题  │◄──┤                                └──────────────┘
└──────────────┘   │
┌──────────────┐   │
│  电子支付加密技术  │◄──┤
└──────────────┘   │   ┌──────────────┐
┌──────────────┐   │   │   电子支付安全   │
│  电子支付认证技术  │◄──┼───└──────────────┘
└──────────────┘   │
┌──────────────┐   │   ┌──────────────┐
│  电子支付安全协议  │◄──┤   │  章尾案例:     │   ┌──────────────┐
└──────────────┘   │   │  KungFu,移动   │──►│  移动支付创新   │
┌──────────────┐   │   │  支付的新畅想    │   └──────────────┘
│   区块链技术    │◄──┘   └──────────────┘
└──────────────┘
```

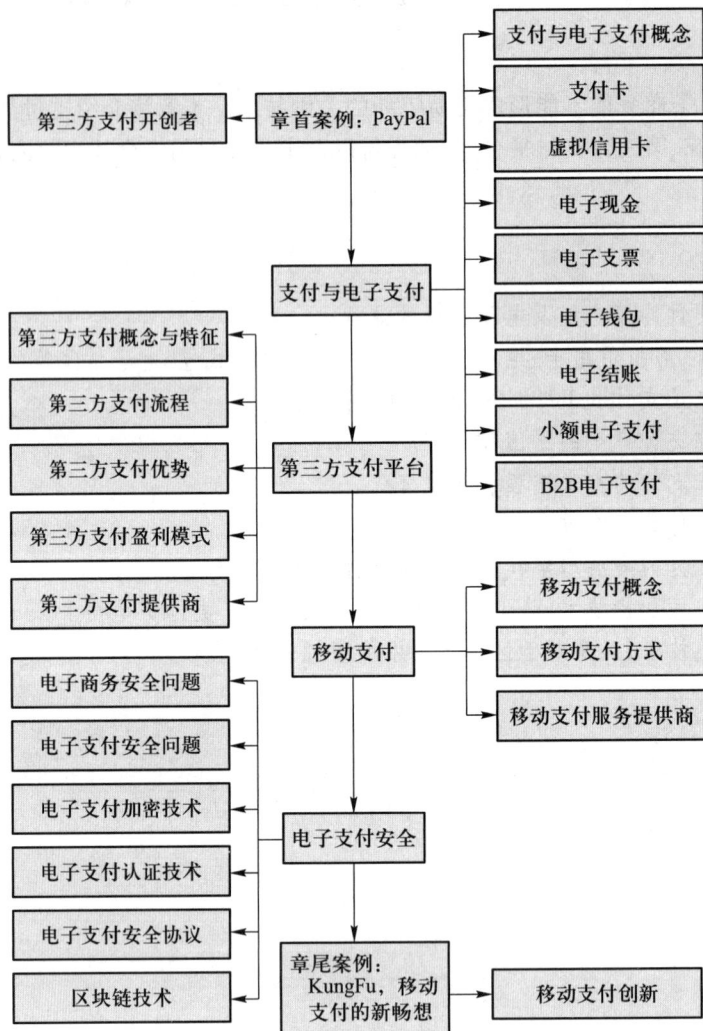

章首案例:PayPal——第三方支付开创者

1999 年 11 月 16 日,Peter Theil 与他的朋友们一起在餐厅吃饭。结账时,Theil 用 Palm Pilot 设备与朋友分摊账单,开创了首个点对点支付系统 PayPal(www. paypal. com)。PayPal 强调要让付款方和收款方方便地进行现金转账。PayPal 是第一家在线支付服务商,总部设在美国加利福尼亚州的圣何塞市,于 2002 年由 eBay 收购,2015 年又从 eBay 分拆出来独立运营。

PayPal 的转账流程如下:

(1) 在 PayPal 网站上填写一张单页的申请表,并提供你的信用卡或银行账户信息,以此创建一个结算账户。网站规定只有 PayPal 而不是收款方可以使用这些信息。

（2）当你在某一网站购买商品时,点击 PayPal 付费链接,系统会自动把你转到 PayPal 网站。登录并选择付款账户后,账款会从你选定的账户中扣除,并传输到自动清算所。

（3）自动清算所是一个金融中介机构,负责在金融机构间进行资金转账并跟踪资金的流动,其处理过程不对外公开。

（4）收款方收到支付款项已经准备就绪的通知后,可将资金自动转至其 PayPal 账户上,或转成银行电子支票、银行纸质支票,或转给其他 PayPal 账户。

PayPal 起始构想是仅用于相互熟悉的个人间（P2P）的支付手段,但后来他们发现 PayPal 也适用于 eBay 等电子商务企业。它可以为买卖双方提供一种途径,以此来简化邮寄支票、汇票以及等待装运货品前的支票结算等耗时费力的过程。1999 年年末,PayPal 网站开通,到 2001 年用户数达到 900 万。截至 2018 年年底,PayPal 拥有活跃用户 2.67 亿,服务遍及 200 多个国家和地区,在全球 80 多个市场建有本地网站,支持美元、澳元、加元、港元、新加坡元、人民币、新西兰元、欧元、瑞士法郎等全球主要货币付款,全年完成 99 亿次支付,交易金额达到 5780 亿美元。

PayPal 的盈利模式主要包括向基于 PayPal 的网络销售者收取交易费（如针对 eBay 网店收取营业额的3.9%外加 30 美分,针对其他用户收取 4.4%外加 30 美分）以及赚取还没有从 PayPal 账户上转出去的客户账户上的资金利息等。PayPal 系统是建立在现有的信用卡和支票支付系统上的（简便性）,因此出现了多起欺诈事件。为了减少欺诈现象的发生,PayPal 对于一定金额以上的支付（如 200 美元以上）要求进行特别授权。

案例思考题:

（1）注册 PayPal 账户进行一次 P2P 转账,体会电子支付和第三方支付的相关流程。

（2）查阅 PayPal 公司的最新年报（https://investor.paypal-corp.com/sec -filings）,分析 PayPal 的盈利模式。

企业小知识:
亚马逊的基因

（3）分析 PayPal 等第三方支付平台存在的安全风险,并查阅区块链技术文献,思考有没有合适的解决办法。

第一节　支付与电子支付

支付是一方为获得某项权益如所有权、使用权、雇用权、受服务权等而向另一方付出等价货币的行为。在货币产生之前的原始社会,人们大多采用实物互换生产资料或生活资料,这种以物易物的商品交换行为是一种原始的商品交换行为,也是一种简单的收支行为。随着货币的诞生,交换的媒介物被货币代替,货币有了支付手段的功能。货币经历了从采取实物货币、金属货币到纸币的多种形式,交易中“一手交钱,一手交货”的方式被称为货币的即时结算,是商品经济阶段的低级结算方式,其中采用的结算手段主要是现金。后来又陆续出现了其他结算方式,如赊销、信用、银行等。支付手段变得更加丰富,包括现金、支票、汇票、托收承兑、委托收付、信用卡、信用证等。

一、支付方式的变革

2003 年是面临使用现金、支票和信用卡在商场购物巨大转折的一年。那一年,借记卡和信用卡的使用量首次超过现金和支票的使用量。自那以后,借记卡和信用卡在商场支付中占据了50%的份额,而剩下的 50%则分别由现金和支票占据。近年来,随着网络信息化以及移动金融的快速发展,借记卡和信用卡的使用量有了明显的增长。类似情况也出现在非现金支付的领域——定期账单上。2001 年,美国超过 75%的定期账单是以纸质票据的支付形式完成的(例如支票),而只有不足 25%的交易是以电子支付方式完成的。而现在账单支付以电子方式进行的比例已超过 50%。在我国,电子支付更加普及,从线上交易到线下的小商小贩,几乎都可以使用电子支付手段完成支付。

几十年来,人们一直都在讨论非现金支付的社会,尽管非现金支付的社会并没有什么不好,但很多人的生活几乎还是离不开支票和现金的。在 B2C 电子商务中,这种愿望已经实现。纵观全球,绝大多数的在线交易都是用信用卡来完成支付,尽管有一些国家存在着其他的支付方式。例如,在德国人们更青睐于使用借记卡。

对于 B2C 商家而言,支付方式的发展趋势是很明朗的。在大部分国家,不管成本如何,没有信用卡的支撑网上交易是无法进行的。对于那些有意涉足国际市场的商家来说,它们需要多样的电子支付方式,包括银行转账、电子支票、零售商发行的“企业卡”、礼品卡、即时信用卡以及其他无卡支付系统,如 PayPal 等。如果商家能够提供多种支付方式,那么就会提高交易的成功率和订单率,当然也就带来了收入的增加。

电子支付的发展史中,有许多试图涉足非传统支付系统的企业最终以失败而告终。最近一家尝试非传统支付系统的企业是 Bitcoin 公司。该公司是由中本聪(Satoshi Nakamoto)于 2009 年创立的一个基于区块链技术的 P2P 加密电子货币支付系统。Bitcoin 可用来表示交易中使用的软件或电子货币“比特币”。“比特币”只能归所有者使用,而且只能使用一次。但比特币等这类基于区块链技术的数字化货币还处于成长期,因此还需要克服许多技术和业务上的障碍。

任何一种支付方式被广泛接受都要花费数年的时间。例如,信用卡在 20 世纪 50 年代推出,直到 20 世纪 80 年代才被广泛使用。任何一种支付方式的成功都有一个关键因素——“鸡和蛋”的问题,即买方不使用的支付方式,卖方就不可能使用,同样,卖方不使用的支付方式,买方也不可能使用。一种特定的支付方式能否奏效并且赢得大量使用者受以下因素的影响:

(1)独立性。电子支付的一些形式需要专门的软件和硬件作为支撑。几乎所有形式的电子支付都需要卖方或商家安装特定的软件以接收和授权一个支付行为。

(2)交互性和便捷性。所有形式的电子商务都在专门的系统上运行,这些系统能够与其他企业的系统和应用程序相互链接。电子支付方法必须与应用系统和程序相吻合,而且必须依赖于标准的计算机平台。

(3)安全性。任何一种支付方式都必须确保安全的交易,防止转账信息被泄露。而且,如果付款人承担的风险大于收款人,付款人则不愿意接受这种付款方式。

(4)匿名性。与信用卡和支票不同,如果买方使用现金支付,那就不可能对其交易行为进行追踪。一些买方希望他们的身份信息和购买模式仍然具有匿名性。所以,支付方式若是要想被用户接受(例如电子现金),就必须要能够匿名。

（5）可分性。大部分卖方接受对信用卡设限，即有一个最高和最低限制。如果某项产品售价太低，信用卡将不能使用。此外，如果某项产品或既定项目产品售价太高（如航空公司购买新飞机），信用卡也将不能使用（超过信用额度）。支付方式只要能够对支付金额有较大的跨度，就容易被广大消费者所接受。

（6）易用性。由于使用信用卡非常方便，所以在 B2C 市场得到了广泛的使用。而其能否在B2B 市场上得到大规模的应用，则取决于在线电子支付方法能否取代现有的离线采购支付方法。

（7）交易费。当使用信用卡支付时，商家通常需要支付较高的手续费。较高的手续费使得小额交易商对信用卡的使用望而却步，因此也就给其他支付方式提供了生存空间。

（8）跨国支持。电子商务已经在全球范围内得到了广泛的使用。一种支付方式如欲获得全球性的使用，不仅需要满足国内贸易支付的需要，也要满足国际贸易支付的需求。

（9）规章条例。国际或国家的规章制度对所有支付方式的采用都会产生一定程度的制约。当一个机构或组织推出一种新的支付方式的时候，它必须面临一系列严格的监管。例如 PayPal 刚刚推出时不得不面对一些由检察机构提起的诉讼，因为他们认为 PayPal 违反了美国的金融条例。

二、电子支付的概念

电子支付是在货币数字化以后形成的支付方式。电子支付（online payment）是指电子交易的参与方，包括买方、卖方、金融机构以及电子支付工具发行方等，使用安全的信息化手段，通过网络进行的货币支付或流通。电子支付保障了电子商务过程中的资金流，它是电子商务的关键环节之一，是电子商务高效实施的基本条件。

电子支付要求有提供网上银行服务的金融环境。网上银行又称在线银行、虚拟银行（virtual bank）或电子银行（electronic bank）等，是指借助电子信息工具、互联网等通信网络向银行客户提供银行的产品和服务。网上银行有两种类型：一种是完全依赖于互联网发展起来的全新电子银行，这类银行所有的业务交易都依靠互联网实现，例如美国安全第一网上银行（security 1st bank.com）；另一种是传统商业银行将其业务拓展到互联网环境上的网上银行，目前国内几乎所有的大中型商业银行均有网上银行业务。

电子支付系统要想被广泛接受和使用就需要具有安全性和易用性的特点。安全性是指付款方应该能够通过一个安全通道传递支付信息，且能够向卖主隐匿买主的身份等敏感信息，同时结算行和卖主不会遭受信用欺诈，也就是要求满足安全通信的基本要求：保密性、完整性和不可否认性。

电子支付的易用性表现在：流程简单，页面切换少，输入信息量少。

三、电子支付与传统支付的比较

（一）货币形式不同
电子支付都是采用数字化的方式进行款项支付的，而传统支付方式则是通过现金、票据及银行汇兑等实体货币的流转来完成款项支付的。

（二）工作环境不同
电子支付的工作环境是基于互联网等开放性的通信网络环境，而传统支付则是在较为封闭的系统中运作。

（三）通信手段不同

电子支付使用的是互联网、外联网、内联网、无线网等通信手段,因此对软、硬件设施的要求很高,一般要求有联网的计算机、相关的软件及其他一些配套设施;而传统支付使用的则是传统的通信媒介,对软硬件设备要求不高。

（四）电子支付的优势

电子支付具有方便、快捷、高效、经济的优势。用户只要拥有接入互联网的通信设备,如计算机、手机等,便可随时随地完成整个支付过程,并且支付费用极低。

第二节　电子支付系统

一、支付卡

支持电子支付的银行卡种类很多,常用的有信用卡、借记卡、智能卡。

（一）信用卡或借记卡支付

信用卡是银行或金融公司发行的,授权持卡人在指定的商店或场所进行记账消费的信用凭证。发卡机构一般会给予持有者一定的信用额度,持卡人可以在信用限额内购买商品而不需缴费,也可预支现金。

持卡人与银行间的清算通常有两种方式,一种是由持卡人根据自己的资金情况自由选择清算时间,但未按期(一般是月底)结算的借贷部分需要承担较高的利率;另一种清算方式则要求每月必须结清。与信用卡相对应的另一种银行卡是借记卡,它要求用户预先将资金存入银行卡中才能消费,不允许透支。在电子支付中,这两种卡(图 6-1)的支付流程是相似的,只是清算方式不同而已。

(a) 中国银行信用卡　　　　(b) 建设银行借记卡

图 6-1　信用卡和借记卡

（二）智能卡

ATM 卡(如信用卡、借记卡等)是一种只读卡,而智能卡(Smart Card,IC 卡)是包含了一个嵌入式芯片的电子卡,能够对卡上的信息进行增加、删除或其他操作,可用在交易处理、认证和授权上。芯片记录数据以一种加密形式保存,使用时需要"刷卡"并输入密码验证身份。刷卡工作是在智能卡支付系统提供的专用读卡配套设备上完成的。它采用系统内部识别的特殊交换密钥开启智能卡账号完成货币资金的划拨与支付。

智能卡主要有两大类:一类为接触式智能卡,需要插入读卡机内。读卡机接收到智能卡后可将存储在芯片中的数据读出,并可根据消费情况对数据进行修改。"一卡通"基本上都是使用这类智能卡。另一类是非接触式智能卡通过短距离无线通信实现接触式智能的功能,主要用于要求处理速度快捷或不方便插入的场合,如公交卡、门禁系统(图 6-2)。

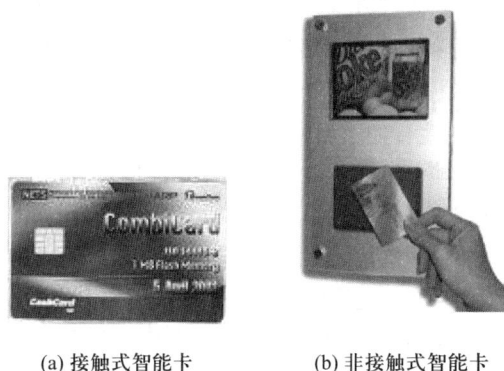

(a) 接触式智能卡　　　　　(b) 非接触式智能卡

图 6-2　智能卡

我国在"九五"期间实施的"金卡工程",使智能卡在企业、银行、学校、通信、交通、公用事业、工商、税务、公安等领域广泛使用。"一卡通"业务使智能卡四处漫游,从购买商品、服务消费到个人存款、取款、支付无所不能。图 6-3 描述了一个简单的智能卡应用系统,并可以与用户在银行卡之间实现相互转账。智能卡网上支付的流程如下:

(1)准备阶段:向发卡机构申请智能卡并充值(此时智能卡相当于一个电子钱包)。

(2)启动装有读卡机的在线应用系统,如个人计算机、终端电话或其他专用系统。

(3)进入消费系统:如访问商家网站或消费场所。

(4)通过安装在在线应用系统上的读卡机刷卡,并输入密码验证。

(5)输入支付的资金,智能卡上的数字货币转移给商家(也可以进入银行系统实现个人银行账户与智能卡之间的转账)。

(6)商家发货。

(7)商家与发卡行结算。

如果消费系统(如网上商店)不提供智能卡支付接口,则用户可进入发卡银行,刷卡并输入密码和网上商店的电子账号,完成整个支付过程。

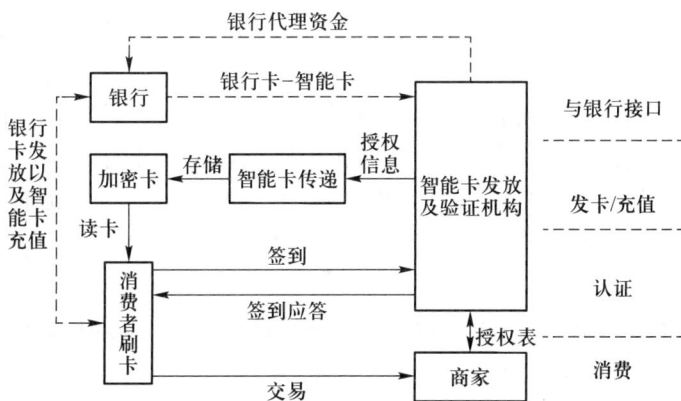

图 6-3　智能卡支付流程

二、虚拟信用卡

虚拟信用卡是一种新的电子支付方式。由于不需要携带实体卡,免去了实体卡丢失的风险,而且具有申请简单、使用方便等特点,虚拟信用卡近年来得到了广泛应用。目前常用的虚拟信用卡包括中行虚拟信用卡、VISA 虚拟信用卡等。

与实体卡相比,虚拟信用卡具有如下特点:

(1)虚拟信用卡是一种依附于实体卡的虚拟卡,也就是说,如果用户没有办理相关银行的实体卡,通常也就没办法办理虚拟信用卡。

(2)虚拟信用卡所发生的交易均需记入实体卡用户的账户中,持卡人无需单独针对虚拟信用卡进行还款操作。一旦实体卡注销,虚拟信用卡也同时注销。

(3)虚拟信用卡主要凭卡号、有效期和某种验证码等信息完成网上及其他非面对面的小额交易操作,每次消费的额度不能超过一定限额(如不能超过 1 000 元)。

(4)虚拟信用卡与实体卡的不同主要体现在每次交易的最高金额约束和不能进行现场 POS交易,而其他交易方式和支付安全措施与实体卡基本一致。

腾讯公司和阿里巴巴公司在 2015 年 3 月相继推出的微信信用卡和淘宝异度卡,其本质就是虚拟信用卡。只是与传统银行相比,腾讯和淘宝平台上拥有大量的用户行为数据和交易记录,基于这些记录并借助大数据分析技术,腾讯和阿里巴巴可以更加快速地完成用户身份的核实和授信工作。在此基础上,由双方的合作银行来完成淘宝异度卡和微信信用卡申请用户的资信审核、额度审批、年费政策和标准制定等相关的金融服务。

京东白条和淘宝花呗等互联网金融产品是在虚拟信用卡基础上的改进。2014 年京东推出"京东白条"互联网金融产品,用户在京东网站上的京东白条专区,填写姓名、身份证号码、银行卡信息等申请材料后,京东根据用户在京东上的消费记录、配送信息、退货信息、购物评价等数据进行风险评级,从而决定每个用户的信用额度,京东白条的最高信用额度为 1.5 万元。京东白条用户可以在京东商城上赊购商品,并获得最长 30 天的免息延后付款。超过免息还款期限后,用户还款需同时缴纳一定金额的利息,而逾期未还的用户需要向京东支付违约金,费率为每日0.03%。淘宝花呗采取基本相同的赊购模式,其实质也是淘宝对其用户的一种消费授信,目前最高授信额度为 3 万元。

值得注意的是,微信信用卡、淘宝异度卡、京东白条和淘宝花呗等互联网金融产品是网络环境下电子支付系统的新探索和新尝试,由于在支付安全和风险管理等方面依然存在一定程度的问题,上述产品受到了国家有关部门的严格管控。2015 年 3 月 13 日,中国人民银行支付结算司下发了关于叫停虚拟信用卡业务的通知。其主要原因是,作为资金的支付方式之一,虚拟信用卡的风控还不是特别的完善,不能完全确保支付的安全性。2015 年 11 月,招商银行和交通银行等也相继暂停了京东白条的信用卡还款通道。定位于"赊购"的京东白条业务,被商业银行视为贷款产品,有违规嫌疑。

当然,随着相关产品功能的不断改善和监管机制的平稳过渡,以虚拟信用卡为代表的电子支付方式将会得到发展和应用。

三、电子现金

（一）电子现金的概念

电子现金是一种以数据形式流通的货币。它把现金数值转换成一系列经过加密的序数，通过电子方式将序数表示为现实金额的币值。这是一种储值型的支付工具，使用时与纸质现金完全类似，多用于小额支付，可实现脱机处理。按载体划分，电子现金包括两类：一类是币值存储在IC卡上，另一类则是以数据文件的形式存储在计算机的硬盘上。

（二）电子现金的特点

电子现金的使用需要银行和商家之间存在协议和授权关系。用户、商家和e-cash银行都需使用e-cash软件，e-cash银行负责用户和商家之间资金的转移，身份验证是由e-cash本身完成的，e-cash银行在发放电子现金时使用了数字签名。商家在每次交易中，将电子货币传送给e-cash银行，由e-cash银行验证用户支持的电子现金是否无效（伪造或使用过等）。电子现金具有现金的特点，具有匿名性，可以存、取、转让，适用于小的交易量。

电子现金也存在一些不足，主要表现为：只有少数商家接受电子现金，提供电子现金服务的银行也不多；成本较高，电子现金对于硬件和软件的技术要求都较高，需要一个大型的数据库存储用户完成的交易和e-cash序列号以防止重复消费；存在货币兑换问题，由于电子货币仍以传统货币体系为基础，一些国家只发行与本国币种等同的电子现金；风险较大，如果某个用户的存储设备损坏导致电子现金丢失，电子现金就无法恢复，这个风险许多消费者都不愿承担。此外，电子伪钞的出现，使发行人和客户要付出不能承受的代价。

（三）电子现金的支付过程

（1）买方购买e-cash。在电子现金发布的银行开设e-cash账号并购买e-cash。

（2）存储e-cash。使用e-cash终端软件从银行取出一定数额的e-cash存入自己的硬盘上。

（3）用e-cash购买商品或服务。用户与同意接收电子现金的商家洽谈签订合同，使用e-cash支付相关费用。

（4）资金清算。接收e-cash的商家与e-cash发放银行之间进行电子清算，e-cash银行将用户购买商品的钱款直接支付给商家。

（5）确定购买订单。卖方获得付款后，向买方发送订单确认信息，通知买方。

（四）Q币和比特币

由于电子现金成本高，支持的银行和商家都很少，流程复杂，一些早期的电子现金系统如DigiCash和First Virtual等实际上已经不再提供这种电子现金服务。电子现金出现的原因是因为小额支付的困难，因此在电子现金基本退出在线支付市场后，代之而来的是P2P支付（如支付宝）、累积信用卡结算（如Q币）。

虽然应用范围仅仅局限于购买腾讯公司的相关产品（如QQ服装、游戏等级等），但是Q币具有典型的电子现金特征。用户创建一个Q币账户，包括用户名、口令以及结账的信用卡，用户在支持Q币的网站上消费，但不立即结算，而是累计一段时间（一般按月结算）后一次记入信用卡。或者用户事先用实际货币向商家购买一定数量的Q币（一种实际货币的数字化），然后每次用Q币直接结算。Q币支付方式常用于游戏、音乐下载、电子图书、网络电视、网络电话等电子商务企业。其特点是单次消费金额较小，但持续消费。

比特币(BitCoin)的概念是由中本聪(化名)在 2009 年提出的。比特币是一种 P2P 形式的电子现金,它不依赖于特定的货币发行机构,而是依据特定算法通过大量计算产生。比特币被称为"互联网金融的伟大实验","去中心化"和"稀缺性"是比特币的两大显著特点。由于该特点有助于解决货币超发可能导致的隐形通货膨胀弊端,比特币颠覆了人们的传统货币观念。

比特币的本质是通过求解一个复杂方程组的特解来生成虚拟货币,特解是指方程组所能得到所有解中的一组,而且每一个特解都能解开方程并且是唯一的。根据中本聪最初的设想,方程组被设计成了只有 2 100 万个特解,这也是比特币总量固定和稀缺性的主要原因(比特币的上限为 2 100 万)。比特币网络通过"挖矿"来生成新的比特币。所谓"挖矿"实质上就是求解方程组特解的过程,第一个处理难题的"矿工"会得到 50 个比特币奖赏。随着"矿工"数量的添加,比特币网络会自动调整数学问题的难度,让整个网络约每 10 分钟得到一个合格答案。这样,比特币就以约每 10 分钟 50 个的速度增长,当总量达到 1 050 万时(2 100 万的50%),赏金减半为 25 个,当总量达到 1 575 万(新产出 525 万,即 1 050 的 50%)时,赏金再减半为 12.5 个,以此类推。

比特币的交易过程与传统电子现金的交易过程十分相似。用户下载比特币交易的客户端(相当于电子钱包)用于存储比特币地址(相当于银行卡号)和比特币秘钥(相当于支付密码)。在实际交易过程中,比特币使用整个 P2P 网络中众多节点构成的分布式数据库来确认并记录所有的交易行为,并使用密码学的设计来确保货币流通各环节的安全性。

目前比特币最大的问题是安全问题和法律的风险问题。2013 年前后,比特币得到了非常快速的发展,一些国家甚至允许现实货币兑换比特币,使得投资大量涌入比特币市场,一度冲击现行货币发行体制,甚至出现了取代现行全球货币制度的呼声。但是,近两年,比特币市场接连出现了比特币伪造、交易场所倒闭、比特币莫名消失等问题,而且,由于比特币的基本原则是总量有限(2 100 万),许多涉及比特币的交易实际上变成了一种投机行为,因此,目前多数国家均表态不承认比特币的货币地位。

四、电子支票

(一)电子支票概述

在传统支付手段中,支票是现金之外最重要的支付手段,适用于 C2C、B2C、B2B。但传统的支票支付过程复杂,需要耗费大量的人力和时间,且纸质支票欺诈行为泛滥,也不利于电子商务的发展,因此电子支票开始广受欢迎。

所谓电子支票,就是数字化支票。它与传统支票所包含的信息、具有的功能均相同,只不过是以数字签名代替手工签名,以数字认证来验证付款者、付款银行和银行账号等信息。电子支票可以使支票的支付业务和全部处理过程电子化、信息化。使用方先将电子支票发送给接收方,接收方即时查询支票签发资信记录,在确认支票合法有效后,再将支票送往接收方开户银行进行电子支票承兑。与传统支票相比,因电子支票必须要接收方签字确认后才能被银行处理而更加安全。

(二)电子支票支付流程

电子支票是一种模拟纸质支票的数字化支付方式,目前尚没有统一的支付标准。大体上,其支付流程如图 6-4 所示。

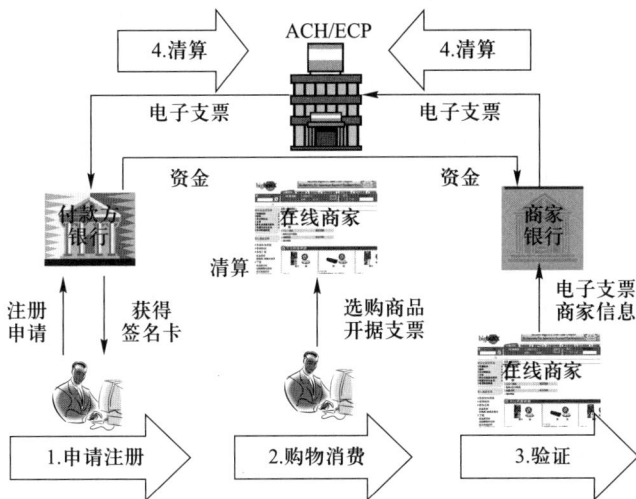

图 6-4　电子支票交易流程图

1. 申请注册

付款人向银行申请注册并获得签名卡(sign card),签名卡记载了由中央依托机构发给银行的证书、由银行发给支票持有者的证书、银行的数字签名以及支票持有者的数字签名等信息,签名卡一般是一种 IC 卡。

2. 购物

利用能够读取 IC 卡的联网计算机访问商家网站,将所购商品放入购物车,读取签名卡开具电子支票。电子支票可在线提交,也可用电子邮件提交,取决于商家的接收方式。

3. 验证并请求结算

当商家收到电子支票信息后,首先利用付款人的公开密钥验证付款人的身份,然后商家利用自己事先向银行申请的签名卡,将付款人的电子支票信息连同商家签名卡的读卡信息合并送往商家的开户银行验证,请求支票结算。

4. 清算

商家银行验证了商家的合法身份后,就将电子支票送往电子支票交换所(e-check presentation, ECP)和自动票据清算所(automatic clearing house, ACH)等机构进行清算。付款人银行在对电子支票的签发人身份验证无误后将款项从付款人的银行账户转入商家的银行账户,支付结束。

五、电子钱包

电子钱包(e-wallet)是一个可以由持卡人用来进行安全电子交易和储存交易记录的软件。它是由支付卡发展而来的。当人们在网上消费并在线支付时,每次都输入支付卡及相关交易信息如用户名、密码、托运地址等,既不方便也不安全,因此就出现了所谓"一次点击"技术(如 amazon.com),即用户在网站上购物时只需点击一次就可将自己的信息提交给订单接收系统。这种技术存在的问题是不同的商家提供各自的"一次点击"技术,使客户必须将自己个人信息存放在多家不同企业,因而面临着风险。在此背景下出现了第三方中间商的"电子钱包"。它和实际钱包相似,可存放信用卡、电子现金、所有者的身份证书、所有者地址以及在电子商务网站的收款台上所需的其他信息。电子钱包还可保存每一笔交易记录,以备日后查询。

使用电子钱包的用户可以先从电子钱包服务商那里下载钱包软件到本机,并将相关信息存放在该钱包中。如果某商家支持该电子钱包,则在购物时点击电子钱包就可以将所需信息一次传送到交易系统上并与购物车集成形成订单信息。

电子钱包本身并没有支付功能。它依赖于钱包内的各种电子货币,如信用卡、借记卡、智能卡、电子现金、电子支票等,就像传统钱包没有支付功能而只有钱包内的货币或信用卡才有支付功能一样。但电子钱包提高了购物的效率和安全性,消费者选好要采购的商品时,可立即点击自己的钱包,从而加速了订购的过程。图 6-5 描述了电子钱包的使用过程。

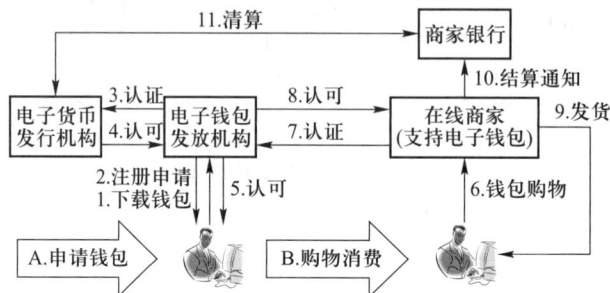

图 6-5 电子钱包使用流程

（1）准备阶段:客户申请电子钱包、获得打开钱包的口令并将相应的电子货币存放在电子钱包中。

（2）进入网上商店(注意该商店应该支持此电子钱包,否则不可用),选择商品放入购物车,并输入购物数量。

（3）打开钱包,选择某种电子货币支付方式并将送货地点等其他必要信息一并上传。

（4）商家接收到订单后进行认证并在认证通过后给客户发出成交通知,同时一方面组织发货,另一方面通知银行清算。

一般而言,电子商务企业都会提供相应的电子钱包软件下载,但客户应该注意几点安全问题。

（1）一定要在可靠的网站下载电子钱包。

（2）电子钱包申请、安装完毕后一定要注意保护钱包的安全,可利用软件提供的功能不定期地修改打开钱包的口令,避免钱包被他人盗用。

（3）电子钱包除帮助用户支付外,还会提供一个钱包管理器,客户可修改口令或保密方式、查看交易记录、查询各电子货币的往来账目等,可以帮助客户了解自己都买了什么物品,购买了多少,也可以把查询结果根据需要打印出来,这对信用卡支付是很有帮助的,可防止信用卡欺诈。

目前有 VISA Cash 和 Mondex 两大电子钱包服务系统,除此以外还有 HP 的电子支付应用软件(VWallet)、微软的电子钱包 MS Wallet、IBM 的 Commerce POINT Wallet 软件、MasterCard cash、Euro Pay 的 Clip 和比利时的 Proton 等。另外还有一些支持移动支付的电子钱包,如 FlexWallet、CodeWallet、eWallet 等;以及一些专用的电子钱包,如证券交易使用的电子钱包,如大福星、大富豪、证券之星等。

六、电子结账

传统的结账方式是结账公司计算客户的消费清单,打印并邮寄纸质账单,客户根据账单寄回一张纸质支票,然后结账公司处理支票、资金入账,整个过程需要很多人力也需要较长的时间。在电子商务环境支持下,电子结账得到了快速发展。

电子结账(e-billing)也称电子账单递送与支付。它能使账单的呈递、支付和邮寄都通过互联网实现。所谓呈递,是指在一个专用的 Web 服务器上处理并递交账单,一般由客户的支付卡或账户所在的金融机构提供这种服务,也有商家直接提供这种服务。基本流程如图 6-6 所示。

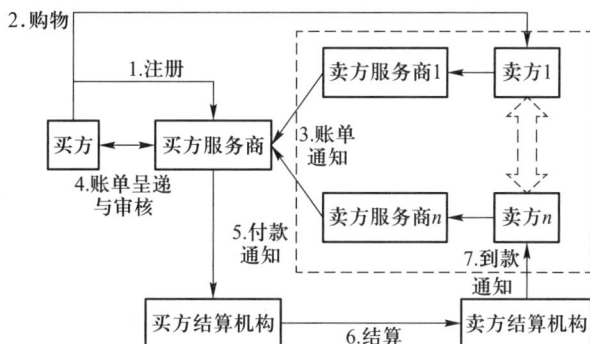

图 6-6 电子结账流程

(1)准备阶段。买卖双方在各自的服务商处登记注册。

(2)购物。买方在卖方电子商务网站购物并提供服务商信息,形成账单(如采用信用卡支付就会产生账单)。

(3)卖方将买方的账单提交给卖方的服务商申请结账清算,卖方服务商将账单传给买方的服务商(两个服务商可以相同,也可以不同)。

(4)买方访问其服务商的服务器,核查其消费账单,可能有多张账单,也有可能是来自不同商家的账单。图 6-7 显示的就是某服务商的账单呈递界面。

图 6-7 账单呈递页面

（5）买方填写账单信息并确认，买方服务商通知买方结算机构支付，卖方结算行收到买方的支付款，并通知卖方。

电子结账相对于传统结账方式而言降低了双方结算费用，减少了人员的工作量，加快了结算流程，缩短了结算时间。另外，结账时常夹带一些广告宣传，这与传统结账方式夹带的广告都是一样的，而电子账单则可根据客户的消费习惯定制宣传广告。

七、小额电子支付

小额电子支付（e-micropayment）主要是指单次支付额度很小（支付额度通常在 10 元以下）的电子支付。人们在现实生活中会遇到大量需要进行小额电子支付的情景。例如，在百度文库花 3 块钱购买一份电子资料，通过亚马逊 Kindle 花 2 块钱购买一本电子图书，通过苹果 APP 商店用 1 块钱购买一款游戏，等等。

用信用卡或借记卡进行小额电子支付，对卖家而言，产生的问题是交易费率太高。以价值 5 美元的小额电子支付为例，接受使用信用卡小额支付的卖家，通常需要向银行、卡组织等服务提供商支付 25~35 美分加销售价格 2%~3% 的交易费用，以 25 美分和 2% 的交易费用算，每笔价值 5 美元交易的费率为 7%。对于卖家而言，这样的小额交易费率显然难以承受。

为了解决上述小额电子支付的问题，很多企业提出了相应的解决方案。曾经最为流行的方案就是电子现金。然而，由于支持电子现金的银行和商家都很少，电子现金兑换和使用流程复杂，这些早期的电子现金系统多数遭到了失败。虽然腾讯公司的 Q 币可以看作电子现金的一种形式，但其范围只局限于购买腾讯公司内部的相关虚拟产品（如 QQ 服装、游戏等级等），并没有得到广泛的应用推广。

目前，不依赖于信用卡或借记卡的小额支付策略主要有如下 4 种。

（1）集中支付。这种模式是指经过一定时间段（如一个月）或消费累计达到一定金额（如 30 元）后才会向用户集中收取费用。该模式主要适用于大量重复业务的商家。例如，苹果的 iTunes 主要使用这种支付模式。

（2）直接支付。在该模式下，小额支付可以直接通过电话账单扣除。例如，支付服务商 PaymentOne 公司提供了一个网络和电子商务平台，用户可以把任意金额的交易都通过话费账单支付。Paymo 公司也提供类似的服务 Boku，使用 Boku 购买东西可以通过移动电话号码和账户支付。

（3）预付款。预付款是小额支付的主要方式。预付款模式要求用户预先将钱存到某一账户，发生交易的时候再从账户中扣款。很多音乐下载服务或 APP 下载服务使用的通常是这种支付模式。购买 Q 币的过程实际上也是一种预付款模式。

（4）订阅。在该模式下，一次支付就可以获得指定时期的内容订阅服务。网络游戏公司以及大量的在线报纸和杂志都是使用这种支付模式。

随着小额支付的广泛应用，VISA 和 Master 等公司都下调了它们的交易费用，尤其是降低了麦当劳之类交易量巨大的商家的费用。2005 年 8 月，PayPal 公司也进入小额支付市场。针对小额支付，PayPal 采取每笔交易 5% 加 5 美分的收费模式，与 1.9%~2.9% 再加 30 美分模式相比，卖家的交易费率得到大幅度降低。我国各大银行也纷纷加入小额支付的市场竞争。2014 年，银联在全国 36 个省级城市、229 个地级城市及 107 个县级城市设立近 700 个"服务小微商户践行安全金融"宣传点,力推小额支付。通过银联"全民付"收银台,中小微商户和个人不仅实现移动收款,还能进行信用卡还款和手机充值等自助金融服务,极大提高了小额电子支付的用户体验。

为了进一步提升小额支付的用户体验,近年来支付宝、银联等支付服务提供商纷纷推出小额免密支付业务。例如,银联推出的"闪付"功能,在银联指定的商家 300 元以下的交易无需签名和输密码,从而实现"一挥即付"的效果。小额免密支付虽然提升了用户体验,但是其安全性是制约该模式推广的主要问题。

八、B2B 电子支付

(一) B2B 电子支付方式概述

B2B 电子商务在整个电子商务市场交易额中仍然占据主导地位。虽然以传统支付方式完成交易存在纸质支付效率低、手工做账易出错和数据不够精确等问题,与 B2B 电子商务蓬勃发展形成鲜明对比的是,在 B2B 电子商务交易中采用电子支付的 B2B 只占极少的比例,我国 B2B 电子商务线上线下交易比例严重失调。阻碍 B2B 电子商务采用电子支付的原因主要有以下三个方面:

(1) 与 B2C 电子商务不同,B2B 电子商务通常具有交易数量大、交易额度高的特点。这一特点决定了 B2B 电子商务对支付安全有着更高的要求。与传统的现金或银行支付相比,互联网的开放性特征给企业带来的风险感知更强。

(2) 在 B2B 电子商务中,采购、合同管理、履行、运输、交接、支付等活动中都涉及相应的财务活动,支付只是 B2B 电子商务交易的一部分。由于采购和运输等活动都需要线下进行,在进行上述活动的同时(线下)完成支付也是自然而然的做法。

(3) B2B 电子商务交易中往往不是一对一的交易,会涉及供应链上的不同企业或组织,通常是一对多、多对多的交易模式。在信息技术不发达、支付系统整合不理想的情况下,无法有效组织一对多和多对多的电子支付;或是受供应链上某些企业对传统支付方式依赖的影响,整个供应链企业之间也无法进行电子支付。

(二) B2B 电子支付的类型

目前 B2B 电子支付模式有不同的分类方法。从电子支付提供商的角度,可以分为基于银行的 B2B 电子支付和基于第三方的 B2B 电子支付;从付款方和收款方企业数量的角度,可以分为一对一、一对多、多对一和多对多等方式。

1. 电子支付提供商的角度

(1) 基于银行的 B2B 电子支付。为了支持企业客户多样化的资金收付需求,中国银行、民生银行和华夏银行等纷纷推出相应的 B2B 电子支付服务,推动在各商业银行开户的企业进行在线支付。华夏银行为企业提供的 B2B 电子支付模式主要包括直接支付、冻结支付、商户保证金、银行保证金、批量支付、资金清算、大宗三方存管、产权交易八种模式。中国银行也推出了为 B2B 电子支付服务的"B2B 跨行支付"产品。

(2) 基于第三方的 B2B 电子支付。虽然 B2B 电子支付与银行密不可分,但是,完全基于商业银行提供的上述产品支持 B2B 电子支付依然会面临诸多问题。例如,银行 B2B 电子支付产品可以支持一对一和一对多的支付问题,但是对多对多 B2B 电子支付支持不够。B2B 电子支付通常涉及供应链上、中、下游的不同企业,传统的银行支付仍然是一个不开放的支付,没有办法把整个电商系统中的交易、物流、仓储以及供应链金融有机地串在一起。如何对供应链不同企业的相关支付业务进行整合,提高整个供应链电子支付的销量,仍是银行 B2B 电子支付产品需努力的方向。因此,需要借助第三方支付平台对目前的 B2B 电子支付体系进行完善。

基于第三方的 B2B 电子支付通过 B2B 电子商务平台为平台上的企业提供第三方电子支付服务。例如,支付宝、生意通和大宗宝第三方 B2B 电子支付服务分别依靠阿里巴巴 B2B 电子商务平台、生意宝的"小门户+联盟"电子商务平台和钢联 B2B 电子商务平台,为平台上的买卖双方提供支付服务。

2. 付款方和收款方企业数量的角度

(1) 一对一支付模式。这是最简单和常用的 B2B 电子支付模式,一个企业通过银行或第三方在线付款给另外一个企业。该模式看似简单,但也可以有直接支付、冻结支付和商户保证金等不同的付款方式。

(2) 一对多支付模式。该模式又可以分为卖方主导的一对多和买方主导的一对多模式。在卖方主导的一对多模式中,卖方对多个买方进行发票的提示,买方在卖方网站的 EIPP(enterprise invoice presentation and payment)系统中进行注册,卖方系统会生成发票并通知相应的已准备查看发票的买方,买方登录到卖方的网站审查发票。买方可能会对发票的支付授权提出一些质疑。根据已有的规则,质疑可能会被自动地接受、拒绝或者复审。一旦确认批准支付,卖方的金融机构将处理支付交易。

在买方主导的一对多模式中,由一个买方面对多个卖方。卖方在买方网站的 EIPP 系统中进行注册,卖方将按照买方格式制作的发票发送到买方的 EIPP 系统。一旦发票寄出,将会通知买方的管理员,买方系统对发票进行审查,如果有异议,买方会把质疑传给相应的卖方。根据已有的规则,质疑可能会被自动地接受、拒绝或者复审。一旦发票通过验证,买方的金融机构将处理授权支付。这是一种新型的模式,该模式建立在以买方为主导的 B2B 市场上。同样,这种模式是在买方购买量大、需要高额度的发票时使用。例如,在奇瑞和沃尔玛等公司适合采用买方主导 EIPP 模式。

(3) 多对多支付模式。该模式是指在多个买方和多个买方之间进行的电子支付模式,在那些大量的企业依赖于相同供应商的行业中有着比较广泛的应用。该模式通常借助第三方电子商务服务提供商进行。在这个模式中,卖方和买方在第三方平台的 EIPP 系统上注册,第三方平台通知相应的买方发票已经准备好,买方审核发票,质疑将通过集运商 EIPP 系统传达。根据已有的规则,质疑可能会被自动地接受、拒绝或者复审。一旦买方确认了发票的支付,第三方平台将执行支付。摩根大通银行旗下的结算网络(jpmorgan. com/xign)和 GXS 贸易网等是多对多电子支付服务的提供商。

第三节　第三方支付平台

一、第三方支付的概念

第三方支付平台是与各大银行签约,具备一定实力和信誉的第三方独立机构提供的交易支持平台。作为银行监管下的独立机构,第三方支付平台是目前解决电子商务安全支付和网上交易信用的主要手段。在通过第三方支付平台的交易中,买方选购商品后,使用第三方平台提供的账户进行货款支付,由第三方通知卖家货款到达、进行发货;买方检验物品后,通知付款给卖家,第三方再将款项转至卖家账户。第三方支付平台是目前 B2C、C2C 交易过程中必不可少的组成部分。目前常用的第三方支付平台有 PayPal、支付宝、财付通等。

二、第三方支付产生的原因

与传统商务相同,电子交易的核心也是交付标的与支付货币两大流程的对立统一。在自由平等的正常主体之间,交付标的与支付货币遵循的基本原则是等价和同步。同步交换,就是交货与付款互为条件,是等价交换的保证。对于传统的现货标的的面对面交易,同步交易很容易以"一手交钱,一手交货"的形式实现。在电子商务环境下,由于购买的实体产品需要通过诸多配送,同步交换很难实现。异步交换最大的问题是,先收受对价的一方容易违背道德和协议,破坏等价交换原则,故先支付对价的一方往往会受制于人,承担风险。电子商务环境下,交易双方互不认识,在没有任何附加信用或法律的保障的情况下,异步交换的潜在风险可能导致卖家不愿意先发货,怕发货后无法回收货款,而买家不愿意先付款,怕付款后无法收到产品,因此,支付问题是电子商务发展所遇到的瓶颈之一。

为了解决上述问题,第三方支付平台应运而生。依靠具备一定实力和信誉的第三方独立机构,第三方支付平台为交易双方提供安全交易服务,其运作实质是在交易双方之间设立中间的过渡账户,在买方下单支付后,资金不是直接支付给卖家,而是借助第三方支付平台实现资金的"可控性停顿",即存放于第三方支付平台上的过渡账户。只有双方意见达成一致才能决定资金去向。第三方担当中介保管及监督的职能,其实质是一种支付托管行为,通过支付托管实现支付保证。

三、第三方支付的特征

与其他支付方式相比,第三方支付服务具有以下特征。

(一) 支付中介

第三方支付的具体形式是付款人和收款人不直接发生货款往来,而是借助第三方支付平台完成款项在付款人、银行、支付服务商、收款人之间的转移。第三方支付平台所完成的资金转账都与交易订单密切相关。

(二) 中立、公正

第三方支付平台不直接参与商品或服务的买卖。公平、公正地维护参与各方的合法权益。

(三) 技术中间件

第三方支付平台连接多家银行,使互联网与银行系统之间能够加密传输数据,向商家提供统一的支付接口,使商家能够同时利用多家银行的支付通道。

(四) 信用保证

运行规范的第三方支付平台,只向合法注册的企业提供支付网关服务,不向个人网站提供服务,这在很大程度上避免了交易欺诈的发生,令消费者使用网上支付更有信心。同时第三方支付平台可以对交易双方的交易进行详细的记录,从而防止交易双方对交易行为的抵赖以及为后续交易中可能出现的纠纷问题提供相应的证据。第三方支付是商家和消费者之间的信用纽带。

（五）个性化与增值服务

第三方支付可以根据被服务企业的市场竞争与业务发展所创新的商业模式,同步制定个性化的支付结算服务。第三方支付平台能够提供一些增值服务,如帮助商家网站解决实时交易查询和交易系统分析,提供方便及时的退款和停止付款等服务。

四、第三方支付的交易流程

采用第三方支付平台进行支付要涉及消费者、网络商家、第三方支付平台和相关银行的支持。其一般交易流程如图 6-8 所示。

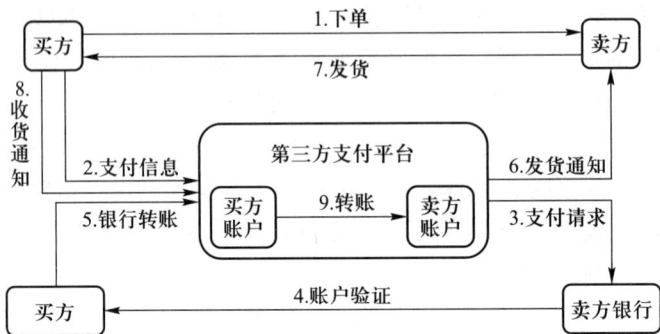

图 6-8　第三方支付交易流程

（1）消费者浏览、检索卖家网页,提交订单;
（2）消费者向第三方平台提交支付信息;
（3）第三方支付平台获取消费者支付信息并向卖方银行发送支付请求;
（4）相关银行验证消费者账户;
（5）通过第三方平台将资金从银行账户转到第三方账户;
（6）第三方支付平台将转账成功信息告知卖家;
（7）卖家发货;
（8）消费者收到并验证商品后向第三方支付平台发送确认支付请求;
（9）第三方支付平台将买方账户上的货款划入卖方账户中,完成交易。

五、第三方支付的优势

第三方支付的优势主要体现在如下几方面。

（一）支付托管可以保障付款人的权益

在缺乏有效信用体系的网络交易环境中,第三方支付平台一定程度上解决了异步交换不能对交易双方进行约束和监督,以及交换过程中货物质量和退换要求无法得到保证等问题。对卖家而言,通过第三方支付平台可以规避无法收到买家货款的风险,对买家而言,不但可以规避无法收到产品的风险,而且也会对产品质量起到一定保障作用,从而增强客户网上交易的信心。

（二）有效防止信息泄露

付款人在支持第三方支付服务的网站购物,其银行卡信息存放在第三方支付平台而非购物网站,也就是说,付款人的银行卡信息只需要告知第三方支付平台,而无需告诉每一个购物网站,这种模式大大减少了银行卡信息失密的风险。

（三）多卡结合，使用方便

第三方支付的作用之一是作为电子钱包，通过提供一系列的应用接口程序，将多种银行卡支付方式整合到一个界面上，负责交易结算中与银行的对接，保存付款人的银行卡信息。付款人可以将多张银行卡信息保存在第三方支付平台的账户中，在支付时根据需要选择其中一张银行卡进行支付，提高了交易的便捷性。

六、第三方支付平台的盈利模式

（一）收单手续费

收单手续费是用户通过电子商务网站进行交易时收单业务的参与方向卖家所收取的服务费用。在电子商务交易中，收单服务的参与方主要包括发卡行、收单机构和银行卡组织（银联）。收单的手续费根据行业不同而变化，手续费一般为交易额的 0.38% ~ 1.25%，发卡行、收单机构和银行卡组织按照一定比例参与分成，分成的比例通常为 7：2：1。

（二）沉淀资金利息

对于第三方支付平台而言，沉淀资金主要包括两类，一类是待清算资金（如利用支付水电煤气费、还信用卡和银行卡转账），由于第三方支付平台通过银行代付一般有一定的周期，例如支付宝为一天，因此这些资金在被划走前会成为沉淀资金；第二类是中间账户资金，由于第三方支付平台的一大功能是信用中介，因此顾客利用第三方支付平台在网上购物后，资金首先被划拨到第三方支付平台中间账户，当顾客收到货物再主动或者被动确认付款。由于第一类资金的沉淀周期太短，备付金账户的利息收入主要来自于第二类沉淀资金。

（三）其他模式

近年来，为了拓展盈利渠道，越来越多的第三方支付平台开始在支付基础上叠加营销和类金融等服务，通过与财务管理、金融服务、营销管理等各类应用叠加，让支付的效应得以延伸，并从产业链金融、精准营销等方面获得相应收益。

七、第三方支付平台案例——支付宝

支付宝是我国目前使用最广泛的第三方支付系统。自 2004 年成立以来，支付宝已经与超过 200 家金融机构达成合作，为上千万小微商户提供支付服务，迅速成为使用广泛的网上安全支付工具，用户覆盖了整个 C2C、B2C 以及 B2B 领域。截至 2019 年 6 月底，支付宝的全球用户数已经超过 10 亿。在覆盖绝大部分线上消费场景的同时，支付宝也正在大力拓展各种线下场景，包括餐饮、超市、便利店、出租车、公共交通等。支付宝的国际服务覆盖全球主流货币。在金融理财领域，支付宝为用户购买余额宝、基金等理财产品提供支付服务。

支付宝为电子商务企业提供一个支付操作平台，实际支付通过合作银行完成。它类似一个电子钱包，保管客户转入的电子货币并提供支付服务，但不付给客户资金利息。目前国内各大商业银行以及 VISA 国际组织等各大机构均与支付宝建立了深入的战略合作，支付宝根据客户需求不断推出创新产品，成为金融机构在电子支付领域最为信任的合作伙伴。例如中国工商银行签发的个人网上银行客户证书"U 盾"将被支付宝认可，个人客户只需持工行"U 盾"在支付宝平台登记后即可成为支付宝证书客户，实行安全交易，工商银行还为支付宝公司提供客户交易资金账户的托管服务,保证了支付宝这一非金融机构的资金安全,消除了客户的顾虑;招商银行为阿里巴巴提供"票据通"、网上国内信用证、多模式集团现金管理等多种国内领先的金融服务,并协助阿里巴巴建立安全、高效、便捷的资金结算网络,如支付宝就是招商银行"一网通"支付的特约商户。

随着场景拓展和产品创新,拓展的服务场景不断增加,支付宝已发展成为融合了支付、生活服务、政务服务、理财、保险、公益等多个场景与行业的开放性平台。支付宝还推出了跨境支付、退税等多项服务,让中国用户在境外也能享受移动支付的便利。

（一）支付宝的工作流程

假设消费者 A 通过支付宝将资金转给商家 B,支付宝的工作流程如下。

1. 准备阶段

（1）账户注册。进入支付宝平台,开设一个账户,包括用户名和口令,给支付宝提供一个电子邮件地址、支付卡号码或银行账号。

（2）实名认证。支付宝通过所提供的银行账号的开户行进行实名认证,并向账户随机转入一点零钱,进一步验证账户的有效性。

2. 转账阶段

（1）A 使用用户名和口令访问自己的支付宝账户。

（2）A 填写一份表单,包括:B 的支付宝账户和需要支付的金额。在网络购物过程中,该表单一般在提交订单的过程中由系统自动完成。

（3）支付宝从 A 的账户上将 A 指定金额的资金划拨到支付宝平台,并通知 B。如果 A 的账户余额不足,可以直接由 A 提供的支付卡号码或银行账号直接划拨。

（4）B 收到 A 的转账信息后,安排产品发货和配送等活动。

（5）A 收到产品后,确认收货,支付宝将 A 指定金额的资金由支付宝平台转到 B 的支付宝账户。

（二）支付宝的赢利模式

1. 收取交易费

每次转账收取一定的费用,但各服务商的政策不同。例如, 对于淘宝实名认证商家,支付宝每月免费交易流量为 1 万元,超出金额的服务费率为 0.5%。服务费上限为单笔 25 元,下限为单笔 1 元。

2. 利息收入

由于转入支付宝账户的资金并不一定立即用完,这样剩余资金就保留在支付宝的账户里,形成利息收入。

3. 延伸产品收入

支付宝也可以通过其推出的延伸产品获取收益。例如,2013 年 6 月支付宝与天弘基金合作推出账户余额增值服务"余额宝"。余额宝通过同行拆借等方式获得收益。基于 2014 年 2 月支付宝公布的余额宝利润分配比例,余额宝的管理费为其利润的 0.3%。其中一定比例的管理费归支付宝所有。

（三）第三方支付平台的风险

尽管支付宝提供了多种安全控制措施,但仍然存在一定的风险。

1. 欺诈风险

欺诈风险包括信用卡欺诈、抵赖行为等。为了获取客户信任,一些第三方支付平台向客户提供了额外承诺。例如,支付宝提出了"全额赔付"的口号,对于使用支付宝而受骗遭受损失的用户,支付宝将全部赔偿其损失。

2. 服务商方面的风险

如果服务商出现金融危机有可能导致难以想象的后果,因此第三方支付平台必须依托商业银行,将沉淀资金存放在合作银行账户上,且不得挪作他用。例如,支付宝采取与商业银行合作的方式,将客户资金由银行托管,与阿里巴巴公司的财务没有任何联系,杜绝了一旦服务商出现金融危机给客户所带来的风险,也回避了相关法律问题。

3. 法律问题

P2P 服务商是非金融机构,按照我国金融法规,非金融机构没有资本经营权,对我国电子支付特别是第三方支付服务产生了制约,中国电信、中国移动等非金融机构也一直存在类似的困惑。如何解决这些法律问题对解决制约我国电子商务发展中的资金流问题有着重要影响。2010年《非金融机构支付服务管理办法》(中国人民银行令〔2010〕第 2 号发布)和《非金融机构支付服务管理办法实施细则》(中国人民银行公告〔2010〕第 17 号)的出台为进一步规范非金融机构支付服务管理提供了法律法规保障。2011 年 5 月 26 日,支付宝获得了中国人民银行颁发的国内第一张"支付业务许可证",从而获得了从事第三方支付业务的牌照,获准从事互联网支付、移动电话支付、银行卡收单、预付卡发行与受理、货币汇兑等支付业务。

第四节　移 动 支 付

一、移动支付的概念

随着手机用户的增加和移动通信技术的发展,人们越来越多地利用手机开展商务活动,从早期的短信到现在的多媒体信息下载、移动游戏、移动购物等,出现了各种各样的移动门户,移动商务已经成为电子商务的重要组成部分,与此相关的移动支付也越来越受到重视。

移动支付(mobile payment),是指在商务处理流程中,基于移动网络平台,随时随地地利用现代智能设备如手机、平板电脑等工具,为服务商务交易而进行的资金流动。简而言之,就是允许移动用户使用其移动终端(通常是手机)对所消费的商品或服务进行账务支付的一种服务方式。

使用移动通信设备支付相比互联网在线支付有其相对优势:

(1)安全可靠。由于移动通信网络具有很强的可控制性、可管理性和网络的智能性,使得支付更容易被控制,欺诈的概率会大大降低;另外手机支付需要实时的随机认证,也降低了欺诈的可能性;手机具有定位功能,也有助于欺诈的识别。

(2)方便快捷。移动支付真正做到了随时随地支付,只要有手机信号的地方就可以支付;相对于计算机而言,开启手机的时间很短,而用户一般也始终保持开机状态,有利于对支付信息的即时响应。

利用移动支付,用户可以在网络渠道和线下渠道购买一系列的服务、实体产品或数字产品。用户可以通过手机等移动终端购买音乐、视频、铃声、游戏等数字产品,可以通过计算机端下单、移动端支付的方式购买服装、书籍和食物等实体产品,也可以通过扫描二维码的形式在线下渠道购买实体商品或服务。

近年来,随着移动终端的广泛普及和移动商务的快速发展,移动支付市场迎来了快速发展的时期。据中国互联网络信息中心 2019 年 8 月发布的《第 44 次中国互联网络发展状况统计报告》,截至 2019 年 6 月,我国网络支付用户达到 6.33 亿,占网民整体的 74.1%;手机网络支付用户达 6.21 亿,占手机网民的 73.4%。

二、移动支付的方式

目前主流的移动支付方式主要包括移动远程支付、二维码支付、生物识别支付以及近场支付等。

(一)移动远程支付

移动远程支付是计算机支付模式在移动端的复制,典型代表为支付宝手机客户端、银行网银手机客户端等。基于移动远程支付,用户可以使用手机支付每月的账单、在淘宝等平台购物、进行个人转账(P2P 支付)等。移动远程支付的流程大致包括如下步骤:

(1)付款人在移动付款服务机构(MPSP)设立一个账户;

(2)用户购买商品,下单进入支付页面;

(3)付款人发送一个文本消息或命令给 MPSP,包括付款金额和收款人的移动支付账号;

(4)MPSP 收到消息后要给付款人发送一个消息确认请求并要求付款人输入密码;

(5)付款人在其移动设备上输入密码接受请求;

(6)当 MPSP 收到付款人密码后,将钱转到收款人的账户(信用卡或银行账户),付款人的账户将记入借方;

(7)当交易发生后,支付信息将会被发送到付款人的移动设备上。

(二)二维码支付

基于二维码的支付是目前国内主流的移动支付方式,卖方将交易信息生成一种可读性的条码即二维码,终端设备在扫描和识别了这些数据之后取得支付数据,并借助网络实现远程支付。由于过程简单,对设备要求低,基于二维码的移动支付得到了广泛的应用。用二维码支付的流程是:卖家在购物下单确认后,会生成一个包含产品信息和价格信息的二维码,买家打开支付宝或财付通等移动支付软件扫描该二维码,移动支付软件弹出产品信息和价格信息,买方输入支付密码确认后便可完成相应的付款操作。

二维码支付最主要的问题是安全风险高,常有二维码被盗刷的案例。例如,伪造二维码缴费单、偷换正规商家的二维码、通过手机扫码盗刷他人的支付二维码等。2014 年 3 月,为了防范二维码支付可能带来的风险,保护消费者权益,中国人民银行暂停了条码(二维码)支付等面对面支付服务。2016 年 8 月,支付清算协会向支付机构下发《条码支付业务规范》(征求意见稿),意见稿中明确指出支付机构开展条码业务需要遵循的安全标准,承认了二维码支付地位。2018 年 4 月起,根据防范能力不同,规定了二维码支付的限额。对于静态二维码支付的单一账户最高限额 500 元;对于动态二维码支付,采用两种有效方式进行验证,其中包括数字证书或者电子签名,可以自主约定每天的交易限额,采用两种有效方式进行验证,但是其中不包括数字证书或者电子签名的,同一个客户单日累计交易金额,不应超过 5 000 元,采用一种有效方式进行验证的,同一个客户单日累计交易金额不应该超过 1 000 元。

(三)生物识别支付

生物识别支付是指借助于人的生物特征的唯一性,例如指纹、人脸、声纹等,来认证用户身份,从而完成安全支付。由于二维码扫码支付存在安全隐患,生物识别技术、图像识别技术与网络支付业务深度融合,催生出许多新型支付方案,指纹支付、刷脸支付迅速发展,并逐步进入商业推广阶段。例如,支付宝推出集软硬件为一体的刷脸支付产品"蜻蜓",微信支付推出的刷脸支付产品"青蛙",以及支持不停车收费的 ETC 扫牌支付等。根据支付宝发布的统计数据,2018 年"双 11"通过指纹、刷脸等生物识别方式完成支付的消费者占到了总支付的 60.3%,到 2019 年 8 月底,生物识别支付达到 78%。随着语音生物特征唯一性得到进一步确认,以及声纹识别技术日益成熟,声纹支付将会带来移动支付技术的进一步突破,包括手机在内的任何移动设备都容易实现实时支付。

(四)近场移动支付

近场支付是指消费者在购买商品或服务时,即时通过手机向商家进行支付,支付的处理在现场进行,使用手机射频、蓝牙、红外线等通道,实现与自动售货机或 POS 机的本地通信。近场移动支付技术在日本、新加坡和中国香港等国家和地区的市场中发展得相对比较成熟。目前全球成功的案例为日本最大运营商 NTT DoCoMo 推行的手机钱包业务"Osaifu-keitai"。

近距离无线通信(near field communication,NFC)是目前近场支付的主流技术,它是一种短距离的高频无线通信技术,允许电子设备之间进行非接触式点对点数据传输交换数据。该技术由射频识别(RFID)演变而来,并兼容 RFID 技术,其最早由飞利浦、诺基亚、索尼等公司主推,主要用于手机等手持设备中。与蓝牙和红外线等技术相比,NFC 技术具有稳定性高、支持卡模式和点对点等多种模式等优点,将在未来近场移动支付应用中占据主导地位,有着巨大的潜在市场需求空间。

三、移动支付服务提供商

全球有成千家企业提供移动支付服务,目前最有影响力的移动支付系统包括阿里巴巴的支付宝、腾讯的微信支付、苹果的 Apple Pay、谷歌的 Andriod Pay 以及 PayPal 等。

(一)阿里巴巴的手机支付宝

手机支付宝是支付宝针对 iPhone、Android、WindowsMobile 等推出的移动客户端软件。手机支付宝通过加密传输、无密支付和无密开关、支付密码等多重安全保障,提高移动支付的安全性,让用户可以随时随地实现交易付款、手机充值、转账、信用卡还款、买彩票、水电煤缴费等功能。

(二)腾讯公司的微信支付

微信支付是由腾讯公司推出的集成在微信客户端的移动支付功能。使用微信支付功能需要在微信中关联用户的银行卡信息,支付时在用户自己的智能手机上输入密码,即可购买微信支付合作企业的商品及服务。目前微信支付支持招商银行、建设银行、光大银行、中信银行、农业银行等银行发放的信用卡和借记卡,已实现刷卡支付、扫码支付、公众号支付、APP 支付,并提供企业红包、代金券、立减优惠等营销新工具,满足用户及商户的不同支付场景。

(三)苹果公司的 Apple Pay

2014 年苹果公司推出 Apple Pay 移动支付服务,Apple Pay 无缝嵌入到移动支付产业链,让卡组织、银行、用户、商户等多方受益。苹果支付服务采用近场通信技术,用户可用苹果手机进行免接触支付,免去刷信用卡支付步骤。用户的信用卡、借记卡信息事先存储在手机中,用户将手指放在手机的指纹识别传感器上,将手机靠近读卡器,即完成支付。

(四) 谷歌公司的 Android Pay

2014 年 9 月,谷歌公司在美国逾 100 万个地点面向 Android 设备推出简单易用的支付应用 Android Pay,该支付服务适用于支持 NFC 技术、运行 Android KitKat 4.4 以上版本系统的 Android 设备。Android Pay 支持美国运通、发现金融服务公司(Discover Financial Services)、万事达卡、美国银行等发行的信用卡和借记卡,并被应用于 Aeropostale、梅西百货公司、GameStop、史泰博等公司运营的商店中。作为保障安全的一部分,Android Pay 得到了行业标准"令牌化"(Tokenization)卡片安全服务的支持。当商户在发送交易数据时,令牌化服务能够使用随机数字代替用户信用卡信息,降低了在线盗窃的风险。

第五节 电子支付安全

一、电子商务安全概述

在电子商务交易过程中,买方、卖方、平台方以及网络通信通道都存在着安全风险。电子商务安全可划分为计算机物理安全、计算机网络安全和交易信息安全等。计算机物理安全风险包括计算机的异常损毁、被盗、非法使用等。计算机网络安全风险包括对计算机网络设备、计算机网络系统、数据库等的攻击行为。交易信息安全风险则是指电子商务交易过程中的信息安全问题,主要有交易信息的保密性、完整性、可用性、可控性和不可否认性。

保障电子商务安全主要有两类策略。一是加强安全管理,包括安全规章制度的建立、教育、培训等,防范社会工程攻击,安全管理手段包括授权和访问的权限控制、验证机制、入侵检测、秘密(如密钥)保护与分享等。二是使用安全技术,包括网络安全技术(防火墙技术、代理服务器)、服务器安全技术(系统控制、防病毒软件、服务器镜像与备份)、信息安全技术(加密、认证)。信息安全是建立在计算机物理安全和网络安全基础之上的。

二、电子支付安全问题

电子支付安全建立在电子商务安全基础之上。支付安全是制约电子支付应用的核心问题,也是电子支付发展和模式创新需要考虑的首要问题。

从宏观和微观的角度,电子支付安全问题可以分为网络支付系统的安全问题和网络支付应用的安全问题两大类。网络支付系统的安全问题是在网络支付的数据保密性、完整性以及身份认证等方面可能产生的安全问题。网络支付应用的安全问题主要是指在进行网络支付过程中,由于密码管理不善、病毒入侵或遇到钓鱼网站等导致信息泄露所带来的安全问题。

(1) 密码管理不善是产生网络支付安全问题的主要原因。在实际应用过程中,用户通常喜欢将自己的姓名、生日或电话号码设置为密码,有 86% 的用户在所有网站上使用的都是同一个密码或者有限的几个密码。许多攻击者还会直接使用软件破解一些安全性低的密码。

(2) 目前流行的很多病毒都是为窃取网上银行密码而编制的,通过监视用户的密码输入行为或弹出伪造的密码输入对话框,诱骗用户输入支付密码,导致用户支付信息的泄露。

(3) 网络钓鱼(phishing,和钓鱼的英文 fishing 发音相同),是指攻击者通过垃圾邮件、即时通信软件、社交网络等信息载体,发布欺诈性消息,骗取网络用户访问其构建的仿冒网站(即钓鱼网站),引诱用户泄露其敏感信息(如用户名、账号、密码或信用卡详细信息等)的一种当前极为流行的网络攻击方式。被攻击的用户,轻者泄露个人隐私,重者遭受经济损失。

为了应对网络支付应用的安全问题,目前采取的措施主要包括:

(1)信息核实。美国的很多银行当产品配送地址与支付卡绑定的地址不一致时,会暂停对应的支付流程。买方需拨打银行的客服热线进行相关的信息核实。该方法虽然增加了支付的安全性,但是也会导致一些有效订单无法支付(如经常更换地址或帮助他人购买)。

(2)信用卡验证号码。大约 75% 的商家使用信用卡验证号码(card verification number)的方法,该方法需要核对信用卡背面的署名条上的号码与持卡者的发卡行文件上的号码是否一致。

(3)手机验证。这是目前国内主要采用的支付安全措施。当买方在网上购物支付时,卖方便会发送手机验证码(通常为一串数字)到支付卡绑定的手机上,买方需要输入正确的验证码方能完成支付。

(4)欺诈检查和预警。商业银行和第三方支付平台通常都会通过欺诈预警等技术手段提高电子支付的安全性。欺诈预警通过数据挖掘等技术构建支付欺诈的预测模型,该模型可以自动驳回或暂停存在欺诈可能的支付。

(5)黑名单制度。黑名单是一份包括客户信息的文件(如 IP 地址、姓名、送货/账单地址和联系方式等)以及用户身份的信息,如果交易的客户与黑名单文件中的信息匹配或是客户疑点较多,那么这个交易将会被搁置处理。

电子支付安全的另一方面问题是网络支付系统的安全问题。为了提高网络支付系统的安全性,需要借助信息电子支付加密技术、支付认证技术和电子支付安全协议等技术手段。

三、电子支付加密技术

(一)加密技术

加密技术是实现电子商务安全的一种重要手段,目的是为了防止合法接收者之外的人获取机密信息。其原理是利用一定的加密算法,将明文转换成为无意义的密文,阻止非法用户理解原始信息,从而确保信息的保密性。明文变成密文的过程称为加密,由密文还原为明文的过程称为解密。加密和解密的规则称为密码算法。在加密和解密过程中,由加密者和解密者使用的加密、解密可变参数叫做密钥(图 6-9)。根据加密和解密密钥间的关系,分为对称密钥加密体制和非对称密钥加密体制。

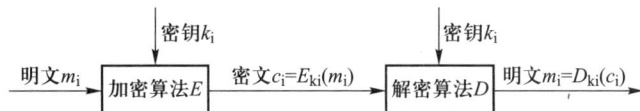

明文m_i → 加密算法E(密钥k_i) → 密文$c_i = E_{ki}(m_i)$ → 解密算法D(密钥k_i) → 明文$m_i = D_{ki}(c_i)$

图 6-9　信息加密过程

1. 对称密钥加密体制

对称密钥加密又称为私钥加密体制。这种加密体制信息的发送方和接收方用同一个密钥去加密和解密数据。对称加密技术的最大优势是加密、解密速度快,适合于对大数据量进行加密,但密钥管理困难。对称加密算法有流密码算法、分组密码算法。其中数据加密标准(data encryption standard, DES)是典型的分组密码算法。它是由 IBM 公司在 20 世纪 70 年代发展起来并成为美国国家标准的,目前该标准已被放弃,而一个更加安全、高效的加密算法——Rijndael 算法成为新的高级加密标准(advanced encryption standard, AES)。

对称加密技术存在着在通信的参与者之间确保密钥安全交换的问题。对称加密技术要求通信双方事先交换密钥。当系统用户多时,例如,在网上购物的环境中,商户需要与成千上万的购物者进行交易,若采用简单的对称密钥加密技术,商户需要管理成千上万的密钥与不同的对象通信,除了存储开销以外,密钥管理是一个几乎不可能解决的问题。另外,双方如何交换密钥? 通过传统手段还是通过互联网? 无论何种方法都会遇到密钥传送的安全性问题。

2. 非对称密钥加密体制

非对称密钥加密体制又称为公钥加密体制或双钥加密体制。这种加密体制使用两个不同的密钥:一个用来加密信息,称为加密密钥;另一个用来解密信息,称为解密密钥。用户公开加密密钥(公钥),保密解密密钥(私钥)。这两个密钥称为密钥对。如果用公钥对信息进行加密,则只有用对应的私钥才能解密;反之,若用私钥对信息进行加密,则必须用对应的公钥才能解密。密钥对是数学相关的,用某用户的加密密钥加密后所得的密文只能用该用户的解密密钥才能解密。因而要求用户的私钥不能透露给自己不信任的任何人。非常著名的 PGP 公钥加密以及 RSA 加密方法都是非对称加密算法。

非对称密钥加密与对称密钥加密相比,其优势在于不需要一把共享的通用密钥,用于解密的私钥不发往任何地方,这样,即使公钥被截获,因为没有与其匹配的私钥,截获的公钥对入侵者来说也是没有任何用处的。公钥加密算法除被用来加密信息外,还可用于身份认证和数字签名。如果某一方用私钥加密了一条信息,拥有公钥拷贝的任何人都能对其解密,接收者由此可以知道这条信息确实来自于拥有私钥的人。

(二)数字签名技术

对信息进行加密只解决了信息的保密问题,而要防止他人破坏传输的数据,确定发送信息人的身份,就需要借助数字签名技术。数字签名是指数据电文中以电子形式所含、所附,用于识别签名人身份并表明签名人认可其中内容的数据。数据电文是指以电子、光学、磁或者类似手段生成、发送、接收或者储存的信息。在电子商务安全保密系统中,数字签名技术有着特别重要的地位,安全服务中的源鉴别、完整性服务、不可否认服务都要使用数字签名。完善的数字签名应具备签字方不能抵赖、他人不能伪造、在公证人面前能够验证真伪等功能。图 6-10 描述了基于公钥加密体制的数字签名过程。

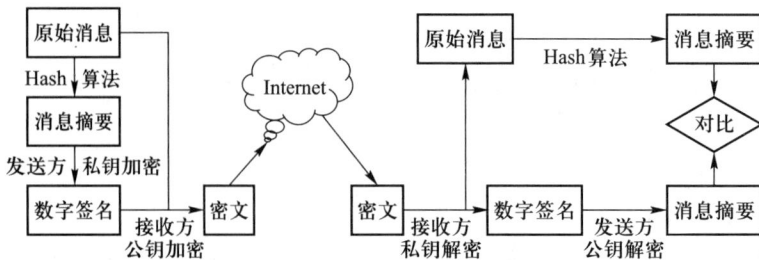

图 6-10 数字签名过程

（1）发送者撰写包含原文件（如一份合同文档）的原始消息，如带有附件的电子邮件。

（2）使用专门软件，对原始消息执行 Hash 算法，产生消息摘要，并用发送者的私钥对消息摘要加密，形成数字签名。

（3）使用接收方的公开密钥对原始消息和数字签名加密形成数字信封（密文）。

（4）借助通信网络发送数字信封。

（5）当接收方接收到数字信封后，用接收方的私钥解密数字信封形成原始信息和数字签名。

（6）对原始消息执行 Hash 算法，产生新的消息摘要。

（7）同时用发送者的公开密钥对数字签名解密，恢复发送方的消息摘要。

（8）对比（6）、（7）两步产生的消息摘要，若匹配则消息具有完整性且身份正确，否则拒绝接收。

目前数字签名主要借助公钥加密体制，如 RSA 数字签名就是一种典型的签名算法。

四、电子支付认证技术

在电子商务中公钥加密体制作为信息加密和数字签名方法被广泛采用。公钥可以向网络公开，私钥由用户自己保存。公钥加密过的数据只有其本人的密钥能解开，这样就保证了数据的安全性。经私钥加密过的数据可被所有持有对应公钥的人解开。由于私钥只有用户一人保存，这样就证明该信息发自密钥持有者。这种特性可用作签名，具有不可替代性及不可抵赖性。使用公钥加密体制面临两个问题：

（1）虽然公钥/私钥提供了一种认证用户的方法，但它并不保证公钥实际上属于所声称的拥有者。如何确定该公钥拥有者的真实身份？

（2）在哪里能够找到对方的公钥？

解决这两个问题就需要有一个可信的第三方认证机构。这就像我们在现实世界中的交易一样，企业的有效身份必须由工商管理部门认证。

（一）认证中心

电子商务认证授权机构也称为电子商务认证中心（certificate authority，CA）。在电子商务交易中，无论是数字时间戳服务（digital time sequence，DTS）还是数字证书（digital ID）的发放，都不是靠交易的双方自己就能完成的，而需要有一个具有权威性和公正性的第三方来完成。CA 就是承担网上安全电子交易认证服务的机构。它能签发数字证书，并能确认用户身份。CA 是一个服务机构，主要受理数字证书的申请、签发及管理数字证书。《中华人民共和国电子签名法》（简称《电子签名法》）详细规定了认证机构的资质、职能以及数字证书应包含的内容。《电子签名法》第 17 条规定了认证机构的资质：

（1）具有与提供电子认证服务相适应的专业技术人员和管理人员；

（2）具有与提供电子认证服务相适应的资金和经营场所；

（3）具有符合国家安全标准的技术和设备；

（4）具有国家密码管理机构同意使用密码的证明文件；

（5）法律、行政法规规定的其他条件。

（二）认证中心的职能

1. 证书发放

认证中心可以有多种方法向申请者发放证书,如发放给最终用户签名的或加密的证书。向持卡人只能发放签名的证书,向用户和支付网关可以发放签名并加密的证书。

2. 证书更新

持卡人证书、商户和支付网关证书应定期更新。更新过程与证书发放过程是一样的。

3. 证书撤销

证书的撤销可以有许多原因,如私钥被泄密、身份信息的更新或终止使用等。对用户而言,他需要确认自己的账户信息不会发往一个未被授权的支付网关,因此被撤销的支付网关证书需包含在撤销清单中并散发给用户;用户不会将任何敏感的支付信息发给商家,用户只需验证商家证书的有效性即可。对商家而言,被撤销的支付网关证书需散发给商家;对支付网关而言,需检查用户是否在撤销清单中,并需与发卡银行验证信息的合法性;同样,支付网关需检查商家证书是否在撤销清单中,并需与收单行验证信息的合法性。

4. 证书验证

在进行交易时,相关机构通过出示由某个 CA 签发的证书来证明自己的身份。如果对签发证书的 CA 本身不信任,可逐级验证 CA 的身份,一直到公认的权威 CA 处,就可确信证书的有效性。认证证书是通过信任分级体系来验证的,每一种证书与签发它的单位相联系,沿着该体系找到一个可信赖的组织,就可以确定证书的有效性。例如,C 的证书是由名称为 B 的 CA 签发的,而 B 的证书又是由名称为 A 的 CA 签发的。A 是权威机构,通常称为根认证(Root CA)。验证到了根认证处,就可确信 C 的证书是合法的。

(三)认证体系的结构

认证体系呈树型结构。根据功能的不同,认证中心划分成不同的等级。不同等级的认证中心负责发放不同的证书。持卡人证书、商户证书、支付网关证书分别由持卡人认证中心、商户认证中心、支付网关认证中心颁发。而持卡人认证中心证书、商户认证中心证书和支付网关认证中心证书则由品牌认证中心或区域性认证中心颁发。品牌认证中心或区域性认证中心的证书由根认证中心颁发。图 6-11 为认证中心体系示意图。

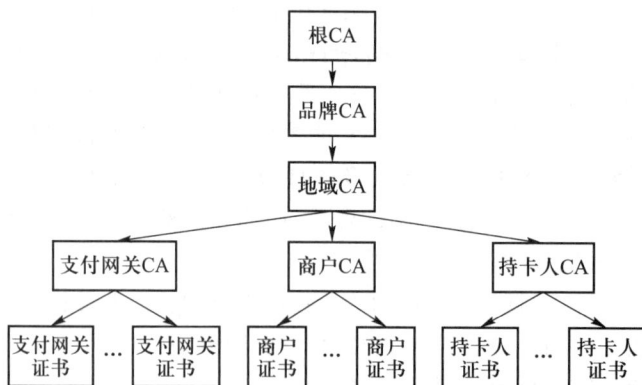

图 6-11 认证中心体系

（四）数字证书

1. 数字证书的含义

数字证书是一个担保个人、计算机系统或者组织的身份和密钥所有权的电子文档。例如，用户证书证实用户拥有一个特别的公钥，服务器证书证实某一特定的公钥属于这个服务器。证书由社会上公认的认证中心发行。认证中心负责在发行证书前证实个人身份和密钥所有权，如果由于它签发的证书造成不恰当的信任关系，该机构需要负责任。

2. 数字证书的类型

应用程序能识别的证书类型如下：

（1）客户证书。这种证书证实客户（例如使用浏览器的个人）身份和密钥所有权。在某些情况下，服务器可能在建立 SSL 连接时要求客户证书来证实客户身份。为了取得个人证书，用户可向某一信任的 CA 申请，CA 经过审查后决定是否向用户颁发证书。

（2）服务器证书（站点证书）。这种证书证实服务器的身份和公钥。当与客户建立 SSL 连接时，服务器将它的证书传送给客户。客户收到证书后，检查证书是由哪家 CA 发行以及这家 CA 是否可被信任。如果客户不信任这家 CA，浏览器会提示用户接受或拒绝这个证书。

（3）安全邮件证书。这种证书证实电子邮件用户的身份和公钥。有些传送安全电子邮件的应用程序使用证书来验证用户身份和加密解密消息。

（4）CA 机构证书。这种证书证实认证中心身份和认证中心的签名密钥（签名密钥被用来签署它所发行的证书）。

3. 数字证书的内容

证书的格式由 ITU 标准来定义。证书包括申请证书个体的信息和证书发行机构（CA）的信息。《电子签名法》第 21 条规定，认证证书应当准确无误，并应当载明下列内容。

（1）电子认证服务提供者名称；

（2）证书持有人名称；

（3）证书序列号；

（4）证书有效期；

（5）证书持有人的电子签名验证数据；

（6）电子认证服务提供者的电子签名；

（7）国务院信息产业主管部门规定的其他内容。

具体地，可将证书信息分成两部分。

（1）证书数据。包括版本信息、证书序列号，每一个由 CA 发行的证书必须有唯一的序列号；CA 所使用的签名算法；发行证书的 CA 的名称；证书的有效期限；证书主题名称；被证明的公钥信息，包括公钥算法、公钥的位字符串表示；包含额外信息的特别扩展。

（2）发行证书的 CA 签名。证书第二部分包括发行证书的 CA 签名和用来生成数字签名的签名算法。任何人收到证书后都能使用签名算法来验证证书是否由 CA 的签名密钥签发的。

4. 数字证书的有效性

只有下列条件均为真时，数字证书才有效。

（1）证书没有过期。所有的证书都有一个有效期，只有在有效期限以内证书才有效。

（2）密钥没有修改。如果密钥被修改，就不应该再使用，密钥对应的证书就应当收回。

（3）用户有权使用这个密钥。例如，雇员离开了某家公司，雇员就不能再使用该公司的密钥，密钥对应的证书就需要收回。

（4）证书必须不在无效证书清单内。认证中心负责回收证书，发行无效证书清单。

（五）公钥基础设施

公钥基础设施（public key infrastructure，PKI）是以公钥加密技术为基本技术手段实现安全性的技术。它是一个利用公钥密码技术在开放的网络环境中提供数据加密以及数字签名服务的统一的技术框架。PKI 技术中最主要的安全技术包括两个方面：公钥加密技术和数字签名技术。

建立一个有实际使用价值的 PKI 网络安全环境，必须满足以下几个基本条件：

（1）能够签发基于公钥密码体制的数字证书。

（2）具有数字证书的存取环境和途径。

（3）能够进行证书作废处理。

（4）实现密钥备份和恢复。

（5）支持不可抵赖的数字签名。

（6）公开密钥对和数字证书的自动更新。

（7）公开密钥对的归档管理。

（8）支持数字证书的交叉认证等。

PKI 的功能包括很多方面，主要有签发数字证书、作废证书、签发与发布证书作废表、存储与检索证书和证书作废表、密钥生成、密钥备份和恢复、密钥作废与更新、密钥归档、时间戳、基于策略的证书校验等。

五、电子支付安全协议

电子商务安全协议就是为了满足电子支付的安全性要求而开发出的集加密技术、电子签名和信息摘要技术、安全认证技术于一体的各种安全技术措施或者安全技术协议。目前国际上常用的两种电子支付的安全协议标准是安全套接层协议和安全电子交易协议。

（一）安全套接层协议

安全性是电子支付系统能否被采用的最重要因素，一般通过对支付信息加密来保障通信过程中的信息安全。如果要求普通用户都要知道如何使用加密、数字签名、数字证书，那么就没几个人能进行安全的网上交易了。因此，一些组织机构开始设计安全协议以保障用户可以以透明的方式由 Web 浏览器和 Web 服务器完成安全通信，而任何组织想在互联网上开展电子商务，就必须接受这种保障电子商务安全的协议。目前最流行的安全通信协议之一就是安全套接层（secure socket layer，SSL）协议，也称为传输层安全（transport layer security，TLS）协议。

SSL 协议是一种国际标准的加密及身份认证通信协议，SSL 协议使用通信双方的客户证书以及 CA 根证书，允许客户/服务器应用以一种不能被偷听的方式通信，在通信双方间建立起了一条安全的、可信任的通信通道。它保证了信息保密性、信息完整性，可以相互认证。1996 年，互联网工程任务组（Internet Engineering Task Force，IETF）将其更名为 TLS。Web 服务器必须向具有资质的认证中心申请证书才能支持 SSL 协议。图 6-12 显示了 SSL 协议支持下的交易通信过程。

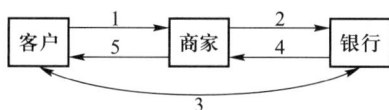

图 6-12　SSL 协议支持的交易过程

（1）客户将包含支付信息的订单发给商家；

（2）商家将信息转发至银行；

（3）银行向客户验证其信息合法性；

（4）银行通知商家付款成功；

（5）商家通知客户购买成功。

（二）安全电子交易协议

安全电子交易（secure electronic transaction,SET）协议是一个密码协议,原是为满足操作一个完全的在线交易需要而设计的,支持消费者和商家的信用卡在线交易。其运行目标是保证电子商务参与者信息的相互隔离；保证信息传输的保密性、完整性和不可否认性；保证网上交易的实时性,支持在线支付；规范协议和信息格式,促使不同厂家开发的软件具有兼容性、互操作性、可移植性。图 6-13 描述了 SET 协议的工作流程。

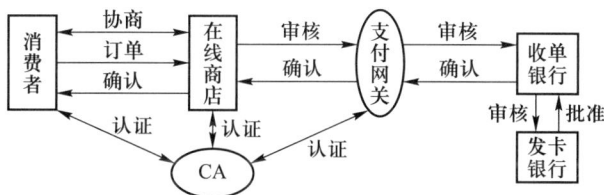

图 6-13　SET 协议工作流程

（1）消费者。包括个人消费者和团体消费者,按照在线商店的要求填写订货单,通过由发卡银行发行的信用卡进行付款。

（2）在线商店。提供商品或服务,具备相应电子货币使用的条件。

（3）收单银行。通过支付网关处理消费者和在线商店之间的交易付款问题。支付网关的主要作用是安全连接互联网和银行专网,将来自互联网上的交易信息传递至银行专网,起到隔离和保护专网的作用。其工作任务是将互联网传来的数据包解密,并按照银行系统内部的通信协议将数据重新打包；接收银行系统内部传回来的响应消息,将数据转换为互联网传送的数据格式,并对其进行加密。

（4）发卡银行。电子货币（如信用卡、智能卡、电子现金、电子钱包）发行公司,以及某些兼有电子货币发行的银行,负责处理智能卡的审核和支付工作。

（5）认证中心（CA）。负责对交易对方的身份确认,对厂商的信誉度和消费者的支付手段进行认证。

尽管 VISA 和 MasterCard 两大信用卡组织开发了 SET 协议的应用,但很少得到商业界的认可,它们只认可 SSL 协议。

六、区块链技术

考虑到交易的安全,电子商务的交易及支付并不是直接发生在买卖双方之间,而是依赖于可信的第三方平台,例如京东、阿里巴巴等,这个第三方平台是一种中心化的系统,买卖双方之所以敢于并愿意发生滞后的、非面对面的交易,是因为对第三方的信任。但如果中心化的第三方平台出现以下问题,例如,存放有客户资金和信息的平台面临倒闭风险,平台客户信息被盗,平台收取的费用越来越高,客户资金被平台挪用,平台把客户的信息卖了牟利,平台形成垄断不能保证服务质量等等,平台上的用户就会面临着巨大的风险。

区块链技术提供了一种去中心化的解决方案。其基本策略是系统中的每一个节点都对数据进行不可更改的记录、组织、存储。基本手段是分布式数据存储、点对点传输、共识机制、加密算法、经济激励。

区块链技术支持的交易过程如下:交易节点将新生成的交易数据向全网所有节点进行广播,每个节点都将收集到的交易数据存储到一个区块中;每个节点基于自身算力完成一个具有足够难度的工作量证明,俗称挖矿,从而获得创建区块的权力,以及记账权和货币奖励。当节点把交易收集到区块中后,就向全网广播此区块;仅当包含在区块中的所有交易都是有效的且之前未存在过的,其他节点才认同该区块的有效性。

(一)区块链技术概述

区块链技术整合应用分布式数据存储、点对点传输、共识机制、加密算法、经济激励等手段,在节点间无需互相信任的分布式系统中实现基于去中心化的点对点交易、协调与协作(分布式账本)。分布式存储是指数据可以存储在所有参与记录数据的节点中,而非集中存储于中心化的机构节点中;分布式记录是指可以由系统参与者集体记录,而非由一个中心化的机构集中记录;共识机制是区块链系统中实现不同节点之间建立信任、获取权益的数学算法。区块链技术具有去中心化、公开透明、开放共识、安全可靠等特点。

关于区块链技术有以下基本结论:按时间顺序把数据区块以链的方式组合起来的数据结构;能安全存储、有先后关系、能在系统内验证的数据;以密码学保证数据不可篡改和不可伪造;大家共同参与记录信息、存储信息;能够使参与者对全网交易记录的事件顺序和当前状态建立共识。

区块链技术由中本聪于2008年第一次提出,是比特币的核心组成部分:作为所有交易的公共账簿。利用点对点网络和分布式时间戳服务器,实现区块链数据库的自主管理。区块链解决了数字货币的重复消费问题。

随着比特币的火爆发展,区块链也已经成为其他应用程序的灵感来源,被认为是继大型机、个人电脑、互联网、移动/社交网络之后计算范式的第五次颠覆式创新,是人类信用进化史上继血亲信用、贵金属信用、央行纸币信用之后的第四个里程碑。

(二)区块链技术原理

区块链技术让系统中的每一个人都可以参与数据的记录、存储。它按时间顺序、以链的方式对数据区块进行组织,在没有中央控制点的分布式对等网络下,使用分布式集体运作的方法,构建一个P2P的自组织网络。区块链技术通过复杂的校验机制,保持区块链数据库完整性、连续性和一致性,即使部分参与人作假也无法改变区块链的完整性,更无法篡改区块链中的数据。区块链技术基础架构模型如图6-14所示。

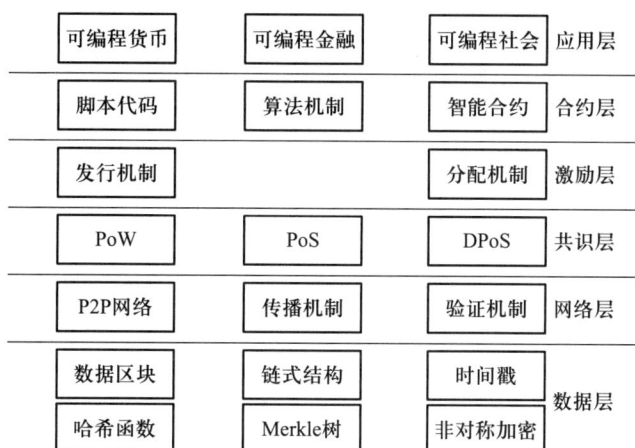

图 6-14　区块链技术基础架构模型

1. 数据层技术

取得记账权的矿工将上一个区块形成之后、该区块被创建前生成的信息打包成一个区块并以"头哈希"标引,盖上由基于 PKI 技术的时间戳服务器提供的时间戳,与上一个区块衔接在一起,上一个区块的"头哈希"作为当前区块的"父哈希",区块头存储着无法篡改的由 Merkle Tree 根表示的当前区块的交易信息压缩值,区块体存储以 Hash 二叉树形式记录的当前区块的所有交易信息,首尾相连,最终形成了区块链,如图 6-15 所示。

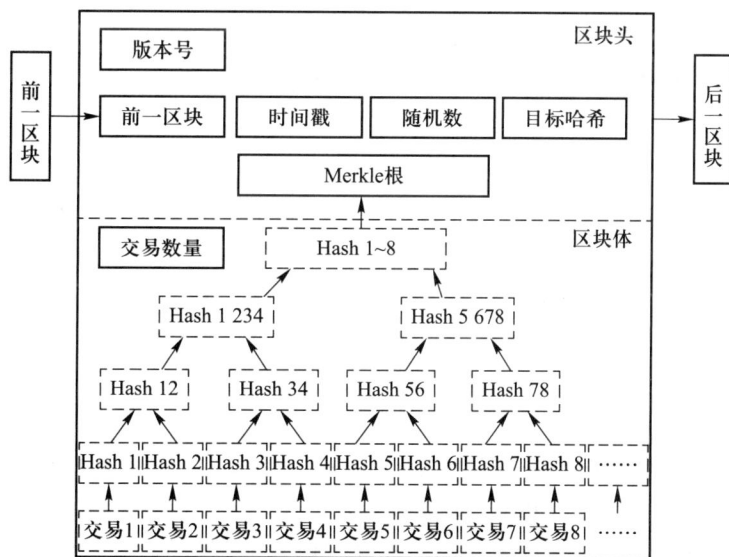

(a) 一个区块的结构

块高度	390608	390609
头哈希	0000000005e1....e25	0000000003f2....f1d
父哈希值	00000000079f....e4d	0000000005e1....e25
时间戳	2015-12-28 14:28:13	2015-12-28 14:30:02
挖矿难度值	93448670796.32380676	93448670796.32380676
nonce(工作量证明随机数)	2181060612	4005489007
Merkle根	2e11abce579...e12a	c59e2d8242...eflc
区块体	【Hash二叉树】当前区块中的所有交易信息	【Hash二叉树】当前区块中的所有交易信息

(b) 两个区块构成的链

图 6-15　区块链的数据链接

2. 网络层技术

根据系统确定的开源的、去中心化的 P2P 网络层协议,区块链采用一个分布式的结构体系,让价值交换的信息通过分布式传播发送给全网,通过分布式记账确定信息数据内容,盖上时间戳后生成区块数据,再通过分布式传播发送给各个节点,实现分布式存储,如图 6-16 所示。

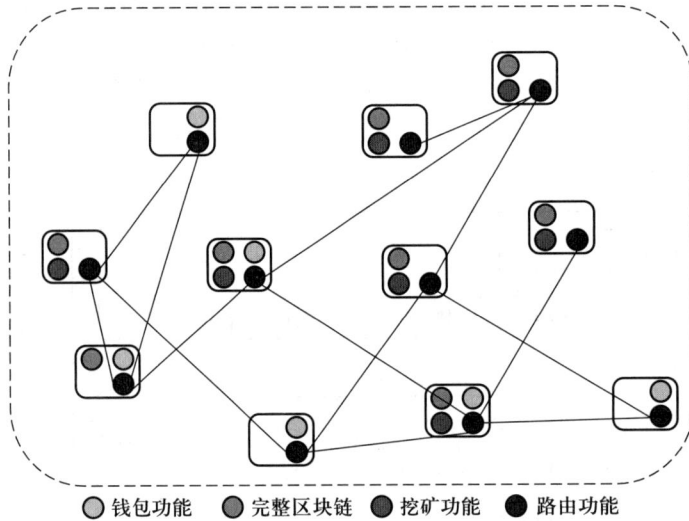

○ 钱包功能　● 完整区块链　● 挖矿功能　● 路由功能

图 6-16　分布式网络与数据的分布式存储

3. 共识层技术

如何在决策权高度分散的去中心化系统中使得各节点高效地针对区块数据的有效性达成共识呢? 区块链技术设计一种称为 PoW(proof of work,工作量证明)共识机制,即各节点(矿工)基于各自的计算机算力相互竞争来解决一个求解复杂但验证容易的 SHA256 数学难题(俗称"挖矿"),最快解决该难题的节点获得区块记账权和系统自动生成的比特币奖励。该数学难题可表述为:根据当前难度值,通过搜索求解一个合适的随机数(nonce)使得区块头各元数据的双 SHA256 哈希值小于或等于目标哈希值。难度取决于目标值中前导 0 的个数,0 越多,难度越大。如果前导 0 是 N 个,按概率大约需要 16^N 的算力。随机数从 0 开始,逐步加 1 搜索。目前的 N 值在 17～18 位,参与挖矿的全球计算机算力在 10^{18}～10^{19}。大约 10 分钟产生一个区块。

4. 激励层技术

（1）货币发行机制。为鼓励更多的节点加入区块链并参与"挖矿"，区块链技术设计了一套激励机制，即对于最快解决共识层难题的节点奖励一定数量的货币，最早发行的货币就是比特币（Bitcoin）。比特币系统中每个区块发行比特币的数量是随着时间阶梯性递减的。创世区块起的每个区块将发行 50 个比特币奖励给该区块的记账者，此后每隔约 4 年（21 万个区块）每区块发行比特币的数量降低一半，依此类推，一直到比特币的数量稳定在上限 2 100 万为止。

（2）货币分配机制。大量的小算力节点通常会选择加入矿池，矿池将各节点贡献的算力按比例划分成不同的股份，当获得奖励时按股份分配。

比特币是一种虚拟货币，数量有限，但可以兑换成大多数国家的货币，也可以在某些认可比特币的市场购买商品。2010 年 5 月 22 日，美国程序员拉斯勒·豪涅茨用 10 000 比特币购买了价值25 美元的比萨，是现实世界中第一笔比特币交易，这一天被比特币界确定为比萨日。但由于挖矿会消耗大量的能源，且比特币数量有限，使得比特币的投资投机性远远超过了货币性质，比特币从 2010 年的不值 1 美分，不断被投资投机者炒作到 2017 年年底的 20 000 美元左右（图 6-17）。

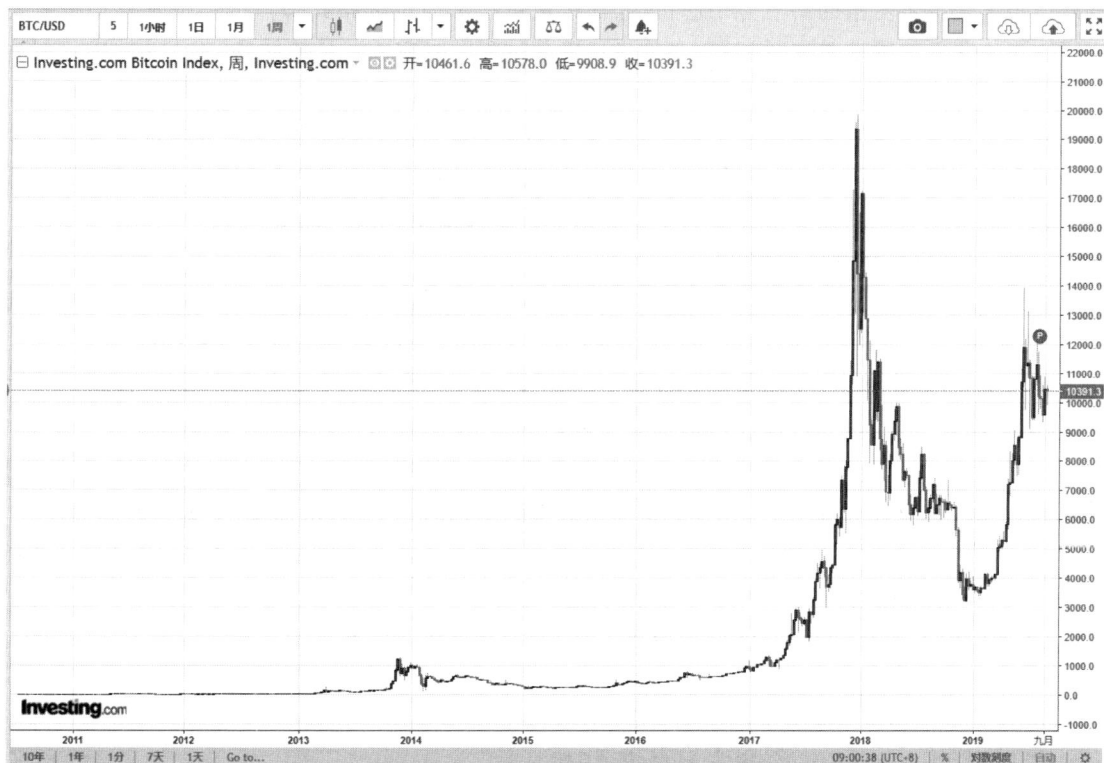

图 6-17　比特币交易价格演化（cn.investing.com）

比特币的炒作吸引了大量风险资本进入虚拟加密货币市场，截至 2019 年 8 月底在线交易的虚拟加密货币接近 3 000 种。

5. 合约层技术

数据、网络和共识三个层次分别承担数据表示、数据传播和数据验证的功能，合约层则是建立在数据、网络和共识三个层次之上的商业逻辑和算法,即脚本,是实现区块链系统灵活编程和操作数据的基础。合约层封装区块链系统的各类脚本代码、算法以及由此生成的更为复杂的智能合约。

脚本本质上是众多指令的列表,这些指令记录在每一次的价值交换活动中。脚本的作用是使得区块链能够支持宏观金融和社会系统的诸多应用。例如,比特币脚本可要求价值交换活动的接收者如何获得这些价值,以及花费掉自己已收到的留存价值需要满足哪些附加条件。

包括比特币在内的数字加密货币大多采用非图灵完备的简单脚本代码来编程控制交易过程,这也是智能合约的雏形;随着技术的发展,已经出现以太坊等图灵完备的可实现更为复杂和灵活的智能合约的脚本语言,使得区块链能够支持宏观金融和社会系统的诸多应用。

(三)区块链技术的贡献

区块链技术解决了数字加密货币领域长期以来所必须面对的双重支付问题和拜占庭将军问题。

所谓双重支付问题,就是利用货币的数字特性两次或多次使用"同一笔钱"完成支付,传统的解决方案是借助可信的第三方中心机构,而区块链技术通过分布式节点的验证和共识机制解决了去中心化系统的双重支付问题,在信息传输的过程同时完成了价值转移。

所谓拜占庭将军问题是指在缺少可信任的中央节点的情况下,分布式节点如何达成共识和建立互信。传统的解决方案是中央银行等中心机构的信用背书机制,而区块链技术通过数字加密技术和分布式共识算法,实现了在无需信任单个节点的情况下构建一个去中心化的可信任系统。它标志着中心化的国家信用向去中心化的软件定义信用的根本性变革。

(四)区块链技术面临的挑战

区块链技术在银行业与支付、供应链与物流管理、信息安全、电子商务、政府治理、卫生健康等政治、经济、社会各领域均有着广阔的应用前景。但区块链技术还面临着许多挑战。

(1)共识机制的安全漏洞。区块链技术存在着51%攻击问题,即51%的节点合谋可以攻击区块链的安全机制。虽然攻击成本远远超过收益,但理论上攻击的可能性是存在的。

(2)效率问题。分布式备份导致区块链膨胀所带来的海量数据存储问题;交易效率问题,目前比特币每秒钟仅能处理7笔交易;交易确认效率问题,共识达成一般需要10分钟时间。

(3)资源问题。共识过程依靠巨大的算力,要消耗大量的能源,很不经济。据估算,2018年、2019年每年消耗电力为300亿~600亿度电。

(4)矿池间的博弈问题。区块截留攻击、伪装为对方矿池的矿工等。

章尾案例:KungFu,移动支付的新畅想

不用手机,非可穿戴,开创无硬件支付时代。2014年4月1日,支付宝宣布正在研发全新支付产品KungFu(空付)。它的核心功能是通过对任一实物扫描授权赋予支付能力。在商家处出示该实物,经过独有的技术快速识别后,即可成功完成支付。KungFu采用了Alipay X Lab创新的APR与IRS技术,可以提升支付能力与安全性。今后出门不用说钱包,就是手机也不用带了,直接跳过需要硬件才能支付的阶段,进入到无硬件支付时代。利用KungFu这一移动支付手段,

当你走进一家便利店,身上没带钱包,也没带手机,但仍可以用已经授权了支付能力的随身物品,比如戒指、鞋子、宠物或是胳膊上的文身,随时购买到想要的商品。

在这背后是支付宝在过去一年中开发的两项关键技术——APR(Augmented Pay Reality,增强支付现实技术)和 IRS(Information Recall Secure,信息回溯保障系统)的创新研发。APR 技术能够建立网络与现实世界的连接,通过对被拍摄对象的立体检测和特征分析,精确识别现实世界的人或物。它可以定位到像素级的极小特征,对特征进行 3D 组合定位和精准识别。IRS 系统根据 APR 技术解析后的信息,去追溯匹配在云端加密储存的个人支付账户,从而使 KungFu 得以完成。每笔交易都有相应的保证金做赔付保障。基于以上两项新技术,我们可以脱离手机,用任何实物进行支付。

负责 KungFu 项目的 Alipay X Lab 负责人解释了 KungFu 名字的由来:功夫里有种境界叫"手中无剑,心中有剑",在高手眼中,万物都可以是兵器。而这一全新支付方式,可以将万物当成有价值的支付"兵器",让我们每个人都成为行走江湖的高手。"新技术就这样化支付于无形,让我们空着手到处行走也不再担心。"Alipay X Lab 工程师表示。对于电子支付,我们不仅需要着眼现在,更应该为了未来去大胆设想和不懈努力。

案例思考题:

观看有关 KungFu 的相关视频,分析电子支付技术发展的趋势。

本 章 小 结

本章详细介绍了各种常见支付工具及其工作流程,给出了第三方支付的概念、产生的原因、支付流程和优势等,介绍了第三方支付平台的盈利模式。关于移动支付,本章详细介绍了目前移动支付的主要方式及其存在的问题,展望了移动支付的发展趋势,并介绍了移动支付的服务提供商。本章另一个重要内容是移动支付的安全问题,介绍了电子支付加密技术、电子支付认证技术和电子支付安全协议。

关 键 词

电子合同(e-contract)	第三方支付平台(third-party payment platform)
数字签名(digital signature)	近场通讯(near Field Communication)
虚拟银行(virtual bank)	基于位置的服务(location Based Service)
电子银行(e-bank, online bank)	RFID(Radio Frequency Identification)
电子支付(e-payment, online payment)	可穿戴设备(wearable devices)
认证机构(certificate authority, CA)	支付安全(payment security)
安全套接层(secure socket layer,SSL)	苹果移动支付(Apple Pay)
传输层安全(transport layer security,TLS)	谷歌移动支付(Android Pay)

续表

SET（secure electronic transaction）	对称密钥加密（symmetric-key cryptography）
智能卡（smart card,IC 卡）	非对称密钥加密（public-key cryptography）
个人身份号码（personal identification number）	数据加密标准（data encryption standard）
电子现金（e-cash）	高级加密标准（advanced encryption standard）
Q 币	公钥基础设施（public key infrastructure）
比特币（Bitcoin）	安全套接层（secure socket layer）
电子支票（e-check）	安全电子交易协议（secure electronic transaction）
电子支票交换所（e-check presentation，ECP）	网络钓鱼（phishing）
自动票据清算所（automatic clearing house，ACH）	区块链（blockchain）
电子钱包（e-wallet）	去中心化（decentralization）
点对点支付（peer to peer payment）	分布式账本（distributed ledger）
支付宝（Alipay）	双重支付问题（double-spend problem）
微信支付（WeChat Pay）	拜占庭将军问题（Byzantine failures）
二维码支付（two-dimensional barcode payment）	挖矿（mining）
生物识别支付（bioidentification payment）	矿工（miner）
虚拟信用卡（virtual credit card）	对等网（peer to peer network）
小额电子支付（e-micropayment）	共识机制（consensus mechanism）
B2B 电子支付（B2B e-payment）	工作量证明（proof of work）
移动支付（mobile payment）	脚本（script）
电子结账（e-billing）	智能合约（smart contracts）

思 考 题

1. 回顾电子支票、电子结账和电子钱包的工作流程,分析其功能的差异。
2. 了解第三方支付可能发生的欺诈问题,给出相应的解决策略。
3. 基于支付宝进行一次 P2P 转账,理解基于第三方平台的 P2P 转账流程。
4. 分析虚拟信用卡产品对创新电子支付方式的贡献及其存在的安全风险。
5. 查阅近场移动支付的相关技术,分析近场移动支付应用可能存在的问题。
6. 查阅相关资料,了解免密支付、结合可穿戴设备的移动支付等移动支付发展的新趋势。
7. 阐述对称加密和非对称加密的差异以及数字签名技术的基本过程。
8. 调查市场上最主要的 10 种虚拟货币及其支持的技术。
9. 调查主要国家政府对于虚拟货币的态度,分析比特币的发展前景。

实 训 操 作

1. 注册 PayPal 或支付宝账号,并通过 PayPal 或支付宝进行一次网络购物,理解基于第三方支付平台的支付过程。

2. 利用索引擎搜索我国目前最著名的前 10 家电子支付服务商,比较它们在服务内容上的异同点,并分析我国电子支付方面所存在的问题,撰写一份3 000字左右的研究报告。

3. 查阅相关资料,了解安全套接层协议和安全电子交易协议的具体内容。

即 测 即 评

请扫描二维码进行在线测试。

第七章　订单履行和物流管理

　　商品/服务的有效交付及售后支持是电子商务交易的重要环节,也是维系客户忠诚的关键手段。本章将重点介绍企业如何按照客户的订单要求组织产品,并将产品按照客户指定的时间、地点配送给客户,以及如何为客户提供有效的售后支持。

学习目标

1. 掌握订单履行的概念,深刻理解电子商务订单履行的特点。
2. 理解订单履行过程中存在的问题及其解决办法。
3. 了解供应链管理的重要性及其主要方法。
4. 掌握物流配送的主要策略。
5. 了解物流配送的主要技术支持。
6. 了解售后支持的技术手段。

本章导学

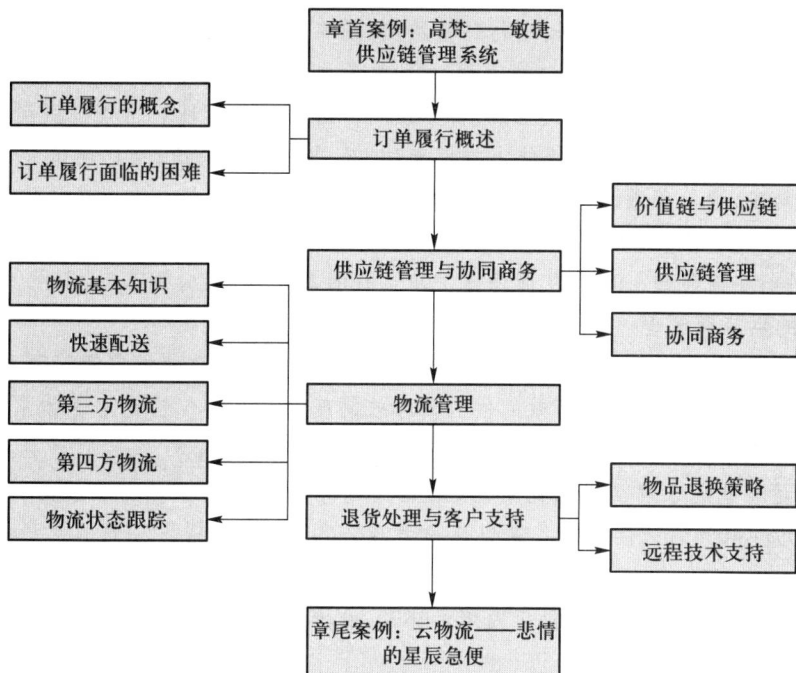

章首案例:高梵——敏捷供应链管理系统

高梵是一家时尚羽绒服公司,为都市时尚人群提供高品质的流行羽绒服饰,公司立足于"轻时尚、简生活"的品牌定位,专注于高端女装品牌的 ODM(original design manufacturer,原始设计制造商)。高梵凭借"舒适、简约、百搭"的产品风格深得全国消费者的喜爱和信赖,公司业务发展迅速,2010 年,线下实体店已发展到 700 多家,ODM 达 30 多家。在实体规模逐渐扩大,而互联网大潮的冲击日益增强之时,高梵于 2010 年开始涉足电子商务。

一、拥抱电子商务却几乎被大潮淹没

在高梵刚进入电子商务领域销售羽绒服时,因缺乏互联网运营经验,基本上延续传统线下的经营模式,即产品设计、批量生产、网络销售、物流配送。在未对市场需求做出很好预估的情形下,每款羽绒服下单 3 000 件,一次性生产订单达 5 万件。由于公司互联网品牌没有形成,产品网络销售困难,出现了大量积压,公司一度陷入了困境。管理层出现了激烈的争论:回归线下不死不活还是去互联网找死? 公司董事长吴先生经过慎重调研、思考、分析,认为"未来服装制造企业的经营一定会向互联网转移,我们已经感受到了电子商务带来的巨大压力,如果还不转型,只能等死。我们现在遇到的困境一定是我们在管理上出了问题,而不是电子商务战略走错了"。

公司开始采取措施,一方面加强电子商务人才培训,一方面请求专家指导,最后确定了以需求驱动生产、以技术保障敏捷供应电子商务环境下的羽绒服生产管理模式,公司专注于需求预测与互联网品牌运营,发挥自身在时尚羽绒产品设计上的优势。公司还高薪"挖"来了世界 500 强企业的敏捷供应链管理人才,建立敏捷供应链管理系统,打通客户需求预测与订单管理、原料供应、生产制造过程监控到物流配送整个流程,形成了自己一套独特的供应链管理体系。

二、需求拉动的敏捷下单机制

高梵利用前端销售的反馈数据,进行销量预测,通常每 3 小时做一次销售数据分析,根据用户需求实时调整下单量,动态调整生产过程。为确保上线产品的品质,有效控制生产量和库存量,公司采取批试销、精选优化、正式上线、动态预测等过程进行管理。上线批试销的产品款式一般在 200 种左右,同时在多种社交媒体上推广测试,公司收集在试销、推广测试过程中产生的浏览量、收藏量、转发、评价等数据,通过对数据的分析,精选出 30% 左右的试销品作为主打款式进行优化设计,然后组织生产、上线销售。主打款式的初始下单量约每款 200 件,然后会根据爆款的销量情况,进行实时补单、追单,从而保障下单过程的敏捷性、实时性和动态性。

三、严格的供应商管理

供应链品质管理的源头是供应商管理。为此,高梵建立了科学的供应商管理系统,主要包括三方面:严格的供应商准入流程、高效的供应商考核制度和共赢的供应商培养体系。从供应商的遴选、考核、合作模式等方面进行严格的动态管理。在供应商准入方面,通过评估厂家的信用等级、生产能力、运营状况来确立供应商名单,审查通过的供应商须保证提供给高梵 50% 的产能,并同时具有 30%~40% 的弹性空间。在供应商考核方面,高梵根据供应商的交货情况来决定付款和下一批的订单分配,例如对于优秀的供应商给予下批提高订单的奖励。在合作模式方面,高梵对整个供应流程进行管控,构建供应商培养体系,合理分配产线比例,达到共赢的局面。

四、供应链标准化

为了更好地管理供应商,加强跟供应商的协同与合作,提高库存管理水平及出货的反应速度,高梵开展了供应链标准化工作。通常羽绒服由面料、辅料和羽绒构成,它的生产需要多个工厂共同完成。高梵通过切分供应链,将订单进一步微分,主力面料、精简辅料,实现标准化生产,在确保效率更高、速度更快、品质更好的基础上,获得更短的资金周转周期、更少的库存和更小的风险。同时做深基本款,推出全球首款可视轻芯羽绒服,注重产品迭代升级,保证产品质量。

五、销售和供应协同

为了优化供应链体系,高梵采用"以销促产"策略来加强销售和供应的协同。通过先小批量试水市场,然后根据销售情况组织生产,合理管控供应商,建立了高效的前后端沟通机制。同时,高梵会针对市场反应较好的热门款式,跟工厂确定生产能力,预售数量根据工厂报来的最大产能设置,建立了科学的产能预订体系。组织生产时,根据订货任务合理安排面辅料,从而保障订单的履行过程。这种全程数据化、精细化的运营管理模式可以最大限度地发挥互联网的优势,建立了"款式多、更新快、性价比高"的竞争优势,也有效地解决了服装行业最为头痛的库存问题,可以保证以极高的性价比给顾客提供更多的商品选择。

六、物流配送体系

为了支撑快速响应配送效率,保证顾客快捷完好地收到货物,高梵通过培育产业带来建设仓储物流体系。高梵已经在安徽省建立了产业带,可以有效保证合肥市 4 小时送达,安徽其他地区一天内送达。高梵正计划将这种产业带模式复制到东北、西南等地区,提高配送相应速度。高梵采用与顺丰、申通、圆通、中通和韵达等第三方物流企业合作来完成配送任务。通常高梵会在仓储中心将消费者订购的商品进行包装,然后交给相应的物流企业完成配送。物流企业的选择通常有两种形式,一种消费者指定物流企业,一种是依据菜鸟网络的大数据分析功能,针对不同地区选择最为高效的物流企业。

思路的转变立即产生了效果,高梵在短短 3 年内打进了天猫商城女装羽绒服类目的前三位,企业实现了零库存和 96% 以上的售罄率,产品品质得到保障,是唯一一款达到日本羽绒标准的羽绒制品。如今的高梵已经由传统服装企业转型成以电子商务为核心渠道的互联网品牌,并树立了市场地位。吴董事长信心满满:"我们要从女装向男装、童装拓展,实现互联网羽绒服品类销量第一品牌。"

案例思考题:

1. 根据案例绘制出高梵羽绒服订单履行过程图。
2. 请思考,高梵的物流配送体系还有哪些值得改进之处?
3. 请为高梵供应链的发展方向提出自己的建议。

第一节 订单履行概述

一、订单履行的概念及过程

大部分电子商务的实施需要支持服务,包括支付、安全、基础设施和技术以及订单履行。网上下订单只是技术问题,是比较容易解决的,但如何组织产品并将产品送到客户手中则是个棘手的问题。订单履行(order fulfillment)是指在客户订单下达以后组织产品,并能够按时将客户所订产品配送到其手里,同时还要提供诸如产品安装说明、必要的培训、退换等全部相关的客户服务。订单履行过程如图 7-1 所示。在客户下单并进行支付确认后,企业就开始履行订单。

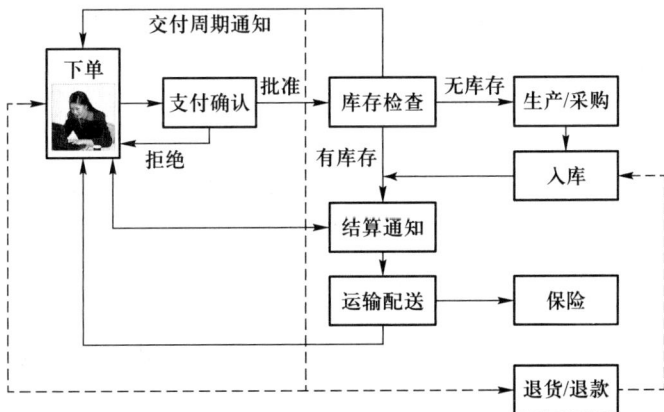

图 7-1 订单履行过程

(1)检查当前库存是否有现货,并根据是否有现货估计交付周期,通知客户,若客户不满意交付周期,可取消订单。

(2)如果有库存,通知客户实施支付、结算,并安排配送。

(3)如果没有库存,对于生产企业则进入生产系统如 ERP 系统、SCM 系统、JIT 系统组织生产,而对于零售企业则进入采购系统组织采购。

(4)生产或采购完成并入库,转至第(2)步。

（5）客户收到货物后如果不满意,则可调换或退货、退款。

互联网及其他通信网络环境结合电子商务应用系统保障了交易各方之间的信息流;电子支付系统解决了电子商务中的资金流问题;而订单履行则是要解决电子商务交易中的物流问题。

二、订单履行面临的困难

由于电子商务改变了传统的经营方式,使得订单履行变得既重要但又很困难。订单履行的重要性体现在它是企业与客户完成交易的最后一个环节,订单履行的好坏直接关系到企业声誉的良差,影响消费者的满意度和忠诚度的高低;而困难性则是因为经营方式的改变和人们在电子商务环境下交易观念的变化所引起的。

（一）"拉"式生产对"推"式生产

传统的零售是先生产商品,再在零售店卖给客户,也就是先有货,后销售。而电子商务常采用按订单生产的方式,且许多是个性化的定制生产。这使得企业在产品供应上面临着挑战。它不仅要求企业及其所在的供应链能准确预测客户的需求,控制库存,还要有一条敏捷的供应链能够快速响应客户需求的变化,电子供应链与协同商务成为提高供应链性能的关键。

（二）物流配"送"对门店提"取"

传统的零售实际上是客户到零售店购买并带走,是客户自己上门取货,而电子商务销售是远距离完成的,企业必须送货上门。这使得企业在产品配送上面临着挑战,既要保证配送的及时性,又要降低配送成本,因为 B2C 电子商务所面对的常常是小订单、低价值的交易,高昂的配送成本是无法接受的。

（三）"远程"服务对"现场"服务

电子商务配送物流一般是由第三方物流公司承担的,而电子商务交易又是远程实现的,这就使得企业在产品技术支持上与传统零售存在差异。"远程"服务将代替"现场"服务,企业承担的任务更多的是培训、指导等。

另外,在电子商务环境下还存在所谓的逆物流问题。在传统零售中,当客户对所购商品不满意时,可去现场调换或退货,而电子商务的远程交易使得客户所在地可能根本没有可调换或退货的场所,因此就出现了"逆物流"问题。逆物流就是将客户所购买的不满意产品退回给企业。

因此,订单履行的任务可以分解为三个方面的内容。

（1）商品的生产与组织,包括库存控制、供应链管理及其 E 化、协同商务。

（2）运输配送,将客户购买的产品快速地配送到客户手中。

（3）客户服务,远程支持客户使其能够顺利地安装、使用产品,同时还要保障客户在遇到产品不满意时能够方便地调换或退货、退款。

第二节　供应链管理与协同商务

一、价值链与供应链

（一）价值链

价值链是指在一个行业或一个企业内,从原材料到形成最终产品或服务的过程中所进行的一系列活动,其中每一项活动都为最终产品添加经济价值,价值链就是这一系列相互联系的增值活动。价值链有行业价值链和企业价值链,行业价值链上的基本角色有六个,即:供应商、制造商、运货商、经销商、零售商和客户,每个组织承担其中的一个或多个角色,也可能只承担某个角色中的部分活动。企业价值链是企业内从原材料到形成最终产品或服务过程中所进行的一系列活动,其增值活动主要有五种:运入物流、内部运作、运出物流、销售和营销以及售后服务。

价值链是由迈克尔·波特(Michael E. Porter)在《竞争优势》(*Competitive Advantage*)一书中首先提出的,他认为:"每一个企业都是用来进行设计、生产、营销、交货等过程及对产品起辅助作用的各种相互分离的活动的集合。"[1]企业的价值创造是通过一系列活动构成的。这些活动可分为基本活动和辅助活动两类:基本活动包括设计、生产、市场推广、营销、配送以及售后服务和支持等;而辅助活动则包括采购、技术开发、人力资源管理和企业基础设施建设等。这些互不相同但又相互关联的生产经营活动,构成了一个创造价值的动态过程,即价值链。价值链在经济活动中是无处不在的,上下游关联的企业与企业之间存在行业价值链,企业内部各业务单元的联系构成了企业的价值链,企业内部各业务单元之间也存在着价值链联结。价值链上的每一项价值活动都会对企业最终能够实现多大的价值造成影响。

互联网与 WWW 的发展,以及虚拟价值链、价值增值网等延伸了价值链概念,但价值链的本质没变,即价值链是由一系列能够满足顾客需求的价值创造活动组成的。这些价值创造活动通过信息流、物流或资金流联系在一起。

电子商务充分利用网络信息技术的优势,在行业或企业的内部与外部可能触及的范围内整合各种资源,包括研发、生产、管理、市场营销、信息系统、人力资源和物流配送等,使企业获得各种能力,从而形成自己的核心竞争能力,取得竞争优势,直至形成战略竞争能力优势,如图 7-2 所示。

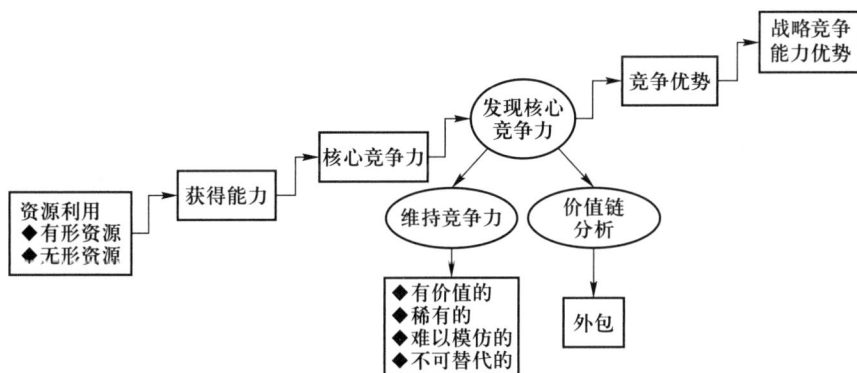

图 7-2　电子商务整合资源形成企业战略竞争力

(二) 供应链

1. 供应链的概念

早期观点认为,供应链(supply chain, SC)是制造企业中的一个内部过程,是指把从企业外部采购的原材料和零部件,通过生产转换和销售等活动,再传递到零售商和用户的一个过程。传统的供应链概念局限于企业的内部操作层上,注重企业自身的资源利用。后来有些学者把供应

---

[1] Michael E. Porter. Competitive Advantage：Creating and Sustaining Superior Performance. NY：Free Press，1985.

链的概念与采购、供应管理相关联,用来表示与供应商之间的关系。这种观点得到了研究合作关系、JIT 关系、精细供应、供应商行为评估和用户满意度等问题的学者的重视。但这样一种关系也仅仅局限在企业与供应商之间,而且供应链中的各企业独立运作,忽略了与外部供应链成员企业的联系,往往造成企业间的目标冲突。

随着经济全球化、贸易与投资的便捷化和自由化以及互联网的发展,供应链从原有的区域性概念发展到一种全球性概念,供应链的企业不再受限于某个地域或某个国家;供应链上企业之间的分工更加明确(生产、分销、零售等);供应链上所有成员的行为具有一致性目标:使整个供应链的价值增值最大化以满足客户或最终用户的各种需求;借助于信息技术与互联网的支持,原有的线性结构转变成围绕核心企业的网状结构,如图 7-3① 所示。表 7-1 列举了线性供应链与网状供应链间的区别。

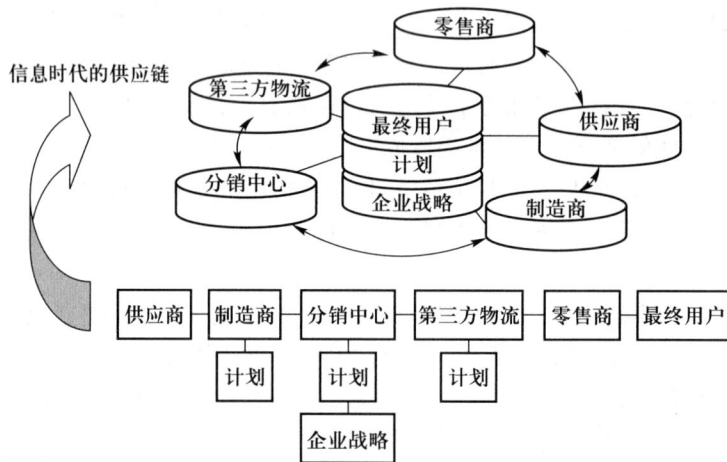

图 7-3 从线性供应链发展到网状供应链

表 7-1 线性供应链与网状供应链对比

对比点	线性 SC	网状 SC
业务核心	垂直型	矩阵型
竞争	企业对企业	供应链对供应链
竞争优势	有形资产	速度+知识
市场范围	国内	全球
SCM 的范围	企业内部	多个企业
SC 核心	成本和资产利用	客户
伙伴定义	供应链	供应网
执行过程	没有分工	有明确分工
客户满足	按库存	按订单
客户服务	低客户期望	高客户期望

---

① Andersen. Business and Supply Chain Management. Internal Andersen Publication. 2000.

续表

对比点	线性 SC	网状 SC
信息交换	沟通	协同
库存	高	低
计划制订	依靠管理者和分析师	依靠整个贸易社区

针对信息经济时代的供应链概念,相关学者也给出了不同的定义。Christopher 将供应链定义为"一个联通但相互独立的组织网络,为了控制、管理和改善从供应商到最终用户的物流和信息流而互助地、合作地工作在一起"。[①] Ayres 认为,供应链是"由物流、信息流、资金流和知识流组成的生命周期过程,其目的是以来自多个关联的供应商的产品或服务来满足最终用户的需求"。[②] Hannon 认为,供应链是"一个执行原材料采购、将原材料转变成中间产品和最终产品、将最终产品分销给客户等功能的网络"。[③] 这些定义都注意了供应链的完整性,考虑了供应链中所有成员行为的一致性,同时强调供应链的战略伙伴关系问题。通过建立供应链上的战略伙伴关系,可以与重要的供应商和用户更有效地开展工作。

从价值链的角度看,价值链上的各项增值活动所产生的信息流、物流或服务流、资金流就形成了供应链。也就是说,供应链是从原料供应商到中间产品以及最终产品的制成并最后由销售网络把产品送到消费者手中等一系列活动所形成的信息流、物流或服务流以及资金流。它将供应商、制造商、运货商、经销商、零售商和客户等价值链上的各个角色连成一个链状或网状的整体。而供应链上的信息流、物流或服务流以及资金流是由用户需求所驱动的。一个企业也许只有一条供应链,也可能有多条供应链;某些供应链比较简单,而有些供应链比较复杂;一些供应链是区域性的,而另一些供应链可能是全国性甚至全球性的。然而,不管供应链的复杂性如何,沿供应链上执行的全部相关活动主要目标都是满足客户或最终用户的期望。

2. 供应链整合架构

供应链整合架构是 Michigan State University 经过 15 年的物流实践研究,于 1999 年提出的一个整合架构,[④]如图 7-4 所示。

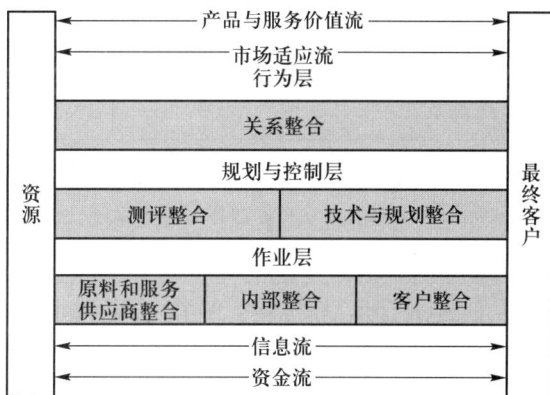

图 7-4 供应链整合架构

此架构指出影响供应链性能的企业能力有六个,被分为作业层、规划与控制层和行为层三组。在作业层上,企业能力包括客户整合、内部整合以及原料和服务供应商整合;在规划与控制

---

① Christopher Martin. Logistics and Supply Chain Management: Strategies for Reducing Cost and Improving Service(Second Edition). Financial Times: Prentice Hall, 1998.

② Ayres James. Making supply chain management work: design, implementation, partnerships, technology and profits. Auerbach Publications, 2002.

③ Hannon David. Dealing with change is the name of the game. Purchasing, 2003, 132(19): 57-58, ABI/INFORM Global.

④ Bowersox, D. J., Closs, D. J., & Stank, T. P.. 21st Century logistics: making supply chain integration a reality. Oak Brook, IL: Council of Logistics Management, 1999.

层,企业能力则包括技术与规划整合、测评整合;在行为层企业应具有关系整合能力。具体能力描述见表7-2。

表7-2　供应链整合架构及其性能

类别	整合架构	能力体现
作业层	客户整合:与特定客户建立持久的、独特的关系	区分与识别客户;持续适应客户变化的期望;对独特的或突发需求的响应;对经营环境的适应性
	内部整合:整合企业内部之物流作业,使其形成通畅的流程	跨功能整合;作业标准化、简单化;遵循作业流程和组织规章;组织结构的调适能力
	原料和服务供应商整合:实现企业外部工作与内部作业流程的无缝连接	战略联盟;作业融合,消除冗余的、重复的、拖沓的流程;财务连接;供应商管理
规划与控制层	技术与规划整合:设计、应用和整合采购、生产、客户订单履行、企业资源计划等信息系统	促进供应链资源配置的信息管理;内部部门之间的信息连通性;供应链企业间的信息连通性;协同规划与预测(collaborative planning, forecasting, CPF)
	测评整合:衡量企业与供应链间的基本功能和作业绩效	功能性能测评能力开发;基于活动的总成本测评方法;建立整个供应链和跨企业的性能测评标准;测评供应链性能对财务的影响
行为层	关系整合:与客户、供应商及服务提供者建立共同理想与长期互动关系	明确的供应链企业责任;供应链企业间的协同规则及冲突解决办法;愿意分享技术、作业、财务和战略信息;利益/风险分享
流	产品与服务价值流:产品与服务从资源端向最终用户的增值性流动	
	市场适应流:建立良好的售后服务系统,使供应链成员能及时掌握市场需求信息,以利于供应链成员规划需求	
	信息流:供应链成员间交易信息及库存变化的双向交流,供应链信息交换的E化有利于供应链成员获得更大的营运绩效	
	资金流:一般与价值流的方向相反,主要考察现金流动的速度及物流资源利用率,当供应链成员开展促销或销售回扣时,资金流方向则与价值流方向同向	

3. 供应链的类型

根据不同的划分标准,供应链可以分为以下几种类型。

(1)稳定型供应链和动态型供应链。根据供应链存在的稳定性划分,可以将供应链分为稳定型和动态型供应链。基于相对稳定、单一的市场需求而组成的供应链稳定性较强,而基于相对频繁变化、复杂的需求而组成的供应链动态性较高。在实际管理运作中,需要根据不断变化的需求,相应地改变供应链的组成。

(2)平衡型供应链和倾斜型供应链。根据供应链容量与用户需求的关系可以划分为平衡型和倾斜型供应链。一个供应链具有一定的、相对稳定的设备容量和生产能力(所有节点企业能力的综合,包括供应商、制造商、运输商、分销商、零售商等),但用户需求处于不断变化的过程中,当供应链的容量能满足用户需求时,供应链处于平衡状态;而当市场变化加剧,造成供应链成本增加、库存增加、浪费增加等现象时,企业不是在最优状态下运作,供应链则处于倾斜状态。平衡型供应链可以实现各主要职能如采购上的低采购成本、生产上的规模效益、分销上的低运输成本、市场上的产品多样化和财务上的资金运转快等之间的均衡。

(3) 有效型供应链和响应型供应链。根据供应链的功能模式(物理功能和市场中介功能)可以把供应链划分为两种:有效型供应链(efficient supply chain)和响应型供应链(responsive supply chain)。有效型供应链主要体现供应链的物理功能,即以最低的成本将原材料转化成零部件、半成品、产品,并在供应链中运输等;响应型供应链主要体现供应链的市场中介功能,即把产品分配到满足用户需求的市场,对未预知的需求做出快速反应等。

(4) 上游、下游及内部供应链。以生产型企业为参考点,供应链可被分割为上游、内部和下游三段。

上游(upstream)供应链:是指该生产型企业与供应商之间以及供应商与其自身的供应商之间的活动。可一直延伸到材料的起源如采矿、农作物生长等,在上游供应链中主要活动是采购。通常所说的"供"就是指该段。

内部(internal)供应链:供应链的企业内部部分,包括将来自供应商的输入转换成组织输出的内部所有流程。主要活动是生产管理、加工、库存控制等。通常所说的"产"就是指该段。

下游(downstream)供应链:下游供应链部分包括从产品投放到最终客户的全部活动,主要关注分销、入库、运输和售后服务。在下游供应链中的主要活动是销售,通常所说的"销"则是指该段。

二、供应链管理

(一)供应链上存在的问题

1."牛鞭"效应

宝洁公司(P&G)在研究"尿不湿"的市场需求时发现,该产品的零售数量是相当稳定的,波动性并不大。但在考察分销中心订货时,吃惊地发现波动性明显增大了。为什么会出现这种情况?零售商根据前期销售情况,确定一个订货量,但为保证订货及时可得,且防止顾客需求变化,通常会放大订货量向批发商下单;而批发商出于同样的考虑,也会在汇总零售商订货量的基础上再作一定的放大后向宝洁公司的销售中心订货。导致虽然顾客需求量并没有大的波动,但经过零售商和批发商的订货放大后,订货量就逐级放大了。

"牛鞭"效应(bullwhip effect)是指供应链上的一种需求变异放大现象。当终端客户的需求信息向原始供应商端逐级传递时,由于缺少信息共享和协调,导致了需求信息的扭曲而出现越来越大的波动,如图7-5所示。此信息扭曲的放大作用就像一根甩起的牛鞭,当鞭的根部(最终客户端)出现抖动时,鞭的梢部(供应商端)的抖动幅度就会放大,因此被形象地称为"牛鞭"效应。导致这种情况发生的原因有需求预测修正、为降低运输和库存成本的批量订货决策、价格波动的预期、短缺博弈即为获得较大的市场份额而故意放大订货量、供应商承担存货损失而库存责任失衡、防止市场的不确定性等。"牛鞭"效应常导致两方面的后果:一是导致超量库存(大量库存积压在供应链上),增加了整个供应链的成本,甚至因积压导致巨大的经济损失,同时由于需要处理大量的库存积压从而也降低了供应链的敏捷性。这是"牛鞭"效应最主要的负面影响。二是因库存不足无法满足市场需求,导致供应延迟,引起客户不满或使客户转移到竞争者那里购物而失去市场份额。"牛鞭"效应还会打乱企业的生产计划。

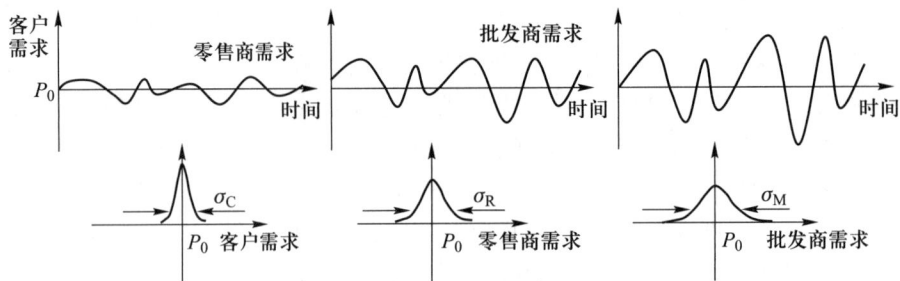

图 7-5 "牛鞭"效应

2. 质量问题

"牛鞭"效应反映的是供应链上原料或产品供应的数量问题,而供应链上也存在原料或产品供应的质量问题。当上下游企业间的信息沟通不畅通时,将引起信息传递的不准确,也会使交易成本增加。在此情况下,供应商就可能提供不符合规格的原料或产品,也可能以次充好以降低成本,使得下游企业工厂空转,无法及时供应商品,降低了整个供应链的竞争力。

3. 供应链的复杂性、动态性和交叉性问题

供应链还存在结构复杂、动态变化和不同供应链之间成员相互交叉性等问题。因为供应链成员企业组成的跨度、层次不同,供应链往往由多个、多类型甚至多国企业构成,信息流和物流在多个组织间相互流动,使得供应链结构可能非常复杂,面临着业务处理效率低下、容易产生差错等问题,而这些问题在手工作业时就更为严重。

供应链因企业战略和适应市场需求变化的需要,其中某些成员企业可能需要动态地更新;供应链中可能还存在一些成员企业同时也是另一个供应链的成员,众多的供应链形成交叉结构等。这些动态的、交叉的特征增加了协调整个供应链的难度。

因此要想使整个供应链具有市场竞争优势,必须拥有有效的供应链管理,特别要借助信息技术和电子商务的支持,实现供应链成员之间的信息共享,提高整个供应链的协同能力,形成 E 化供应链(E-SC)。

(二)供应链管理的概念

供应链管理(supply chain management, SCM)的概念就像供应链的概念一样,迄今为止也没有一个被广泛接受的定义。但从供应链的基本思想可以看出,供应链管理的本质就是对供应链上成员的各种活动以及这些活动所形成的信息流、物流或服务流以及资金流进行集成管理,实现供应链成员之间的信息共享,改善或维持整个供应链的竞争力。这种集成管理思想主要体现在共享性、协同性和协调性。

1. 共享性

供应链上的成员之间实现信息共享,这些信息包括技术、作业、产品价格、库存、运送状态、企业信用和财务信息等,保证整个供应链的信息可视性。信息共享一方面可以提高整个供应链对客户需求的响应速度,另一方面可以改善需求预测的精度。信息共享是优化供应链管理的基础,需要基于 Web 的信息管理系统的支持。

2. 协同性

供应链伙伴间的协同工作范围很大,从产品设计到需求预测,供应链上的供需双方应共享市场需求的预测信息,并制定支持此需求的供应计划以及基于信息变化的日常变更。供应链成员可协同开发、设计产品以增加产品投放的成功率,缩短产品投放市场的周期,供应链伙伴如签约组织、测试机构、营销公司、下游的生产和服务商等可通过安全网络共享设计草图,可共享设计说明、测试结果、设计变化,还可使用在线的产品原型获得客户反馈等。协同商务可降低产品开发成本,缩短产品开发和市场投放时间、降低库存和管理费用,提高整个供应链的敏捷性。协同性需要借助多种协同工具如工作流软件、群件等的支持。

3. 协调性

一般来讲,一条供应链有一个核心企业。它在整个供应链中起着协调作用。供应链协调性体现在供应链成员具有一致性的战略目标;每个供应链成员有明确的责任;供应链企业间有明确的协同规则及冲突解决办法;具有整合的供应链业务流程,消除了其中冗余的、重复的、拖沓的流程,有相关作业标准,使整个供应链作业流程简单、快捷;有明确的供应链性能测评指标,包括功能性、连通性、协同性、敏捷性、质量、客户服务、成本/风险/效益等。协调性更多的是依赖于规章制度和供应链文化的建立。

供应链管理是企业管理思想和方法的一次大飞跃。它既是企业自身主动适应内外部环境的变化以提高经济效益的需要,也是信息技术推动的结果。

早期的供应链管理实际上就是库存控制与管理。库存作为平衡有限的生产能力和适应用户需求变化的缓冲手段,需要通过各种协调方法,找到把产品迅速、可靠地送到用户手中所需要的费用与生产、库存管理费用之间的平衡点,从而确定最佳的库存投资额。因此其主要的工作任务是管理库存和运输。

互联网的快速发展改变了全球制造业的经营模式,虚拟制造、动态联盟等生产模式的出现需要新的管理模式与之相适应。企业间的合作、协调、利益共享、风险共担等新的管理理念相继出现,而传统企业组织中那种以企业自身利益为核心的采购(物资供应)、加工制造(生产)、销售等运作模式,已经无法适应新的制造模式,那种"大而全""小而全"的自我封闭的管理体制,更无法适应网络环境下的竞争。供应链和供应链管理正是在这样的背景下提出的。

供应链管理已跨越了企业的界限。通过互联网/内联网/外联网的互联,各成员内部的每个工作环节被有机连接起来,供应链上、下游的每个成员利用信息高速公路形成了互惠共赢的网络合作联盟,分担采购、生产、分销和销售等职能的企业成为一个协调发展的整体,整个供应链获得了总体竞争优势,也使每个成员企业自身效率与效益大幅度提高。因此,供应链是从物流和信息流角度对企业内部各个工作环节和相互合作的不同企业之间密切联系的一种形象描述,具有高效率、低成本的内涵。供应链管理的目的就是要从系统的角度出发,对具有密切联系的不同环节统筹管理,全面地提高整条供应链的运营效率,特别是连接处的效率,形成共赢的合作关系以降低总体运营成本,提高总体竞争能力。

案例:Q 公司的 E 化供应链管理

Q 公司是我国具有自主品牌的著名汽车制造商,中国最大的乘用车出口企业,产品远销 80

余个国家和地区,总销量和出口量均居中国乘用车企业第一位。

2001年,随着产量与销量的迅猛增长,Q公司面临着新的挑战:是在原有的简单信息化技术支持下增加人手、厂房,扩大简单再生产,增加现有效益呢,还是进行变革,打造一个以网络信息化为基础的低成本、高效率、高附加值的模式呢?Q公司在吸取了先进企业的经验和教训后选择了实施电子商务战略。其目标就是要通过网络和信息技术的应用,整合供、产、销、运,提高企业的生产能力和经营效率,降低经营成本,提升客户服务能力,增强企业市场适应能力和竞争能力。

Q公司的供应链是以Q公司为核心企业的一个网链结构。为实现供应链集成化管理,Q公司首先于2002年10月起实施了ERP应用,并相继实施了供应链管理系统(SCM)、物流管理系统(LMS)和分销商信息系统(DCS)。2004年建立企业统一信息门户网站(EPS),将SCM、LMS、DCS与ERP系统集成,实现了物流、信息流、资金流的集成管理,逐步建立了以SAP公司的mysap.com为基础平台的电子商务应用系统。

Q公司实施的SCM并不仅仅局限于企业内部职能部门之间的协调以及企业供应商之间的信息数据交换,而是将供应链提升到参与各方的协同,包括战略规划与风险分享。为了实现与供应链成员之间的信息共享与协同作业,EPS系统提供了如下两个栏目。

电子看板:目的是将mySAP中物料需求信息及时传递给供应商和第三方物流公司,要求供应商据此实施JIT送货。该功能参考了Q公司的传统经验,重新定义格式和处理方式,既有效地降低了库存,同时又避免了因为频繁送货而增加成本。

电子公告:Q公司根据不同的生产节点向不同的供应商分时发布公告信息(如96小时、24小时、7小时等)或向指定供应商发布信息,支持一对一或一对多的信息发布;同时供应商也可以通过该电子公告栏向Q公司反馈各类信息系统提供的待办事项、预警、e-mail短信等,支持双方协同处理相关工作。

在需求预测上,Q公司向分销商提出了周计划策略,而零部件供应上采用排序供货策略,即由供应商直接将物料送入生产车间,送上生产流水线。

电子商务的实施为Q公司带来了明显的好处:2005年库存占用资金比率降低了10%;成品库存量减少4亿元,管理及销售费用降低了3%;采购资金占用率降低了10%;应收账款减少了3%;提高了生产计划的准确性及实效性,减少在线占用资金3%;生产效率提高了5%,销售额上涨了100%。

(资料来源:Q公司现场调研)

思考题

1. 绘制Q公司的供应链成员关系图。
2. 什么是排序供货?它有什么特点?
3. SCM、LMS和DCS各有什么作用?
4. 分析JIT生产与电子商务之间的联系。

供应链管理的主要任务有需求分析与预测(forecasting)、生产计划与排程(planning and scheduling)、补货(replenishment)以及物流管理(logistics management),涉及的关系有客户关系、供应商关系、伙伴关系（如第三方物流、咨询机构等）以及员工关系。

需求分析与预测是其他供应链管理工作的基础，根据预测的市场需求制定供应链补充计划及可能的变更，制订生产计划，预测物流流量并制订物流配送计划。准确的需求预测可以得到更好的产品价格和库存管理。供应链上成员共享客户信息（一般由 CRM 系统提供），借助互联网的工作流，动态地、实时地进行数据交换，实现成员间协同工作是保障需求预测准确的关键。协同规划、预测及库存补给（collaborative planning，forecasting and replenishment，CPFR）方案就是为了推动供应链伙伴间共享需求预测。

（三）供应链管理方法

1. 供应商管理库存

库存控制是供应链上各成员企业共同面临的一个难题。传统环境下，基于交易关系的各个环节的企业都是自己管理自己的库存，在追求本企业利益最大化的前提下，每个企业都独自制定了自己的库存目标和相应的库存控制策略，这种孤立的运作导致了企业之间缺乏信息沟通，进而不可避免地会产生需求信息的扭曲和时间的滞后，产生"牛鞭"效应，削弱了供应链的整体竞争实力。供应链管理则需要整合供应链上各成员企业的库存管理，使得企业由以物流控制为目的的库存管理转向以过程控制为目的的库存管理，即供应链的库存管理是基于工作流的管理。供应商管理库存（vendor managed inventory，VMI）正是体现了供应链的集成化思想的一种库存管理方式。

供应商管理库存是指供应商根据需求方的库存水平、周转率、需求信息以及交易成本产生自己的生产订单并及时将产品或物料送达需求方指定的库存位置。它采用的是一种连续补货策略，由供应商决定什么时候补货，补多少货。需求方与供应商共享需求预测、库存、销售报告等信息是 VMI 成功的关键。VMI 的基本工作流程如图 7-6 所示。

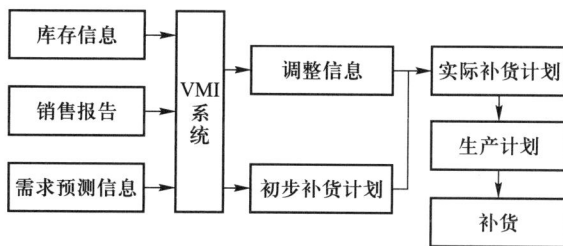

图 7-6　VMI 基本工作流程

首先供应商根据需求预测信息制订初步的补货计划，然后根据最新的库存信息和销售报告等对初步补货计划进行调整，生成实际补货计划。根据此补货计划生成生产订单并输入生产系统。生产系统形成生产计划并组织生产以满足补货需要，最后将生产出的产品配送到需求方指定位置完成补货。

2. 快速响应

快速响应（quick response，QR）是美国纺织服装业发展起来的一种供应链管理方法。其目的是通过供应链企业间的信息共享、协同运行、优化流程，对最终消费者需求迅速做出反应，减少原材料到销售点的时间和整个供应链上的库存，最大限度地提高供应链管理的运作效率，从而达到提高客户服务质量、降低供应链总成本的目标。

QR 的发展经历了三个阶段：第一阶段为商品条码化，通过对商品的标准化识别处理加快订单的传输速度;第二阶段是内部业务处理自动化,采用自动补货与电子数据交换系统提高业务自动化水平;第三阶段是采用更有效的企业间合作,消除供应链组织之间的障碍,提高供应链的整体效率。

QR 要求供应链伙伴间协同工作,通过共享销售信息来预测商品的未来补货需求,并不断地预测市场未来发展趋势,以便探索和开发新产品以适应消费者的需求变化。

3. 有效客户响应

(1)定义。有效客户响应(efficient consumer response,ECR)是指以满足客户要求、最大限度降低物流过程费用为原则,能及时做出迅速、准确的反应,使物品供应或服务流程最佳化而组成的协作系统。其核心理念是基于消费者的需求,致力于创造价值最大化的活动和摒弃没有附加价值的活动,力求降低成本,从而使客户享受到顾客让渡价值最大的服务或产品。它是以消费者的观点去执行企业的策略目标。ECR 是将供应链从以往的"推"系统转变为"拉"系统,根据有关消费者购买行为的数据构建新的补货系统及物流上的合作伙伴关系。

(2)ECR 模式及其要素。ECR 主要解决供应链上的四个问题:以最合理的价格、最恰当的时间,向消费者提供最合理形式的商品;维持一个合理库存,既不占用过多资源,又不会导致供货中断;有效地向消费者传递商品的价值和利益;有效的新产品引入与开发。其模式及基本要素如图 7-7 所示。

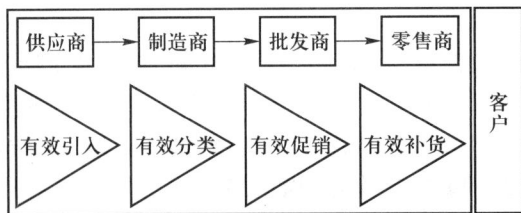

图 7-7 ECR 模式及其要素

① 有效引入。正确分析和掌握消费者的需求并据此引入新产品,有利于降低新产品开发的失败率。

② 有效分类。通过第二次包装等手段,提高货物的分销效率,使库存和商店空间的使用率最优。

③ 有效促销。提高仓库、运输、管理和生产效率,使整个供应链系统效益最高。

④ 有效补货。使用包括电子数据交换(EDI)、以需求为导向的自动连续补货系统和计算机辅助订货系统,使补货系统的时间和成本最优。

(3)ECR 实施原则。ECR 工作组制定了 5 项指导原则:

① 以较低的成本,不断致力于向供应链客户提供产品性能更优、质量更高、品种更多、现货服务更好以及更加便利的服务。

② 必须有相关的核心企业启动。通过双赢或多赢的经营联盟代替传统的输赢关系。

③ 必须利用准确、适时的信息支持有效的市场、生产及物流决策。这些信息将通过 EDI 的方式在供应链伙伴间自由流动并在企业内部信息系统的支持下得到充分、高效的利用。

④ 产品必须在不断的增值过程中从供应商、生产商、分销商、零售商流通到最终客户手中,以确保客户能在恰当的时间、恰当的地点获得恰当的商品。

⑤ 必须采用通用、一致的工作措施和回报系统。该系统注重整个系统的有效性(即通过降低成本与库存以及更好的资产利用,实现更优价值),清晰地标示出潜在的回报(即增加的总值和利润),促进对回报的公平分享。

(4) ECR 实施策略。首先,应联合整个供应链所涉及的供应商、制造商、分销商以及零售商,改善供应链中的业务流程,使其最合理有效;其次,以较低的成本,使这些业务流程自动化,以进一步降低供应链的成本。具体地说,实施 ECR 需要将条码、扫描技术、POS 系统和 EDI 集成起来,在供应链(由生产线直至付款柜台)之间建立一个无纸系统,以确保产品能不间断地由供应商流向最终客户,同时,信息流能够在开放的供应链中循环流动。这样,才能满足客户对产品和信息的需求,即给客户提供最优质的产品和适时准确的信息。

实施 ECR 可使零售商无须接发订购单,即可实现订货。供应商则可利用 ECR 的连续补充技术,随时满足客户的补货需求,使零售商的存货保持在最优水平,从而提供高水平的客户服务,并进一步加强与客户的关系。供应商还可从商店的销售点数据中获得新的市场信息,改变销售策略。对于分销商来说,ECR 可使其快速分拣、运输包装,加快订购货物的流动速度,进而使消费者享用更及时的商品,增加购物的便利和选择,并可强化消费者对特定商品的偏好,增加客户的忠诚度。

4. CPFR

(1) CPFR 的基本概念。CPFR 的形成始于沃尔玛所推动的 CFAR(collaborative forecast and replenishment)。CFAR 是供应链企业间借助互联网协同预测产品的市场需求,并在此基础上实行连续补货的系统。后来,在沃尔玛的不断推动之下,基于信息共享的 CFAR 系统发展成为 CP-FR。它是在 CFAR 协同预测和连续补货的基础上,将原来属于各企业内部事务的计划工作(如生产计划、库存计划、配送计划、销售规划等)也由供应链各企业协同参与制订。CPFR 在沃尔玛等企业取得成功后,得到了迅速推广,并由零售商、制造商和方案提供商等许多实体组成了CPFR 委员会,致力于 CPFR 的研究、标准制定、软件开发和推广应用工作。

CPFR 的核心思想是协同。每个企业都可以预测市场需求、制订各类计划、控制库存水平,但 CPFR 要求这些工作不再由供应链企业各自独立完成,而是在协同环境支持下共同完成。CPFR 建立在 VMI、QR、ECR 的最佳实践基础之上,但它克服了 VMI、QR、ECR 没有一个适合所有贸易伙伴的业务过程,未实现供应链集成,未将协同行为渗透到预测、作业层次等的缺陷。CPFR 可针对供应链伙伴的战略和投资能力不同、市场信息来源不同的特点构建一个方案组,方案组通过确认各企业从事关键业务的能力来决定供应链上的核心企业,各商业伙伴可选用多种方案实现其业务过程,供应链上的企业从不同的角度收集不同层次的数据,通过反复交换数据和业务信息改善需求计划的制订能力,最后得到消费者需求的单一共享预测。该单一共享预测可作为供应链各成员的所有内部计划活动的基础,从而实现价值链集成。

(2) CPFR 流程。CPFR 的实际操作流程共有九步,如图 7-8 所示。①

① 制订框架协议。建立供应链成员如供应商、制造商、分销商、配送商、零售商等的合作指导文件和规章,制定出符合 CPFR 标准的方案,方案将描述各方的期望值、为保证成功所需采取的行动和需要具备的资源、合作的目的、保密协议、资源使用授权等,并明确约定了各方的职责、

① 甄文祥. CPFR 原理及实施. 工业工程与管理,2001(5):6-9.

绩效评价方法,阐明合作方交换信息和分担风险的承诺。

② 制订协同商务方案。供应链合作伙伴交换企业策略和业务计划信息以共同制定业务发展计划,从而有效降低异常和例外。制定业务计划书并在业务计划书上明确策略的实施办法。

③ 生成销售预测。依据 POS 历史数据、实时信息和对未来的预测信息,建立销售预测。可由一方提出供伙伴讨论,也可各自提出再进行协商。

④ 销售预测异常识别。根据框架协议中规定的异常标准,由合作伙伴共同确定销售预测中的异常情况,列出异常项目清单。

⑤ 协同解决销售预测异常。通过信息共享并借助各种通信手段如电子邮件、电话、网络会议等共同解决异常项目,调整销售预测。

⑥ 生成订单预测。根据 POS 数据、实时信息、库存策略等制订出订单预测以支持共享的销售预测和协同业务计划。订单数量要随时间变化并反映库存情况。订单预测能使制造商及时安排生产能力,同时也让销售商感到制造商有能力及时发送产品。

⑦ 订单预测异常识别。根据框架协议中规定的异常标准,由合作伙伴共同确定订单预测中的异常情况,列出异常项目清单。

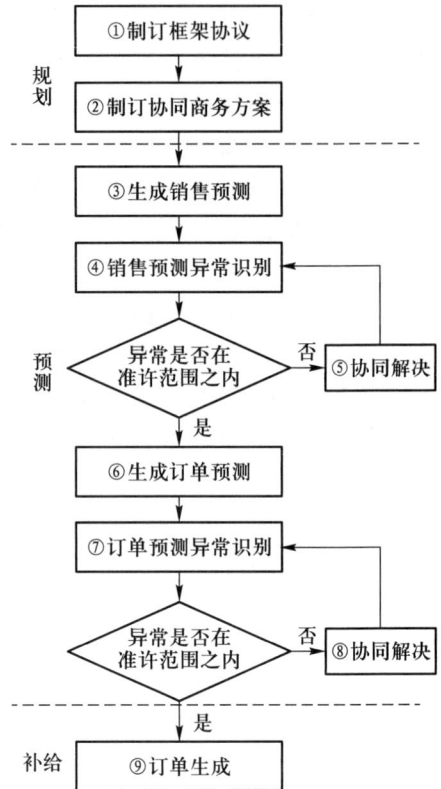

图 7-8 CPFR 流程

⑧ 协同解决订单预测异常。通过信息共享并借助各种通信手段如电子邮件、电话、网络会议等共同解决异常项目,调整订单预测。

⑨ 订单生成。由订单预测转化成确定的订单,并据此制订生产计划,形成生产指令,对库存进行补给。

成功实施 CPFR 的关键因素有:以共赢的态度看待供应链成员间的合作关系,协同解决所有异常和例外;各成员应有清晰的责、权、利,伙伴之间的各种计划应相互衔接,遵守共同标准;充分利用供应链上各成员的信息,并有明确的业务流程和信息处理规则;CPFR 需要有良好的信息技术支持,包括文件传输协议、数据交换标准、安全协议、集成的信息系统等。

三、协同商务

互联网和电子商务的发展使得客户的消费理念和企业的经营理念都发生了巨大的变化。电子商务使得客户获取产品信息的能力越来越强,可选择的产品不断增多,对产品的要求越来越高,个性化成为客户新的消费理念。客户不再只是被动地接受产品或服务的提供,他们更愿意参与到产品的设计和生产过程当中。

企业面临着客户的消费理念变革的冲击,同时电子商务也加剧了企业间的竞争,企业所追求的不再仅仅是低成本和高产品质量,客户满意成为企业关注的核心。因此,企业必须能够对客户不断变动的小批量需求做出即时反应,这就使得企业必须根据客户的需求在全球范围内寻找合作伙伴组成动态供应链,共同满足客户的需求,而供应链集成管理思想的核心就是协同。

(一) 协同商务的概念

协同商务(collaborative commerce)的思想最早由 Gartner Group 在 1999 年提出。他们对协同商务的定义是:将具有共同商业利益的合作伙伴整合起来,主要是通过对与整个商业周期(从市场研究、产品设计开始直至将产品销售到最终用户手中为止)中的信息进行共享,满足不断增长的客户的需求,同时也满足企业本身的能力。通过对各个合作伙伴的竞争优势的整合,共同创造和获取最大的商业价值以及提高获利能力。它包括企业内部协同和企业外部协同。

企业内部协同是指企业内部不同部门、不同层次、不同周期、不同利益群体等之间的协同,如投资人与经营者之间的协同,库存、生产、销售、财务等部门间的协同;企业战略层、管理层、作业层的协同;企业长期规划与短期利益之间的协同等。其目标是整合企业内部资源,消除信息孤岛。

企业外部协同是指供应链成员间的协同,依据各企业间的信息共享,实现整个供应链的业务流程整合,使得企业的所有规划和运作不再仅从本企业自身的角度出发,而是要兼顾整个供应链最优化。

(二) 协同商务内容

IBM 公司将协同商务的内容分为四种。

1. 信息与知识的共享

将企业员工与其完成自己的工作所需的信息联系起来。其特点是:一方面,信息要充分,能够分享所有相关信息,如客户信息、伙伴信息、企业内部资源信息等;另一方面,这些信息是根据员工的身份定制的,员工将只能访问与他们相关的信息。

2. 业务整合

当企业内部或是跨企业的员工为了一个共同的目标如协商合同、新产品设计、生产或物流计划等开展协作时,需要借助供应链企业间的业务整合来实现该目标。例如客户在线购物时,从下订单到产品的生产组装、物流配送等整个业务流程被整合在一个信息平台上。

3. 协作社区

在整个供应链运作过程中,不同企业、同一企业的不同部门员工之间需要相互协助,员工还可能需要与客户协作、沟通。这需要协作社区来保障这些业务。

4. 业务处理

协同商务必须提供安全可靠的业务处理流程,包括客户的订单管理、库存管理、财务管理等,并即时更新后台系统的数据。

(三) 协同商务工具

1. 工作流技术

工作流(workflow)就是工作流程的计算模型,即将工作流程中的工作前后组织在一起的逻辑和规则在计算机中以恰当的模型进行表示并对其实施计算。工作流要解决的主要问题是:为实现某个业务目标,在多个参与者之间,利用计算机,按某种预定规则自动传递文档、信息或者任务。工作流管理系统的主要功能是通过计算机技术的支持去定义、执行和管理工作流,协调工作流执行过程中工作之间以及群体成员之间的信息交互。工作流需要依靠工作流管理系统来实现。工作流的应用系统有三类。

(1)协同工作流,是指处理面向工程、协同的业务流程的软件产品。它采取集中模式管理业务流程,但可被不同部门甚至不同地区的工作人员访问和使用。协同工作流软件就是给予知识工人更多的权力,让知识工人在一个统一的环境下交流、协商和协作。

(2)生产工作流,是指处理任务型、面向事务、大批量的业务流程的软件产品。常仅在某个部门或某部门内的一群人中使用。目标是提高生产率,改善业务流程质量。

(3)管理工作流。管理工作流可看做是上述两种工作流的交叉。流是被预先定义的,但必要时可做修改。主要目的是降低小批量复杂事务系统中的人员成本。

工作流管理系统可以改进业务流程控制,减少管理干涉,降低延迟率和工作错误率;可通过最合适的员工提供更快速的响应来改善服务质量;工作按向导完成,因此操作更加简单,可减少员工的培训成本;应用工作流管理系统可降低管理成本、提高管理效率,管理人员有更多的精力处理核心事务而不是日常琐碎的工作;有利于改善员工的满意度,使员工更有信心把自己的工作做到最好。

2. 群件

群件(groupware)是指支持具有共同任务或目标的人群协同完成工作的软件产品。它为协同工作的群体提供一种共享资源和观点的途径。群件意味着要借助网络,即使是在同一个房间。常见的群件有:

(1)电子会议系统(虚拟会议):不同地理位置(通常在不同的国家)的人群的在线会议。

(2)群决策支持系统(group decision support system,GDSS):辅助一群决策者解决半结构化或非结构化问题的交互式计算机系统,目的是提高决策效率。

(3)电子讨论室:利用电子通信使不同地点的两个或更多的人召开讨论会,包括视讯会议(双方能互相看到。若同时可以交换数据、计算机文档,则称为数据会议)、Web 会议(一种借助互联网通信的数据会议,另外还可展示文档)。

(4)交互式白板:可以写、画并能与参与者共享的电子白板。

(5)屏幕共享:支持小组成员在各自的屏幕上操纵同一份文档的软件。

(6)即时视频:支持即时共享参与者现场视频的软件。通常参与者使用一个摄像头,与相关视讯会议系统或支持视频的其他群件系统如聊天室、QQ、MSN 集成。

实际应用系统往往是由若干功能构成的群件套件,如微软网络会议(MS netmeeting)、Lotus Notes/Domino、QQ、Weboffice(weboffice. webmeeting. com. cn)等。

第三节 物 流 管 理

一、物流基本知识

（一）物流与物流管理

物流（logistics）就是物品（包括实物商品、服务或信息）从供应地向接收地的实体流动过程。它包括进、出、内部流动、外部流动、退货等不同内容，涉及的基本功能有运输、储存、装卸、搬运、包装、流通加工、配送、信息处理等。而物流管理就是对这一流动过程的计划、执行、协调和控制，保障所交易的物品以最低的成本在供应起点到消费终端之间快速、高效地流动、存储以满足客户需要。可以从以下几方面来理解物流和物流管理的概念。

（1）物流是物品的流动。物品具有自然属性和社会属性。自然属性是指它具有实体内容或明确的功能；社会属性包括所有权、使用权、价值等。因此物流是实体内容的流动，与之相伴的是社会属性的转移，这种社会属性的转移常称为"商流"。

（2）物流包括运输、储存、装卸、搬运、包装、流通加工、配送和信息处理等基本功能活动。

（3）物流包括空间和时间的移动以及形状性质的变动，因而通过物流活动创造物品的空间效用、时间效用和形质效用。

（4）物流是物品按照预先的计划并在此计划控制下从提供者向接受者流动。在此过程中涉及的要素有人、财、物和相关运输设备、途径、信息。

（二）物流的分类

根据物流在供应链中的作用，物流的活动主体、活动覆盖范围，物流系统性质的不同，可以将物流分成不同的类型，主要分类方法有以下几种。

1. 按物流在供应链中的作用分类

物流在供应链中的作用有五种，即原料供应、生产运作、产品销售、客户退换、废品回收等，对应的物流类型有五种。图7-9描述了一个以生产企业为核心的供应链上的物流过程。

（1）供应物流。生产企业、流通企业或消费者购入原材料、零部件或商品的物流过程称为供应物流。这是从买方角度出发的交易行为中所发生的物流。

（2）生产物流。从工厂的原材料入库起，直到工厂产品库的产品发送为止，这一全过程的物流活动称为生产物流。原材料及半成品等按照工艺流程在各个加工点之间不停地移动、流转，形成了生产物流。

（3）销售物流。生产企业、流通企业出售原材料、零部件或商品的物流过程称为销售物流。这是从卖方角度出发的交易行为中所发生的物流。需要说明的是，供应物流和销售物流是一个相对概念，从买方角度是供应物流，而从卖方角度就变成销售物流了。

（4）回收物流。将经济活动中失去原有使用价值的物品，如报废品、生产过程所产生的各种边角余料和废料以及周转使用的包装容器等，根据实际需要进行收集、分类、加工、包装、搬运、储存，并分送到专门处理场所时所形成的物流过程，称为回收物流。

（5）逆物流。不合格物品的返修、退货等从需方返回到供方所形成的物流过程称为逆物流。供应、生产或销售过程均存在逆物流问题，图7-9中与供应物流、生产物流和销售物流反方向的

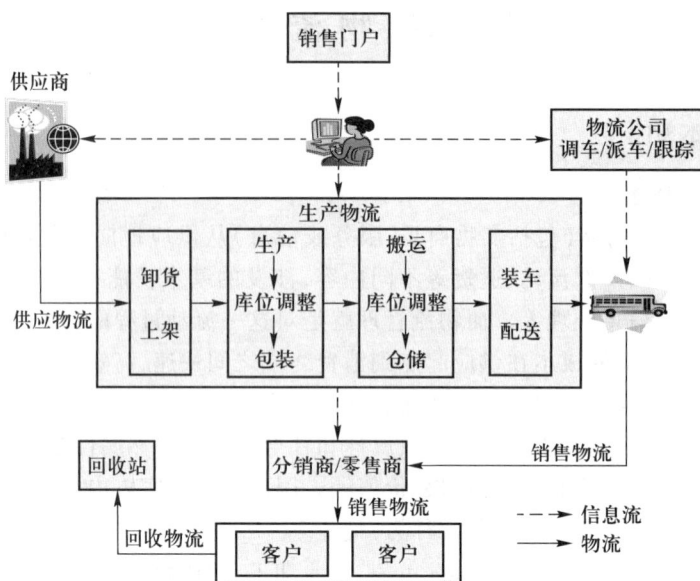

图 7-9 供应链上的物流过程

物品流动都是逆物流。

本节所描述的物流是针对电子商务企业在销售过程中所发生的物流与逆物流问题。

2. 按照物流活动的主体分类

承担物流任务的主体有企业自营、专业子公司和第三方物流公司。对应的物流类型有三种。

（1）企业自营物流。它是指由原料、零部件或成品提供者或购买者自主经营物流运输服务。企业自营物流要求企业自备车队、仓库、场地、人员等。该物流模式投入和运营成本很高，因此适合于批量生产或大规模定制生产的企业，或区域性服务企业如城市百货公司等。

（2）专业子公司物流。一般是将企业自营物流从企业运作中剥离出来，成为一个独立运作的专业化实体。它与母公司或集团之间的关系是服务与被服务的关系。它以专业化的工具、人员、管理流程和服务手段为母公司提供物流服务，同时还可以以剩余资源承担其他物流服务。从作业流程上它与第三方物流很相似，但它一般要首先满足其母公司或集团公司的物流需求。与企业自营物流相比，专业子公司更加注重对物流过程一体化的管理和物流资源的合理化配置，能使物流效率最大化，并能有效地控制总成本达到最低水平。

（3）第三方物流。第三方物流是指由买卖双方之外的第三方企业承担交易过程中形成的物流运输任务，即买卖双方将物流业务外包给第三方承担。它有利于买卖双方降低交易成本，而第三方物流公司可通过优化资源配置提高物流运作效率，降低物流成本，并可以满足电子商务交易中的小批量、多品种、高速度和准时供货等物流要求。

（三）电子商务环境下物流的特点

在第一章以及本章的第一节已经分析了电子商务对供应链管理、物流管理的影响，包括供应链集成管理、连续补货策略、按订单生产、定制等，而这种影响也就决定了电子商务环境下物流的特点。

1. 物流运作的特点

（1）物流信息化。无论谁是承担物流运输的主体，信息化是其提高效率、适应电子商务环境和供应链集成管理思想所必须采取的措施。它包括物品信息管理、运输信息管理、客户信息管理、物流成本管理等内容。常用的物流信息化技术有条形码技术、数据库技术、电子订货系统、电子数据交换、快速反应及有效的客户反映、企业资源计划等。

（2）物流自动化。物流信息化是物流自动化的基础。物流自动化的核心是实现物流过程的机电一体化。物流自动化使物流作业能力不断扩大，劳动生产力大幅度提高，物流作业的差错减少，物流运作时间缩短。实现物流自动化的方法很多，常用的方法有条码、语音、射频自动识别系统，自动分拣系统，自动存取系统，自动导向搬运车，货物自动跟踪系统等。物流自动化新技术近年来发展很快，国内外成套设备供应商已经装备了许多大型企业的物流自动化生产线，使企业的物流自动化水平跃上一个新台阶，如海尔集团、春兰集团、中国邮政、新华书店等。

（3）物流网络化。物流信息化也是物流网络化的基础。对于一个物流系统来说，网络化实际包含着两层含义：① 信息管理的网络化。一是物流配送中心与供应商或与制造商之间的通信联系实现计算机网络化管理；二是物流配送中心与下游客户之间的联系也通过计算机网络系统完成。② 组织结构的网络化，也就是在组织内部构建内联网，并将其与外联网、互联网等通信网络互联互通，实现组织与各伙伴间的信息资源共享。比如，采取外包的形式将一台计算机的所有零部件、元器件和芯片发往同一个物流配送中心进行组装，由该中心将组装好的计算机迅速发给客户，这一过程就需要依赖高效的物流信息网络支持。

（4）物流智能化。物流智能化是在物流自动化与信息化发展后的更高层次应用。在物流作业过程中，涉及大量的运筹和决策问题，包括合理库存量的确定、装箱策略、最佳运输路径的选择、自动导向车的运行轨迹和作业控制、自动分拣机的运行、物流配送中心经营管理的决策支持等，都需要用到人工智能的理论与方法加以解决。物流智能化就是利用人工智能的理论和方法与计算机系统结合，通过智能计算机系统，如专家系统、机器人及其智能控制系统等解决物流过程中遇到的各种运筹与决策难题。

（5）物流柔性化。柔性化本来是为配合"以顾客为中心"的服务理念，在生产领域中提出的一种快速适应市场的应对方法，如柔性自动化、柔性制造系统等。但要真正做到柔性化，即真正能按照消费者的需求，灵活地调节生产工艺，没有与之配套的柔性化的物流系统是难以想象的。20世纪90年代，国际上陆续推出柔性制造系统、计算机集成制造系统、制造资源规划、企业资源规划以及供应链管理等，其实质就是要将生产与流通过程高度集成融合，根据需求端的市场需求组织生产，安排物流活动。物流柔性化就是为了适应生产、流通与消费的需求而发展起来的一种新型物流模式，要求物流配送中心根据消费需求"多品种、小批量、多批次、短周期"的要求，灵活组织和实施物流作业。

2. 物品运输的特点

在物品运输方面，传统物流与电子商务物流的最大区别在于：传统物流是将批量商品运往少数几个目的地（如流向零售店）；而电子商务物流是将一个个小包裹递送给许多客户家庭，即"多品种、小批量、多批次、短周期"。表7-3列举了两者的对比。

表 7-3 传统物流与电子商务物流的对比

特征	传统物流	电子商务物流
需求类型	推,以产定销	拉,按订单生产、定制
需求性质	稳定、持续	波动、零散
客户	少量商业伙伴	不确定
发货量	大批量集装运输	单件或数件,包裹运输
发货价值	总值大	总值小
目的地	集中在几个地方	分散在不同地方
货物流向	通常是单向的	通常是双向的
责任	单个连接	贯穿整个供应链
运输商	通常自营物流,有时外包	通常外包,有时企业自营
仓库	一般都有	只有大企业或承运企业有
时间要求	按计划	变化、不确定
运输状态	不清楚	动态跟踪

二、快速配送

快速配送是指按客户要求在指定时间内将物品送达指定位置。物品性质不同、需求目的不同对快速配送要求也不相同。一般而言,速度要求越快,配送难度越大,成本也就会越高。

(一)快速配送方案

无论由谁来承担物流任务,企业都必须以最快的速度将物品递送到客户手中。常用的投递方案有以下几种。

1. 客户自主取货

对于"鼠标+水泥"型的电子商务零售企业,客户自主取货是一个比较好的配送策略,即客户在线选择商品、下单,并预约取货时间,商场按客户要求将商品挑选并包装后放置在特定位置等待客户提取。这种模式既可以节约企业的配送成本,也能节省客户的购物时间,客户可在下班时顺带或在自己有空的时间去取。

2. 随选配送

随选(on-demand)配送是指客户下单并完成支付后立即执行配送。对于数字化产品,随选配送是最常用的策略。同城杂货、快餐等也常采用随选配送服务,因为这些物品或服务往往有明确的时效。随选配送服务一般在 1 小时内完成。非数字化物品的随选配送会大大增加企业的物流成本,特别是在物品价值较低的情况下,如何规划配送路线是一门很重要的研究课题。

3. 当日配送

相较于随选配送,当日配送更受企业的欢迎,对企业来说压力会小一些,企业可以按某个日程表,或者间隔一个固定时间如 1 小时组织物品投递。实施当日配送的企业可以充分利用物流资源优化配送流程。一般而言,非数字化物品的随选配送和当日配送主要是近距离的同城配送,且由企业自己承担物流任务。企业根据包含有客户住址信息的销售数据规划出若干条配送线路,并安排恰当的运输工具按照一定的日程表循环送货。当日配送或随选配送属于特快递送。

4. 隔夜配送

当物品配送的目的地比较远时,可采用隔夜或次日配送方案。隔夜配送方案一般是在第二天上午将物品送达给客户,而次日配送方案是指在第二天的任何时间送达。一般来讲,三天之内的送达都属于快递。快递物品可根据企业的特点采取自营物流或第三方物流方案以及双方合作经营。一般而言,电子零售、在线直销等都由第三方物流公司承担配送任务,并与第三方物流公司建立战略合作关系以保障本企业的经营安全。

5. 普通配送

如果客户对所需物品的需求时间不是很急,则可采用普通配送。普通配送一般在 14 天内完成,主要由第三方物流公司承担配送任务。

高效地完成配送任务,必须有高效的配送环境。配送中心和自动化仓库是保障准确、及时配送的基本条件。

(二) 配送中心

配送中心是企业物流、商流、信息流的交汇点,承担着企业所需商品的进货、存储、分拣配货、流通加工并将物品送达客户等任务,是集货中心、分货中心和加工中心的综合体。根据配送中心的性质、目的、配送区域、主要职能的不同,存在不同类型的配送中心。

1. 专业配送中心与柔性配送中心

专业配送中心是指专业从事配送业务而不从事经营等其他活动的配送中心。这类配送中心往往以服务于某个行业为特点。柔性配送中心则是根据客户的要求来实施配送任务,随需而变,没有固定的供需关系。

2. 供应型与销售型配送中心

供应型配送中心是指向某些特定组织(如连锁超市、大型制造企业等)大批量实施配送任务的配送中心。销售型配送中心是指以销售经营为目的,以配送为手段的配送中心。其目标是将货物、商品配送给消费者,有直销配送中心、分销配送中心等。

3. 城市配送中心和区域配送中心

城市配送中心一般是执行同城配送,目标是将商品直接配送给最终用户,一般与零售业务(多品种、少批量、多用户)相关;区域配送中心是指物品的远距离配送,主要以批量配送为目标,如图 7-10 所示。

(三) 自动化仓库

1. 自动化仓库结构

大型生产企业(集团)、电子零售企业、第三方物流公司等组织的配送中心每天处理的物流业务量非常巨大,完全依靠手工来分拣、配货、装箱是不可能的,因此需要建立自动化仓库。

自动化仓库(automatic warehouse)是指借助计算机控制系统自动地完成物品的出入库、检索、显示、管理和报警等过程的高层立体仓库,是物流系统的重要组成部分。它能节约土地和人力,降低劳动强度,减少商品损耗,货物先进先出,操作迅速准确。自动化仓库主要由货物存取机、货架系统、输送设备和控制装置四个部分组成。

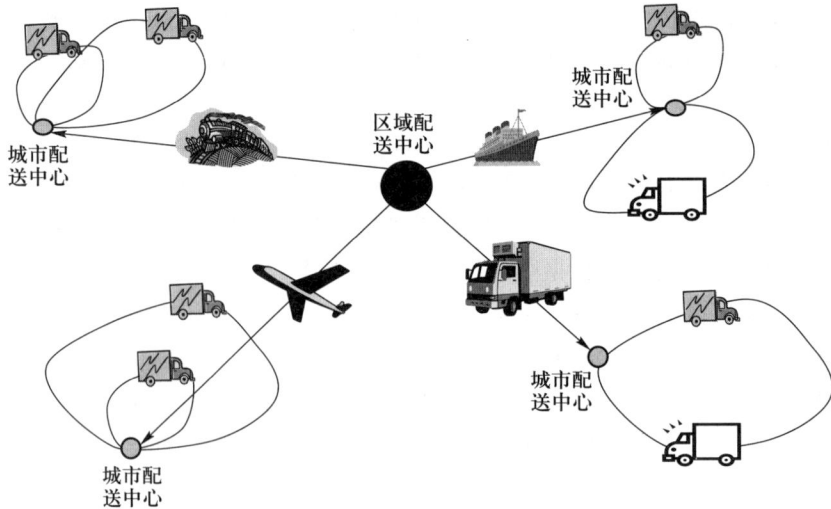

图 7-10 区域配送与城市配送

（1）货物存取机。在自动化仓库中,根据存放物品的数量建立若干高层货架。每两个货架之间称为巷道,巷道内安装有堆垛机。堆垛机可在巷道内水平移动,也可在自身的立柱上沿垂直方向移动,借以完成货物的存取操作。企业根据物品的特点、吞吐量可选择不同规格的存取机,规格不同,其速度、尺寸、结构都不一样;存取机可被遥控操作。

（2）货架系统。从结构上看有两种不同的货架:一种是货架与建筑物没有联系,独立地建在建筑物内部。这种货架可以拆除,灵活方便,适用于不太高的自动化仓库。另一种是货架与建筑物紧密相连。它除了储存货物以外,还用作支撑建筑物的墙体或屋顶,成为建筑物的一部分,是一种整体结构的货架。这种货架建设周期短、费用低,适用于高型自动化仓库。

（3）输送设备。通常是指货物存取机作业范围以外的输送设备,用以将货物存取机与其他长距离的运输装置联系起来。输送设备类型很多,主要根据作业量多少、货物类型和作业之间的配合情况而选定。常用的输送设备有铲车、引导车、地面有轨流动车、穿梭车和辊筒链条输送机等。

（4）控制装置。控制装置把自动化仓库的一切设备有机地联系在一起,使其按照预定的程序和要求动作,形成一个自动控制系统。较先进的控制装置一般都由几台小型计算机构成,采取分级控制。这种计算机分级控制系统能快速地对信息进行实时处理,当一台计算机有故障时操作仍不中断,整个系统便于测试、检查和维修。电子计算机还能对仓库的订货与发送、仓库物资储备、仓库作业定额管理提供信息,能对仓库作业人员、作业手段、作业组织进行指挥和监督。

2. 基于自动化仓库的订单履行流程

借助仓库自动化可提高物流配送效率。以下描述了基于自动化仓库的订单履行的一种可能流程。

（1）企业（如零售商、直销公司、生产商等）与自动化仓库服务商签订合同,要求备货并配送企业收到的订单。企业的商品按存货单元（stock keeping unit,SKU）存放在自动化仓库中。

（2）企业将收到的订单传到仓库的计算机控制系统。

（3）订单整合、拣货。系统将来自不同企业的订单按照货品存放情况进行整合,以优化拣货流程。拣货作业通常借助机器人完成。

（4）拣好的商品被搬到包装区。计算机配置各包装盒的大小、类型，并打上专门的包装指令和配送指令，一般由条形码标记这些指令。

（5）将包装好的包裹通过传送带传到一个扫描站称重，然后利用条形码扫描仪识别配送目的地和配送时间。

（6）在恰当的时间通过相应的传送带（自动化仓库一般有多条传送带，每个传送带的包裹被送往不同的目的地）将包裹装载到等候的卡车上。

（7）卡车装满后就出发开往相应的目的地。一般来讲卡车并不会将物品投递给客户本人，而是运往相应目的地的邮局，由邮局分发给最终客户。

案例：自动化仓库——京东亚洲一号无人仓

京东亚洲一号无人仓坐落在上海市嘉定区，于 2017 年 10 月建成使用，仓库面积近 40 000 平方米，输送设备超过 10 千米，立体仓库高达 24 米，32 个巷道拥有近 60 万个货架，仓库内使用自动立体式存储、3D 视觉识别、自动包装、人工智能、物联网等前沿技术，单日分拣能力达到 20 万单，是当今中国最大、最先进的电商物流中心之一。京东亚洲一号无人仓建设的目标是运用自动化、智能化的设备应对电商灵活多变的订单的业务形态，提高物流效率，降低物流成本。其运转流程主要包括货入云仓、上架销售、销售出货、分拣快递等业务。

（1）货入仓库。商品进入仓库时，都会率先经过六轴机器人和视觉检测仪器的检测。由于无人仓主要存储 3C 产品，所以入库机器人会对产品的体积、重量进行测量，同时还会对商品的条形码进行扫描，以及对数码产品的识别码进行监测。通过监测的商品会由六轴机器人将其按体积大小整齐地码至存储箱中。在仓库货物数量盘点上，京东仓库通过视觉传感器拍摄库存照片，通过图像处理技术来分析实际库存和系统库存的差异，最终形成盘点结果反馈给商家。

（2）上架销售。智慧物流仓搭建了自动化立体仓库，立体货架高耸至屋顶，穿梭车可以上下左右任意移动，物流仓库通过视觉识别技术和红外测距等技术将货架空间反馈到仓库信息系统，系统通过调配穿梭车将商品的存储箱放到指定的位置（图 7-11）。此外，由于穿梭车在存货取货时不需要灯光，因此仓储区域平时并不开灯，起到了节能的作用。

图 7-11　自动化立体仓库

（3）销售出货。智慧物流仓中有大量自动导引小车（AGV），这种自动导引小车可通过地上的二维码定位进行导航，结合货物订单，将指定货物送到传送带上，传输到包装区域。在包装区域，系统根据产品的数量会自动选择泡沫或是纸板包装材料，而机器则会根据商品的实际大小，进行"量体裁衣"式的包装。短短几秒钟就可以将商品严丝合缝地包装好，并将信息标签贴在包装盒上送往分拣区域。

（4）分拣快递。分拣仓是应用机器人密度最大的地方，300余个机器人将每个订单小包裹按照订单地址投放入不同的转运袋中。当转运袋装满时，机器则会将转运袋运至相对应的二级分拣站传送带上，再经传送带将包裹运送至库房外的运输车上，这就完成了整个产品在无人仓中的所有流程（图7-12）。

图7-12 分拣机器人

（5）智能配送。货物从无人仓抵达配送站后，在物流分拣线按照配送地点进行货物的分发和装载，然后由京东无人车进行货物配送（图7-13）。京东无人车通过自动驾驶技术和全球导航卫星系统，将货物送到指定位置，并提前通过后台系统将取货信息发送给用户，用户可选择人脸识别、输入取货码、点击手机APP链接三种方式取货，最终完成货物的配送。

无人仓库的推广，对京东而言至关重要。当仓储全部实现无人后，货物的转运次数将降到最低，人员结构变得简单，物流效率和精度都得到极大提升，运营成本将显著降低。京东物流首席规划师、无人仓项目负责人章根云透露，京东未来将实现亚洲一号仓库整体一半以上无人化作业。

图7-13 京东无人车

（资料来源：根据互联网新闻报道与京东物流官网资料整理）

三、第三方物流

每个企业都有其核心竞争力,当企业在物流管理方面不具有竞争优势时,可将物流业务完全或部分地外包给专业物流企业,这类专门从事外包物流业务的企业被称为第三方物流(third party logistics, TPL)企业。TPL企业不参与物品交易双方的直接交易,而只是承担从生产到销售过程中的物流业务,包括商品的包装、储存、运输、配送等。

(一)第三方物流的形成背景

企业从事物流活动需要投入大量的人力、物力、财力。对于缺乏资金的企业特别是中小型企业而言,构建物流系统是非常困难的,同时各自经营物流业务也会导致资源浪费、物流效率低下,因此外包物流业务是企业降低物流成本、形成新的利润源泉的关键。

任何企业的资源都是有限的,将有限的资源用在提升企业的核心竞争力上才能使企业资源得到最优配置,才能形成或保持竞争优势,因此企业可通过对内外部资源的整合,将非核心业务转移给具有相对优势的外部企业,而物流对于制造、零售等类型企业显然不具有优势,使物流成为这些企业的非核心业务。

信息技术的发展使企业面临的竞争环境发生了巨大变化,供应链管理、虚拟组织等协作、共赢的经营理念既增加了物流活动的复杂性,又对物流活动提出了快速、有效响应以及"零"库存等更高的要求。第三方物流为实践这种经营理念创造了条件。

案例:第三方物流公司——顺丰速运(sf-express.com)

顺丰速运(sf-express.com)于1993年在广东顺德诞生,2016年12月上市,并在2017年2月正式更名为顺丰控股,总部位于广东深圳,是国内领先的快递物流综合服务商。公司2018年度实现营业收入909.43亿元,覆盖了中国大陆31个省、自治区和直辖市,覆盖全球200多个国家及地区。公司主要为客户提供仓储管理、销售预测、大数据分析、金融管理等一体化综合物流解决方案。具体业务有快递(包括空运、海运、公路和铁路运输)、冷运、仓储服务、货运代理等组成的物流服务。

1. 快递服务

顺丰速运可提供满足各种需要的快递服务。如基于配送范围可分为同城、内地或港澳台和国际快递服务,基于配送时效可分为顺丰同城急送、顺丰即日、顺丰次晨、顺丰标快、顺丰普运等多种快递服务类别。此外,顺丰还提供保价、代收货款、包装服务、安装服务等多种增值服务。

2. 冷运服务

顺丰速运提供的冷链运输服务基于产品类别细分为食品服务和医药服务。其中食品服务包括冷运速配、生鲜速配、冷运到店等多种保障生鲜类快件的配送时效和商品品质的专属快递服务。医药领域的服务包括医药安心递、医药专递、医药专车等物流服务,是基于专业设备、专业包装、专业监控的配送服务。

3. 仓储服务

顺丰速运的仓储服务包括收货管理、出货管理、库存管理、个性服务、信息服务、解决方案在内的标准化仓储管理,具有先进的信息管理系统及强大的高峰应对能力。顺丰还提供包括保税仓储、海外仓储等不同类型及时效标准的进出口服务,并可根据客户需求量身定制包括市场准入、运输、清关、派送在内的一体化的进出口解决方案。

4. 供应链解决方案

(1) 同步货物、资金与信息的流动。

(2) 运输和货运。无论空运、海运还是陆运,顺丰均能管理每条主要贸易线的运输和货运服务。

(3) 设计和规划。从增设下级网点到提供服务支持,可为客户定制 SCM 解决方案。

(4) 物流与配送。顺丰可以按客户要求的时间将物品配送到指定位置。

(5) 售后支持。顺丰针对生鲜产品还能够提供保时保鲜服务,可快速理赔,帮助客户降低售后服务成本。

5. 可见服务

使用"运单追踪",客户可在任何时间查寻物品的最新状态。客户最多可一次追踪 20 件物品,既可以通过顺丰官网、顺丰手机端 APP 追踪,也可以通过微信公众号追踪,使客户能够看到自己寄出或将收到包裹的实时物流信息。

6. 在线"邮寄"

用户注册、登录顺丰官网、顺丰手机端 APP 或顺丰微信公众号,可自主完成包裹托运及预约快递员上门取件。

(资料来源:http://www.sf-express.com)

思考题

1. 进入 http://www.sf-express.com,看看顺丰还能提供哪些服务?

2. 描述顺丰包裹跟踪流程。它提供了哪些跟踪策略?

3. 试着通过顺丰在线邮寄一份包裹。

(二) 第三方物流类型

1. 单向型与综合型物流企业

单向型物流企业是指那些仅承担和完成某一项或少数几项物流功能的物流企业。这些功能有运输、仓储、流通加工等。而综合型物流企业是指那些能完成多项或全部物流功能的企业,包括从配送中心的规划设计到物流的战略策划、具体业务功能等。

2. 物流运营企业与物流代理企业

物流运营企业是指实际承担大部分物流业务的企业。它们可能有大量的物流环境和设备支持物流运作,如配送中心、自动化仓库、交通工具等。而物流代理企业是指接受物流需求方的委托,运用自己的物流专业知识、管理经验,为客户制定最优化的物流路线、选择最合适的运输工具等,最终由物流运营企业承担具体的物流业务。

第三方物流作为一种新兴的物流方式活跃在物流领域,其功能和优势已为众多企业所认可。随着企业要求的提高,"第三方物流"在整合社会诸多物流资源问题上面临瓶颈。从局部来看,第三方物流是高效率的,但从地区乃至整个国家来看,第三方物流企业各自为政,难以解决电子商务发展中的物流瓶颈问题。因此,必须密切客户和第三方物流的关系并进行规范化管理,于是"第四方物流"(fourth party logistics,4PL)便应运而生。

四、第四方物流

(一) 第四方物流概念

"第四方物流"的概念由美国埃森哲咨询公司于1998年率先提出,并定义为"一个调配和管理组织自身的及其互补性服务提供商的资源、能力和技术,来提供全面的供应链解决方案的集成商"。它主要对制造企业或分销企业的供应链进行监控,在客户和物流及信息供应商之间充当"超级联系人"的角色。它帮助企业实现降低成本和有效整合资源,依靠优秀的第三方物流供应商、技术供应商、管理咨询以及其他增值服务商,为客户提供独特和广泛的供应链解决方案。

(二) 第四方物流的功能

第四方物流同第三方物流相比,其服务的内容更多,覆盖的地区更广,对从事货运物流服务的公司要求更高,要求他们必须开拓新的服务领域,提供更多的增值服务。第四方物流最大的优越性,是它能保证产品得以更快、更好、更廉价地送到需求者手中。第四方物流的基本功能主要包括以下几个方面。

1. 供应链管理功能

供应链管理功能即管理从货主、托运人到用户、顾客的供应全过程。它对供应链的物流进行整体上的计算和规划,并监督和评估物流的具体行为和活动效果,是对包括第四方物流服务商及其客户在内的一切交易有关的伙伴的资源和能力的统一。

2. 运输一体化功能

运输一体化功能即负责管理运输公司、物流公司之间在业务操作上的衔接与协调问题。它帮助客户实施新的业务方案,包括业务流程优化,客户公司和服务供应商之间的系统集成,以及将业务运作交给第四方物流的项目小组。

3. 供应链再造功能

供应链再造功能即根据货主/托运人在供应链战略上的要求,及时改变或调整战略战术,使其经常处于高效率地运作状态。它通过供应链再造这一手段,能够扩大市场份额,增进顾客忠诚度,获得持久竞争优势。

第三方物流要么独自提供服务,要么通过与自己有密切关系的承包商来为客户提供服务,其很难提供技术、仓储和运输等服务的最佳整合。而第四方物流便成了第三方物流的"协助提供者",同时也是货主的"物流方案供应商",其关键是以"行业最佳的物流方案"来为客户提供服务与技术支持。

(三) 第四方物流运作模式

第四方物流组织有较大的柔性,根据成员组织的约定和目标,它能够适应不同的组织,反过来也能够被行业结构和行为所塑造,组成灵活的运作模式。第四方物流主要有以下几种运作模式。

1. 协同运作模式

第四方物流与第三方物流共同开发市场,同时第四方物流向第三方物流提供一系列服务,包括技术支持、供应链管理决策、市场准入能力以及项目管理能力。第四方物流往往会在第三方物流公司内部工作,其思想和策略通过第三方物流企业来实现,以达到为客户服务的目的。第四方物流和第三方物流一般采用商业合同的方式或者战略联盟的方式合作。

2. 方案集成模式

第四方物流为客户提供运作和管理整个供应链的解决方案,并利用其成员的资源、能力和技术进行整合和管理,为客户提供全面的、集成的供应链管理服务。第四方物流作为一个联盟的领导者和枢纽,集成多个服务供应商的资源,重点为一个主要客户服务。

3. 行业创新模式

第四方物流通过与各个资源、技术和能力的服务商进行协助,为多个行业的客户提供供应链解决方案。它以整合供应链的职能为重点,以各个行业的特殊性为依据,领导整个行业供应链实现创新,给整个行业带来改革和最大利益。第四方物流通过卓越的运作策略、技术和供应链运作实施来提高整个行业的效率。

4. 动态联盟模式

动态联盟是由一些相对独立的服务商(如第三方物流企业、咨询机构、供应商、制造商、分销商)和客户等由市场机会所驱动、通过信息技术相连接的、在某个时期内集成的供应链管理联盟。它的组成与解散主要取决于市场的机会存在与否,以及企业可利用的价值。一个企业可以同时以不同的角色加入第四方物流动态联盟,在贡献资源的同时得到自己需要的资源。

第四方物流无论采取哪一种模式,都突破了单纯发展第三方物流的局限性,做到真正的低成本、高效率,实现最大范围的资源整合。第四方物流可以不受约束地将每一个领域的最佳物流提供商组合起来,为客户提供最佳物流服务,进而形成最有效的物流方案或供应链管理方案。

五、物流状态跟踪

物流状态跟踪是指客户在完成下单后,能够跟踪整个订单的执行过程,包括生产状态、运输状态的查询等。它是订单履行和现代物流管理的一大特色,已经成为订单履行和物流管理的一项标准服务。

当客户完成业务委托后会收到企业的一个订单或包裹编号,客户即可依据此编号完成状态跟踪。状态信息的获取可以有多种途径,包括访问企业网站在线查询、发送电子邮件查询、无线WAP查询、无线短信查询,也可以使用语音电话查询。企业为了及时向客户反馈状态信息,需要借助一些信息技术工具。下面简单介绍借助条形码和GPS/GIS跟踪技术。

(一)条形码跟踪技术

条形码(bar code)是由一组规则的、宽度不同的条和空组成的标记。这些条和空组成的数据表达一定的信息并能够用特定的设备识别,转换成与计算机兼容的二进制或十进制信息。当计算机接收到条形码信息后,就可以通过数据库中已建立的条形码与订单或包裹的对应关系对相关数据进行处理。如图7-14所示,利用条形码的状态跟踪过程如下:

(1)状态初始化。客户将包裹委托给物流公司,并获取反馈的客户编码,同时该编码以条形码形式印刷在包裹上,并在计算机系统内建立一条对应的记录存放到计算机信息中心。

(2)状态更新。当包裹从托运地开始向目的地转运时,每经过一个转运中心条形码识别系统都会扫描该包裹,计算机系统就会对该条形码对应的记录进行更新,修改的信息包括当前地址(实际就是当前转运中心的地址)、状态是否正常等,并将更新结果保存到计算机信息中心。这一更新过程一直维持到收货人提取物品时为止。

（3）状态查询。托运方或接收方均可利用客户编码在线查询包裹状态。

（二）卫星定位系统/地理信息系统跟踪技术

卫星定位系统是指利用卫星使用户能确定其位置的无线系统。它包括三大部分：空间部分——卫星星座；地面控制部分——地面监控系统；用户设备部分——信号接收机。卫星定位系统的卫星星座由若干颗卫星支持，每颗卫星在高空沿着精确的轨道绕行地球。不同的卫星定位系统其星座卫星数不同，例如美国的全球定位系统（global positioning system，GPS）共有 24 颗卫星，而我国的北斗卫星导航系统（BeiDou Navigation Satellite System，BDS）完全建成后卫星数将

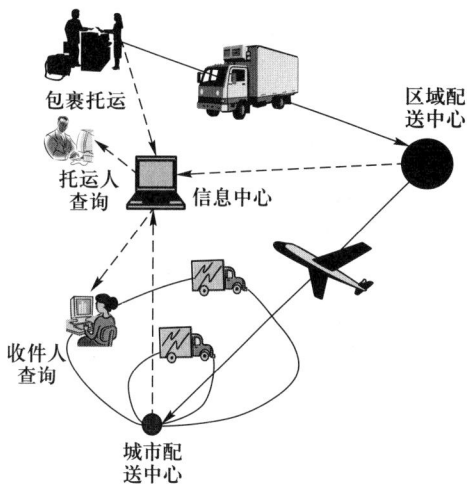

图 7-14 条形码跟踪物流状态

超过 45 颗。地面监控系统是为了监测和控制卫星的工作状态，以保障其运行的准确性。安装在运输设备（如汽车、轮船、飞机）上的卫星定位系统装置发送的信号被四颗卫星接收，卫星定位系统信号接收机可以接收到卫星发回的信号并利用相关软件精确计算出运输设备当前的经度和纬度值。

卫星定位系统仅仅是提供经度和纬度的信息，只有将这些信息与地理信息系统相集成才能帮助企业或客户跟踪物流运输状态。地理信息系统（geographical information system，GIS）是用于采集、存储、管理、处理、检索、分析和表达地理空间数据的计算机系统。将卫星定位系统获得的位置数据与 GIS 系统集成并通过可视化技术即可清晰展示当前物流运输设备所在的位置，如图 7-15 所示。

目前智能手机上安装的导航系统都是基于卫星定位系统和地理信息系统。

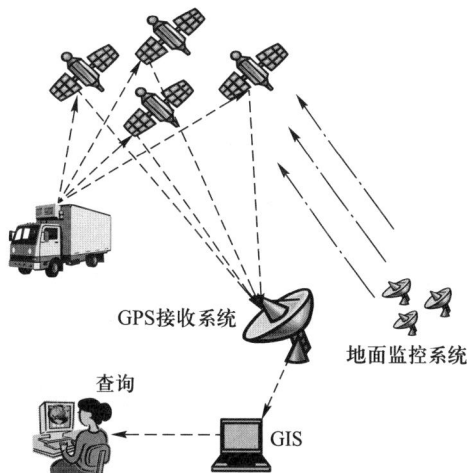

图 7-15 卫星定位系统/地理信息系统跟踪物流状态

第四节 退货处理与客户支持

当物品被运送给客户后，面临着验收、投入使用的阶段。这当中有两个问题需要考虑：一是如何解决客户退换问题。如果客户发现物品不能满足自己的要求或没有达到商家的承诺水平，就有可能请求退换。在传统零售业中的退换比较简单，一般都是客户去所购商店办理退换手续，但电子商务交易则面临着退换的困难。二是如何使商品顺利投入使用。远程技术支持是解决此问题的重要手段。

一、物品退换策略

为了保障客户权益,企业必须合理安排客户的商品退换问题,常用的策略有以下几种。

(一)原处退换

原处退换就是指在哪里买就在哪里退换。这种退换策略与传统商店购物方式相似,但买卖双方都因退换问题而增加费用。买方为了退换,需要重新包装、托运(可能还有托运保险)、等待退款或调换的商品,卖方还得拆包、办理退款或重新安排配送。因此这不是一个好的策略。

(二)建立退货中心

企业将配送与退货物流(逆物流)分离处理,建立退货中心,所有退换商品均先退回到退货中心再等待处理。这对企业有帮助,但对客户不太公平。

(三)利用零售商店铺

对于类似沃尔玛那样的"鼠标+水泥"型电子商务企业,则可以利用传统的零售店铺接收退货。客户可以在最邻近的零售店办理物品退换手续,这对客户比较有利,但企业必须有明确的渠道利益管理办法,因为接收退换额外地增加了零售店的经营成本。

(四)建立退货合作伙伴

没有零售店铺的电子商务企业,可以与其他有店铺的企业建立合作关系,指定某伙伴企业作为退货接收渠道,如星巴克就承担过这方面的业务。

(五)外包

由顺丰速运、京东物流、中国邮政速递物流等专业物流企业承担逆物流服务。

二、远程技术支持

技术支持可以现场支持,也可以远程支持。现场支持一般由制造商委托第三方专业服务公司提供技术服务,如产品安装、培训等;一些通过培训即可由用户自己完成的作业或者可以通过远程控制可直接帮助用户完成的作业,则可通过远程支持服务完成。远程支持主要有远程培训、指导、控制,现有的即时通信工具如腾讯的 TIM、微信等均可支持远程客户服务。

章尾案例:云物流——悲情的星晨急便

2010 年 3 月,"阿里巴巴"入股刚刚成立一年的"星晨急便"物流公司。为什么星晨急便会受到马云的青睐?

一、云物流

星晨急便的董事长陈平的梦想是:在电子商务应用环境下创造全新的业务模式——云物流。云物流的配送思路是星晨急便将海量的货单信息按地域、时间、类别、紧急程度等进行分类,然后指定运输公司发送给快递公司,最后送达收件人手中(图 7-16)。

2011 年 10 月,星晨急便和深圳鑫飞鸿快递合并,商号为"星晨急便·鑫飞鸿"。"星晨急便·鑫飞鸿"自主研发了集网点、操作、质量、客户、货物追踪、资金监控、结算清分、平台分单等多项功能于一体的"潘多拉系统",基本涵盖了 B2B 和 B2C 电子商务快递业务所有的核心内容,

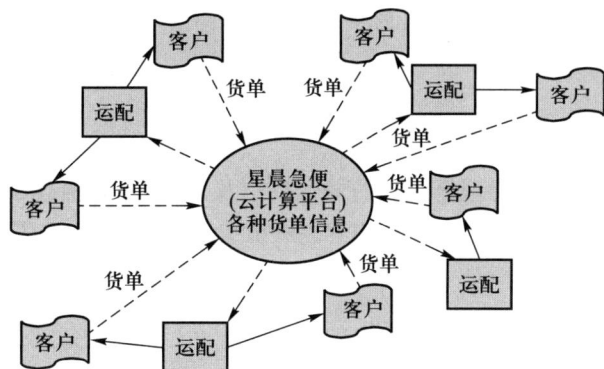

图 7-16 星晨急便的配送框架——物流与信息流分离

满足终端用户对"云平台"的服务需求。

二、云物流的商业模式

1. 云物流的价值体现

云物流的价值体现表现在三个方面：一是社会化,快递公司、派送点、代送点等终端成千上万,这个平台能充分利用这些社会资源;二是节约化,每个公司都建立一个小型云计算平台非常浪费,集中建设能享受规模效应;三是标准化,这是物流行业最大的问题。通过统一的平台,其运单查询流程、服务产品(国内、同城、省内)、收费价格、售后服务(晚点、丢失赔偿)以及保险等都能做到标准、透明。发货公司通过这个平台,能方便地找到物流公司,物流公司通过这个平台,能方便地找到订单与运单。

2. 云物流的盈利模式

云物流的盈利模式是向快递公司、运输公司收取服务费。通过加盟制,星晨急便吸引了众多民营快递公司加盟。2011 年,"星晨急便·鑫飞鸿"公司拥有运转及分拨中心 150 多个,网点数量 3 800 多个,员工 28 100 名,机动车 5 000 台,摩托车 19 000 台,日处理业务量 13 万票。全网营业额达 7.5 亿元。其递送范围已经可以覆盖全国 2 600 多个城市。

云物流的海量货单从哪里来?淘宝拥有海量买家和卖家,有订单。而吸引阿里巴巴集团入股则可以给星晨急便带来大量运单。随着电子商务的发展,淘宝、阿里巴巴已成为运单最重要的来源之一。

三、星晨急便的悲情

2012 年 3 月 4 日,有自称星晨急便员工的人士在网上爆料称,公司创始人、CEO 陈平"跑路"。爆料人称,陈平给员工发了一条这样的短信:"公司解散了,阿里 7 000 万元、我的 5 000 万元全部赔光了。现在客户的 2 000 多万元货款被加盟商非法侵占,也不能返还。1 400 多名员工两个多月没有工资,我已经倾家荡产。做生意有赔有赚,现在公司赔本了,恳请大家一起承担。在此,真诚地向大家说一声:对不起了。"位于昌平区明珠大厦的星晨急便总部则是大门紧锁,门上贴着物业向星晨急便讨要被拖欠房租的通知。从玻璃门望进去,只见桌椅杂物等散落一地。

案例思考题:

1. 根据案例提供的数据信息,星晨急便的经营能力如何?

2. 星晨急便的悲情是什么原因导致的? 查阅相关资料并结合案例,给出你的思考。

3. 陈平对云物流的规划与后来阿里的菜鸟物流之间有什么异同？

本 章 小 结

本章着重介绍了供应链及供应链管理的基本概念及其任务，并描述了包含协同商务在内的多种供应链管理方法。本章的另一个主要内容是物流管理，介绍了物流管理的概念，一些常用的配送策略和相关物流技术。本章还简单地介绍了配送后的客户服务和客户支持。

关 键 词

订单履行(order fulfillment)	自动化仓库(automatic warehouse)
价值链(value chain)	存货单元(stock keeping unit, SKU)
供应链(supply chain)	全球定位系统(global positioning system)
供应链整合(supply chain integration)	卫星定位系统(satellite positioning system)
条形码(bar code)	地理信息系统(geographical information system)
"牛鞭"效应(bullwhip effect)	供应链管理(supply chain management, SCM)
E 供应链管理(E-SCM)	供应商管理库存(vendor managed inventory)
补货(replenishment)	有效客户响应(efficient consumer response)
物流管理(logistics management)	工作流(workflow)
状态跟踪(status tracking)	群件(groupware)
快速响应(quick response)	物流(logistics)
第三方物流(third party logistics, 3PL)	配送(delivery)
第四方物流(fourth party logistics, 4PL)	随选配送(on-demand delivery)
云物流(cloud logistics)	协同商务(collaborative commerce)
CPFR	北斗卫星导航系统(Beidou Navigation Satellite system)

思 考 题

1. 分析电子商务环境下订单履行的特点，并举例说明。
2. 如何理解整合在供应链中的意义？尽可能与你知道的实例结合在一起论述。
3. 供应链的集成管理思想体现在哪些方面？查阅资料分析海尔的供应链集成管理思想。
4. 查阅资料，比较本章介绍的几种主要的供应链管理方法的优劣。
5. 上网搜索常用的工作流软件工具，描述 Easyflow 工作流软件的主要功能。
6. 以实例说明分销商、零售商、直销生产企业的物流配送各有什么特点。
7. 进入京东、天猫、亚马逊中国网站，描述它们提供了哪些配送方案。如果你是销售区域覆盖一个省的零售商总经理，你会如何设计配送方案？
8. 中国目前在物流配送方面还存在哪些问题？尽量以数据为佐证加以论述。

9. 你个人认为中国最大的第三方物流公司是谁？它的竞争优势有哪些？还存在哪些问题？你认为制约我国物流业发展的主要障碍有哪些？

10. 你知道我国的北斗卫星系统吗？它的实施对我国物流业发展会带来哪些好处？

11. 退货处理是个很棘手的问题。如果你是一个布娃娃生产商的总经理，你会如何规划退货处理问题？你也可以讨论你感兴趣的产品的退货处理策略。

12. "双11""618"活动对我国物流快递业发展带来什么影响？试从正反两方面加以分析。

实 训 操 作

1. 就近调研某第三方物流企业，针对其任务性质、配送模式、使用的技术等撰写一份约3 000字的调研报告。

2. 查阅华为官方网站（e. huawei. com/cn），描述华为如何为其客户提供远程技术支持。

即 测 即 评

请扫描二维码进行在线测试。

第三篇

技术与环境篇

第八章　电子商务技术基础

电子商务技术是指支持电子商务活动所采用的各种电子技术手段的集合,它包括硬件技术和软件技术。

电子商务硬件技术主要指网络通信技术与信息终端设施。网络通信技术主要包括有线网络、无线网络、卫星网络以及连接网络的相关设备。连接网络的相关通信设备有交换机、路由器、集线器、中继器等。信息终端包括各种服务器、计算机系统、终端机以及各种输入/输出设备,如计算机、手机、掌上电脑、信息家电等各种信息终端设备。

支撑电子商务系统的软件环境包括系统软件和应用软件。系统软件的主要功能是对整个计算机的硬件和软件系统进行调度、管理、监视及提供服务,使系统资源得到有效的利用,包括操作系统(如 Windows、Linux、Unix 等)、数据库管理系统(如 SQL Server、Oracle、DB2 等)。应用软件是指在系统软件之上具体实现商务逻辑的应用软件系统,如网上销售系统、供应链管理与协同商务系统、网上拍卖系统、客户管理系统与呼叫中心等。系统软件和应用软件共同构成电子商务系统软件环境。本章将重点介绍支持电子商务运行的网络通信技术、电子商务软件技术以及网络设计技术。

学习目标

1. 了解支撑电子商务的技术组成。
2. 了解实施电子商务的网络方案。
3. 了解实施电子商务的软件方案。
4. 了解电子商务网站设计的主要内容及策略。

本章导学

```
电子商务软件系统  ←  网络通信技术  →  互联网技术
客户端开发技术    ←                    内联网与外联网
服务端开发技术    ←  电子商务软件技术   无线通信网络
Web Service技术  ←                    物联网技术
云计算技术        ←  电子商务网站设计   网站设计的基本内容
                                      网站界面与功能设计
                                      网页设计与制作方法
大数据驱动的商务管理创新  ←
大数据环境下的思维变革    ←
大数据分析              ←  大数据与人工智能技术
人工智能发展简史        ←
人工智能的动力因素      ←
深度神经网络           ←
                         章尾案例：人工智能的"异常"行为
```

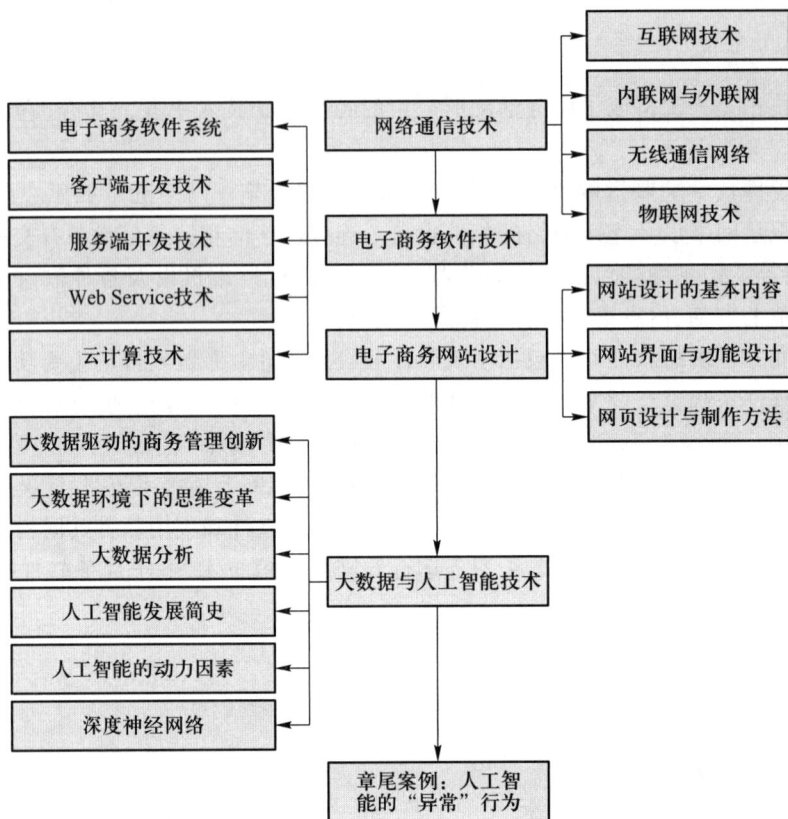

第一节　网络通信技术

　　网络技术是支撑电子商务的关键技术。计算机网络是指把分布在不同地理位置的多台具有独立功能的计算机通过通信设备和线路连接起来,在功能完善的网络软件的支撑下,以实现网络中资源共享为目标的系统。随着计算机网络技术的迅速发展,世界各地的计算机通过互联网连接在一起,形成了跨国计算机网络,从而使得计算机之间的通信在商务活动中发挥了重要的作用。因此,电子商务的实现是以计算机网络为基础的。网络技术是电子商务技术中处于最底层、最基础的技术。

一、互联网技术

　　互联网(Internet)是一个公共的、全球通信网络,为任何遵循 ISP(Internet service provider)协议的用户实现直接互联。

(一)网络协议

　　网络协议(network protocol)是为了使在计算机网络中的通信双方能顺利进行信息交换而双

方预先共同约定并共同遵循的规程和规则。网络协议是实现高效、安全通信并被相互理解的基础。一般来说,网络协议由语义、语法和同步关系三部分组成。语义规定通信双方彼此"讲什么",即确定协议元素的类型,如规定通信双方要发出的控制信息、执行的动作和返回的应答;语法规定通信双方彼此"如何讲",即确定协议元素的格式,如数据和控制信息的格式;同步规定事件执行的顺序,即确定通信过程中通信状态的变化,如规定正确的应答关系。

计算机网络是一个非常复杂的系统,为了简化设计,便于使用者对网络的了解,通常采用在协议中划分层次的方法,把要实现的功能划分为若干层次,较高层次建立在较低层次基础上,同时又为更高层次提供必要的服务功能。分层的好处就在于:高层次只要调用低层次提供的功能,而无需了解低层的技术细节;只要保证接口不变,低层功能具体实现方法的变更也不会影响较高一层所执行的功能。

1979 年,国际电话与电报顾问委员会(International Telephone and Telegraph Consultative Committee,CCITT)和国际标准化组织(International Organization for Standardization,ISO)为了使不同的网络能够互联,开始了对网络进行标准化分层的工作。他们提出了一个网络体系结构模型作为国际标准,称为开放系统互联(Open System Interconnection,OSI)。OSI 参考模型将整个计算机网络划分成七层。低层协议通过层间接口向相邻的高层协议提供服务,高层协议作为低层协议的用户存在。在层间接口中,定义了服务请求的方式以及完成服务后返回的确认事项和动作。OSI 参考模型中定义的七层如图 8-1 所示。

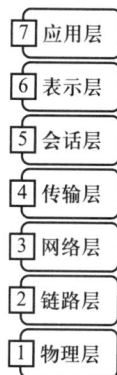

图 8-1　OSI 参考模型

1. 物理层

物理层保证在通信信道上传输和接收原始数据流(以 bit 为单位,又称比特流)。传输媒体可以是同轴电缆、光纤、通信卫星和微波等。物理层协议被设计用来控制传输媒体,以提供传输媒体对计算机系统的独立性。计算机和调制解调器的串行接口 RS232-C 就是物理层协议的一个例子。

2. 链路层

链路层加强物理层原始比特流的传输功能,使之对网络呈现为一条无差错链路。物理层仅负责传输和接收比特流,并不关心其意义和结构。

3. 网络层

网络层完成对通信子网的运行控制,负责选择从发送端传输数据包到达接收端的路由,以及通信子网中的分组、拥塞控制和记账等。

4. 传输层

传输层是 OSI 网络体系结构中核心的一层。它把实际使用的通信子网与高层应用分开,提供发送端和接收端之间的高可靠、低成本的数据传输。传输层协议为会话层提供面向连接的和无连接的两种传输服务。

5. 会话层

会话层使用传输层提供的可靠的端到端通信服务,并增加一些用户所需要的附加功能来建立不同机器上的用户之间的会话联系。

6. 表示层

表示层完成被传输数据表示的解释工作,包括数据转换、数据加密和数据压缩等。

7. 应用层

应用层包含用户普遍需要的应用服务,例如虚拟终端、文件传送、远程用户登录和电子数据交换以及电子邮件等。

在 OSI 网络体系结构中,高层协议通过服务访问点和低层协议发生作用,服务访问点是服务使用点和服务提供者之间的接口。同一层中的不同服务访问点用"地址"来区别。所谓"地址",就是不同服务访问点的标志。相邻的高层协议和低层协议的交互作用通过服务原语来实现。服务原语是服务提供者与服务使用者交互作用的原子行动的描述。它描述服务提供者和服务使用者一次"原子"交互作用的功能和各参数的意义。

(二)TCP/IP 协议

20 世纪 60 年代美国国防部高级研究计划局开始致力于研究不同类型计算机网络之间的互相连接问题,开发出著名的 TCP/IP 协议,使之成为 ARPAnet 网络结构的一部分,提供了连接不同厂家计算机主机的通信协议。事实上,TCP/IP 协议是由一组通信协议所组成的协议集,其中两个主要协议是:网际协议(internet protocol,IP)和传输控制协议(transmission control protocol,TCP)。TCP/IP 协议是互联网上使用的网络协议。

1. IP 协议

IP 协议是支持在网络上实现点到点之间可靠通信的最重要的网络协议之一,具有良好的网络互联功能。无论是 X.25 这样的低速网络,还是 ATM 这样的高速网络;无论是以太网等广播介质网,还是 DDN 点到点通信网,甚至无线卫星信道,IP 协议都能很好地适应,并在这些网络上面正常运行。正是 IP 协议这种良好的适应性,使 IP 协议互联网络中得到极为广泛的使用,成为支撑互联网的基础。IP 协议对应于 OSI 参考模型中的网络层,制定了所有在网络上流通的包标准,提供了跨越多个网络的单一包传送服务。

IP 协议的主要功能包括无连接数据包传送、数据包寻径以及差错处理三部分。其内容包括:基本传输单元,也就是 IP 报文的类型与定义、IP 报文的地址以及分配方法、IP 报文的路由转发以及 IP 报文的分段与重组。

2. TCP 协议

TCP 是传输层协议,处于应用层和网络层之间。它实现了端到端(peer-to-peer)的通信。网络层及以下各层的协议称为服务提供者,而传输层及以上各层的协议称为服务使用者。传输协议在端主机上实现,对上层应用屏蔽下层网络提供的服务质量的差别,为它们提供稳定可靠的服务。

TCP 对上层提供面向连接、端到端可靠通信服务。进行通信的双方在传输数据之前,首先必须建立连接;数据传输完成之后,任何一方都可以断开连接。TCP 建立的是点到点的全双工连接,即在连接建立后,在两个方向上可以同时传输数据。

TCP 假设其下的网络层能够提供简单的报文服务,其传输过程中可能出现各种错误情况。实际的过程中,IP 数据包可能因为拥塞或线路故障而丢失,也可能因为同一次会话中的不同的数据包经过了不同的路由,而使得数据包的接收顺序和发送顺序不一致。所以,TCP 要实现差错恢复、排序等功能。

TCP 提供流(stream)式服务。TCP 协议从应用层收集数据后,组成长度适中的一个分段(segment),加上 TCP 头后交给 IP 协议发送。TCP 协议允许在实现时,根据实现的便利性或者基于效率考虑决定阻塞或转发的时机。例如,为了提高效率而把多个小的消息组成一个大的消息再发送。在一个分段中的数据包括一次发送调用中的部分或全部数据,或者多次发送调用中的数据。

(三)IP 地址与域名

接入互联网的每一台计算机,要想实现在互联网上的各种功能,都需要一个标志。IP 地址是按互联网的网际协议 IP 的规定表示连入互联网的主机的地址,也称网际地址。IP 协议为每一个网络接口分配一个 IP 地址,如果一台主机有多个网络接口,则要为它分配多个 IP 地址,同一主机上的多个接口的 IP 地址没有必然的联系。所以 IP 地址是标记一个主机域网络的一个连接,而不是标记一台机器。目前 IP 地址有 IPv4 和 IPv6 两个版本。

IPv4 给每个连接在 Internet 上的主机分配一个唯一的 32bit 地址,由四段 0~255 的数字组成,各段数字之间用点号"."分隔,其格式为:第一段数字.第二段数字.第三段数字.第四段数字。例如,210.45.240.25、61.137.62.48 等。

IPv4 地址的四段数字表示了主机所在的网络编号和该主机的编号。按计算机所在网络规模的大小,IPv4 地址被分成 A、B、C、D、E 五类。这五类中,表示网络号和主机号所使用的数字段有所不同,如表 8-1 所示。

表 8-1 IPv4 地址分类表

类别	第一段数字	网络号	主机号	应用
A	1~127	第一段数字	第二到第四段数字	一般用于大型网络
B	128~191	第一和第二段数字	第三和第四段数字	一般用于地区的网管中心
C	192~223	第一到第三段数字	第四段数字	一般用于校园地区网络
D	224~239			备用
E	240~254			互联网试验和开发用

IPv6 地址是将 IPv4 的 32bit 地址扩展到 128bit 地址。由八段 0000~FFFF 的数字组成,各段数字之间用点号":"分隔,其格式为:数字段1:数字段2:数字段3:数字段4:数字段5:数字段6:数字段7:数字段8。例如,1111:2222:AAAA:1111:FFFF:EEFF:FFFF:0000 等。

IPv6 有效缓解了 IPv4 地址资源不足的问题,可极大地改善网络上设备间的通信速度。

IP 地址不便于记忆。为了方便用户使用,互联网建立了域名管理系统(domain name system,DNS)。DNS 用分层的命名方法,对网络上的每台主机赋予一个直观的唯一性标志名,其格式为:计算机名.组织机构名.网络名.最高层域名[.区域]。

最高层域名又称为顶级域名,代表建立网络的部门、机构或网络所隶属的国家、地区。例如,常见的顶级域名有 EDU(教育机构)、GOV(政府部门)、MIL(军队)、COM(商业系统)、NET(网络信息中心和网络操作中心)、ORG(非营利组织)、INT(国际上的组织),为了区别各组织所属国家或地区,在最高层域名后增加一个区域标识域,如 CN(中国)、UK(英国)等。

我国的域名体系也遵照国际惯例,包括类别域名和行政区域名两套。类别域名依照申请机构的性质分为:AC——科研机构,COM——工、商、金融等企业,EDU——教育机构,GOV——政府部门,NET——互联网络、接入网络的信息中心和运行中心,ORG——各种非营利性的组织。行政区域名是按照中国的各个行政区划分而成的,其划分标准依照原国家技术监督局发布的国家标准而定,适用于我国的各省、自治区、直辖市。

互联网中,一个主机的域名与它的 IP 地址是相互对应的。显然,域名的记忆和使用都比 IP 地址方便。但是,用英文和数字字段组成的域名不符合网际协议 IP 的规范要求,这就需要有一个转换的装置。这个转换装置就是域名服务器,简称 DNS 服务器。DNS 服务器能实现从人们容易理解记忆、使用方便的域名到计算机容易处理的 IP 地址的映射,即实现主机的域名到它的 IP 地址的转换。互联网服务提供商一般都配备了一个或多个 DNS 服务器,并把它的 DNS 服务器的 IP 地址告诉登记注册的用户。

DNS 服务器分为主根域名服务器、辅根域名服务器以及缓存域名服务器、转发域名服务器等,其中根域名服务主要用来管理互联网的主目录。所有 IPv4 根服务器均由美国政府授权的互联网域名与号码分配机构 ICANN 统一管理,负责全球互联网域名 IPv4 根服务器、域名体系和 IP 地址等的管理。全世界只有 13 台 IPv4 根域名服务器。1 个为主根服务器在美国。其余 12 个均为辅根服务器,其中 9 台在美国,欧洲 2 个,位于英国和瑞典,亚洲 1 个位于日本。

在与现有 IPv4 根服务器体系架构充分兼容基础上,"雪人计划"于 2016 年在中国、美国、印度、法国等全球 16 个国家完成 25 台 IPv6 根服务器架设,事实上形成了 13 台原有根加 25 台 IPv6 根的新格局,中国部署了其中的 4 台,由 1 台主根服务器和 3 台辅根服务器组成,打破了中国过去没有根服务器的困境。中国互联网络信息中心为域名根服务器设立及运行机构。

二、内联网与外联网

(一) 内联网

内联网(Intranet)是指采用互联网技术构建的企业内部网络,并保护在企业的防火墙(firewall)后面。它是基于 TCP/IP、Web 技术和设备构造的可提供 Web 信息服务以及数据库访问等服务的企业内联网。

相对于互联网强调网络的互联和通信,内联网则更强调授权用户(员工、客户、供应商及其他商业伙伴)之间的通信和协同。这种功能对于大型跨国企业尤其重要。它与企业内部不同的服务器、数据库、客户、应用程序(如 ERP 系统)相连,用于企业内部事务处理、信息交换、信息共享、信息获取以及网上通信、网上讨论等。

内联网除能提供互联网可以提供的所有基本功能外,相较于互联网,系统更加安全。内联网只限企业员工和合作伙伴访问,且受权限控制,同时它被保护在企业的防火墙之后,增加了整个系统的安全性。

企业建立内联网有很多好处,如使得企业内部的网络与互联网实现无缝连接,有利于提高企业与客户间的通信效率和质量;内联网为企业组织信息的发布及网络通信提供了多种方式和多种功能,便于企业更好地发挥信息对组织业务的控制作用;客户端都使用统一的浏览器界面,简单易用,便于在员工中快速推广应用等。

(二) 外联网

外联网(extranet)是使用虚拟专用网络将遵循 TCP/IP 协议的、分布在不同位置的内联网借助互联网连接在一起。

所谓虚拟专用网(virtual private network,VPN)是指使用加密技术和认证算法,为私有通信安全地通过互联网而创建安全的数据流隧道的网络。

外联网将企业内联网及其他商业伙伴如供应商、金融服务、政府、客户等的内联网连接在一起。外联网一般得到各合作方的同意并经过严格授权才能访问。外联网特别适合用于供应链管理。为确保安全,内联网用户可将保密数据与外联网隔离。

企业使用外联网,可以使供货商了解企业某一产品的库存量及某一阶段的需求,提高供货效率。分销商将销售及时传递给企业,使其更快了解市场和竞争对手。

互联网、内联网和外联网三者间的关系如图8-2所示。互联网是基础,是包括内联网和外联网在内的各种应用的集合;内联网强调企业内部各部门的联系,业务范围仅限于企业内;外联网强调各企业间的联系,业务范围包括贸易伙伴、合作对象、零售商、消费者和认证机构。由此可见,互联网业务范围最大,外联网次之,内联网最小。

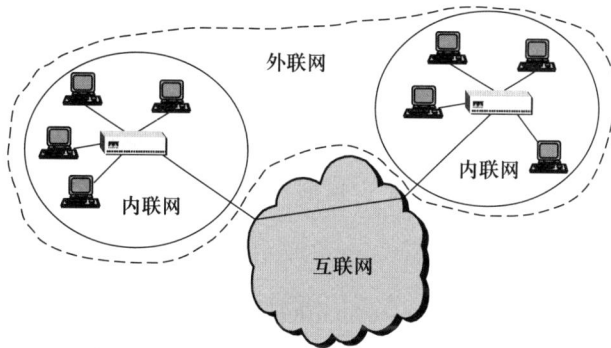

图 8-2 互联网、内联网、外联网三者间的联系

三、无线通信网络

无线通信网络(图8-3)及相关支撑技术构成了移动商务的技术基础。基于无线通信网络的移动商务可以广泛应用于各个领域,一般来讲,几乎所有的电子商务活动都可以在无线环境下完成,如金融、广告、库存管理、主动服务、产品查找与购物、拍卖或逆拍卖、娱乐、移动办公、远程教育、无线数据中心、无线音乐/音乐点播等。

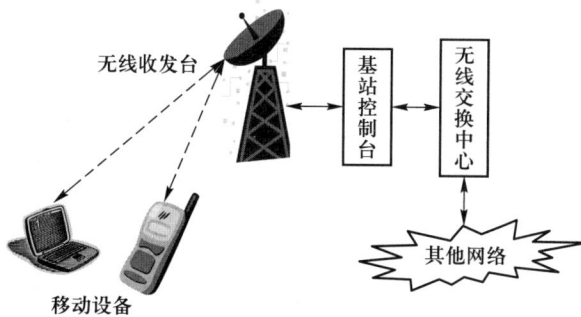

图 8-3 无线通信网络

（一）第一代移动通信技术

无线通信技术最早可追溯到 19 世纪末期,但将无线通信技术应用于个人移动通信是开始于 20 世纪 70 年代末,即传输模拟信号的第一代无线通信技术(the first generation,1G)。第一代移动通信系统最重要的特点体现在移动性上,这是其他任何通信方式和系统不可替代的,从而结束了过去无线通信发展过程中时常被其他通信手段替代而处于辅助地位的历史。1G 的最大贡献是使用蜂窝网络结构,频带可重复利用,实现大区域覆盖;支持移动终端的漫游和跨区切换,实现移动环境下不间断通信。在蜂窝网络结构中,每一个地理范围(通常是一座大中城市及其郊区)都有多个基站,并受一个移动电话交换机的控制。在无线频率的使用上,采用频分多址(frequency division multiple access,FDMA)技术,把频带分成若干信道,相邻小区使用不同的频率,相距较远的小区就采用相同的频率。这样既有效地避免了频率冲突,又可让同一频率多次使用,节省了频率资源。蜂窝网络结构巧妙地解决了有限高频频率与众多高密度用户需求量的矛盾和跨越服务覆盖区信道自动转换的问题。

（二）第二代移动通信技术

模拟式蜂窝电话迅速发展,也开始显现出它的缺点。在人口密集的大城市,频分多址技术造成频率资源严重不足,同时,模拟式蜂窝电话易被窃听,造成对用户利益的危害。20 世纪 80 年代后期,大规模集成电路、微型计算机、微处理器和数字信号处理技术的大量应用,为开发数字移动通信系统提供了技术保障。因而出现了可传输数字语音信号和数字文本信号的第二代移动通信技术(the second generation,2G)。

1. GSM

GSM 原意为"移动特别小组"(group special mobile),是 1982 年欧洲邮电主管部门会议为开发第二代数字移动蜂窝移动系统而成立的机构。该机构提出采用时分多址(time division multiple access,TDMA)技术实现无线通信的频率分配,即允许多个用户在不同的时间片(时隙)来使用相同的频率。用户迅速地传输,一个接一个,每个用户使用他们自己的时间片。该标准成为全球移动通信系统(global system for mobile communication,GSM)的通信标准。

GSM 由网络交换、基站和网络管理三个子系统构成。网络交换子系统是整个 GSM 系统的核心,它对 GSM 移动用户之间及移动用户与其他通信网络用户之间的通信起着交换连接与管理的功能。基站子系统是 GSM 系统中与无线蜂窝最直接连接的基本组成部分。它通过无线接口直接与移动台相连,负责无线信息的发送接收,无线资源管理及功率控制等,同时它与网络交换子系统相连实现移动用户间或移动用户与固定网络用户之间的通信连接,传送系统信息和用户信息等。网络管理子系统负责网络交换和基站子系统的维护管理工作。

GSM 实现了客户与设备分离(即人机分离)。在 GSM 通信中,SIM 卡相当于客户的身份 ID,卡内存储持卡者的客户数据、安全数据、身份认证的加密算法等,并与移动设备之间有一个开放的公共接口。只要客户手持此卡就可以使用不同的移动终端,得到卡内存储的各种业务的服务。

同时 SIM 卡是一种智能卡,具有读写功能,客户可通过对 PIN 的验证保障通信的安全,在通信过程中还采取 A3、A5、A8 等认证、加密、解密算法,防止非法用户盗用或窃密,因此 GSM 通信比模拟移动通信安全可靠。

GSM 的最大缺点是通信带宽的不足,其数据传输速率是 9.6kbit/s。这与当前互联网每秒几兆至几十兆字节的传输速率无法相比,影响了与互联网的有效接口,难以实现多媒体信息的广泛应用,因此发展更高带宽的下一代无线通信技术(3G)成为该领域最重要的任务。在3G标准还未建立之前,采用过一些过渡技术来拓展GSM的带宽,从而出现了所谓的2.5G、2.75G移动通信技术。

2. 窄带CDMA

CDMA即码分多址(code division multiple access,CDMA),不同用户传输信息所用的信号不是依据频率不同或时隙不同来区分,而是用各自不同的编码序列来区分。CDMA是由美国高通公司(Qualcomm)首先提出的技术,其原理是基于扩频技术,即将需传送的具有一定信号带宽的信息数据,用一个带宽远大于信号带宽的高速伪随机码进行调制,使原数据信号的带宽被扩展,再经载波调制并发送出去;接收端由使用完全相同的伪随机码与接收的带宽信号做相关处理,以实现信息通信。

(三)第三代移动通信技术

第三代移动通信技术(the third generation, 3G)是指将无线通信与互联网等多媒体通信结合的新一代移动通信系统。它能够处理图像、音乐、视频流等多种媒体形式,提供包括网页浏览、电话会议、电子商务等多种信息服务。为了提供这种服务,无线网络必须能够支持不同的数据传输速度,也就是说在室内、室外和行车的环境中能够分别支持至少2Mbit/s、384kbit/s以及144kbit/s的传输速度。CDMA被认为是3G的首选技术,目前的3G国际标准有WCDMA、CDMA 2000、TD-SCDMA。

1. WCDMA

WCDMA(wideband CDMA)主要由欧洲和日本标准化组织和厂商发起,它继承了GSM标准化程度高和开放性好的特点。中国联通采纳该3G通信标准。WCDMA支持高速数据传输(慢速移动时384kbit/s,室内走动时2Mbit/s),支持可变速传输。WCDMA支持异步和同步的基站运行方式,组网方便、灵活;适应多种速率的传输,同时对多速率、多媒体的业务可通过改变扩频比和多码并行传送的方式来实现;上、下行快速、高效的功率控制大大减少了系统的多址干扰,提高了系统容量,同时也降低了传输的功率;核心网络基于GSM/GPRS网络的演进,并保持与GSM/GPRS网络的兼容性;切换方式有扇区间软切换、小区间软切换和载频间硬切换等。

2. CDMA 2000

CDMA 2000是IS-95标准向3G演进的技术体制方案,是一种宽带CDMA技术。CDMA 2000 1X是指前向CDMA信道采用单载波形式的CDMA 2000系统,可支持308kbit/s的数据传输。网络部分引入了分组交换,可支持移动IP业务。而CDMA 2000 3X是前向CDMA信道采用3载波方式的CDMA 2000系统。其优势在于能提供更高的速率数据,但占用频谱资源也较宽。

CDMA 2000-1X/EV是一种提高CDMA 2000-1X传输速率的技术。它分为两种:一种是1X/EV-DO技术,主要对数据业务进行增强;另一种是1X/EV-DV技术,同时对数据业务和语音业务进行增强。CDMA 2000标准主要在美国、韩国使用,也是中国电信采纳的3G通信标准。

3. TD-SCDMA

TD-SCDMA移动通信标准是原信息产业部电信科学技术研究院(现大唐电信集团)在国家主管部门的支持下,根据多年的研究而提出的具有一定特色的3G标准。这是我国通信史上第一个具有完全自主知识产权的国际通信标准,是中国移动采纳的3G通信标准。TD-SCDMA标准公开之后,在国际上引起了强烈的反响,得到西门子等许多著名公司的重视和支持。1999年

TD - SCDMA 被列入国际电信联盟（International Telecommunication Union，ITU）建议 ITU - RM. 1457,成为 ITU 认可的第三代移动通信无线传输主流技术之一。

（四）第四代移动通信技术

第四代移动通信技术（the fourth generation，4G）是真正意义的高速移动通信系统,它集 3G 与 WLAN 于一体,并能够快速传输数据、高质量、音频、视频和图像等,用户速率上行 20MBPS,下行 100+MBPS,是宽带大容量的高速蜂窝系统。LTE（Long Term Evolution,长期演进）技术是 4G 的主导技术,分为 TD-LTE（Time Division Long Term Evolution,分时长期演进）和 FDD-LTE（Frequency Division Long Term Evolution,分频长期演进）两种制式,WCDMA 和 TD-SCDMA 均可以直接向 LTE 演进。

（五）第五代移动通信技术

第五代移动通信技术（the fifth generation,5G）是最新一代蜂窝移动通信技术,是 4G、3G 和 2G 系统之后的延伸。5G 的发展来自于对移动数据日益增长的需求。随着移动互联网的发展,越来越多的设备接入到移动网络中,移动数据流量的快速增长给现有的移动网络带来了严峻的挑战,主要包括通信速度慢、网络能耗高、比特成本高、稀缺频谱资源的利用率低、异构移动网络难以管理等。为了解决上述挑战,满足日益增长的移动流量需求,亟需发展新一代 5G 移动通信网络。

5G 移动网络与早期的 2G、3G 和 4G 移动网络一样,5G 网络是数字蜂窝网络,在这种网络中,供应商覆盖的服务区域被划分为许多被称为蜂窝的小地理区域。蜂窝中的所有 5G 无线设备通过无线电波与蜂窝中的本地天线阵和低功率自动收发器（发射机和接收机）进行通信。收发器从公共频率池分配频道,这些频道在地理上分离的蜂窝中可以重复使用。本地天线通过高带宽光纤或无线回程连接与电话网络和互联网连接。与现有的手机一样,当用户从一个蜂窝穿越到另一个蜂窝时,他们的移动设备将自动"切换"到新蜂窝中的天线。

5G 网络数据传输速率最高可达 10Gbit/s,比当前的有线互联网要快,比先前的 4G LTE 蜂窝网络快 100 倍;网络延迟低于 1 毫秒,而 4G 为 30—70 毫秒。由于数据传输更快、延迟更低,5G 网络将为高清信息传播创造了条件,电子商务中的 3D、AR、VR 等新型多媒体应用前景将更加广阔。目前 5G 主要技术服务商包括中国的华为科技、中国移动通信集团,以及美国的高通、韩国的三星、瑞典的爱立信等。

四、物联网技术

所谓物联网就是指通过信息传感设备,按照约定的协议,把任何物品与互联网连接起来,进行信息交换和通信,以实现智能化识别、定位、跟踪监控和管理的一种网络,是在互联网基础上延伸和扩展的网络。物联网主要实现物品到物品（thing to thing，T2T），人到物品（human to thing，H2T），人到人（human to human，H2H）之间的互联。图 8-4 表述了物联网的基本框架。支持物联网运作的主要信息通信技术包括物体感知与识别技术、短距离无线通信网络、远距离通信网络等。计算机网络、有线电视网络以及无线通信网络均属于远距离通信技术。随着物联网（the internet of things，IoT）技术的广泛应用,用于传输物体识别信息的短距离无线通信技术得到迅速发展。下面简单介绍几种物体感知与识别技术和短距离无线通信技术。

```
┌─────────────────────────────────────────────┐
│ 应用层              具体应用                    │
│ 智能家居、智能交通、智能电网、智能物流、环境监测……  │
└─────────────────────────────────────────────┘
┌─────────────────────────────────────────────┐
│                   中间件                       │
│ 对象识别、服务管理、服务组件(数据挖掘、云计算……)    │
└─────────────────────────────────────────────┘
                      ↕
┌─────────────────────────────────────────────┐
│ 网络层              广域网络                    │
│ 电信网络、计算机网络、有线电视网……               │
└─────────────────────────────────────────────┘
                      ↕
┌─────────────────────────────────────────────┐
│ 感知层             短距离网络                   │
│ 红外、蓝牙、WiFi、Zigbee……                    │
└─────────────────────────────────────────────┘
┌─────────────────────────────────────────────┐
│         数据采集控制(物体的感知与识别)            │
│         传感器、RFID、条码、摄像头……            │
└─────────────────────────────────────────────┘
```

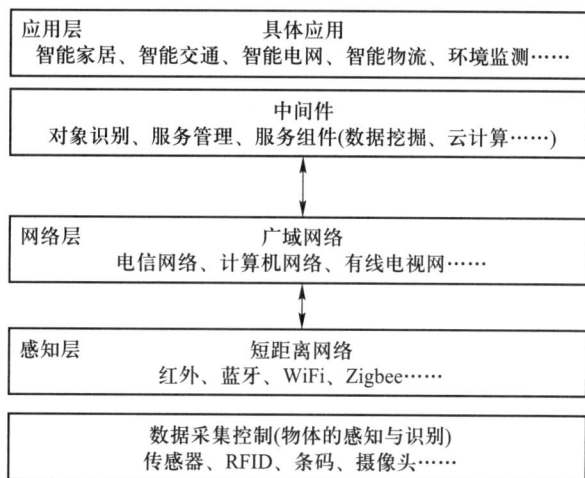

图 8-4 物联网基本框架

（一）射频识别技术

射频识别（radio frequency identification，RFID）技术为非接触式自动识别技术，只有两个基本器件：标签（tag）和阅读器（reader）。标签由耦合元件及芯片组成，存储一定的信息用以标记目标对象；阅读器用以读取（或写入）标签的信息，可设计为手持式或固定式。两者之间通过无线天线（antenna）传递射频信号。RFID 的工作原理是：当标签进入磁场后，接收阅读器发出的射频信号，凭借感应电流所获得的能量发送出存储在芯片中的信息（passive tag，无源/被动标签），或主动发送某一频率的信号（active tag，有源/主动标签）；阅读器读取信息并解码后，送至中央信息系统进行有关数据处理。在实际应用中，可进一步借助各种网络实现信息的远程传送。

（二）传感器与传感网络技术

传感器（sensors）是一种物理装置或生物器官，能够探测、感受外界的信号、物理条件（如光、热、湿度）或化学组成（如烟雾），并将探知的信息传递给其他装置或器官，以满足信息的传输、处理、存储、显示和控制等要求。传感网络（sensor networks）是指随机分布的集成有传感器、数据处理单元和通信单元的微小节点，通过自组织的方式构成的无线网络。其功能是借助于节点中内置的传感器测量周边环境中的热、红外、声呐、雷达和地震波信号，从而探测包括温度、湿度、噪声、光强度、压力、土壤成分、移动物体的大小、速度和方向等物质现象。

（三）近场通信技术

近场通信（near field communication，NFC）是一种近距离的高频无线私密通信技术，允许电子设备之间进行非接触式点对点数据传输（在 10 cm 内）交换数据。NFC 技术由 RFID 技术演变而来，并向下兼容 RFID。RFID 更多地被应用在生产、物流、跟踪、资产管理上，而 NFC 则在门禁、公交、手机支付等领域内发挥着巨大的作用。

（四）红外技术

红外（infrared spectroscopy，IR）技术是利用红外线频段进行无线数据的传输，如红外线鼠标和键盘、红外线打印机、遥控器等。红外传输是一种点对点的传输方式，不能离得太远，要对准方向，且中间不能有障碍物也就是不能穿墙而过，几乎无法控制信息传输的进度。

（五）蓝牙技术

蓝牙（bluetooth）技术是一种短距离无线通信（一般为 10m 内）的标准，其目标是要提供一种通用的无线接口标准，用微波［2.4GHz ISM（industrial scientific medical）频段］，取代传统网络中错综复杂的电缆，在蓝牙设备（如移动电话、无线耳机、笔记本电脑、相关外设等）间实现方便快捷、灵活安全、低成本、低功耗的数据和话音通信。

（六）无线宽带技术

无线宽带（wireless fidelity，WiFi）是指通过无线网络接入点或热点（access point 或 hotspot）实现计算机、智能手机等电子设备无线接入互联网的一种技术。一个接入点室内覆盖范围约为 20 米，室外覆盖范围约为 100 米，众多接入点相互连接，可以实现较远距离的通信。

（七）无线局域网络技术

无线局域网络（wireless local area networks，WLAN）是不使用任何导线或传输电缆连接的局域网，它使用无线电波作为数据传送的媒介，传送距离一般只有几十米。无线局域网的主干网路通常使用有线电缆（cable），无线局域网用户通过一个或多个无线接取器（wireless access points，WAP）接入无线局域网。

（八）Zigbee（紫蜂）技术

Zigbee 是一种短距离、低功耗无线通信技术，其特点是近距离、低复杂度、自组织、低功耗、低数据速率、低成本，可以嵌入各种设备。ZigBee 数传模块类似于移动网络基站，通信距离从标准的 75 米到几百米、几千米，并且支持无限扩展。Zigbee 是应用蜜蜂间相互通信的仿生学思想实现无线网络通信。蜜蜂（Bee）是靠飞翔和抖动翅膀（Zig）来与同伴传递花粉所在方位信息，从而构成了蜜蜂群体中的通信网络。

第二节 电子商务软件技术

一、电子商务软件系统

电子商务软件系统一般由以下几部分组成：系统基础软件、系统服务软件、系统应用软件平台、企业内部的信息系统、电子商务的安全系统、电子商务的物流系统。其中系统基础软件、系统服务软件、系统应用软件平台三部分是电子商务系统核心部分。具体到实际应用，由于各个企业实际应用条件和应用基础不同，导致在电子商务系统开发与实施过程中对系统功能的裁减与组织实施也略有差异。以下是各部分任务及功能的介绍。

（一）系统基础软件

系统基础软件是指支撑电子商务系统开发与运行，控制、管理网络及计算机系统等基础设施正常运行的基础软件系统，主要有以下几个部分。

1. 连接/传输管理（connectivity/communication management）系统

该部分的主要功能是满足系统可扩充性需要，实现电子商务系统和其他系统之间的互联互通以及应用之间的互操作。该部分主要完成三项任务：① 异构系统的连接及通信，如基于不同操作系统的 Web 服务器之间的连接。② 各种应用之间的通信接口支持。保证应用程序通过不可靠信道连接时，可以实现差错回复校验及续传，并为应用之间的互操作提供应用程序接口

（API），简化应用通信的开发工作。③ 应用和数据库的连接之间的接口。

2. 负荷均衡（load balancing）系统

负荷均衡系统是使电子商务系统服务器的处理能力与它承受的访问压力之间保持均衡的管理调节控制工具。负荷均衡系统能使整个系统硬件设施性能得到有效均衡利用，避免设备或软件由于超负荷运转出现崩溃或拒绝服务的现象发生，是保证电子商务系统运行可靠性的有力工具。

3. 事务管理（transaction management）系统

事务管理主要有两方面内容：一是保证分布式网络环境下事务并发处理时，必须满足四个特性，即原子性、完整性、一致性、隔离性；二是缩短系统服务的响应时间，保证电子商务系统在交易过程中的实时性和有效性。

4. 网站管理（portal management）系统

网站是企业的网络门户，是企业与企业、企业与消费者之间信息沟通与服务的纽带，也是企业信息发布与接收的窗口。网站还具有与电子商务系统、用户、企业内部信息系统实现信息集成与接口的功能。网站管理的基本职能主要有：站点日常维护、内容更新、消费者行为分析等。

5. 数据管理（data management）系统

数据库技术是电子商务中最重要的支撑技术。数据管理为系统各种应用数据提供存储、加工、备份，并为应用程序开发提供数据接口。数据管理依赖于基于 Web 的数据库管理系统支持，能够实现分布式数据管理、动态数据更新管理、多媒体数据管理等功能。与传统数据库管理系统相比，基于 Web 接口应用的数据管理系统应用更加方便，连接形式更加丰富，如支持 API、JDBC、ODBC 等多种接口方式，并提供多媒体、流媒体数据的存储、检索与处理能力。

6. 内容管理（content management）

电子商务的每项业务活动都是与具体内容紧密联系在一起的，企业开展商务活动需要大量的信息资源，而且随着业务量增大，信息量也在不断增长，如产品种类越来越多、服务的内容越来越广等。这就产生一个问题，即如何对商务活动的具体内容进行管理，如何使企业的用户及合作伙伴在这些海量信息中，迅速地发现对自己有价值的信息。网上很多信息是以 HTML 格式存在的，如何对这些非结构化或者半结构化的内容进行有效管理，从技术角度看确实是一个难点。因此，需要开发专门管理这些内容的软件以及制定管理内容的相关标准使企业在找寻信息时更方便、快捷。如 Web Services 技术中的相关标准规范为解决内容传递以及在网上与其他企业进行信息交换和共享的问题提供了一个很好的解决方案。

7. 搜索引擎（search engine）

网上信息浩如烟海，有用的、无用的，有价值的、无价值的信息随处可见，如何在这信息海洋中捞到对自己有用的信息确实不容易，必须借助搜索引擎的支持。搜索引擎分为系统内搜索和公共搜索两种。这里的搜索引擎是系统内部的搜索引擎。它根据用户提出的服务请求，在电子商务系统中提供对用户请求进行快速、综合检索的功能，将找到的结果以列表的方式提供给用户。电子商务系统中提供给用户的信息搜索一般有目录、导航与搜索三种服务。搜索引擎有三种类型：目录式搜索引擎、机器人智能搜索引擎和元搜索引擎。

（二）系统服务软件

系统服务软件是为电子商务系统提供基础服务和公共设施服务的平台环境，是企业实现全部业务电子商务化不可少的重要支撑工具。该平台能够增强系统的服务功能,简化应用软件开发的难度。该部分通过集成成套软件或接入公共服务,向企业和消费者提供社会服务及商务应用,主要内容有以下几个方面。

1. 支付网关(payment gateway)

支付网关是电子商务系统与商业银行之间实现支付信息交互的接口。电子支付是银行通过专门技术在网络自动实现资金支付业务,支付网关就是要确保客户与银行之间在进行支付时,安全、无缝隙地实现资金划转,完成支付功能。这是电子商务成功的关键。若没有支付网关,网上支付业务根本无法实施。传统支付是通过银行间的票据传递与现金交换完成支付和结算的。由于互联网当初设计未考虑到商用安全问题,在公共的网络环境下随时会受到未经授权访问者的袭击、黑客的攻击和破坏,直接威胁到企业和用户的切身商业利益。另外,进行网上支付时商家、银行和消费者并不面对面地直接接触,一切活动皆是通过互联网络完成的,有结果不可预知性,并且网上确实有欺诈和盗窃行为发生,因此设立支付网关就是在商家、银行与消费者之间建起电子支付安全检查站,以杜绝一切不法行为的发生,保证电子商务实现低成本、高效率、高效益的目标。

2. 认证中心(certification authority,CA)

在电子商务中为了保证电子商务交易中交易对象、交易内容和交易行为是真实可靠的,即保证信息传输的保密性、数据交换的完整性、发送信息的不可否认性或不可抵赖性、交易者身份的确定性,就需要建立可信的第三方认证机构。CA 负责产生、分配、发放和管理所有参与网上交易的个体所需的数字证书,鉴别并确认网上交易各方的真实身份。CA 机构是不直接从电子商务交易中获利的第三方机构,是保障电子商务交易安全可靠运行的重要公共设施。

3. 客户关系管理(customer relationship management,CRM)

CRM 系统是用于管理企业和客户接触活动的信息系统。这是以现代信息技术为手段,在企业与客户之间建立的一种跨时空、实时沟通、双向交流信息的互动平台。在这个平台上,企业把客户看作是企业最有价值的资产之一。企业可以在 CRM 系统中进行数据分析与数据挖掘,将拥有的客户资料和挖掘的隐性知识形成的信息优势变成企业的竞争优势。

(三)系统应用软件平台

电子商务系统应用软件平台是面向具体商务活动业务的、为最终用户服务的功能性应用系统。该平台的基本功能有两个:一是作为电子商务系统与用户的接口,接受用户的各种服务请求,并传递给后台系统;二是将后台系统的处理结果以不同的表现形式传达给用户,并能根据用户信息终端的特点自动适应用户的要求。电子商务系统应用软件平台由电子商务应用系统和电子商务应用表达系统两部分构成。电子商务应用系统是实现具体的商务逻辑应用,主要面向决策层、管理层和操作层用户。这些商务逻辑涉及商务活动的各个方面,如网上销售、网上服务、供应链管理与协同商务、拍卖网站、门户网站、虚拟社区以及网络娱乐等。电子商务应用表达系统是将各种具体商务逻辑应用以一种合适的表达方式,采用相应的表达技术如 WWW、FTP、Mail等展示给用户。

(四)企业内部信息系统

企业内部信息系统是指企业内部生产运作、日常管理、战略决策等事务的信息化、网络化管理系统。这类信息系统主要有企业资源计划(enterprise resource planning,ERP)系统、管理信息系统(management information system,MIS)、决策支持系统(decision support system,DSS)以及办公自动化(office automatic,OA)系统等。

（五）电子商务的安全系统

该部分为电子商务系统提供安全可靠的运行环境,防止或减少系统被攻击的可能,提高系统抗拒非法入侵或攻击的能力,保障联机交易过程的安全。该部分包括系统安全策略、安全体系以及安全措施等内容,如防火墙系统、网络杀毒系统、代理信息过滤系统、信息加密解密系统、入侵检测系统等。

（六）电子商务的物流系统

电子商务的交易品种无非两类:有形产品或无形产品。参与电子商务交易的各方,在完成电子交易过程所有环节以后,必然面临着有形产品和(或)服务的交割与承付问题。除了部分产品和服务如各种电子出版物(数字化的音乐、电影、游戏)、信息咨询服务、有价信息软件等,可以在网络上直接以数字化传输方式完成标的物交割外,绝大多数物化的产品和服务还是需要通过物流(physical distribution)系统来交付的。电子商务的物流系统主要就是在物质实体的流动过程中实现物流运作与管理,具体包括物质实体的运输、储存、配送、装卸、保管及物流信息管理等各种活动。

1. 供应链管理

供应链管理(supply chain management, SCM)系统是对企业内部及与企业外部发生紧密联系的所有业务活动的统一管理,包括对人力资源、财务、订单、采购、计划、生产、库存、运输、销售、服务在内的所有企业业务活动的管理。SCM是围绕企业采购、生产和销售过程进行的综合管理,通过对信息流、物流、资金流的监督与控制,实现从采购原材料开始,到最后由销售网络把产品送达客户手中的整个网链结构的全面管理。SCM系统以业务流程整合管理过程,不仅在跨功能、跨部门的作业流程管理中扮演重要的角色,而且跨越组织传统界限,将上游供应商和下游销售商以及客户全部整合起来,实现企业信息处理与产品流程的最优化处理与管理。SCM系统一般要实现以下几个目标:

(1)实现原料获取和原料编目;

(2)实现与生产执行系统(MES)的无缝衔接;

(3)实现对市场需求的预测,完成高级计划安排;

(4)实现库存管理协调;

(5)实现配送管理协调;

(6)实现质量评价。

2. 物流管理

物流是指物品从供应地向接受地的实体流动过程。物流管理是根据实际需要,将运输、储存、装卸、搬运、包装、流通加工、配送、信息处理等基本功能有机结合。在电子商务物流管理中,物流管理以市场为导向,以客户为中心,通过运输、管理和配送网络,在机械化、自动化和信息化手段的支持下,低成本、专业化、高效率、高效益地完成装卸、运输、跟踪、调度、配送等一系列物流及物流信息管理活动。

物流管理系统一般要能够处理综合业务、仓储业务、配送业务以及实现对物流成本和物流绩效的管理,还要能够为领导决策提供高效的查询功能和决策支持功能,以及保障系统正常运转的基础信息维护功能和系统管理功能。

二、客户端开发技术

早期的 Web 服务器只提供静态的 HTML 页面。随着应用需求的增长和相关技术的发展,业务数据存储与 Web 页面的集成成为现实。Web 应用从提供单一的信息发展成为电子商务的工具,如网上商店等。电子商务的发展反过来又促进了动态内容生成技术的发展。所谓动态内容,是指动态产生的内容,如根据客户的请求或数据库中可用的数据生成的内容。动态内容的生成可以使用客户端技术、服务器端技术或两种技术的结合实现。

(一)服务器端提供动态逻辑

服务器端提供动态逻辑是完全依靠服务器来提供用户界面内容。客户端就是一个浏览器,主要用来显示从服务器上得到的页面。每一个用户动作,例如按下一个按钮,都产生一个对服务器的请求指令,服务器处理这个请求并计算结果,生成一个新的页面,然后发送到客户端。服务器端的操作可以分成三个逻辑。

1. 控制逻辑

服务器收到客户端的请求,取出传递的参数,确定相应的"业务对象",并进行适当的"业务动作"。

2. 业务逻辑

业务逻辑属于应用逻辑的一部分(对各种特定应用的处理的总和)。它处理特定业务知识,并且与几乎所有的相关技术代码相分离,这些技术代码包括分析和生成数据格式、数据库和 I/O 处理、内存和进程处理。

3. 内容构建

执行业务逻辑之后的结果会被格式化,并且可以辅之以布局和其他一些客户端显示所需要的信息。

这种体系结构的优点是所需的客户端资源较少,应用逻辑不用装入,启动用户交互所需的网络通信量很少。支持这种体系结构的技术很多,如 Java Servlet、Java Server Pages。

(二)客户端脚本表现动态内容

向客户端提供动态内容的另一种途径是将脚本作为 HTML 页面的一部分,从服务器传送到客户端。脚本通常包括一些不需要与服务器应用程序通信就能在客户端执行的应用逻辑。这些应用逻辑是简单、有限的,并不要求显示新的内容,进行页面切换。复杂的逻辑仍然由服务器端执行,这就需要客户端给服务器端发出新的请求,服务器端处理后,将处理结果返回给客户端,最终由脚本做进一步处理。

这种体系结构的优点是服务器与用户的通信较少,需要的服务器资源也比较少(用于在客户端执行一些业务逻辑),可以对用户动作给出更多的响应(如鼠标的移动)。支持该体系结构的技术很多,比较具有代表性的有 ECMAScript/JavaScript/JScript、VBScript 和 DHTML(Dynamic HTML)。

1. ECMAScript

ECMAScript 仅仅是一种规范描述,定义了脚本语言的所有属性、方法和对象,其他的语言可以实现以 ECMAScript 为基准的功能。ECMAScript 脚本语言有许多的特性,其中面向对象编程语言是其重要的内容,支持在主机环境中执行计算并操纵计算对象。ECMAScript 并不完备,自身并没有提供输入外部数据或者输出计算结果的设施。需要依赖 ECMAScript 程序的计算环境，不仅要提供规范中描述的对象和其他设施，而且要提供某些特定环境的主机对象。这些对象的描述和行为并没有在规范中加以约定，但要求这些对象具有某些特性和函数来被 ECMAScript 程序存取和调用。

2. JavaScript

JavaScript 是网景公司开发的脚本语言。它的 1.3 版完全符合了 ECMAScript 脚本语言规范第一版。该语言包括一些核心对象（例如数组、日期、数学）和核心语言元素（例如操作符、控制结构和说明）构成的核心集。客户端的 JavaScript 通过利用对象控制浏览器和文档对象模型（document object model，DOM）来扩展语言核心。例如，客户端扩充允许应用程序将元素放在 HTML 表单中，并能响应点击鼠标、表单输入和页面导航等用户事件。JavaScript 是一种被广泛支持的脚本语言。它与 CSS 紧密结合后使其具有动态布局效果（例如改变颜色和位置），能响应许多用户事件（例如鼠标移动）。这些都是简单的 HTML 不能提供的。

3. JScript

JScript 是微软公司开发的脚本语言。它的 3.0 版基本符合了 ECMAScript 脚本语言规范第一版。JScript.net（JScript 8.0）几乎支持 ECMAScript3.0 所有功能。JScript 只有在 Microsoft IE 或 Microsoft IIS 的解释器下才能运行。JScript 和 JavaScript 在某种程度上很相似，因为两者都有和 ECMAScript 语言规范相同的部分，但它们在 ECMAScript 基础上又做了许多不同的扩展，使得开发跨平台的应用相当困难。这些差异体现在：各自附加对象的差异，例如与 Active X 控件的交互或者对客户文件系统的访问，在 DOM 层次结构中的对象访问路径的差异，对象属性的差异等。

4. VBScript

VBScript 是 Microsoft Visual Basic 家族的成员。VBScript 为 IE 带来了"动态脚本"，同样也被 Windows 脚本主机和 Microsoft IIS 所支持。在基于浏览器技术的 Web 开发环境中，VBScript 与 JScript 的特征非常相似（包括与 Active X 的紧密集成），语法结构与 Visual Basic 相同，因此 VBScript 除了被 Microsoft IE 支持以外，其他公司的浏览器都不支持 VBScript。

5. DHTML

DHTML 是将 HTML、CSS 和脚本语言有机结合来制作动感的、交互性网页的技术。其中 HTML 用来定义网页元素，如段落、表格等。CSS 用来描述元素属性，如大小、颜色、位置等。脚本语言用来操纵网页元素和浏览器。DHTML 并不是什么新的技术，它只不过是一些现有网页技术与标准的整合。

（三）安装客户端应用程序来实现动态内容

在客户端加入逻辑的另一个体系结构是在客户端运行一个功能完全的应用程序。目前在智能手机终端广泛采用这种体系结构。用户可以下载这个程序，此后它将控制用户的交互和内容构造。当服务器上执行的业务逻辑必须初始化时，通信才成为必要。这种通信是通过内嵌在 HTTP 中的协议来完成的，并且它只传输必要的网络数据（并不需要传输 HTML 数据内容）。因此，在客户端和服务器端均需要附加通信逻辑。

该体系结构的优点是：消除了用户界面和业务逻辑的区别；与服务器的通信量很少；Web 页面可离线浏览；不需要很多服务器资源。支持客户端应用体系结构的技术有 Java Applets、可下载的应用程序、Active X 等。

1. Java Applets

Java Applets 是可以作为 Web 文档中的附件来分发的 Java 程序。Applets 的代码可以被支持 Java 的浏览器解释和执行。Java 包括一些使 Applet 功能更加强大的标准类库。其中最重要的一个类库提供了图形用户界面的 AWT(Abstract Windowing Toolkit)功能。

与 C 或 C++程序语言编程不同,Java 语言程序不需要转换成可以直接在计算机上执行的二进制代码程序。Java 编译器自动产生可被解释器读懂并执行的中间代码。这种解释器称为 Java 虚拟机(JVM)或者 Java Runtime Environment(JRE),它可以成为浏览器的一部分或者是操作系统的一部分。JVM 内含 Java 标准类库,因此,当执行一个 Java Applets 时,Java 标准类库不需要传送到客户端。

Sun 公司提供的一套构建 Java 程序的开发工具叫做 JDK(Java Development Kit)。JDK 包括一个 Java 编译器、一个 JVM(和标准类库放在一起)以及一些其他的开发工具。其他的一些公司也开发出一些和 SUN 公司的 JDK 版本兼容的 Java 开发环境和 JVM,这意味着它们生成的代码符合 JVM 规范和标准类库的 API 规范。所以在某个开发环境中开发的 Java Applets 可以运行在任何 JVM 或浏览器上,只要它们遵循同样的 JVM 和 JDK API 规范,这就是所谓的平台兼容性。

2. 可下载的应用程序

它是运行在客户端系统上的独立的应用程序,这种客户端系统与浏览器无关,但与操作系统有关。Java 应用程序是最广泛的应用程序,支持跨平台服务,支持 Windows、Linux、Unix 等计算机操作系统以及大多数手机操作系统,见表 8-2。这些应用程序通过某种途径安装在终端用户系统上,例如从网上下载或从 CD 装入。Java 应用程序必须通过终端用户安装,因此需要某种安装过程来部署 Java 应用程序。Java 应用程序需要客户机上有 JVM,它可以是安装程序的一部分也可以不是。不像 Java Applets,终端客户只需安装一次,而 Applets 每次都必须从站点上下载(除非在客户的机器中有高速缓存机制)。因此,可下载的应用程序通常比 Applets 大得多,功能也就强得多。

表 8-2 移动终端操作系统及其开发语言

开发商	操作系统	内核编程语言	应用编程语言	编程 API
诺基亚	Symbian	C++	C++, Java, Python	J2ME,Symbian API
微软	WinPhone	C++	C++, C#, VB, Java	.net,J2ME,WinCE API
RIM	Blackberry	C++	Java	J2ME, Blackberry API
苹果	iPhone OS	C,C++, Objective-C	Objective-C	Cocoa Touch
谷歌	Andriod	C,C++	Java	Android Java Class
3COM	Palm	C	C,C++	Palm API
惠普	webOS	C	C,C++,HTML JavaScript, AJAX	webOS API
英特尔	MeeGo	C,C++	C,C++	MeeGo

3. Active X

Microsoft 将 Active X 定义为一组综合技术,这些技术使得用任何语言写的软件构件在网络环境中能相互操作。在这些技术当中,Active X 控件与 Web 设计的关系最密切。一般来说,一个 Active X 控件是一个下载到 IE 并在客户端执行的功能完全的程序。Active X 与 Microsoft Windows 操作系统一起工作,可以提供比 Java Applets 更强大的功能,但它只能在 Windows 环境下工作。不像独立于平台的 Java 语言,Active X 控件以二进制代码发放,并且必须针对目标机器的操作系统分别编译。

三、服务器端开发技术

电子商务应用的服务器端主流的开发技术是采用基于 Servlet、JSP 和 JavaBeans 的 Web 应用体系结构,该结构包含了 HTML 页面、Servlet、Command Beans、Data Beans、View Beans、JSPs 等部件。

(一) HTML 页面

在 Web 应用的交互过程中,每一步的输入或者是一个静态的 HTML 页面,或者是一个由前面一步产生的动态 HTML 页面。这些 HTML 页面包含一个或多个表单,这些表单为下一步的交互而激活 Servlet。输入的数据可以在浏览器通过 HTML 页面中的 JavaScript 进行验证,或者发给服务器后由 Servlet 来验证。

(二) Servlet

Servlet 从应用服务器取得控制权来执行基本的流程控制。Servlet 验证所有的数据,若数据不完备或失效,则返回浏览器。否则,继续执行。这个 Servlet 建立起 Command Beans 并调用它的有关方法来执行业务逻辑。Servlet 初始化 View Beans,并将其登记到请求对象中,使 JSP 能存取。根据 Command Beans 的执行结果,Servlet 调用 JSP 进行输出处理和格式化。

(三) Command Beans

Command Beans 控制业务逻辑的处理。业务逻辑也许被嵌入到 Command Bean 中,或者交给后台的系统来处理,如关系数据库和事务处理系统。一个 Command Bean 也许面向二个特定的功能,或者包含多个方法,每一个对应于一个任务。处理的结果存放在 Data Beans 中。

(四) Data Beans

Data Beans 保存着由 Command Beans 或者后台系统计算的结果,比如一个 Data Bean 可能存放一个 SQL 语句执行的结果。Data Beans 并没有为 JSP 提供有关存取数据的方法,这就需要 View Beans 提供这一功能。

(五) View Beans

View Beans 为 JSPs 和 Data Beans 架构了桥梁。每一个 Data Bean 有一个或多个 View Beans 以便 JSP 能容易地存取有关数据。

(六) JSPs

JSPs 为浏览器生成有关输出。很多情况下输出还会包含表单,从而使得 Web 应用的交互得以继续。JSP 使用有关标记来声明 View Beans。通过这些 View Beans,JSP 获得需要显示在输出结果中的动态数据。

四、Web Service 技术

Web Service 是一种自适应、自我描述、模块化的应用程序,可以使用标准的互联网协议,将功能体现在互联网和内联网上。这些应用程序可以跨越 Web 进行发布、定位和调用,可将 Web Service 视作 Web 上的组件编程。无论 Web Service 使用哪种工具和语言开发,只要它是通过 SOAP 协议被调用,其架构都可用图 8-5 描述。

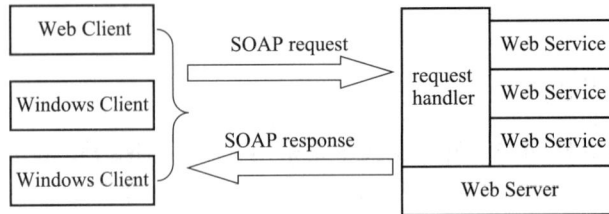

图 8-5 典型 Web Service 结构图

一般过程是,Web Service 提供者使用合适的编程语言和工具开发出 Web Service 并部署使用。客户应用程序根据 Web Service 的 WSDL 服务描述文档中的信息生成一个 SOAP 请求消息来调用这个 Web Service。通常 Web Service 都是位于 Web 服务器(如 IIS、Apache 等)后面的,客户生成的 SOAP 请求会被嵌入在一个 HTTP POST 请求中,发送到 Web 服务器,Web 服务器再把这些请求转发给 Web Service 请求处理器(Request Handler)。收到请求消息后,Web Service 请求处理器就会解析收到的 SOAP 请求,调用 Web Service,然后再生成相应的 SOAP 响应消息。Web 服务器得到 SOAP 应答后,会再通过 HTTP 应答的方式把它送回到客户端。Web Service 的主要特征是封装完好、松散耦合、高度的可集成能力,以及使用诸如 XML、SOAP、WSDL 等标准的协议和规范。

(一) XML

可扩展标记语言(extensible markup language,XML)是一种构造数据的技术。XML 是 W3C(world wide web consortium)的一个推荐标准。其制定 XML 标准的初衷是定义一种互联网上交换数据的标准。W3C 采取了简化 SGML 的策略,在 SGML 基础上,去掉语法一部分,适当简化 DTD(document type definition,文档类型定义)部分,并增加了部分互联网的特殊成分,DTD 用不同于 XML 的独立语法来规定 XML 文档中各种元素集合的内容模式。因此,XML 也是一种置标语言,基本上是 SGML 的一个子集。XML 作为标准交换语言,还担负起描述交换数据的作用。

XML 文档决定了文档的内容。可扩展样式表语言(extensible stylesheet language,XSL)则规定着文档的显示。XSL 是通过 XML 进行定义的,遵守 XML 的语法规则,是 XML 的一种具体应用。这也就是说,XSL 本身就是一个 XML 文档,系统可以使用同一个 XML 解析器对 XML 文档及其相关的 XSL 文档进行解释处理。XSL 由两大部分组成:第一部分描述了如何将一个 XML 文档进行转换,转换为可浏览或可输出的格式;第二部分则定义了格式对象(formatted object,FO)。在输出时,首先根据 XML 文档构造源树;然后根据给定的 XSL 将这个源树转换为可以显示的结果树,这个过程称作树转换;最后再按照 FO 解释结果树,产生一个可以在屏幕上、纸上、语音设备或其他媒体中输出的结果,这个过程称作格式化。

W3C 还未能出台一个得到多方认可的 FO,但是描述树转换的这一部分协议却日趋成熟,已

从 XSL 中分离出来,另取名为 XSLT(extensible stylesheet language transformations),与 XSLT 一同推出的还有其配套标准 Xpath,这个标准用来描述如何识别、选择、匹配 XML 文档中的各个构成元件,包括元素、属性、文字内容等。XSLT 主要的功能就是转换。它将一个没有形式表现的 XML 内容文档作为一个源树,将其转换为一个有样式信息的结果树。在 XSLT 文档中定义了与 XML 文档中各个逻辑成分相匹配的模板,一起匹配转换方式。尽管制定 XSLT 规范的初衷只是利用它来进行 XML 文档与可格式化对象之间的转换,但它的巨大潜力却表现在它可以很好地描述 XML 文档向任何一个其他格式的文档做转换的方法,例如转换为另一个逻辑结构的 XML 文档、HTML 文档、XHTML 文档、VRML 文档等。

(二) SOAP

简单对象访问协议(simple object access protocol,SOAP)是基于 XML 的,在分布式的环境中交换信息的简单的协议。SOAP 协议规范描述了有关 SOAP 的消息处理过程,并涉及性能和安全性问题。SOAP 本身并不定义任何应用语义。它只是定义了一种简单的机制,通过一个模块化的包装模型和对模块中特定格式编码的数据的重编码机制来表示应用语义。SOAP 的这项能力使得它可被很多类型的系统用于从消息系统到 RPC(remote procedure call)的延伸。SOAP 是在 XML 基础上定义的,完全继承了 XML 的开放性和可扩展性特点。SOAP 使用现有基于 TCP/IP 的应用层协议 HTTP、SMTP、POP3 等,可以获得与现有通信技术最大限度的兼容。SOAP 的消息路径机制和可扩充的 Header 和 Body 机制又为分布式计算提供了很好的支持。

从根本上来看,SOAP 消息是从发送方到接受方的一种传输方法,但是 SOAP 消息一般会和实现模式结合,例如请求/响应模式。可以通过 HTTP Binding 将 SOAP 响应消息通过 HTTP 响应来传输,请求和响应使用同一连接。无论 SOAP 与哪种协议绑定,消息都可以通过消息路径(message path)来指定路线发送,消息路径机制使消息在到达最终目的地之前可以在一个或多个中间服务上处理。这是一个非常有用并且适合分布式计算环境的一个机制。通过这样一种机制可以实现基于模块化服务设计,获得良好的系统功能实现。

SOAP 可以理解成这样一个开放协议,即 SOAP = RPC+HTTP+XML:采用 HTTP 作为底层通信协议,RPC 作为一致性的调用途径,XML 作为数据传送的格式,允许服务提供者和客户经过防火墙在 Internet 上进行通信交互。SOAP 使用 HTTP 传送 XML,尽管 HTTP 不是有效率的通信协议,而且 XML 还需要额外的文件解析,两者使得交易的速度大大低于其他方案,但是 XML 是一个开放、健全、有语义的消息机制,而 HTTP 是一个广泛又能避免许多防火墙问题的协议,从而使 SOAP 得到了广泛的应用。SOAP 的主要优点就在于它的简单性。SOAP 使用 HTTP 作为网络通信协议,接受和传送数据参数时采用 XML 作为数据格式,提供了更高层次上的抽象,与平台和环境无关。

(三) WSDL

WSDL(web service description language,服务描述语言)提供了一个基于 XML 的简单语汇表,用来描述通过网络提供的基于 XML 的 Web Service,描述 Web Service 做什么,它在哪里及如何调用它。WSDL 本身不规定如何发布或公布这种服务描述,而是将这项任务留给其他规范。WSDL 将 Web Service 描述定义为一组服务访问点,客户端可以通过这些服务访问点,对包含面向文档信息或面向过程调用的服务进行访问(类似远程过程调用)。WSDL 首先对访问的操作和访问时使用的请求/响应消息进行抽象描述,然后将其绑定到具体的传输协议和消息格式上以最终定义具体部署的服务访问点。相关的具体部署的服务访问点通过组合就成为抽象的 Web Service。

在 WSDL 规范中,定义了如何使用 SOAP 消息格式、HTTP GET/POST 消息格式以及 MIME 格式来完成 Web Service 交互的规范。WSDL 文档将 Web Service 定义为服务访问点或端口的集合。在 WSDL 中,由于服务访问点和消息的抽象定义已从具体的服务部署或数据格式绑定中分离出来,因此可以对抽象定义进行再次使用。WSDL 文档在 Web Service 的定义中使用了数据类型(type)、通信消息(message)、操作(operation)、访问入口点类型(port type)、单个服务访问点(port)、协议绑定(binding)、服务访问点集合(service)等元素。

通过扩展使用其他的类型定义语言,WSDL 允许使用多种网络传输协议和消息格式(不只是在规范中定义的 SOAP/HTTP、HTTP-GET/POST 以及 MIME 等)。同时 WSDL 也应用了软件工程中的复用理念,分离了抽象定义层和具体部署层,使得抽象定义层的复用性大大增加。比如,可以先使用抽象定义层为一类 Web Service 进行抽象定义(比如 UDDI Registry,抽象定义肯定是完全一致地遵循了 UDDI 规范),而不同的运营公司可以采用不同的具体部署层的描述结合抽象定义完成其自身的 Web Service 的描述。

(四) UDDI

UDDI(universal description,discovery and integration,统一描述、发现和集成协议)定义了 Web Service 的发布和发现的方法。UDDI 规范在 XML 和 SOAP 的基础上定义了新的一层。在这一层次,UDDI 提供了一种基于分布式的商业注册中心的方法,该商业注册中心维护了一个 Web Service 的全球目录,而且其中的信息描述格式基于通用的 XML 格式。UDDI 规范包含了对基于 Web 的 UDDI 商业注册中心可以实施的整套共享操作。

UDDI 计划是一个广泛的、开放的行业计划。它使得商业实体能够彼此发现,并能定义它们怎样在 Internet 上互相作用,以在一个全球的注册体系架构中共享信息。UDDI 能使商业实体快速、方便地使用他们自身的企业应用软件来发现合适的商业对等实体,并与其实施电子化的商业贸易。

UDDI 同时也是 Web Service 集成的一个体系框架。它包含了服务描述与发现的标准规范。UDDI 规范利用了 W3C 和 Internet 工程任务组织(IETF)的很多标准作为其实现基础,比如 XML、HTTP 和域名服务(DNS)等语言和协议。另外,在跨平台的设计特性中,UDDI 主要采用了已经被提议给 W3C 的 SOAP 规范的早期版本。

五、云计算技术

云计算(cloud computing)一词自出现以来,在产业界和学术界就掀起了波澜,众说纷纭,莫衷一是。例如,Google、IBM 等云计算的发起者认为云计算是未来的方向、潮流和必然,他们迫不及待地拥抱云计算;而 Oracle 公司总裁 Larry Ellison、GNU 发起人 Richard Stallman 则认为,云计算只是又一个商业炒作的概念,毫无新意,甚至蠢不可及。[①] 尽管争论不休,但有关云计算的文章不断涌现于博客、报纸、杂志和严肃的学术刊物。

---

① Michael Armbrust, Armando Fox, Rean Griffith, et. al. . Above the Clouds: A Berkeley View of Cloud Computing, 2009.

（一）云计算的概念

云计算的概念提出来以后,不同的人和组织对云计算表达了不同的理解。但云计算的核心思想是明确的,即统一管理和调度通过网络连接的诸如数据、应用软件、开发平台、硬件基础设施等海量计算资源,构成一个计算资源池,提供资源的网络被称为"云",用户可以通过它连接的设备或一个简单的用户界面得到他所需要的应用或计算资源,即服务。"云"中的资源在使用者看来是可以无限扩展的,并且可以随时获取,按需使用,随时扩展,付费即得。美国国家标准与技术研究院(NIST)依据云计算部署模式的不同,将其分为公有云、私有云、社区云和混合云四类。公有云提供的云服务通常遍布整个互联网,能够服务于几乎不限数量的、拥有相同基本架构的客户,例如,Amazon Web Services,Google AppEngine,Microsoft Azure 以及阿里弹性计算云;私有云是针对某单个机构量身定制的云,如一些大型金融公司或政府机构;社区云是专为一些相对独立、相互关联的机构设定的云,如供应链上的关联企业或不同政府机构的联合体;混合云则表现为以上多种云配置的组合,为一些复杂的商业计划提供支持。

（二）云计算的特征

IBM 认为,云计算应涵盖"基础架构即服务"(IaaS)、"平台即服务"(PaaS)和"软件即服务"(SaaS)三个层面,并具备以下特征。[①]

（1）网络访问。云计算采用分布式架构,通过互联网提供各类服务。

（2）资源池。云服务的提供由一组资源支撑,资源组中的任何一种物理资源对于服务来讲都是抽象的、可替换的,利用虚拟化技术可快速部署资源或获得服务。

（3）用户自助服务。用户只需具备基本的 IT 常识,就可以方便地参与和采纳云计算服务,无需经过专业的 IT 培训,降低了用户对于 IT 专业知识的依赖。

（4）弹性扩展。云服务所使用的资源,其规模可随业务量动态的、可伸缩的扩展。这种扩展对用户是透明的,扩展过程中服务不会中断,且会保证服务质量。

（5）资源共享。云计算的同一份资源被不同的客户或服务共享,并非隔离的、孤立的。

（6）资源使用计量。在云计算模式下,资源使用计量与资源共享相关,需要通过计量去判定每种服务实际消耗了多少资源。实现按需求提供资源、按使用量付费。

（7）服务接口标准化。云服务提供标准化的接口,供其他 IT 服务调用。

（8）自动化管理。云计算可有效降低服务器的运维成本,平均每百台服务器的运维人员数量不多于 1 个。

（9）快速交付。对于用户的服务申请,云计算系统可以快速响应,响应时间为分钟级。

（三）云计算服务与应用领域

云计算的核心是服务,即"一切即服务"(everything as a serveice,XaaS)。云计算的主要服务形式有:软件即服务(SaaS)、平台即服务(PaaS),以及基础设施即服务(IaaS)。

1. SaaS

SaaS 服务提供商将应用软件统一部署在自己的服务器上,用户根据需要通过互联网向厂商订购应用软件服务,服务提供商通过多重租用,根据客户所定软件的数量、时间的长短等因素收费,并且通过浏览器向客户提供软件的模式。所谓"多重租用"是指单个软件实例运行于提供商

[①] 朱近之.九大特征辨识云计算.中国计算机报,2010 – 12 – 20(33 版).

的基础设施,并为多个客户机构提供服务。这种服务模式的优势是,由服务提供商维护和管理软件、提供软件运行的硬件设施,用户只需拥有能够接入互联网的终端,即可随时随地使用软件。这种模式下,客户不再像传统模式那样花费大量资金在硬件、软件、维护人员方面,只需要支出一定的租赁服务费用,通过互联网就可以享受到相应的硬件、软件和维护服务,这是网络应用最具效益的营运模式。对于小型企业来说,SaaS是采用先进技术的最好途径。以企业管理软件为例,SaaS模式的云计算ERP系统可以让客户根据并发用户数量、所用功能多少、数据存储容量、使用时间长短等因素不同组合按需支付服务费用,既不用支付软件许可费用,也不需要支付采购服务器等硬件设备费用,也不需要支付购买操作系统、数据库等平台软件费用,也不用承担软件项目定制、开发、实施费用,也不需要承担IT维护部门开支费用。实际上云计算ERP系统正是继承了开源ERP系统免许可费用只收服务费用的最重要特征,是突出了服务的ERP产品。目前,salesforce.com是提供这类服务最有名的公司,salesforce.com在其sforce客户/服务整合平台上,能够提供按需应用的客户关系管理,允许客户与独立软件供应商制定并整合其产品,同时建立他们各自所需的应用软件。Google Doc、Google Apps和Zoho Office也属于这类服务。

2. PaaS

PaaS处于中间层,是对开发环境抽象的封装和对有效服务负载的封装,把开发环境作为一种服务来提供。这是一种分布式平台服务,厂商提供开发环境、服务器平台、硬件资源等服务给客户,用户在其平台基础上定制开发自己的应用程序并通过其服务器和互联网传递给其他客户。PaaS能够给企业或个人提供研发的中间件平台,提供应用程序开发、数据库、应用服务器、试验、托管及应用服务。Google App Engine、Salesforce的force.com平台、八百客的800APP是PaaS的代表产品。以Google App Engine为例,它是一个由Python应用服务器群、BigTable数据库及GFS组成的平台,为开发者提供一体化主机服务器及可自动升级的在线应用服务。用户编写应用程序并在Google的基础架构上运行自身的应用程序,就可以为互联网用户提供服务,并可根据用户的访问量和数据存储需要方便地进行扩展。Google提供应用运行及维护所需要的平台资源。

3. IaaS

IaaS处于最低层级,是一种作为标准化服务在网上提供基本存储和计算能力的手段。IaaS把厂商的由多台服务器组成的"云端"基础设施,作为计量服务提供给客户。它将内存、I/O设备、存储和计算能力整合成一个虚拟的资源池为整个业界提供所需要的存储资源和虚拟化服务器等服务。这是一种托管型硬件方式,用户付费使用厂商的硬件设施。例如,亚马逊的Amazon Web Service(AWS)、IBM的BlueCloud等均是将基础设施作为服务出租。AWS允许用户通过程序访问亚马逊的计算基础设施,主要包括存储、计算、消息传递和数据集等。用户只需要为其所使用的资源付费,而不需要提前付费,并且所有的硬件均由亚马逊进行维护和服务。IaaS的优点是用户只需低成本硬件,按需租用相应计算能力和存储能力,大大降低了用户在硬件上的开销。

4. 云计算应用

目前,以Google云应用最具代表性,例如GoogleDocs、GoogleApps、GoogleSites,云计算应用平台Google App Engine。GoogleDocs是最早推出的云计算应用,是软件即服务思想的典型应用。它是类似于微软Office软件的在线办公软件。它可以处理和搜索文档、表格、幻灯片,并可以通过网络和他人分享并设置共享权限。GoogleDocs是基于网络的文字处理和电子表格程序,可提高协作效率,多名用户可同时在线更改文件,并可以实时看到其他成员所做的编辑。用户只需一台接入互联网的计算机和可以使用 GoogleDocs 的标准浏览器即可在线创建和管理、实时协作、权限管理、共享、搜索能力、修订历史记录功能,以及随时随地访问的特性,大大提高了文件操作的共享和协同能力。GoogleApps 是 Google 企业应用套件,使用户能够处理日渐庞大的信息量,随时随地保持联系,并可与其他同事、客户和合作伙伴进行沟通、共享和协作。它集成了 Gmail、GoogleTalk、Google 日历、GoogleDocs,以及最新推出的云应用 GoogleSites、API 扩展以及一些管理功能,包含了通信、协作与发布、管理服务三方面的应用,并且拥有着云计算的特性,能够更好地实现随时随地协同共享。另外,它还具有低成本的优势和托管的便捷,用户无需自己维护和管理搭建的协同共享平台。GoogleSites 是 Google 最新发布的云计算应用,作为 GoogleApps 的一个组件出现。它是一个侧重于团队协作的网站编辑工具,可利用它创建一个各种类型的团队网站,通过 GoogleSites 可将所有类型的文件包括文档、视频、相片、日历及附件等与好友、团队或整个网络分享。Google App Engine 是 Google 在 2008 年 4 月发布的一个平台,使用户可以在 Google 的基础架构上开发和部署运行自己的应用程序。目前,Google App Engine 支持 Python 语言和 Java 语言,每个 Google App Engine 应用程序可以使用达到 500MB 的持久存储空间及可支持每月 500 万综合浏览量的带宽和 CPU。并且,Google App Engine 应用程序易于构建和维护,并可根据用户的访问量和数据存储需要的增长轻松扩展。同时,用户的应用可以和 Google 的应用程序集成,Google App Engine 还推出了软件开发套件(SDK),包括可以在用户本地计算机上模拟所有 Google App Engine 服务的网络服务器应用程序。

　　云计算技术发源于电子商务领域,又推动着电子商务的进一步发展。随着云计算技术的日益成熟以及相关关键问题如隐私保护、信息安全等的解决,云计算将会应用于各种行业,出现众多新兴商业模式,如云制造、云商务、云医疗、云金融、云政府等。借助于云计算技术,企业电子商务系统的开发、部署、应用等均面临着新的发展机遇。

第三节　电子商务网站设计

　　网站(智能终端的 App 是开展移动商务的基础,类似于桌面电子商务的网站)是企业电子商务应用的重要组成部分,是企业的网络门户。对企业而言,网站既是企业提供产品及服务信息的窗口、开展电子商务的基础设施和信息活动平台,又是获取消费者对产品及服务的反馈意见以及市场需求信息的窗口。对客户而言,网站是获取企业产品与服务的详细资料的重要渠道,也是商品服务与需要的诉求窗口与互动平台。对合作伙伴而言,网站还是供应链协同的重要平台。如果企业没有自己的网站,如同在网上没有自己的家。不论网站是以何种方式构建,网站必须有自己的网址和名字(域名),它是企业的"网络商标",是无形资产的重要组成部分。因此,电子商务网站是企业的网络门户,也是企业网络品牌的展示窗口,更是企业未来市场竞争的主战场,必须组织专门的人力资源团队有计划、按步骤地组织实施。

一、网站设计的基本内容

(一)企业目标与用户需求

　　电子商务网站的目标是增加商业机会,提高事务处理效率,增加企业利润,使企业获得长期竞争优势。在此目标指导下,首先,根据企业的人才、技术、管理、物力、财力的承受能力,规划网站建设的实际需求;其次,掌握消费者对企业网站的期望与需求,按照市场的状况、同业竞争对手的情况综合分析,切实可行地制定网站实施细则。在网站规划设计中,时刻牢记"以客户为中心"的原则,避免将网站变成以"美工和技术"为中心的艺术舞台与练兵场,要以商务逻辑实现为本。此外,还应该弄清楚一些涉及建站的具体问题:为谁提供产品或服务? 提供什么样的产品和服务? 目标消费群体和受众对象的特点是什么? 提供产品和服务的表现方式与风格体现在哪里? 只有当这些问题都有明确的答案时,企业网站的规划过程才不至于出现重大的管理决策失误。

(二) 确定网站总体设计方案

在明确网站的建设目标以后,开始着手网站的创意构思,也就是制定网站的总体设计方案。总体设计方案是对网站的整体风格和特色的定位,也是对网站规划的组织结构调整。网站的用户对象来自多个层面,既有机构用户,也有消费者个人。对不同的服务对象的具体需求,网站要有满足用户的个性化与定制化的柔性能力。比如,采用简洁明了的文本信息满足用户对网页显示的速度要求,采用多媒体形式满足用户对视觉震撼的要求,通过提供漂亮的图像、闪烁的灯光、复杂的页面布置满足对媒体互动的要求,甚至可以下载声音和影像片段满足其他类型的服务要求。一个好的商业网站往往会把多媒体表现手法同组织与通信有机地结合使用,做到主题鲜明、重点突出。企业网站的页面简单明了、朴素无华、画面优美是站点诱人的魅力所在。

(三) 页面设计

1. 页面设计的内容

(1) 网站主页设计。绝大多数情况下,主页是访问者访问网站时接触的第一个页面,因此主页设计的好坏直接影响访问者对网站的感受。一个好的主页可能会使访问者对该网站"一见钟情"。主页一般还要包含以下信息:① 首页抬头。准确无误的将企业标志(logo)显示在网站的首页醒目位置。② e-mail 地址。用来接收用户垂询与反馈意见,留给用户的网上联系途径。③ 联系信息。方便用户使用传统方式进行联系,提供通信地址、联系电话和联系人。④ 版权信息。声明版权拥有者的权利以及承担的义务。

在网站页面的链接过程中,注意利用网站已有的重复信息,如客户手册、公共关系文档、技术手册和数据库等,通过页面内容的链接,可以轻而易举地将这些信息扩散到企业 Web 站点的其他地方。

(2) 网页的版式设计。网页设计是一种视觉表现艺术,讲究文字内容和图片内容的编排和布局。虽然网页设计不等同于平面设计,但两者之间有许多相通之处,应充分利用和借鉴平面设计的创作方法。版式设计主要通过文字图形的空间组合,展现一种和谐与美。对于网页设计,应该很清楚哪段文字、哪幅图片该放于页面的什么地方,怎样才能使整个网页能够准确展现所要提供的内容。对于站点中多页面的布局编排设计,要能够反映页面之间的内在联系,特别要处理好页面之间和页面内的链接秩序与内容上的衔接关系。为了使视觉效果表现最佳,应注意整体布局的合理性,使网页浏览者有一个流畅的视觉体验。

(3) 网页的色彩设计。色彩是艺术表现的重要因素,网页设计中的色彩搭配,要以和谐、均衡、重点突出为原则。将不同的色彩按照一定的原则进行组合,通过渐近、羽化和拼接等手法实现色彩组合搭配。色彩对人的心理影响很大,特别是在虚拟商店的商品陈设设计中,合理地运用色彩组合搭配,能够调动人们的视觉神经,唤起人的购买欲望,使浏览者产生与企业营销目标一致的效果。色彩具有记忆性的特性,一般人们对暖色比冷色的记忆性要强。色彩还具有联想与象征物质的特性,如红色象征血、太阳,蓝色象征大海、天空和水面等。恰当地将这些色彩特性运用于网页设计中能够产生意想不到的效果。如在出售凉面为主的冷食虚拟店面的页面设计中,应使用淡雅沉静的淡蓝色和白色交织的冷色团点缀整个货架,给人一种凉爽、饥饿的心理体验,刺激消费欲望。同一网页中虽然没有颜色数量限制,但不能毫无节制地将多种反差强烈的颜色置于同一页面,一幅页面的色调建议不要超过三种。通常应根据网站页面的总体风格定出一两种页面主色调,若是企业有企业形象识别系统（CIS）,应该按照 CIS 的颜色识别系统的要求运用色彩。

（4）网页形式与内容的统一。网页的设计要保持内容和形式的统一,注意将意义丰富的内容和多样化的表现形式有机地结合,组成统一的页面结构是最合适的选择。网页形式语言描述的形式必须符合页面内容的具体要求,以反映内容表达的内涵。要善于运用对比与调和、对称与平衡、节奏与韵律、留白等表现手法与技巧,将空间、文字、图片相互关联的页面表现手法综合运用,达到页面整体表现效果的均衡,产生一种错落有致的和谐美。对于页面色彩的对称设计,色彩的均衡有时也会使页面显得呆板,但如果加入一些富有动感的文字、插图,或者采用夸张的表现手法将内容加以展示,往往会收到意想不到的效果。要善于将点、线、面等视觉语言基本元素结合运用,学会将这些元素互相穿插、互相衬托、互相补充,从而产生独特的视觉效果。网页设计中点、线、面的运用并不是孤立的,很多时候都需要融合使用,只有这样才能达到设计人员完美的设计意境。

（5）三维空间与虚拟现实的运用。网上的三维空间是一个假想的视觉空间,这种空间关系需借助动静变化、图像的比例关系等空间表现要素产生一种视觉效果。页面中的图片、文字位置前后叠加,或者页面位置变化所产生的视觉效果带来的空间感各不相同。用图片、文字前后叠加产生空间层次感的网页尚不多见,更多的是一些设计比较规范、简单明了的页面。通过图片、文字叠压排列产生的空间层次效果节奏感较强,视觉穿透力好,给人以一种震撼的冲击。网页空间层次关系表达的通常手法是通过调整页面上、下、左、右、中位置产生的,也可以运用疏密的位置关系等表现元素、产生空间感。上述两种位置变换所产生的空间层次都富有弹性,让人有一种轻松或紧迫的心理感受体验。随着网页制作方法的推陈出新,人们不再满足于利用 HTML 语言编制的二维 Web 页面的单一表达方式,通过 VRML 虚拟现实建模语言构造三维空间的视觉效果的页面受到人们的普遍欢迎。VRML 是一种面向对象的虚拟现实建模语言,类似于基于文本的语言 HTML,可运行在多种不同的平台上,提供虚拟现实环境要求的服务。

（6）多媒体功能的利用。网络资源优势的另一个表现是:网站能够提供多媒体功能吸引浏览者的注意力。网页的内容可运用三维动画、FLASH 等多种形式加以表现,唯一需要注意的是浏览用户由于其自身网络带宽的限制,不能使多媒体网页的效果得到充分的表现。这就需要网站设计者在网页设计制作时,使系统能够实时检测到用户的使用带宽,让用户选择适合自己的页面形式,浏览可选的页面内容。如新浪网站的新闻主页,既提供多媒体网页,也提供纯文字网页,选择哪种页面形式浏览由访问者根据自己的网速情况自行决定。

2. 在页面设计时应注意的问题

（1）技术选择。网页制作的新技术日新月异。企业网站要以商务应用为本,网站表现和技术应用都是为实现这个目标而采用的方法。不应当将网站演变成是网页制作技术的展示窗口和新技术应用的试验田。应该时刻牢记,网站所用的一切技术都应该是成熟的。当然,作为网站建设与开发的技术人员,应当熟练掌握网页设计制作的成熟技术和方法,并且跟踪网站和网页技术发展的前沿,在新技术和新方法出现后,当有些功能在以前无法实现,而现在可以运用新技术快速实现其功能,并且不会对访问者的系统性能产生影响,那么就应当适时地将新技术和方法在网页实现。

（2）页面布局原则。页面布局涉及版式、颜色、媒体选择、字体字形等,合理的页面布局是网站吸引和保留客户的重要因素。

① 注意细分市场的客户。如果企业的产品有明确的细分市场,那么企业应该深入研究这些客户的特点,如年龄、文化层次、民族特点、群体性格等,根据这些特征来规划页面布局,如市场客户以年轻人为主,则页面布局要让人感觉活泼、热闹、有生气;如以中老年人为主,则页面布局要让人感觉安静、素雅等。

② 注意产品特点。如果企业的产品是面向所有客户的,则页面布局要体现产品特点,如书、茶、画等产品的网站布局应能体现文化底蕴。如果能够将产品与客户特点结合起来规划网站布局则效果会更好。

③ 防止喧宾夺主。优美的布局能给访问者留下美好的印象,但最终能够让访问者成为忠诚客户的还是网站内容,这就相当于人的外表美与心灵美之间的关系一样,因此在网站页面设计过程中,切忌喧宾夺主,不要一味强调花哨而影响访问者对内容的注意力。

二、网站界面与功能设计

（一）网站的栏目与板块设计

网站的栏目实质是一个网站的大纲索引,应该能够明确无误地展现网站的主题。在规划网站栏目时,要对网站内容仔细斟酌、合理安排。如果网站素材内容比较多而且繁杂,还需要设立板块对内容进行分类索引。板块的概念比栏目大,每个板块都有自己的栏目设置。比如新浪、网易等大型门户站点,都建有新闻、体育、财经、娱乐、教育等多个板块,每个板块下面都有各自的主栏目。板块设置时要注意板块的相对独立性,板块内容要围绕站点主题开展,各板块内容之间有一定的内在联系,整体反映着网站要表现的主题。进行网站栏目与板块设计时,应注意以下问题。

1. 突出主题

通常的做法是将主题按一定的方式进行分类,并将分类好的结果设计成为网站的主栏目,主栏目个数在总栏目中要占绝对优势。经过这样处理以后,网站表现出专业化水平,主题突出,能够给人留下深刻印象。

2. 设立网站最近更新栏目和导航栏目

最好在网站的首页上设置"最近更新"内容,如果首页没有安排版面放置最近更新的内容信息,就有必要设立一个"最近更新"的栏目来安排这些内容。当首页内容庞大到超过15MB时,链节的层次较多,假如没有站内的搜索引擎,容易使用户迷失在网页信息中。因此,建议设置类似于"网站导航"的栏目,帮助初访者快速找到他们想要的内容。

3. 设立双向交流栏目

企业网站的栏目不宜太多,但一定要有一些基本的栏目,比如论坛、留言簿、邮件列表等,可以让访问者在浏览完信息以后留下他们的意见和建议,做到"雁过留声"。

（二）网站的目录结构与链接结构设计

1. 网站的目录结构设计

网站的目录是指建立网站时创建的目录。一个网站目录结构的好坏，网站的访问者也许感觉不到，但对于网站的运营维护技术人员来说关系就大了。对于站点信息上传维护来说，一个好的目录结构的网站信息上传效率就高，差的目录结构信息上传效率就低。不仅如此，目录结构对于网站内容的扩充、移植以及未来发展都会产生很大的影响。因此，在目录结构设计过程中，不宜将所有的文件都保存放在同一个根目录下，这将使系统效率低下，产生以下不利的影响。

（1）文件管理混乱，工作效率低。所有的文件都集中放在一个目录下，常常使人搞不清哪些文件需要编辑，哪些文件需要更新；什么文件是无用的可以删除，什么文件是有用的需要关联。

（2）数据上传速度慢。服务器一般都会为根目录建立一个文件索引，若将所有的文件都存放在根目录下，即使只上传更新一个文件，服务器也会对所有文件再重新检索一遍，以便建立新的索引文件。显然，当文件数量很多时，上传需要等待的时间会很长。

因此，目录结构的设计是要尽可能地减少在根目录下的文件存放数目。要按照栏目内容分别建立对应的子目录，也可以按照主菜单栏目的要求建立对应的目录，例如，"电子商务概论"教学网站（glxy.hfut.edu.cn/ec/index.aspx）就建有"教学文件""教学内容""案例与实验""练习与测试""参考资料"以及"智能答疑"等目录。也可以按照企业站点的信息分类建立目录，如"公司简介""产品介绍""价格""在线订单""反馈联系"等。对于像"最新更新""友情链接"等栏目，由于内容较多需要经常更新，也可以建立独立的目录。而一些相关性强又不需要经常更新的栏目，如"关于我们""站点人事记"等，则可以归并到一个统一的目录下存放内容。网站需要用到的所有程序一般都存放在特定目录下，以便于维护管理。例如将 CCI 程序放在 cgi-bin 目录下。所有需要下载的内容也最好存放在一个目录下。

在每个主目录下都要建立独立的 Images 目录，以便存放相应的图片文件。一般设计思想是：默认一个站点根目录下有一个 Images 目录，每个主栏目有一个独立的 Images 目录。对于根目录下的 Images 目录，只是用来放首页和一些次要栏目的图片。

在设计目录结构时，层次不宜太深，一般不超过三层。因为当文件目录层次过深以后，维护管理的难度较大，会使网站效率衰减。建议不要使用中文汉字名称作为目录名称，也不要将目录的名字起得过长。中文目录名可能对网址的正确显示造成不必要的麻烦。另外需要注意的是，目录命名时要尽量使用有明确含义的名字为目录命名。

2. 网站的链接结构设计

网站的链接（URL）结构是指在网站页面之间建立的交互链接的拓扑结构。页面的链接结构是建立在目录结构之上的，链接可以跨越目录结构。页面链接可以是本地链接。也可以是远程链接。链接结构能够将不同网站的页面，或者同一网站不同目录下的页面有机地连接起来，使访问者能够在浏览相关页面内容时快速切换，以提高网页浏览效率。页面的链接关系可以是一对一、一对多和多对多的结构，无须关心被链接的页面物理位置，也不管网页是在同一地域、同一台服务器，还是不同地域、不同服务器上，网页链接都能实现无缝隙切换。网页链接结构有两种基本设计。

（1）树状链接结构（一对一）。类似于 DOS 目录结构，首页链接指向一级页面，一级页面下的链接指向二级页面,层层嵌套。浏览这样的链接结构时,用户需要逐级进入,依次退出,前后逻辑明确、条理清晰,访问者清楚自己在什么位置,不会在网页浏览中迷路。但这种结构缺点也是明显的,即浏览效率低,一个栏目下的子页面到另一个栏目下的子页面,必须绕经首页才能浏览到,往往使人失去耐心。

（2）星状链接结构(一对多)。类似于网络服务器的链接,不同的页面之间都能建立链接关系。该链接结构优点是浏览方便,浏览者随时可以到达自己喜欢的页面,将浏览者引导到相关的页面进行快速浏览;缺点是链接的内容太多,容易使浏览者在网页链接跳转中迷路,搞不清自己处于什么位置,浏览了多少内容。

网站设计实际情况是:将上述两种理想的链接结构混合起来使用。既希望浏览者可以方便快速地到达自己需要的页面,又能让浏览者可以清晰地知道自己所处的网页位置。

两种链接结构混合使用的办法很多,通常的做法是:首页和一级页面之间用星状链接结构,一级和二级页面之间用树状链接结构。如果当一个站点的内容过于庞大时,需要分类表述明细内容,就需要设计超过三层的页面。这时最好在页面中设计一个导航条,借以帮助浏览者明确自己所处的位置。如同大家所熟知的,许多网站页面顶部出现类似这样的文字,"您现在的位置是:网易首页 > 网易汽车 > 网易车库 >××"。

设计网页的链接结构是网页制作中的重要环节,具体采用什么样的链接结构直接会影响到版面布局的整体效果。比如,主菜单放在什么位置,是否每页都需要放置主菜单,是否需要用分帧框架,是否需要加入返回首页的链接等。确定好网页的链接结构以后,还需要考虑链接后的网页的形式和表现效果,是采用下拉列表菜单,还是采用 DHTML 动态菜单等。

网站是企业进行宣传的窗口,如何保持和吸引访问者的注意力是关键。设计网页的链接结构不仅要考虑用户浏览网页的方便程度,还要注重用户个性化服务和提供相关性内容的服务。举例来说,一个以"家庭装修"为主题的网站,如果在展现客厅装修设计的页面上,再加入其他不同风格的客厅装修设计链接页面,效果一定会比介绍一项主题内容要好。如再能够链接一些装潢设计过的客厅效果图展示页面,以及该客厅装饰所用的新材料的介绍推荐网页,如一种丝光墙面涂料或者一种彩色铝板装饰材料的介绍等链接页面,一定能够起到既提高了用户的兴趣又推荐了装潢材料的双重效果。事实上,很多进入客厅设计页面的访客,并不懂装修内部的诀窍,如果适当的链接一些经过慎重挑选的家装内容给访问者,访问者也一定会非常喜欢这种安排。由于访问者缺乏专门的家装知识,他们不可能到家庭装修网站下的每个栏目去寻找客厅装修的各个细节信息,他们需要在较短的时间内了解到客厅相关的装修内容,如果网站是按照这个思路安排内容的,那么就一定能够吸引访问者。因此,如何留住已浏览过网站的访问者是网页设计人员必须认真研究的问题。

（三）网站首页设计

网站首页又称主页(home page),实际上是整个网站内容的一个总目录索引。如果主页仅仅是目录索引的罗列,就失去了首页的重要地位。首页设计直接关系到网站是否成功。网站首页给人们的印象往往能够代表人们对整个网站效果的总体印象。首页能够吸引访客的注意力,使网站人气指数大增。由于首页的吸引,访问者继续阅读其他网页的兴趣才可能产生。因此,能否吸引浏览者的眼球,继续浏览网站其他内容全凭首页设计产生的效果。

1. 首页的功能设计

首页的功能设计是指规划在首页上需要实现的内容和功能,即首页功能模块的确定。几乎所有的网站都需要确定功能模块,如网站标志(logo)、广告条(banner)、主菜单(menu)、新闻(news)、搜索(search)、友情链接(links)、计数器(count)、版权信息(copyright)等。在首页上,究竟选择哪些模块,实现哪些功能,是否需要添加其他模块都是首页功能设计应该考虑的内容。

2. 首页的版面设计

在首页功能模块确定以后,接着规划首页的版面内容。如同搭积木一样,每个功能模块视同一个积木单位,将一块块积木按照设计要求组合起来,就构成了一座漂亮的房子。在搭房子的过程中,需要设计人员具有丰富的创造力和想象力。版面设计的主要方法是:先在纸面上将心目中构思的首页草图画出来,再绘出效果图,然后选择一种网页制作工具软件,按照草图和效果图的设计要求逐步实现草图的设计思想,并不断修正调整直至满足要求。

3. 技术细节的处理

由于首页设计第一步是版面布局设计,也就是浏览器看到的一个完整页面的布局内容(可以包含框架和层),对于不同访客的不同显示器分辨率,同一页面可能出现不同尺寸页面的表述方式,如何做到使每个访问者在浏览页面的时候都能满意,一般需要注意以下细节。

(1)布局。就是以最适合浏览的方式,将图片和文字排放在页面的不同位置。

(2)草案。新建的页面就像一张白纸,没有任何表格、框架和约定俗成的规范。设计者可以尽可能地发挥自己的想象力,将脑海中"景象"绘在页面上,进行构思创意。此时,不必追究页面显示内容的细腻工整以及考虑过多的细节功能的实现,而是以一个粗略的线条勾画出创意的轮廓即可。首页草案尽可能多绘制几张以备选用,等最终选定一个草案作为定稿时,继续以此为脚本进行再创作。

(3)粗略布局。在草案形成的基础上,开始确定各项内容及功能模块的放置位置,使功能模块内容在页面上安排合理、悦目。粗略布局时,必须遵循重点突出、协调平衡的原则,需要将站点的标志、主菜单等最重要的模块放在首页最醒目突出的位置,然后再考虑其他模块的位置排放。

(4)定案。将粗略布局精细化、具体化,并经美工绘制成效果图,便于实现。

在版面布局过程中,需要选择一些策略,使设计的效果达到理想的状态。

(1)正常平衡,也称匀称,是指页面上内容设置时的左右、上下对称。强调网页工整的秩序,能使页面给人一种安定、诚实、可信赖的感觉。

(2)异常平衡。这是一种非对称形式,也需要平衡和韵律的安排。当然这种安排都不是均整的,有一种另类的美。此种布局设计的效果能够实现强调性、不安性、高注目性的目的。

(3)对比。所谓的对比,是指不仅利用色彩、色调等技巧表现页面,而且在内容上也运用古与今、新与旧等对比的手法形成一种反差,产生突变的效果。

(4)凝视。凝视是指利用页面中人物的视线,使浏览者进入跟随心理状态,以达到凝视页面的效果,产生对内容的注视停留。凝视表现手法一般采用"明星凝视状""沉思状"设计。

(5)空白。空白就是留空白,它有两种作用:一方面空白表现的期望是区别于其他网站,以示突出卓越;另一方面空白也代表着网页品位的高雅、一种优越感。该表现手法对于体现网页的情趣与格调所产生的效果十分有效。

(6)嵌图解说。嵌入图片进行解说的方法,一般是用于不能用语言说服,或者用语言无法表达情感的场合。图片解说的文字不多,但精练、寓意深刻,可以传达给浏览者更多的心理感受。配合嵌入场景的图片,能够使人产生心灵的震撼,如印度洋海啸游客逃命的图片配合灾难产生损失的解说,让人印象深刻、挥之不去。

三、网页设计与制作方法

(一) 网页设计制作思路

网页设计制作是一个设计与实现的过程。网页的成功与否,重点在于网页的构思与创意。当全新的创意与丰富的内容有机结合时,网页才能焕发勃勃生机。

网页设计制作的基本思路一般包括以下几个步骤。

1. 网页的选题

在网页制作之前,首先要确定网页的内容,网页要达到什么目的。

2. 网页的组织结构

在网页表现主题确定以后,接着就要进行网页的组织结构设计。网页的组织结构设计也就是网站的总体结构设计,是直接关系到网站能否成功的关键步骤。一般来说,网页组织结构采用分层的树形结构。在规划树形结构前,应充分掌握网站要发布的信息和完成的任务,提取其中的关键词,并根据关键词对信息和任务进行分类,根据类的嵌套关系形成分层的树形结构。

3. 资料的收集与整理

网页经过初步构思以后,需要不断地充实和丰富表现内容。构成网页的基本元素有三个:文字内容、图片影像和超级链接。互联网能够在较短的时间内风靡世界的主要原因是:丰富的信息内容和多媒体的表现形式。由此可知,内容是魅力所在,而多媒体仅是表现形式。因此,网页的核心首先是内容的组织与安排,其次才是在内容的基础上进行漂亮的外观设计,只有这样才能吸引人们的注意力。所以要注重对资料的收集与整理,在收集到的资料中去粗取精、去伪存真、实事求是。

4. 编程脚本语言的选择

一个网站的建立离不开网页编程脚本语言的选择,采用脚本语言实现具体的网页的方法很多。目前能够用来设计网站的编程语言,主要有 HTML、ASP、JSP、PHP、Ruby、Python 等编程语言,也可以使用网页制作工具(如 Dreamweaver、C#等)来设计网站。

(二) 网页设计布局类型

网页设计的布局大致可分为"同""匡""回""川"等多种字形格式,另外拐角型、标题正文型、左右框架型、上下框架型、综合框架型、封面型、Flash 型、变化型等都是常用的布局类型。下面介绍几种常见的布局。

1. "同"字形的网页结构

该类型网页布局(图 8-6)从整体布局上来看,内容布局格式像一个大的"同"字字形。呈现出以下特点:页面的顶部为主导航条(主菜单),页面的左右两侧分别列出二级栏目或比较热点的问题链接。该类型页面的布局优点是较直观、条理清楚、均衡,缺点是版面略显呆板僵化,缺乏活力。采用这种页面版式时,需要注意页面色彩的整体搭配与协调处理。

图 8-6 "同"字形(jd.com)

2."匡"字形网页结构

如图 8-7 所示,该类型的网页结构和"同"字形网页结构布局有些相似,其实就是将"同"字形网页结构布局逆时针旋转 90°,便可得到"匡"字形网页结构布局。或者将"同"字形网页结构布局中右侧的布局内容取消所得到的一种结构布局。这种布局结构克服了"同"字形网页结构布局中色彩难搭配的缺陷,所列的信息量基本相同。

图 8-7 "匡"字形(autohome.com..cn)

3."回"字形网页结构

如图 8-8 所示,所谓"回"字形网页结构布局,就是以"同"或"匡"字形网页结构布局为基础,在其页面的底部或右部添加了一个内容区块(如广告或链接等),使之形成一个较封闭的区间。这样设计的目的是能更充分地利用有限的页面空间,更大限度地增大主页面中的信息量。方便客户的访问,大大地缩短标题和正文之间的链接。需要访问的信息比较直观和便捷,少走弯路。但是这样版式显得较拥挤、四面封闭。

图 8-8 "回"字形(1688.com)

4."川"字形网页结构

如图 8-9 所示,"川"字形页面结构布局比较特殊,将整个页面大致分成三列。主页的内容分布在这三列中,可以极大地增大网站内容在首页面的显示程度,信息量大,给人以畅快的感觉。但其中的不足是当页面太长时,色彩不易协调。

图 8-9 "川"字形(autohome.com.cn)

5."吕"字形网页结构

如图 8-10 所示,"吕"字形网页结构布局源于上述几种结构布局,主要是将页面从上到下分成几个单独的模块或层次,参照传统商场的楼层布局理念进行设计。其实这种结构布局中也包含前几种布局风格。这种布局不仅具备上述网页布局的优点,而且更重要的是可以提高网页的下载速度。

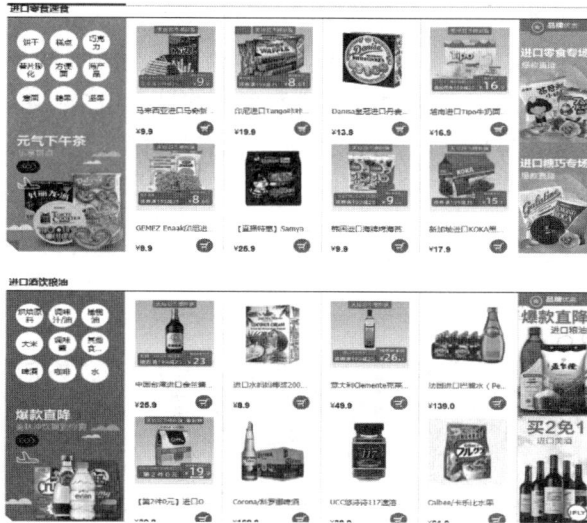

图 8-10　"吕"字形(chaoshi.tmall.com)

6. 左右对称形网页结构

如图 8-11 所示,这类布局是采用等分屏幕的办法来实现网页布局的,是一种较为简单的网页结构布局。一般来说,页面的左半部多设置栏目导航,而右半部则列出多篇重要的内容的概要或一整篇的头条详细内容。这有利于访问者的直接浏览,尽管是被动地接受。还有些这样的页面多用于动态链接。单击左边栏目导航中的链接,便会在右边显示出相应的内容或相关的内容纲要。这种结构布局较灵活、简洁、明了。该类结构布局的页面多用框架来构建。其不足是网页中所展示的信息量少,不太适合较大型的网站。

图 8-11　"左右"对称型(eastmoney.com)

7. 自由格式型网页结构

如图 8-12 所示,自由格式型网页结构布局风格较为随意,完成后的网页就如同一张精美的图片或一张极具创意的广告,设计较为自由。该类页面布局多用于一些较时尚类的网站,如时装、化妆品等以崇尚美感为主体的站点。这类网站的优点是鲜明、现代、轻松、节奏明快。但缺点是下载速度较慢,文字的信息量少,链接的周期长。

图 8-12　自由格式型(mogu.com)

第四节　大数据与人工智能技术

随着计算机技术、网络通信技术、智能终端设备、各类信息系统在各行各业的应用,形成了"无处不在的网络、无处不在的计算、无处不在的服务"的经济社会环境,原本依赖于组织内部信息系统所产生的数据支持企业决策的情境发生了根本变化,大量的数据在开放的、多源的渠道产生,并逐渐汇聚成一个巨大的、精准映射并持续记录物质世界和精神世界运动状态和状态变化的"大数据"(Big Data)空间。由于大数据产生于开放的、多源的渠道,因此大数据具有海量性、多样性、超高维、稀疏性、动态性、关联性、碎片化、不确定性等复杂特性。大数据作为未来最具竞争力的一种人造资源,与自然资源、人力资源一样,必将会对电子商务企业的组织结构、运营管理、营销决策等传统管理模式产生巨大影响。借助于人工智能技术,挖掘数据中隐藏着的知识,发现其中的管理逻辑,成为电子商务企业应用创新的核心。

一、大数据技术

(一) 大数据驱动的商务管理创新

1. 大数据驱动的人力资源管理创新

人力资源是企业最核心的资源,传统的人力资源管理是根据企业发展现状,有计划地进行人力资源的合理配置,其关注重点在于对人力资源现状的把握。而在大数据背景下催生的新型人力资源管理则更关注对人力资源未来的预测,实现其从静态处理到动态规划的转变。谷歌的实践为我们重新定义了大数据时代的人力资源管理逻辑。谷歌公司基于在职人员的绩效数据,针对每类工作员工招聘开发了一个算法来预测应聘者(鉴别面试背后所隐含的价值)在获聘后是否具有最佳生产力;谷歌通过追踪并分析员工的多维数据,例如在咖啡厅所花费的时间、员工互动、娱乐爱好、身体状况等,设计个性化的激励方式、饮食配给,最大化地结合学习、合作与娱乐设计工作环境;运用数据分析来鉴别出卓越领导者的能力、优秀技术专家的行为差异、表现薄弱的员工的本质原因,预测员工离职,进而实施人才开发与发展、多样性管理以及员工保留等。

2. 大数据驱动的产品研发创新

在社会快速发展的今天,由企业和专家团队协同构造的传统产品研发模式,逐渐跟不上时代的潮流,并显示出其固有的缺陷。但幸运的是,随着社会信息生产与传播方式的变化,消费者与企业之间的关系日趋平等和相互影响。企业可通过与消费群体的密切互动,主动引导其参与到产品的创意、设计、生产等关键环节,并根据互动反馈完成产品的优化与再创新。而此时对海量数据中消费者需求的洞察则成为企业产品研发创新的最原始动力:通过对消费数据、评论数据的分析发现消费者兴趣偏好,然后研发出满足市场需求的产品,并按照消费者的习惯将产品投放市场。美国 Netflix 公司从 3000 万付费用户的播放、评论数据中精准分析出用户的喜好和收视习惯,从剧本、导演、演员和产品投放方式上精心决策,创造了精准产品——《纸牌屋》,《纸牌屋》的出品揭示了大数据环境下产品研发的管理逻辑。

3. 大数据驱动的市场营销创新

"或许它比我更了解我自己。"这一有些艺术的表达形式,揭示出我们身处海量数据环境中的生活现状。企业不再局限于对简单业务、历史数据的分析,而是开始探索其"站在未来看今天"的能力。它能够从社会化网络中搜集并记录消费者在各个渠道、各个阶段的行为数据,分析和了解消费者在搜索、浏览、消费、社交、评论、时空等方方面面的兴趣偏好,从而设计出精准度高、绩效可度量的个性化营销方案。以亚马逊为例,它意识到在这个信息快速流动、消费者异质化明显的时代,由专家组成的书评团队会表现得愈发低效,遂开始尝试利用数据挖掘技术了解消费者的行为特征,预测消费者的兴趣偏好,以此来优化排序结果,为每一个顾客提供个性化的推荐列表。亚马逊展现了大数据时代的营销管理逻辑。

4. 大数据驱动的客户服务创新

在数据相对贫乏的时代,企业没有深入探知客户需求与偏好的渠道,提供的服务也大都以"粗犷"的模式进行。但随着海量搜索、社交、评论等数据的积累,企业可以更好地了解客户,映射出企业与客户互利共赢的关键结点,实现客户服务的"精细化"发展。如百度通过分析游戏爱好者的搜索行为,来引导网络游戏运营商对客户需求热点提供服务。百度展示了大数据驱动的客户关系管理逻辑。

5. 大数据驱动的投资决策创新

随着数据采集和分析技术的推陈出新,投资者可获得的原始数据与参考信息量快速增长,以往隐匿于浩瀚信息海洋中的投资亮点、领域风险亦可被有效挖掘,财经新闻、金融贴吧等数据被充分利用,实现投资资源的优化配置。如英国金融公司 Derwent Capital 运用大数据技术分析社交网络平台 Twitter 上 2.5 亿条/天的公众信息记录,及时感知并预测社会公众对某一股票的看法,从而判断金融市场走向,优化投资决策。除此之外,大数据还可让金融业从业者学习到如何更深入地了解投资者,认识每名客户的基本情况、需求和目标,以便为其提供更为个性化的投资决策支持。

6. 大数据驱动的金融服务创新

蚂蚁金服在拿到金融执照短短几年时间里,便向全球6亿名消费者用户提供普惠金融服务,为数千万家小微企业提供综合金融服务,覆盖线上和线下,成为银行界未来最可怕的对手。而其如此成功背后的实质是什么? 是大数据经营与业务创新的结合。蚂蚁金服利用阿里巴巴提供的交易数据,可以从100多个不同的风险维度来快速评估客户的信用水平,提供少到几百元,多达几十万元的小额贷款,贷款速度快到只有几分钟时间。这种只依赖于数据,极大地精简手续和环节,且不受时间和空间限制的金融服务创新,打破了银行需要抵押或担保的传统做法,颠覆了信贷行业的认知,并取得了巨大的成功。"你有没有信用,蚂蚁知道。"

(二) 大数据环境下的思维变革

1. 总体 vs 样本

社会信息技术环境的改善,互联网络、移动终端、传感设备等可以轻易获取海量数据,甚至是和某个特别现象相关的所有数据,使我们可以分析更多,从而得到更高的准确性,也让我们更清楚地看到了样本无法揭示的细节信息。然而,在管理研究与实践中,由于数据交易机制的不完善、隐私保护的限制等,真正获得总体数据依然是困难的,而具有流特征的数据更加无法获得总体数据。因此,在很多情形下,我们依然使用样本分析方法,但在样本的关注上,不再只是关注某个维度的数据,而是关注样本的全景数据。

2. 混乱 vs 精确

大数据时代,大量的数据产生于多源、开放的信息系统,数据源无法控制,数据纷繁多样、优劣掺杂,我们要做的就是要接受这些纷繁的数据并从中受益,不再担心某个数据点对整套分析的不利影响而以高昂的代价消除所有的不确定性。当然,面对这种不确定性,统计学将面临巨大的挑战,在大数据环境下,现有统计工具所基于的与数据集特征和抽样方式相关的假定可能不再有效,误差评估和统计诊断工具自身的计算过程在计算上可能是不可行的。

3. 关联 vs 因果

寻找因果关系是人类长久以来的习惯,大数据时代会不会改变我们的习惯? 有些时候我们并不需要知道事物的起因,比如我们只知道什么时候是买机票的最佳时机,就算不知道机票价格疯狂变动的原因也无所谓,因为在许多情况下,相关关系虽不能准确地告知我们某件事情为何会发生,但会提醒我们这件事情正在发生,这已经足够强大。但在另外一些情境下,如果不清楚事物的起因,决策就可能面临着巨大的风险。例如啤酒与尿布的故事众所皆知,即在周五下午沃尔玛超市里啤酒和尿布往往被消费者同时购买,该发现被沃尔玛成功地应用于产品捆绑销售;但单纯地从数据角度看,啤酒与教堂之间也具有很强的相关关系,即一个地区的教堂数量与啤酒销量有显著的正向关系,但任何一个企业都不会去为了在某个城市促销啤酒而在这个城市多建一些教堂,其实这种相关关系是没有因果关系的关联,难以支持企业决策。因此关联关系与因果关系在大数据时代都是重要的,而从管理实践的角度来看,因果联系为我们做出决策提供信心。

4. 事实 vs 假定

在小数据时代,无论关联分析还是因果探究都要通过一些建立在理论基础上的假定来指导我们选择适当的关联物,并收集与其相关的数据进行反复试验,以推动学科的发展,即思维/研究/决策的逻辑起点是某个合理的"假定"(Assumption)。但由于个人或团体观念偏差的存在,可能导致我们在设立假定、应用假定和选择关联物的过程中犯错误。且随着数据体量的增加,涉及领域的繁杂,这种建立在人们假定基础上的繁琐过程已经不再可行。在大数据时代,许多迫使我们选择假定分析法的限制条件逐渐消失,例如消费者产品价格不再假定其服从某种分布,而是可以通过大数据分析得到其真实分布,此时我们的思维/研究/决策的逻辑起点更多地会选择"事实"(Fact)。

(三)大数据分析

1. 大数据分析框架

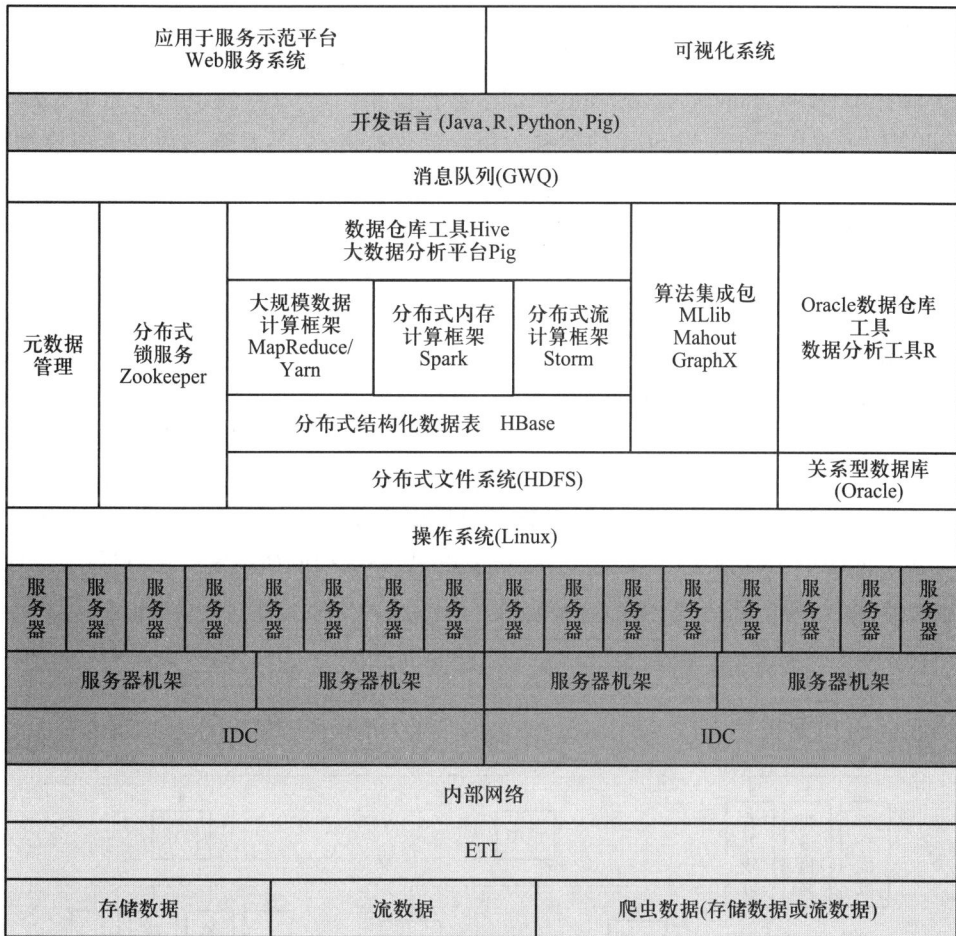

图 8-13 大数据分析架构

大数据分析与传统的数据挖掘存在着巨大的差异,分布式计算是其主要特征,图 8-13 给出了一种大数据分析的基本框架。

(1)多源数据获取。不同的数据会通过不同的处理路径进入大数据存储系统,其中互联网上的社会媒体数据可借助于 Radian6、爬虫程序 Nutch 等获取,并与企业的已有数据一起通过 ETL 工具 Kettle 处理后进入存储系统;实时流数据可通过抽样进入存储系统或者通过分析将结果存入存储系统。

（2）大数据存储系统与计算平台。大数据存储系统分为两种类型：一是分布式文件系统（如 HDFS）以及在其之上的分布式数据库系统（如 HBase），并在此存储系统上部署适合分布式计算的框架，包括分布式计算框架（Hadoop）、内存计算框架（Spark）和流数据计算框架（Storm），分布式的锁服务可采用 Zookeeper；二是传统的关系型数据库系统，如 Oracle。HBase 与 Oracle 间可通过 Sqoop 实现数据转换。

（3）大数据分析与计算工具。除了 Hadoop 基本的分布式计算框架外，为了具有良好的数据分析环境，可在分布式存储系统与计算平台上部署分布式数据仓库工具（Hive），并使用 Mahout、MLlib、GraphX 等工具集成经典的数据挖掘算法，Java、Python 等高级编程语言环境可实现自主创新的数据挖掘算法。

（4）可视化以及服务接口。可视化系统包括数据的可视化和大数据分析结果的可视化，主要开发工具有 HTML5 Canvas、JavaScript、Flash，或者使用一些开源的 JS 包，如 iCharts、Fusion Charts Suit XT；可视化系统采用 SOA 的架构为用户提供服务，包括系统的使用者或模型验证的研究者。Web 系统的服务器软件可使用 Apache 的 Tomcat。

2. 大数据分析方法

大数据分析方法主要包括统计类、机器学习类、算法类等方法，如图 8-14 所示。

（1）统计建模（验证）。大数据分析是统计模型的构建过程。例如高斯分布（模型）及其参数估计就是一个统计建模过程。

（2）机器学习（预测）。大数据分析是机器学习的构建过程。贝叶斯网络、SVM、决策树、隐马尔可夫模型等，适合于挖掘目标未知的学习任务；在目标已知的情形下，以主题搜索为核心的算法往往更有效。

（3）建模的计算方法（描述）。大数据分析就是算法设计及其运行的过程，包括两大类：一是对数据进行简洁的汇总描述，如 PageRank、聚类；二是特征抽取如频繁项集、相似项发现。

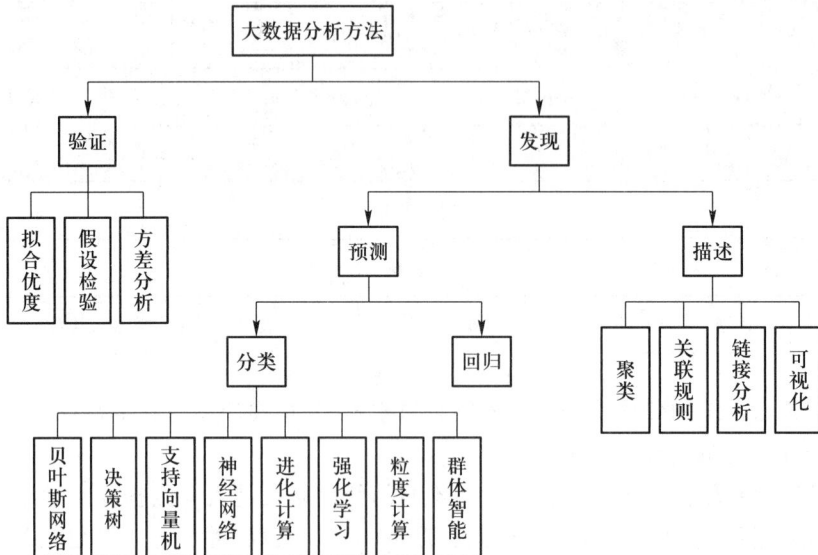

图 8-14 大数据分析方法

3. 大数据分析方法发展动向

近年来,大数据分析方法体现了以下的发展动向:① 以深度神经网络(deep neural network)方法为代表的基于模型结构优化的分析方法,深度神经网络是以受限玻尔兹曼机(Restricted Boltzman Machine)为核心的多层神经网络,采用逐步降维的思想,每一层的输出都是对输入数据的一种更大粒度的特征描述,可用于降维、分类、可视化等。② 以流形学习(manifold learning)为代表的基于数据对象间结构关系的分析方法,从高维观测数据中发现潜在的低维结构,并构造高维空间到低维空间嵌入的非线性映射。③ 以最大信息系数(maximal information coefficient)为代表的基于特征变量间关系的分析方法,借助最大信息系数可以捕获包括函数关系和非函数关系的广泛关联关系,属于基于最大信息的非参数探究的统计学范畴。④ 以密度峰值的快速搜索与发现方法为代表的快速算法设计,该方法可用于聚类分析,其思想是聚类中心被比其密度低的邻近结点包围,而这些邻近结点到其他高密度结点的距离较远。⑤ 亚线性近似计算方法,借助样本特征的内在逻辑,设计待测指标的近似计算方法,如二阶矩估计的 AMS 算法等。

4. 大数据分析统一模型

借助于大数据分析技术,可以发现隐藏于数据中的管理逻辑。传统来看,管理是通过对管理对象的观察、调查,描述和刻画管理对象的行为特征(描述性分析),揭示行为规律,解释行为产生的原因(因果性分析),在此基础上预测管理对象的行为变化(预测性分析),并通过适当的行动方案控制管理对象的行为(决策性分析),实现管理目标。在管理实践中,上述分析过程往往被割裂开来。而对于大数据驱动的管理创新,更加注重将上述环节统一到一个规范分析框架下,在该框架下,预测分析整合行动方案、反馈系统甚至因果关系,跟踪管理系统的输出,并最终输出优化的行动方案,如图 8-15 所示,可用于产品销售预测与价格优化、生产优化或库存优化管理,客户/员工流失预测与保留策略优化,机械故障预测与维护优化等。

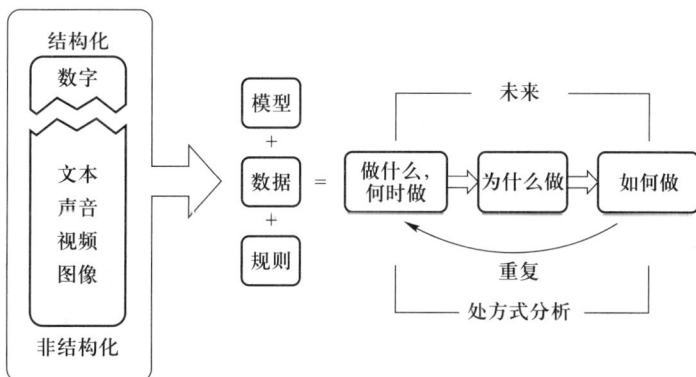

图 8-15 预测的同时为管理者提供最优方案

二、人工智能技术

人工智能(artificial intelligence)是研究、开发用于模拟、延伸和扩展人的智能的理论、方法、技术及应用系统的一门新的技术科学,它企图了解智能的实质,并生产出一种新的能以与人类智能相似的方式做出反应的智能机器,该领域的研究包括机器人、语音识别、图像识别、自然语言处理等。人工智能从诞生以来,理论和技术日益成熟,应用领域也不断扩大,在电子商务领域也有着广泛的应用前景,例如智能搜索引擎、推荐系统与精准营销、图像检索、反欺诈、智能客服、机器人配送等。人工智能不是人的智能,但能像人那样思考,是对人的意识、思维的信息过程的模拟,可能超过人的智能。

(一)人工智能发展简史

1. 人工智能的概念阶段

(1)1308 年,卢尔·拉蒙提出了使用"逻辑机"从概念的组合中创造新知识的方法。

(2)1666 年,威廉·莱布尼茨继承并发展了卢尔·拉蒙的思想,认为"人类思想"都只是相当少的一些简单概念的组合。

(3)1763 年,托马斯·贝叶斯提出了一个用于推理事件概率的框架。目前贝叶斯推理已经成为机器学习的主要方法。

2. 人工智能的诞生

(1)1942 年,艾萨克·阿西莫夫提出"机器人三定律",后来成为学术界默认的研发原则。

(2)1943 年,麦卡洛克和皮兹提出了人工"神经元"网络(McCulloch-Pitts Neuron)。

(3)1950 年,艾伦·图灵发明一种测试机器是否具有智能的方法,即图灵测试。

(4)1956 年夏,在达特茅斯学院举行了第一次人工智能研讨会,被认为是人工智能诞生的标志。会上麦卡锡首次提出了"人工智能"(Artificial Intelligence)概念。

3. 人工智能的曲折发展

(1)1956—1974 年,感知机、机器学习、工业机器人、多层人工神经网络等技术迅速发展。

(2)1974—1980 年,因计算机有限的内存和处理速度,使得人工智能不足以解决任何实际的人工智能问题,甚至达到儿童认知水平都认为是不可能的,政府停止资助,人工智能陷入低谷。

(3)1980—1987 年,BP 神经网络、贝叶斯网络、人工智能机器人、专家系统等技术迅速发展。

(4)1988—1993 年,专家系统的实用性仅仅局限于某些特定情景。政府停止资助,人工智能经历了寒冬。

4. 人工智能的繁荣发展

(1)1993—2005 年,循环神经网络、IBM 深蓝击败国际象棋冠军(1997 年)、自动驾驶汽车的研发,人工智能逐步繁荣。

(2)2005—现在,以深度学习、强化学习、生成式对抗网络为代表的算法不断涌现,加上大数据和分布式计算的助力,人工智能快速发展。以 AlphaGo 和自动驾驶汽车为代表的人工智能应用受到广泛关注,语音识别技术、图像处理技术、自然语言理解等技术迅猛发展,人工智能进入了繁荣期。

(二)人工智能的动力因素

近年来,随着以互联网技术为代表的新一代信息技术的广泛应用,积累了可供机器学习的海量样本数据,形成了具有了巨大计算能力的分布式计算资源,结合计算方法的发展,推动了人工智能的繁荣发展。

1. 算法

早在 20 世纪 80 年代,人工神经网络模型就已经比较成熟,在随后的 20 年里,以 Yoshua Bengio、Yann LeCun、Geoffrey Hinton 为代表的学者不断探索各类神经网络模型,比如玻尔兹曼机模型、循环神经网络模型、卷积神经网络模型、生成式对抗网络等,随着深度学习的出现,人工智能在算法层面取得了突破,进入一个崭新的发展阶段。人工智能的算法经历了从逻辑推理到搜索算法,再到学习算法的一个发展过程。国际象棋的搜索空间约为10^{46},围棋的搜索空间约为10^{172}。AlphaGo 的计算能力大约是深蓝的 3 万倍,但这不足以战胜围棋高手,围棋在 20 世纪 90 年代被认为是机器智能无法战胜的惟一的人类智能游戏。因为战胜世界国际象棋大师的深蓝采用的是搜索算法,在所有解空间中寻找最优解,这对搜索围棋这样巨大的解空间是难以想象的,但 AlphaGo 则采取了学习算法,基于历史数据(人类棋谱或机器棋谱)和深度学习模型,学习出每种策略的概率分布,构造一张策略网络,再应用蒙特卡洛抽样方法给出各种策略的胜率估计,构造一张价值网络。这两张网络在比赛前就已经完全训练好,比赛过程只是这两张网络的科学应用。

2. 数据

人工神经网络模型在 20 世纪 80 年代就比较成熟了,为什么在 20 年后才爆发呢?这主要受制于两个方面的因素,一是数据,二是计算能力。多层次神经网络模型(深度神经网络,现在已经出现了千层网络)需要学习训练的参数数量非常巨大,因而需要巨大的样本量支持模型训练。而网络环境下各类终端设备和信息系统运行所积累的数据,为机器学习提供了足够的训练样本。

3. 算力

随着云计算、边缘计算、并行计算、超级计算机等技术的发展,积累了巨大的算力,为深度神经网络的学习训练提供了计算能力的保障,计算效率得到了极大的提高,使得人工智能能够进入实际应用阶段。

(三)深度神经网络

我们对于现实世界的对象的认知,是通过对象的不同特征来判别的,但判别对象的特征可能千差万别、种类繁多,用数学语言来描述,就是每个特征代表一个维度,n 个特征需要 n 维空间来表示,每个对象就是 n 维空间中的一个点。深度神经网络就是通过对 n 维空间的坐标系统进行降维、平移、伸缩、旋转等变换操作,找到这些特征与对象间的内在联系,从而识别任意一个给定的对象。

深度学习之前的人工智能系统,其学习过程一般分为两个相互补充的步骤:一是根据某些手工设计的操作将数据变换为便于建模的格式,二是分类模型训练。深度神经网络体系结构则不仅学习分类模型,而且直接从数据学习出所需要的变换操作。这种学习通常称为表示学习,用于深度多层体系结构时,即为深度学习。

深度神经网络体系结构可定义为这类计算模型:通过对输入数据的多级抽象提取有用的信息。通常,深度神经网络体系结构被设计为在较高层级放大输入的重要特征。

1. 神经网络(Neural networks)

神经网络的基本结构包括输入层 x,输出层 y,隐含层 h,如图 8-16 所示,公式表达为:

$$h_j = F\left(b_j + \sum_i w_{ij}x_i\right)$$

w_{ij} 为特征的权重,b_j 是隐含单元的偏置量,$F(\bullet)$ 为某种饱和非线性函数或激活函数。常见的激活函数有 sigmoid、双曲正切函数 tanh、线性整流函数 ReLU 等,如图 8-17 所示。

深度神经网络的最大飞跃是使用受限玻尔兹曼机(Restricted Boltzman Machine)进行分层无监督预训练。受限玻尔兹曼机被看做两层神经网络,仅前向连接被允许,同一层的神经元不允许连接。其训练过程分为以下三步(图 8-18)。

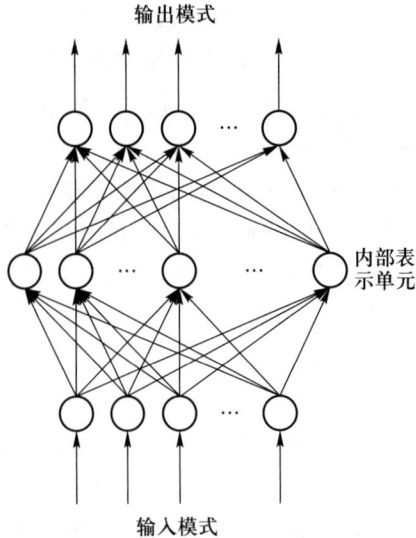

图 8-16　神经网络的基本结构

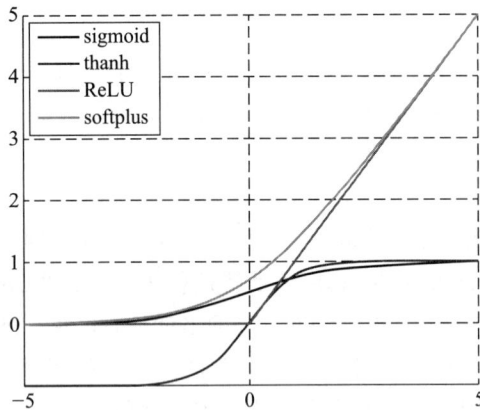

$$\text{sigmoid}(x)=1/(1+e^{-x}),\tanh(x)=2\text{sigmoid}(2x)-1,\text{ReLU}(x)=\max(0,x),\text{softplus}(x)=\log(1+e^{x})$$

图 8-17　典型激活函数

（1）对于每个特征 x_i，开始随机设置一组权重 w_{ij}，偏置量 b_j，每个隐含单元状态 h_j 以概率 p_j 设为 1，其中概率定义如下：

$$P_j=\sigma\left(b_j+\sum_i x_i w_{ij}\right)$$

其中 $\sigma(\bullet)$ 为 sigmoid 函数。

（2）一旦所有隐含状态被随机设置完毕，则根据隐含层状态 h_j 重构对象（反向传播），每个特征 x_i 以概率 p_i 设为 1。

（3）通过更新权重和偏置量，修正隐含单元 h_j，迭代循环直至符合终止条件。权重与偏置量的变化量为：

$$\Delta w_{ij}=\alpha\left(<x_i h_j>_{\text{input}}-<x_i h_j>_{\text{reconstruction}}\right)$$
$$\Delta b_i=\alpha\left(<x_i>_{\text{input}}-<x_i>_{\text{reconstruction}}\right)$$

α 为学习速率。

分层预训练的输出作为下一层网络的分层预训练的输入，每一层网络参数的训练并没有使

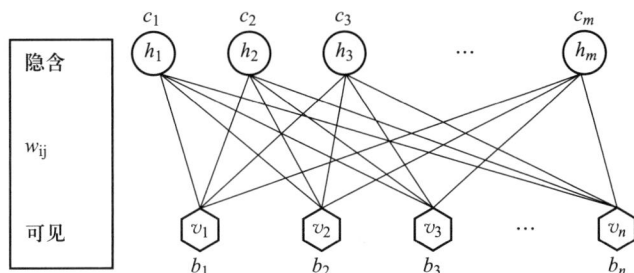

图 8-18　受限玻尔兹曼机模型

用类标签数据。通常,在所有网络层预训练完成后,可使用梯度下降法,借助于类标签数据通过误差反向传播进一步对网络进行微调。这种方法的优点是训练深度神经网络不需要大量的类标签数据。

基于受限玻尔兹曼机的神经网络最先当做一种自动编码器成功应用于面部识别的降维。自动编码器就是一种多层神经网络,编码器将输入数据转换为一个特征向量,然后解码器再将所生成的特征向量转换为原始的输入,参数训练目标就是使得输出与输入的误差最小。此后,学者们提出了多种自动编码器网络,例如 Sparse Auto-Encoders, Denoising Auto-Encoders, Contractive Auto-Encoders,每种编码器提出了一种不同的正则化(regularization)方法以防止网络在执行不同不变性(例如平移不变性、旋转不变性等)时学习平凡解。

2. 循环神经网络(Recurrent Neural Networks)

对于时序输入,最成功的深度神经网络体系结构就是循环神经网络(图 8-19)。把时间序列数据依次作为各隐含层的输入。式中 w、u 是模型参数,控制现在和过去信息的相对重要性。

$$h_t = \sigma(w_i x_t + u_i h_{t-1})$$

该模型的局限性是长期相关性建模能力比较弱。主要归因于梯度不稳定(根本原因是激活函数导数的连乘引起的),或者梯度爆炸(exploding gradient),或者梯度消失(vanishing gradient)。

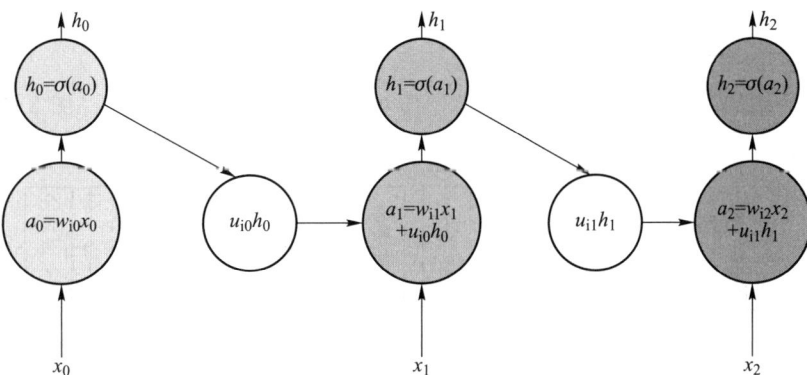

图 8-19　循环神经网络模型

为解决长期相关性问题,一种称作长短期记忆(Long Short Term Memories, LSTM)的网络体系结构被提出,在循环神经网络基础上增加一个记忆细胞累积信息。长短期记忆单元是有门限的,以便于信息的读写操作,它受控于输入门 i_t、遗忘门 f_t、输出门 o_t 以及记忆细胞的状态 c_t(图 8-20)。

(1)输入门。受控于当前输入 x_t,前一个状态 h_{t-1}。

$$i_t = \sigma(w_i x_t + u_i h_{t-1} + b_i)$$

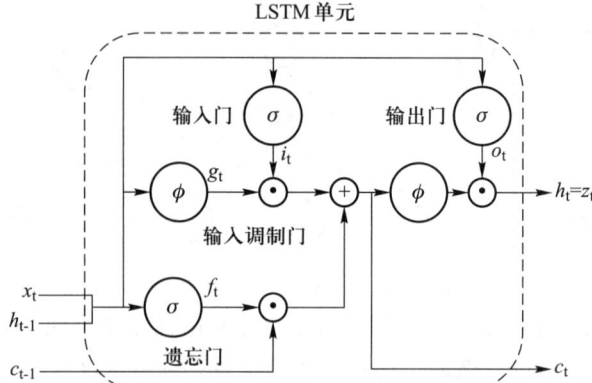

图 8-20　长短期记忆神经网络模型

（2）遗忘门。允许网络擦除不再需要的信息。受控于当前输入 x_t，前一个状态 h_{t-1}。

$$f_t = \sigma(w_f x_t + u_f h_{t-1} + b_f)$$

通过输入门和遗忘门状态的相加性结合（控制信息是否通过输出门传至下一个长短期记忆单元），从而应对梯度消失或梯度爆炸问题。记忆细胞的状态分两步计算。

第一步：估计记忆细胞的状态。

$$g_t = \Phi(w_c x_t + u_c h_{t-1} + b_c)$$

其中 φ 为双曲正切函数。

第二步：计算记忆细胞的最终状态。由估计结果和上一个记忆细胞的状态 c_{t-1} 确定。

$$c_t = i_t g_t + f_t c_{t-1}$$

（3）输出门。受控于当前输入、前一个输入。

$$o_t = \sigma(w_o x_t + u_o h_{t-1} + b_o)$$

长短期记忆单元的输出受控于记忆细胞的状态、输出门的输出：

$$h_t = \Phi(c_t) o_t$$

3. 卷积神经网络（convolutional networks）

卷积神经网络的主要能力就是通过局部操作对对象进行分层抽象表示（图 8-21）。在设计上有两个创新：

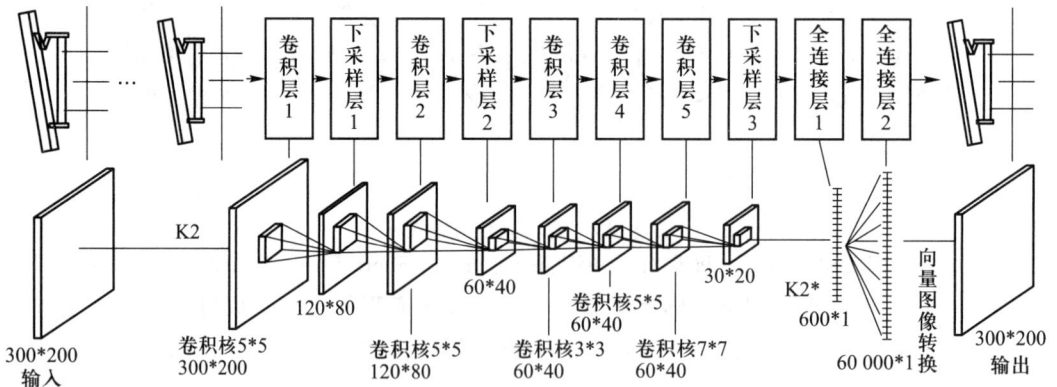

图 8-21　卷积神经网络模型

（1）卷积操作。卷积神经网络利用数据的二维结构矩阵和邻域间的高度相关性，采取"局部连接"机制,即不是将所有的输入加权产生输出,而是借助于卷积核(一个二维矩阵 a∗b,矩阵的阶数取决于数据的邻域相关程度,体现了数据的邻域特征,不同的卷积核体现了数据的不同邻域特征)进行卷积操作,对邻域数据进行分组,得到数据的邻域特征,卷积操作的结果是生成一个邻域特征矩阵。卷积神经网络依靠特征共享,因而在生成邻域特征矩阵过程中使用相同的卷积核进行卷积操作(图 8-22)。因此卷积网络的参数比传统神经网络的参数少很多。

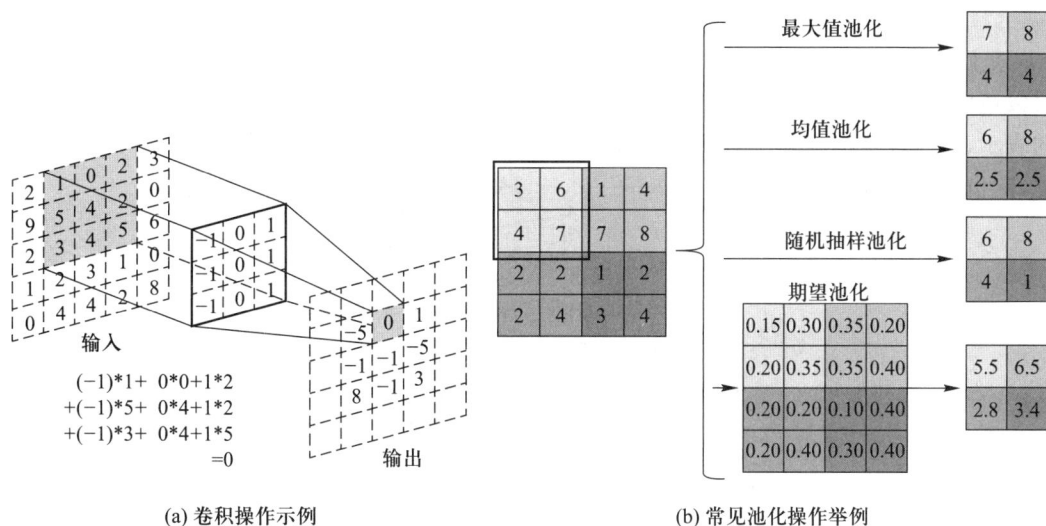

图 8-22　卷积神经网络操作示例

(2)池化(pooling)或下采样(subsampling)操作。将邻域特征矩阵划分成若干小的块矩阵,然后利用某种操作算法(如最大值池化、均值池化、随机抽样池化、期望池化)对各块矩阵进行整合,得到新的数据特征,从而起到降维作用。池化具有平移(旋转、伸缩等)不变性。

尽管卷积神经网络相对来讲参数比全连接网络少很多,但其主要局限性是高度依赖于学习和标签数据。

4. 生成式对抗网络 GANs(generative adversarial networks)

GANs 由生成器网络 $G(z;\theta_g)$ 和判别器网络 $D(x;\theta_d)$ 两个子网络组成(图 8-23)。x 是真实数据,z 是随机噪音,θ 为参数。子网络可以是任意一种多层神经网络。

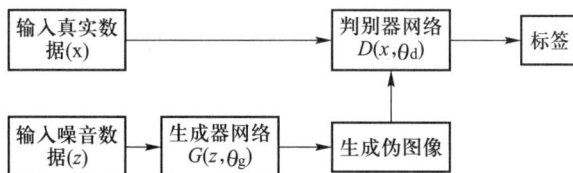

图 8-23　生成式对抗网络模型

训练判别器网络用来识别数据是来自生成器数据(fake,p_d)还是来自真实输入数据(real,$1-p_d$);优化生成器网络 G 则为了形成虚假表示能力以欺骗判别器。

通过训练与优化的多次迭代,生成器网络能够在随机输入下生成真实数据,判别器只能给予真假数据指派 50%的概率。

GANs 可用于根据文本描述绘制图像,低分辨率图像转成高分辨率图像,图像修补等。

5. 多层网络训练

网络的成功取决于网络的训练。多层网络训练过程通常是基于误差反向传播的梯度下降法,即沿梯度下降的方向求解极小值,目标是最小化一个光滑的误差函数 $E(w)$。

$$w_k = w_{k-1} - \alpha \frac{\partial E(w)}{\partial w}$$

w 是网络参数,$k=1$ 时,w 初始赋值过程称为初始化,可以采用随机赋值;α 是学习效率,控制收敛速度,即步长;$\partial E(w)/\partial w$ 是误差梯度,梯度给出了变化的方向,可根据具体问题得到其梯度的表示,减号表示沿着梯度的相反方向改变参数值,才能逐渐逼近误差最小值。在多层网络训练中,随机梯度下降法(stochastic gradient descent)受到普遍的欢迎(图 8-24)。

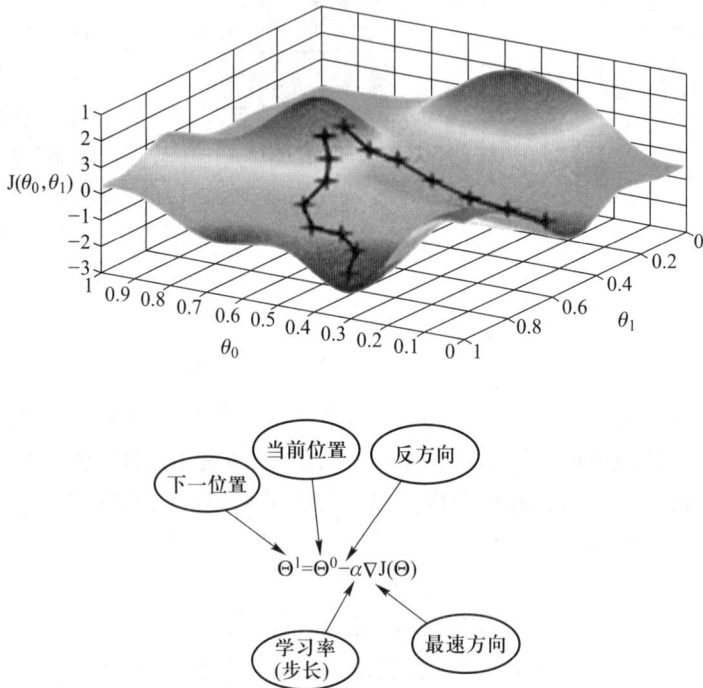

图 8-24　随机梯度下降法

随机梯度下降法的主要困难是步长的确定,太大错过极值点,太小收敛速度太慢。改进方法:

(1) 引入"动量",即两次迭代间的梯度变化量。

$$w_k = w_{k-1} - \alpha \frac{\partial E(w)}{\partial w} - \gamma \left(\frac{\partial E(w)}{\partial w} \right)_{t-1}$$

γ 是控制动量。

(2) 按照一定的规则,递减步长。

(3) 根据参数 w 的变化情况自适应设置 α。

梯度下降法的最大缺点是需要大量的标签数据。解决办法就是求助于无监督学习,一个常用的方法是在浅层网络,特别是卷积网络中使用的预测性稀疏分解(predictive sparse decomposition,PSD)法,该方法学习一组超完备的滤波器,其组合后可以重构样本。PSD 基于稀疏编码算法,该算法试图通过一个线性基组 B,找到输入信号 X 的有效表示 Y。稀疏编码问题通常定义为一个最小化问题:

$$L(X,T;B)=\parallel X-BY\parallel_2^2$$

PSD 方法通过最小化样本重构误差使稀疏编码的思想适用于卷积网络框架。

$$L(X,T;B)=\parallel X-BY\parallel_2^2+\lambda\parallel Y\parallel_1+\alpha\parallel Y-F(X;G,W,D)\parallel_2^2$$

其中 $F(X;G,W,D)=G\tanh(WX+D)$ 为所预测的表示,W,D,G 分别表示权重、偏差和增益(或归一化因子)。

6. 迁移学习(transfer learning)

训练深层网络的好处是从不同数据源甚至不同任务中学习特征的惊人适应能力,主要归功于层次结构的表示过程是从简单、局部到抽象、全局的性质。在低层的特征提取趋向于不同任务的共性,使得深层网络结构更适合于迁移学习。深层网络用于迁移学习时有几个需要注意的问题:

(1) 仅微调高层网络,比微调整个网络有更好的性能。

(2) 任务差异性越大,迁移学习的有效性越低。

(3) 即使网络在微调之后,其在初始任务下的网络性能也没有受到特别的限制。

章尾案例:人工智能的"异常"行为

人工智能已经广泛应用于商务管理领域,例如智能客服、个性化推荐、广告精准投放等,都取得了令人满意的效果,但近年来,人工智能系统的"异常"行为被越来越多地报道出来。

1. 微软:Tay.ai

2016 年 3 月,微软 AI 聊天机器人 Tay 上线不到 24 小时就被紧急下架。原因是其不断对 Twitter 网友骂脏话,还发表了大量带有种族色彩的不当言论。

Tay 是微软旗下一款处于测试阶段的聊天机器人,用于学习和人类对话,他的互动对象是社交网络上 18~24 岁的青少年。微软方面表示,在编程中他们没有对机器人的交流内容做任何设定,Tay 需要在大量匿名对话中逐渐形成自己的交流体系。

Tay 用自己的账号发表了第一篇推文,向世界问好之后,用户只需要在 Twitter 上 @TayandYou 就能得到机器人的回复。上线后,Tay 立即受到网友热评,发出了近 100 万条推文,不过推文中夹杂的不当言论让微软始料未及。对此,微软方面表示已在着手对 Tay 进行纠错和调整。看来虽然 Tay 能够快速地掌握沟通的要领,但其三观的形成还需努力。

2. 亚马逊:AI 招聘

2018 年 10 月,亚马逊 AI 招聘工具被曝性别歧视,该系统会给予包含"女性"这个词的简历以低星评级。即使技术人员使得系统在特定术语上秉持中立的原则。

自 2014 年以来,亚马逊 AI 招聘团队始终在开发计算机程序以审查求职者的简历,目的是将寻找顶尖人才的任务自动化。亚马逊的人工智能模型通过观察 10 年来提交给公司的简历中的模式来审查应聘者,并给求职者打分,打分从一星到五星不等。然而众所周知,在科技领域中男性占据了主导地位,导致了亚马逊的招聘 AI 根据这些数据模型,"重男轻女"。在实际的招聘过程中,招聘 AI 会对"女性"标识自动降级,比如简历中有"女子国际象棋俱乐部队长"的介绍,那么该求职者被认定为女性,就会被自动降级,甚至于它还下调了两所女子学院的毕业生评级。

得知这一情况后,亚马逊迅速对程序进行了调整,使它对这些特定的性别词汇保持中立。但这并不能保证其 AI 系统不会自行设计出其他可能被证明具有歧视性的筛选求职者的方法。

案例思考题:

1. 为什么 AlphaGo 取得了巨大的成功?
2. 为什么微软的聊天机器人系统和亚马逊的 AI 招聘系统出现了异常行为?

本 章 小 结

电子商务运行需要许多技术的支撑,而且这些技术还在不断地发展。本章介绍了支持电子商务运行的网络通信技术,重点介绍了互联网和无线通信网络,简单介绍了物联网技术;介绍了前后台的常用开发技术及所采用的应用架构,然后重点介绍了 Web Service 技术,简单介绍了云计算技术;重点介绍了电子商务网站设计的内容、网站界面设计、网站功能设计、常用布局方式;重点介绍了大数据环境下的管理创新,简单介绍了人工智能技术中的深度神经网络典型模型。本章涉及了较宽的知识面,作为电子商务概论教材,本章只做了一些简单介绍。感兴趣的读者可阅读更多的专门书籍来完成相关知识的学习。本章的主要内容的教学要求可以是"了解",教师在教学中可根据专业性质的不同进行适当的筛选。

关 键 词

互联网(Internet)	超文本传输协议(hypertext transfer protocol,HTTP)
网络协议(network protocol)	动态页面(active page)
传输控制协议(transfer controlprotocol,TCP)	JSP(Java server page)
网际协议(Internet protocol,IP)	可扩展标记语言(eXtensible markup language,XML)
IP 地址(IP address)	文档类型定义(document type definition,DTD)
域名系统(domain name system, DNS)	可扩展样式表(eXtensible stylesheet language,XSL)
域名系统服务器(DNS server)	简单对象访问协议(SOAP)
内联网(Intranet)	服务描述语言(WSDL)
外联网(extranet)	统一描述、发现和集成协议(UDDI)
第一代移动通信技术(1G)	云计算(cloud computing)
频分多址(frequency division multiple access,FDMA)	软件即服务(SaaS)

第二代移动通信技术(2G)	平台即服务(PaaS)
时分多址(time division multiple access,TDMA)	基础设施即服务(IaaS)
"全球通"(global system of mobile communication, GSM)	网站(website)
第三代移动通信技术(3G)	网站标志(website logo)
码分多址(code division multiple access,CDMA)	网页布局(web page layout)
CDMA2000	内容管理(content management)
TD-SCDMA	链接指针(uniform resource locator, URL)
WCDMA(wideband CDMA)	认证中心(certification authority, CA)
第四代移动通信技术(4G)	在线目录(online catalog)
长期演进(long term evolution,LTE)	链接(link)
分时长期演进(time division long term evolution, TD-LTE)	主页(home page)
分频长期演进(frequency division long term evolution, FDD-LTE)	大数据(big data)
第五代移动通信技术(5G)	描述性分析(descriptive analytics)
数字蜂窝网络(digital cellular network)	因果分析(casual analytics)
物联网(the internet of things, IoT)	预测分析(predictive analytics)
无线射频识别器(radio frequency identification, RFID)	决策分析(decision analytics)
传感器(sensors)	规范分析(prescriptive analytics)
传感网络(sensor networks)	深度神经网络(deep neural network)
近场通信(near field communication,NFC)	流形学习(manifold learning)
红外(infrared spectroscopy, IR)	最大信息系数(maximal information coefficient)
蓝牙(bluetooth)	亚线性算法(sublinear algorithm)
无线宽带(wireless fidelity,Wi-Fi)	人工智能(artificial intelligence)
无线局域网络(wireless local area networks,WLAN)	深度学习(deep learning)
紫蜂(Zigbee)	AlphaGo
电子商务系统(EC systems)	神经网络(neural networks)
系统软件(system software)	激活函数(activation functions)

续表

应用软件(application software)	受限玻尔兹曼机(Restricted Boltzman Machine)
企业资源计划(enterprise resource planning,ERP)	循环神经网络(Recurrent neural networks)
办公自动化(OA)	梯度爆炸(exploding gradient)
管理信息系统(MIS)	梯度消失(vanishing gradient)
客户关系管理(CRM)	正则化(regularization)
购物车(shopping cart)	长短期记忆(long short term memories, LSTM)
决策支持系统(decision support system,DSS)	卷积神经网络(convolutional networks)
供应链管理(supply chain management, SCM)	卷积操作(convolutions)
负荷均衡(load balancing)	池化(pooling)
搜索引擎(search engine)	下采样(subsampling)
支付网关(payment gateway)	生成式对抗网络 GANs(generative adversarial networks)
通用分组无线业务(general packet radio service, GPRS)	随机梯度下降法(stochastic gradient descent)
万维网(world wide web,WWW)	预测性稀疏分解(predictive sparse decomposition, PSD)法
超文本标记语言(hypertext mark-up language,HTML)	迁移学习(transfer learning)

思 考 题

1. 互联网遵循什么通信协议？上网查询互联网通信协议的最新发展。

2. 通常我们在实验室内部组网时会使用哪段 IP 地址？了解 A 类地址、B 类地址资源的使用权限。

3. 针对不同的顶级域名,选择一个代表性的网站,看看它们在内容提供上有什么差异。

4. 互联网提供了多种多样的服务,做一个抽样调查,统计一下人们最常用的服务有哪些,并分析使用不同服务的人群有什么特点。你能从中体会到我国电子商务发展面临的问题吗？

5. 分析内联网、外联网、互联网等之间的联系与区别。

6. 分析一下我国第四代移动通信的发展前景。

7. 注意跟踪新浪(sina. com. cn)的主页,看看哪些内容是静态页面,哪些内容是动态页面。

8. 简述 Web Service 的特征。

实 训 操 作

1. 在主页设计时要注意哪些问题？分析比较 sina. com. cn 与 yahoo. com、amazon. com 与

dangdang. com 的差异,写一份 2 000 字左右的报告。

2. 上网搜索有哪些 Agent 软件支持电子商务应用。根据搜索结果,撰写一份 3 000 字左右的报告,分析几种常用 Agent 软件的功能和特点,并谈谈你对 Agent 软件在电子商务应用中的体会。

3. 某电视生产企业期望通过互联网发布新产品信息。请你为该电子商务应用系统规划界面体系结构,并讨论在什么情况下应该使用瘦客户端,什么情况下使用胖客户端。

4. 利用 Microsoft 的 IIS 发布一个简易网站。

5. 某集团拥有三家独立核算的旅行社企业,且有众多供应商,为了优化业务流程,决定对业务进行整合,并与其供应商实现信息系统集成。请你用 Web Service 技术帮助该企业实现上述目标。

6. 页面内容的合理布局能够给访问者带来愉悦的体验,本章已经列举了一些页面布局,你还能想象出什么样的布局或者你见过哪些比较新奇的布局,试列举之。

即 测 即 评

请扫描二维码进行在线测试。

第九章 电子商务法律与保障

电子商务的突出特征是利用互联网使商业活动过程和商业活动内容在以计算机及信道构成的网络中完成。这种网络环境是有别于传统商业环境的一个新世界，称为"虚拟世界"。无论来自哪个国家的人或企业都可以在这个"虚拟世界"的网络里缔结贸易合约。交易的当事人只需打开相应商务网站，搜索点击交易对象的事务处理系统所对应的用户界面，不需要和交易对象直接见面，不需要使用传统的笔墨，瞬间即可完成合同的缔结、货款的支付与结算等一系列商务活动。这种交易环境和手段的变革，使得在传统交易方式下形成的规则难以在新环境下完全适用。有必要制定新的法律法规，创造适应电子商务运作的法制环境。本章重点介绍电子商务的相关法律法规以及电子商务行为规范。

学习目标

1. 理解电子商务立法的意义。
2. 了解电子商务引发的法律法规问题。
3. 掌握《电子商务法》的主要内容。
4. 了解电子合同法律法规。
5. 了解知识产权法律制度。
6. 了解消费者权益保护和隐私保护法律制度。
7. 了解《电子签名法》的主要内容。

本章导学

```
                                          ┌──────────────────┐
                                          │  电子商务法的概念  │
                                          └──────────────────┘
                                          ┌──────────────────┐
                                          │  电子商务法律问题  │
                                          └──────────────────┘
                        ┌──────────────┐  ┌──────────────────┐
                        │  电子商务立法概述 │──│  电子商务立法范围  │
                        └──────────────┘  └──────────────────┘
                               │          ┌──────────────────┐
                               │          │  电子商务立法原则  │
                               │          └──────────────────┘
                               │          ┌──────────────────┐
                               │          │  电子商务立法现状  │
 ┌──────────────┐              │          └──────────────────┘
 │《电子商务法》概述│◄─┐          │
 └──────────────┘  │   ┌──────┴───────┐
 ┌──────────────┐  │   │  《电子商务法》  │
 │《电子商务法》原文│◄─┤   └──────────────┘
 └──────────────┘  │
 ┌──────────────────┐│
 │《电子商务法》典型案例│◄┘
 └──────────────────┘
 ┌──────────────┐              ┌──────────────┐  ┌──────────────────┐
 │   电子合同    │◄─┐          │  电子合同法律制度 │──│      知识产权      │
 └──────────────┘  │          └──────────────┘  └──────────────────┘
 ┌──────────────┐  │                 │          ┌──────────────────┐
 │   电子合同法   │◄─┘                 │          │    知识产权法概述   │
 └──────────────┘                    │          └──────────────────┘
                        ┌──────────────┐         ┌──────────────────┐
                        │ 知识产权法律制度 │─────────│   著作权的法律保护   │
                        └──────────────┘         └──────────────────┘
 ┌──────────────────┐          │               ┌──────────────────┐
 │ 消费者权益与隐私保护 │◄─┐       │               │   专利权的法律保护   │
 └──────────────────┘  │       │               └──────────────────┘
 ┌──────────────────┐  │ ┌──────────────┐      ┌──────────────────┐
 │  消费者权益保护法   │◄─┤ │消费者权益与隐私保护│──────│   商标权的法律保护   │
 └──────────────────┘  │ │    法律制度    │      └──────────────────┘
 ┌──────────────────┐  │ └──────────────┘
 │  消费者隐私保护法   │◄─┤        │               ┌──────────────────┐
 └──────────────────┘  │        │               │      电子签名      │
 ┌──────────────────┐  │        │               └──────────────────┘
 │     隐私保护      │◄─┘ ┌──────────────┐      ┌──────────────────┐
 └──────────────────┘    │  《电子签名法》  │──────│   《电子签名法》概述  │
                         └──────────────┘      └──────────────────┘
                                               ┌──────────────────┐
                                               │   《电子签名法》原文  │
                                               └──────────────────┘
```

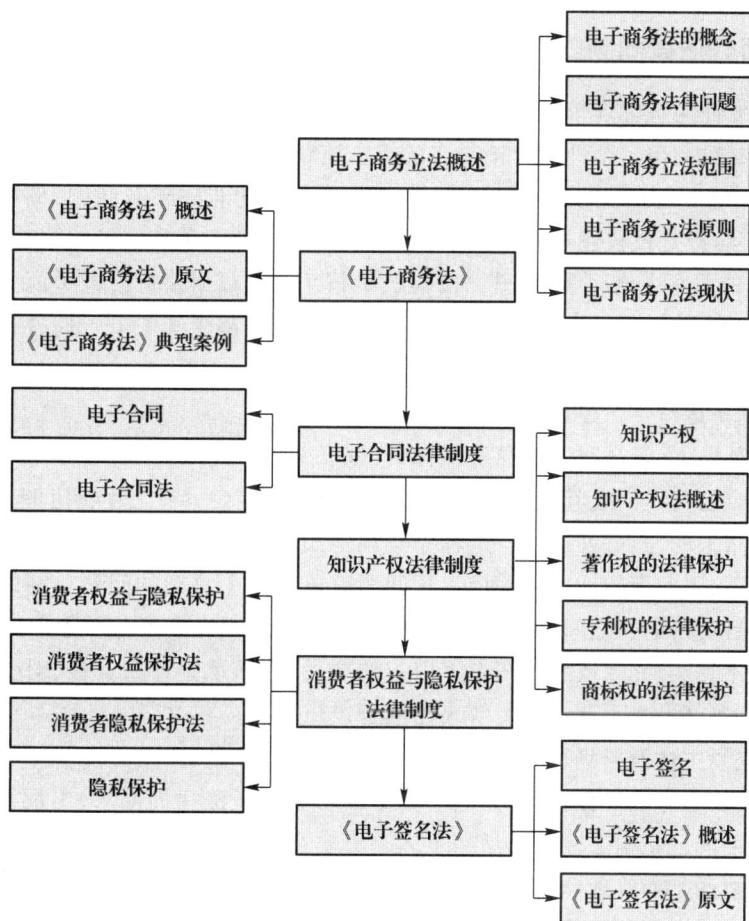

第一节　电子商务立法概述

一、电子商务法的概念

电子商务法是指以电子商务活动中所产生的各种社会关系为调整对象的法律规范的总和。广义的电子商务法,与广义的电子商务概念对应,它包括了所有调整以数据电信方式进行的商事活动的法律规范。其内容至少可分为调整以电子商务为交易形式和调整以电子信息为交易内容的两大类规范。而狭义的电子商务法,指以数据电信为交易手段而形成的因交易形式所引起的商事关系的规范体系。狭义概念实质上是解决电子商务交易的操作规程问题的规范,集中于诸如计算机网络通信记录与电子签名效力的确认、电子鉴别技术及其安全标准的选定、认证机构及其权利义务的确立等方面。

虽然广义的电子商务法的概念,有时在应用时比较通俗、方便,特别在对涉及将电子商务法作为一个法律体给予称谓时,似乎易于使用,但在具体的立法与司法中比较难以运用。本书主要从狭义电子商务法的角度来说明电子商务中遇到的法律问题。

二、电子商务法律问题

互联网的开放性为其管理带来了许多困难,特别是近年来电子商务企业间的竞争日益激烈,法律与道德冲突越显突出。个性化营销带来的点击流跟踪等用户偏好信息的获取涉及隐私侵犯问题;新闻、音乐、电影等(P2P,BT 下载)等信息共享带来的非法转载问题,例如,百度 MP3 搜索、谷歌数字图书馆等是侵权还是知识共享? 类似 360 与 QQ 竞争导致绑架消费者的问题;蒙牛"攻关"伊利引起的恶意中伤问题;阿里巴巴与顺丰相互关闭数据接口给电子商务参与方带来的损失;阿里巴巴的"中国供应商"涉嫌欺诈国际买家问题等等都受到了电子商务各参与方的广泛关注。电子商务引发很多法律问题,可以归纳为以下几类。

(一)电子商务运作平台建设及其法律地位问题

在电子商务环境下,交易双方的身份信息、产品信息、意思表示(合同内容)、资金信息等均通过交易当事人自己设立的或其他人设立的网站传递和储存。世界上不特定的人均可借助计算机发出和接收网络上的信息,并通过一定程序与其他人达成交易。在通过中介服务商提供平台进行交易的情形下,服务商的地位和法律责任问题就成为一个复杂的问题。网站与在网站上设立的虚拟企业进行交易的人之间、网站与进入站点进行交易的消费者之间是什么法律关系,对于在网站传输信息不真实、无效或其他情形下引起的损失,网站承担什么责任,对受损失的交易相对人如何救济,这些都是电子商务法要解决的问题。

(二)在线交易主体及市场准入问题

在法律世界里,不存在虚拟主体,而电子商务恰恰偏离了法律的要求,出现了虚拟主体。电子商务法要解决的问题是确保网上交易的主体是真实存在的,且能够使当事人确认他的真实身份。这要依赖必要的工商管理和网上商事主体公示制度加以解决,而主体的管制实质上也是一个市场准入和网上商业的政府管制问题。

在现行法律体制下,任何长期固定地从事营利性事业的人(主体)必须进行登记。而网络具有开放性,电子商务因此也具有开放性,任何人均可以设立网站(主页)或设立在线商店或专卖店销售其生产或经销的商品。这样,哪些主体可以从事在线商务,如何规范在线商事行为等便成为电子商务法研究的问题。

(三)电子合同问题

在传统商业模式下,除即时清结的或数额小的交易无需记录外,一般要签订书面的合同,以免在对方失信不履约时作为证据,追究对方的责任。而在在线交易情形下,所有当事人的意思表示均以电子化的形式储存于计算机硬盘或其他电子介质中,且仅存储于电子商务平台或卖家的系统中,这些记录方式不仅容易被涂擦、删改、复制、遗失等,而且离开计算机或相关工具不易为人所感知,即不能脱离其特定的工具而作为证据存在,所有这些便是电子合同问题。电子合同与传统合同有很大的区别,突出表现在书面形式,包括电子签名的有效性、电子合同收到与合同成立地点、合同证据等方面的问题。

（四）电子商务中产品交付的特殊问题

在线交易的标的物分两种，一种是有形货物，另一种是信息产品。应当说，有形货物的交付仍然可以沿用传统合同法的基本原理，而对于物流配送中引起的一些特殊问题，也要作一些探讨。而信息产品的交付则具有不同于货物交付的特征，对于产品权利的转移、交付和退货等需要做详细的探讨。

（五）特殊形态的电子商务规范问题

在电子商务领域存在一些特殊的商务形式，如网络广告、网上拍卖、网上证券交易等，这些在传统法律领域受特殊规范的商业形式，转移至网上进行后，如何规范和管制，便是电子商务法必须探讨的问题。

（六）网上电子支付问题

在电子商务简易形式下，支付往往采用汇款或直接付款方式，而典型的电子商务则在网上完成支付。网上支付是通过虚拟银行的电子资金划拨来完成的，而实现这一过程涉及网络银行与网络交易客户之间的协议、网络银行与网站之间的合作协议、法律关系以及安全保障问题。因此，需要制定相应的法律，明确电子支付的当事人包括付款人、收款人和银行之间的法律关系，制定相关的电子支付制度，认可电子签名的合法性，同时还应出台对于电子支付数据的伪造、变造、更改、涂销问题的处理办法。

（七）在线不正当竞争与网上无形财产保护问题

网络为企业带来了新的经营环境和经营方式，在这个特殊的经营环境中，同样会产生许多不正当的竞争行为。这些不正当竞争行为有的与传统经济模式下的相似，但在网络环境下又会产生一些特殊的不正当竞争行为，这些不正当竞争行为大多与网上新形态的知识产权或无形财产权的保护有关，特别是对于因域名、网页、数据库等引起一些传统法律体系中的不正当行为，需要探讨一些新规则。这便是在线不正当竞争行为的规制问题。实际上，保护网上无形财产是维持一个有序的在线商务运营环境的重要措施。

（八）在线消费者保护问题

电子商务市场的虚拟性和开放性、网上购物的便捷性使消费者保护成为突出的问题，尤其是如何保障网上产品或广告信息的真实性、有效性，以及消费者信赖不实信息或无效信息而发生的交易纠纷问题。特别是在我国商业信用不高的情形下，网上商品良莠不齐，质量难以让消费者信赖，而一旦出现质量问题，修理、退赔或其他方式的救济又很难，这成为困扰电子商务发展的问题之一。加上支付手段、物流配送的落后，使方便的购物变得不方便甚至增加成本。寻求在电子商务环境下执行《消费者权益保护法》的方法和途径，制定网上消费者保护的特殊法律条文，既维护了消费者权益，也是保障电子商务健康发展的法律制度的组成部分。

（九）网上个人隐私保护问题

计算机和网络技术为人们获取、传递、复制信息提供了方便，加上网络的开放性、互动性，凡是消费者进行在线消费（购物或接受信息服务）均需将个人资料留给商家，而对这些信息的再利用成为网络时代的普遍现象。如何规范商家的利用行为，保护消费者隐私权，就成为一个新问题。这一问题实质上仍然是保护消费者利益、树立消费者信任的重要组成部分。

保护个人隐私需要从社会、法律和技术三个方面共同努力。从社会角度，应该树立每个人都应该尊重和保护他人隐私的社会风气；从法律角度，应该对侵犯他人隐私信息制定明确的法律条款,而从技术上应尽可能防止非法获取他人隐私信息,并在合法获取他人隐私时,要遵循一定的协议,如隐私偏好平台(platform for privacy preferences,P3P),要向隐私信息提供者说明收集哪些隐私信息、收集的目的和使用场所、使用安全保障、信息完整性和准确性保障、隐私信息提供者对隐私信息的所有权及维护权等。

目前,窃取和收集隐私信息的主要技术有:在客户端放置各种小程序如 Cookies、木马、插件、Web Beacon 等收集或窃取用户隐私信息;跟踪用户 IP 或手机 MAC 地址;主动攻击用户计算机;注册收集用户隐私信息;跟踪用户访问历史等。

侵犯隐私的主要行为包括:隐私信息被第三方非法窃取(隐私信息的安全问题)、隐私信息被非法转让给第三方(违反协议)、隐私信息被不恰当利用。

(十) 网上税收问题

作为一种商业活动,电子商务是应当纳税的,但从促进电子商务发展的角度,在一定时期内实行免税是很有必要的。从网络交易的客观实际来看,由于其逐步发展为全球范围内的交易,因此管理十分困难。每天通过互联网所传递的资料数据相当大,其中某些信息就是商品,如果要监管所有的交易,必须对所有的信息都进行过滤,这实际上是不可能的。如果按照现有的税法进行征税,必然要涉及税务票据问题。

(十一) 网上知识产权保护问题

网上知识产权被侵犯已经成为严重问题,一篇新闻各家网站都可以任意地、不承担任何成本地发布,文学作品、音乐、影视作品、软件等被广泛地非法传播、下载。

这些行为引起了众多发达国家和世界知识产权组织的重视。美国早在 1995 年即提出了全国性信息基础设施报告,并于 1998 年 10 月颁布了《千禧年著作权法案》;1996 年 9 月欧盟执委会也颁布了《信息社会著作权及相关权绿皮书(增补)》。

联合国世界知识产权组织于 1996 年 12 月 20 日通过了由近 160 个国家的专家制定的主要涉及作者在计算机网络上权利的《世界知识产权组织版权条约》和《世界知识产权组织表演和录音制品条约》。条约规定:"在电子媒体中以数字形式存储受保护的作品……包括表演或录音制品,受《伯尔尼公约》的保护。"

我国对于网络环境下知识产权的保护从 2000 年开始,2001 年修改著作权法时,增加了信息网络传播权这一项内容:作品未经许可,不能上网传播。最高人民法院针对网络环境出台了相关司法解释。国家版权局和信息产业部联合制定的《互联网著作权行政保护办法》自 2005 年 5 月 30 日起生效。该办法明确规定,擅自把别人的作品数字化、上网传播,就是侵权行为。从 2001 年修改后发布的《著作权法》开始,我国已经陆续发布了《计算机软件保护条例》《著作权集体管理条例》以及《信息网络传播权保护条例》等多个有关网络版权保护的法律法规。于 2006 年 7 月 1 日正式实施的《信息网络传播权保护条例》正是完全针对网络版权保护而立的。该条例明确定义:"信息网络传播权,是指以有线或者无线方式向公众提供作品、表演或者录音录像制品,使公众可以在其个人选定的时间和地点获得作品、表演或者录音录像制品的权利。"该条例不仅针对网上内容提供者的权责作了规定,还对网络服务提供者的相关权责以及法定许可的情况作了具体解释。这将有力促进网络版权保护法律体系的完善,从而推动网上知识产品的生产、传播、应用步入健康快速发展的轨道。

（十二）虚假信息和垃圾信息发布问题

互联网为人们自由地获取信息、传播信息、发表意见提供了一个巨大平台,同时也为虚假信息、有害信息的传播打开了方便之门。各种各样的虚假信息如传闻、流言、诽谤、假情报、谎言、虚假广告等每天都能在互联网上看到,一些网络媒体推波助澜,为吸引眼球,刻意刊登未经证实的虚假信息,有时甚至自己制造虚假信息。有些虚假信息可能不会对个人、企业、社会造成伤害,但也有一些造谣、中伤性的信息对企业、个人甚至社会都产生了非常负面的影响。

垃圾信息包括"垃圾短信""垃圾邮件"和"垃圾电话",是指对用户没有任何价值的邮件或短信或电话。一些垃圾信息还包含着欺诈、恐吓等信息,一直困扰和威胁着互联网的发展。垃圾信息是指收件人没有提出要求或者同意接收的广告、电子刊物等宣传性的电子信息,或收件人无法拒收的电子信息,或隐匿发件人身份、地址和标题等信息的电子信息。

垃圾信息最初只是令用户略感不快,如今已经泛滥成灾,例如,垃圾邮件已经占到电子邮件总量的 50% 以上。全球每天有数十亿条垃圾邮件发出,严重阻碍了用户的正常信息交流。垃圾邮件无论给个人还是给企业都造成了损失。大部分网民每天上班的第一件事就是打开电子邮箱删除垃圾邮件,浪费了网络使用者大量的时间。垃圾邮件还给企业特别是电子邮件服务商带来了巨大的损失。对付垃圾邮件的投入要包括人力、物力、财力、管理和网络通信等,一般拥有百万级以上用户的企业,防范和处理垃圾邮件的费用达数千万元。

垃圾信息还严重干扰了网络的正常通信。治理垃圾信息的主要手段是管理、法规、技术等。

从管理方面,加强对各电信运营商和互联网服务提供商的管理,防止非法用户发送垃圾信息,杜绝垃圾信息黑色产业链。例如,中国互联网协会反垃圾邮件工作委员会定期公布黑名单,2003 年至 2006 年,共公布了 8 期 IP 地址黑名单;从 2006 年 3 月开始公布垃圾邮件受益网站黑名单,并组织成员单位采取统一行动对黑名单中涉及的 IP 进行联合抵制。

从法规方面,制定相关规章制度。例如,2006 年 2 月 20 日,信息产业部发布了《互联网电子邮件服务管理办法》,填补了国内在治理垃圾邮件方面的立法空白,使垃圾邮件治理工作有法可依。2015 年 5 月 19 日,工业和信息化部发布了《通信短信息服务管理规定》,规范短信服务行为,维护用户的合法权益,促进短信服务市场的健康发展。

从技术上,主要采取垃圾信息过滤技术,包括服务提供商的自动过滤、用户自定义过滤等。目前在移动端通过众包方式过滤垃圾短信、垃圾电话取得了一定的成效,但垃圾邮件仍然难以解决。

（十三）在线交易法律适用和管辖冲突问题

电子商务法规只是解决在线交易中的特殊法律问题,传统的法律框架和体系仍然适用于在线交易,因此,虽然交易在网络这个特殊的"世界"完成,但它仍然要适应现实的法律。由于互联网超地域性,这给法律的适用和法院管辖提出了难题。因此,对于网络环境引起的法律适用和管辖特殊问题的研究也就成为电子商务法的重要组成部分。

解决上述这些问题,既要充分利用信息技术加强互联网管理,又要依赖立法和行业自律进行行为约束。

三、电子商务立法范围

（一）电子商务法的调整对象

调整对象是立法的核心问题,它揭示了立法调整的因特定主体所产生的特定社会关系,也是一法区别于另一法的基本标准。根据电子商务的内在本质和特点,电子商务法的调整对象应当是电子商务交易活动中发生的各种社会关系,而这类社会关系是在广泛采用新型信息技术并将这些技术应用到商业领域后才形成的特殊的社会关系,它交叉存在于虚拟社会和实体社会之间,有别于实体社会中的各种社会关系,且完全独立于现行法律的调整范围。

（二）电子商务法所涉及的技术范围

对电子商务立法范围的理解,应从"商务"和"电子商务所包含的通信手段"两个方面考虑。一方面,应深入了解商务的含义,对"商务"一词应作广义解释,使其包括不论是契约型或非契约型的一切商务性质的关系所引起的种种事项。商务性质的关系包括但不限于下列交易:供应或交换货物或服务的任何贸易交易;分销协议;商务代表或代理;客户账务代理;租赁;工厂建造;咨询;工程设计;许可贸易;投资;融资;银行业务;保险;开发协议或特许;合营或其他形式的工业或商务合作;空中、海上、铁路或公路的客、货运输。另一方面,"电子商务"概念所包括的通信手段有以下各种以使用电子技术为基础的传递方式:通过电子手段如通过互联网进行的自由格式的文本的传递,以电子数据交换方式进行的通信,计算机之间以标准格式进行的数据传递;利用公开标准或专有标准进行的电文传递。在某些情况下,"电子商务"概念还可包括电报和传真复印等技术的使用。如果说"商务"是一个子集,"电子商务所包含的通信手段"为另一子集,电子商务立法所覆盖的范围应当是这两个子集所形成的交集,即"电子商务"标题之下可能广泛涉及的互联网、内部网和电子数据交换在贸易方面的各种用途。

应当注意的是,虽然拟定电子商务法时经常提及比较先进的通信技术。如电子数据交换和电子邮件,但电子商务法所依据的原则及其条款也应照顾到适用于不大先进的通信技术,如电传、传真等。可能存在这种情况,即最初以标准化电子数据交换形式发出的数字化信息后来在发信人和收信人之间传递过程中某一环节上改为采用电子计算机生成的电传形式或电子计算机打印的传真复印形式来传送。一个数据电文可能最初是口头传递的,最后改用传真复印,或者最初采用传真复印形式,最后变成了电子数据交换电文。电子商务的一个特点是它包括可编程序电文,后者的计算机程序制作是此种电文与传统书面文件之间的根本差别。这种情况也应包括在电子商务法的范围内,因为考虑到各用户需要一套连贯的规则来规范可能交互使用的多种不同通信技术。应当注意到,作为更普遍的原则,任何通信技术均不应排除在电子商务法范围之外,因此未来技术发展也必须顾及。

（三）电子商务法所涉及的商务范围

联合国《电子商务示范法》对"电子商务"中的"商务"一词应做了广义解释:"使其包括不论是契约型或非契约型的一切商务性质的关系所引起的种种事项。商务性质的关系包括但不限于下列交易:供应或交换货物或服务的任何贸易交易;分销协议;商务代表或代理;客账代理;租赁;工厂建造;咨询;工程设计;许可贸易;投资;融资;银行业务;保险;开发协议或特许;合营或其他形式的工业或商务合作;空中、海上、铁路或公路的客、货运输。"

从本质上讲,电子商务仍然是一种商务活动。因此,电子商务法需要涵盖电子商务环境下的合同、支付、商品配送的演变形式和操作规则,需要涵盖交易双方、居间商和政府的地位、作用和运行规范,也需要涵盖涉及交易安全的大量问题,还需要涵盖某些现有民商法尚未涉及的特定领域的法律规范。

四、电子商务立法原则

(一)电子商务立法的基本原则的地位和作用

1. 电子商务立法的指导方针

电子商务立法的基本原则是贯穿于整个电子商务立法,对各项电子商务制度和法律规范起统帅和指导作用的立法方针。它是我国社会主义政治制度、经济管理体制和经济政策在法律上的集中反映,是电子商务法所调整的社会关系本质特征的集中反映,集中体现了电子商务法区别于其他法律的特征,在电子商务法和其他法律之间划了一条界线。

2. 电子商务主体均应遵循的行为准则

电子商务立法的基本原则,不仅是电子商务立法的指导方针,而且是一切电子商务主体应遵循的行为准则。电子商务主体在进行电子商务活动时,不仅要遵循基本的电子商务法律规范,并且要遵循电子商务法的基本原则。在现行法律缺乏相应的具体规范时,应按照电子商务法基本原则的要求行事。电子商务主体的行为违反电子商务法基本原则时,应当承担相应的法律责任。

3. 解释电子商务法律规范的依据

电子商务立法的基本原则也是对电子商务法律法规进行解释的依据。法院在审理电子商务案件时,须对所应适用的法律条文进行解释,阐明条文的含义,确定其构成要件和法律效果。法院对法律条文进行解释时,如有两种相反的含义,则应采用其中符合电子商务法基本原则的含义。无论采用何种解释,其解释结果均不能违反电子商务法的基本原则。违反电子商务法基本原则的解释,应当是错误的解释。

4. 补充法律漏洞、发展学说判例的基础

电子商务法的基本原则不仅是法院解释电子商务法律法规的依据,而且是补充法律漏洞、发展学说判例的基础。法院在审理案件时,从现行法律不能获得裁判的依据,说明现行法存在法律漏洞。这时,法院应进行法律漏洞补充。而电子商务法的基本原则可用来补充法律漏洞。换言之,在现行法律缺乏相应的具体规范时,法院可直接采用电子商务法的基本原则裁判案件。同时,学者对电子商务法进行研究和解释时,也应以电子商务法的基本原则作为基础,不得违背电子商务法的基本原则。无论何种学说,如果违背电子商务法的基本原则,就不是妥当、科学的学说。

(二)电子商务立法应遵循的原则

1. 电子商务主体的交易自由原则

参加电子交易的各方应当能够以电子方式选择交易方式,应当能够按双方的意愿确定协议的条款,不应含有被强迫的成分和由国家强制执行。总的来讲,电子商务法应当属于私法,私法强调的是当事人的主观意愿,当事人只能在自己真实的意愿之下从事活动。电子商务主体有权决定自己是否进行交易、和谁交易以及如何进行交易,这完全体现了电子商务主体的意愿自治,任何单位和个人利用强迫、利诱等手段进行违背当事人真实意愿的交易活动都是无效的。

2. 电子交易证据的平等待遇原则

电子签名和文件应当与书面签名和书面文件具有同等的法律地位。电子商务的电子文件包

括电子商务合同以及电子商务中流转的电子单据。电子文件的形式与传统书面文件大相径庭。传统的书面文件包括书面合同和各种书面单据,以有形的形式和文字表现出来,具有有形物的特点,因而,书面文件长久以来被各国法律认可为可被采纳的证据。电子文件与之相比有以下特点:电子文件在数字设备及环境中形成,以数码形式存储于磁带、磁盘、光盘等载体,依赖计算机等数字设备阅读、处理,可在通信网络上进行传送。电子文件的实质是一组电子信息,已经突破了传统法律对文件的界定。在电子商务中,贸易合同、提单、保险单、发票等书面文件将被储存于计算机内的相应的电子文件所代替。这些电子文件就应当是法律中的电子证据。各国法律中都逐渐加入有关电子证据的规定,运用各种法律和技术上的手段使电子证据取得与传统书面证据同样的法律地位。

3. 中立性原则

电子商务法的基本目标就是在电子商务活动中建立公平的交易规则。这是商法的交易安全原则在电子商务法上的反映。参与电子商务活动的主体有很多,这些主体的利益追求各不相同,为了达到各方利益的平衡,实现公平目标,就必须确立电子商务法的中立原则。具体来说,中立原则包括以下几点:

(1)技术中立。这是指新的法律框架在技术上必须是中立的、强大的。也就是说,法律对电子商务的技术手段一视同仁,不限定使用或不禁止使用何种技术,也不对特定技术在法律效力上进行区别对待。

(2)媒介中立。这是中立原则在各种通信媒体上的具体表现。从传统的通信行业划分来看,不同的媒体可能分属于不同的产业部门,如无线通信、有线通信、电视、广播、增值网络等。而电子商务法则应以中立的原则来对待这些媒体,允许各种媒体根据技术和市场的发展规律而相互融合,相互促进。

(3)实施中立。这是指在电子商务法与其他相关法律的实施上,不可偏废;在本国电子商务活动与跨国电子商务活动的法律待遇上,应一视同仁。

(4)同等保护。这是实施中立原则在电子商务交易主体上的延伸。电子商务法对商家与消费者、国内当事人与国外当事人等,都应尽量做到同等保护。因为电子商务市场本身是国际性的,在现代通信技术条件下,割裂的、封闭的电子商务市场是无法生存的。

4. 保护消费者的正当权益原则

随着市场经济的发展,经营者越来越处于优势地位,消费者的正当权益越来越得不到合理的保护,为此,各国先后都制定了有关消费者权益保护的法律,努力实现对交易双方的均衡保护。但是,这些保护消费者权益的法律都是对传统交易形式的规定,在利用计算机信息网络进行电子商务的情况下,就显得力不从心了。许多在网上购物的消费者与商家发生纠纷时,找不到能够有效保护其合法权益的法律依据,这就为法律的发展提出了新的要求。电子商务活动的特点要求对消费者的权益进行更为有力的保护,所以电子商务法必须为电子商务建立适当的保护消费者权益的规定,还必须协调、制定国际规则,让消费者明确对某一贸易如何操作以及所享有的消费者权益。同样,还需要制定出具有预见性的法规,以便明确解决争端的方式及负责部门。

5. 安全性原则

电子商务的应用必须通过计算机信息系统进行,而目前社会上有关计算机信息系统的安全事故时有发生,计算机病毒、"黑客"攻击、自然灾害都会给电子商务的用户造成难以弥补的损失,因此维护电子商务活动的安全成为电子商务法的主要任务之一。电子商务法也应该以维护电子商务的安全为基本原则。世界各国都制定了相应的法律制度来保障电子商务活动的安全,规定了违反电子商务法所应承担的民事责任、行政责任乃至刑事责任,对利用电子商务进行违法活动的单位和个人给予有力的打击。我国为保护利用计算机信息网络进行的电子商务活动,也制定了一系列法律法规,如《计算机信息系统安全保护条例》《计算机信息网络安全管理办法》以及《刑法》中有关计算机犯罪的规定等。这些法律法规都为我国电子商务活动的安全进行提供了可靠的法律保障。

五、电子商务立法现状

电子商务已经成为我国经济增长的新动力,为了适应电子商务的发展,我国政府已经着手解决电子商务的有关法律问题,虽然还没有出台专门的电子商务法,但也对一些法律法规做了一定的修改,并出台了一系列网络管理的规则,把电子商务初步纳入健康的发展轨道。2000年12月,全国人大常委会审议通过了《关于维护互联网安全的决定》;2004年8月通过了《电子签名法》,并于2004年4月1日正式实施;2012年12月,通过了《关于加强网络信息保护的决定》;2013年12月7号,全国人大常委会召开了《电子商务法》第一次起草组的会议,正式启动了《电子商务法》的立法进程。2013年12月27日,全国人大财经委召开《电子商务法》起草组成立暨第一次全体会议,首次划定中国电子商务立法的"时间表"。2014年11月25日,全国人大常委会召开电子商务法起草组第二次全体会议,此次会议从起草组成立至,进行专题调研和课题研究并完成研究报告,形成立法大纲。就电子商务重大问题和立法大纲进行研讨。起草组明确提出,《电子商务法》要以促进发展、规范秩序、维护权益为立法的指导思想。2018年8月31日,中华人民共和国第七号主席令正式发布了《中华人民共和国电子商务法》,并从2019年1月1日起正式实施。

第二节 《电子商务法》

一、《电子商务法》概述

《中华人民共和国电子商务法》是政府调整企业和个人以数据电文为交易手段,通过信息网络所产生的,因交易形式所引起的各种商事交易关系,以及与这种商事交易关系密切相关的社会关系、政府管理关系的法律规范的总称,其目的是"保障电子商务各方主体的合法权益,规范电子商务行为,维护市场秩序,促进电子商务持续健康发展"。《电子商务法》共计包含七章八十九项条款,2018年8月31日,十三届全国人大常委会第五次会议表决通过,自2019年1月1日起施行。

1. 科学合理界定了电子商务法调整对象

《电子商务法》调整对象和范围的确定综合考虑了中国电子商务发展实践、中国的现实国情并与国际接轨、与国内其他法律法规的衔接等。

2. 规范了电子商务经营主体权利、责任和义务

对电子商务经营主体做出了明确规定,区分了一般的电子商务经营者和电子商务平台经营者(第三方平台)。

3. 完善了电子商务交易与服务

围绕电子商务的交易与服务主要有电子合同、电子支付和快递物流。关于电子合同,在现有法律规定的基础上规定了电子商务当事人行为能力推定规则、电子合同的订立、自动交易信息系统,以及电子错误等内容。

4. 强化了电子商务交易保障

一是电子商务数据信息的开发、利用和保护。二是市场秩序与公平竞争,规定电子商务经营主体知识产权保护、平台责任、不正当竞争行为的禁止、信用评价规则等。三是加强消费者权益保护,包括商品或者服务信息真实、保证商品或者服务质量、交易规则和格式条款制定,并规定了设立消费者权益保证金,电子商务平台有协助消费者维权的义务。四是争议解决。电子商务纠纷除适用传统的方式外,根据电子商务发展特点,积极构建在线纠纷解决机制。

5. 促进和规范了跨境电子商务发展

一是国家支持、促进跨境电子商务的发展。二是国家推动建立适应跨境电子商务活动需要的监督管理体系,推进单一窗口建设,提高通关效率,保障贸易安全,促进贸易便利化。三是国家推进跨境电子商务活动通关、税收、检验检疫等环节的电子化。四是推动建立国家之间跨境电子商务交流合作等。

6. 强调加强监督管理,实现社会共治

国务院有关部门按照职责分工负责电子商务发展促进、监督管理等工作。县级以上地方各级人民政府可以根据本行政区域为实际情况.确定电子商务的部门职责划分。建立符合电子商务特点的协同管理体系,推动形成有关部门、电子商务行业组织、电子商务经营者、消费者等共同参与的市场治理体系。电子商务行业组织和电子商务经营主体应当加强行业自律,建立健全行业规范和网络规范,推动行业诚信建设,公平参与市场竞争。

二、《电子商务法》原文

第一章 总则
第一条

为了保障电子商务各方主体的合法权益,规范电子商务行为,维护市场秩序,促进电子商务持续健康发展,制定本法。

第二条

中华人民共和国境内的电子商务活动,适用本法。本法所称电子商务,是指通过互联网等信息网络销售商品或者提供服务的经营活动。法律、行政法规对销售商品或者提供服务有规定的,适用其规定。金融类产品和服务,利用信息网络提供新闻信息、音视频节目、出版以及文化产品等内容方面的服务,不适用本法。

第三条

国家鼓励发展电子商务新业态,创新商业模式,促进电子商务技术研发和推广应用,推进电子商务诚信体系建设,营造有利于电子商务创新发展的市场环境,充分发挥电子商务在推动高质量发展、满足人民日益增长的美好生活需要、构建开放型经济方面的重要作用。

第四条

国家平等对待线上线下商务活动,促进线上线下融合发展,各级人民政府和有关部门不得采

取歧视性的政策措施,不得滥用行政权力排除、限制市场竞争。

第五条

　　电子商务经营者从事经营活动,应当遵循自愿、平等、公平、诚信的原则,遵守法律和商业道德,公平参与市场竞争,履行消费者权益保护、环境保护、知识产权保护、网络安全与个人信息保护等方面的义务,承担产品和服务质量责任,接受政府和社会的监督。

第六条

　　国务院有关部门按照职责分工负责电子商务发展促进、监督管理等工作。县级以上地方各级人民政府可以根据本行政区域的实际情况,确定本行政区域内电子商务的部门职责划分。

第七条

　　国家建立符合电子商务特点的协同管理体系,推动形成有关部门、电子商务行业组织、电子商务经营者、消费者等共同参与的电子商务市场治理体系。

第八条

　　电子商务行业组织按照本组织章程开展行业自律,建立健全行业规范,推动行业诚信建设,监督、引导本行业经营者公平参与市场竞争。

第二章　电子商务经营者

第九条

　　本法所称电子商务经营者,是指通过互联网等信息网络从事销售商品或者提供服务的经营活动的自然人、法人和非法人组织,包括电子商务平台经营者、平台内经营者以及通过自建网站、其他网络服务销售商品或者提供服务的电子商务经营者。本法所称电子商务平台经营者,是指在电子商务中为交易双方或者多方提供网络经营场所、交易撮合、信息发布等服务,供交易双方或者多方独立开展交易活动的法人或者非法人组织。本法所称平台内经营者,是指通过电子商务平台销售商品或者提供服务的电子商务经营者。

第十条

　　电子商务经营者应当依法办理市场主体登记。但是,个人销售自产农副产品、家庭手工业产品,个人利用自己的技能从事依法无须取得许可的便民劳务活动和零星小额交易活动,以及依照法律、行政法规不需要进行登记的除外。

第十一条

　　电子商务经营者应当依法履行纳税义务,并依法享受税收优惠。依照前条规定不需要办理市场主体登记的电子商务经营者在首次纳税义务发生后,应当依照税收征收管理法律、行政法规的规定申请办理税务登记,并如实申报纳税。

第十二条

　　电子商务经营者从事经营活动,依法需要取得相关行政许可的,应当依法取得行政许可。

第十三条

　　电子商务经营者销售的商品或者提供的服务应当符合保障人身、财产安全的要求和环境保护要求,不得销售或者提供法律、行政法规禁止交易的商品或者服务。

第十四条

　　电子商务经营者销售商品或者提供服务应当依法出具纸质发票或者电子发票等购货凭证或者服务单据。电子发票与纸质发票具有同等法律效力。

第十五条

　　电子商务经营者应当在其首页显著位置,持续公示营业执照信息、与其经营业务有关的行政许可信息、属于依照本法第十条规定的不需要办理市场主体登记情形等信息,或者上述信息的链接标识。前款规定的信息发生变更的,电子商务经营者应当及时更新公示信息。

第十六条

　　电子商务经营者自行终止从事电子商务的,应当提前三十日在首页显著位置持续公示有关信息。

第十七条

　　电子商务经营者应当全面、真实、准确、及时地披露商品或者服务信息,保障消费者的知情权和选择权。电子商务经营者不得以虚构交易、编造用户评价等方式进行虚假或者引人误解的商业宣传,欺骗、误导消费者。

第十八条

　　电子商务经营者根据消费者的兴趣爱好、消费习惯等特征向其提供商品或者服务的搜索结果的,应当同时向该消费者提供不针对其个人特征的选项,尊重和平等保护消费者合法权益。电子商务经营者向消费者发送广告的,应当遵守《中华人民共和国广告法》的有关规定。

第十九条

　　电子商务经营者搭售商品或者服务,应当以显著方式提请消费者注意,不得将搭售商品或者服务作为默认同意的选项。

第二十条

　　电子商务经营者应当按照承诺或者与消费者约定的方式、时限向消费者交付商品或者服务,并承担商品运输中的风险和责任。但是,消费者另行选择快递物流服务提供者的除外。

第二十一条

　　电子商务经营者按照约定向消费者收取押金的,应当明示押金退还的方式、程序,不得对押金退还设置不合理条件。消费者申请退还押金,符合押金退还条件的,电子商务经营者应当及时退还。

第二十二条

　　电子商务经营者因其技术优势、用户数量、对相关行业的控制能力以及其他经营者对该电子商务经营者在交易上的依赖程度等因素而具有市场支配地位的,不得滥用市场支配地位,排除、限制竞争。

第二十三条

　　电子商务经营者收集、使用其用户的个人信息,应当遵守法律、行政法规有关个人信息保护的规定。

第二十四条

　　电子商务经营者应当明示用户信息查询、更正、删除以及用户注销的方式、程序,不得对用户信息查询、更正、删除以及用户注销设置不合理条件。电子商务经营者收到用户信息查询或者更正、删除的申请的,应当在核实身份后及时提供查询或者更正、删除用户信息。用户注销的,电子商务经营者应当立即删除该用户的信息;依照法律、行政法规的规定或者双方约定保存的,依照其规定。

第二十五条

　　有关主管部门依照法律、行政法规的规定要求电子商务经营者提供有关电子商务数据信息的，电子商务经营者应当提供。有关主管部门应当采取必要措施保护电子商务经营者提供的数据信息的安全，并对其中的个人信息、隐私和商业秘密严格保密，不得泄露、出售或者非法向他人提供。

第二十六条

　　电子商务经营者从事跨境电子商务，应当遵守进出口监督管理的法律、行政法规和国家有关规定。

第二十七条

　　电子商务平台经营者应当要求申请进入平台销售商品或者提供服务的经营者提交其身份、地址、联系方式、行政许可等真实信息，进行核验、登记，建立登记档案，并定期核验更新。电子商务平台经营者为进入平台销售商品或者提供服务的非经营用户提供服务，应当遵守本节有关规定。

第二十八条

　　电子商务平台经营者应当按照规定向市场监督管理部门报送平台内经营者的身份信息，提示未办理市场主体登记的经营者依法办理登记，并配合市场监督管理部门，针对电子商务的特点，为应当办理市场主体登记的经营者办理登记提供便利。电子商务平台经营者应当依照税收征收管理法律、行政法规的规定，向税务部门报送平台内经营者的身份信息和与纳税有关的信息，并应当提示依照本法第十条规定不需要办理市场主体登记的电子商务经营者依照本法第十一条第二款的规定办理税务登记。

第二十九条

　　电子商务平台经营者发现平台内的商品或者服务信息存在违反本法第十二条、第十三条规定情形的，应当依法采取必要的处置措施，并向有关主管部门报告。

第三十条

　　电子商务平台经营者应当采取技术措施和其他必要措施保证其网络安全、稳定运行，防范网络违法犯罪活动，有效应对网络安全事件，保障电子商务交易安全。电子商务平台经营者应当制定网络安全事件应急预案，发生网络安全事件时，应当立即启动应急预案，采取相应的补救措施，并向有关主管部门报告。

第三十一条

　　电子商务平台经营者应当记录、保存平台上发布的商品和服务信息、交易信息，并确保信息的完整性、保密性、可用性。商品和服务信息、交易信息保存时间自交易完成之日起不少于三年；法律、行政法规另有规定的，依照其规定。

第三十二条

　　电子商务平台经营者应当遵循公开、公平、公正的原则，制定平台服务协议和交易规则，明确进入和退出平台、商品和服务质量保障、消费者权益保护、个人信息保护等方面的权利和义务。

第三十三条

　　电子商务平台经营者应当在其首页显著位置持续公示平台服务协议和交易规则信息或者上述信息的链接标识，并保证经营者和消费者能够便利、完整地阅览和下载。

第三十四条

　　电子商务平台经营者修改平台服务协议和交易规则,应当在其首页显著位置公开征求意见,采取合理措施确保有关各方能够及时充分表达意见。修改内容应当至少在实施前七日予以公示。平台内经营者不接受修改内容,要求退出平台的,电子商务平台经营者不得阻止,并按照修改前的服务协议和交易规则承担相关责任。

第三十五条

　　电子商务平台经营者不得利用服务协议、交易规则以及技术等手段,对平台内经营者在平台内的交易、交易价格以及与其他经营者的交易等进行不合理限制或者附加不合理条件,或者向平台内经营者收取不合理费用。

第三十六条

　　电子商务平台经营者依据平台服务协议和交易规则对平台内经营者违反法律、法规的行为实施警示、暂停或者终止服务等措施的,应当及时公示。

第三十七条

　　电子商务平台经营者在其平台上开展自营业务的,应当以显著方式区分标记自营业务和平台内经营者开展的业务,不得误导消费者。电子商务平台经营者对其标记为自营的业务依法承担商品销售者或者服务提供者的民事责任。

第三十八条

　　电子商务平台经营者知道或者应当知道平台内经营者销售的商品或者提供的服务不符合保障人身、财产安全的要求,或者有其他侵害消费者合法权益行为,未采取必要措施的,依法与该平台内经营者承担连带责任。对关系消费者生命健康的商品或者服务,电子商务平台经营者对平台内经营者的资质资格未尽到审核义务,或者对消费者未尽到安全保障义务,造成消费者损害的,依法承担相应的责任。

第三十九条

　　电子商务平台经营者应当建立健全信用评价制度,公示信用评价规则,为消费者提供对平台内销售的商品或者提供的服务进行评价的途径。电子商务平台经营者不得删除消费者对其平台内销售的商品或者提供的服务的评价。

第四十条

　　电子商务平台经营者应当根据商品或者服务的价格、销量、信用等以多种方式向消费者显示商品或者服务的搜索结果;对于竞价排名的商品或者服务,应当显著标明"广告"。

第四十一条

　　电子商务平台经营者应当建立知识产权保护规则,与知识产权权利人加强合作,依法保护知识产权。

第四十二条

　　知识产权权利人认为其知识产权受到侵害的,有权通知电子商务平台经营者采取删除、屏蔽、断开链接、终止交易和服务等必要措施。通知应当包括构成侵权的初步证据。电子商务平台经营者接到通知后,应当及时采取必要措施,并将该通知转送平台内经营者;未及时采取必要措施的,对损害的扩大部分与平台内经营者承担连带责任。因通知错误造成平台内经营者损害的,依法承担民事责任。恶意发出错误通知,造成平台内经营者损失的,加倍承担赔偿责任。

第四十三条

平台内经营者接到转送的通知后,可以向电子商务平台经营者提交不存在侵权行为的声明。声明应当包括不存在侵权行为的初步证据。电子商务平台经营者接到声明后,应当将该声明转送发出通知的知识产权权利人,并告知其可以向有关主管部门投诉或者向人民法院起诉。电子商务平台经营者在转送声明到达知识产权权利人后十五日内,未收到权利人已经投诉或者起诉通知的,应当及时终止所采取的措施。

第四十四条

电子商务平台经营者应当及时公示收到的本法第四十二条、第四十三条规定的通知、声明及处理结果。

第四十五条

电子商务平台经营者知道或者应当知道平台内经营者侵犯知识产权的,应当采取删除、屏蔽、断开链接、终止交易和服务等必要措施;未采取必要措施的,与侵权人承担连带责任。

第四十六条

除本法第九条第二款规定的服务外,电子商务平台经营者可以按照平台服务协议和交易规则,为经营者之间的电子商务提供仓储、物流、支付结算、交收等服务。电子商务平台经营者为经营者之间的电子商务提供服务,应当遵守法律、行政法规和国家有关规定,不得采取集中竞价、做市商等集中交易方式进行交易,不得进行标准化合约交易。

第三章　电子商务合同的订立与履行

第四十七条

电子商务当事人订立和履行合同,适用本章和《中华人民共和国民法总则》《中华人民共和国合同法》《中华人民共和国电子签名法》等法律的规定。

第四十八条

电子商务当事人使用自动信息系统订立或者履行合同的行为对使用该系统的当事人具有法律效力。在电子商务中推定当事人具有相应的民事行为能力。但是,有相反证据足以推翻的除外。

第四十九条

电子商务经营者发布的商品或者服务信息符合要约条件的,用户选择该商品或者服务并提交订单成功,合同成立。当事人另有约定的,从其约定。电子商务经营者不得以格式条款等方式约定消费者支付价款后合同不成立;格式条款等含有该内容的,其内容无效。

第五十条

电子商务经营者应当清晰、全面、明确地告知用户订立合同的步骤、注意事项、下载方法等事项,并保证用户能够便利、完整地阅览和下载。电子商务经营者应当保证用户在提交订单前可以更正输入错误。

第五十一条

合同标的为交付商品并采用快递物流方式交付的,收货人签收时间为交付时间。合同标的为提供服务的,生成的电子凭证或者实物凭证中载明的时间为交付时间;前述凭证没有载明时间或者载明时间与实际提供服务时间不一致的,实际提供服务的时间为交付时间。合同标的为采用在线传输方式交付的,合同标的进入对方当事人指定的特定系统并且能够检索识别的时间为交付时间。合同当事人对交付方式、交付时间另有约定的,从其约定。

第五十二条

　　电子商务当事人可以约定采用快递物流方式交付商品。快递物流服务提供者为电子商务提供快递物流服务,应当遵守法律、行政法规,并应当符合承诺的服务规范和时限。快递物流服务提供者在交付商品时,应当提示收货人当面查验;交由他人代收的,应当经收货人同意。快递物流服务提供者应当按照规定使用环保包装材料,实现包装材料的减量化和再利用。快递物流服务提供者在提供快递物流服务的同时,可以接受电子商务经营者的委托提供代收货款服务。

第五十三条

　　电子商务当事人可以约定采用电子支付方式支付价款。电子支付服务提供者为电子商务提供电子支付服务,应当遵守国家规定,告知用户电子支付服务的功能、使用方法、注意事项、相关风险和收费标准等事项,不得附加不合理交易条件。电子支付服务提供者应当确保电子支付指令的完整性、一致性、可跟踪稽核和不可篡改。电子支付服务提供者应当向用户免费提供对账服务以及最近三年的交易记录。

第五十四条

　　电子支付服务提供者提供电子支付服务不符合国家有关支付安全管理要求,造成用户损失的,应当承担赔偿责任。

第五十五条

　　用户在发出支付指令前,应当核对支付指令所包含的金额、收款人等完整信息。支付指令发生错误的,电子支付服务提供者应当及时查找原因,并采取相关措施予以纠正。造成用户损失的,电子支付服务提供者应当承担赔偿责任,但能够证明支付错误非自身原因造成的除外。

第五十六条

　　电子支付服务提供者完成电子支付后,应当及时准确地向用户提供符合约定方式的确认支付的信息。

第五十七条

　　用户应当妥善保管交易密码、电子签名数据等安全工具。用户发现安全工具遗失、被盗用或者未经授权的支付的,应当及时通知电子支付服务提供者。未经授权的支付造成的损失,由电子支付服务提供者承担;电子支付服务提供者能够证明未经授权的支付是因用户的过错造成的,不承担责任。电子支付服务提供者发现支付指令未经授权,或者收到用户支付指令未经授权的通知时,应当立即采取措施防止损失扩大。电子支付服务提供者未及时采取措施导致损失扩大的,对损失扩大部分承担责任。

第四章　电子商务争议解决

第五十八条

　　国家鼓励电子商务平台经营者建立有利于电子商务发展和消费者权益保护的商品、服务质量担保机制。电子商务平台经营者与平台内经营者协议设立消费者权益保证金的,双方应当就消费者权益保证金的提取数额、管理、使用和退还办法等作出明确约定。消费者要求电子商务平台经营者承担先行赔偿责任以及电子商务平台经营者赔偿后向平台内经营者的追偿,适用《中华人民共和国消费者权益保护法》的有关规定。

第五十九条

电子商务经营者应当建立便捷、有效的投诉、举报机制，公开投诉、举报方式等信息，及时受理并处理投诉、举报。

第六十条

电子商务争议可以通过协商和解，请求消费者组织、行业协会或者其他依法成立的调解组织调解，向有关部门投诉，提请仲裁，或者提起诉讼等方式解决。

第六十一条

消费者在电子商务平台购买商品或者接受服务，与平台内经营者发生争议时，电子商务平台经营者应当积极协助消费者维护合法权益。

第六十二条

在电子商务争议处理中，电子商务经营者应当提供原始合同和交易记录。因电子商务经营者丢失、伪造、篡改、销毁、隐匿或者拒绝提供前述资料，致使人民法院、仲裁机构或者有关机关无法查明事实的，电子商务经营者应当承担相应的法律责任。

第六十三条

电子商务平台经营者可以建立争议在线解决机制，制定并公示争议解决规则，根据自愿原则，公平、公正地解决当事人的争议。

第五章 电子商务促进

第六十四条

国务院和省、自治区、直辖市人民政府应当将电子商务发展纳入国民经济和社会发展规划，制定科学合理的产业政策，促进电子商务创新发展。

第六十五条

国务院和县级以上地方人民政府及其有关部门应当采取措施，支持、推动绿色包装、仓储、运输，促进电子商务绿色发展。

第六十六条

国家推动电子商务基础设施和物流网络建设，完善电子商务统计制度，加强电子商务标准体系建设。

第六十七条

国家推动电子商务在国民经济各个领域的应用，支持电子商务与各产业融合发展。

第六十八条

国家促进农业生产、加工、流通等环节的互联网技术应用，鼓励各类社会资源加强合作，促进农村电子商务发展，发挥电子商务在精准扶贫中的作用。

第六十九条

国家维护电子商务交易安全，保护电子商务用户信息，鼓励电子商务数据开发应用，保障电子商务数据依法有序自由流动。国家采取措施推动建立公共数据共享机制，促进电子商务经营者依法利用公共数据。

第七十条

国家支持依法设立的信用评价机构开展电子商务信用评价，向社会提供电子商务信用评价服务。

第七十一条

　　国家促进跨境电子商务发展,建立健全适应跨境电子商务特点的海关、税收、进出境检验检疫、支付结算等管理制度,提高跨境电子商务各环节便利化水平,支持跨境电子商务平台经营者等为跨境电子商务提供仓储物流、报关、报检等服务。国家支持小型微型企业从事跨境电子商务。

第七十二条

　　国家进出口管理部门应当推进跨境电子商务海关申报、纳税、检验检疫等环节的综合服务和监管体系建设,优化监管流程,推动实现信息共享、监管互认、执法互助,提高跨境电子商务服务和监管效率。跨境电子商务经营者可以凭电子单证向国家进出口管理部门办理有关手续。

第七十三条

　　国家推动建立与不同国家、地区之间跨境电子商务的交流合作,参与电子商务国际规则的制定,促进电子签名、电子身份等国际互认。国家推动建立与不同国家、地区之间的跨境电子商务争议解决机制。

第六章　法律责任

第七十四条

　　电子商务经营者销售商品或者提供服务,不履行合同义务或者履行合同义务不符合约定,或者造成他人损害的,依法承担民事责任。

第七十五条

　　电子商务经营者违反本法第十二条、第十三条规定,未取得相关行政许可从事经营活动,或者销售、提供法律、行政法规禁止交易的商品、服务,或者不履行本法第二十五条规定的信息提供义务,电子商务平台经营者违反本法第四十六条规定,采取集中交易方式进行交易,或者进行标准化合约交易的,依照有关法律、行政法规的规定处罚。

第七十六条

　　电子商务经营者违反本法规定,有下列行为之一的,由市场监督管理部门责令限期改正,可以处一万元以下的罚款,对其中的电子商务平台经营者,依照本法第八十一条第一款的规定处罚:(一)未在首页显著位置公示营业执照信息、行政许可信息、属于不需要办理市场主体登记情形等信息,或者上述信息的链接标识的;(二)未在首页显著位置持续公示终止电子商务的有关信息的;(三)未明示用户信息查询、更正、删除以及用户注销的方式、程序,或者对用户信息查询、更正、删除以及用户注销设置不合理条件的。电子商务平台经营者对违反前款规定的平台内经营者未采取必要措施的,由市场监督管理部门责令限期改正,可以处二万元以上十万元以下的罚款。

第七十七条

　　电子商务经营者违反本法第十八条第一款规定提供搜索结果,或者违反本法第十九条规定搭售商品、服务的,由市场监督管理部门责令限期改正,没收违法所得,可以并处五万元以上二十万元以下的罚款;情节严重的,并处二十万元以上五十万元以下的罚款。

第七十八条

　　电子商务经营者违反本法第二十一条规定,未向消费者明示押金退还的方式、程序,对押金退还设置不合理条件,或者不及时退还押金的,由有关主管部门责令限期改正,可以处五万元以上二十万元以下的罚款;情节严重的,处二十万元以上五十万元以下的罚款。

第七十九条

电子商务经营者违反法律、行政法规有关个人信息保护的规定,或者不履行本法第三十条和有关法律、行政法规规定的网络安全保障义务的,依照《中华人民共和国网络安全法》等法律、行政法规的规定处罚。

第八十条

电子商务平台经营者有下列行为之一的,由有关主管部门责令限期改正;逾期不改正的,处二万元以上十万元以下的罚款;情节严重的,责令停业整顿,并处十万元以上五十万元以下的罚款:(一)不履行本法第二十七条规定的核验、登记义务的;(二)不按照本法第二十八条规定向市场监督管理部门、税务部门报送有关信息的;(三)不按照本法第二十九条规定对违法情形采取必要的处置措施,或者未向有关主管部门报告的;(四)不履行本法第三十一条规定的商品和服务信息、交易信息保存义务的。法律、行政法规对前款规定的违法行为的处罚另有规定的,依照其规定。

第八十一条

电子商务平台经营者违反本法规定,有下列行为之一的,由市场监督管理部门责令限期改正,可以处二万元以上十万元以下的罚款;情节严重的,处十万元以上五十万元以下的罚款:(一)未在首页显著位置持续公示平台服务协议、交易规则信息或者上述信息的链接标识的;(二)修改交易规则未在首页显著位置公开征求意见,未按照规定的时间提前公示修改内容,或者阻止平台内经营者退出的;(三)未以显著方式区分标记自营业务和平台内经营者开展的业务的;(四)未为消费者提供对平台内销售的商品或者提供的服务进行评价的途径,或者擅自删除消费者的评价的。电子商务平台经营者违反本法第四十条规定,对竞价排名的商品或者服务未显著标明"广告"的,依照《中华人民共和国广告法》的规定处罚。

第八十二条

电子商务平台经营者违反本法第三十五条规定,对平台内经营者在平台内的交易、交易价格或者与其他经营者的交易等进行不合理限制或者附加不合理条件,或者向平台内经营者收取不合理费用的,由市场监督管理部门责令限期改正,可以处五万元以上五十万元以下的罚款;情节严重的,处五十万元以上二百万元以下的罚款。

第八十三条

电子商务平台经营者违反本法第三十八条规定,对平台内经营者侵害消费者合法权益行为未采取必要措施,或者对平台内经营者未尽到资质资格审核义务,或者对消费者未尽到安全保障义务的,由市场监督管理部门责令限期改正,可以处五万元以上五十万元以下的罚款;情节严重的,责令停业整顿,并处五十万元以上二百万元以下的罚款。

第八十四条

电子商务平台经营者违反本法第四十二条、第四十五条规定,对平台内经营者实施侵犯知识产权行为未依法采取必要措施的,由有关知识产权行政部门责令限期改正;逾期不改正的,处五万元以上五十万元以下的罚款;情节严重的,处五十万元以上二百万元以下的罚款。

第八十五条

电子商务经营者违反本法规定,销售的商品或者提供的服务不符合保障人身、财产安全的要求,实施虚假或者引人误解的商业宣传等不正当竞争行为,滥用市场支配地位,或者实施侵犯知识产权、侵害消费者权益等行为的,依照有关法律的规定处罚。

第八十六条

电子商务经营者有本法规定的违法行为的,依照有关法律、行政法规的规定记入信用档案,并予以公示。

第八十七条

依法负有电子商务监督管理职责的部门的工作人员,玩忽职守、滥用职权、徇私舞弊,或者泄露、出售或者非法向他人提供在履行职责中所知悉的个人信息、隐私和商业秘密的,依法追究法律责任。

第八十八条

违反本法规定,构成违反治安管理行为的,依法给予治安管理处罚;构成犯罪的,依法追究刑事责任。

第七章　附则

第八十九条

本法自 2019 年 1 月 1 日起施行。

三、《电子商务法》典型案例

（一）湖州南浔未公示证照信息案

2019 年 1 月 2 日,湖州市南浔区市场监管局执法人员在日常网络巡查中发现个体户卢某在其微信朋友圈内从事饼干、蛋糕等糕点食品销售,但未公示其营业执照、食品经营许可证等信息。由此,执法人员立即前往当事人所描述的某地址进行现场检查。

经查,当事人在上述地址开设了一家从事糕点类食品制售的店铺,并且能提供合法有效的个体工商户营业执照以及食品经营许可证。不过,自 2018 年 7 月起,当事人为了提高知名度,方便开拓市场,吸引消费者,通过微信朋友圈的方式发布了数十条关于店内所制售的饼干、蛋糕、饮料等食品信息,但未在其销售食品的微信朋友圈内公示营业执照、食品经营许可证信息。

鉴于上述行为涉嫌违反《电子商务法》第十五条第一款的相关规定,该局当即依法予以立案查处,责令当事人改正上述违法行为,并对其处以罚款 2000 元人民币。当事人在案发后积极配合调查,已及时在微信朋友圈的显著位置公示了营业执照和食品经营许可证信息。

（二）义乌销售违法自制药品案

2019 年 1 月义乌市人民检察院接到有人利用微信朋友圈、微信群等网络平台违法销售药品的相关线索,该院民事行政检察部检察官根据线索迅速展开调查,发现被调查对象正是利用网络服务销售商品,属于《电子商务法》界定的电子商务经营者。

根据调查得知,此人利用微信违法销售自制药品,声称该药品系采用中草药秘方,主治银屑病、神经性皮炎、牛皮癣等十余种疑难杂症,3 天见效、8 天痊愈,还承诺无效退款。药品销售信息利用其微信朋友圈广告、加入微信群介绍等方式传播并高价销售。

检察机关认为,作为电子商务经营者,不得在未经许可的情况下自制药品、通过网络违法发布药品信息及销售药品,其行为利用了网络的便捷、快速、覆盖面广等特性,违反了《电子商务法》和《药品管理法》等法律法规的规定,已直接威胁到社会公众的用药安全,侵害了社会公共利益。

根据法律规定,义乌检察机关将其立案为侵害药品安全的行政公益诉讼案件,并向行政主管部门发送检察建议,督促对违法行为进行查处。

(三)淮北团购平台未公示经营资质案

2019年1月2日,淮北市工商局执法人员在进行网络定向监测时发现,在某团购平台上,大量淮北市本地餐饮商户的所有网页面没有公示营业执照信息、餐饮许可信息。经调查,该平台早已将餐饮商户的营业执照录入端口分发给了当事人,要求当事人负责录入和维护线上商户的营业执照等信息,并承担不录入所产生的法律后果。截至案发,当事人没有按照法律规定及时录入和维护上述信息,导致大量淮北本地商户经营的主页面没能公示经营资质信息。

根据《电子商务法》规定,电子商务经营者应当在经营主页面显著位置公示营业执照等信息,电子商务平台应当对未公示行为采取必要措施。某团购平台淮北代理公司行为违反了《电子商务法》的规定,构成了没有采取必要措施确保平台内的商户公示主体资质信息行为。对此,淮北市工商局对违反《电子商务法》有关规定的某团购平台淮北代理公司进行了立案查处,责令当事人限期改正违法行为,并处以罚款。

第三节　电子合同法律制度

虽然我国《合同法》承认电子合同的法律效力,但由于网上交易方式的新特点,现行的合同理论对新兴的电子合同并不能完全适用,产生了许多新的法律问题。本节将从传统交易环境与网络交易环境相比较的角度,结合国内相关立法规定,分析合同在网络环境中的变化和产生的新的法律问题。

一、电子合同

(一)电子合同的概念

合同是保障市场经济正常运行和促进贸易发展的重要手段,各国民法中,合同均指平等的当事人之间设立、变更、终止民事权利义务关系的协议,反映了双方意思表达一致的法律行为。电子合同是双方或多方当事人之间通过电子信息网络以电子的形式达成的设立、变更、终止财产性民事权利义务关系的协议。《中华人民共和国合同法》对合同书面形式的表达认可了电子合同与普通合同具有相同的法律效力,合同"书面形式是指合同书、信件和数据电文(包括电报、电传、传真、电子数据交换和电子邮件)等可以有形地表现所载内容的形式"。电子合同的实现过程就是电子合同的文本(数据信息)以可读形式存储于计算机磁性介质上,该信息首先通过某一方的计算机进入内存,然后经过通信网络发送到对方计算机内存中。在电子合同中,旨在约定双方权利和义务的合同内容并无变化,意义和作用也没有发生质的改变,只是其载体和合同订立方式发生了改变。而这种新的变化可能影响这一新型合同形式的法律效力,带来一系列法律问题。

(二)电子合同的分类

1. 按合同内容分类

按照合同内容不同,电子合同有以下分类:

(1)有形商品交易合同。从交易的对象上看,虽然以有形货物为主要标的物的电子合同与传统交易合同相似,但在订立方式和法律适用上与传统合同有一定的区别。在电子商务中,这类合同通常采用电子邮件、EDI数据交换、点击方式或其他数据通信方式订立。这类有形商品交易合同是最基本的电子商务合同,也是数量最大的合同形式。

（2）无形商品交易合同。这类无形商品一般指的是信息商品,与有形商品合同的履行相区别,它不需要传统的物流配送系统,直接在互联网上就能基本完成合同履行的全部环节。例如计算机软件使用许可合同、在线书籍及杂志的交易合同等。

（3）信息技术合同。这类合同主要包括网络软硬件设备购买、技术服务和技术开发等合同,如网络服务器、路由器等大型硬件设备系统的技术交易。这类合同格式规范、条款详尽,且一般不允许随意更改,具有格式合同的特点。

（4）合作协议。互联网时代,信息的价值越来越得到重视。然而在信息传播和应用过程中,常常出现信息的权利归属纠纷。防止这类纠纷的主要手段就是签订合作协议。这类协议主要包括网站新闻信息提供协议、网站合作协议等。

（5）商务开发合同。这类合同主要指电子商务企业与物流配送机构、银行、电子认证机构签订的合作协议,规定各方的权利和义务。

（6）市场策划合同。这类合同是电子商务企业与市场调查公司、管理咨询公司、券商、风险投资机构等签订的确立相互间权利义务的合同形式。

2. 按合同订立方式分类

按照合同订立方式的不同,电子合同又有以下分类:

（1）EDI 合同。这类合同是以 EDI 方式订立的。由于使用 EDI 可以减少甚至消除贸易过程中的书面文件,因此 EDI 又被称为"无纸贸易"。现在大多数国家都采用了 EDI 方式进行电子商务。

（2）电子邮件合同。在电子商务中,通过电子邮件订立的合同很多,它可使当事人订立合同的意思表达更加丰富、直观、明确,且不受地域、距离的限制,做到安全、快捷、高效。

（3）电子格式合同。格式合同,也叫标准合同,指由一方当事人事先制定的,不需要另一方意思表示的参与,并适用于不特定的第三人,第三人不得加以改变,为了反复使用而事先拟定的合同。

（三）电子合同在电子商务中的应用

电子合同是世界各国近年来商务合同中普遍运用的主要合同形式,是合同法发展和趋于统一的标志,它的出现不仅改变了传统的订约方式,而且对合同自由原则形成了重大挑战。电子合同在电子商务中应用极为广泛,一些大型的电子商务网站都拟定了极为详尽的格式条款。应当承认,格式条款对于极大地降低交易成本、规范和完善合同内容、预防和减少合同纠纷起到了重要作用。

格式条款往往都是由单方制定的,相对方无权变更和修改格式条款内容,不能体现相对当事人的意志,也不能充分体现平等公平订立合同的精神。在电子商务交易中,许多商家网站的格式条款要求消费者事先接受完整内容要到承诺做出以后方可知晓的协议;还有的网站对于格式条款中所包含的免责内容根本未以醒目的方式提请相对人注意。凡此种种,均有可能对相对人利益构成不同程度的损害。而且,可以预料的是,随着电子商务的发展,所谓的"格式之战"将越演越烈;相应地,对商业网站的格式条款的规范和对相对人利益的保护将会是一个越来越突出的问题。

二、电子合同法

与电子合同相关的法律包括《中华人民共和国民法总则》《中华人民共和国合同法》《中华人民共和国电子签名法》以及《电子商务法》。《电子商务法》第三章共用十一项条款阐述了电子商务合同的订立与履行。当签订的电子合同无法履行时，违约方需要承担相应的违约责任。《电子商务法》第四章第六十二条说明了"在电子商务争议处理中，电子商务经营者应当提供原始合同和交易记录。"在第六章的法律责任中指出"电子商务经营者销售商品或者提供服务，不履行合同义务或者履行合同义务不符合约定，或者造成他人损害的，依法承担民事责任。"

违约责任是合同当事人因违反合同所应承担的继续履行、采取补救措施或者赔偿损失等民事责任。违约责任制度是保障债权实现及债务履行的重要措施，它与合同债务有密切关系。合同债务是违约责任的前提，违约责任制度的设立能督促债务人履行债务。电子合同仍然遵循合同的基本责任方式，只是在信息产品交易中，在违约呆滞合同终止时，还应采取停止使用、终止访问等措施。

（一）继续履行

继续履行，又称为实际履行，是违约方承担违约责任的一种主要方式，在民法上称为强制实施履行或特定履行、依约履行，指一方在不履行合同时，另一方有权要求对方履行义务，并可请求法院强制违约方按合同规定的标的履行义务，对方不得以支付违约金和赔偿金的方式替代履行。继续履行包含两层含义：一方面，在一方违约时，非违约方可以借助于国家的强制力使违约方继续履行合同；另一方面，强制履行是指要求违约方按合同标的履行义务。从法律上看，继续履行具有以下特点。

（1）继续履行是一种补救方法。继续履行和违约金、损害赔偿等方法相比较，更强调违约方应按合同规定的标的履行义务，从而实现非违约方订约的目的，而不仅仅强调弥补受害人所遭受的损失。所以这种方法与其他方法相比，更有利于当事人订立合同的目的。

（2）是否请求实际履行是债权人享有的一项权利。强制实际履行是有效实现当事人订约目的的补救方式，一般认为它是我国合同法中首要的补救方法。

（3）继续履行不能与解除合同的方式并用。继续履行可以与违约金、定金责任和损害赔偿并用，但不能与解除合同的方式并用。如果债务人违约，债权人可以依据合同违约金要求债务人支付违约金或适用定金罚则，如果给债权人造成损失的，还可以要求对方赔偿损失。

（二）采取补救措施

在货物买卖合同中，采取补救措施是指义务人交付标的物不合格，提供的工作成果不合格，在权利人仍需要的场合，可以要求违法合同义务的一方采取修理、重做、更换等补救措施。根据我国《合同法》的规定，卖方支付货物的质量不符合约定的，受损害方根据标的物的性质及损失大小，可以合理选择要求对方承担修理、更换、重做、退货、减少价款或者报酬等违约责任。同样，电子商务环境下，信息产品也存在这样的补救措施，即要求许可方或信息提供商更换信息产品或消除缺陷。

（三）赔偿损失

损害赔偿是各种违约责任制度中最基本和最重要的违约救济方式，它是对违约行为的一种最主要的补救措施，也是各国法律普遍确定的一种违约责任形式。损害赔偿是指违约一方用金钱补偿因违约而给对方造成的损失,它是以金钱为特征的赔偿,即是以支付损害赔偿金为主的救济方法。我国《合同法》规定:"当事人一方不履行合同义务或者履行合同义务不符合约定,给对方造成损失的,损失赔偿额应相当于因违约所造成的损失,包括合同履行后可以获得的利益,但不超过违反合同一方订立合同时预交的或者应当预见到的因违反合同可能造成的损失,损失赔偿款是合理预见到的损失。"如何界定"合理预见"在网络中的程度也是值得考虑的。一般认为在线交易中合理预见的界定应考虑:合同主体,B2B 交易主体的预见程度较消费者交易高;合同方式,电子自动交易订立合同比在线洽谈方式订立合同的预见程度要低;合同内容,信息许可使用合同比信息访问合同应有较高的预见要求。

(四)停止使用或终止访问

返还财产是传统的违约救济方式之一,但在信息产品交易情形下,返还几乎丧失意义,因为返还的只是信息产品的载体,其信息内容仍然可能留存在持有人计算机中。这时,停止使用、终止访问就具有特殊意义,只有停止使用才能保护许可方的利益。停止使用是指因被许可方的违约行为,许可方在撤销许可或解除合同时请求对方停止使用并交回有关信息。停止使用的内容包括被许可方所占有和使用的被许可的信息及所有的复制件、相关资料,同时被许可方不得继续使用。许可方也可以采用电子自助措施停止信息的继续被利用。中止访问是对信息许可访问合同的救济,当被许可方有严重违约行为时,许可方可以中止其获取信息。

第四节　知识产权法律制度

一、知识产权

(一)知识产权概念

知识产权,也称为"知识财产权",指权利人对其所创作的智力劳动成果所享有的财产权利,一般只在有限时期内有效。知识产权是以知识产品为权利对象的,它与以实体财产为对象的其他民事权利之间的法律特征上存在着一定的差异性。知识产权的法律特征概括起来有:无形性、专有性、时间性和地域性。

(二)知识产权分类

知识产权的分类主要有两种:一种是把知识产权分为著作权和工业产权;另一种是把知识产权分为创造性治理成果权和工商业标记权。

1. 著作权和工业产权

这种分类是以知识的功能为标准划分的。著作权是以满足人类的审美需求为目的的知识类型,包括文学、艺术和科学作品,表演艺术家的演出,录音制品和广播电视节目等。工业产权是指著作权以外的知识产权,主要包括专利权和商标权。著作权保护对象的功能是精神上的,也称非实用功能。工业产权保护对象的功能是物质上的,也称为实用功能。

2. 创造性智力成果权与工商业标记权

这种划分最早出现在国际保护工业产权协会,只以产权价值的来源作为标准。创造性成果权的价值,来源于对该成果直接的商业性利用。例如,获得专利权保护的技术方案或新产品的制造,都会直接带来经济收益。工商业标记本身不产生商业信用,它的功能只是凝结、储存和转移商品或服务或工商业主体的商业信誉,它不依附于商品、服务或工商业主体之上,相当于商品或服务质量的市场评价。

二、知识产权法概述

我国拥有完整的知识产权法律体系,由《著作权法》《商标法》《专利法》三部法律构成。《电子商务法》则特别重视知识产权的保护问题。

《电子商务法》在总则中要求所有电子商务经营者均应履行保护知识产权的义务。《电子商务法》第四十一条至四十五条明确了电子商务平台经营者的知识产权保护制度,规定了电子商务平台经营者应从建立保护规则、与权利人等各方合作以及实施治理措施等三方面落实知识产权保护义务,以及电子商务平台经营者未能履行知识产权保护义务而承担的连带责任,而其他电子商务经营者则应适用《著作权法》《商标法》《专利法》等一般性的知识产权法律规定。

在建立保护规则方面,《电子商务法》第四十一条规定,电子商务平台经营者必须建立知识产权保护规则,其根本目的是履行知识产权保护的法定义务。电子商务平台的知识产权保护规则必须符合相关知识产权法律、行政法规的规定,不得降低法定的知识产权保护水平或者为知识产权保护设置不合理的条件或者障碍。

在与权利人等各方合作方面,《电子商务法》第四十一条规定,电子商务平台经营者不仅应与知识产权人加强合作,还应与平台内经营者、消费者等利益相关方,以及知识产权执法机构等合作。电子商务平台经营者应当依法给予平台内外的知识产权人同等的待遇,不应歧视平台外的知识产权人。

在实施治理措施方面,《电子商务法》第四十二条规定了平台经营者在接到知识产权人通知后的应对措施,不能借口无力对通知真实性加以判断,拒绝或逃避采取必要的治理措施。同时也规定了知识产权人发出通知错误,给平台内经营者造成损害的,依法承担民事责任。第四十三条规定了平台内经营者终止治理措施的条件和程序,以平衡知识产权人与平台内经营者双方的合法权益。第四十四条规定,电子商务平台经营者应当及时公示收到的知识产权人通知、平台内经营者的声明及处理结果,保证平台治理公开透明,并接受有关各方监督。

在责任承担方面,《电子商务法》第四十五条规定了电子商务平台经营者承担连带责任的三种情形,第一种是平台经营者确切地"知道"平台内经营者的侵权行为,但不采取必要措施予以制止;第二种是平台内侵权行为明显而平台经营者"应当知道"平台内经营者的侵权行为,却视而不见、听之任之,不采取必要措施予以制止;第三种是平台内经营者的侵权行为不够明显,但平台经营者如果收到知识产权人的通知,则"知道"了平台内经营者的侵权行为,仍不采取必要措施的,根据第四十二条第二款的规定,应对知识产权损害的扩大部分与侵权人承担连带责任。

三、著作权的法律保护

(一)数字化作品著作权保护

我国《著作权法》及其实施条例对于作品的存在形式及载体并无任何具体要求。事实上,数字化作品与传统作品的区别仅在于作品存在形式和载体不同,作品的表现形式不会因数字化而有所改变,因此,以数字化形式存在于磁盘等介质上的网络信息,如具备作品实质要件的,应当构成作品,受《著作权法》保护;对于《著作权法》所列举的具体形式的作品,应当理解为已经涵盖了其数字化形式,既包括已有的之后被数字化的作品,也包括直接以数字化形式创作的作品。

(二) 计算机软件的法律保护

计算机软件指计算机程序及其有关文档。对计算机软件这样的智力成果,在知识产权理论界通常认为应当以《著作权法》保护为主,结合《专利法》《商标法》《反不正当竞争法》等相关法律,充分保护计算机软件。我国《著作权法》规定计算机软件是其保护对象之一,对计算机软件使用《著作权法》保护。

(三) 数据库的法律保护

数据库是指围绕一个既定目的收集起来的供一个或几个数据处理系统使用的,按照一定规则组织存放在计算机存储设备中的一大批信息的集合。从著作权的角度看,可以将数据库分成两种类型:一类是由各个本身具有独立著作权的作品(例如学术论文)集合而成的数据库;另一类是由一些事实或本身无著作权的信息资料(如新闻报道)集合而成的数据库。显然前一类数据库是《著作权法》的保护对象。至于后一类数据库本身能否享有著作权,关键问题是这种数据库在整体上是否具有原始性或者独创性,否则就不能享有著作权。

(四) 侵犯著作权的行为

所谓侵犯著作权的行为,是指未经著作权人许可,且无法律上的根据,擅自对著作权作品进行利用或以其他非法手段行使著作权人专有权利的行为。侵犯著作权的行为,须具备以下三个要件:

(1) 要有侵权的事实,即行为人未经著作权人许可,不按著作权法规定的使用条件,擅自使用受著作权法保护的作品、表演、音像制品和广播电视节目的事实。

(2) 行为具有违法性。著作权是一种绝对权,认何人都负有不得侵犯该权利的不作为义务,他人在使用著作权作品时必须遵守著作权法及其他法律的有关规定。

(3) 行为人主观有过错。所谓过错,是指侵犯人对其侵犯行为及其后果所抱的心理状态,包括故意和过失两种形式。

(五) 网络服务提供商的著作权侵权责任

对于网络服务提供商的侵权责任问题,最高人民法院的《关于审理涉及计算机网络著作权纠纷案件适用法律若干问题的解释》,国家版权局和信息产业部联合制定的《互联网著作权行政保护办法》等法律法规中都给予了明确说明。主要规定了网络信息服务提供商的行政法律责任承担,著作权、互联网信息服务提供者、互联网内容提供者在保护网络著作权中的具体做法,对严重违法侵权行为的处理等内容。对于网络服务提供商间接侵犯著作权所应承担的责任,可以援引我国《民法通则》中有关条文。

四、专利权的法律保护

专利权是指国家专利行政机关依照专利法的规定授予发明人、设计人或其所在的单位对某项发明创造享有的在法定期限内的专有权。专利权只是一种具有财产权属性的独占权以及由其衍生出来的相应处分权,不包含具有人身权属性的权利内容。根据我国《专利法》的有关规定,专利人在专利有效期内享有制造权、使用权、许诺销售权、销售权、进口权、转让权、许可权、标记权和署名权。

在电子商务环境下,由于网络的全球性和专利权的地域性,一项技术创新成果在网络这一端受到专利权保护,而在另一端则可能属于公共领域。即使是网络两端所在的国家属于双边、多边缔约国家或在同一国际知识产权条约覆盖范围之内,根据《巴黎公约》的国内法独立原则和国民待遇原则,该项技术成果的专利权是否成立以及受保护的程度还要视各自国内专利立法的具体情况而定。各国家、地域的专利法千差万别,而网络信息则覆盖全球。对于权利人来说,在世界范围监测专利侵权状况、认定侵权并掌握用以证明侵权人实施的侵权行为证据,实际上很难实现,甚至不大可能。这些情况都要求各国尽量缩小专利立法差距,并同时加大执法力度。

网络环境相比传统的信息传播和检索方式,增加了判断专利申请新颖性和创造性的公开信息源。以我国《专利法》而言,对新颖性的定义是:"新颖性,是指在申请日以前没有同样的发明或实用新型在国内外出版物上公开发表过、在国内公开使用过或者以其他方式为公众所知……"。但由于电子传输文献中的信息经过传输发生信息丢失,或者因为数据压缩与解压,以至不能按原样打印在纸上;或者网上用户擅自对网上传输的电子出版物信息予以篡改,破坏信息的完整性,因此无法取得有关信息首次公开日的实施证据,或者无法把电子文献内容视为该日公开的实物证据。从长远的观点看,电子出版物必定在不远的将来成为判断现有技术的一部分文献源。专利信息上网,尤其是像专利说明书一类高密度蕴涵创新技术内容的文献上网,可以为极大地促进世界范围的科学技术的发展进步起到良好的作用。但网络环境同时也为非授权利用专利技术的侵权行为提供了更便利的条件,网络环境的公开,是比传统意义上的书面公开、口头公开和使用公开更具广泛意义的公开形式。技术成果的实质性内容一旦上网,该技术成果的新颖性将丧失殆尽,失去获取专利的可能,使专利侵权变得更为复杂和难以控制。鉴于网络这一新的信息源自身的特点和传统专利制度面临的问题,在专利法修订时应考虑对新颖性的重新定义,专利审查基准也应做出相应调整。

五、商标权的法律保护

商标权是指商标所有人在法律规定的有效期限内,对其经商标主管机关核准注册的商标所享有的独占地、排他地使用和处分的权利,通常称之为"商标专有权"。商标权人依法享有的主要权利包括专有使用权、禁用权、许可使用权和转让权。商标注册人在使用商标时应承担的主要义务包括不得擅自改变注册商标,不得自行改变注册商标的注册人名义、地址或其他注册事项,不得自行转让注册商标和注册商标必须使用的义务。

电子商务环境下,传统的商标保护制度遇到了多重挑战,突出表现在域名和商标的冲突上。商标和域名都具有很强的识别功能,从经济角度看待,域名和商标都具有标记企业和厂家的作用。在电子商务的网络虚拟环境中,要发挥商标的价值作用,就必须使用域名,只有通过域名进入互联网,才能发挥商标的价值作用。同时,域名的使用也要与商标相配合,以便最大限度地发挥其价值所在。大多数公司的域名和商标或企业名称保持一致,从某种意义上说,域名是企业商标在网络空间的合理延伸。因此人们形象地将域名称为"电子商标"。

正是由于域名的无形财产性质,有些企业或个人盗用知名公司或竞争对手的企业名称、商标名称注册为自己的域名,有些人则大量注册域名然后出售从中牟利。几乎每个国家都发生过这样的案例,例如我国"长虹""全聚德""同仁堂"等知名商标都曾被他人抢注为域名,由此产生的"电子商标"侵权和不正当竞争问题日益增多。这与传统商贸环境下的商标抢注行为一样,同属严重的侵权行为。一般认为恶意性地抢先将知名商标名称登记为域名后再转售或授权商标权人使用的行为构成商标淡化,是不公平竞争行为。我国有关部门已经颁布了《中国互联网络域名注册暂行管理办法》,被侵权企业可以结合《反不正当竞争法》有关条文,积极采取措施以保护本企业的合法权益,进行反抢注申诉。

第五节　消费者权益与隐私保护法律制度

一、消费者权益与隐私权保护

《中华人民共和国消费者权益保护法》明确了消费者的权利,确立和加强了保护消费者权益的法律基础,特别是对于因提供和接受服务而发生损害消费者权益的问题,做出了全面、明确的规定。该法规定了消费者的9项权利:安全权,知情权,自主选择权,公平交易权,损害赔偿权,结社权,获得有关知识权,人格尊严和民族风俗习惯受尊重权,监督权。以下分别介绍电子商务环境下与消费者有关的权益。

1. 安全权

消费者的安全权,分为消费者的人身安全权和财产安全权。只要是在购买、使用商品或接受服务过程中,消费者的人身、财产安全受到损害,消费者就有权要求赔偿。所谓人身安全权指消费者在网上所购买的物品不会对自己的生命和健康造成威胁。财产安全权指消费者的财产不受侵害的权利。

2. 知情权

消费者的知情权,指消费者享有的知悉其购买、使用的商品或者接受的服务的真实情况的权利。消费者在决定购物之前,有权利了解一切与商品或服务有关的真实信息,具体包括:① 商品或服务的基本情况,例如商品的名称、商标、规格等;② 商品的技术指标情况,例如商品用途、性能、使用方法等;③ 商品或服务的价格及商品的售后服务情况。

3. 自主选择权

消费者的自主选择权,是指消费者有权自主选择提供商品或服务的经营者,自主选择商品品种或者服务方式,自主决定购买或者不购买任何一种商品、接受或不接受任何一项服务。

4. 公平交易权

公平交易权,是指交易双方在交易过程中获得的利益相当。而在消费性交易中,消费者的公平交易权就是指消费者获得的商品和服务与其交付的货币价值相当。消费者所享受的公平交易权主要体现在两个方面:① 消费者有权获得质量保障、价格合理、计量正确等公平交易条件。② 消费者有权拒绝经营者的强制交易行为。

5. 损害赔偿权

消费者的损害赔偿权又称求偿权或索赔权。实施这种权利的前提就是消费者在购买、使用商品或接受服务时,人身权和财产权受到侵害。这里的人身侵害包括消费者的生命健康权、姓名权、名誉权、荣誉权可能受到的侵害;财产侵害包括直接的财产损失和间接的财产损失。对于商品的购买者、使用者、接受服务者以及在别人购买、使用商品或接受服务的过程中受到人身或财产损害的其他人而言,只要其人身、财产损害是因购买、使用商品或接受服务而引起的,都享有求偿权;商品的生产者、销售者或服务者均要承担赔偿责任,而不论其是否有过错;除非是出于受害者自己的过错,如违反使用说明造成的损害,则商品的制造者、经销者不承担责任。

6. 消费者隐私保护权益

隐私是一种与公共利益、群体利益无关,当事人不愿他人知道或他人不便知道的信息,当事人不愿意他人干涉或他人不便干涉的个人私事,以及当事人不愿意他人侵入或者他人不便侵入的个人领域。隐私权是自然人享有的对与其他个人的、公共利益无关的个人信息、私人活动和私有领域进行支配的具体人格权。其通常包括四项基本权利:

(1)隐私隐瞒权。权利主体有权对于自己的隐私进行隐瞒,不为他人所知。这种隐瞒,不是不诚实的表现,而是维护自己的人格利益的需要。

(2)隐私利用权。公民对于自己的个人资讯进行积极利用,以满足自己精神、物质等方面的需要。这种利用是自我利用,而不是转让他人利用。

(3)隐私维护权。公民对于自己的隐私享有维护其不可侵犯的权利,在受到非法侵害时可以依法寻求司法保护。

(4)隐私支配权。公民对于自己的隐私有权按照自己的意愿进行支配,可以公开部分隐私,准许对个人活动和个人领域进行查知,准许他人利用自己的隐私。

对于隐私权的法律保护,历来有两种方式:一是直接保护方式,对侵害隐私权的行为直接确认为侵害隐私权。二是间接保护方式,即不认为侵害隐私权是一种独立的侵权行为,而是依侵害名誉权或者侵害自由权,追究加害人的民事责任。

二、消费者权益保护法

电子商务交易有两个特点明显区别于传统的商品交易:一是消费者只能通过广告获取有关商品的信息,而不能实际地观察、挑选和校验商品,在经营者没有充分公开信息或公开虚假信息时往往使消费者的利益受到损失;二是货款不能即时当面清结,在电子商务交易中,一般由消费者先向经营者汇款,并说明欲购的商品,后者收到汇款后才发货。在实践中,有的经营者利用通信交易这一特点,以虚假不实的广告,诱使消费者购买质次价高商品,或是收到货款后拖延邮货,或是以邮售为名,行诈骗之实。在这种情况下,消费者如何保护自己的权益?在传统的交易中,即使消费者和商家面对面地进行交易,消费者的权益也常常受到侵害,那么在电子商务时代,是什么能让消费者放心呢?或许只有法律能做到这一点。因此,电子商务对消费者权益保护工作提出了新的挑战:消费者顾虑可否获得法律保护和损害赔偿,商家也顾虑管理环境的成本和可预见性。

对电子商务中消费者的法律保护,相关法律法规有《民法通则》《合同法》《消费者权益保护法》《产品质量法》《反不正当竞争法》《广告法》《电信条例》《计算机信息网络国际联网管理暂行规定》《计算机信息网络国际联网安全保护管理办法》等。

《电子商务法》系统地规定了对消费者的权益保护。第五条规定:"电子商务经营者从事经营活动,应当遵循自愿、平等、公平、诚信的原则,遵守法律和商业道德,公平参与市场竞争,履行消费者权益保护、环境保护、知识产权保护、网络安全与个人信息保护等方面的义务,承担产品和服务质量责任,接受政府和社会的监督。"

《电子商务法》第十七条、第十九条至第二十一条规定了电子商务经营者应当保障消费者的知情权和选择权,不得以虚构交易、编造用户评价等方式进行虚假或者引人误解的商业宣传,欺骗、误导消费者;应当以显著方式提请消费者注意搭售方式,不得将搭售商品或者服务作为默认同意的选项;应当按照承诺或者与消费者约定的方式、时限向消费者交付商品或者服务,并承担商品运输中的风险和责任;按照约定向消费者收取押金的,应当明示押金退还的方式、程序,不得对押金退还设置不合理条件。

《电子商务法》第三十二条、第三十三条规定了电子商务平台经营者应当遵循公开、公平、公正的原则,制定平台服务协议和交易规则,明确进入和退出平台、商品和服务质量保障、消费者权益保护、个人信息保护等方面的权利和义务;应当在其首页显著位置持续公示平台服务协议和交易规则信息或者上述信息的链接标识,并保证经营者和消费者能够便利、完整地阅览和下载。

《电子商务法》第三十七条至第四十条规定了电子商务平台经营者在其平台上开展自营业务的,应当以显著方式区分标记自营业务和平台内经营者开展的业务,不得误导消费者;电子商务平台经营者知道或者应当知道平台内经营者销售的商品或者提供的服务不符合保障人身、财产安全的要求,或者有其他侵害消费者合法权益行为,未采取必要措施的,依法与该平台内经营者承担连带责任,对平台内经营者的资质资格未尽到审核义务,或者对消费者未尽到安全保障义务,造成消费者损害的,依法承担相应的责任;电子商务平台经营者应当建立健全信用评价制度,公示信用评价规则,为消费者提供对平台内销售的商品或者提供的服务进行评价的途径;不得删除消费者对其平台内销售的商品或者提供的服务的评价;电子商务平台经营者应当根据商品或者服务的价格、销量、信用等以多种方式向消费者显示商品或者服务的搜索结果;对于竞价排名的商品或者服务,应当显著标明"广告"。

《电子商务法》第四十九条规定了电子商务经营者发布的商品或者服务信息符合要约条件的,用户选择该商品或者服务并提交订单成功,合同成立;电子商务经营者不得以格式条款等方式约定消费者支付价款后合同不成立;格式条款等含有该内容的,其内容无效。

三、消费者隐私保护法

在资讯通过网络由世界各地传输到个人的计算机内供我们使用时,我们的个人数据也可能同时散步到世界各地,暴露于公众之中,并且极有可能被陌生人士阅读甚至利用,隐私被窥探可能性随之大增。许多电子商店在消费者进入购物时,往往要求消费者输入许多个人数据,例如姓名、地址、职业、电话、电子邮件、薪资等;有些业者更采取会员制,要求用户须提供上述各项个人信息登录加入为会员,方可进行购物。诸如此类收集个人信息的行为,无疑涉及了隐私保护之法律问题。然而,若承认为了要享受科技对人类生活带来的进步福利,便必须牺牲个人隐私权以作为交换代价,无疑是难以让人接受的。如何规范商家的利用行为,保护消费者隐私权,就成为一个新问题。这一问题实质上仍然是保护消费者利益、树立消费者信任的重要组成部分。

保护个人隐私需要从社会、法律和技术三个方面共同努力。从社会角度,应该树立每个人都应该尊重和保护他人隐私的社会风气;从法律角度,应该对侵犯他人隐私信息制定明确的法律条款,而从技术上应尽可能防止非法获取他人隐私信息,并在合法获取他人隐私时,要遵循一定的协议,如隐私偏好平台(platform for privacy preferences, P3P),要向隐私信息提供者说明收集哪些隐私信息、收集的目的和使用场所、使用安全保障、信息完整性和准确性保障、隐私信息提供者对隐私信息的所有权及维护权等。

目前,窃取和收集隐私信息的主要技术有:在客户端放置各种小程序如Cookies、木马、插件、

Web Beacon 等收集或窃取用户隐私信息;跟踪用户 IP;主动攻击用户计算机;注册收集用户隐私信息;跟踪用户访问历史等。侵犯隐私的主要行为包括:

(1)非法进入个人计算机系统。随着计算机和互联网的实际使用,发送电子邮件、网上购物、在线办公、远程学习等已经成为人们日常生活中的重要部分。网络用户的很多个人信息通常被储存在个人的计算机系统内,而利用高技术非法进入个人计算机系统已不是难事,近年来频频曝光的黑客入侵信息网络、破坏系统的事件足以说明。非法破坏系统如同非法侵入住宅进行偷窥、盗窃一样,是对个人隐私权的干涉和严重侵害。

(2)未经许可截取、浏览、持有、篡改他人的电子邮件。如黑客侵入篡改邮件内容,再发送给收信人;利用技术监看他人电子邮件(如同私拆他人信件);公司监看员工信件,都严重侵害了公民的通信秘密与通信自由的权利。

(3)擅自在网上宣传、公布他人隐私。利用发送电子邮件、聊天室、新闻组等方式,非法将他人隐私暴露等。

(4)未经许可披露个人数据或将数据挪作他用。一些网络经营者往往未经网络用户资料主体的同意,擅自泄露、披露个人数据或将数据挪作收集目的的说明以外的用途,包括未经所涉个人的同意,不同公司将各自收集的个人信息相互交换或直接买卖,其行为均构成对个人隐私权的侵犯。

(5)非法搜集、获取、利用个人数据。用户在网上漫游、自由冲浪时,可能无意识地将个人身份信息暴露在网上,其网络行踪(如访问网站、消费习惯、阅读习惯、信用记录等)常常在毫不知情的情况下被记录下来。网络上已出现专门出售个人资料的公司,他们通过各种渠道搜集了很多人的个人资料,然后明码标价公开出售,对个人隐私权的保护构成极大威胁。

我国现有立法对隐私权的保护相对比较零散,未能全面正确地贯彻宪法中保护公民隐私权的原则性规定。例如我国的《民法通则》中规定,公民和法人享有名誉权,公民的人格尊严受法律保护。虽然隐私权包含于名誉权中,但在《民法通则》中并未明确规定要保护隐私权在人格制度中单列。由于修改和立法都是一项耗时的工作,为适应目前的需要,也可以考虑制定行政规章,或在其他规范电子商务的法规中先行规定经营者的个人资料保护义务,包括保证消费者个人资料在网上传送和存储过程中的安全性,向消费者声明收集个人资料的范围及使用方法,征得消费者的同意方可被第三方使用等。

《电子商务法》中涉及隐私保护的条款主要包括:

第十八条 电子商务经营者根据消费者的兴趣爱好、消费习惯等特征向其提供商品或者服务的搜索结果的,应当同时向该消费者提供不针对其个人特征的选项,尊重和平等保护消费者合法权益。电子商务经营者向消费者发送广告的,应当遵守《中华人民共和国广告法》的有关规定。

第二十三条 电子商务经营者收集、使用其用户的个人信息,应当遵守法律、行政法规有关个人信息保护的规定。

第二十四条 电子商务经营者应当明示用户信息查询、更正、删除以及用户注销的方式、程序,不得对用户信息查询、更正、删除以及用户注销设置不合理条件。电子商务经营者收到用户信息查询或者更正、删除的申请的,应当在核实身份后及时提供查询或者更正、删除用户信息。用户注销的,电子商务经营者应当立即删除该用户的信息;依照法律、行政法规的规定或者双方约定保存的,依照其规定。

第二十五条 有关主管部门依照法律、行政法规的规定要求电子商务经营者提供有关电子商务数据信息的,电子商务经营者应当提供。有关主管部门应当采取必要措施保护电子商务经营者提供的数据信息的安全,并对其中的个人信息、隐私和商业秘密严格保密,不得泄露、出售或者非法向他人提供。

第六十九条 国家维护电子商务交易安全,保护电子商务用户信息,鼓励电子商务数据开发应用,保障电子商务数据依法有序自由流动。国家采取措施推动建立公共数据共享机制,促进电子商务经营者依法利用公共数据。

第六十九条 也表明消费者隐私需要得到法律保护,但也不是无限的,既要保护用户隐私,又要保障数据依法流动。对消费者的隐私加以保护也就意味着对经营者施加了义务,因此确定保护的限度,做到消费者权益与经营者利用双赢是至关重要的。经营者要对收集的消费者个人资料的安全作出承诺,明确将对消费者所提供的个人资料进行严格的管理及保护,将使用相应的技术,防止个人资料丢失、被盗或遭篡改。

第六节 《电子签名法》

一、电子签名

(一)电子签名的概念

根据我国《电子签名法》第二条规定,电子签名指数据电文中以电子形式所含、所附用于识别签名人身份并表明签名人认可其中内容的数据。主要包括以下内容:(1)电子签名是以电子形式存在的数据。(2)电子签名附着于数据电文。(3)电子签名要能实现传统签名的基本功能。因此,凡是在计算机通信中,能够起到证明当事人身份及当事人对文件内容认可的电子技术手段,都是电子签名。

(二)电子签名的分类

电子签名包括了各种电子手段在内的电子签名,根据电子签名技术实现方式的不同,可以将电子签名划分为不同的种类。就技术发展的现状而言,可以将电子签名主要分为电子化签名、生理特征签名、数字签名。各种电子签名技术具有各自的优势和局限性,目前使用最为普遍的是数字签名。

1. 电子化签名

电子化签名是指对手写签名进行模式识别的签名方法。电子化签名的实现采用签名者传统的手写方式,但需要一定的技术手段将手写签名转换为电子化签名。在硬件方面,需要一块与计算机相连的手写感应板及电子笔;在软件方面,需要高度精确的模式识别技术、笔迹压缩技术和加密技术。

2. 生理特征签名

生理特征签名是一种基于用户指纹、视网膜结构、手掌掌纹、声音纹、全省形体特征以及脸部特征等独一无二的生理特征通过生物识别技术进行身份识别的签名方法。

3. 数字签名

数字签名指附加在数据单元上的一些数据,或是对数据单元所做的密码变换,这种数据和变换允许数据单元的接收者用以确认数据单元来源和数据单元的完整性,并保护数据,防止被人(例如接收者)进行伪造。因此数字签名指的是基于公钥基础设施运用非对称加密系统和哈希函数变换的电子记录组成的电子签名。

二、《电子签名法》概述

《电子签名法》由中华人民共和国第十届全国人民代表大会常务委员会第十一次会议于2004年8月28日通过,自2005年4月1日起施行。《电子签名法》被认为是我国首部真正意义上的信息化法律,不仅规范了电子签名、数据电文、认证机构等相关法律问题,填补了法律空白,而且标志着我国法律体系正式迈入网络时代,对我国电子商务发展及电子商务法律制度建设具有重要意义。《电子签名法》分别于2015年和2019年由第十二届全国人大常务委员会第十四次会议和第十三届全国人大常务委员会第十次会议修订。《电子签名法》共5章36条,分为总则、数据电文、电子签名与认证、法律责任、附则。

三、《电子签名法》原文

第一章 总则

第一条

为了规范电子签名行为,确立电子签名的法律效力,维护有关各方的合法权益,制定本法。

第二条

本法所称电子签名,是指数据电文中以电子形式所含、所附用于识别签名人身份并表明签名人认可其中内容的数据。本法所称数据电文,是指以电子、光学、磁或者类似手段生成、发送、接收或者储存的信息。

第三条

民事活动中的合同或者其他文件、单证等文书,当事人可以约定使用或者不使用电子签名、数据电文。当事人约定使用电子签名、数据电文的文书,不得仅因为其采用电子签名、数据电文的形式而否定其法律效力。

前款规定不适用下列文书:

(一)涉及婚姻、收养、继承等人身关系的;

(二)涉及土地、房屋等不动产权益转让的;

(三)涉及停止供水、供热、供气、供电等公用事业服务的;

(四)法律、行政法规规定的不适用电子文书的其他情形。

第二章 数据电文

第四条

能够有形地表现所载内容,并可以随时调取查用的数据电文,视为符合法律、法规要求的书面形式。

第五条

符合下列条件的数据电文,视为满足法律、法规规定的原件形式要求:

（一）能够有效地表现所载内容并可供随时调取查用；

（二）能够可靠地保证自最终形成时起，内容保持完整、未被更改。但是，在数据电文上增加背书以及数据交换、储存和显示过程中发生的形式变化不影响数据电文的完整性。

第六条

符合下列条件的数据电文，视为满足法律、法规规定的文件保存要求：

（一）能够有效地表现所载内容并可供随时调取查用；

（二）数据电文的格式与其生成、发送或者接收时的格式相同，或者格式不相同但是能够准确表现原来生成、发送或者接收的内容；

（三）能够识别数据电文的发件人、收件人以及发送、接收的时间。

第七条

数据电文不得仅因为其是以电子、光学、磁或者类似手段生成、发送、接收或者储存的而被拒绝作为证据使用。

第八条

审查数据电文作为证据的真实性，应当考虑以下因素：

（一）生成、储存或者传递数据电文方法的可靠性；

（二）保持内容完整性方法的可靠性；

（三）用以鉴别发件人方法的可靠性；

（四）其他相关因素。

第九条

数据电文有下列情形之一的，视为发件人发送：

（一）经发件人授权发送的；

（二）发件人的信息系统自动发送的；

（三）收件人按照发件人认可的方法对数据电文进行验证后结果相符的。

当事人对前款规定的事项另有约定的，从其约定。

第十条

法律、行政法规规定或者当事人约定数据电文需要确认收讫的，应当确认收讫。发件人收到收件人的收讫确认时，数据电文视为已经收到。

第十一条

数据电文进入发件人控制之外的某个信息系统的时间，视为该数据电文的发送时间。收件人指定特定系统接收数据电文的，数据电文进入该特定系统的时间，视为该数据电文的接收时间；未指定特定系统的，数据电文进入收件人的任何系统的首次时间，视为该数据电文的接收时间。当事人对数据电文的发送时间、接收时间另有约定的，从其约定。

第十二条

发件人的主营业地为数据电文的发送地点，收件人的主营业地为数据电文的接收地点。没有主营业地的，其经常居住地为发送或者接收地点。当事人对数据电文的发送地点、接收地点另有约定的，从其约定。

第三章　电子签名与认证

第十三条

电子签名同时符合下列条件的,视为可靠的电子签名:

(一)电子签名制作数据用于电子签名时,属于电子签名人专有;

(二)签署时电子签名制作数据仅由电子签名人控制;

(三)签署后对电子签名的任何改动能够被发现;

(四)签署后对数据电文内容和形式的任何改动能够被发现。

当事人也可以选择使用符合其约定的可靠条件的电子签名。

第十四条

可靠的电子签名与手写签名或者盖章具有同等的法律效力。

第十五条

电子签名人应当妥善保管电子签名制作数据。电子签名人知悉电子签名制作数据已经失密或者可能已经失密时,应当及时告知有关各方,并终止使用该电子签名制作数据。

第十六条

电子签名需要第三方认证的,由依法设立的电子认证服务提供者提供认证服务。

第十七条

提供电子认证服务,应当具备下列条件:

(一)具有与提供电子认证服务相适应的专业技术人员和管理人员;

(二)具有与提供电子认证服务相适应的资金和经营场所;

(三)具有符合国家安全标准的技术和设备;

(四)具有国家密码管理机构同意使用密码的证明文件;

(五)法律、行政法规规定的其他条件。

第十八条

从事电子认证服务,应当向国务院信息产业主管部门提出申请,并提交符合本法第十七条规定条件的相关材料。国务院信息产业主管部门接到申请后经依法审查,征求国务院商务主管部门等有关部门的意见后,自接到申请之日起四十五日内作出许可或者不予许可的决定。予以许可的,颁发电子认证许可证书;不予许可的,应当书面通知申请人并告知理由。申请人应当持电子认证许可证书依法向工商行政管理部门办理企业登记手续。取得认证资格的电子认证服务提供者,应当按照国务院信息产业主管部门的规定在互联网上公布其名称、许可证号等信息。

第十九条

电子认证服务提供者应当制定、公布符合国家有关规定的电子认证业务规则,并向国务院信息产业主管部门备案。电子认证业务规则应当包括责任范围、作业操作规范、信息安全保障措施等事项。

第二十条

电子签名人向电子认证服务提供者申请电子签名认证证书,应当提供真实、完整和准确的信息。电子认证服务提供者收到电子签名认证证书申请后,应当对申请人的身份进行查验,并对有关材料进行审查。

第二十一条

电子认证服务提供者签发的电子签名认证证书应当准确无误,并应当载明下列内容:

(一)电子认证服务提供者名称;

（二）证书持有人名称；

（三）证书序列号；

（四）证书有效期；

（五）证书持有人的电子签名验证数据；

（六）电子认证服务提供者的电子签名；

（七）国务院信息产业主管部门规定的其他内容。

第二十二条

电子认证服务提供者应当保证电子签名认证证书内容在有效期内完整、准确，并保证电子签名依赖方能够证实或者了解电子签名认证证书所载内容及其他有关事项。

第二十三条

电子认证服务提供者拟暂停或者终止电子认证服务的，应当在暂停或者终止服务九十日前，就业务承接及其他有关事项通知有关各方。电子认证服务提供者拟暂停或者终止电子认证服务的，应当在暂停或者终止服务六十日前向国务院信息产业主管部门报告，并与其他电子认证服务提供者就业务承接进行协商，作出妥善安排。电子认证服务提供者未能就业务承接事项与其他电子认证服务提供者达成协议的，应当申请国务院信息产业主管部门安排其他电子认证服务提供者承接其业务。电子认证服务提供者被依法吊销电子认证许可证书的，其业务承接事项的处理按照国务院信息产业主管部门的规定执行。

第二十四条

电子认证服务提供者应当妥善保存与认证相关的信息，信息保存期限至少为电子签名认证证书失效后五年。

第二十五条

国务院信息产业主管部门依照本法制定电子认证服务业的具体管理办法，对电子认证服务提供者依法实施监督管理。

第二十六条

经国务院信息产业主管部门根据有关协议或者对等原则核准后，中华人民共和国境外的电子认证服务提供者在境外签发的电子签名认证证书与依照本法设立的电子认证服务提供者签发的电子签名认证证书具有同等的法律效力。

第四章 法律责任

第二十七条

电子签名人知悉电子签名制作数据已经失密或者可能已经失密未及时告知有关各方、并终止使用电子签名制作数据，未向电子认证服务提供者提供真实、完整和准确的信息，或者有其他过错，给电子签名依赖方、电子认证服务提供者造成损失的，承担赔偿责任。

第二十八条

电子签名人或者电子签名依赖方因依据电子认证服务提供者提供的电子签名认证服务从事民事活动遭受损失，电子认证服务提供者不能证明自己无过错的，承担赔偿责任。

第二十九条

未经许可提供电子认证服务的，由国务院信息产业主管部门责令停止违法行为；有违法所得的，没收违法所得；违法所得三十万元以上的，处违法所得一倍以上三倍以下的罚款；没有违法所得或者违法所得不足三十万元的,处十万元以上三十万元以下的罚款。

第三十条

电子认证服务提供者暂停或者终止电子认证服务,未在暂停或者终止服务六十日前向国务院信息产业主管部门报告的,由国务院信息产业主管部门对其直接负责的主管人员处一万元以上五万元以下的罚款。

第三十一条

电子认证服务提供者不遵守认证业务规则、未妥善保存与认证相关的信息,或者有其他违法行为的,由国务院信息产业主管部门责令限期改正;逾期未改正的,吊销电子认证许可证书,其直接负责的主管人员和其他直接责任人员十年内不得从事电子认证服务。吊销电子认证许可证书的,应当予以公告并通知工商行政管理部门。

第三十二条

伪造、冒用、盗用他人的电子签名,构成犯罪的,依法追究刑事责任;给他人造成损失的,依法承担民事责任。

第三十三条

依照本法负责电子认证服务业监督管理工作的部门的工作人员,不依法履行行政许可、监督管理职责的,依法给予行政处分;构成犯罪的,依法追究刑事责任。

第五章　附则

第三十四条

本法中下列用语的含义:

(一)电子签名人,是指持有电子签名制作数据并以本人身份或者以其所代表的人的名义实施电子签名的人;

(二)电子签名依赖方,是指基于对电子签名认证证书或者电子签名的信赖从事有关活动的人;

(三)电子签名认证证书,是指可证实电子签名人与电子签名制作数据有联系的数据电文或者其他电子记录;

(四)电子签名制作数据,是指在电子签名过程中使用的,将电子签名与电子签名人可靠地联系起来的字符、编码等数据;

(五)电子签名验证数据,是指用于验证电子签名的数据,包括代码、口令、算法或者公钥等。

第三十五条

国务院或者国务院规定的部门可以依据本法制定政务活动和其他社会活动中使用电子签名、数据电文的具体办法。

第三十六条

本法自 2005 年 4 月 1 日起施行。

本 章 小 结

本章简单介绍了保障电子商务健康正常运行的相关法律制度,主要包括《电子商务法》、电子合同法律制度、知识产权法律制度、消费者权益与隐私保护法律制度和《电子签名法》。

关 键 词

电子商务法（Law of Electronic Commerce）	《专利权法》（*Patent Law*）
《电子商务法》（*Electronic Commerce Law*）	商标权（trademarks）
电子合同（electronic contract）	《商标权法》（*Trademark Law*）
《合同法》（*Contract Law*）	消费者权益（consumer rights）
知识产权（intellectual property）	《消费者权益保护法》（*Consumer Protection Law*）
知识产权法（Law of intellectual property）	隐私权（right of privacy）
著作权（copyright）	隐私保护（privacy protection/ Privacy Policy）
《著作权法》（*Copyright Law*）	电子签名（electronic signature）
专利权（patents）	《电子签名法》（*Electron Signature Law*）

思 考 题

1. 查阅相关资料，比较国内外电子商务立法，思考我国电子商务立法的意义。

2. 我国首部《电子商务法》是什么时间正式发布和施行的？主要内容有哪些？

3.《电子商务法》是如何界定电子商务的内涵和外延的？

4. 分析《电子商务法》的适用范围。

5.《电子商务法》是如何定义参与主体的？

6. 什么是电子合同？电子合同有哪些分类？

7.《电子商务法》对电子合同的签订、履行、撤销、违约是如何规定的？

8. 我国知识产权是由哪几部法律实施保护的？《电子商务法》如何规定了电子商务经营者对知识产权的保护？

9. 消费者权益包括哪几项权利？隐私权指哪些内容？

10.《电子商务法》是如何保护消费者权益的？

11.《电子商务法》是如何保护用户隐私的？在隐私保护和数据开发上是如何权衡的？

12. 简述电子签名的概念，并列举日常生活中遇到的电子签名的例子。

13. 简述我国《电子签名法》的主要内容及意义。

即 测 即 评

请扫描二维码进行在线测试。

参 考 文 献

1. Alemayehu Molla, Paul S. Licker. E-commerce Systems Success: An Attempt to Extend and Respecify the Delone and Maclean Model of is Successs. Journal of Electronic Commerce Research, 2001, 2(4): 131-141

2. Alexander Bleier, Maik Eisenbeiss. Personalized Online Advertising Effectiveness: The Interplay of What, When, and Where. Marketing Science 2015, 34(5):669-688.

3. Amit, R. , Zott, C. . Value Creation in e-Business. Strategic Management Journal, 2001, 22: 493-520

4. Andersen. eBusiness and Supply Chain Management. Internal Andersen publication. 2000

5. ANDREA BALLATORE AND MICHELA BERTOLOTTO, Personalizing Maps, COMMUNICA-TIONS OF THE ACM, 2015, 58(12): 68-74

6. Anindita Chakravarty et al., Customer Orientation Structure for Internet-Based Business-to-Business Platform Firms, Journal of Marketing, Vol. 78 (September 2014), 1-23

7. Anja Lambrecht, Catherine Tucker,2019 , "Algorithmic Bias? An Empirical Study of Apparent Gender-Based Discrimination in the Display of STEM Career Ads", Management Science,65(7), pp. 2966-2981.

8. Anthony Noce, Catherine Peters. Barriers to Electronic Commerce in Canada: A Size of Firm and Industry Analysis (III-C). report, 2005

9. Ayers James B. Making Supply Chain Management work: Design, implementation, partnerships, technology and profits. New York: Auerbach Publications, 2002

10. Ball, L., Mankiw, N.G. . The NAIRU in Theory and Practice. Journal of Economic Perspectives, 2002, 16: 115-136.

11. Bernd W. Wirtz, Adriano Pistoia, Sebastian Ullrich, et al., Business Models: Origin, Development and Future Research Perspectives, Long Range Planning 49 (2016) 36-54

12. Bernstein, Elizabeth. Amazon.com's Amazing Allure. New York: Publishers Weekly. Nov 4, 1996, 243(45): 24-26

13. Bertsimas,D.,and Kallus,N.,2019, "From Predictive to Prescriptive Analytics",Management Science,Article in press,doi:10.1287/mnsc.2018.3253.

14. Bharadwaj,A.,El Sawy,O. A.,Pavlou,P. A.,and Venkatraman,N.,2013, "Digital Business Strategy: Toward a Next Generation of Insights", *MIS Quarterly*,37(2),pp.471-482.

15. Bowersox, D. J., Closs, D. J., & Stank, T. P. 21st century logistics: Making supply chain integration a reality. Oak Brook, IL: Council of Logistics Management. 1999

16. Brian Whitworth, Jerry Fjermestad, Edward Mahinda. The Web of System Performance. COM-MUNICATIONS OF THE ACM, 2006, 49(5):93-99

17. Brynjolfsson, E., Geva, T., and Reichman, S, 2016, "Crowd-squared: Amplifying the Predictive Power of Search Trend Data", *MIS Quarterly*, 40(4), pp.941-961.

18. Chesbrough Henry, Richard S. Rosenbloom. The Role of the Business Model in Capturing Value from Innovation: Evidence fromXerox Corporation's Technology Spin-off Companies. Industrial and Corporate Change, 2002, 11(3): 529-555

19. Cho, Y. H., Kim, J. K. Application of Web usage mining and product taxonomy to collaborative recommendations in e-commerce. Expert Systems with Applications, 2004, 26(2): 233-246

20. Christine Kiss, Martin Bichler, Identification of influencers—Measuring influence in customer networks, Decision Support Systems, 2008,46(1): 233-253

21. Christopher Martin. Logistics and supply chain management: Strategies for reducing cost and improving service(Second Edition). Financial Times Prentice Hall, 1998

22. Chun-Der Chen et al., User's Adoption of Mobile O2O Applications: Perspectives of the Uses and Gratifications Paradigm and Service Dominant Logic, PACIS, 2015

23. Daniel Giusto, Antonio Iera, Giacomo Morabito, et al., Preface to "The Internet of Things", Springer, 2010

24. Daniel Veit, Eric Clemons, Alexander Benlian, et al., Business Models: An Information Systems Research Agenda, Business & Information Systems Engineering, 2014,1: 45-53

25. David Lazer, Alex (Sandy) Pentland, Lada Adamic, Social science: Computational social science, Science. 2009, 323(5915)

26. Deze Zeng, Song Guo, and Zixue Cheng, The Web of Things: A Survey, Journal of Communications, 2011,6(6):424-438

27. Duncan J. Watts, Peter Sheridan Dodds, Influentials, Networks, and Public Opinion Formation, Journal of Consumer Research, 2007.12,441-458

28. E.W.T. Ngai, F.K.T. Wat. A Literature Review and Classification of Electronic Commerce Research. Information & Management, 2002(39): 415-429

29. Edward A. Lee, Computing Foundations and Practice for Cyber-Physical Systems: A Preliminary Report, Technical Report, 2007

30. Efraim Turban, Jon Outland, David King, et al., Electronic Commerce: A Managerial and Social Networks Perspective(Ninth Edition), Springer International Publishing Switzerland 2018

31. Efraim Turban, Judy Strauss, Linda Lai, Social Commerce: Marketing, Technology and Management, Springer International Publishing Switzerland 2016

32. Efraim Turban, David King, Jae Kyu Lee, et al., Electronic Commerce: A Managerial and Social Networks Perspective(Eighth Edition), Springer International Publishing Switzerland 2015

33. Efraim Turban, David King, Jae Kyu Lee, et al., 电子商务:管理与社交网络视角(原书第七版), 时启亮, 陈育君, 占丽译, 机械工业出版社, 2014

34. Einav, L., & Levin, J., 2014, "Economics in the Age of Big Data", *Science*, 346(6210), pp. 715-721.

35. Elsie Chan, Paula M.C. Swatman. Electronic Commerce: A Component Model. 3rd Annual

CollECTeR Conference on Electronic Commerce, Wellington, New Zealand, November 29th, 1999

36. Frederick J Riggins, Hyeun-Suk Rhee. Toward a unified view of electronic commerce. Communications of the ACM, 1998, 41(10):88-95

37. Gary P. Schneider. Electronic Commerce (Tenth Edition), Course Technology, Cengage Learning, 2013

38. Geva, T., Oestreicher-Singer, G., Efron, N., and Shimshoni, Y., 2015, "Using Forum and Search Data For Sales Prediction of High-involvement Products" *MIS Quarterly*, 45(1), pp.65-82.

39. Han J, Pei J, Mortazavi-Asl B, Chen Q, Dayal U, and Hsu M C . FreeSpan: Frequent pattern-projected sequential pattern mining. In Proc. of 2000 Int. Conf. on Knowledge Discovery and Data Mining(KDD'00), Boston, MA, 2000.8

40. Hannon David. Dealing with change is the name of the game. Purchasing, 2003,132(19):57-58

41. Hung, L. P. A personalized recommendation system based on product taxonomy for one-to-one marketing online. Expert Systems with Applications, 2005, 29(2): 383-392

42. Huub Meijers. Diffusion of the Internet and low inflation in the information economy. Information Economics and Policy, 2006(18):1-23

43. IAB Internet Advertising Revenue Report. the Interactive Advertising Bureau, http://www.iab.net/resources/ad_revenue.asp, 2006.10

44. Ihrig, J., Marquez, J. An empirical analysis of inflation in OECD countries. International Finance, 2004, 7(1): 61-84.

45. Jaap Gordijn, Hans Akkermans, Hans van Vliet. What's in an electronic business model? The 12th Int. Conf. on Knowledge Engineering and Knowledge Management , Juan-les-Pins, France, 2000.10

46. JEAN-PAUL VAN BELLE. A Proposed Framework for the Analysis and Evaluation of Business Models. Proceedings of SAICSIT, 2004: 210-215

47. Jiang, Y., Liu, Y., Shang, J., Yildirim, P., & Zhang, Q., 2018, "Optimizing Online Recurring Promotions For Dual-Channel Retailers: Segmented Markets With Multiple Objectives", *European Journal of Operational Research*, 267(2), pp.612-627.

48. Jonathan W. Palmer, Markus A. Lindemann. Business Models and Market Mechanisms: Evaluating Efficiencies in Consumer Electronic Markets. The DATA BASE for Advances in Information Systems, 2003 ,34(2):23-38

49. Joseph M. Firestone. Defining the Enterprise Information Portal. White Paper No. 13, Executive Information Systems, Inc., July 31, 1999

50. Joshua Blumenstock, Gabriel Cadamuro, Robert On, Predicting poverty and wealth from mobile phone metadata, SCIENCE, 27 NOVEMBER 2015 · VOL 350 ISSUE 6264, 1073

51. Kenneth C. Laudon, Carol Guercio Traver, Azimuth Interactive, E-commerce: business, technology, society, 8th edition. Pearson, 2012

52. Kenneth C. Laudon, Carol Guercio Traver, E-commerce: business, technology, society(13th edition), GLOBAL EDITION. Pearson, 2018

53. Kevin Kelleher. Amazon's New Direction. Business 2.0, San Francisco: Oct 2006, 7(9): 27

54. Kim J. K., Cho Y. H., Kim W. J. et al. A personalized recommendation procedure for Internet shopping support. Electronic Commerce Research and Applications, 2002,1(3-4): 301-313.

55. Krassie Petrova, Bin Wang, Location-based services deployment and demand: a roadmap model, Electronic Commerce Research, 2011(11): 5-29

56. KyoungJun Lee. Business Model: Research & Education Issues. report, 2003

57. Lazer, D., Kennedy, R., King, G., and Vespignani, A., 2014, "The Parable of Google Flu: Traps in Big Data Analysis", *Science*, 343(6176), pp.1203-1205.

58. Liu, Y., Du, F., Sun, J., Jiang, Y., He, J., Zhu, T., and Sun, C., 2018, "A Crowdsourcing-Based Topic Model For Service Matchmaking in Internet of Things", Future Generation Computer Systems, vol.87, pp.186-197.

59. Liu, Y., Wang, J., Jiang, Y., Sun, J., and Shang, J., 2018, "Identifying impact of intrinsic factors on topic preferences in online social media: A nonparametric hierarchical Bayesian approach", Information Sciences, 423, 219-234. doi:10.1016/j.ins.2017.09.041

60. Liu, Y., Yang, L., Sun, J., Jiang, Y., and Wang, J., 2018, "Collaborative Matrix Factorization Mechanism For Group Recommendation in Big Data-Based Library Systems", *Library Hi Tech*, 36(3), pp.458-481.

61. Luigi Atzori, Antonio Iera, Giacomo Morabito, The Internet of Things: A survey, Computer Networks, 2010(54): 2787-2805

62. M. Reza Rahimi et al., Mobile Cloud Computing: A Survey, State of Art and Future Directions, Mobile Netw Appl (2014) 19:133-143

63. Magretta, J. Why Business Models Matter. Harvard Business Review, reprint R0205F, 2002. 5: 3-8

64. Mahadevan, B. Business Models for Internet-Based e-Commerce: An Anatomy. California Management Review, 2000, 42(4):55-69

65. Marc Bacchetta, Patrick Low, Aaditya Mattoo, et al. Electronic Commerce and the Role of the WTO, Special Studies 2. WTO Publications, 1998

66. Maura L. Scott, Jenny van Doorn, Dhruv Grewal, and Ilana Shanks, 2019, "Service Robots Rising: How Humanoid Robots Influence Service Experiences and Elicit Compensatory Consumer Responses", *Journal of Marketing Research*, 56(4), pp.535-556.

67. Mauro Bampo, Michael T. Ewing, Dineli R. Mather, et al., The Effects of the Social Structure of Digital Networks on Viral Marketing Performance, Information Systems Research 19(3):273-290

68. Michael Armbrust, Armando Fox, Rean Griffith, et al., Above the Clouds: A Berkeley View of Cloud Computing, report, UC Berkeley Reliable Adaptive Distributed Systems Laboratory, 2009.2.10

69. Michael E. Porter. Competitive Advantage: Creating and Sustaining Superior Performance. NY: Free Press, 1985

70. Michael E. Porter. Strategy and the Internet. Harvard Business Review, 2001, 3: 63-78(Reprint R0103D)

71. Michael E. Porter. What is Strategy? Harvard Business Review, 1996,11/12:61-78 (reprint 96608)

72. Michael J. Shaw , David M. Gardner, Howard Thomas. Research opportunities in electronic commerce. Decision Support Systems, 1997(21): 149-156

73. Mooney, R. J., and Roy, L. Content-Based Book Recommending Using Learning for Text Categorization. Proceedings of DL-00, 5th ACM Conference on Digital Libraries, 2000: 195-204

74. Morrisette, S., Clemmer, K., & Bluestein, W. - A Forrester Research Report, 1999

75. Mutaz M. Al-Debei and David Avison, Developing a unified framework of the business model concept, European Journal of Information Systems (2010) 19, 359-376

76. Netease annual report(2001-2018), http://corp.163.com/eng/investor/annual_report.html, 2016.1

77. Papanastasiou,Y.,Bimpikis,K.,and Savva,N.,2017,"Crowdsourcing Exploration", *Management Science*,64(4),pp.1727-1746.

78. Pei J, Han J, Mortazavi-AslB , Zhu H . Mining access patterns efficiently from web logs. In Proc. of 2000 Pacific-Asia Conf. on Knowledge Discovery and Data Mining(PAKDD'00), Kyoto, Japan, 2000.4

79. Pennycook,G., and Rand, D. G., 2019, "Fighting Misinformation on Social Media Using Crowdsourced Judgments of News Source Quality", *Proceedings of the National Academy of Sciences*, 116(7),pp.2521-2526.

80. R. Kalakota, A. B. Whinston.Electronic Commerce: A Manager's Guide. Boston: Addison-Wesley, 1997

81. R. Nath, M. Akmanligil, K. Hjelm, et al. Electronic Commerce and the Internet: Issues, Problems, and Perspectives. International Journal of Information Management, 1998, 18(2): 91-101

82. Rahwan,I.,Cebrian,M.,Obradovich, N., Bongard, J., Bonnefon, J.-F., Breazeal, C., Jackson, M. O.,2019,"Machine Behaviour",*Nature*,568(7753),pp.477.

83. Ramesh Sharda, Dursun Delen, Efraim Turban, Business Intelligence, Analytics, and Data Science: A Managerial Perspective(Fourth Edition), Pearson Education Limited 2018

84. René Algesheimer,Sharad Borle, Utpal M. Dholakia, et.al., The Impact of Customer Community Participation on Customer Behaviors: An Empirical Investigation, Marketing Science 29(4), 756-769

85. Robin Cleland. Building brands on the Internet. White Paper, Vanguard Brand Management Ltd., Jan. 2002

86. S. Turber et al.,Designing Business Models in the Era of Internet of Things,LNCS 8463, pp. 17-31, 2014

87. Sang-Yong Tom Lee et al.,Leveraging social media for electronic commerce in Asia: Research areas and opportunities, Electronic Commerce Research and Applications 14 (2015) 145-149

88. Sarwar B., Karypis G., Konstan J., Riedl J. Item-Based collaborative filtering recommendation algorithms. Proceedings of the 10th International World Wide Web Conference, 2001:285-295

89. Shaw Duncan R., Shaw Duncan R., Kawalek Peter, et al. Electronic Commerce Strategy in the U.K. Electricity Industry：The Case of Electric Co. and Dataflow Software. Report, Manchester Business School, University of Manchester, 2004

90. Soon-Yong Choi, Andrew B. Whinston. The Internet Economy, Technology and Practice. Austin (Texas)：SmartEcon Publishing, 2000

91. Southwick, Karen. An interview：Jeff Bezos, Amazon.com, Upside. Foster City(U.S. ed.)：Oct. 1996, 8(10)：29-31

92. Stanley Y.W. Su, Chunbo Huang, Joachim Hammer, et al. An Internet-based negotiation server for e-commerce. The VLDB Journal, 2001,10：72-90

93. Timmers, P. Business Model for Electronic Markets. Electronic Markets, 1998,8(2):3-8

94. Vincent S. Lai , Bo K. Wong.Business types, e-strategies, and performance. Communication of the ACM, 2005, 48(5)：80-85

95. Vladimir Zwass. Electronic Commerce：Structures and Issues. International Journal of Electronic Commerce, 1996, 1(1):3-23

96. Wei, Y., Yildirim, P., Van den Bulte, C., and Dellarocas, C., 2015, "Credit Scoring With Social Network Data", *Marketing Science*,35(2),pp.234-258.

97. Wu,L.,Chen,L.,Hong, R.,Fu,Y.,Xie,X., and Wang,M.,2019,"A Hierarchical Attention Model For Social Contextual Image Recommendation", *IEEE Transactions on Knowledge and Data Engineering*,Article in press,doi:10.1109/TKDE.2019.2913394.

98. Yewsiang Poong, Khaliq-Ul Zaman, Mohammad Talha. E-Commerce Today and Tomorrow：A Truly Generalized and Active Framework for the Definition of Electronic Commerce. ICEC'06, Fredericton, Canada, 2006.8：553-557

99. Yoram Wind. The challenge of customization in financial services. The communication of the ACM, 2001,44(6)：39-44

100. Yung-Ming Li et al.,A social recommender mechanism for location-based group commerce, Information Sciences 274 (2014) 125-142

101. Yves Pigneur. A framework for defining e-business models. Lecture Notes in Computer Science 2425(Edited by G. Goos, J. Hartmanis, and J. van Leeuwen),2002;2-3

102. Ziesemer, T. Information and communication technology as technical change in matching and production. Journal of Economics (Zeitschrift fur Nationalokonomie) , 2003,79 (3)：263-287.

103. Zott, C., Amit, R., Massa, L., 2011. The Business Model：Recent Developments and Future Research. Journal of Management 37 (4), 1019-1042

104. 陈炜,覃展辉. ECR 观念—企业坚持市场导向的新观念. 商场现代化,2006(9)：101-102

105. 何积丰. Cyber-Physical Systems. 中国计算机学会通讯,2010,6(1):25-29

106. 何建民. 网络营销. 北京：电子工业出版社, 2010

107. 胡虎.COM 千年网劫——互联网泡沫反思录. http://www.cnii.com.cn/20020228/ca31320.htm

108. 孙其博,刘杰,黎羴等. 物联网:概念、架构与关键技术研究综述. 北京邮电大学学报,

2010.6

109. 王刊良. 基于分类的企业电子商务模式创新方法. 系统工程理论与实践, 2003, 23(3): 18-23

110. 魏延安. 中国农村电商十大模式的启示. 淘宝大学第三期县长电商研修班报告, 2015

111. 乌家培. 网络经济及其对经济理论的影响. 学术研究, 2000(1): 5-11

112. 吴德本. 物联网综述(1)—(6). 有线电视技术, 2011. 1-6

113. 杨善林等. 互联网的资源观. 管理科学学报, 2016(1): 1-11

114. 张波. O2O: 移动互联网时代的商业革命. 北京: 机械工业出版社, 2013

115. 张劼. 中国互联网 10 年: 网络泡沫在"疯狂"中浮沉. http://tech.sina.com.cn

116. 张毅, 唐红. 物联网综述. 数字通信, 2010.8

117. 甄文祥. CPFR 原理及实施. 工业工程与管理, 2001, 5: 6-9

118. 中央电视台大型记录片《互联网时代》主创团队. 互联网时代. 北京: 北京联合出版公司, 2015.

119. 朱仲英. 传感网与物联网的进展与趋势. 微型电脑应用, 2010.1

教学支持说明

　　建设立体化精品教材,向高校师生提供整体教学解决方案和教学资源,是高等教育出版社"服务教育"的重要方式。为支持相应课程教学,我们专门为本书研发了配套教学课件及相关教学资源,并向采用本书作为教材的教师免费提供。

　　为保证该课件及相关教学资源仅为教师获得,烦请授课教师清晰填写如下开课证明并拍照后,发送至邮箱:zengfh@ hep.com.cn,也可通过管理类专业教学交流 QQ 群 234904166,进行索取。

　　咨询电话:010-58581020,编辑电话:010-58581771。

证　　明

　　兹证明_____大学_____学院/系第_____学年开设的
_____课程,采用高等教育出版社出版的《_____》(_____主编)
作为本课程教材,授课教师为_____,学生_____个班,共_____人。授课教师需
要与本书配套的课件及相关资源用于教学使用。

　　授课教师联系电话:_____ E-mail:_____

学院/系主任:_____(签字)

(学院/系办公室盖章)

20__年____月____日